Das Christentum
im Urteil seiner Gegner

Herausgegeben
von Karlheinz Deschner

VERLAG MAX HUEBER

CIP-Kurztitelaufnahme der Deutschen Bibliothek

Das Christentum im Urteil seiner Gegner / hrsg. von Karlheinz Deschner. – Ismaning bei München: Hueber, 1986.
ISBN 3-19-005507-6

NE: Deschner, Karlheinz [Hrsg.]

Copyright © 1986 by Max Hueber Verlag, Ismaning bei München
Umschlaggestaltung Hanno Rink & Team 86, München
Gesetzt aus der Candida und der Optima
bei der Utesch Satztechnik GmbH, Hamburg
Druck und buchbinderische Verarbeitung Pustet,
Regensburg
Printed in Germany

INHALT

EINFÜHRUNG

Aufklärung ist Ärgernis; wer
die Welt erhellt, macht ihren
Dreck deutlicher.

In den sechziger Jahren geschah bei meinen Vorträgen zur
Kirchengeschichte, zumal an Hochschulen, oft folgendes:
Irgendwann in der Diskussion erhob sich ein junger Mann,
klopfte mir gleichsam über das Auditorium hin erst einmal
gönnerhaft auf die Schulter, vermutete dann aber, ich hätte
die Zeit seit dem 18. Jahrhundert wohl etwas verschlafen.
Denn Christentum sei heute kein Thema mehr, reine Zeitver-
schwendung, wer nehme es noch ernst, das gehe »doch alles
in einem großen Aufwasch unter . . . «. Die soziale, sozialisti-
sche, kommunistische Revolution, hieß das, jage jetzt diesen
ganzen anachronistischen Klimbim zum Teufel. Applaus.

Nun, vorerst besteht der Anachronismus noch. Denn am
haltbarsten ist das Unhaltbare – es hält Jahrtausende –, verschwunden aber die 68er Heroengarnitur. Buchstäblich zu
Kreuz gekrochen, tritt sie jetzt oft selber auf der Seite derer,
die sie wegtreten wollte, sie observiert da, inspiziert, diri-
giert, sie notiert, zensiert, kontrolliert, sie registriert und re-
glementiert, lizenziert und autorisiert, sie predigt, lehrt, sie
verwaltet, behindert, befördert, bewacht, sie richtet und rü-
stet, sie sperrt ein, bestraft, verfolgt, sie täuscht, verkauft,
übervorteilt, verrät . . .

Ich indes spreche und schreibe noch immer über Kirchengeschichte.

Und die Kirchen, diese Staatsaffären, von jenen Kraftmei-
ern verwechselt mit Sonntagsaffären, operieren weiter, voran
das Papsttum, mit den USA, wie vordem mit Mussolini,
Hitler, Franco, mit Habsburg und dem wilhelminischen
Deutschland, mit dem Zaren und Stalin (der sogar katholische Feldpfaffen hatte), in jedem Krieg, jedem Frieden, ge-
treu hinter den Henkern – Thron und Altar: altes Unternehmen zur Vernagelung von Holzköpfen und -särgen. Darüber
schrieb ich meine Untersuchungen.

Das Christentum, kein Zweifel, ist heute einflußreicher als im 19., im 18. Jahrhundert, besonders das Papsttum eine finanzpolitische Weltmacht – ewiger Gewinn für die Gläubigen, zeitlicher für die Priester. Es hat Verzweigungen noch zu den finstersten Kanälen, den lateinamerikanischen Mörderregimen, zur Mafia, etwa über deren Starbankier Michele Sindona, einen Jesuitenzögling, der mehr Banken besessen haben soll als andere Männer Hemden, wobei er seine Gelder aus dem Handel mit Heroin sowie aus fast einzigartigen, ganze Kontinente umgreifenden Betrugsmanövern gewann. Ein guter Freund Sindonas, ein gewisser Montini, der angeblich der erste arme Papst der Neuzeit werden wollte, machte den mit der New Yorker und sizilianischen Unterwelt liierten Mafioso, den »Hai« (den US-Botschafter John Volpe im Grandhotel Roms zum »Mann des Jahres 1973« kürte), zum Finanzberater und engen Geschäftspartner des Heiligen Stuhls, dessen Banken mit schwarzen Geldern von Kapitalflüchtlingen und Teilen des italienischen Großgangstertums spekulierten – sicher an der Erlösung ist nur der Erlös daraus. Aufnahme in den exklusiven Kreis der »uomini di fiducia«, der kurialen Vertrauenspersonen, fand unter Paul VI. auch ein weiterer Mafia-Bankier und naher Partner Sindonas, Roberto Calvi, dessen frommes Wirken im Weinberg des Herrn gleichfalls darin bestand, »das Krebsgeschwür vatikanisch inspirierter Wirtschaftskriminalität über die ganze Welt zu verbreiten« (D. A. Yallop). Calvi endete 1982 erhängt unter einer Themsebrücke in London, Sindona 1986 durch Zyankali in einem italienischen Gefängnis.

Diese christliche Weltmacht aber ist um so gefährlicher, als sie sich als moralische Weltmacht Nummer eins aufführt, was Millionen und aber Millionen ihres schamlos mißbrauchten Anhangs auch unbeirrt glauben, vom Taufkissen bis zum Sterbebett – obwohl es nicht zuviel gesagt, sondern gewissenhaft bedacht und umfassend zu belegen ist, das Imperium Christi das unmoralischste schlechthin zu nennen. Theologisch ist die Kirche eine Praxis, die krank macht, um heilen zu können; die in Nöten hilft, die man ohne sie gar nicht hätte; die jene gängelt, die noch immer glauben, durch jene, die es nicht mehr tun. Und ethisch gesehen ist sie eine

chronische Katastrophe. Kurz, das Christentum beruht auf
verschiedenen Geboten, wie dem Gebot der Nächstenliebe,
der Feindesliebe, dem Gebot, nicht zu stehlen, nicht zu
töten, und auf der Klugheit, keines dieser Gebote zu halten.

Gewiß gibt es, wie in jeder Religion, auch in der christlichen viele gute Menschen, achtbare Priester, zumal in den
unteren Rängen. Doch jede Religion lebt auch davon, daß
ein Teil ihrer Diener mehr taugt als sie. Ja die guten Christen
sind am gefährlichsten – man verwechselt sie mit dem Christentum.

Geistig aber existiert dies nicht mehr, ist es eine Leiche. Es
gibt sehr große Leichen. Und es gibt freilich viele, die meinen, wenn eine Leiche nur groß genug sei, etwa aus rund 700
Millionen lebenden Katholiken bestehe, 330 Millionen lebenden Protestanten und Anglikanern, 100 Millionen lebenden Orthodoxen, dann könne sie gar keine Leiche sein. Zu
jenen, die große Zahlen mit großem Geist verwechseln, gehörte in der Antike sogar der heilige Augustin – ein von jeher
geistig (nicht kirchengeschichtlich!) arg überschätzter Kopf –,
der dem Evangelium nur »wegen der Autorität der katholischen Kirche« glaubte, die ihre Autorität doch durch das
Evangelium stützt; der wirklich bekannte, wenn er schon irre,
wolle er wenigstens mit dem großen Haufen irren; der immer
wieder und ohne Zaudern mit den christlichen Kaisern und
der Masse renommierte, mit dem Mehrheitsbeweis, unfähig
jener nachmals formulierten Schiller-Einsicht: »Was ist
Mehrheit? Mehrheit ist der Unsinn; Verstand ist stets bei
Wen'gen nur gewesen.«

Die Nacht von Augustins Glauben lag länger als ein Jahrtausend über Europa.

Genau 1400 Jahre aber nach Augustins Tod (430) nahm
Heinrich Heine in seinen ergreifenden Briefen aus Helgoland
(1830) mit der leitmotivisch wiederkehrenden Wendung
»Pan ist tot!« Nietzsches epochalen Ruf vom Tod Gottes
vorweg. Und Heine fand auch die christliche Religion bereits
»aufs Haupt geschlagen«, »in der Idee getötet«. Sie lebe,
schrieb der Dichter, »nur noch ein mechanisches Leben, wie
eine Fliege, der man den Kopf abgeschnitten und die es gar
nicht zu merken scheint und noch immer wohlgemut umher-

fliegt. Wieviel Jahrhunderte die große Fliege, der Katholizismus, noch im Bauche hat . . ., weiß ich nicht, aber es ist von ihm gar nicht mehr die Rede.«

Seit den Jahrhunderten Voltaires und Nietzsches ist das Christentum *geistig tot.* Jeder, der weder sich noch andere belügen will bzw. muß – ein häufiger Fall, fast die Regel –, kann sich davon überzeugen, wenn er die großen Aufklärer studiert. Und er kann, fehlt ihm Zeit, dies Studium gewaltig verkürzen, indem er sich mit unserem Buch befaßt, einem fundamentalen Angriff zwar auf das Christentum, doch selten auf Jesus. Man hat schließlich oft bemerkt – von Goethe über Dostojewskij, Nietzsche bis zu Henry Miller, der es mir selbst einmal schrieb –, käme Jesus wieder, würde er abermals gekreuzigt. Nur ein Kardinal der Kurie freilich war kompetent genug hinzuzufügen: ». . . doch diesmal nicht in Jerusalem, sondern zu Rom.« Denn, um den kleinen Unterschied hervorzuheben: In Jerusalem opferte sich (dem Vernehmen nach) jemand für andere; in Rom opfert man andere für sich.

Der Titel *Das Christentum im Urteil seiner Gegner,* ein Gemeinschaftswerk von Publizisten, Professoren, Dozenten, Schriftstellern, faßt erstmals – unvollständig natürlich, lückenreich – die antichristliche Argumentation von beinah zwei Jahrtausenden zusammen und ist das einzige Werk seiner Art überhaupt, ebenso geeignet als spannendes Lese- wie als hilfreiches Nachschlagebuch. In 37 Porträts berühmter Christengegner findet der Benutzer jeweils eine knappe, konzentrierte Einführung in Leben und Werk des das Christentum betrachtenden und wertenden Autors, sodann im Hauptteil eine Sammlung genau belegter, durch Zwischenüberschriften gegliederter Werkauszüge. Die Kritik gilt durchgehend zwei Themenbereichen, dem dogmatischen und dem ethischen Aspekt, der christlichen Lehre und der christlichen Geschichte – gemäß dem Wort des (vermeintlichen) Stifters dieser Religion: »An ihren Früchten sollt ihr sie erkennen!«

Die Anthologie, chronologisch angelegt, setzt mit Celsus im 2. und Porphyrios im 3. Jahrhundert ein, den ersten bedeutenden Antipoden des neuen Glaubens. Selbstverständlich wurden diese Schriften durch die ersten christlichen

Herrscher vernichtet; doch konnte man sie aus Repliken ihrer Widersacher teilweise rekonstruieren.

Celsus, ein platonischer Philosoph, von dem wir persönlich wenig wissen, ist keinesfalls leichtfertig, sondern gut unterrichtet, nicht nur im Alten Testament bewandert, in den Evangelien, auch mit der Entwicklung der christlichen Gemeinden vertraut. Bald nüchtern beweisend, bald ironisch, erkennt er scharfsinnig die prekärsten Punkte: Christus ist nicht ungewöhnlich neben Herakles, Asklepios, Dionysos und anderen, die christliche Botschaft eine Mixtur aus Judentum, aus stoischen, platonischen, ägyptischen, persischen Elementen und dem Mysterienglauben.

Ein Jahrhundert später setzt Porphyrios, seit 263 jahrzehntelang als hervorragendster Schüler Plotins in Rom lebend, den literarischen Kampf gegen die Christen fort. Er ist systematischer, gelehrter, als Historiker und Philologe Celsus überlegen, auch noch genauer als dieser mit den gegnerischen Traktaten bekannt. Und steht, bei Celsus wie Porphyrios, gewiß mancherlei Unkritisches, Zeitgebundenes, vor allem ein blühender Orakel- und Dämonenwahn, frappiert doch sowohl das Aufgebot an kritischer Gelehrsamkeit wie die Treffsicherheit im Wesentlichen. Dem Celsus attestiert der Theologe Ahlheim 1969 eine »vernichtende Kritik am Jesusbild der Evangelien«. Und über Porphyrios urteilt der Theologe Harnack, er sei »auch heute noch . . . nicht widerlegt«. Und: »In dem meisten, was er grundsätzlich behauptet, hat er recht.«

Im 4. Jahrhundert ragt Kaiser Julian unter den Bestreitern des Christentums hervor. Doch möchte ich die Geduld des Lesers nicht durch meine Kommentare strapazieren. Nur wenige, denen die Teilnahme des Herausgebers besonders gilt, seien noch erwähnt: Giordano Bruno, einer der genialsten und vielseitigsten Anreger modernen Denkens, Helvétius und Shelley, deren kompromißlos messerscharfe Radikalität ich schätze – für die Gesellschaft kämpft nur, wer sie bekämpft –, was erst recht von Nietzsche gilt, dem brillantesten und tiefsten Kritiker des Christentums, während der vielleicht unglücklichste, Oskar Panizza, wahrscheinlich nicht nur die schärfsten Satiren dagegen schuf, sondern auch die originellsten, besten der deutschen Literatur. Zumal am Herzen liegt mir Theodor Lessings hellsichtig bewegte und bewegende Klage über den technischen Fortschrittsfanatismus, dessen Vernichtungsorgien, das verheerende Ruinieren der Tierwelt, der Landschaft, des Kosmos, kurz, die ganzen fürchterlichen Folgen der Barbarei des »Machet sie euch untertan!«, aber auch die Stimme von Ludwig Klages, vor allem soweit sie Lessings Verdammnisse aufgreift und intensiviert.

Freilich hätte ich wohl jeden hier Vertretenen nennen können, müssen, eine glanzvolle Vereinigung von Philosophen, Gelehrten, Dichtern, Fürsten, ein kaum überbietbares Gremium des Geistes, dessen nicht seltene Disparatheit seiner sonstigen Weltanschauung es nur noch interessanter macht — konfrontiert mit einer Religion, deren Anhang an Himmel und Hölle glaubt, an Wunder und Heilige, Engel und Teufel, Reliquien und Ablässe, an Trinität, Transsubstantiation, an Gottesmutterschaft, Jungfrauengeburt, leibliche Himmelfahrt et cetera, et cetera, einer Religion auch noch der Greuel ohnegleichen vom 4. bis ins 20. Jahrhundert hinein, in dessen Mitte erst ein blutrünstiger Kreuzzug das »Unabhängige Kroatien« unter Ante Pavelić erschüttert hat, mit intensivster Beteiligung des katholischen Klerus, das schlimmste und nicht zufällig am meisten verheimlichte Massaker der neueren Kirchengeschichte; ausführlich dargestellt und belegt im zweiten Band meiner Monographie *Ein Jahrhundert Heilsgeschichte. Die Politik der Päpste im Zeitalter der Weltkriege,* 1982/1983.

Der Titel *Das Christentum im Urteil seiner Gegner* erscheint nicht zum erstenmal. 1969 verlegte Limes, Wiesbaden einen ersten, 1971 einen zweiten Band, beide seit Jahren vergriffen. Das Fehlen keiner der von mir herausgegebenen anderen Anthologien bedauerte ich so, lag und liegt doch damit ein in seiner Art wirklich singuläres Buch vor, »eine Fülle von Originaltexten, die bis heute schwer zugänglich sind. Eine Grundlage zu einer längst fälligen Auseinandersetzung«, wie selbst das österreichische reformierte *Kirchenblatt* schrieb. So war ich erfreut, als der von Wolfgang Schuler geleitete

Verlag Max Hueber eine Neuausgabe dieses Werkes be-
schloß.

Die Conditio sine qua non war allerdings eine rigorose
Kürzung, das Zusammenfassen beider Bände in nunmehr
einem Band, wobei die Last – und schließlich Lust – des
Streichens mir allein oblag. Von 49 Porträts der Erstausgabe
entfielen zwölf ganz, drei Kritiker des 19., neun des 20. Jahrhunderts; hatten die entscheidende Pionierarbeit doch schon
die Männer der historischen Aufklärung geleistet. Abgesehen
von dem Beitrag über Darwin wurden sämtliche Texte gekürzt, doch meistens nicht die Einführungen (inzwischen
Überholtes darin wurde berichtigt), sondern die Werkaus-
wahl. Neue Zitateinschübe erfolgten hier (jeweils durch den
Herausgeber) nur bei Panizza, Theodor Lessing und, gering-
fügig, bei Hebbel. Auf Wunsch des Verlags erweiterte ich das
Rilke-Porträt meines verstorbenen Freundes Jens Bjørneboe
auf knapp das Doppelte. Ganz neu schrieb ich auf eigenen
Wunsch das Porträt Kaiser Julians, mir insofern schon vertraut, als ich seit Jahren beinah ausschließlich mit dem
4. Jahrhundert beschäftigt bin, Hauptthema des ersten Bandes meiner mehrbändigen *Kriminalgeschichte des Christentums.*

Ich habe mir das Kürzen nicht leichtgemacht, erst nach der
vierten Durchsicht alles auf das erforderliche Maß reduziert.
Und so ungern ich zunächst strich, allmählich wurde fast
eine – vorsichtig betriebene – Leidenschaft daraus. Gewiß
hätte ich, seit langem auf weitere große Christengegner hingewiesen oder selber gestoßen, den beiden ersten Bänden
noch einen dritten, vierten Band anreihen können, denn zum
Glück (und logischerweise) herrscht, zumindest seit dem
Verlöschen der Scheiterhaufen und ähnlicher Erleuchtungs-
mittel, an namhaften Antichristen kein Mangel. Doch ist
diese gekürzte, komprimierte Fassung wesentlicher sowohl
als auch übersichtlicher, somit noch besser lesbar als die alte.
Und gerade die noch sorgsamere, triftigere zweite Auswahl
von Urteilen und Verurteilungen aus dem Schaffen der mar-
kantesten Antagonisten des Christentums läßt mich hoffen,
daß das neue Unternehmen, für das ich den Mitarbeitern
wieder danke – den schon allzu zahlreichen toten über die

große Grenze hinweg –, ein Lese- und Nachschlagwerk, ein Leitfaden für lange und viele werden möge, ein geistiges Kampfmittel nicht zuletzt der wahren Humanität gegen das, was mit Bestialität so schief und schwach nur zu umschreiben ist.

Keinesfalls bin ich, wie meine Gegner verbreiten, so primitiv zu glauben, an allem Übel der Welt sei nur das Christentum schuld. Ich weiß nicht einmal, ob die Welt, wie sehr ich es ihr wünsche, dereinst besser sein wird ohne Christentum; denn auch Religionen sind nur eine Frage des Datums. Aber das weiß ich, lehrt es doch die Geschichte, dieser sicherste Beweis für die falsche Erziehung der Menschheit, durch zwei Jahrtausende: Mit dem Christentum kann die Welt nicht besser werden! Es stört nicht nur, wie Voltaire höhnt, die Verdauung – es stört alles. Und selbst wenn die kirchliche Führung samt Gefolgschaft ethisch sich völlig wandelte, ein sehr utopischer Gedanke: Ihre Dogmatik bliebe verlogen. Eine auf unwahren Fundamenten fußende Religion aber kann keine ethisch denkende und handelnde Gemeinschaft bilden.

Wo Klerus herrscht, hat Kreuz kein Ende.

Im März 1986												*K. D.*

Das Christentum
im Urteil seiner Gegner

CELSUS
2. Jahrhundert

> Die Intoleranz, die sich mit
> dem Aufkommen des Chri-
> stentums über die Welt ver-
> breitete, ist eines seiner selt-
> samsten Merkmale und geht
> meiner Meinung nach darauf
> zurück, daß die Juden an die
> Rechtschaffenheit   glaubten
> und den jüdischen Gott für
> den einzigen Gott hielten.
> B. Russell[1]
> Gott fürwahr ist allen gemein-
> sam, er ist gut und bedürfnis-
> los und ohne Neid . . .
> Celsus[2]

Bis fast zur Mitte des 2. Jahrhunderts wird das Christentum als
Religion der Armen und Ungebildeten ignoriert oder nur
abschätzig — wie etwa von Lukian — gestreift. Eine gewisse
Ausnahme macht Epiktet; er hebt zwar den Todesmut der
Christen hervor, sieht ihn aber nicht auf vernünftige Einsicht
gegründet und darum im Sinne der stoischen Ethik ohne
Wert.[3]

Erst sein Bestreben, sich mit der heidnischen Philosophie
zu arrangieren, rückt das Christentum stärker in den Gesichtskreis der Gebildeten; gleichzeitig erscheint seine Exklu-
sivität immer mehr als Gefahr für den römischen Staat. So
eröffnet Celsus mit dem *Alethes logos* (Die wahre Lehre) 178
nach Christus den literarischen Kampf gegen die Christen.

Dieser erste Versuch, die christliche Religion von ihren
Grundlagen her zu widerlegen, hat seine Wirkung nicht verfehlt. Origenes, einer der führenden Gelehrten der griechischen Kirche, sieht sich im Jahre 248 zu einer umfassenden
Widerlegungsschrift *(Gegen Celsus)* veranlaßt, aus der heute
Die wahre Lehre des Celsus rekonstruiert werden kann. »Dabei gibt Origenes, im Grunde ehrlich, die christlichen Widersprüche häufig zu. Oft scheinen ihm die Argumente des
Gegners selbst einzuleuchten, weshalb er allerlei Ausflüchte
versucht. Einmal kann er auf einen Vorwurf auch gar nichts

erwidern. Wichtiges Beweismaterial des Celsus aus der griechischen Mythologie, aus der antiken Philosophie- und Religionsgeschichte wird von Origenes sogar unterschlagen,
denn er hat, trotz seiner immer wiederholten gegenteiligen
Versicherung, vieles und wesentliches aus der Schrift seines
Gegners gekürzt oder ganz ausgelassen, und keineweg aus
Nachlässigkeit oder Zeitmangel. Wiederholt unterschiebt
Origenes dem Celsus auch eigene Erfindung, obgleich, wie
die moderne Forschung erklärt, die Angaben des Celsus zwar
gefärbt sind, doch immer auf Tatsachen beruhen. Ja, Origenes, der größte Theologe der Kirche in den ersten drei Jahrhunderten, weiß sich oft nur dadurch zu helfen, daß er, wie
Johannes Geffcken schreibt, bei jeder Gelegenheit Celsus
einen Wirrkopf ersten Ranges nennt; ›aber durch Origenes'
Mitteilungen selbst haben wir den besten Gegenbeweis in
den Händen‹.«[4]

Schon im Titel seiner Schrift bringt der Platoniker Celsus
die Absicht des Werkes zum Ausdruck: *Alethes logos* meint
nicht nur – so wörtlich übersetzt – eine wahre, sondern
zugleich auch die ehrwürdige, von altersher überlieferte Lehre.[5] Den Neuerungen des Christentums gilt es das Ehrwürdig-
Alte und zugleich Wahre entgegenzusetzen; denn es »ist eine
alte, aus früheren Zeiten stammende Lehre, womit sich stets
die weisesten Völker und Städte und weise Männer beschäftigt haben« (I, 14).

Den Gottesbegriff dieser wahren Lehre formuliert Celsus in
den Kategorien des zeitgenössischen Platonismus: Gott
schlechthin oder besser der erste, größte und oberste der
Götter ist unwandelbar, gestaltlos, absolut transzendent und
Ursache allen Denkens und Seins, Gegenstand zwar der
Religion, nie aber des Kultus. Der plumpe Trug des Moses
aber hat diese Gottesvorstellung verfälscht. Undenkbar für
Celsus der christliche Monotheismus mit seinen anthropomorphen Vorstellungen. Unmöglich, sich das Göttliche in
einer das Göttliche gerade verbergenden, ja leidenden und
häßlichen Gestalt vorzustellen. Unsinnig die Behauptung
einer Herabkunft und Menschwerdung Gottes, ist doch gerade Jesus für einen göttlichen Mythos völlig ungeeignet. Um
die Unwürdigkeit Jesu deutlich zu zeigen, greift Celsus einen

uns noch heute im Talmud begegnenden Vorwurf auf, der
Jesus zum Bastard der Maria und des römischen Soldaten
Panthera macht. Auch führe Jesus das Leben eines verächtlichen Menschen, ja die Berichte seiner Schüler widerlegten
geradezu seine Göttlichkeit. Die Wunder aber, die er und
seine Anhänger vollbringen, seien nichts als Zauberstücke,
die andere gottlose Menschen ebenso zum besten geben.

Celsus legt seine vernichtende Kritik am Jesusbild der Evangelien zu Beginn des Werkes einem Juden in den Mund, greift
also ganz immanent durch die Widersprüche zwischen Juden
und Christen die Lehre der neuen Religion an. Im weiteren
argumentiert er dann hauptsächlich vom philosophischen
Gottesbegriff her, wobei Art und Inhalt seiner Polemik überraschen. Anders als die ersten, nur spärlichen Erwähnungen
des Christentums zu Beginn des 2. Jahrhunderts zeichnet sich
die Streitschrift des Celsus durch vorzügliche Kenntnis der
christlichen Schriften und Gemeinden aus. Er hat weite Teile
des Alten Testaments, die Evangelien, die Briefe des Paulus
und vielleicht auch die Literatur der christlichen Apologeten
gelesen.

Nicht minder vertraut sind ihm die Kämpfe und Parteiun-
gen innerhalb des Christentums und der Streit zwischen Juden und Christen in der Frage nach der Messianität Jesu.
Gravierender als diese Differenz in der Messiasfrage scheint
ihm die unüberbrückbare Kluft zwischen den einzelnen
christlichen Sekten: »Im Anfang bildeten sie ein kleines Häuflein und waren eines Sinnes; seitdem sie aber zu einer Menge
angewachsen sind, entstehen wiederum unter ihnen Spaltungen und Parteien, und ein jeder will sich einen eigenen
Anhang schaffen; denn danach trachteten sie von Anfang
an.« (III, 10) »Und infolge der Menge trennen sie sich wieder
voneinander und verdammen sich dann gegenseitig; so daß
sie sozusagen nur noch eins gemeinsam haben, wenn sie es
wirklich gemeinsam haben, nämlich den bloßen Namen.
Dieser ist noch das einzige, das sie sich doch schämen aufzugeben; im übrigen aber hält es von den Parteien diese so und
jene anders!« (III, 12)

Im einzelnen wendet sich Celsus gegen die Unvernünftig-
keit und Unkenntnis der alttestamentlichen Schöpfungs- und

Urgeschichte und erregt sich über das anthropozentrische Weltbild von Juden und Christen. Die jüdische Lehre einer besonderen Vorsehung für das Volk Israel verurteilt er entschieden. Die göttliche Verheißung an die Juden hat sich nicht erfüllt. »Statt Herren der ganzen Erde zu sein, ist jenen nicht einmal eine Scholle Landes, nicht eine Feuerstätte übriggeblieben.« (VIII, 69) Die christliche Erwartung einer Auferstehung des Fleisches scheint ihm töricht und »geradezu für Würmer passend« (V, 14). Die genealogische Zurückführung Jesu bis auf Adam ist ebenso unglaubwürdig wie die stete Feststellung, alttestamentliche Weissagungen hätten sich in Jesus erfüllt – eine Behauptung, die nur mit Hilfe allegorischer Schriftauslegung möglich ist. Die Leidensvoraussagen Jesu schließlich sind nichts als nachträgliche Erfindungen.

Bei aller Einzelkritik kehrt ein beherrschender Vorwurf immer wieder: Die christliche Lehre wendet sich bewußt an die Ungebildeten – »Was für andere Leute hätte wohl ein Räuberhauptmann berufen?« (III, 59) – und mißachtet die Intellektuellen. Sie bietet inhaltlich nichts Neues, sondern wiederholt und verfälscht das den Gebildeten längst Bekannte. Die Forderung der Feindesliebe beispielsweise, ist sie bei Platon nicht schon früher und besser ausgesprochen? Und steht nicht die Lehre der Demut, der Geringschätzung des Reichtums, der Gottessohnschaft oder der Ablehnung von Bilderverehrung schon bei Platon oder Heraklit? Findet sich nicht auch die Geschichte von der Jungfrauengeburt in viel älteren hellenischen Mythen? Celsus handhabt hier als erster, doch schon meisterlich, die Methode des religionsgeschichtlichen Vergleichs.

Zentral aber für seine Argumentation ist der Begriff der Stasis, des Aufstands. Aufstand kennzeichnet Juden und Christen gleichermaßen und macht sie verdächtig. Aufstand war es, als die Juden Ägypten verließen und sich gegen die ägyptische Religion und den Staat wandten. Aufstand ist jetzt Jesu Erhebung zum Messias. Nur so auch ist das Verhalten der Christen im römischen Staat zu verstehen: Sie verachten den Alethes logos, ziehen sich in geheime Zirkel zurück und handeln offen oder versteckt gegen Sitte und allgemeines Gesetz. Ihre Zurückgezogenheit, ihr völliges Desinteresse am Staatsleben, das ist eigentlich der Hauptvorwurf des Celsus gegen die Christen. Sie werden als Gegner der Zivilisation und des römischen Staates zu Wegbereitern der Barbarei, ihr Verhalten ist staatsgefährdend.

Celsus beginnt seine Schrift mit der Klage über das exklusive und ungesetzliche Verhalten der Christen; er schließt aber nicht unversöhnlich, sondern mit der Aufforderung an sie, doch endlich aus den Winkeln des Reiches herauszukommen, sich am Staatsleben zu beteiligen und nicht zuletzt auch in Notzeiten den Kaiser durch Militärdienst zu unterstützen.

Nur knapp zwei Jahrhunderte später sind die Christen einer Forderung, wie sie Celsus stellte, allzugern nachgekommen. Von heute auf morgen schlugen sie sich unter Konstantin auf die Seite der Mächtigen, der Unterdrücker. Die unselige Allianz von Thron und Altar hatte begonnen.

Klaus Ahlheim

Gott

Ihrem Führer Moses sind die Ziegenhirten und Schafhirten gefolgt und haben sich durch plumpen Trug einreden lassen, es gebe nur einen einzigen Gott.   *I, 23*[6]

Was hat denn ein solches Herabkommen des Gottes für einen Sinn? Etwa, damit er die Zustände bei den Menschen kennenlerne? Weiß er denn nicht alles? Er weiß es also, bessert's aber nicht, und es ist ihm nicht möglich, es mit göttlicher Macht zu bessern? War es ihm nicht möglich, es mit göttlicher Macht zu bessern, außer wenn er leibhaftig jemanden zu diesem Zwecke sandte?   *IV, 3*

Aber vielleicht war Gott bei den Menschen nicht bekannt und glaubte dementsprechend weniger geehrt zu sein und wünschte deshalb wohl bekannt zu werden und die Gläubigen und Ungläubigen auf die Probe zu stellen, wie die vor kurzem reich gewordenen Menschen, die mit ihrem

Reichtum zu prahlen pflegen? Die Christen legen (also)
Gott einen recht großen und ganz irdischen Ehrgeiz bei.

IV, 6

Wenn dies aber seine Werke sind, wie konnte denn Gott
Böses schaffen? Wie kann er unfähig sein, zu überreden
und zurechtzuweisen? Wie kann er, da sie undankbar und
schlecht geworden sind, über sie Reue empfinden und
seine eigene Kunst tadeln und hassen und drohen und die
eigenen Geschöpfe zugrunde richten? Oder wohin wohl
entführt er sie aus dieser Welt, die er selbst gemacht hat?

VI, 53

Daß aber sowohl einige von den Christen als auch Juden
(sagen), ein Gott oder ein Sohn Gottes sei als Richter der
irdischen Dinge entweder schon auf die Erde herabge-
kommen oder werde noch herabkommen, dies ist das
Schmählichste, und die Widerlegung bedarf auch nicht
einmal langer Rede.

IV, 2

Ganz unglaubliche und abgeschmackte Märchen

Die Juden, in irgendeinem Winkel Palästinas zusammen-
gekauert, vollständig ungebildete Leute, ohne die gering-
ste Kenntnis davon, daß von Hesiod und unzähligen andern gottbegeisterten Männern diese Dinge schon längst
in ihren Gedichten erzählt worden sind, haben ganz unglaubliche und abgeschmackte Märchen zusammengestellt, nämlich von einem Menschen, den Gott mit seinen
Händen gebildet und dem er Atem eingeblasen habe, und
von einem Weibe, aus der Seite (des Mannes genommen),
von Geboten Gottes und von einer Schlange, die diesen
entgegenarbeitet, und von einem Siege der Schlange über
die Gebote Gottes; so erzählen sie ein Märchen wie für alte
Weiber und stellen in ganz frevelhafter Weise Gott so dar,
daß er sofort von Anfang an ohnmächtig und nicht einmal
imstande wäre, einen einzigen Menschen, den er selbst
gebildet, zum Gehorsam zu bringen.

IV, 36

Dann (erzählen sie) von einer Überschwemmung und von einem wunderlichen Kasten, der alles in sich barg, und von einer Taube und von einer Krähe als Boten, indem sie die Geschichte von Deukalion verfälschen und leichtfertig behandeln. Denn sie erwarteten wohl nicht, daß diese Dinge ans Licht kommen würden, sondern haben sie geradezu als Märchen für unmündige Kinder erzählt.   *IV, 41*

Die Auserwählten

(Celsus vergleicht »das Geschlecht der Juden und Christen« mit) »einem Schwarm von Fledermäusen oder mit Ameisen, die aus ihrem Bau hervorkommen, oder mit Fröschen, die um einen Sumpf herum Sitzung halten, oder mit Regenwürmern, die sich in einem kotigen Winkel versammeln und miteinander streiten, welche von ihnen die größeren Sünder wären, und behaupten: Wir sind es, denen Gott alles zuerst offenbart und verkündigt; die ganze Welt und die Bahn der Himmelskörper läßt er im Stich und kümmert sich auch nicht um die weite Erde, sondern regiert uns allein und begrüßt uns allein durch seine Boten und hört nicht auf, zu senden und zu forschen, damit wir immer mit ihm verbunden bleiben.«   *IV, 23*

Die christliche Sittenlehre ist dieselbe wie die der Philosophen

(Celsus sagt über die »christliche Sittenlehre«), »sie sei dieselbe wie die der anderen Philosophen und keine ehrwürdige noch neue Wissenschaft«.   *I, 4*

(Zu den Aussagen der christlichen Schriften bemerkt er, daß) »diese Dinge besser bei den Griechen ausgedrückt seien und ohne hochfahrendes Wesen und Ankündigungen, wie wenn sie von Gott oder dem Sohne Gottes kämen«.   *VI, 1*

(Er sagt weiter, daß) »der Ausspruch Jesu gegen die Reichen: ›Es ist leichter, daß ein Kamel durch ein Nadelöhr gehe, als daß ein Reicher in das Reich Gottes eingehe‹, geradezu aus Platon genommen sei, indem Jesus den platonischen Satz: ›Unmöglich ist es, daß ein hervorragend guter Mensch zugleich auch hervorragend reich sei‹, verfälscht habe«.   *VI, 16*

Sie haben auch ein solches Gebot, welches fordert, daß man den Angreifer nicht abwehren solle; und wenn dieser, sagt es, (dich) auf den einen Backen schlägt, so halte du auch den andern hin. Auch diese Mahnung ist sehr alt und gar trefflich schon früher ausgesprochen; von ihnen aber ist sie in bäurischer Form wiedererzählt. Denn nach der Darstellung Platons hat sich Sokrates mit Kriton folgendermaßen unterhalten: ›Man darf also unter keinen Umständen Unrecht tun. – Nimmermehr! – Also darf man auch nicht, wenn uns ein Unrecht zugefügt ist, mit Unrecht erwidern, wie die große Menge meint, da man eben durchaus kein Unrecht tun darf. – Offenbar nicht. – Wie aber nun? Darf man, mein Kriton, Böses tun oder nicht? – Man darf es doch wohl nicht, mein Sokrates. – Wie aber? Das Böse, das man erleidet, mit Bösem zu vergelten, ist das gerecht, wie die große Menge sagt, oder nicht gerecht? – Keineswegs! – Ja, denn den Menschen Böses tun unterscheidet sich wohl gar nicht vom Unrecht tun. – Du hast recht. – Also darf man einem Menschen weder mit Unrecht erwidern noch Böses zufügen, selbst wenn man noch so viel Böses von ihm zu leiden hat.‹ Dieses sagt Platon und wiederum auch das Folgende: ›Erwäge also auch du recht wohl, ob du gemeinschaftliche Sache mit mir machst und einverstanden bist und wir also bei unserer Beratung davon ausgehen können, daß es niemals recht sei, Unrecht zu tun oder mit Unrecht zu erwidern, oder wenn man selbst Böses erleidet, sich dadurch zu wehren, daß man seinerseits Böses tut, – oder ob du davon abstehen und mit diesem ersten Satze nichts gemein haben willst! Denn meine Meinung ist dies schon längst und auch jetzt noch.‹ Platon billigte also diese Ansicht, sie war aber auch noch früher von göttlichen Männern vertreten worden. Aber hierüber und über all das andere, was sie verfälschen, mag das Gesagte genügen;

wer aber Lust hat, noch ausführlicher darüber nachzufor-
schen, wird es erfahren können.   *VII, 58*

Wunderglaube

Leuten, die betrogen werden wollen, hätten auch viele
andere von der Art, wie Jesus war, erscheinen können.

II, 8

O Licht und Wahrheit! Mit seiner eigenen Stimme spricht
er, wie auch ihr aufgezeichnet habt, unverhohlen aus, daß
auch andere zu euch kommen werden, die ähnliche Wunder anwenden wie er, schlechte Menschen und Zauberer,
und er nennt auch einen gewissen Satanas als Veranstalter
solcher Dinge. So leugnet er auch selbst gar nicht, daß
diese Wundertaten nichts Göttliches, sondern Werke ruch-
loser Menschen sind. Genötigt von der Wahrheit, hat er
zugleich das Treiben der andern aufgedeckt und seine
Taten gerichtet. Ist das nicht ein Frevel, wegen der nämlichen Werke den einen für Gott und die andern für Betrüger
zu halten? Warum soll man denn nach diesen Werken die
andern mit größerem Rechte für schlechte Menschen ansehen als diesen, indem man ihn selbst zum Zeugen nimmt?
Von diesen Wundern hat er ja selbst zugestanden, daß sie
nicht die Kennzeichen göttlicher Natur, sondern menschlicher Arglist und Bosheit seien.   *II, 49*

Eine Lehre für Ungebildete und Sünder

(Celsus hält die christliche Lehre für »einfältig« und sagt,)
»sie habe nur bei einfältigen Leuten Herrschaft gewonnen,
da sie selbst einfältig sei und wissenschaftlichen Charakters entbehre«.   *I, 27*

(Er sagt weiter über die Christen, sie) »ergriffen vor den
Gebildeteren eiligst die Flucht, da diese für Betrug nicht
zugänglich wären, suchten aber die Ungebildeteren zu
verlocken«.   *VI, 14*

Indem sie solche Leute (nämlich Ungebildete und Unge-
lehrte) von vornherein als würdig ihres Gottes bezeichnen,
wollen sie offenbar nur die einfältigen, gemeinen und
stumpfsinnigen Menschen und nur Sklaven, Weiber und
Kinder überreden, und vermögen dies auch.   *III, 44*

Nun laßt uns hören, was für Personen die Christen einla-
den! Wer ein Sünder ist, sagen sie, wer unverständig, wer
unmündig und wer mit einem Wort unglückselig ist, den
wird das Reich Gottes aufnehmen. Meint ihr damit nicht
den Sünder, nicht den Ungerechten und Dieb und Einbrecher und Giftmischer und Tempelräuber und Grabschän-
der? Was für andere Leute hätte wohl ein Räuberhauptmann berufen?   *III, 59*

Warum aber wurde er nicht zu den Sündlosen gesandt? Ist
es denn etwas Böses, keine Sünde begangen zu haben?
                                                    III, 62

Leibliche Auferstehung

Töricht ist auch ihr Glaube, daß, wenn Gott einmal wie ein
Koch das Feuer herangebracht hätte, das ganze übrige
Menschengeschlecht ausgebrannt werden würde, sie dagegen allein fortbestehen würden, und zwar nicht nur die
Lebenden, sondern auch die längst schon Gestorbenen;
diese würden wieder aus der Erde hervorkommen, bekleidet mit dem nämlichen Fleische wie früher. Es ist das eine
Hoffnung, die geradezu für Würmer passend ist. Denn
welche menschliche Seele dürfte sich wohl noch nach einem verwesten Leibe sehnen? Ist doch diese Lehre nicht
einmal bei einigen von euch (Juden), auch nicht bei den
Christen allgemein anerkannt; und wie sie ganz abscheulich und verwerflich ist, so kann sie auch unmöglich bewiesen werden. Denn welcher völlig zerstörte Leib wäre wohl
imstande, zu seiner ursprünglichen Beschaffenheit und zu
ebenjenem ersten Zustand, aus dem er gelöst wurde, zurückzukehren? Da sie hierauf nichts zu antworten wissen,
so behelfen sie sich mit der höchst abgeschmackten Aus-
flucht, daß für Gott alles möglich wäre.   *V, 14*

Wer lügt da?

Werden sie nicht noch jenen Punkt erwägen? Wenn die
Propheten des Gottes der Juden voraussagten, daß dieser
der Sohn jenes Gottes sein werde, wie konnte denn jener
Gott durch Moses anordnen, (die Juden) sollten reich sein
und herrschen und die Erde erfüllen und ihre Feinde Mann
für Mann hinmorden und ohne Unterschied des Ge-
schlechtes töten, was er denn auch selbst nach dem Berichte des Moses vor den Augen der Juden tut, wobei er ihnen
dann noch ausdrücklich für den Fall des Ungehorsams
dasselbe wie den Feinden anzutun droht? Sein Sohn aber
freilich, »der Nazoräische Mensch«, ordnet im Gegensatze
dazu an, daß, wer reich oder herrschsüchtig sei oder auf
Weisheit oder Ruhm Anspruch erhebe, gar keinen Zutritt
zum Vater haben solle; man dürfe an Speisen und an seine
Vorratskammer ebensowenig denken wie »die Raben«
und an seine Kleidung noch weniger als »die Lilien«, und
dem, der einmal geschlagen habe, solle man sich nochmals
zum Schlage darbieten. Wer lügt da, Moses oder Jesus?
Oder vergaß der Vater, als er diesen sandte, was er mit
Moses verabredet hatte? Oder hat er seinen Sinn geändert
und seine eigenen Gesetze verdammt und sendet deshalb
den Boten mit ganz entgegengesetzten Bestimmungen ab?

VII, 18

Anmerkungen

[1] *B. Russell,* Warum ich kein Christ bin, Reinbek b. Hamburg 1968 (=
rororo Taschenbuch 1019–1020), 45 – [2] Alle Celsus-Zitate nach der
Übersetzung von *P. Koetschau,* Des Origenes acht Bücher gegen
Celsus, München 1926/1927 (Bibliothek der Kirchenväter Bd. 52 und
53); hier: VIII, 21 – [3] Vgl. *Epiktet,* Dissertationes IV, 7, 4 ff. – [4] *K.
Deschner,* Abermals krähte der Hahn, Stuttgart [2]1964, 124 f. – [5] Diese
Gleichsetzung hat Celsus wohl aus dem Timaios des Platon übernommen; vgl. *C. Andresen,* Logos und Nomos. Die Polemik des Kelsos
wider das Christentum, Berlin 1955, 108 ff. – [6] Zum Zitieren der Quell-
entexte: Wo dem Werk des Origenes ein intakter Celsus-Text entnommen ist, wird dieser nicht besonders hervorgehoben. Wenn Text-
teile des Origenes mitzitiert werden müssen, stehen die Celsus-Passa-
gen in Anführungszeichen, ebenso nach Erläuterungen des Verfassers (in Klammern), sofern der Text des Celsus in indirekter Rede
angeschlossen ist. Nur in dem Zitat aus I, 32 wurde die indirekte Rede
der Origenes-Übersetzung der größeren Klarheit wegen in direkte
umgewandelt.

PORPHYRIOS
Um 233–301/305

Des Porphyrios Malchos beständiger Nachruhm beruht vornehmlich auf den Diensten, die er dem Werk Größerer erwies: Seine kurze *Einführung* (Εἰσαγωγή) in die aristotelische Kategorienschrift gehört zu den geläufigsten Texten der Schulphilosophie im Abendland und in der islamischen Welt; den Höhepunkt seiner Wirksamkeit erreicht dieses Opusculum des dezidierten Christengegners in der hohen Zeit christlichen Philosophierens, in der Scholastik. Weiterhin blieb Porphyrios der Nachwelt dadurch gegenwärtig, daß er die Schriften seines Lehrmeisters Plotin, des letzten Großen der antiken Philosophie, in der bald als verbindlich akzeptierten Anordnung zu Neunergruppen (Enneaden) herausgegeben und durch eine für unsere heutige Kenntnis fundamentale Vita ihres Verfassers ergänzt hat.

Ihm selbst wurde der Dienst einer sorgfältigen, aus persönlichem Umgang schöpfenden Biographie nicht erwiesen. Unsere Kenntnis seines äußeren und inneren Lebens ist recht lückenhaft, gerade in wichtigen Punkten unsicher und beruht in erheblichem Maße auf den Hinweisen in seinen eigenen Schriften.[1]

Porphyrios stammt aus Phönizien. Er wird um 233 wohl in Tyros — seine christlichen Gegner freilich verlegen seine Herkunft mit Vorliebe nach Batanea — geboren und erhält zunächst den syrischen Namen Malchos. Als junger Mann verbringt er etwa zehn Jahre in Athen im Gefolge des neuplatonischen Rhetors und Gelehrten Longinos. Seit 263 — Kaiser Gallienus kann das zehnte Jahr seiner Herrschaft vollenden — lebt er in Rom und wird alsbald der bedeutendste Anhänger des großen Plotin. 267 oder 268 übersiedelt er nach Sizilien, einem Ratschlag Plotins folgend, der ihm helfen will, tiefe Depressionen zu überwinden.[2] Nach dem Tode Plotins (270) finden wir ihn wieder in Rom. Sein eigenes Todesjahr, auf der Grundlage der vorhandenen Quellen nicht genau zu fixieren, liegt zwischen 301 und 305.

Porphyrios ist einer der größten und vielseitigsten Gelehrten und einer der fruchtbarsten Schriftsteller seiner Zeit;

»doctissimus philosophorum« heißt er bei Augustinus[3]. Die Liste seiner Werke umfaßt etwa 80 Titel – zahlreiche Kommentare zu Aristoteles und Platon, auch zu Theophrast und Plotin, philologische, rhetorische, grammatische Exegesen und Studien, eigene poetische Versuche, eine Philosophiegeschichte, eine Pythagoras-Vita, historische Schriften, Schriften zur Mathematik und Astrologie, zum Mysterienwesen und zur Theurgie, psychologische, metaphysische und moralphilosophische Abhandlungen, Stellungnahmen zu aktuellen religiösen Fragen, als deren weitaus wichtigste und umfangreichste die Streitschrift gegen die Christen, Κατὰ χριστιανῶν, zu gelten hat.

Die große Mehrzahl der porphyrianischen Arbeiten ist nur in dürftigen Fragmenten überliefert oder lediglich dem Titel nach bekannt. Weithin verloren ist auch das auf Sizilien abgefaßte Werk gegen die Christen: Bereits vor dem Konzil von Nikäa (325) verfügt Kaiser Konstantin die Vernichtung der Schrift – in der Geschichte des christlichen Abendlandes der erste Fall einer im Interesse der Kirche angeordneten staatlichen Bücherproskription. Theodosius II. und Valentinian III. erneuern 448 Konstantins Verdikt; seitdem fehlt jeder Hinweis auf die Existenz eines vollständigen Exemplars. Alle anderen Porphyriana bleiben im übrigen unbehelligt.

Verloren sind heute auch die apologetischen Streitschriften derjenigen christlichen Autoren, die, wie Methodios von Olympos, Eusebios, Apollinarios von Laodicea, noch unmittelbaren Zugang zum vollständigen Text des Porphyrios hatten. Grundlage unserer Kenntnis des Werkes sind deshalb die beiläufigen Erwähnungen und Zitate, die sich in der patristischen Literatur finden. Eine reichhaltige Ergänzung bietet die Apologie *Apokritikos* des Makarios Magnes (um 400), die, lange verschollen, 1867 in einer athenischen Handschrift wiederaufgetaucht ist. Der Verfasser des *Apokritikos* weiß freilich nicht, daß er es mit Thesen des Porphyrios zu tun hat; er setzt sich mit einem ihm offenbar anonym überlieferten Exzerpt auseinander. Die Identifikation seiner Vorlage darf jedoch als sehr wahrscheinlich, wenn nicht als sicher gelten; seit Adolf von Harnacks Untersuchungen ist sie weitgehend anerkannt.

Das Werk des Porphyrios, »unstreitig das umfangreichste
und gelehrteste Werk, welches im Altertum gegen das Christentum verfaßt worden ist«[4], liegt zeitlich zwischen den
beiden anderen im Niveau vergleichbaren antichristlichen
Streitschriften der ausgehenden Antike, denen des Celsus
(2. Jahrhundert) und des Kaisers Julianus Apostata (4. Jahrhundert). In den erhaltenen Fragmenten gibt Porphyrios keinerlei Zeugnis davon, ob ihm der Λόγος ἀληθής des Celsus
bekannt gewesen. Insoweit die engen Grenzen unserer Text-
kenntnis ein vergleichendes Urteil gestatten, dürfen wir sagen: Bei Celsus spielt die politische Zielsetzung, die Sorge
um das Schicksal des Imperiums, eine größere Rolle als bei
Porphyrios; Celsus' Werk geht viel weniger ins gelehrte Detail, und die in der porphyrianischen Schrift praktizierten
Methoden der historisch-philologischen Quellenkritik, der
zu konspektiver Analyse der vier Evangelien führenden systematischen Suche nach Unstimmigkeiten, sind ihm fremd.
Kaiser Julianus kennt und übernimmt die Methoden des Porphyrios, ohne ihn zu erwähnen; der Mystagoge und Theo-
soph Iamblichos, als Nachfolger des Porphyrios Haupt der
neuplatonischen Schule, bedeutet ihm weitaus mehr.

Genaue und zuverlässige Informationen über die Gründe,
die Porphyrios zu seiner dezidierten und umfassenden Auseinandersetzung mit dem Christentum veranlaßten, liegen
uns nicht vor. Es wird berichtet, er habe, zwar von Haus aus
Heide, in seiner Jugend dem Christentum so nahegestanden,
daß er sich von ihm durch einen Bruch habe lösen müssen.[5]
Die Nachricht freilich, es sei dies deshalb geschehen, weil
ihn einmal Christen verprügelt hätten, werden wir kaum ganz
ernst nehmen dürfen. Im übrigen bleibt jeder Versuch, in den
uns vorliegenden Texten eine Entwicklung von pietätvoller
Distanz zu rigoroser und gehässiger Ablehnung ausfindig zu
machen[6], insoweit problematisch, als er sich ausschließlich
auf die ambivalenten Äußerungen in der frühen, vor der
Bekanntschaft mit Plotin entstandenen Schrift *Über die aus
Orakelsprüchen zu entnehmende Philosophie* (Περὶ τῆς ἐκ
λογίων φιλοσοφίας) zu stützen vermag.

Überhaupt keinen Beleg gibt es für die Annahme, die
Abfassung des porphyrianischen Werkes gehe auf eine Anre-

gung Plotins zurück. Wenn wir nicht außer acht lassen, daß
eine so heftige Feindseligkeit, wie sie aus diesem Werk
spricht, nicht allein auf philosophisch-theoretische Motive
deutet, sondern stets auch auf persönliche Erfahrungen und
Dispositionen, dann dürfen wir allerdings so viel sagen, daß
die geistige Atmosphäre in der neuplatonischen Schule Plotins einer kritischen und negativen Stellungnahme zum Christentum zumindest nicht ungünstig gewesen ist. Trotz aller
Rezeption und Adaptation neuplatonischen Gedankengutes
im christlichen Philosophieren sind die fundamentalen Thesen der plotinischen Metaphysik mit dem Christentum nicht
in Einklang zu bringen, ist das »Eine« des Plotin etwas toto
coelo anderes als der biblische Gott.

In seinem Kampf gegen die Christen und ihre Berufung auf
das geschichtliche Faktum der Offenbarung, auf den zeitlich-
einmaligen Auftritt des Erlösers präsentiert sich Porphyrios als
Anwalt des ewigen Logos: Daß der Christenglaube irrational,
ἄλογος sei, ist eines seiner zentralen Argumente. Unvernunft, Inkohärenz, Spekulation auf blindes Vertrauen ohne
Einsicht entdeckt er allenthalben in der Bibel, und aus sachlicher Stellungnahme fällt er dabei nicht selten in die Tonart
heftiger Beschimpfung; wir hören von »leerem Geschwätz«[7],
»schwindlerischem Theater«[8] und dergleichen. Wie schon
bemerkt, untersucht er die Evangelien systematisch auf ihre
Übereinstimmung, und in seiner Neigung, ihre Verfasser der
unverfrorenen Erdichtung und Phantasterei, die Verbreiter
der christlichen Lehre betrügerischer Machenschaften zu be-
zichtigen, schlägt er geradezu die Richtung der rationalistischen Bibelkritik ein. Die These freilich, bei aller Aversion
gegen die Christen habe sich Porphyrios eine grundsätzliche
Hochschätzung Christi bewahrt, ist auch in der Form, in der
sie so gründliche Gelehrte wie Bidez, Harnack und Geffcken
vortragen[9], äußerst problematisch.

Im Blick auf die aufklärerischen Züge der porphyrianischen Schrift dürfen wir nicht vergessen, daß ihr Verfasser
gleichwohl einem recht üppigen Dämonen- und Orakelglau-
ben anhängt. Kritischer Scharfsinn und Adeptengläubigkeit,
gesunder Menschenverstand und gespannte Bereitschaft für
Ekstasen und Inspirationen – in der Kombination dieser Ei-

genschaften begegnet uns der Gelehrte und Mensch Porphyrios als ein exemplarischer, in seiner Eigenart dennoch unvergleichlicher Vertreter einer an Ambivalenzen und Widersprüchen so überaus reichen Zeit.

Wilhelm Halbfaß

Kritik der Göttlichkeit Jesu[10]

Warum hat Christus weder, als er dem Hohepriester, noch, als er dem Statthalter vorgeführt wurde, etwas gesagt, das eines Weisen, eines Gottmenschen würdig gewesen wäre, obwohl er doch die Gelegenheit gehabt hätte, seinen Richter und dessen Gehilfen zu belehren und auf ihre Besserung hinzuwirken?   *Nr. 63, Makarios III, 1*

Wenn er (der auferstandene Christus) sich angesehenen Männern offenbart hätte, dann wären durch sie alle zum Glauben gelangt, und kein Richter hätte sie als Erfinder absonderlicher Märchen verurteilt.

Nr. 64, Makarios II, 14

Selbst wenn unter den Griechen einer stumpfsinnig genug wäre, anzunehmen, daß die Götter in den Standbildern hausen, so hätte er eine viel weniger trübe Vorstellung als derjenige, der glaubt, daß die Gottheit in den Leib der Jungfrau Maria eingegangen sei, daß sie zum Fötus geworden und nach der Geburt in Windeln gelegt worden sei, bedeckt vom Blut des Mutterkuchens, von Galle und noch viel größeren Widerwärtigkeiten.   *Nr. 77, Makarios IV, 22*

Wenn Christus sich als Weg des Heils, als Gnade und Wahrheit bezeichnet und behauptet, in ihm allein sei Zuflucht für die gläubigen Seelen, was haben dann die Menschen so vieler Jahrhunderte vor Christus getan?

Nr. 81, Augustinus, Epist. 102, 8

Weshalb war es notwendig, daß er erst in jüngster Zeit
gekommen ist und nicht, bevor eine zahllose Menge von
Menschen zugrunde ging?

Nr. 82, Hieronymus, Epist. 133, 9

Voller Einfältigkeit scheint mir auch das folgende Wort
(Christi) zu sein: »Wenn ihr Moses glaubtet, so glaubtet ihr
auch mir; denn er hat von mir geschrieben« (Joh. V, 46).
Gleichwohl ist von Moses doch gar nichts erhalten; denn
alle seine Schriften sind, wie es heißt, mit dem Tempel
verbrannt. Was danach unter dem Namen des Moses geschrieben wurde, ist in Wahrheit elfhundertundachtzig
Jahre nach dem Tode des Moses von Esra und dem Kreis
um ihn ohne Sorgfalt verfaßt worden. Aber selbst wenn
man gelten ließe, daß Moses der Verfasser sei, so wäre es
doch nicht möglich, nachzuweisen, daß Christus an irgendeiner Stelle als Gott, als göttlicher Logos oder als
Weltschöpfer bezeichnet worden sei. Und überhaupt – wer
hat gesagt, daß Christus gekreuzigt werden würde?

Nr. 68, Makarios III, 3

Petrus und Paulus

Was ist das für ein »Petrus« (griech. πέτρος, Fels), der da
imstande sein soll, die Fundamente der Kirche zu tragen –
er, der leichtfertigen Sinnes tausendfach sich hin und her
gewendet hat? Was ist das für eine wohlgegründete Einsicht, die man bei ihm hat beobachten können? Wo hat er
Unerschütterlichkeit des Charakters vorgeführt – er, der
von seiten einer armseligen Magd das Wörtchen »Jesus«
hörte und ihretwegen entsetzlich ins Zittern geriet, der
dreimal meineidig wurde, obwohl er keinerlei starkem
Zwang ausgesetzt war (vgl. Matth. XXVI, 69–74)?

Nr. 23, Makarios III, 19

(Paulus sagt:) »Denn die mit des Gesetzes Werken umgehen, die sind unter dem Fluch« (Gal. III, 10). Er, der im
Römerbrief schreibt: »Das Gesetz ist geistlich« (VII, 14)
und: »Das Gesetz ist heilig, und das Gebot ist heilig und

gerecht« (VII, 12), unterwirft damit diejenigen, die dem
Heiligen gehorchen, dem Fluch. So rührt er die Natur der
Sache um und um, bringt das Ganze durcheinander und
verdunkelt es.   *Nr. 30, Makarios III, 33*

Daß er (Paulus) das Evangelium aus Eitelkeit und das Gesetz aus Habsucht verkündet, wird klar, wenn er sagt
(1. Kor. IX, 7): »Wer zieht jemals in den Krieg auf seinen
eigenen Sold? Wer weidet eine Herde und nährt sich nicht
von der Milch der Herde?« Und indem er dies nun bekräfti-
gen will, nimmt er sich das Gesetz zum Anwalt seiner
Habsucht – mit den Worten (1. Kor. IX, 8): »Sagt nicht solches das Gesetz auch? Denn im Gesetz Moses' steht geschrieben: ›Du sollst dem Ochsen nicht das Maul verbinden, der da drischt.‹«   *Nr. 29, Makarios III, 32*

Absurde Kriterien des christlichen Glaubens

Jesus sagt: »Ich preise dich, Vater und Herr des Himmels
und der Erde, daß du solches den Weisen und Klugen
verborgen hast und hast es den Unmündigen offenbart«
(Matth. XI, 25) ... Wenn die geheimen Wahrheiten also vor
den Weisen verborgen, dafür aber den Unmündigen und
Säuglingen ohne alle Beteiligung der Vernunft erschlossen sind, dann ist es besser, sich eifrig um Unvernunft und
Unwissenheit zu bemühen. Und das ist die große Errun-
genschaft der Weisheit dessen, der auf Erden gewandelt
ist: das Licht der Erkenntnis vor den Weisen verborgen und
es den Unverständigen und den kleinen Kindern enthüllt
zu haben.   *Nr. 52, Makarios IV, 9*

(Jesus sagt:) »Wahrlich, ich sage euch: So ihr Glauben habt
wie ein Senfkorn, so mögt ihr sagen zu diesem Berg, ›Steig
in die Höhe und laß dich ins Meer fallen‹, und nichts wird
euch unmöglich sein« (Matth. XVII, 20, jedoch in abwei-
chender Version). Es ist demnach klar, daß jemand, der
einen Berg nicht durch bloßen Befehl in Bewegung zu
versetzen vermag, nicht zur Bruderschaft der Gläubigen
gerechnet werden kann.   *Nr. 95, Makarios III, 17*

»Es ist leichter, daß ein Kamel durch ein Nadelöhr gehe,
denn daß ein Reicher ins Reich Gottes komme« (Matth.
XIX, 24). Wenn demnach ein Reicher, mag er sich auch in
seinem Lebenswandel aller Verfehlungen – des Mordes,
Diebstahls, Ehebruchs, der Giftmischerei, des Meineids,
der Grab- und Tempelräuberei – enthalten, nicht in das
sogenannte Himmelreich hineingelangt, was haben dann
die Rechtschaffenen von ihrer Rechtschaffenheit, falls sie
reich sind? Und was schadet es den Armen, wenn sie alle
Ungeheuerlichkeiten des Lasters auf sich laden? Es ist ja
nicht das sittliche Verhalten, das den Menschen zum Himmel emporführt, sondern seine Armut und Bedürftigkeit.
Denn wenn der Reichtum die Reichen vom Himmel ausschließt, dann gilt umgekehrt, daß die Armut die Armen
Einlaß finden läßt. Und es ist nur recht und billig, daß
jemand, der sich diese Lehre angeeignet hat, sich um sittliches Verhalten überhaupt nicht mehr kümmert, sondern
allein um die Armut, und sich zügellos auf das Schändlich-
ste einläßt, da die Armut den Armen ja zu retten vermag
und der Reichtum den Reichen vom Aufenthalt in der Leid-
losigkeit ausschließt. Deshalb scheint es mir, daß diese
Worte nicht von Christus sind – wenn anders er wirklich die
»Richtschnur der Wahrheit« hinterlassen hat –, sondern
von armen Leuten, die sich durch solch leeres Gerede den
Besitz der Reichen aneignen wollten.

Nr. 58, Makarios III, 5

Kritik der christlichen Eschatologie

Das, was Gott einmal gefiel und über so lange Zeit hin
bewahrt wurde, verdient ewig zu sein und nicht vom
Schöpfer geringgeschätzt und vernichtet zu werden wie
etwas, das vom Menschen stammt und, vom Sterblichen
verfertigt, selbst vergänglich ist.   *Nr. 94, Makarios IV, 24*

Wir müssen nun noch auf die Auferstehung der Toten
eingehen... Viele nämlich sind seit eh und je im Meer
umgekommen, und ihre Leiber wurden von den Fischen
vertilgt, viele sind von wilden Tieren und Vögeln gefressen

worden. Wie sollten ihre Körper da auferstehen können?
Nun, durchdenken wir das Gesagte einmal in etwas spitz-
findiger Weise: Jemand hat Schiffbruch erlitten, Meer-
äschen haben sich seinen Körper schmecken lassen; Fischer, die diese wiederum verzehrt haben, sind umgebracht und von Hunden aufgefressen worden; Raben und
Geier haben sich sodann an den toten Hunden gütlich
getan. Wie soll der Körper des Schiffbrüchigen, der doch so
vielen Lebewesen zur Nahrung gedient hat, nun wieder
zusammengebracht werden? . . . Man sollte sich auch überlegen, wie unvernünftig es ist, wenn der Weltschöpfer
zwar damit einverstanden ist, daß der Himmel, dessen
erhabene Schönheit durch nichts übertroffen wird, sich
auflöst, daß die Sterne stürzen, daß die Erde vergeht –
verweste und verwüstete Menschenleiber jedoch auferstehen läßt.   *Nr. 94, Makarios IV, 24*

Christus droht den Ungläubigen ewige Qual an und sagt:
»Mit welcherlei Maß ihr meßt, mit dem wird euch zuge-
messen werden« (Matth. VII, 2) – wahrlich lächerlich und
widerspruchsvoll. Denn wenn er Strafe nach Maß zuteilen
will und wenn zum Maß die zeitliche Begrenzung gehört,
was will er da mit der Drohung grenzenloser Qual?
                              Nr. 91, Augustinus, Epist. 102, 22

Taufe und Abendmahl

». . . aber ihr seid abgewaschen, ihr seid geheiligt, ihr seid
gerecht geworden durch den Namen des Herrn Jesu und
durch den Geist unseres Gottes« (1. Kor. VI, 11). Darüber
wundern wir uns und sind wahrlich ganz ratlos, daß ein
Mensch von solchen Befleckungen und Greueln ein für
allemal reingewaschen und als unbefleckt angesehen werden kann, daß er, der sich in seinem Lebenswandel die
Schandmale solcher Zügellosigkeit zugezogen hat – der
Hurerei, des Ehebruchs, der Trunkenheit, des Diebstahls,
der Knabenliebe, der Giftmischerei und tausend anderer
übler und abscheulicher Handlungsweisen –, allein dadurch, daß er sich taufen läßt und den Namen Christi an-

ruft, mit Leichtigkeit davon befreit wird und die ganze Schuld abstreift wie eine Schlange ihre alte Haut.

Nr. 88, Makarios IV, 19

Viel zitiert ist folgendes Wort des Meisters: »Werdet ihr nicht essen mein Fleisch und trinken mein Blut, so habt ihr kein Leben in euch« (Joh. VI, 53). Das ist wahrlich nicht einfach viehisch und absurd, sondern absurder als jede Absurdität und viehischer als alles, was es beim Vieh gibt, daß ein Mensch von menschlichem Fleisch ißt und das Blut trinkt von solchen, die vom selben Stamm und Geschlecht sind, und daß er dadurch das ewige Leben erwirbt.

Nr. 69, Makarios III, 15

Anmerkungen

[1] Informativ ist vor allem die Plotin-Biographie. Vgl. die griechisch-deutsche Ausgabe: Plotins Schriften, übers. v. *R. Harder*, Bd. V c: Anhang, Hamburg 1958. Die gründlichste biographische Untersuchung über Porphyrios bietet *J. Bidez*, Vie de Porphyre, le philosophe néo-platonicien. Gent/Leipzig 1913 – [2] Vgl. Plotin-Biographie, § 63 f. – [3] De civitate Dei XIX, 22 – [4] Vgl. die in Anm. 10 genannte Arbeit *A. von Harnacks*, 3 – [5] Vgl. *Harnack*, 4, Anm. 4; 37 f. (Zeugn. XX); 40 (Zeugn. XXVI b); 41 (Zeugn. XXIX) – [6] Vgl. *P. de Labriolle*, La réaction païenne, Paris 1934, 268 ff. – [7] Fragment 49 (Harnack), Zeile 12 – [8] Fragment 55 (Harnack), Zeile 19 – [9] Vgl. die Zusammenstellung von Urteilen bei *P. de Labriolle*, La réaction païenne, 279 – [10] Die maßgebliche Sammlung von Relikten des porphyrianischen Werkes gegen die Christen ist: Porphyrius, Gegen die Christen, 15 Bücher. Zeugnisse, Fragmente und Referate. (Hrsg. v. *Adolf von Harnack* (Abhandl. d. Königl. Preuß. Akad. d. Wissensch., Jahrg. 1916, Philos.-histor. Klasse Nr. 1), Berlin 1916. Es werden hier ausgewählte Stücke aus Harnacks Sammlung in neuer, großenteils erstmaliger deutscher Übersetzung vorgelegt. Sie sind mit den jeweiligen Nummern der Zählung Harnacks versehen worden. Außerdem wurde auf die Fundorte in den Quellentexten verwiesen. Eigene Paraphrasen, Hinweise und Zusammenfassungen wurden in Klammern gesetzt. Bibelzitate sind im allgemeinen im Anschluß an Luthers Verdeutschung wiedergegeben. Abweichungen sind vor allem darauf zurückzuführen, daß Porphyrios zuweilen nach einer mit Luthers Vorlage nicht übereinstimmenden Version zitiert.

KAISER JULIAN
332–363

> Ihr seid so elend, daß ihr nicht
> einmal dem treu bleibt, was
> die Apostel euch überliefert
> haben.

Flavius Claudius Julianus wurde im Frühjahr 332 in Konstantinopel geboren. Seine Mutter Basilina starb wenige Monate
darauf. Sein Vater Julius Konstantius war der Sohn von Konstantius Chlorus und Theodora, somit ein Halbbruder Konstantins, des ersten christlichen Kaisers, der ein Sohn von
Konstantius Chlorus und der heiligen Helena war. Diese
bedenkenlose Intrigantin, eine Schankwirtin *(stabularia)* vom
Balkan, die die christliche Überlieferung bald als britische
Prinzessin ausgab, hatte mit Konstantius Chlorus vor dessen
erster Ehe mit Theodora im Konkubinat, dann in Bigamie
gelebt und Julians Vater mit fortgesetztem Haß verfolgt.
Schließlich erlag er einem Mordkomplott.

Bald nämlich nach Konstantins Tod (22. Mai 337) kam es
zu einem grauenhaften Verwandtengemetzel, der Etablierung der ersten christlichen Dynastie. Jagte doch einer der
drei Konstantin-Söhne, Kaiser Konstantius II., der sich als
besonders gottgesandt *(religiosissimus imperator),* als »Bischof der Bischöfe« fühlte, im August 337 zu Konstantinopel
die meisten männlichen Verwandten des Kaiserhauses über
die Klinge: seine beiden Onkel, Kaiser Konstantins Halbbrü-
der Dalmatius und Julius Konstantius, Kaiser Julians Vater;
ferner nicht weniger als sechs Vettern sowie zahlreiche miß-
liebige Persönlichkeiten des Hofes. Geschont wurden, in
christlicher Barmherzigkeit, nur Julians zwölfjähriger, aus
der ersten Ehe des Vaters stammender Stiefbruder Gallus,
damals so sterbenskrank, daß er ohnedies verloren schien –
sein Kopf fällt 354 in Istrien –, und der fünfjährige Julian
selbst; er wird auf einem Perserfeldzug ermordet.

Kein Kirchenmann hat seinerzeit das Verwandtenmassaker
getadelt, sowenig wie zuvor die Verwandtenmorde Konstantins. Im Gegenteil. Kirchengeschichtsschreiber Bischof Euseb

von Cäsarea rechtfertigte dies Regierungsdebüt durch »höhere Eingebung« und pries den vielfachen Verwandtenmörder und Dauerkrieger Konstantius, der auch Hunderte von Justizmorden beging, ebenso wie den Schlachtheroen und Familienschlächter Konstantin, der sogar Heiliger der Ostkirche wurde. Julian aber, der in Erinnerung an das Blutbad als Kind oft in Weinkrämpfe fiel, mit schrillen Schreien aus dem Schlaf hochschreckte, schloß aus solcher Erfahrung, »daß selbst die Raubtiere dem Menschen nicht so feindlich gesinnt sind wie die Christen gegeneinander!«.

Nach der Beseitigung des Vaters indoktrinierte ein Verwandter der Basilina, Euseb von Nikomedien, beide Vollwaisen. Der mißtrauische Kaiser Konstantius II., ihr Vetter, Herr einer riesigen Geheimpolizei, trieb die Prinzen von Ort zu Ort und steckte sie von 344 bis 350 in die entlegene, einsame Bergfeste Macellum im Herzen Anatoliens, wo sie fast nur Spione und Sklaven umgaben und der Arianer Georg von Kappadokien Julian zum Priester machen sollte. Doch dann, nach Konstantinopel entlassen, in die Welt wilder Religionstumulte und rauschender Bannflüche, kam Julian, zwanzigjährig, zum Studium nach Nikomedien, nach Pergamon, Ephesus, Athen. Hervorragende Lehrer gewannen ihn dem Heidentum, eine Konversion, die geheimgehalten werden mußte. 355 wurde er von Konstantius zum Cäsar ernannt und als Statthalter nach Gallien geschickt, wo der gelehrte Stubenhocker Lorbeeren als Feldherr und Staatsmann errang. Im Februar 360, bei einer Meuterei in Paris, von der Armee zum Augustus ausgerufen und unter Androhung des Todes zur Annahme der Würde gezwungen – »ungern genug, das wissen die Götter«, schrieb Julian –, erregte er, trotz äußerster Mäßigung, die Eifersucht des Konstantius, der mit einem Heer in den Westen marschierte, während Julian im Juli 361 mit seinen Truppen von Basel aus nach Osten zog; im Oktober war er in Naissus (Niš). Doch da starb Konstantius überraschend, erst vierundvierzigjährig, am 3. November zu Mopsukrene in Kilikien, nachdem er den Vetter noch zu seinem Nachfolger designiert hatte.

Julian, der seine christlichen Vorgänger weit überragte, charakterlich, ethisch und geistig, war persönlich sensibel,

ernst, bescheiden, spontan, verletzbar, auch philosophisch
gebildet und literarisch vielseitig tätig. Sich nie betrinkend,
ohne Luxus, Mätressen, Lustknaben lebend, begann der
Monarch schon bald nach Mitternacht zu arbeiten. Seine
Produktivität – einschließlich einer persönlichen Korrespondenz, wie wir sie auch nur ähnlich ausgedehnt von keinem
Kaiser der Antike kennen – war stupend, fast unglaublich. Er
setzte Intellektuelle in höchste Ämter ein und suchte, von
ausgezeichneten Sachverständigen unterstützt, die Bürokratie zu rationalisieren. Er feuerte sofort die ganze Eunuchenge-
sellschaft, das Schmeichler-, Schmarotzer-, Denunzianten-,
Spitzelwesen, er verringerte beträchtlich die Dienerschaft,
er verminderte die Steuern um ein Fünftel, ging scharf gegen betrügerische Eintreiber vor, sanierte die (gerade von
den Bischöfen ruinierte) Staatspost, reformierte das Privat-
recht, das Münzwesen, verbesserte verschiedene Wirtschafts-
zweige und half nicht zuletzt den elend ausgesogenen
Bauern.

Der junge Kaiser belebte auch *paideia,* die klassische Bildung, wobei er jedoch viel Haß erregte, vor allem durch das
selbst von seinen heidnischen Freunden kritisierte Unter-
richtsgesetz vom 17. Juni 362, das Christen das Lehren griechischer Literatur untersagte – praktisch ein Berufsverbot für
christliche Professoren; statt dessen sollten sie in die Kirchen
gehen, »um den Matthäus und Lukas auszulegen«. Julian
beseitigte im Heer das Labarum, die Kaiserstandarte mit dem
Christusmonogramm, und setzte an die Stelle des Kreuzes
wieder gewisse Strömungen der Philosophie, den heidnischen Kultus, eine hellenistische »Staatskirche«. Er reorgani-
sierte die altgläubige Priesterschaft, von der er ein hohes
Ethos forderte, *philanthropia,* Unparteilichkeit, Gerechtigkeit, Güte, sogar Feindesliebe, und propagierte intensiv die
polytheistische Überlieferung, vor allem den »Sonnenpan-
theismus«, den Sonnenkaiser, den *basileus Helios* – damals
bereits eine über zweitausendjährige Tradition. »Seit meiner
Jugend drang ein heftiges Sehnen nach den Strahlen des
Gottes in meine Seele, und seit meinen frühesten Jahren war
mein Inneres so verzückt von ihm, daß ich nicht nur ihn
ständig anzuschauen wünschte, sondern auch, wenn ich in

sternklarer Nacht im Freien weilte, alles um mich her vergaß und die Schönheiten des Himmels bewunderte . . .«

Julian, der das Christentum zuweilen mit Hohn übergoß, verfügte Rückgabe und Wiederaufbau geschleifter paganer Heiligtümer, auch die Rückgabe geraubter Tempelsäulen und Kapitelle, die viele Kirchen schmückten. »Wenn sich die Galiläer Plätze zum Beten schaffen wollen, mögen sie es tun, aber nicht mit dem Material, das anderen Kultstätten gehört.« Der Herrscher untersagte den Geistlichen, die bereits große Vorrechte genossen, Richter zu spielen oder als Notare »sich das Erbe anderer anzueignen und sich selbst alles zu überschreiben« − schon im nächsten Jahrhundert war der Bischof von Rom der größte Grundbesitzer im Römischen Reich!

Allerdings verbot Julian nicht das Christentum, sondern verkündete allgemeine Glaubensfreiheit. Hielt er auch »die Gottlosen aus Galiläa« für »eine Seuche«, bekannte er sich doch stets von neuem zur Toleranz. Er restituierte beschlagnahmtes Privateigentum des Klerus. Er erlaubte verbannten Priestern und Bischöfen die Rückkehr, worauf man freilich erst recht übereinander herfiel. Und von Christen provoziert, die bereits weithin Tempel, Götterbilder schändeten, raubten, niederbrannten, ging schließlich Julian selber, »trotz seiner Irrtümer einer der edelsten und begabtesten Menschen der Weltgeschichte und vielleicht der liebenswerteste« (Stein), manchmal gewalttätig gegen die Gewalttätigen vor. Doch während die Heiden bald scharenweise dem aufgehetzten Mob zum Opfer fielen, dann auch die Juden, die Julian begünstigte, sind die wirklich historischen »Märtyrer« unter seiner Regierung an einer Hand zählbar: die beiden Presbyter Eugenios und Makarios, die, nach Ägypten verbannt, dort vierzig Tage später starben, und die beiden christlichen Gardeoffiziere Juventinos und Maximos, die offenbar zur Rebellion und Beseitigung des Kaisers getrieben; Julian ließ sie hinrichten.

Schon unter Konstantin hatte die Armee den Umsturz zum Christentum forciert. Im Perserfeldzug, zu dem der Kaiser am 5. März 363 von Antiochien aufbrach, war die Lage wieder günstig. Ohne Panzer fiel er nördlich von Ktesiphon am

Tigris; niemand weiß, wie. Libanios, der bekannteste
Rhetoriklehrer des Jahrhunderts, mit Julian eng befreundet,
versichert, ein Mann habe ihn getötet,»der sich weigerte, die
Götter zu ehren«. Und selbst ein antiker Kirchenautor hält
Julian, der am 26. Juni 363 um Mitternacht, im 32. Lebens-
jahr, im 20. Monat seiner Regierung, einem Lanzenstich
in die Leber erlag, für das Opfer eines gedungenen christlichen Mörders – eines tadellosen Helden natürlich, da er
»um Gottes und der Religion willen eine so kühne Tat vollbracht«.

Die Christen feierten den Tod des Kaisers mit öffentlichen
Gastmählern, mit Tanzveranstaltungen in den Kirchen, den
Märtyrerkapellen, Theatern. Sie vernichteten Julians noch
kurz vor seinem Tod geschaffene Streitschrift *Gegen die Galiläer*, später aus einer Replik (30 Bücher!) des Kirchenlehrers
Kyrill rekonstruiert. Sie zerstörten auch alle Bilder, die Julian
zeigten, ebenso alle knappen Inschriften, die an seine Siege,
seine Wohltaten erinnerten, von Arabien und Syrien bis nach
Numidien, Norditalien, in die Alpen hinein.

Und die Kirchenführer, zu Lebzeiten des »Apostaten« zu
feig zum offenen Widerstand, diffamierten ihn nun gleich
und noch lange. Gregor von Nazianz begeiferte den Toten in
zwei wilden Reden, in denen er ihn Werkzeug des Teufels
schimpfte,»ein Schwein, das sich im Schmutze wälzt«. »Alle
Laster waren in ihm vereinigt.« Der heilige Ephräm schleu-
derte haßstrotzende Triumphtiraden gegen den »Unreinen«,
»Frevler«, »Verfluchten«, »Götzenpriester«. »Bei seinem Anblick frohlockten die Bestien, die Wölfe traten auf seine
Seite . . ., ja sogar die Schakale erhoben ein Freudengeheul.«
Der heilige Johannes Chrysostomos behauptete, Julian habe
Knaben schlachten und opfern lassen. Im 5. Jahrhundert verbreitete die Kirche schon die tollsten Schauergeschichten,
bezeichnenderweise oft mit sexuellem Unterton. Julian soll
Nonnen zur Entkleidung gezwungen, ihnen das Haar abra-
siert, mit ihren Eingeweiden die Schweine gefüttert, er soll
Kinder haufenweise den Göttern dargebracht haben. In altsy-
rischen Geschichten tritt er als Monstrum auf, das den Kleinen das Herz herausreißt zwecks magischer Beschwörun-
gen. Das katholische Mittelalter und Jesuitendramen setzen

dies fort. Der verdammte Kaiser verpfändet sich der Höllen-
königin, schlitzt schwangeren Müttern den Bauch auf, schändet die Gebeine der Märtyrer und Heiligen – in allen christlichen Ländern waren gefälschte Märtyrerberichte unter Julian
entstanden, obwohl es unter ihm so gut wie keine christlichen Märtyrer gab!

Erst die Aufklärung korrigierte entscheidend ein Zerrbild,
das die Kirche freilich, mutatis mutandis, allen großen Chri-
stengegnern anzuhängen sucht. Montesquieu bedachte den
Staatsmann und Gesetzgeber Julian mit höchstem Lob. Voltaire nannte ihn den vielleicht erhabensten Menschen. Mon-
taigne und Chateaubriand zählten ihn zu den Großen und
Größten der Geschichte. Shaftesbury und Fielding schätzten
ihn. Goethe rühmte sich, Julians Haß gegen das Christentum
zu verstehen und zu teilen. Schiller wollte ihn zum Helden
eines Dramas machen. Ibsen schrieb *Kaiser und Galiläer,*
Nikos Kazantzakis seine Tragödie *Julian Apostata,* der Amerikaner Gore Vidal noch 1962–1964 einen Julian-Roman.

Und Edward Gibbon äußerte, Julian verdiente, die Welt zu
regieren.

Karlheinz Deschner

Replik Julians auf die Verleumdungen seiner christlichen
Gegner aus dem »Misopogon«, dem »Feind des Bartes«

Es stimmt ja, ich habe einen Bart, der meinen Feinden
mißfällt. Sie behaupten, ich könnte nichts in den Mund
bringen, ohne ein paar Haare zu verschlucken. Aber ich
will ihnen verraten, was sie noch gar nicht wissen: Ich
kämme ihn niemals, ich lasse ihn absichtlich so struppig,
und die Flöhe spazieren frei herum wie das Wild im Dik-
kicht. Was meine Brust anbetrifft – die ist bepelzt wie die
eines Affen. Es ist auch wahr, daß ich niemals in Rosenwas-
ser oder parfümierter Milch bade und daß ich einen brech-
reizerregenden Geruch um mich verbreite. Es ist richtig,
daß ich absichtlich noch schmutziger als ein Kyniker oder

Galiläer aussehe. Es stimmt, daß ich mich nachlässig kleide und daß meine Mahlzeiten ärmlich sind...

Es ist wahr, daß ich meistens mit der Suppe für meine Soldaten zufrieden bin, daß ich auf einer einfachen Matte schlafe, die dazu noch auf den Boden gelegt wird, und daß ich Tage und Nächte mit Meditation und Arbeit verbringe...

Als ich hierherkam, habt ihr mich wie einen Gott empfangen. So viel verlangte ich nicht. Euer Senat hat mir seine Sorgen vorgetragen, und ich war einverstanden mit einer beträchtlichen Steuersenkung. Ich habe große Summen in Gold und Silber vorgestreckt. Ich habe jedem von euch ein Fünftel seiner künftigen Abgaben erlassen. Mehr hätte ich nicht tun können, wenn ich nicht anderen das wegnehmen wollte, was mir nicht gehörte.

Da es so schlecht um eure Versorgung bestellt war, habe ich auf meine Kosten Weizen aus Tyros und Ägypten kommen lassen. Doch der Weizen ist nicht an die Armen verteilt worden, denn die Mächtigen unter euch haben ihn für sich behalten und zum dreifachen Preis verkauft, damit sie weiterhin ihre Feste lustig feiern können. Das alles vergeßt ihr.

Ob es mir etwas ausmacht? Fahrt ruhig fort, mich mit euren Beschimpfungen zu überschütten, an denen sich eure Undankbarkeit nährt. Ich gebe euch das Recht dazu, wie ich mich ja jetzt selbst beschuldigt habe. Noch mehr: Ich werde die Kritik, die ihr Tag für Tag an mir übt, noch überbieten, denn in meiner Dummheit habe ich die Sitten eurer Stadt nicht gleich begriffen. Lacht nur... Nur los! Lacht, spottet über mich, behandelt mich grob, zerreißt mich mit blanken Zähnen! Ich werde euch nur auf eine Weise bestrafen, nicht durch Hinrichtungen, Geißelung, Eisen, Gefängnis. Wozu wäre das auch gut? Es würde euch nicht besser machen... Ich habe beschlossen, Antiochia zu verlassen und nie wieder hierherzukommen. Ich werde mich nach Tarsos begeben...[1]

Kritik am »Sündenfall«-Bericht

Es scheint mir angebracht, jedermann die Gründe darzulegen, die mich überzeugt haben, daß die trügliche Lehre der Galiläer eine aus Bosheit angestiftete Erfindung von Menschen ist. Trotzdem nichts in ihr von Gott ist, hat sie es durch Ausnutzung der fabelsüchtigen, kindischen und unverständigen Seite der Seele zuwege gebracht, daß ihre Wundererzählung als Wahrheit geglaubt wird.[2]

Ist es nicht auch im höchsten Grade widersinnig, wenn Gott dem Menschen, den er selbst geschaffen hat, die Kenntnis des Unterschiedes von gut und böse vorenthält? Kann es denn etwas Einfältigeres geben als einen, der zwischen gut und schlecht nicht zu unterscheiden vermag? Ein solcher Mensch wird offenbar einmal das Übel nicht meiden und andererseits auch nicht dem Guten nachstreben. Was aber die Hauptsache ist, Gott hat nicht gewollt, daß der Mensch an vernünftiger Einsicht Teil habe, und dabei gibt es nichts, was für denselben größeren Wert hätte. Denn daß die Unterscheidung von gut und böse recht eigentlich ein Ausfluß vernünftiger Einsicht ist, das sieht wohl auch der Stumpfsinnigste deutlich ein. Demgemäß war der Einfluß der Schlange auf die menschliche Entwicklung vielmehr ein wohltätiger und keineswegs ein verderblicher. Wenn es so steht, muß man Gott als mißgünstig bezeichnen. Denn wie er den Menschen zu vernünftiger Einsicht gelangt sah, vertrieb er ihn aus dem Paradiese, damit derselbe nicht, wie er sich ausdrückt, vom Baume des Lebens koste. Folgendes sind seine eigenen Worte: »Siehe, Adam ist geworden als unser Einer und weiß, was gut und böse ist. Daß er nun nicht auch seine Hand ausstrecke und breche vom Baume des Lebens und esse und lebe ewiglich.« Wenn alle diese Geschichten nicht etwa Mythen sind, deren Kern eine mysteriöse Spekulation bildet, dann strotzen die Erzählungen von Gott wenigstens meinem Dafürhalten nach von Lästerung. Denn dies vorgebliche Nichtwissen, daß die zur Gehilfin erschaffene Frau bestimmt ist, die Ursache des Falles zu werden, dies

Verbot der Erkenntnis des Guten und Schlechten, wie es
wohl für sich allein imstande wäre, den menschlichen
Geist in engen Schranken zu halten, und dazu noch die
eifersüchtige Sorge, daß der Mensch nicht vom Baume des
Lebens koste und so, dem Tode entrückt, zur Unsterblichkeit eingehe: Dies alles zeugt von argem Neid und über-
großer Mißgunst.[3]

Jesus – ein gewöhnlicher Wundertäter

Ihr seid so elend, daß ihr nicht einmal dem treu bleibt, was
die Apostel euch überliefert haben; auch dies haben die
Nachkommen in noch größeres Übel und ärgere Gottlosigkeit verkehrt. Jesum wenigstens hat weder Paulus noch
Matthäus noch Lukas noch Markus Gott zu nennen gewagt. Vielmehr hat zuerst der wackere Johannes sich erkühnt, diese Bezeichnung zu gebrauchen, da er bemerkte,
daß bereits eine große Menge in vielen hellenischen und
italischen Städten von dieser Krankheit ergriffen sei...[4]

Was für Wohltaten hat er aber, nachdem er als Mensch
geboren, seinen Stammesgenossen erwiesen? »Sie wollten
Jesu ja nicht gehorchen«, sagen die Christen. Wie? Warum
hat denn dies Volk mit seinem störrischen Charakter und
seinem starren Nacken dem Moses gehorcht? Und Jesus,
der den Geistern befahl und auf dem Meere wandelte, der
die Dämonen austrieb und, wie ihr wenigstens behauptet,
den Himmel und die Erde geschaffen hat – von seinen
Schülern hat sich nämlich keiner erkühnt, so etwas von
ihm auszusagen, mit einziger Ausnahme des Johannes,
und auch der hat sich nicht deutlich und bestimmt ausgesprochen; aber auch zugegeben, er habe es gesagt –, dieser Jesus wäre also nicht imstande gewesen, seine Freunde
und Stammesbrüder umzustimmen, wenn er sie hätte retten wollen?[5]

Euch Christen geht es jetzt wie den Blutegeln, die das
schlechteste Blut herausziehen und das reinere zurücklas-
sen. Euer Jesus hat die schlechtesten Leute von euch überre-

det, und man kennt ihn erst seit wenig mehr als dreihundert Jahren! Während seines ganzen Lebens hat er nichts getan, was irgendwie der Rede wert wäre, wenn man nicht gar die Heilung von Blinden und Lahmen in den Dörfern Bethsaida und Bethanien für eine große Leistung ansehen will!

Ihr wißt ja selbst nicht einmal, ob Jesus die Reinheit überhaupt erwähnt hat. Dagegen ahmt ihr die Juden in ihrer Wut und ihrem Haß nach. Ihr reißt Tempel und Altäre ein und habt nicht nur die von uns niedergemetzelt, die den Geboten der Väter treu blieben, sondern auch die aus euren Reihen, die Ketzer sind und nicht auf dieselbe Weise wie ihr den toten Juden beklagen!

Aber das kommt auf euer persönliches Schuldkonto. Denn weder Jesus noch Paulus haben euch das geheißen, schon aus dem einfachen Grunde, weil sie sich gar nicht erst zu der Hoffnung verstiegen haben, ihr könntet jemals solche Macht erlangen.

Sie begnügten sich vielmehr mit der Hoffnung, sie könnten durch ihren Trug Sklaven und Sklavinnen gewinnen und über diese die Frauen und solche Burschen wie den Cornelius und Sergius!

Wenn man mir auch nur einen einzigen namhaften Schriftsteller jener Zeit nachweist, der diese Leute überhaupt erwähnt hat – die ganze Geschichte hat sich unter Tiberius oder Claudius begeben –, so könnt ihr mich in allen Stücken für einen ausgemachten Lügner halten.[6]

Jesus Christus ist nur einer der gewöhnlichen, von Zeit zu Zeit in einer gewissen Regelmäßigkeit auftretenden Wundertäter und Religionsstifter gewesen.[7]

Paulus – der größte Betrüger aller Zeiten

Ich will jedoch den Nachweis liefern, daß sowohl Moses und die Propheten nach ihm als auch Jesus von Nazareth, ja auch Paulus, der alle Gaukler und Betrüger aller Orte und aller Zeiten übertrifft, den Schöpfer nur für den Gott von Israel und Judäa und die Juden für seine Auserwählten erklärt haben. Höret ihre eigenen Worte...

Daß aber Gott sich von Anfang an nur um die Juden bekümmert und dieses Teil sich auserwählt habe, das haben offenbar nicht nur Moses und Jesus, sondern auch Paulus gesagt; gleichwohl muß dies bei Paulus wundernehmen. Denn mit Rücksicht auf den Erfolg ändert er seine Ansichten über Gott, wie die Polypen ihre Farbe nach den Felsen wechseln, und behauptet jetzt, allein die Juden seien Gottes Teil, ein andermal aber sucht er die Hellenen dazu zu überreden, ihm beizutreten, und sagt: »Gott ist nicht allein der Juden Gott, sondern auch der Heiden Gott. Ja freilich auch der Heiden Gott.« Es ist nun recht und billig, an Paulus die Frage zu stellen, warum Gott, wenn er nicht nur der Juden, sondern auch der Heiden Gott ist, wohl den Juden in reichem Maße die Gabe der Prophetie gesandt hat, den Moses, das Priestertum, die Propheten, das Gesetz und alles Unglaubliche und Wunderbare, wovon ihre Mythen berichten...

Warum also hat Gott uns nicht beachtet, wenn er wirklich unser aller Gott ist und Schöpfer aller in gleicher Weise? Es ziemt sich demgemäß, den Gott der Juden nicht für den Schöpfer der ganzen Welt und den Herrn aller Dinge zu halten, vielmehr muß er, wie ich bereits bemerkt, eingeschränkt sein und bei seiner begrenzten Herrschaft auf einer Stufe mit den übrigen Göttern gedacht werden. Sollen wir *noch* auf euch hören, da ihr, oder doch einer aus eurem Stamme, in euren Gedanken von dem Gott des Alls bei einer mindestens dürftigen Vorstellung angelangt seid? Gott ist ein eifersüchtiger Gott. Aus welchem Grunde aber eifert er so, daß er sogar die Sünden der Väter an den Kindern heimsucht?[8]

Denn so jemand die Wahrheit über euch erkunden wollte, würde sich ihm euer gottloses Wesen als ein Gemisch aus der jüdischen Frechheit und der heidnischen Indifferenz und Gemeinheit erweisen. Denn von beiden Seiten habt ihr keineswegs das Beste, sondern das Schlechtere an euch gezogen und euch mit Schlechtigkeit umsäumt. Denn die Hebräer haben peinlich strenge Gebräuche beim Gottesdienst, einen peinlich geregelten Kultus und unzählige

Vorschriften, die Wandel und Grundsätze eines Priesters fordern. Nun hat freilich der Gesetzgeber die Verehrung aller Götter bis auf den einen verboten, dessen Teil Jakob und dem Israel Land des Erbes ist, hat jedoch meines Wissens hinzugefügt: »Den Göttern sollst du nicht fluchen.« Die Schamlosigkeit und Frechheit der Nachgeborenen aber hat sich in dem Wunsche, alle Gottesfurcht im Volke auszurotten, bis zu dem Glauben verstiegen, der fehlenden Verehrung müsse die Lästerung folgen. Das ist das einzige, was ihr von dieser Seite euch angeeignet habt. Es findet sich daher sonst keine Ähnlichkeit zwischen euch und den Juden. Von den jüdischen Neuerungen habt ihr es also angenommen, wenn ihr die Götter lästert, die wir verehren. Auf der anderen Seite habt ihr von *unserer* Religion sowohl die fromme Scheu gegen die gesamte höhere Natur als die Anhänglichkeit an das von den Vätern Überkommene aufgegeben und euch allein die Freiheit zunutze gemacht, alles wie Gartenkraut zu genießen. Und um die Wahrheit zu sagen, ihr habt euren Stolz dareingesetzt, unsere Gemeinheit noch zu überbieten. Darüber, meine ich, sind alle Völker einig, und mit gutem Grund; denn ihr habt geglaubt, ihr müßtet euren Wandel nach der Lebensweise der verworfensten Leute gestalten, von Krämern, Zöllnern, Tänzern und Kupplern.

Daß aber nicht nur die jetzigen Christen, sondern auch die ältesten, die zuerst die Lehre von Paulus annahmen, so gewesen sind, steht durch das eigene Zeugnis des Paulus in einem Brief an dieselben fest . . . »Laßt euch nicht verführen! Weder die Abgöttischen noch die Hurer, noch die Weichlinge, noch die Knabenschänder, noch die Diebe, noch die Geizigen, noch die Trunkenbolde, noch die Lästerer, noch die Räuber werden das Reich Gottes ererben. Und ihr wisset es wohl, liebe Brüder, daß auch ihr solche gewesen seid; aber ihr seid abgewaschen, ihr seid geheiliget in dem Namen Jesu Christi.« Siehst du, wie Paulus sagt, auch die ältesten Christen seien so gewesen, sie seien aber geheiliget und abgewaschen, denn das Wasser, das die Kraft habe, bis zur Seele zu dringen, sei tauglich, den Schmutz zu entfernen, und vermöge gründlich zu säubern?

Die Taufe schafft keinen Aussatz des Aussätzigen, keine
Flechten, keinen Ausschlag, keine Warzen fort, kein Poda-
gra, keine Ruhr, keine Wassersucht, keinen Niednagel,
kein großes oder kleines leibliches Übel – und Hurerei und
Räuberei, kurz, alle sittlichen Fehler sollte sie tilgen?[9]

Verbohrt und benommen oder: »Sei gläubig!«

Ihr seid ja so verbohrt und benommen, daß ihr Schriften für
göttlich haltet, durch die keiner klüger, tapferer und besser
wird, als er vorher war!

Andere Schriften aber, aus denen man Tapferkeit, Klugheit und Gerechtigkeit entnehmen kann, schreibt ihr dem
Satan und den Satansknechten zu![10]

Unser ist die Literatur und das Hellenentum, denn unser ist
auch die Verehrung der Götter; euer aber ist der Mangel
an literarischer Kultur und rüde Unbildung, und eure Weisheit hat nichts, was über das Gebot »Sei gläubig« hinausgeht.[11]

*Aus einem Schreiben zum Rhetorenedikt (Unterrichtsge-
setz)*

Stellung zur Toleranz

Es ist, bei den Göttern, mein Wille, daß die Galiläer weder
getötet noch zu Unrecht geschlagen werden, noch sonst
eine Unbill erleiden; jedoch erkläre ich, daß die Verehrer
der Götter durchaus den Vorrang vor ihnen haben müssen.
Denn wegen der Torheit der Galiläer wäre um ein Haar
alles umgestürzt worden, durch die Huld der Götter aber
sind wir alle gerettet. Daher soll man den Göttern und den
sie verehrenden Menschen und Gemeinden Ehre erweisen.[12]   *Handschreiben an Atarbios*

Ich dachte, die Vorsteher der Galiläer würden mir mehr
Dank wissen als meinem Vorgänger in der Regierung.
Denn unter seiner Herrschaft geschah es, daß die Mehr-
zahl von ihnen in die Verbannung geschickt, verfolgt und

eingekerkert wurde, ja, daß man vielfach sogar ganze Scharen der sogenannten Häretiker hinmordete, daß man beispielsweise in Samosata und Kyzikos, in Paphlagonien, Bithynien, Galatien und zahlreichen anderen Landstrichen ganze Ortschaften plünderte und völlig zerstörte. Unter meiner Regierung ist das Gegenteil eingetreten: Die Verbannten wurden aus ihrem Exil entlassen, die von Vermögenskonfiskation Betroffenen erlangten durch eines unserer Gesetze die Möglichkeit, ihr gesamtes Hab und Gut zurückzuerhalten. Doch diese Menschen sind in derart fanatische Raserei und Verrücktheit verfallen, daß sie jetzt, weil ihnen ihre Tyrannei verwehrt ist und weil sie nicht mehr anrichten können, was sie vorher zuerst gegeneinander, danach auch gegen uns Göttergläubige verübt haben, in ihrem Grimm kein Mittel unversucht lassen und sich erfrechen, die Massen aufzuhetzen und zum Aufruhr aufzuwiegeln, womit sie die Götter beleidigen und sich unseren Anordnungen widersetzen, so menschenfreundlich diese auch sein mögen...

Die Massen freilich revoltieren, von den sogenannten Klerikern mißleitet, ganz offensichtlich deshalb, weil diese ihre Willkür beseitigt worden ist. Denn die bisherigen Tyrannen sind es nicht zufrieden, daß sie keine Strafe für ihre Missetaten erhalten, vielmehr trauern sie ihrer früheren Macht nach und setzen, weil sie nicht mehr Recht sprechen, keine Testamente mehr aufsetzen, sich nicht mehr fremdes Erbe aneignen und nicht mehr alles an sich ziehen dürfen, alle Hebel der Unordnung in Bewegung, verbinden, wie das Sprichwort sagt, eine Feuersbrunst mit der anderen und erkühnen sich, ihre früheren Missetaten um noch ärgere zu vermehren, indem sie die Scharen zum Konflikt anleiten. Ich habe mich deshalb entschlossen, allen Gemeinden durch dieses Edikt bekanntzugeben und öffentlich kundzutun, daß sie sich nicht auf Unruhen im Verein mit den Klerikern einlassen noch sich von ihnen verleiten lassen dürfen, Steine aufzuheben und den Beamten den Gehorsam zu verweigern, daß sie hingegen zu ihren Versammlungen zusammenkommen können, solange sie wollen, und auch ihre gewohnten Gebete für sich verrichten dürfen; daß sie jedoch, wenn (die Kleriker) ihnen zureden sollten, in ihrem Interesse zu revoltieren, sich nicht mehr auf ihre Tonart einlassen dürfen, wenn sie Strafe vermeiden wollen.[13]   *Brief an die Bürger von Bostra*

Ich bin mit den Galiläern insgesamt so nachsichtig und menschlich verfahren, daß keiner unter ihnen irgendwo einer Gewalttat ausgesetzt ist, keiner in einen Tempel geschleppt oder durch Mißhandlungen gegen seine eigene Absicht zu irgendeinem derartigen Akt gezwungen wird. Die Anhänger der arianischen Kirche aber haben im Übermut ihres Reichtums die Leute von der Sekte des Valentinus angegriffen und sich in Edessa so schwere Ausschreitungen erlaubt, wie sie in einem wohlgeordneten Gemeinwesen nie und nimmer vorkommen dürften. Da sie nun aber von ihrem höchst bewunderungswürdigen Gesetz angewiesen sind (ihre Habe zu verkaufen), damit sie leichter auf den Weg zum himmlischen Königreich gelangen, ordnen wir daher, um diesen Menschen zu helfen, an, daß ihnen der gesamte Besitz der Kirche von Edessa weggenommen wird...[14]   *Brief an die Bürger von Edessa*

Ich habe die Erfahrung gemacht, daß selbst die Raubtiere dem Menschen nicht so feindlich gesinnt sind wie die Christen gegeneinander![15]

Anmerkungen

[1] *J. Benoist-Mechin*, Kaiser Julian oder der verglühte Traum, 1979, 193 ff.; Chateaubriand, zit. ebd., nennt das *Misopogon* ein »Grollen des Löwen gegen die Mücken der Fabel«, ein »in der Geschichte der Völker und Könige einzigartiges Beispiel«. – [2] *K. J. Neumann*, Kaiser Julians Bücher gegen die Christen, 1880, 3; die Orthographie wurde der heutigen angepaßt. – [3] Ebd. 6 f. – [4] Ebd. 42 – [5] Ebd. 28 – [6] Der Kaiser der Römer gegen den König der Juden. Aus den Schriften Julians des »Abtrünnigen«, 1941, 42 f. – [7] Ebd. 63 – [8] Wie Anm. 2, 12 f. – [9] Ebd. 32 f. – [10] Wie Anm. 6, 49 – [11] Julian, Briefe. Griechischdeutsch, hrsg. v. *B. K. Weis*, 1973, 205 – [12] Ebd. 157 ff. – [13] Ebd. 183 ff. – [14] Ebd. 187 ff. – [15] Wie Anm. 6, 63.

GIORDANO BRUNO
1548–1600

> Wer richtig urteilen will, muß
> sich von der Gewohnheit des
> Glaubens *frei* machen, muß
> zunächst Behauptung und Ge-
> genbehauptung für gleicher-
> maßen möglich gelten und
> vollständig jede Voreinge-
> nommenheit fahren lassen,
> die ihm vom Mutterleibe an
> eingeimpft worden ist . . .
>
> Giordano Bruno

Die Geschichte des antiken Christentums zeigt deutlich, wie
christlicher Wesensgehalt, etwa der Appell der Bergpredigt,
durch die apologetischen Spekulationen und Konstruktionen
der Kirche, besonders durch ihre ständig sich mehrenden
Dogmen, fortwährend verwässert und vernebelt wurde. Vielleicht ist der Unterschied zwischen Urchristentum und ortho-
doxem Kirchenchristentum schon so gewaltig, daß man von
zwei Religionen sprechen könnte. Was Jesus – seine historische Existenz vorausgesetzt – am Juden- beziehungsweise
Moses-Glauben revolutionär verändert hat, bog ja bereits
Paulus wieder um, weshalb ihn Nietzsche mit Recht bekämpft. Wie denn auch viele andere Geistesrevolutionäre
zwar das Christentum befehdeten, nicht aber Jesus.

Das Papsttum, als Ausdruck der paulinischen Priester-
Hierarchie dem Cäsarentum und der römischen Machtherr-
schaft nachgeformt, erkannte in jenem Geist, der mittels
Wissenschaft und Philosophie die Unbeweisbarkeit und die
Mängel des anthropomorphen Kirchengottes sowie die Widernatur der christlichen Dogmatik nachwies, die größte Gefahr für den Bestand der Catholica. Also mußten die Träger
dieses Geistes mundtot oder, noch besser, leibhaftig tot gemacht werden.

Die Inquisition als mörderisches Machtmittel der Kirche
wurde dabei zur doppelten Belastung für das Christentum,
bezeugte sie doch, daß sich dieses auf der Flucht vor der
Wahrheit befand und an seine eigene Wertgebung nicht

glaubte. Wer Nächstenliebe lehrt, aber Haß sät und Mord als Mittel zum Zweck heiligt, verwirkt das Recht, Sitte und Moral zu predigen und eine Religion der Nächstenliebe zu verkünden! Die Gegner des Christentums hatten es einst leicht und schwer: leicht in der Begründung ihrer Opposition, denn die christliche Dogmatik steigerte sich zu einem Höchstmaß an Absurdität, und die sittliche Fäulnis machte weder vor Klöstern noch vor dem päpstlichen Thron Halt. Schwer hatten es alle Gegner des Christentums, weil im Paulinismus des Mittelalters beziehungsweise in der christlichen Praxis Intrige, Denunziantentum und das todbringende Machtinstrument der Inquisition triumphierten, deren Generäle »zu Ehren Gottes« Scheiterhaufen benutzten. Gaskammern hätten die frommen Christen wohl um ihre Schau gebracht.

Eines ihrer außergewöhnlichsten Opfer wurde der Dominikaner-Mönch Giordano Bruno. Hineingeboren war er zu Nola 1548 in ein Mittelalter, dem Menschenwürde immer noch als eine unbotmäßige, beinahe blasphemische Forderung erschien. Hineingeboren wurde er aber auch in ein Mittelalter, in welchem Kopernikus dem biblischen Weltbild den Todesstoß versetzte und Humanismus und Renaissance dem Terror des Aberglaubens Einhalt geboten. Hineingeboren ward er in eine Zeitenwende der Entdeckungen, der Erweiterung des Handels und der Verbreitung des Wissens durch die Buchdruckerkunst. Insofern war Bruno nicht zuletzt ein Kind seiner Zeit.

Wenngleich er mit fünfzehn Jahren freiwillig in das Kloster des heiligen Dominikus in Neapel eintrat, protestierte er doch schon als Novize gegen Bilder-, Heiligenkult und Marienlegenden, und als geweihter Priester wurde er seiner Zweifel an Trinität und Wundern nicht Herr. So befreite er sich endlich nach dreizehn Jahren von den klösterlichen Fesseln und begann, erfüllt vom Glauben an die Wahrheit, auf der Flucht von Neapel sein Wanderleben, wobei er die Ergebnisse seiner Studien zu jenen Lehren zusammenfaßte, die ihn zum Begründer der modernen Naturphilosophie und wissenschaftlichen Denkweise machten, sowie zum Verkünder einer astronomisch fundierten Kosmogonie.

Zuerst durchzog er Italien: Genua, Venedig, Mailand. In

Genf erlebte er den calvinistischen Hierarchismus und Fanatismus. Dann wirkte er in der alten Universität von Toulouse,
die ihn mit dem Doktortitel ehrte, und auf der Hochschule
der Scholastik, der Sorbonne. Als sein Gönner König Heinrich III. als Opfer eines meuchelmörderischen Mönchs fiel,
erlebte Bruno in England dank der freisinnigen Atmosphäre,
die Königin Elisabeth am Hof und im Lande schuf, seine
glücklichste und produktivste Zeit. Freilich wurde ihm die
Lehrerlaubnis an der Universität Oxford, wo er für Kopernikus eintrat, noch dazu mit weltanschaulichen Schlußfolgerungen, wieder entzogen. Bald darauf dozierte er in Wittenberg, gelangte schließlich rätselhafterweise nach Prag zu
dem jesuitisch erzogenen Kaiser Rudolf, wo ihn ein Ruf des
freisinnigen Herzogs Julius von Braunschweig an die neuge-
gründete Hochschule zu Helmstedt erreichte, die eine Hoch-
burg des freien Geistes werden sollte. Doch nach drei Monaten starb der Herzog unheimlich plötzlich, und nun waren es
die Reformierten, die Bruno durch Exkommunikation zum
Verlassen seiner letzten Lehrstätte in Deutschland zwangen.

Müde der steten Hetze, Heimweh im Herzen, traf er in
Venedig ein, wo ihn in der Nacht vom 22. Mai 1592 die
Inquisition ins Gefängnis unter den Bleidächern werfen und
dann als »Fürsten der Ketzer« an Rom ausliefern ließ. Dort lag
Giordano Bruno von 1593 bis 1600 eingemauert in kaltem,
feuchtem Verlies im Halbdunkel, ausgeliefert der christlichen Barbarei seiner Zeit und ihrer furchtbaren Folter, ausgeliefert dem Haß der Papstmacht und der Glaubenstollheit.
Man wartete auf seinen Widerruf. Aber Giordano Bruno war
kein Galilei! Giordano Bruno war kein Kopernikus! Und so
fällte am 9. Februar 1600 die Inquisition das Urteil, und am
17. Februar 1600 feierte das christliche Volk auf dem Campo
dei fiori, am Tag des Regierungsjubiläums seines Papstes
Klemens VIII., das Fest der öffentlichen Verbrennung Brunos
auf dem in christlicher Nächstenliebe gezündeten Scheiterhaufen.

Der fanatische Konvertit Schoppe berichtet als Augenzeu-
ge: »Als man ihm da vor dem Tode das Bild des gekreuzigten
Erlösers zeigte, wies er es mit trotzigem Blick *zurück* . . . So ist
er denn langsam *gebraten* und kam elendiglich um, damit

er – glaube ich – in jenen übrigen Welten, die er sich dachte, verkünde, auf welche Weise gotteslästerliche und *gottlose Menschen* von den Römern behandelt werden.«

Giordano Brunos letztes Wort auf das Urteil der Inquisition war: »Mit größerer Furcht vielleicht verkündet *Ihr* das Urteil, als *ich* es empfange!« Und noch während des Verhörs sprach er zu den Inquisitoren: »Auch ich habe einen Glauben, nicht unedler, als es der christliche ist! Ich bin erfüllt von der göttlichen Harmonie unseres Weltganzen, wie sie – die Märtyrer – es waren von dem göttlichen Schmerz ihres gekreuzigten Messias. Ich fühle mich wie ein Stäubchen im Angesicht der Unendlichkeit und dennoch größer als die Gewalt der Himmelskräfte, da ich sie begreife und teilhabe an der ewigen Weltseele. *Ihr* habt einen Glauben, der mir geringer scheint als der meine!«

So faßte Bruno angesichts seines Todes den Grundgedanken seiner Weltanschauung zusammen, die zur größten Herausforderung des Paulus-Christentums wurde. Er begann sie von seiner naturwissenschaftlichen Schau und seinen astronomischen Aufdeckungen her zu begründen, mit der Schlußfolgerung, daß wir das Göttliche, den Himmel in uns selber tragen (1). Auf diese Art sehend zu sein und wissend bedeutete aber damals und bedeutet noch heute Aufgabe des Glaubens an einen persönlichen Gott, Aufgabe der Bibel-Offenbarung, Aufgabe der Anerkennung eines Richteramtes, wie es die Kirche sich anmaßt.

Grundlegend stellt Giordano Bruno seine Weltanschauung dar in der Schrift *Von der Ursache / Dem Anfangsgrund / Und dem Einen,* die in der Widmung besonders die Natur als Ursache aller Schöpfung und den Anfangsgrund als anfangsloses Ewigkeitswirken erhellt (2).

Statt von Gott zu reden, wenn die Ursache, der Anfangsgrund und das Eine erklärt werden sollen, weist Bruno in der Widmung weiter darauf hin, daß, nachdem der Weltgeist in allem lebt, es keine wirkliche Vernichtung gebe, die christlicherweise kolportierte Todesangst somit grundlos und alles Leben eine Einheit sei (3). Damit ist der persönliche Gott als ein Gegenüber der Welt und des Menschen, also der christliche Dualismus in der Natur- und Gottesbetrachtung, ausgeschaltet und durch einen naturgesetzlich vertretbaren Pantheismus beziehungsweise Monismus ersetzt (4, 5, 6).

Zum offensichtlichen Feind des paulinischen Christentums und seiner hierarchischen Hüter mußte Giordano Bruno auch seine Lehre von der Vielheit bewohnter Welten machen, wie er sie in seinen *Zwiegesprächen vom unendlichen All und von den Welten* zu beweisen suchte (7).

Zur Ergänzung von Brunos Weltanschauung ist seine biologische Schau aufschlußreich. Er ahnt das biogenetische Grundgesetz Ernst Haeckels voraus, wie sein Lehrgedicht *De triplici minimo* bezeugt (8).

Ebenso antizipierte Bruno die Deszendenztheorie Darwins, dessen Lehrsätze vom »Kampf ums Dasein« und von der »Auslese«, Darwins Auffassung vom Instinkt als einer Intellektstufe, zu welcher eine Gattung entwicklungsmäßig im naturbedingten Kampf gelangen kann (von Bruno dargelegt in *Sigillus sigillorum*). Treffend sagt Hermann Brunnhofer: »Von welchem Staunen werden ... die Darwinisten ergriffen werden, wenn sie ihres großen Meisters Entwicklungslehre ... schon so klar *vorgeahnt* und so entschieden durchgeführt vorfinden werden?«

Aber auch einem Kant und Berkeley war Bruno voraus mit seiner Kritik der Sinne und Sinneswahrnehmung, desgleichen einem Albert Einstein durch die Hervorhebung eines allgemeinen Relativitätsprinzips. Ebenso bahnbrechende Gedanken hatte er zu einer Atomlehre und einer atomphysikalischen Forschung. Und selbst die Luftfahrt sagte er voraus. All das würde heute wenig Aufsehen erregen. Vor beinahe vierhundert Jahren aber, als die Kirche noch herrschte und vom Aberglauben lebte, erschienen solche Ansichten als Ungeheuerlichkeiten, als Ausgeburten des Teufels, obgleich die Eingeweihten in Rom diesen sehr wohl als entfesselten Menschengeist erkannten.

Nicht nur Brunos Hauptwerke, sondern auch seine kleineren Schriften, vor allem seine lateinischen Lehrgedichte *De triplici minimo et mensura* (Vom dreifach Kleinsten und vom Maß), *De immenso et innumerabilibus* (Vom Unendlichen und von den unzähligen Welten) und *De monade, numero et figura* (Von der Einheit, der Zahl und der Gestalt) wurden zur

Quelle tief und weltweit wirkender Werke späterer großer
Denker. Wenn etwa Goethe sagt: »Gehe vom *Kleinsten* aus
und verbreite dich, so du kannst, über die ganze Welt!«, so ist
dies Geist aus Brunos Geist (9).

Welches Wetterleuchten! Welche Götterdämmerung!
»Die Gleichhaftigkeit und Göttlichkeit aller Wesen . . . Gott,
ein großes Tier!« Welch ein Attentat auf den Christengott!
Spinoza war es, der seine *Ethik* dem Lehrgebäude Giordano
Brunos entnahm. Und Leibniz war es, der, ohne in seiner
bekannten Eitelkeit den Urheber zu nennen, seine Lehre von
der »Prästabilierten Harmonie«, den Begriff Monade und das
Gleichnis vom Spiegel dem »Goldbergwerk« Giordano Brunos entlieh, wie Goethe Brunos Geistesschatz bezeichnete.
In jedem Menschen spiegelt sich nach Bruno das Universum – das All im Einzelnen. Die Intellectio . . . eine Ablesung
des Innern und eine Art lebendigen Spiegels (10).

Es war dann die Aufklärung, die Zeit der bewußten und
wissenschaftlich fundierten Gegnerschaft zum Christentum,
welche diese Bausteine einer alle bloße Mechanik ersetzen-
den Dynamik moderner Kosmogonie weitergab. Und seitdem bekannten sich fast alle großen Denker und Dichter –
viele weniger bewußt, andere mehr, so Schelling oder Schopenhauer – zum wissenschaftlichen Genie, zum philosophischen Genie Giordano Bruno.

Das Urteil der Wissenschaft unserer Zeit aber findet seinen
Niederschlag in dem Werk *The growth of physical science*
(Cambridge University Press 1951, Neuausgabe 1960), dessen Verfasser, kein Geringerer als Sir James Jeans[1], schreibt:
»In seiner Philosophie war Bruno ein Pantheist. Er sah die
Natur als eine Welt voll Leben und Schönheit, durchpulst
vom göttlichen Wesen . . . An einer anderen Stelle erklärt er,
daß *jede Welt* ihre *eigene Sonne* hat, um die sie kreist. Auf
diese Weise trug Bruno die Astronomie über das Sonnensy-
stem hinaus und *begründete* die *moderne Ansicht* des *Ster-
nensystems*. Er ging auf dem Weg, den Nikolaus von Cusa
und Kopernikus eröffnet hatten, aber er war unvergleichlich
revolutionärer als beide. Er rückte nicht nur die Erde, sondern
auch die Sonne aus dem Mittelpunkt des Weltalls – ja es gab
für ihn überhaupt *keinen Mittelpunkt* mehr . . . Die *Heimat*

des *Menschen im Raum* hatte keine Vorzugsstellung und konnte keine Vorzugsbehandlung erwarten ... Die Kirche war über die revolutionären Lehren des *Kopernikus* hinweggegangen, ohne ihre Mißbilligung derselben offen zu zeigen, aber diese *neue Revolution* berührte ihre Interessen viel näher. Die Religion bedeutete *nur* etwas, wenn der *Schöpfer* von seiner *Schöpfung verschieden* war. Bruno predigte, *beide seien identisch.*«

James Jeans glaubt, daß außer Brunos abweichenden wissenschaftlichen Meinungen auch die Leugnung der Dogmen der Transsubstantiation, der Unbefleckten Empfängnis und seine Flugschrift *Triumph des Tieres* dem Inquisitionsurteil zugrunde lag. Auf dem Titelblatt dieser Schrift befand sich – vieldeutig genug – eine Widmung an den Papst!

Aus diesen kirchengegnerischen Streitschriften ist Brunos radikaler Bruch mit dem Papsttum sowohl wie mit der Kirche selbst ersichtlich, wenngleich dies nicht sozusagen mit jedem Buchstaben dokumentiert wird. Einmal meint er: »Es gibt keinen Himmel der Kirche!« Und sarkastisch bespottet er die Wunder Christi als »Kunststücke, die das Naturgesetz zur Büberei herabwürdigen ... Nun, so laßt uns ihn unter die Menschen senden und diesen durch ihn begreiflich machen ..., daß weiß schwarz ist, daß der menschliche Verstand nur Blindheit, daß folglich alles, was der Vernunft als vortrefflich, gut oder als das Beste erscheint, nur gemein, verwerflich und äußerst böse ist!«

Noch offensichtlicher führt Bruno den Kampf gegen kirchliche Ausschweifungen und Machtambitionen in manchen seiner Dichtungen, darin oft Spötter, Zyniker und schonungsloser Ankläger zugleich (11).

Indes, trotz unerhörtem Kampf, trotz Wissen, Weisheit und Opfertod blieben und bleiben Dogmenwelt und Kirchenhierarchie bestehen, denn das »Eseltum« in der Welt ist im übertragenen Sinn ein »Fels Petri«, auf dem die Macht Roms baut. So ist Brunos Esels-Hymne zu verstehen (12).

Mit der strafenden Faust eines Geistesriesen zertrümmert er die alten Tafeln der christlichen Dogmenwelt und predigt die menschliche Selbstverantwortung und Selbsterlösung durch die Befreiung des Geistes (13). Hätte Giordano Bruno nur in diesem freidenkerischen Sinne sein Wirken erschöpft, also kämpferisch, als freisinniger Haudegen, wäre er dem Christentum kaum so gefährlich erschienen. Aber er schenkte für das Eingerissene *neue* Werte und neuen sittlichen Halt, und das Christentum, die römisch-katholische Kirche und das Papsttum werden die Anklage der geistigen Menschheit nie loswerden, einen Genius gemartert und bei lebendigem Leib verbrannt zu haben, der seiner Zeit und den folgenden Jahrhunderten und Jahrtausenden eine dreifache Weisheit geschenkt hat:

die Weisheit von der HARMONIE mit dem UNENDLICHEN,

im Verein mit dem Wissen von der Vielheit bewohnter Welten;

die Weisheit vom ewig selbstschöpferischen WERDEN,

im Verein mit dem Wissen von der Entwicklung zum Vollkommenen;

die Weisheit von der EWIGEN UMWANDLUNG,

im Verein mit dem Wissen von der Kreislaufdynamik und der Ewigkeit des Lebens.

Anton Kaiser

1. Das Göttliche in uns selber

Wir werden einsehen, daß es nur *einen* Himmel, *eine* unendliche Ätherregion gibt, in der diese herrlichen Lichter ihre ihnen gesetzten Entfernungen wahren und am ewigen Leben teilnehmen... So erkennen wir die unendliche Wirkung der unendlichen Ursache, den wahren und wirklichen Abglanz der unendlichen Kraft und brauchen die Gottheit nicht in der Ferne zu suchen, sondern wir haben sie in unmittelbarster Nähe, ja *in uns selber;* wir leben und weben in ihr; ebenso, wie die Bewohner der anderen Welten sie nicht bei uns, sondern in ihrer unmittelbaren Nähe und *in sich* und sich in ihr haben; denn der Mond ist nicht mehr Himmel für uns als wir für den Mond... So liegt denn ein tiefer Sinn in den Versen:

Was sucht Ihr das Paradies in der Ferne?
In der *eigenen* Brust sind Eure Sterne!
Freut Euch der Gegenwart, denn Eurem Hoffen
Bleibet die Zukunft deshalb immer noch offen!

So kann ein einzelner, obwohl er allein steht, siegen, und schließlich wird er auch über die allgemeine Unwissenheit den Sieg davontragen und triumphieren; denn in der Tat, alle Blinden wiegen nicht einen einzigen Sehenden auf, und alle Narren können vereint nicht einen einzigen Weisen überwinden.

La cena delle ceneri (Das Aschermittwochsmahl), Paris 1584

2. Die Natur, Ursache der Schöpfung

Hier ist eine Philosophie, in der man alles das sicherlich und wahrhaftig findet, was man vergeblich sucht bei den ihr entgegengesetzten oder auch nur von ihr abweichenden Weltanschauungen.

Ich zeige, wie und wieweit der Anfangsgrund und die Ursache durch das Begründete und Bewirkte begreiflich wird (Folgerungen und Folgen). Wieviel die Erkenntnis des Weltalls beiträgt zur Erkenntnis dessen, wovon es abhängt. Durch welche Mittel und Wege wir insonderheit versuchen können, das erste Prinzip zu erkennen. Der Unterschied und die Übereinstimmung, die Diesselbigkeit und die Verschiedenheit der Bedeutung des Begriffes »Ursache« und des Begriffes »Prinzip« und »Anfangsgrund«. Was *Ursache* ist und wie diese Ursache im gewissen Sinne immanent ist, den natürlichen Dingen innewohnt, die *Natur selber* ist ... es sind (im Sinne einer universellen Ursache) ... die großen Lebewesen, wie die Gestirne, vergleichsweise für göttlichere und für fehlerlosere selbstschöpferische Schöpfungen zu erachten.

Della causa, principio et uno (Von der Ursache / Dem Anfangsgrund / Und dem Einen), Venedig 1584

3. Kein Tod, nur Verwandlung

Nachdem der Weltgeist in allem lebt, ist es unmöglich, daß irgendein wahres Wesen der Vernichtung anheimfallen oder einen endgültigen Tod erleiden kann, mag auch jegliches Ding unter gewissen Umständen seine Erscheinungsform ändern und sich, sei es in dieser oder jener Anlage, verändern; indem es eine Daseinsform aufgibt, nimmt es nur eine andere an... Völlig ausgetilgt wird in der Tat die eitle und kindische Todesfurcht; man überzeugt sich von der Glückseligkeit, die eine Betrachtung der Grundlagen unserer Philosophie mit sich bringt, da sie die finsteren Schleier der törichten Schrecken des Orkus und des unseligen Charon zerreißt, jene Phantasien, die unserem Leben jede Süßigkeit rauben und unsere Daseinsfreude vergiften.

Della causa, principio et uno

4. Ausschaltung des persönlichen Gottesbegriffes

...dem Wesen nach ist das eine vom anderen nicht verschieden, vielmehr ist im Universum keine Zahl, vielmehr ist das Universum Eines. Im Unendlichen unterscheidet sich der Punkt nicht vom Körper... Und das Universum ist Mittelpunkt und Umfang überall... Jenes Wesen, das wir Gott nennen, ist innerlicher in allem, als man sich die Form des Ganzen denken kann... man schließt daraus, daß Jegliches in Jeglichem ist und daß also alles *Eins* ist... in der Vielheit Einheit und *Einheit* in der *Vielheit*.

Della causa, principio et uno

5.

... Ein Ding, sei es so klein und winzig, wie es wolle, es hat in sich einen Teil der seelischen Substanz, die, sobald sie einen geeigneten *Träger* findet, sich entwickelt, sei es zu einer Pflanze, sei es zu einem Tier, und Glied eines beliebigen Körpers bildet, der gemeinhin »beseelt« genannt wird; denn Seele (als Empfinden) findet sich in allen Dingen, und es ist auch nicht das kleinste Körperchen, das nicht einen solchen Anteil davon hätte, daß es sich nicht belegen könnte.   *Della causa, principio et uno*

6.

... Also ist das Weltall *Eins, unendlich, unbeweglich.*

Eins, sage ich, ist die absolute *Möglichkeit.*

Eins die *Wirklichkeit,*

Eins die *Form* oder *Seele,*

Eins die *Materie* oder der *Körper,*

Eins die *Ursache,*

Eins das *Wesen,*

Eins das *Größte* und *Beste.*

... Dieses bewegt sich nicht räumlich, da es nichts außer sich hat, wohin es sich bewegen könnte, da es ja das ALL ist. Es wird nicht erzeugt; denn es ist da kein anderes Sein, das es verlangen und erwarten könnte. Sintemalen es *jegliches schon ist* ... In ihm ist Jegliches in Eintracht ... Es ist nicht Materie, denn es hat keinerlei Gestalt; ist weder gestaltbar noch begrenzt, noch begrenzbar. Es ist nicht Form, denn es formt und gestaltet nichts anderes, dazumal es *alles* ist, das *Größte* ist,

Das Eine, Das Universum.

Es ist *Grenze,* in dem Sinn, daß es *nicht* Grenze ist; es ist insofern *Form,* als es *nicht* Form ist; es ist eine *Materie,* die *nicht* Materie ist; es ist insofern *Seele,* als es *nicht* Seele ist: Es ist *alles* ohne Unterschied, und also ist es EINS,

DAS ALL IST EINS.

... Im Begriff des *Unendlichen* ist kein größerer und kein kleinerer Teil; denn dem Verhältnis des Unendlichen nähert sich ein noch so viel größerer Teil nicht mehr als ein noch so viel kleinerer, und daher ist in der

unendlichen Dauer

die Stunde nicht vom Tage, der Tag nicht vom Jahr, das Jahr nicht vom Jahrhundert, das Jahrhundert nicht vom *Augenblick* verschieden, denn die Augenblicke und die Stunden haben nicht mehr Sein als die Jahrhunderte, und jene machen keinen größeren Bruchteil der Ewigkeit aus als diese. Gleicherweise ist im *unendlichen Raum* die Handbreite nicht vom Stadium, das Stadium nicht von der

Parasange zu unterscheiden; denn im Verhältnis zum Unendlichen nähert man sich nicht mehr durch Parasangen als durch Handbreiten... Dem Verhältnis, der Gleichung, der Einheit und Identität des *Unendlichen* stehst *du als Mensch* nicht näher als die Ameise, das Gestirn kommt ihm nicht näher als der Mensch; magst du Sonne, Mond, Mensch oder Ameise sein, im Verhältnis zum Unendlichen ist es gleich. Und was ich hier sage, gilt im Vergleich mit dem Unendlichen von *jeglichem* Sondersein... Denn das All ist immer noch EINS... und in ihm ist Wirklichkeit von Möglichkeit nicht zu trennen... Da also der Punkt der Möglichkeit nach Körper ist, so unterscheidet er sich nicht vom Körper, *wenn* Möglichkeit und Wirklichkeit zusammenfallen. Mithin ist das Unteilbare nicht verschieden vom Teilbaren, das Einfachste nicht vom Unendlichen, der *Mittelpunkt nicht* vom *Umfang*... und so können wir sicherlich behaupten, daß das Universum *ganz* Mittelpunkt, oder daß der Mittelpunkt des Universums *überall* ist... So laßt uns denn, um zur vollkommenen Erkenntnis emporzusteigen, die Vielheit vereinfachen, wie umgekehrt die *Einheit,* indem sie zur Erschaffung der Dinge herabsteigt, sich vervielfacht und entfaltet... Wer sieht nicht, daß das *Prinzip* der *Zeugung* und *des Todes dasselbe ist?* Ist nicht der letzte Akt der *Zerstörung* der *Anfang der Erzeugung?* Sagen wir nicht zugleich, wenn jenes beseitigt, dieses gesetzt ist: *Jenes war, dieses ist?* Gewiß, wenn wir recht nachdenken, müssen wir erkennen, daß ein *Untergang* nichts anderes ist als eine *Entstehung* und eine *Entstehung* nichts anderes als ein *Untergang;* die Liebe ist ein Haß, der Haß ist schließlich eine Liebe!   *Della causa, principio et uno*

7.

... Schau aufwärts zu den leuchtenden Funken, deren *jeder* eine *Welt wie diese ist!*... Alle diese Welten sind *bewohnt* von *lebenden Wesen,* sie selber (aber) sind die bedeutendsten und göttlichsten Lebewesen des ALLS... Unbegrenzt viele Welten existieren also;... jede derselben ist groß genug, um aus eigenem Vermögen und auf ihre *eige-*

ne besondere Art zahllose und vortreffliche Individuen zu
erzeugen und am Leben zu erhalten... Dem Wesen nach
sind selbst die Weltkörper vergänglich... Gewiß, Teile, die
aus der Kraftsphäre ihres eigenen Globus einmal heraus-
getreten sind, werden zu ähnlichen Stoffen hinstreben,
sollten diese auch nicht ihren primären und prinzipalen
Zusammenhang bilden; ja selbst zu anderen, die ihnen der
Art nach nicht ähnlich sind, sofern sie sich *nur* durch dieselben erhalten und nähren können...

Nichts ist beständig, es dreht sich und kreiset,
Was immer da droben, hier drunten du schaust;
Was zur Höhe nicht aufstrebt, muß sinken zur Tiefe,
Sei's nah oder fern uns, sei's leicht oder schwer.
Und alles wohl wandelt gleichmäßigen Schrittes
Zum selbigen Endziel.
Es reiset durchs Ganze, bis daß es zum Ziel kommt,
So kreiset zum Meere der einzelne Tropfen
Von unten nach oben, von oben nach unten,
Und derselbige Wellenschlag
Teilt jegliches Schicksal an jeden aus...

Eine weise Seele fürchtet den Tod nicht, ja sie geht ihm
sogar zeitweise freiwillig entgegen. Es erwartet also alle
Substanz hinsichtlich der Dauer: die Ewigkeit; hinsichtlich
des Raumes: die Unendlichkeit; hinsichtlich der Existenz:
die Fülle *sämtlicher* Daseinsformen!

*Dell'infinito universo e mondi (Zwiegespräche vom
unendlichen All und von den Welten), Venedig 1584*

8. Antizipation des biogenetischen Grundsatzes

Es hindert nichts anzunehmen, daß nach dem Klange der
Leier des universalen Apollo (des Weltgeistes) die unteren
Organisationen *stufenweise* zu den höheren berufen werden beziehungsweise die unteren Stufen durch Mittelglie-
der hindurch in die höheren übergehen... Die Natur deutet jede Species zuerst an, bevor sie dieselbe ins Leben
treten läßt. So bildet immer die eine Gattung den Ausgangspunkt der anderen, wie denn von der Gestalt eines
Embryo aus ein ununterbrochener *Übergang* sowohl zu

der Gattung *Mensch* als zu der Gattung *Tier* gegeben ist.
   *De triplici minimo et mensura (Vom dreifach Kleinsten
und vom Maß), Frankfurt 1591*

9. Gott, ein großes Tier!

Wenn also die philosophische Betrachtung die Natur verfolgt, so hat sie vom *Kleinsten* auszugehen...
   Das Minimum ist die Substanz der Dinge... Daher ist das
Maximum nichts anderes als das Minimum... Monas Mo-
nadum ist Gott als höchste Einheit... Daher die Gleichhaftigkeit *Göttlichkeit aller Wesen*... Gott also die Welt des
gewaltigsten Organismus... Gott, ein großes Tier!
                                    De triplici minimo et mensura

10. Jeder Mensch ein Spiegel des Universums

Alles *Einzelne* repräsentiert die Bildung des *Ganzen*...
Nichts, was sich den Sinnen darbietet, ist *so klein*, daß es
nicht in *seiner* Weise die *eine* Gesamtform repräsentierte.
   *De monade, numero et figura (Von der Einheit, der Zahl
und der Gestalt)*

Die Natur ist deshalb ein *Spiegel* der universellen Gestaltungskraft.
   *De immenso et innumerabilibus (Vom Unendlichen und
von den unzähligen Welten)*

Jedes Bild, das wir im Universum ergreifen, umfaßt, weil es
das, was *Alles* in *Allem* ist, in sich hat, in *seiner* Art die
Ganze Weltseele...   *De immenso et innumerabilibus*

In jedem Menschen, in jedem Individuum betrachtet sich
eine Welt, ein *Universum*.
   *Spaccio della bestia trionfante (Vertreibung der trium-
phierenden Bestie), Paris 1584*

11. Religion, Kirchenglaube, Priestertum

Nach Herrschaft giert das Priestertum,
Die grause Henkershände schützen;
Von ewger Todesfinsternis
Und Höllengraus die Dogmen stützen
Die Herrschaft ihnen! *Glauben* muß
Dem Volk das Sonnenlicht verleiden,
Dem Volk, auf dessen Phantasie
Sie die gemeinste Habsucht weiden...
Durchtriebne Lügenschmiede, hinkend
Und grollend an den Dogmen hämmern
Sie unermüdlich in der Esse
Der Dummheit, drin die Völker dämmern...
Von oben dräut den armen Sündern
Ein Herrgott mit den Donnerkeilen,
Indessen unten in der Hölle
Mit Ketten rasselnd, Teufel weilen...

De immenso et innumerabilibus

12. Sonett zum Lobe des Esels

O heilges Eseltum, o heilge Ignoranz!
O heilge Dummheit, heilge Devotion!
Du ganz allein verschaffst ein Glück uns ganz,
Das keiner Geistesarbeit wird zum Lohn!...

Was nützt euch Forschern alles Studium,
Was grübelt ihr mit wißbegiergem Hirn,
Ob Feuer, Erde, Meer hat ein Gestirn?

Nicht kümmert heilges Eseltum sich drum;
Es beugt die Knie, es faltet fromm die Hände,
Erwartet, daß der Herr ihm Segen spende;
Denn höher als Vernunft ist jener Frieden,
der frommen Seelen nach dem Tod beschieden!
Vergänglich ist, was man auch treibt hinieden!

*Die Kabbala des Pegasus mit der Zugabe des Kylleni-
schen Esels*

13. Titanen-Trotz des Erdensohnes

Göttlich ist unsre Mutter Tellus,
Das Erdengestirn!
Deren marmorglatten Busen
Äther küßt, die ein wirklicher Himmel ist,
Eine Zierde des Weltalls, an deren
Anblick sich viele Sterne erfreun!
Sie umarm' ich!
Die Lasten des Atlas
Kann ich tragen!...
Dummer Glaubenswahn nur bürdete auf
Den Gehirnen Zentnergewichte,
Und Lügen des Wahns
Belasteten Typhon;
Der Wissenschaft Hand
Befreite sie Alle,
Löste die Ketten und gab sie
Dem Sterne zurück.
Ja, *ich* trage den Stern
Und der Stern trägt *mich* selber,
Ich trage den Himmel
Und der Himmel trägt *mich,*
Die Lasten des Atlas
Müssen mir *leicht* sein!

    De immenso et innumerabilibus (übersetzt von Ludwig Kuhlenbeck)

Anmerkung
[1] Naturforscher, Präsident und Ehrenmitglied vieler Akademien der Wissenschaften

PIERRE BAYLE
1647–1706

> Die Theologie schadet der Philosophie.[1]
>
> Es geht hier keineswegs um die Religion; es geht um die Wissenschaft: Man muß also alle die Grenzen niederreißen, welche die in verschiedenen Sekten zusammengeschlossenen Menschen voneinander trennen, und nur den Punkt im Auge behalten, worin sie sich einig sind: die Tüchtigkeit des bedeutenden Mannes in der Gelehrtenrepublik.
> In diesem Sinne sollen alle Gelehrte sich als Brüder ansehen ... Sie sollen sagen: Als Kinder Apollons sind wir alle gleich, alle miteinander verwandt.[2]

Mit diesem Bekenntnis zur Toleranz trat Pierre Bayle an die Öffentlichkeit, als die Epoche der europäischen Glaubenskämpfe das Endstadium eines wütenden Sektengezänks erreichte und in der Rekatholisierungskampagne Ludwigs XIV. (Aufhebung des Edikts von Nantes, 1685, Zwangsbekehrung und Vertreibung der Hugenotten aus Frankreich) ihren letzten schauerlichen Höhepunkt fand.

Geboren 1647 in Carlat, Grafschaft Foix (Gascogne) als Sohn eines calvinistischen Predigers, verließ Pierre Bayle, nachdem er aus Zweifelsgründen für kurze Zeit zum Katholizismus konvertiert war, dann aber zum Protestantismus zurückgefunden hatte, 1670 sein Land, weil er als Rekonvertit schwere Strafen befürchten mußte.

Bayle ging nach Genf und setzte an der dortigen protestantischen Akademie seine philosophischen Studien, die er an der Jesuiten-Universität zu Toulouse begonnen hatte, fort. Er machte sich hier mit dem Cartesianismus vertraut, der zur Grundlage seiner Weltanschauung wurde.

Einige Jahre schlug er sich als Lehrer in privaten und öffentlichen Diensten durch; 1674 erhielt er dann die Stelle eines
Professors der Philosophie an der protestantischen Universität in Sedan. Als diese 1681 auf Befehl Ludwigs XIV. geschlossen wurde, ging Bayle an die Hochschule in Rotterdam, wo er Philosophie und Geschichte lehrte, bis ihm auf
Betreiben eines ihm früher befreundeten, nun auf seinen
schriftstellerischen Erfolg neidischen bigotten calvinistischen
Theologen, der ihn bei der Stadtbehörde des Atheismus und
der Sympathie mit Ludwig XIV. bezichtigte, 1692 das Lehramt entzogen wurde. Fortan lebte Bayle in Rotterdam als
Privatlehrer bis zu seinem Tod im Jahr 1706.

Bayles große Begabung und Leistung äußern sich nicht in
der Konzeption einer neuen Weltansicht, eines neuen philosophischen Selbstbewußtseins — hierin schließt er sich an
Descartes an —, sondern in der Auseinandersetzung mit der
Theologie und dem religiösen Geist seiner Epoche.

Er schuf keine neuen Ideen, kein philosophisches System,
aber er zog mit aller Deutlichkeit, Unerbittlichkeit und Schärfe bestimmte Konsequenzen aus den fortschrittlichen Ideen
seines Jahrhunderts. Um mit Feuerbach zu reden: »Bayles
Bedeutung für die Philosophie liegt . . . hauptsächlich in seinem negativen Verhältnis zur Theologie. Er ist eine praktisch
dialektische Einleitung von dem dogmatisch beschränkten
Denken der Theologie zu dem freien Denken der Philosophie.«[3]

Während nämlich Descartes Konflikte seiner philosophischen Gedanken mit der Theologie ängstlich vermied und
den rationalistischen Konsequenzen aus seinem »Cogito«
vorsichtig auswich, während Leibniz in scholastischer Ma-
nier Philosophie, Wissenschaft und Theologie zu harmoni-
sieren suchte, war Bayle unermüdlich bestrebt, in immer
neuen Variationen die Diskrepanz zwischen Glauben und
Vernunft, Theologie und Philosophie, Religiosität und Sittlichkeit zu demonstrieren.

Drei Hauptpunkte zeichnen sein Denken und seine Gesinnung aus:

1. die These der Unvereinbarkeit von Glauben und Vernunft;

2. die These des gegenseitigen Unabhängigseins von Frömmigkeit und Sittlichkeit;

3. das Postulat der Gewissensfreiheit, der Toleranz.

1. Seien es die Dogmen der Willensfreiheit und des Sündenfalls, der Allmacht und Güte Gottes, der Dreieinigkeit und der Transsubstantiation usw. – in allen diesen Glaubenssätzen findet die Vernunft so viele Ungereimtheiten und Absurditäten, daß sie diese unmöglich anerkennen kann.

Die Hartnäckigkeit, mit der Bayle auf der Unbegreiflichkeit der Dogmen besteht, sein Eifer, mit dem er den Widerspruch zwischen Glaubenssätzen und Vernunftwahrheiten dialektisch auf die Spitze, bis an die Grenze des absoluten Skeptizismus treibt, hat etwas Tragisches. Denn Bayle war keineswegs Atheist – dazu fühlte er sich seiner protestantisch-calvinistischen Herkunft zu sehr verpflichtet; aber die Neigung zu vernünftigen Räsonnements war in ihm so übermächtig, daß er es nicht über sich brachte, die Stimme der Vernunft zu ersticken und sich, wie Pascal, den Dogmen zu unterwerfen.

Diesem Dilemma gibt Bayle in folgenden Worten Ausdruck: »Man muß notwendig wählen zwischen der Philosophie und dem Evangelium: Wenn ihr nichts glauben wollt, als was deutlich und den allgemeinen Begriffen gemäß ist, so ergreift die Philosophie und laßt das Christentum; wenn ihr die unbegreiflichen Mysterien der Religion glauben wollt, so ergreift das Christentum und laßt die Philosophie; denn die Deutlichkeit und die Unbegreiflichkeit miteinander zu verbinden ist ebenso unmöglich wie die Vereinigung der Eigenschaften des Quadrats mit denen des Kreises. Entweder – Oder... nur ein wahrer Christ, der über das Wesen der übernatürlichen Wahrheiten gut unterrichtet und in den – dem Evangelium gemäßen – Grundsätzen stark gefestigt ist, wird sich über die Subtilitäten der Philosophen lustig machen können... Der Glaube erhebt ihn über die Regionen, wo die Stürme des Streitgesprächs herrschen. Er ist an einem Ort..., von wo aus er mit vollkommener Ruhe auf die Schwachheiten der Vernunft und die Verirrung der Sterblichen, die nur sie zum Führer haben, herabsehen kann. Jeder Christ, der sich von den Einwänden der Ungläubigen verwirren läßt und an ihnen Anstoß nimmt, steht schon mit einem Fuß in derselben Grube wie sie.«[4]

2. Kam Bayle in der Aporie von Vernunft und Glauben nicht über den Skeptizismus hinaus, so gelang ihm in seiner Ethik eine vollständige Ablösung der Sittlichkeit von der Religion. Nicht nur, daß er, den Fanatismus, die Grausamkeit und Liederlichkeit vieler Christen vor Augen, wiederholt die riesige Kluft zwischen den Geboten des Evangeliums und der kirchlich-christlichen Praxis beschwor, daß er, was selbst Voltaire zu weit ging[5], die Möglichkeit eines tugendhaften Lebens von Ungläubigen, ja Atheisten hervorhob – er versuchte auch, die Sittlichkeit auf ein neues, von der Religion unabhängiges Fundament zu gründen: auf die natürliche, angeborene Idee der Gerechtigkeit.

In seinen *Verschiedenen Gedanken über den Kometen*, worin Bayle mit dem Aberglauben abrechnet und besonders das Argument bekämpft, der Wunderglaube diene der Festigung von Gehorsam und Sittenstrenge, demonstriert er mittels vieler Beispiele, daß der Lebenswandel eines Menschen nicht aus seinem Glauben, sondern allein aus seinen natürlichen Anlagen, seinen Trieben, Gewohnheiten und seiner Erziehung resultiere. Nicht blinder, willkürlicher Dogmen- oder Wunderglaube, sondern nur die unwandelbare, natürliche Idee der Gerechtigkeit gebe der Vernunft die Mittel zu einer harmonisch-sittlichen Bildung.

3. Die Unbegreiflichkeit und Vernunftwidrigkeit der von Sekten und Konfessionen behaupteten Dogmen, deren Untauglichkeit, ein sittliches Leben zu verbürgen, die Verheerungen der Religionskriege, seine eigenen leidvollen Erfahrungen und nicht zuletzt: seine humane Gesinnung – all dies bewog Bayle zu seiner Forderung nach Gewissensfreiheit, Milde und Gerechtigkeit. »Es ist dieser Geist der Toleranz«, schreibt Bayle, »weshalb ich stets der Ansicht war, man müsse die Häresien mit Milde und guten Gründen bekämpfen, ohne deswegen die Behörden anzustiften, diejenigen zu verfolgen, denen Gott noch nicht die Gnade zuteil werden ließ, sie mit seinem Lichte zu erleuchten; und meine Toleranz geht so weit, daß ich es ablehne, über diesen Punkt überhaupt zu diskutieren . . .«[6]

Bayle verkörpert in besonderer Reinheit den französischen Rationalismus, eine Geistesrichtung, die, ausgehend von Abälard, in Descartes, Pascal, Bayle und der französischen Aufklärung kulminierte.

In seinen Schriften, besonders in seinem *Historisch-kritischen Wörterbuch* und seinen *Verschiedenen Gedanken über den Kometen,* fanden die Aufklärer einen großen Teil der Waffen, deren sie gegen Despotismus und Obskurantismus bedurften, weshalb Bayles Bedeutung für die Aufklärung gar nicht überschätzt werden kann.

Darüber hinaus aber zeigt Pierre Bayles Persönlichkeit deutlich, daß ein Philosoph, dem intellektuelle Redlichkeit oberstes Gebot ist, vor allem auch Charakter haben muß: nicht nur die Fähigkeit, etwas als wahr erkennen zu können, sondern auch den Willen und die Kraft, dafür einzutreten. Im Gegensatz nämlich zu einigen modernen Philosophen, welche, wie etwa Carl Friedrich von Weizsäcker, Aporien, besonders die zwischen religiösem Glauben und Vernunft, zu versöhnen, das heißt im Grunde: zu verdecken trachten oder die gar, wie Heidegger, wieder in mystisch-anheimelndes Raunen verfallen, hat Bayle, wie sein Leben und sein Werk bezeugen, der »Ruhe und Geborgenheit in Gott« stets die bessere, doch oft sehr unbequeme Einsicht vorgezogen.

Volker Mack

Die theologischen Mysterien widersprechen der Vernunft

Es ist offenbar, daß ein menschlicher Körper nicht an mehreren Orten zugleich sein und nicht sein Kopf mit allen übrigen Teilen denselben unteilbaren Punkt einnehmen kann, und dennoch lehrt uns das Mysterium des Abendmahls, daß alle Tage diese zwei unmöglichen Dinge geschehen; woraus wieder folgt, daß wir nicht gewiß sein können, ob wir von anderen Menschen unterschieden sind, und ob wir nicht eben jetzt im Serail von Konstantinopel, in Kanada, in Japan und in jeder Stadt der Welt sind, an jedem Orte unter verschiedenen Beschaffenheiten. Da aber Gott nichts umsonst tut, sollte er mehrere Menschen erschaffen, wenn ihm ein einziger genügen kann, der an verschiedenen Orten ist und je nach den verschiedenen Orten verschiedene Beschaffenheiten hat? Infolge dieser Lehre verlieren wir daher die Wahrheiten, die wir in den Zahlen finden, denn wir wissen nicht mehr, was Zwei und Drei ist, wir wissen nicht mehr, was Einheit, was Verschiedenheit ist ... Wir wissen nicht mehr, ob es zwei Körper gibt, ja wir wissen selbst nicht mehr, ob es einen Körper und einen Geist gibt; denn wenn die Materie durchdringlich ist, so ist offenbar die Ausdehnung nur ein Akzidens des Körpers, und folglich der Körper seinem Wesen nach eine nicht ausgedehnte Substanz[7]; er kann also alle die Eigenschaften annehmen, die wir uns in dem Geiste denken – Verstand, Wille, Leidenschaften, Empfindungen; es gibt demnach kein Kriterium mehr, ob eine Substanz körperlich oder geistig ist ...[8]

Gehen wir zur Moral über. Es ist offenbar, daß man ein Übel verhindern muß, wenn man es kann, und daß man sündigt, wenn man das Übel verhindern kann und es dennoch zuläßt. Unsere Theologie jedoch lehrt uns, daß dieser Grundsatz falsch ist; denn sie lehrt, daß Gott keine seiner Vollkommenheiten unwürdige Handlung dadurch begeht, daß er die Übel und Störungen in der Welt duldet, obgleich es ihm ein Leichtes ist, sie zu verhüten. Ebenso offenbar ist, daß eine Kreatur vor ihrer Existenz nicht an einer schlechten Handlung mitschuldig sein kann, nicht minder offenbar, daß es ungerecht ist, sie zu bestrafen, als hätte sie eine Schuld an dieser Handlung. Nichtsdestoweniger zeigt uns die Lehre von der Erbsünde die Unwahrheit dieser sonnenklaren Grundsätze. Schließlich ist offenbar, daß man das Gute dem Nützlichen vorziehen muß und daß das heiligste Wesen am wenigsten dem Nutzen vor der Tugend den Vorzug geben darf. Und doch sagen unsere Theologen, daß Gott, ob er gleich zwischen einer vollkommen wohlgeordneten und sündenlosen Welt und dieser unserer sündenverderbten und verwirrten Welt wählen konnte, dennoch jener Welt diese vorzog, weil er dies im Interesse seines Ruhmes für besser fand.[9]

Vernunft und Aufklärung
contra (Aber-)Glauben und Obskurantismus

Ich gebe zu, es ist viel weniger anstößig, Irrtümer zu bekämpfen, bevor ein langes Verharren sie im Geiste eines
ganzen Volkes hat Wurzel fassen lassen, als wenn ihr Alter
sie geweiht zu haben scheint. Aber, da man die Wahrheit
nicht verbieten kann, so wäre es nicht richtig, sie unter dem
Vorwand, daß sie niemals bekannt gewesen sei, auf ewig
in Vergessenheit geraten zu lassen. Ich räume auch ein,
daß man mit großer Zurückhaltung und Behutsamkeit vorgehen muß, wenn man alte Irrtümer einer Religion an-
greift; und deswegen hat auch jemand im Hinblick darauf
geäußert: »es ist nicht nur nicht notwendig, daß das Volk
weiß, es gebe verschiedene Wahrheiten, sondern es ist
ratsam, daß es das Gegenteil glaubt.« Es gibt kaum Politiker noch Kleriker, die nicht dieser Meinung wären. Aber
ich sage dennoch, indem ich natürlich die Umsicht, welche
die christliche Klugheit gebietet, beobachte, *daß es erlaubt
sein muß, für die Aufklärung der Wahrheit auf allen Gebieten zu wirken.*[10]
Um auf die abergläubische Veranlagung zurückzukommen, die der Teufel im Geiste der Menschen vorgefunden.
Ich behaupte, daß dieser Feind Gottes und unseres Seelen-
heils hier so kräftig nachgeholfen und die Gelegenheit so
ausgiebig genutzt hat, daß es ihm gelungen ist, aus dem
Besten auf der Welt, nämlich *der Religion, nichts als einen
Haufen von Überspanntheiten, Ungereimtheiten, Albern-
heiten und ungeheuerlichen Verbrechen* zu machen; und
was noch schlimmer ist: Er hat die Menschen durch eben-
diese Neigung in den lächerlichsten und erbärmlichsten
Götzendienst hineingetrieben, der sich nur vorstellen
läßt.[11]
Soll ich Ihnen in meiner Eigenschaft als alter Freund
sagen, woher es kommt, daß Sie einer landläufigen Meinung anhängen, ohne das Orakel der Vernunft zu befra-
gen? Weil Sie *glauben, in alledem wäre etwas Göttliches...;* weil Sie sich einbilden, der allgemeine Consensus
so vieler Nationen im Verlaufe so vieler Jahrhunderte kön-

ne nur aus einer Art Inspiration stammen, vox populi, vox
Dei; weil Sie infolge ihres Charakters als Theologe ge-
wohnt sind, *ihre Vernunft nicht mehr zu gebrauchen, sobald Sie glauben, an ein Mysterium zu rühren.*[12]

Über das Morden im Namen Christi

Daß man nicht behaupten kann, diejenigen, die nicht den
Grundsätzen ihrer Religion gemäß leben, glaubten nicht,
daß es einen Gott gebe:

I. Beweis dafür, der aus dem Leben der Soldaten abgeleitet wird.

Man kann mir nicht entgegnen: Die Christen, die nicht in
Übereinstimmung mit den Prinzipien ihrer Religion leben,
wären nicht von unseren Mysterien überzeugt, und daß sie
ebensosehr versteckte Atheisten seien. Denn, ... was gibt
es Unhaltbareres, als unter die Atheisten alle diese christlichen Soldaten einzureihen, die sich unerhörte Ausschweifungen erlauben, wenn sie nicht unter strenger Disziplin
gehalten werden? Die Zweifel an der Existenz Gottes fallen
wohl kaum in solche Seelen ... Es ist übrigens gewiß: Soldaten, die nur nach Blut und Gemetzel dürsten und die,
wenn man sie gewähren läßt, um ein Geringes bald das
befreundete Land ebenso wie das befeindete Land in die
größte Verzweiflung stürzen, *sind für den Religionseifer
sehr stark empfänglich.* Denn wenn man sie auf ein Volk
anderen Glaubens losläßt und wenn man sie mittels dieses
großen Motivs aufstachelt, sieht man, daß sich ihr Mut oft
bis zur Raserei steigert und daß sie *die Gewalttaten, die sie
begehen, als bloße Akte der Frömmigkeit* ansehen. Man
sieht, wie sie einen unversöhnlichen Haß auf diejenigen
werfen, die nicht von ihrer Sekte sind, und wie sie sich ein
Gewissen daraus machen würden, ihre Gottesdienste mit
ihnen zu teilen. – Großer Beweis, daß sie dem Christentum
innerlich nicht abschwören, wenn sie sich zu all den Verbrechen hinreißen lassen, die sie begehen.

II. Beweis, der aus den Verbrechen der Kreuzzüge gewonnen wird. Die Verbrechen der Kreuzzüge hatten die
Religion zum Grundsatz.

Wollte man es (etwa) wagen zu behaupten, daß die Christen, die sich zum Kreuzzug nach dem Heiligen Land rüsteten, keine Religion gehabt hätten; sie, die ihr Heimatland verließen, um die Ungläubigen zu bekriegen; sie, die an der Spitze ihrer Armeen Engel und Heilige, wie sie ihre Feinde in die Flucht schlugen, zu sehen vermeinten; sie, die nur von Wunderzeichen und Mirakeln redeten? Man müßte den Verstand verloren haben, Leute wie diese des Atheismus zu verdächtigen. Indes, sie haben die entsetzlichsten Verbrechen begangen, von denen man jemals hat sprechen hören; derart, daß die Christen, die sie zu verteidigen kamen, mehr Haß gegen sie als gegen die Türken und Sarazenen empfanden ... Dies ist es also, was ich sage: Der größte Teil der Kreuzfahrer waren Leute, die durch Predigten und Ablässe zu diesem Unternehmen ermuntert wurden und die sicherlich nicht im Herzen ihrer Religion abgeschworen hatten, als sie sich zu allen diesen Freveltaten hinreißen ließen.[13]

Es ist ... wahr, der Geist unserer heiligen Religion macht uns nicht kriegerisch. Indessen, es gibt keine Nationen auf der Erde, die kriegerischer sind als diejenigen, die sich zum Christentum bekennen.

Es sind die *Christen,* die Tag für Tag die Kriegskunst vervollkommnen, indem sie eine Unzahl von mörderischeren und schrecklicheren Belagerungsmaschinen bauen; und wir sind es, von denen die Ungläubigen lernen, sich besserer Waffen zu bedienen.[14]

Daß Atheisten sich nicht durch Unmoral auszeichnen

Was auch dafür sprechen mag – wird man mir einwenden –, es wäre eine seltsame Sache, daß ein Atheist tugendhaft lebte. Er ist ein Monstrum, das die Grenzen (forces) der Natur überschreitet! – Ich erwidere: Es ist keineswegs *seltsamer, daß ein Atheist tugendhaft lebt,* als es seltsam ist, daß *ein Christ sich zu allerhand Verbrechen hinreißen* läßt. Wenn wir Tag für Tag diese letztere Gruppe von Ungeheuern sehen, warum sollten wir glauben, das andere sei unmöglich?[15]

Wie die Erfahrung lehrt, sind auch solche, die an Himmel und Hölle glauben, jedes Verbrechens fähig. Es wird dadurch offenbar, daß der Hang zum Bösen sowenig aus mangelnder Gotteserkenntnis stammt, wie er durch die Erkenntnis eines strafenden und belohnenden Gottes gebessert wird; denn in einer Seele, die keine Erkenntnis von Gott hat, ist der Hang zum Bösen nicht stärker als in einer Seele, die Gott kennt.[16]

Eine Gesellschaft von Atheisten würde die bürgerlichen und moralischen Tugenden ebenso gut wie die übrigen Gesellschaften realisieren, wenn sie nur die Verbrechen strenge bestrafte und die Vorstellungen der Ehre und Schande an gewisse Dinge knüpfte; denn dadurch, daß die Glieder der Gesellschaft nichts wüßten von einem ersten Wesen als einem Erhalter und Schöpfer der Welt, würden nicht die Gefühle für Ehre und Schande, für Lohn und Strafe und alle sonstigen Leidenschaften, welche die übrigen Menschen bewegen, ausgerottet, auch nicht alle Erkenntnisse der Vernunft vertilgt. Man würde daher auch unter ihnen Leute antreffen, die redlich wären im Verkehr, hilfreich gegen Arme, Feinde der Ungerechtigkeit, treu gegen ihre Freunde, großmütig gegen ihre Beleidiger, fähig, den Wollüsten des Leibes zu entsagen, gutmütig gegen jedermann.[17]

Nicht willkürliche Dogmen, die Vernunft und die natürliche Idee der Gerechtigkeit bilden die Grundlage der Moral

Ich weiß zwar, daß es Axiome gibt, gegenüber denen die ausdrücklichsten und heiligsten Worte der Heiligen Schrift nichts ausrichten würden; wie zum Beispiel, daß das Ganze größer ist als seine Teile; daß, wenn man von Gleichem Gleiches abzieht, die zurückbleibenden Teile gleich sein müssen; daß zwei sich widersprechende Sätze nicht beide wahr sein können, oder daß die Essenz einer Sache nicht nach der Vernichtung der Sache weiter existieren kann. Wenn man aus der Heiligen Schrift hundertmal das Gegenteil dieser Grundsätze nachwiese, wenn man tausend und aber tausend Wunder vollbrächte, mehr als Moses und die Apostel, um eine diesen allgemeinen Grundsätzen widersprechende Doktrin nachzuweisen, so würde der unbefangene Mensch nichts davon glauben und würde eher überzeugt sein, daß die Heilige Schrift nur in Gleichnissen und Widersprüchen redet und die Wunder vom Teufel stammen, als daß er glaubte, die Vernunft irre sich in diesen Maximen...

Man muß notwendig zu dem Schluß kommen, *daß jedes einzelne Dogma,* ob man es als in der Heiligen Schrift enthalten ausgibt oder es sonst aufstellt, *falsch ist, wenn es von klaren und deutlichen Erkenntnissen der Vernunft widerlegt wird, besonders, soweit es sich um die Moral handelt...*[18]

Gegen die »Segnungen« des Christentums

Seit dem vierten Jahrhundert bis herab auf das unsrige waren Verschwörungen, Empörungen, Bürgerkriege, Revolutionen, Entthronungen unter den Christen ebenso häufig oder noch häufiger als unter den Ungläubigen. Wenn gewisse Länder diesen Übeln weniger ausgesetzt waren, so war der christliche Glaube nicht die Ursache davon; der Unterschied rührt von dem Unterschied der Volksgeister und ihrer Regierungsverfassungen her. Die Gärungen und Katastrophen, welche die Staaten verwirrt oder selbst umgestürzt haben, sind oft durch die Religion verursacht worden, und gerade diese waren die wütendsten Stürme in der Geschichte. Die Sprache ist zu schwach, um die Greueltaten auszudrücken, welche das Christentum begangen, sei es nun, um die heidnische Abgötterei zu vertilgen, oder um die Ketzer auszurotten, oder um die Sekten aufrechtzuerhalten, die sich von der Hauptkirche absonderten; die Geschichte davon erregt Schauder, man entsetzt sich darüber, wenn man nur etwas sanftmütig ist; ein guter Mensch kann diese Geschichte nicht lesen, ohne selbst böse zu werden; er kann sich nicht enthalten, das Andenken der Urheber dieser Greuel zu verfluchen...[19]

Wider die Ecclesia militans

Wenn man sich über die Kraft und die gegenwärtige Bedeutung dieses Wortes klar wäre, so würde man Frankreich nicht darum beneiden, daß es »unter der Herrschaft
Ludwigs des Großen einheitlich katholisch« ist, denn seit
so langer Zeit schon verhalten sich diejenigen, die sich
diesen Namen vor allen anderen beigelegt haben, so abscheulich, daß jeder anständige Mensch es *als Beleidigung
ansehen sollte, katholisch genannt zu werden;* und nach
dem, was ihr soeben in dem allerchristlichsten Königreich
getan habt, müßte fortan *»die katholische Religion« zu
sagen gleichbedeutend sein mit: die Religion der unan-
ständigen Leute.*[20]

Wie richtig hat man von euch gerade das Gegenteil von
dem gesagt, was Plato von den Philosophen sagte; denn ich
glaube nicht, daß sich ein *größeres Unglück auf Erden
ereignen könnte,* als wenn *ihr entweder herrschtet, oder
wenn die Herrscher Pfaffen* wären. Ich bin so entrüstet und
empört über eure betrügerischen und rohen Grundsätze,
daß, wenn Platos Republik irgendwo herzustellen wäre,
ich keineswegs den Geschmack eines neueren Schriftstel-
lers teilen könnte, der erklärt hat, daß er sich nicht dahin
begeben würde; ja in der Aufwallung meines Zorns, beim
Anblick des traurigen Zustands, in den ihr die Eigenschaft
eines Christen gebracht habt, wandelt mich fast die Lust
an, mit Averroës auszurufen: *Möchte doch meine Seele bei
der der Philosophen weilen, da die Christen anbeten, was
sie essen, und ich füge hinzu: da sie einander selbst auf-
fressen, wie der Wolf die Schafe.*[21]

Intoleranz widerspricht dem Recht und der Vernunft

Ihr müßt... bedenken, daß die von einem falschen Religionseifer eingenommenen Gewissen nicht durch die Beweggründe, welche einen Spinozisten[22] zurückhielten, im
Zaume gehalten werden können. Die Vernunft, die Rücksicht für das Gemeinwesen, die menschliche Ehre, die Ab-
scheulichkeit der Ungerechtigkeit würden einen Spinozisten davon abhalten, seinem Nächsten unrecht zu tun.

Aber ein Mensch, der überzeugt ist, daß er durch die Ausrottung der Ketzer das Reich Gottes fördert, ein solcher
Mensch, sage ich, wird alle Gesetze der Moral mit Füßen
treten, und weit entfernt, durch die Vorwürfe des Gewissens im Zaum gehalten zu werden, wird er vielmehr durch
sein Gewissen selbst dazu angetrieben, alle Mittel ohne
Unterschied anzuwenden, um nur dadurch zu bewirken,
daß der heilige Name Gottes nicht mehr gelästert wird, und
so auf den Ruinen der Ketzerei oder Götzendienerei die
Orthodoxie aufzupflanzen. Was für Verwüstungen verursacht solcher Religionseifer in einem Staate! Würde er sie
von seiten der Freigeister zu befürchten haben?[23]

In der Tat ist dieses Dogma das Lieblingsdogma der
römischen Kirche, welches sie überall, wo sie nur kann, in
Anwendung bringt. Aber auch die Protestanten unterlassen es nicht, dieses Dogma in der Praxis anzuwenden, ob
sie wohl das Gehässigste daran weggetan haben ... Und
nicht seit heute oder gestern herrscht das Dogma des Ge-
wissenszwanges über die ganze Christenheit, mit Ausnahme der kleinen Winkel, die ich eben genannt habe; es
herrscht, seitdem die Christen die Gewalt über Tod und
Leben in Händen haben; es herrscht von Konstantin, dem
ersten christlichen Kaiser, an bis auf Leopold, der jetzt auf
dem Kaiserthron sitzt.[24]

Wir sehen ... in dieser Sache ein wirklich entsetzliches
Zusammentreffen von zwei oder drei Momenten (choses).
Das erste ist die feierliche Bekanntmachung von Strafge-
setzen gegen solche, die nicht gewisse Ansichten über
religiöse Gegenstände hegen, im Gebrauch der ganzen
Christenheit, und so oft wiederholt, als es eine Gelegenheit
dazu gab, seit mehr als 1200 Jahren. Das zweite Moment ist
die strenge und oft sehr blutige Vollziehung dieser Gesetze
in allen Fällen, die sich nur immer darboten; das dritte –
das Schrecklichste von allem – ist die Billigung und Bei-
stimmung von seiten der Prälaten, der Konzilien, der Päpste und der meisten Gelehrten. Ich wiederhole es: Dies ist
das Schrecklichste, das wahrhaft Ungeheure ... dies ist der
höchste Grad der geistigen und moralischen Verdorbenheit, daß eine so wahnsinnige Lehre, eine Lehre, welche

die Bestrafung eines Menschen rechtfertigt, der aus Gewissensgründen die Unterschrift einer Glaubensformel
verweigert, sich in der christlichen Kirche mit fast allge-
meinem Beifall von seiten der Lehrer ausgebreitet und sich
ein solches Ansehen gegeben hat, daß man fast für einen
Ketzer gilt, selbst unter den Protestanten, wenn man nur
ein deutliches Wort zugunsten der Toleranz spricht.[25]

Anmerkungen und Zitatnachweise
Dem Beitrag über Bayle liegt folgende Literatur zugrunde:
Pierre Bayle, Œuvres diverses, 4 Bde. Den Haag 1737.
–, Dictionnaire Historique et Critique, 4 Bde. 5. Ed. Revue, Corrigée
et Augmentée (avec la vie de l'auteur) par Mr. Des Maizeaux. – Am-
sterdam–Leiden–Utrecht–Den Haag 1740.
Ludwig Feuerbach, Pierre Bayle. Ein Beitrag zur Geschichte der
Philosophie und Menschheit). 5. Bd. der Sämtlichen Werke v. L. F.;
hrsg. v. *Wilhelm Bolin* und *Friedrich Jodl*. Stuttgart ²1960 (mit einer
ausführlichen Biographie Bayles von *Wilhelm Bolin*).
Paul Hazard, La Crise de la Conscience Européenne. 1680–1715. Dt.
Ausgabe: Die Krise des europäischen Geistes; übers. v. Harriet Wege-
ner. Hamburg ⁵1939.
Bayle wird – abgesehen von einigen Ausnahmen – stets nach den
genannten beiden Ausgaben zitiert, die auch Feuerbach benutzte.
Die Hervorhebungen stammen von V. M.)
[1] s. *Feuerbach*, a.a.O. 142; Zitat ohne Quellenangabe – [2] Aus dem
Vorwort zu den Nouvelles de la république des lettres. 1685. Œuvres
diverses, a.a.O., Bd. I (zit. n. *Feuerbach*, Anm. 2, 380; übers. v. V. M.) –
[3] s. *Feuerbach*, a.a.O. 319 – [4] s. *Bayle*, Dictionnaire, a.a.O., Bd. IV, Art.
Eclaircissement sur les Pyrrhoniens (Erläuterungen über die Pyrrhoni-
sten), 644 (übers. v. V. M.; vgl. *Feuerbach*, 275 f.) – [5] vgl. *Bayle,*
Pensées diverses, in: Œuvres div., Bd. III, § 172, 109 f. u. *Voltaire,*
Dictionnaire philosophique, Art. Athée, Athéisme. Hrsg. v. *Raymond
Naves*. Paris 1961, 39 ff. – [6] s. De la chimère de la cabale de Rotterdam.
(Über die chimärische Kabale von Rotterdam. – Eine Verteidigungs-
schrift Bayles gegen den Theologen Jurieu, der ihn wegen Atheismus
bei der Stadtbehörde angezeigt hatte; s. Lebenslauf). In: Œuvres div.,
Bd. II, 656 (übers. v. V. M.) – [7] Man beachte, daß für die Cartesianer der
Körper: »res extensa« sich vom Geist: »res cogitans« eben durch seine
Ausdehnung und Undurchdringlichkeit unterscheidet; »Substanz« ist
das durch sich selbst bestehende Wesen einer Sache, »Akzidens« das
Beiläufige, das nicht ohne Substanz für sich und durch sich selbst
bestehen kann, kurz: eine Eigenschaft, ein »Modus« der Substanz. –
[8] s. Dictionnaire, a.a.O. (Zitat u. Übersetzung n. *Feuerbach*, 273 f.) –
[9] s. ebd. – [10] s. Pensées div., in: Œuvres div., Bd. III, 61 (übers. v. V. M.;
vgl. auch *Hazard*, a.a.O. 187) – [11] s. Pensées div., § 68 d. Ausgabe v.
1683 (zit. n. *Hazard*, 193; dieser Abschnitt fehlt in d. Ausg. v. Den
Haag 1737) – [12] s. Pensées div., § 8, 12 d. Œuvres div., Bd. III (in

Anlehnung an *Hazard,* 215, übers. v. V. M.) – [13] s. Pensées div., a.a.O.,
Bd. III, § 162, 89 f. (übers. v. V. M.) – [14] s. ebd. 91 (übers. v. V. M.) –
[15] Titel u. Zitat s. Pensées div., a.a.O., Bd. III, § 174, 110 (übers. v. V. M.)
– [16] s. ebd. § 145 (Zitat u. Übers. n. *Feuerbach,* 166) – [17] s. ebd. § 172
(Zitat u. Übers. n. *Feuerbach,* 169) – [18] s. Commentaire philosophique
sur ces paroles de Jésus-Christ: Contrains-Les d'entrer... In: Œuvres
div., Bd. II, 368 (in Anlehnung an *Hazard,* 134 f., übers. v. V. M.) – [19] s.
Réponse aux Questions d'un Provincial, Œuvres div., Bd. III, 957 f.
(Übers. v. *Feuerbach,* 177) – [20] s. Ce que c'est que la France toute
catholique sous le règne de Louis le Grand. Lettre écrite de Londres,
1686. In: Œuvres div., Bd. II (Zitat n. *Hazard,* 132) – [21] s. ebd. 351 (Zitat
u. Übers. n. *Feuerbach,* 296) – [22] Spinozist wird hier synonym für
Atheist verwendet; Spinoza galt unter den damaligen Christen als
Musterbeispiel eines Atheisten. – [23] s. Réponse, a.a.O., Bd. III, 955
(Übers. v. *Feuerbach,* 176) – [24] s. Supplément du commentaire philosophique, in: Œuvres div., Bd. II, 533 f. (Übers. v. *Feuerbach,* 315) – [25] s.
ebd. 535 f., Kap. 30 (Übers. v. *Feuerbach,* 316 f.).

VOLTAIRE
1694–1778

Kaum einem durchschnittlich Gebildeten ist der Name Voltaire unbekannt, aber auch selten findet sich einer, der zwei oder drei Bände seines immensen Werkes gelesen hat. Neuere deutsche Übersetzungen selbst so wichtiger und folgenreicher Werke wie des *Essai sur les mœurs*, der *Lettres anglaises*, des *Dictionnaire philosophique* (von dem wenigstens Auszüge in deutscher Sprache erschienen sind) lassen bis heute auf sich warten. Und ungelesen bleiben meistenteils auch die populäreren Romane wie *Zadig* und *Candide*. Gewiß teilt Voltaire das Schicksal vieler berühmter französischer Schriftsteller von Corneille und Racine bis hin zu Marcel Proust. Aber er ist nicht veraltet wie Racine und Corneille, und er ist nicht schwierig und nur den oberen Zehntausend zugänglich wie Proust.

Wie erklärt sich also dieses mangelnde Interesse angesichts eines Mannes, der nicht nur mit den Königen und Fürsten Europas verkehrte, sondern der durch die starken Impulse, die er ausgelöst hat, auch seinerseits zu einer Gestalt von historischer Bedeutung geworden ist? Ist es vielleicht, wie Heinrich Mann meint, das Unbehagen Goethes vor der Französischen Revolution, das Unbehagen vor dem Geist der Revolution, das Voltaire hierzulande nicht heimisch werden ließ: »Solange es menschliche Gesellschaften gibt, haben sie ihren gefährlichsten Feind im Geist gesehen.«[1] Möglich. Jedenfalls sind die Deutschen in diesem Punkt eine der menschlichsten Gesellschaften.

Aber auch in Frankreich hatte Voltaire von jeher viele Feinde. Zweimal wurde er in der Bastille gefangengehalten, weil seine Kritik sich gegen hohe Adlige und sogar gegen den kurz vorher verstorbenen Ludwig XIV. gerichtet hatte. Mehrmals wurde er aus Paris verbannt, drei Jahre verbrachte er im englischen Exil, und auch sein problematischer Aufenthalt in Deutschland am Hof Friedrichs des Großen ähnelte in mancher Hinsicht einer Flucht vor den zahlreichen Feinden, die er sich durch seine erbarmungslose Kritik gemacht hatte.

Was Voltaire von den meisten deutschen Schriftstellern

unterschied, war seine Bereitschaft, unmittelbar ins politische Geschehen einzugreifen. Selber ständig verfolgt, machte er sich zu einem Anwalt der Verfolgten. Ziel seiner Angriffe war vor allem die Kirche. Nicht, daß er gänzlich unreligiös, jeglichem Glauben abgeneigt gewesen wäre und ausschließlich das rational erfaßbare Diesseits hätte gelten lassen. Auch er glaubte, beeinflußt durch die englischen Deisten, an ein höchstes Wesen, dem der Kosmos seine Entstehung verdanke, ja er verurteilte sogar den Atheismus. Aber weit schärfer verurteilte er den religiösen Glauben, der über den Bereich des einzelnen Menschen hinaus zum allgemeinverbindlichen Dogma erhoben wurde, den Fanatismus. Hier sah er die Wurzel allen Übels, das vom Christentum und insbesondere von der katholischen Kirche ausging. Zum Beispiel war da der Fall Jean Calas. Ein Protestant wurde beschuldigt, seinen Sohn ermordet zu haben, um dessen Konversion zum Katholizismus zu verhindern. Er wurde zum Tode verurteilt und hingerichtet, sein gesamter Besitz konfisziert. Die Hinterbliebenen wandten sich in ihrer Not an Voltaire, der sich mit spontanem Eifer der Sache annahm und schließlich erreichte, daß Calas nachträglich rehabilitiert und seine Familie wieder in ihre Rechte eingesetzt wurde. Wenige Jahre später wiederholte sich das Ganze bei dem Protestanten Sirven. Wiederum nahm Voltaire sich des Falles an, bemühte seine einflußreichen Freunde und verhalf dem Toten und seinen Angehörigen zu ihrem Recht.

Doch ein Mann wie Voltaire gab sich nicht allein mit der Rolle des »Anwalts« zufrieden, er beließ es nicht dabei, daß er die Tyrannei der Kirche nur im konkreten Einzelfall bekämpfte. Vielmehr nahm er diesen nur als Ausgangspunkt für seine große Kampagne gegen den religiösen Fanatismus. Darum schrieb er den *Traité sur la tolérance* und das Pamphlet *Avis au public sur les parricides imputés aux Calas et aux Sirven*. Mit diesen Schriften hielt er die Kirche nicht nur in Frankreich, sondern im gesamten westlichen Europa in Atem – und er ließ sie nicht mehr zur Ruhe kommen. Ihm schien es wie böse Ironie, daß der Fanatismus, diese unheilvollste und primitivste Begleiterscheinung der Religionen, ausgerechnet im fortgeschrittenen Europa am stärksten ausgeprägt war, daß

die Kirche, die die gesamte Erde missionierte und die fernsten
Völker in ihren alleinseligmachenden Schoß führen wollte,
letztlich nichts anderes lehren konnte als Intoleranz. In zahlreichen Traktaten und Dialogen hat Voltaire das anmaßende
und widersprüchliche Dogma der katholischen Kirche mali-
ziös ad absurdum geführt, so etwa in dem Gespräch *Femmes,
soyez soumises à vos maris,* in dem die Marquise de Grancey
mit weiblicher Logik und Schlagfertigkeit den Abbé de Châ-
teauneuf ausmanövriert, oder, schlagender noch, in dem
Dialog *Relation du bannissement des Jésuites de la Chine,*
einem Gespräch zwischen dem Kaiser von China, Yong-
tching, und dem närrischen Jesuitenfrater Rigolet, der, selber
außerstande, das Prinzip der Trinität zu verstehen, rundher-
aus erklärt, wer nicht daran glaube, müsse verbrannt werden.
Hinter der scheinbaren Harmlosigkeit des Witzes und der
Groteske führte Voltaire seinen Zeitgenossen nur um so deutlicher die absurde Grausamkeit des christlichen Fanatismus
vor Augen, denn den Hintergrund solcher Thematik bildete
eine blutige Tradition, die von den Anfängen des Christentums über die Kreuzzüge bis zu den Religionskriegen, zu den
Massakern der Bartholomäusnacht und schließlich zu den
Fällen Calas und Sirven reichte. Von der Gegenwart ausgehend, erforschte er die grauenvolle Geschichte des Christentums – vor allem im *Essai sur les mœurs* –, um zu dem Schluß
und der Forderung zu gelangen, daß weiteres Übel nur durch
die Entmachtung der Kirche, das heißt durch die strikte Trennung von Kirche und Staat zu verhindern sei. Eine Forderung,
die bekanntlich heute noch nicht gänzlich erfüllt ist . . . Zwar
finden keine Inquisitionen und keine Religionskriege mehr
statt, es ist der Kirche auch nicht möglich, Abtrünnige und
Ketzer strafrechtlich zu verfolgen, aber immer noch gibt es
ein kanonisches Recht, das mit der staatlichen Gesetzgebung
rivalisiert, immer noch genießt die Kirche zahlreiche Privilegien, und immer noch übt sie einen teilweise latenten Einfluß
auf den Staat und die Gesellschaft aus.

    Andererseits läßt sich nicht leugnen, daß die christliche
Religion seit dem 18. Jahrhundert erheblich an Terrain verloren hat und immer mehr zum Gegenstand kritischer Betrachtung geworden ist. Großen Anteil daran haben die Schriftstel-

ler der Aufklärung und insbesondere eben Voltaire, der das Unbehagen seiner Zeitgenossen am klarsten und überzeugendsten zu formulieren wußte. Mit ihm beginnt der Prozeß der Modernisierung im Christentum.

Wir können nach diesen Ausführungen auf die eingangs gestellte Frage nach Voltaires Popularität in Deutschland zurückkommen. Das 19. Jahrhundert und das beginnende 20. Jahrhundert waren hier, wo der Geist der Romantik und des Biedermeier, dann des Expressionismus vorherrschte, überwiegend irrational, sie stellten in mancherlei Hinsicht eine Reaktion auf das Zeitalter der Aufklärung dar. Voltaire wurde, wie so häufig in seinem Leben, verbannt, soweit er nicht gerade – das gilt auch für Frankreich – akademisch domestiziert werden konnte. Heute aber, da die technische und gesellschaftliche Entwicklung eine neue Phase der Aufklärung notwendig macht, gewinnt sein kritischer Geist für uns wieder an Bedeutung. Und wenn wir auch einige seiner Gedanken als veraltet abtun können, so bleibt uns eines an ihm immer aktuell: der Geist revolutionärer Humanität.

Volker Neumann

Christen und »Heiden«

Die Zwietracht war die Wiege der christlichen Religion, und sie wird wahrscheinlich ihr Grab sein. Kaum gibt es Christen, beschimpfen sie die Juden, ihre Väter, beschimpfen sie die Römer, unter deren Regierung sie leben, beschimpfen sie sich gegenseitig.

Kaum haben sie Christus gepredigt, beschuldigen sie sich gegenseitig, Anti-Christen zu sein... und natürlich gab es unter diesen theologischen Gezänken kein einziges, das nicht auf Absurditäten und Betrügereien aufgebaut gewesen wäre.

Collection complète des œuvres, Bd. 31, 389

Man gaukelt uns etwas von Martyrien vor, daß es zum Totlachen ist. Man malt einen Titus, einen Trajan und einen Marc Aurel, diese Muster an Tugend, als grausame Ungeheuer... Man hat geglaubt, die alten Römer zum Ziel unseres Hasses zu machen, und man hat sich lächerlich gemacht. Wollt ihr echte, wahrhaftige Barbareien, schöne, dokumentarisch belegte Massaker, Ströme von Blut, die tatsächlich geflossen sind, von wirklich ermordeten Vätern, Müttern, Ehemännern, Ehefrauen und Säuglingen? Ihr barbarischen Verfolger, sucht diese Dinge nur in euren Annalen: Ihr werdet sie in den Kreuzzügen gegen die Albigenser finden, in den Massakern von Mérindol und Carbrières, in der schrecklichen Bartholomäusnacht, in den Gemetzeln von Irland und in den Waldenser-Tälern. Es steht euch sehr gut an, ihr Barbaren, den Kaisern um so mehr Grausamkeiten anzulasten, ihr, die ihr Europa mit Blut überschwemmt und mit sterbenden Körpern bedeckt habt...!   *Dictionnaire philosophique, 295 ff.*

Christlicher Fanatismus

Wird man es für möglich halten, daß es bei den Papisten Gerichtshöfe gegeben hat, die so schwachsinnig, niederträchtig und barbarisch waren, arme Bürger zum Tode zu verurteilen, die kein anderes Verbrechen begangen hatten, als in der Fastenzeit Pferdefleisch gegessen zu haben? Dieses Vorkommnis ist nur zu wahr: Ich halte ein solches Urteil in Händen... Dumme und grausame Priester! Wem gebietet ihr denn das Fasten? Etwa den Reichen? Sie hüten sich wohl, es zu befolgen. Etwa den Armen? Sie fasten das ganze Jahr über. Der unglückliche Bauer ißt fast niemals Fleisch und hat kein Geld, um sich Fisch kaufen zu können. Ihr Verrückten, wann werdet ihr eure widersinnigen Gesetze ändern?   *Dictionnaire philosophique, 63 f.*

Wenn man die Morde zählte, die der Fanatismus seit den Zänkereien zwischen Athanasius und Arius bis heute begangen hat, wird man sehen, daß diese Wortgefechte mehr dazu beigetragen haben, die Erde zu entvölkern, als die kriegerischen Auseinandersetzungen...
          Essai sur les mœurs et l'esprit des nations, II, 662

... das einzige, was die Christen in ihren barbarischen Kreuzzügen bewirkten, war die Ausrottung anderer Christen.   *(Über die Reformation:) Essai ..., I, 585*

Was für ein Gewebe aus Lügen, Verleumdungen und Verfälschungen haben doch die Fanatiker des Hofes von Rom gegen die Fanatiker des Hofes von Calvin, die Jesuiten gegen die Jansenisten, und umgekehrt, zusammengesponnen! Und wenn Sie weiter zurückgehen: die Kirchengeschichte, die die Schule der Tugenden ist, aber auch der von allen Sekten gegeneinander begangenen Ruchlosigkeiten. Sie haben alle dieselbe Binde vor den Augen, sei es, wenn sie die Ortschaften und Marktflecken ihrer Gegner in Brand stecken, die Einwohner erwürgen oder hinrichten, sei es, um einfach zu täuschen, sich zu bereichern und zu herrschen. Derselbe Fanatismus macht sie blind. Sie glauben gut daran zu tun: Jeder Fanatiker ist ein Schuft aus Gewissensgründen ...

Questions sur l'Encyclopédie, II, 1771[2]

Der Fanatismus verhält sich zum Aberglauben wie das Delirium zum Fieber, die Raserei zum Zorn ... Die Gesetze und die Religion genügen keineswegs gegen diese Pest der Seelen. Die Religion, weit entfernt, ein Heilmittel gegen sie zu sein, wird in den infizierten Hirnen zu Gift ... Diese Leute sind davon überzeugt, daß der Heilige Geist, der sie durchdringt, über den Gesetzen steht und daß ihre Wahnideen das einzige Gesetz sind, dem sie folgen müssen. Was soll man einem Menschen erwidern, der Ihnen sagt, daß er Gott mehr gehorchen wolle als den Menschen, und der folglich sicher ist, den Himmel zu verdienen, wenn er Sie umbringt?   *Dictionnaire philosophique, 196 ff.*

Aberglaube und Sadismus

Was für eine seltsame, vom Waschen abgeleitete Vorstellung, daß ein Topf mit Wasser von allen Verbrechen reinigt! Heutzutage, da man alle Kinder tauft, weil sie auf Grund einer nicht weniger absurden Vorstellung alle für

schuldig gehalten werden, sind alle bis zum vernünftigen
Alter, in dem sie schuldig werden können, gerettet.

Töten wir sie also so schnell wie möglich, um ihnen das
Paradies zu sichern.

Diese Schlußfolgerung ist so einleuchtend, daß es eine
fromme Sekte gegeben hat, die sich daranmachte, alle
neugetauften kleinen Kinder zu vergiften oder zu töten.
Diese frommen Menschen argumentierten vollendet. Sie
sagten: »Wir verschaffen diesen kleinen Unschuldigen das
größtmögliche Glück; wir hindern sie daran, in diesem
Leben böse und unglücklich zu werden, und wir geben
ihnen das ewige Leben.«   *Dictionnaire philosophique, 49*

Da ist ein Priester im Chorhemd; da ist ein Mönch, der
Demut und Sanftmut gelobt hat und in unterirdischen,
weitverzweigten Gefängnissen Menschen den grausamsten Martern unterwirft. Sodann ist da eine mitten auf
einem öffentlichen Platz errichtete Bühne, auf der man im
Gefolge einer Prozession von Mönchen und Bruderschaf-
ten alle Verurteilten zum Scheiterhaufen führt. Man singt,
man zelebriert die Messe, und man tötet Menschen. Ein
Asiate, der am Tage einer solchen Exekution nach Madrid
käme, wüßte nicht, ob dies eine Volksbelustigung, ein religiöses Fest, eine Opferung oder ein Gemetzel darstellt,
und es ist dies alles zusammen. Die Könige, deren alleinige
Anwesenheit übrigens genügt, um einen Verbrecher zu
begnadigen, wohnen diesem Schauspiel – auf einem weniger erhöhten Sitz als der Inquisitor – barhäuptig bei und
schauen zu, wie ihre Untertanen in den Flammen das Leben aushauchen. Man warf Montezuma vor, daß er Gefan-
gene seinen Göttern opfere. Was würde er wohl gesagt
haben, wenn er ein Autodafé gesehen hätte?

Essai ..., II, 299

Kaiser Julian, der Philosoph, legt in seiner unsterblichen
Satire der Kaiser folgende Worte in den Mund Konstanz',
des Sohnes von Konstantin: »Wer auch immer sich der
Gewalttat, des Mordes, des Raubes, des Sakrilegs und aller
noch so scheußlichen Verbrechen schuldig fühlt, wird sau-

ber und rein sein, sobald ich ihn mit diesem Wasser gewaschen habe.« Es ist in der Tat diese verhängnisvolle Doktrin, die alle Kaiser und Großen des Reiches veranlaßte, die Taufe bis zu ihrem Tode aufzuschieben. Man glaubte, das Geheimnis gefunden zu haben, verrucht zu leben und tugendhaft zu sterben. *Dictionnaire philosophique, 49*

Philipp[3] nahm oft ein Kruzifix in die Hand, wenn er Mordtaten anordnete. *Essai..., II, 432*

Die Meuchelmörder der Sforza, der Medici, der Prinzen von Oranien und der Könige von Frankreich bereiteten sich durch das Sakrament der Beichte auf die Fürstenmorde vor. Ludwig XI., die Brinvilliers beichteten, sobald sie ein großes Verbrechen begangen hatten, und sie beichteten oft, so, wie die Feinschmecker Medizin einnehmen, um größeren Appetit zu bekommen. *Dictionnaire philosophique, 147 f.*

Verfälschung der Lehre Christi

Von allen Religionen müßte ohne Zweifel die christliche am meisten den Geist der Toleranz einflößen, obgleich die Christen bis heute von allen Menschen die unduldsamsten gewesen sind. *Dictionnaire philosophique, 403*

(Über die Einführung der Inquisition im Jahre 1204:) Sie sehen zur Genüge, daß es der letzte Grad einer brutalen und absurden Barbarei ist, durch Denunzianten und Henker die Religion eines Gottes aufrechtzuerhalten, der selber durch Henker hingerichtet worden ist. Dies ist beinahe ebenso widersprüchlich wie die Schätze der Völker und Könige im Namen ebendesselben Gottes an sich zu reißen, der in Armut geboren wurde und lebte. *Essai..., I, 633*

So viele Betrügereien, so viele Irrtümer, so viele Dummheiten, wie sie sich seit siebzehnhundert Jahren über uns ergießen, haben unserer Religion nichts anhaben können. Sie ist ohne Zweifel göttlich, da siebzehnhundert Jahre

Schurkereien und Schwachsinnigkeiten sie nicht haben
zerstören können...   *Essai..., I, 294 f.*

Raubgier der Kirche

Ein derartiger öffentlicher Verkauf läßt den Geist der Zeit
erkennen; niemand war darüber erstaunt. Es gab überall
Ablaßbüros; man lizenzierte sie wie die Zollrechte ... Der
Prediger, der Pächter, der Verteiler, jeder verdiente daran
... Die Prediger verkündeten lauthals von der Kanzel, daß
»wenn jemand die Heilige Jungfrau beleidigt habe, er
durch den Kauf der Ablässe von dieser Sünde freigesprochen sei«, und das Volk vernahm diese Worte andächtig.
Als man aber diese Pacht in Deutschland den Dominika-
nern gegeben hatte, wurden die Augustiner, die sie vordem lange besessen hatten, neidisch, und dieses kleinliche
Mönchsinteresse in einem Winkel von Sachsen rief hundert Jahre lang Zwietracht, Raserei und Unglück bei dreißig Nationen hervor.
Über den Ablaßhandel, den Leo X. unter dem Vorwand
eines notwendigen Türkenkrieges, in Wirklichkeit aber,
um den Bau des Petersdomes zu finanzieren, einführte. In:
Essai..., I, 215 f.

Die Inquisition ist, wie man weiß, eine bewunderungswür-
dige und ganz und gar christliche Erfindung, um den Papst
und die Mönche mächtiger und ein ganzes Königreich
heuchlerisch zu machen.
                                    Dictionnaire philosophique, 252

»(Un)selig sind, die da geistig arm sind ...«

Die Päpste und ihre Helfershelfer waren so sehr davon
überzeugt, daß ihre Macht ausschließlich auf der Unwissenheit beruht, daß sie immer wieder die Lektüre des einzigen Buches verboten haben, das ihre Religion verkündet;
sie sagten: Hier ist euer Gesetz, und wir verbieten euch, es
zu lesen; ihr erfahrt daraus nur, was wir euch zu lehren
geruhen. Diese absonderliche Tyrannei ist unbegreiflich,

und trotzdem gibt es sie. Jede Bibel in lebender Sprache ist
verboten; erlaubt ist sie nur in einer Sprache, die nicht
mehr gesprochen wird.

*Le Dîner du comte de Boulainvilliers. Dialogues et anec-
dotes philosophiques, 210*

Sie werden sicher bemerkt haben, daß in all den Disputa-
tionen, die die Christen seit der Geburt der Kirche gegeneinander aufgestachelt haben, Rom sich immer für die
Meinung entschieden hat, die den menschlichen Geist am
stärksten unterjochte und die Urteilskraft am meisten zerstörte... Welche Ehrfurcht mußte man vor denen hegen,
die durch ein Wort das Brot in Gott verwandelten, und
überhaupt vor dem Oberhaupt einer Religion, die ein solches Wunder bewerkstelligte!   *Essai..., I, 487 f.*

Es war ohne Zweifel im Interesse Roms, daß die Völker
stumpfsinnig wären, und hierin wurde es allenthalben gut
bedient.   *Essai..., II, 10 f.*

Fast hundert Jahre lang gab es unter den Christen überhaupt keine Hierarchie ... Der Begriff Papst wird von keinem der Autoren der ersten Jahrhunderte erwähnt...

Alle Gelehrten stimmen darin überein, daß Simon Bar
Jona, mit dem Beinamen Petrus, niemals nach Rom gekommen ist. Man lacht heute über den Beweis, den Dummköpfe aus einem Brief herleiten, der diesem in Galiläa geborenen Apostel zugeschrieben wird...

Indessen ist es gerade diese Fabel, auf der die päpstliche
Macht gegründet worden ist und auf die sie sich noch
heute nach all den Einbußen, die sie erlitten hat, stützt.
Möge man danach beurteilen, wie sehr die Lehre die Welt
regiert, wie sehr die Lüge die Unwissenheit unterjocht und
wie sehr dieser Betrug die Unterdrückung, die Knechtung
und Ausplünderung der Völker begünstigt hat.

Essai..., I, 279 f.

Christentum: Haß im Namen der Liebe

Überall sind es die Mönche, die die Menschen verdorben haben. Der weise und gelehrte Leibniz hat es eindeutig nachgewiesen. Er hat gezeigt, daß das 10. Jahrhundert, das man das Jahrhundert der Rohheit nennt, viel weniger barbarisch war als das 13. und die folgenden Jahrhunderte, in denen diese Massen von Bettlern entstanden, die das Gelübde ablegten, auf Kosten der Laien zu leben und diese zu bedrücken. Feinde des Menschengeschlechts, Feinde untereinander und gegen sich selber, verhindert, die Annehmlichkeiten der Gesellschaft kennenzulernen, mußten sie diese wohl hassen. Beredt preisen sie einander eine Härte, unter der jeder von ihnen seufzt und die jeder von ihnen fürchtet: Jeder Mönch schwingt die Kette, zu der er sich verurteilt hat, und schlägt damit seinen Mitbruder, wie er seinerseits damit geschlagen wird. Unglücklich in ihren Schlupfwinkeln, wollen sie auch die anderen Menschen unglücklich machen. Ihre Klöster bergen Reue, Zwietracht und Haß.

Ihre geheime Gerichtsbarkeit ist die Marokkos und Algeriens. Sie begraben in den unterirdischen Gefängnissen lebenslänglich diejenigen ihrer Brüder, die sie anschuldigen können. Zu guter Letzt haben sie auch noch die Inquisition erfunden. *Collection complète, Bd. 24, 296 f.*

Der Abbé: ... Die Diners wären doch allzu bedrückend, wenn man sich dabei immer so ausführlich über die Verbrechen der Menschheit unterhielte. Die Geschichte der Kirche stört die Verdauung.

Der Graf: Die Tatsachen haben sie noch mehr gestört.

Der Abbé: Das ist nicht auf die christliche Religion zurückzuführen, sondern auf die Ausschreitungen, die man in ihrem Namen begangen hat.

Der Graf: Das wäre richtig, wenn solche Ausschreitungen nur selten vorgekommen wären. Aber wenn es wahr ist, daß die Priester auf unsere Kosten leben wollten, seit Paulus oder derjenige, der seinen Namen trug, schrieb: »Bin ich nicht im Recht, mich und meine Frau oder meine

Schwester von euch ernähren und kleiden zu lassen?«
Wenn es wahr ist, daß die Kirche sich in jede Angelegenheit einmischen wollte und jederzeit zu allen möglichen
Mitteln gegriffen hat, um uns unser Gut und unser Leben
zu nehmen, seit dem, was angeblich dem Ananias und der
Saphira zustieß, die dem Simon Bar Jona (Petrus), wie man
erzählt, den Erlös aus ihrer Erbschaft zu Füßen gelegt und
nur ein paar Drachmen zum Überleben für sich behalten
hatten; wenn es feststeht, daß die Geschichte der Kirche
eine ununterbrochene Folge von Konflikten, Verleumdungen, Torturen, Betrügereien, Rauben und Morden ist, dann
ist damit erwiesen, daß jene Ausschreitungen in der Sache
selber begründet sind, ebenso, wie erwiesen ist, daß der
Wolf immer ein Raubtier war und daß es sich keineswegs
um vorübergehende Ausschreitungen handelte, wenn er
unsere Schafe riß.
Le Dîner du comte de Boulainvilliers. Dialogues..., 200

Kirche, Krieg und Kapital

Ich meditierte vergangene Nacht; ich war vertieft in die
Betrachtung der Natur; ich bewunderte die Unermeßlich-
keit, die Bewegung und das Zusammenspiel der unzähligen Himmelskörper... Ich war versunken in diese Gedanken, als einer dieser Geister, welche die Zwischenwelten
bevölkern, zu mir herabkam ... Er versetzte mich in eine
Wüste, die ganz bedeckt war mit aufgeschichteten Gebei-
nen; zwischen diesen Totenhaufen erstreckten sich Alleen
immergrüner Bäume, und am Ende jeder Allee stand eine
große Gestalt mit erhabener Gebärde, die voller Mitgefühl
auf diese traurigen Reste sah.

»Ach! mein Erzengel!«, rief ich, »wo haben Sie mich
hingeführt?«

»In die Trostlosigkeit«, erwiderte er...

Er begann mit dem ersten Haufen.

»Diese hier«, sagte er, »sind die dreiundzwanzigtausend
Juden, die um ein Kalb tanzten, zusammen mit den vier-
undzwanzigtausend, die getötet wurden, als sie bei den
medianitischen Töchtern lagen. Die Zahl der wegen ähnli-

cher Delikte und Vergehen Hingemordeten beläuft sich
auf nahezu dreihunderttausend. In den folgenden Alleen
befinden sich die Gebeine der Christen, die sich wegen
metaphysischer Streitigkeiten gegenseitig umgebracht
haben. Sie sind in mehrere Haufen von je vier Jahrhunderten eingeteilt. Ein einziger dieser Haufen hätte bis zum
Himmel gereicht; man mußte sie teilen.«

»Was!« schrie ich, »Brüder haben so ihre Brüder behandelt, und ich habe das Mißgeschick, dieser Bruderschaft
anzugehören!«

»Hier«, sagte der Geist, »sind die zwölf Millionen Amerikaner, die in ihrem Vaterland getötet wurden, weil sie
nicht getauft waren.«

»Ach, mein Gott! Weshalb lassen Sie diese scheußlichen
Gebeine nicht in der Gegend vermodern, wo ihre Körper
geboren wurden und wo sie so vielen verschiedenen To-
desarten ausgeliefert waren? Warum hier alle diese ab-
scheulichen Mahnmale der Barbarei und des Fanatismus
zusammentragen?«

»Um dich zu belehren.«

»Da du mich nun einmal belehren willst«, sagte ich zu
dem Geist, »so teile mir mit, ob es noch andere Völker als
die Christen und Juden gegeben hat, die der Eifer und die
unglücklicherweise in Fanatismus pervertierte Religion zu
so vielen entsetzlichen Grausamkeiten angestiftet hat.«

»Ja«, sagte er mir, »die Mohammedaner haben sich mit
denselben Unmenschlichkeiten befleckt, aber selten; und
wenn man sie um Erbarmen anflehte und ihnen den Tribut
anbot, verziehen sie einem. Bei den anderen Völkern hat
es, seit die Welt besteht, kein Volk gegeben, das jemals
einen Krieg bloß um der Religion willen geführt hätte.
Folge mir jetzt.«

Ich folgte ihm.

Ein wenig abseits dieser Totenhaufen fanden wir andere
Haufen; es waren Gold- und Silbersäcke, und jeder Sack
trug ein Etikett: »Vermögen der im 18., im 17., im 16. Jahrhundert hingemordeten Ketzer«, und so immer weiter hinauf: »Gold und Silber der ermordeten Amerikaner usw.
usw.« Und oben auf all diesen Haufen lagen Kreuze, Mi-

tren, Krummstäbe und mit Edelsteinen reich verzierte Tiaren.

»Wie, mein Geist! Wegen dieser Reichtümer hat man diese Toten aufgehäuft?«

»Ja, mein Sohn.«

Ich vergoß Tränen...

Collection complète, Bd. 53, 163 ff.

Literaturnachweis und Anmerkungen

Voltaire, Collection complète des œuvres. Bd. 24: Mélanges de philosophie, de morale, et de politique VIII. London 1772. Bd. 31: Mélanges: Suite des Mélanges de littérature XV. London 1779 (Übers. d. Zit. von V. M.)

–, Correspondance. Hrsg. von *Theodore Besterman.* 107 Bde. Genf, Les Délices: Institut et Musée Voltaire 1953–1965 (Übers. d. Zit. von Volker Neumann.)

–, Dialogues et anecdotes philosophiques. Hrsg. von Raymond Naves. Paris 1966 (Übers. d. Zit. von V. M.)

–, Dictionnaire philosophique. Hrsg. von Raymond Naves und Julien Benda. Paris 1961 (Übers. d. Zit. von V. M.)

–, Essai sur les mœurs et l'esprit des nations. 2 Bde. Hrsg. von René Pomeau. Paris 1963 (Übers. d. Zit. von V. M.)

–, Lettres philosophiques (ou Lettres anglaises). Hrsg. von Raymond Naves. Paris 1964 (Übers. d. Zit. von V. M.)

–, Le Siècle de Louis XIV. Hrsg. von Antoine Adam. Paris 1966 (Übers. d. Zit. von V. M.)

[1] Voltaire-Goethe. In: *Heinrich Mann,* Essays, Hamburg 1960 – [2] Vgl. Dictionnaire philosophique 536, Anm. 142 – [3] König Philipp II. von Spanien.

DENIS DIDEROT
1713–1784

Von den Werken Denis Diderots sind diejenigen, denen er seinen anhaltenden Ruhm verdankt und die auch heute noch zur lebendigen Literatur gehören, seinen Zeitgenossen weithin unbekannt geblieben. Weder *Le Neveu de Rameau* (Rameaus Neffe) noch *La Religieuse* (Die Nonne), noch *Jacques le Fataliste et son maître* (Jacques der Fatalist und sein Herr, auch unter dem deutschen Titel Jakob und sein Herr), weder *Le rêve de d'Alembert* (D'Alemberts Traum) noch *Supplément au voyage de Bougainville* (Nachtrag zu Bougainvilles Reise) wurden zu Lebzeiten ihres Autors veröffentlicht.

Die Schicksale dieser Hinterlassenschaft sind zum Teil recht abenteuerlich. Besonders bekannt ist der ins Kuriositätenkabinett der Literaturgeschichte gehörende Fall des *Neveu de Rameau,* der 1805 in der nach einer handgeschriebenen Kopie angefertigten deutschen Übersetzung Goethes erscheint und erst 1891 in authentischer französischer Fassung publiziert wird – kurz nach der Entdeckung des Autographs bei einem Seine-Bouquinisten. 1785 schon hat Schiller, gleichfalls ein Bewunderer Diderots, ein Stück aus *Jacques le Fataliste* für das erste Heft der *Rheinischen Thalia* übersetzt – elf Jahre vor der Veröffentlichung des französischen Originals. Dem Schicksal eines weniger bekannten Werkes, der *Promenade du Sceptique,* ist vor einiger Zeit eine monographische Untersuchung gewidmet worden[1]: Um 1750 als Manuskript von der Polizei eingezogen, wechselt es wiederholt den Besitzer, bis es 1831 in Paulins Ausgabe von *Ouvrages inédits* erstmals erscheint.

Diderot hat im Laufe seines Schriftstellerlebens, vor allem als Herausgeber der *Encyclopédie*, mancherlei Querelen mit der Staatsgewalt ausstehen müssen. 1749 wird er sogar für einige Wochen inhaftiert. Gleichwohl wäre es voreilig, wollte man die Tatsache, daß er so viele seiner Werke unpubliziert hinterließ, allein oder auch nur in erster Linie auf ängstliche Zurückhaltung gegenüber staatlicher und kirchlicher Macht zurückführen. Voltaire, Holbach und andere bieten überzeugende Beispiele dafür, wie sich solcher Gewalt zum

Trotz die Veröffentlichung viel anstößigerer Bücher ohne
großes persönliches Risiko bewerkstelligen ließ.

Welche Motive man auch anführen mag – Rücksichtnah-
me auf die in nicht wenigen seiner Schriften auftretenden
Zeitgenossen, finanzielle Gründe[2] –, letztlich bleibt die Tatsache, daß Diderot seine Meisterwerke nicht veröffentlicht
hat, symptomatische Markierung im Bild eines Mannes, der
nicht nur in seinen wissenschaftlich-philosophischen Interessen und künstlerischen Produktionen eine unerschöpfliche
Vielseitigkeit und staunenswerte Beweglichkeit zeigt, sondern auch in der Anlage seines Charakters voller Spannungen
und Divergenzen ist, eines Mannes, der, ungeheuer mitteil-
sam und doch gänzlich unaufdringlich, gelegentlich sogar in
sich selbst verschlossen, für seine Ideen unermüdlich wirbt
und um ihre öffentliche Verbreitung gleichwohl merkwürdig
unbekümmert bleibt. Mit gutem Recht, so dürfen wir sagen,
schreibt Denis Diderot sich die Fähigkeit zu, innerhalb eines
Tages »hundert verschiedene Physiognomien«[3] zu präsentie-
ren; es steht in der Tat außer Zweifel, daß seine geistigen
Konturen viel schwerer zu fixieren sind als die der übrigen
Wortführer der französischen Aufklärung – Montesquieus,
Voltaires, Rousseaus.

Als Diderot am 5. Oktober 1713 in Langres als Sohn eines
Messerschmieds geboren wird, ist Montesquieu 24 Jahre,
Voltaire 19 Jahre, Rousseau ein Jahr alt. Wie Voltaire und
zuvor schon Descartes untersteht er in seiner Jugend der
Obhut jesuitischer Lehrer: 1723–1728 ist er Zögling des
Jesuitenkollegs in seiner Vaterstadt. Seit 1728 finden wir ihn
in Paris. Seine ersten Publikationen sind Übersetzungen aus
dem Englischen; Erwähnung verdient die 1745 erschienene,
durch eigene Anmerkungen ergänzte französische Fassung
von Shaftesburys *Inquiry concerning virtue or merit;* dieses
1699 ohne Wissen des Autors veröffentlichte Werk kann als
exemplarisches Zeugnis eines ganz ins Moralische und zugleich ins Ästhetische gewendeten Deismus gelten. Im selben
Jahr 1745 betraut der Verleger Le Breton Diderot mit der
Übertragung der 1728 erschienenen zweibändigen *Cyclo-
paedia* des Engländers Ephraim Chamber: Das Projekt dieser
Übersetzung wird nicht realisiert; an seine Stelle tritt die

Konzeption und Vollendung eines der exemplarischen Werke der neueren Geistesgeschichte, des eindrucksvollsten Monuments der Aufklärung – der *Enzyklopädie (Encyclopédie ou dictionnaire raisonné des sciences, des arts et des métiers)*. Diderot widmet sich mit der vollen Kraft seines Willens und der ganzen Weite seines Wissens den Aufgaben der Redaktion und Publikation, und er ist zugleich der mit Abstand produktivste Autor. Er überwindet zahllose Hindernisse und läßt sich auch nicht entmutigen, als sein Mitherausgeber d'Alembert und hervorragende Mitarbeiter wie Rousseau und Voltaire sich zurückziehen. 1765 liegt das Werk in 17 Bänden vor, bis 1772 erscheinen noch 11 Tafelbände. Nebenher verfaßt Diderot unter anderem mehrere Dramen und Beiträge zur Ästhetik, die von Lessing ins Deutsche übersetzt und im Kampf um die Theaterreform ins Feld geführt werden; in den »Salons« begründet er das Genre einer mit eigenem literarischem Anspruch auftretenden Kunstkritik.

Mittlerweile ist er zur europäischen Berühmtheit und zu einer Art Sehenswürdigkeit für Bildungsreisende geworden. Prinzen und Potentaten gehören zu seinen – vornehmlich aus deutschen Landen kommenden – Gästen.

1773/1774 folgt Diderot einer Einladung seiner Gönnerin Katharina II. nach St. Petersburg, kann sich jedoch nicht zu dauerndem Aufenthalt in Rußland entschließen. Auf der Durchreise macht er in Deutschland unter anderem bei F. H. Jacobi Station. Am 31. Juli 1784 stirbt er in Paris und wird mit dem vollen Aufwand kirchlichen Zeremoniells beigesetzt.

Denis Diderot, von seinen Zeitgenossen »le philosophe« genannt, gehört sicherlich nicht zu den zentralen Gestalten der Philosophiegeschichte. Er ist kein konstruktiver »Systemdenker« und auch kein richtungweisender »Problemdenker«. Die Kraft bohrenden Grübelns und der Impetus einer ursprünglichen und eigenständigen Weise des Fragens sind ihm fremd. Er ist, im Sinne einer von ihm selbst geprägten Formel, ein »esprit observateur«, der »nicht betrachtet, sondern sieht«[4]. Hervorragendes, für den Zeitgenossen und den heutigen Leser gleichermaßen staunenswertes Merkmal Diderots sind die eminente Beweglichkeit seines Geistes und die universale Weite seiner Interessen; dementsprechend schwierig ist es, so etwas wie eine Positionsbestimmung seines Denkens und eine Charakteristik seiner »Lehre« zu geben. Treffend, wenn auch etwas überspitzt, sagt Ernst Cassirer: »Diderot hat im Laufe seines Lebens seinen ›Standpunkt‹ unzähligemal gewechselt; aber dieser Wechsel selbst ist freilich nicht zufällig oder willkürlich. Es drückt sich darin die Überzeugung aus, daß kein einzelner Standort, von dem aus wir das Universum betrachten, kein besonderer Aspekt, unter den wir es stellen, seiner Fülle, seiner inneren Verschiedenheit, seinem steten Wechsel gerecht werden kann. So strebt denn Diderots Denken nicht danach, sich zu fixieren, sich in festen und endgültigen Formeln auszusprechen. Es ist und bleibt ein flüssiges und flüchtiges Element...«[5]

Gleichwohl lassen sich in seiner Weltauffassung, damit auch in seiner Einstellung zum Christentum und zur Religion überhaupt, einige eindeutige Entwicklungslinien feststellen; die Zeit von 1746 bis 1749 verdient in dieser Hinsicht besondere Aufmerksamkeit. Nach den 1746 veröffentlichten *Pensées philosophiques* – ein zunächst unveröffentlichter Anhang dazu erscheint 1770 in dem von Naigeon herausgegebenen *Recueil philosophique* – kann Diderots damaliger Standpunkt als deistisch bezeichnet werden: Er akzeptiert einen Gott, der sich ihm in den Werken Newtons und anderer Naturforscher offenbart – den Stifter der Ordnung, des Funktionierens in der Natur. In der wohl 1747 konzipierten *Promenade du Sceptique* – es ist freilich schwer, darin eindeutige Bekundungen seiner eigenen Meinung zu entdecken – ist eine gewisse Affinität zu Spinozas *Deus sive natura* nicht zu übersehen. In der *Lettre sur les aveugles* von 1749 legt er seinem Helden, dem blinden Mathematiker Saunderson, eine Auffassung in den Mund, die als materialistisch und atheistisch gelten darf.

Der Materialismus freilich, den Diderot hier und – in mancher Hinsicht variiert – in späteren Werken vertritt, ist von durchaus anderer Art als der von Goethe für so »grau, so cimmerisch, so totenhaft«[6] befundene mechanistische Materialismus in Holbachs *Système de la nature* – das nichtsdestoweniger Stücke enthält, die von Diderot inspiriert, wenn nicht geradezu verfaßt worden sind. Diderot präsentiert einen dynamischen vitalistischen Materialismus, eine Art von Hylozoismus, zuweilen mit pantheistischer Tendenz. Der cartesianische Dualismus wird entschieden zurückgewiesen – ebenso jedoch auch die cartesianische Lehre, daß die Tiere Automaten seien. Es geht Diderot nicht darum, die Natur auf möglichst einfache Funktionszusammenhänge zu reduzieren: Er will sie vielmehr in ihrem vollen Reichtum im Blick behalten. Er ist Empiriker, nicht so sehr im Sinne Newtons, des freilich stets hochverehrten, als im Sinne Buffons, dessen *Histoire naturelle* ein imposantes und monströses Monument der Deskription ist.

Er betrachte ihn als einen Menschen – so schreibt Voltaire 1760 an Diderot[7] –, der notwendig sei für die Welt, geboren, sie zu erleuchten und Fanatismus und Heuchelei auszutilgen. In seiner Polemik gegen die Kirche ist Diderot längst nicht so heftig und rigoros wie Voltaire; in seiner Stellungnahme gegen die Religion und für die Autonomie des Menschen geht er gleichwohl ein gutes Stück weiter als sein noch berühmterer Zeitgenosse, dem er – so berichtet ein deutscher Gesprächspartner[8] – wahres Philosophentum deshalb abgesprochen habe, weil er sich nicht zum Atheismus durchdringen konnte.

Wilhelm Halbfaß

Kontroverse mit einem Theologen
(Erwiderung auf die »Introduction aux grands principes«[9])

(Diderot läßt einen neubekehrten Anhänger der Vernunft sprechen:) Auf der Erde gibt es ebenso viele Offenbarungen wie Religionen. Überall haben die Menschen versucht, ihre Einbildungen durch die Autorität des Himmels zu stützen. Jede Offenbarung behauptet, sie beruhe auf unwiderlegbaren Beweisen. Jede erklärt, sie habe die höchste Gewißheit für sich. Ich prüfe sie und sehe, wie eine der anderen widerspricht und wie alle der Vernunft widersprechen; ich sehe überall Berge von Ungereimtheiten, die mich veranlassen, die Schwäche des menschlichen Geistes zu bedauern, und ich sage mir: Was nützt es, die Menschen zu täuschen? ... Warum soll man sich nicht an die ursprünglichen und einleuchtenden Begriffe halten, die den Herzen aller Menschen eingeprägt sind? Eine auf diesen einfachen Begriffen begründete Religion würde keine Ungläubigen finden, sondern ein einziges Volk aus allen Menschen machen; sie würde in Zeiten der Unwissenheit nicht die Erde mit Blut überschwemmen und wäre in aufgeklärten Zeitaltern kein verachtetes Gespenst. Aber nicht Philosophen machen die Religionen; diese sind das Werk unwissender Schwärmer oder ehrgeiziger Egoisten.

Philosophische Schriften I, 491 f.; Œuvres complètes II, 83 f.

Wenn man mir sagt, es gebe Dinge, die über unsere Vernunft hinausgehen, so kann mich das nicht veranlassen, Unsinn zu glauben. Zweifellos gibt es Dinge, die über unsere Vernunft gehen; aber ich verwerfe kühn alles, was ihr widerstreitet, und alles, was gegen sie verstößt.

Philosophische Schriften I, 504; Œuvres complètes II, 96 f.

Philosophische Gedanken (Pensées philosophiques)

IX

Bei dem Bild, das man mir von dem höchsten Wesen ausmalt, bei seiner Neigung zum Zorn, bei der Unerbittlichkeit seiner Rache, bei gewissen Vergleichen, die uns das Verhältnis derjenigen, die er zugrunde gehen läßt, zu denjenigen, denen er gnädig seine Hand reicht, in Zahlen erfassen läßt, dürfte auch die rechtschaffenste Seele in die Versuchung kommen, zu wünschen, daß ein solches Wesen nicht existieren möchte. Man würde in dieser Welt ziemlich ruhig sein, wenn man einigermaßen sicher wäre, daß man in der anderen Welt nichts zu fürchten hat; der Gedanke, daß es keinen Gott gebe, hat noch niemanden erschreckt, wohl aber der Gedanke, daß es einen solchen Gott gebe, wie man ihn mir schildert.

XII

Ja ich behaupte, der Aberglaube sei für Gott beleidigender
als der Atheismus. »Mir wäre es lieber«, sagt Plutarch,
»wenn man annähme, es hätte in der Welt nie einen Plutarch gegeben, als wenn man glaubte, Plutarch sei ungerecht, jähzornig, wankelmütig, mißgünstig, rachsüchtig –
kurz so, wie zu sein er betrübt wäre.«

XLVIII

Alle Völker haben solche Begebenheiten, denen es nur an
Wahrheit fehlt, um wunderbar zu sein; mit denen man alles
beweist, ohne sie selbst zu beweisen; die man nur zu leugnen wagt, wenn man gottlos ist, und die man nur glauben
kann, wenn man dumm ist.

L

Eine einzige Beweisführung macht mir mehr Eindruck als
fünfzig Begebenheiten. Dank dem außergewöhnlich großen Vertrauen, das ich zu meiner Vernunft habe, ist mein
Glaube nicht dem erstbesten Scharlatan preisgegeben.

Anhang zu den philosophischen Gedanken
(Addition aux Pensées philosophiques)

II

Irgendeine Übereinstimmung zwischen der Vernunft des
Menschen und der ewigen Vernunft, die Gott ist, anerkennen und zugleich behaupten, daß Gott das Opfer der
menschlichen Vernunft verlange: Das heißt erklären, daß
Gott zugleich wolle und nicht wolle.

III

Wenn Gott, von dem wir die Vernunft haben, das Opfer der
Vernunft verlangt, so ist er ein Taschenspieler, der das,
was er gegeben hat, wieder verschwinden läßt.

V

Wenn die Vernunft ein Geschenk des Himmels ist und
wenn man vom Glauben das gleiche sagen kann, so hat

uns der Himmel zwei unvereinbare, einander widersprechende Geschenke gemacht.

VI
Um diese Schwierigkeit aufzuheben, ist es notwendig zu
sagen, daß der Glaube ein eingebildetes Prinzip ist, das in
der Natur nicht existiert.

VIII
Ich habe mich in einem riesigen Wald verirrt und habe nur
ein kleines Licht, um mich zurechtzufinden. Da kommt ein
Unbekannter hinzu und sagt zu mir: »Lieber Freund, blas
deine Kerze aus, um deinen Weg besser zu finden.« Dieser
Unbekannte ist ein Theologe.

XVI
Der Gott der Christen ist ein Vater, der viel Aufhebens von
seinen Äpfeln und sehr wenig Aufhebens von seinen Kindern macht.

XVII
Nehmt einem Christen die Furcht vor der Hölle, und ihr
nehmt ihm seinen Glauben.

XIX
Die Begebenheiten, für die nur einige Menschen zeugen
können, genügen nicht, um eine Religion zu beweisen, die
von allen gleichermaßen geglaubt werden soll.

XXI
Das Evangelium durch ein Wunder beweisen heißt etwas
Widersinniges durch etwas Naturwidriges beweisen.

XXIV
Warum sind die Wunder Jesu Christi wahr und die Wunder
des Äskulap, des Apollonius von Tyana und des Mohammed unwahr?

XXV

Wahrscheinlich sind doch alle Juden, die in Jerusalem waren, durch den Anblick der Wunder Jesu bekehrt worden? Keineswegs. Weit davon entfernt, an ihn zu glauben, haben sie ihn gekreuzigt. Man muß zugeben, daß diese Juden Menschen sind, wie es sie sonst nirgendwo gibt. Überall sah man doch, wie die Völker durch ein einziges unwahres Wunder hingerissen wurden, und Jesus Christus vermochte selbst durch unzählige wahre Wunder beim jüdischen Volke nichts zu erreichen.

XXVI

Also muß man dieses »Wunder«, die Ungläubigkeit der Juden, geltend machen – und nicht das Wunder der Auferstehung.

XXXIV

Im Lukas-Evangelium heißt es, Gott der Vater sei größer als der Sohn: »pater major me est«. Doch in Mißachtung einer so ausdrücklichen Stelle verflucht die Kirche den gewissenhaften Gläubigen, der sich streng an den Wortlaut des Testaments seines Vaters hält.

XXXIX

Es heißt, er habe sich auf den Ölberg zurückgezogen und gebetet. Und wen betete er an? Sich selbst!

XL

»Der Gott, der Gott sterben läßt, um Gott zu besänftigen« ist ein vortreffliches Wort des Barons de la Hontan. Hundert Folianten, die für oder wider das Christentum geschrieben worden sind, ergeben eine geringere Evidenz als der Spott dieser zwei Zeilen.

XLVII

Gott der Vater meint, die Menschen seien seiner ewigen Rache würdig; Gott der Sohn meint, sie seien seiner unendlichen Barmherzigkeit würdig; der Heilige Geist enthält sich jeder Meinung. Wie ist diese katholische Wort-

klauberei mit der Einheit des göttlichen Willens zu vereinbaren?

LI

Es gibt wohl keinen guten Vater, der unserem himmlischen Vater gleichen möchte.

LIV

Man heißt es gut, daß Gott den Bösen, der nichts gegen ihn
ausrichten kann, in einem Feuer von ewiger Dauer brennen läßt, und man würde doch kaum gestatten, daß ein
Vater seinem Sohn, der sein Leben, seine Ehre und sein
Glück gefährdet, den zeitlichen Tod gibt!

LVII

Wenn man hört, wieviel Aufhebens ein Theologe von der
Handlung eines Menschen macht, der als Lüstling von
Gott geschaffen ist und der mit seiner Nachbarin, die Gott
so gefällig und anmutig machte, geschlafen hat: Könnte
man da nicht meinen, die Welt sei an allen vier Ecken in
Brand gesteckt worden?

LXIV

In den ersten Jahrhunderten gab es sechzig Evangelien,
die alle fast gleich unverdaulich waren. Man verwarf
sechsundfünfzig wegen ihrer Kindlichkeit und Albernheit.
Gäbe es hierfür keinerlei Anhaltspunkte bei denjenigen,
die man behalten hat?

LXIX

... Wenn ein katholischer Familienvater überzeugt ist, daß
man die Lehren des Evangeliums bei Strafe der sogenannten Hölle buchstäblich befolgen muß, dann sehe ich in
Anbetracht der außerordentlichen Schwierigkeit, jene für
die menschliche Schwäche unangemessene (Lücke: uner-
reichbare) Stufe der Vollkommenheit zu erreichen, für diesen Vater keinen anderen Ausweg, als sein Kind am Fuß zu
ergreifen und es auf dem Boden zu zerschmettern oder es
gleich bei der Geburt zu ersticken. Durch diese Handlung

rettet er es vor der Gefahr der ewigen Verdammnis und sichert ihm eine ewige Glückseligkeit. Ja ich behaupte, daß diese Handlung durchaus nicht verbrecherisch ist, sondern für überaus lobenswert gelten muß, weil sie auf dem Motiv der Vaterliebe beruht, die verlangt, daß jeder gute Vater alles Gute, das möglich ist, für seine Kinder tut.

Philosophische Schriften I, 33 ff.; Œuvres complètes I, 157 ff.

Miscellanea

Ach, meine Freunde, was geht es euch an, ob Gott, Teufel, Engel, Paradies und Hölle existieren oder nicht! Wißt ihr denn nicht, daß ihr glücklich sein wollt und daß die anderen denselben Wunsch haben wie ihr, daß es für euch kein wahres Glück gibt als dasjenige, das darauf beruht, daß ihr aufeinander angewiesen seid – auf dem Beistand, den ihr von euresgleichen erhofft und den sie von euch erwarten...   *Œuvres complètes IV, 93*

... jede Religion setzt einen Gott voraus, der sich erregt und besänftigt; denn wenn er sich nicht erregt oder wenn er sich nicht besänftigt, wenn er erregt ist, dann gibt es keinen Kult mehr, keine Altäre, keine Opfer, keine Priester. Ich mag darin demnach nichts als den fruchtbaren Keim höchst gefährlicher Heuchelei und höchst gefährlichen Hasses sehen, den Keim der Verderbnis der allgemeinen Moral, der Ängste des Lebens und der Verzweiflung des Todes...   *Œuvres complètes IV, 96*

Christus hat gesagt, er sei gekommen, um den Gatten von der Gattin, die Mutter von ihren Kindern, den Bruder von seiner Schwester, den Freund vom Freunde zu trennen; seine Vorhersage hat sich nur zu getreulich erfüllt.

Entretien d'un philosophe avec la Maréchale de ***. Œuvres complètes II, 513; Diderot läßt den »Philosophen« Crudeli sprechen.

Anmerkungen

[1] *J. de Booy,* Histoire d'un manuscrit de Diderot: La Promenade du Sceptique, Frankfurt 1964 (Anal. Roman. 14) – [2] Vgl. *H. Dieckmann,* Diderot et son lecteur. In: Cinq leçons sur Diderot, Genf/Paris 1959, 17 ff. – [3] Vgl. »Salon de 1767«, Œuvres complètes *(Assézat/Tourneux)* XI, 21 – [4] Vgl. Œuvres complètes IV, 27 – [5] Die Philosophie der Aufklärung, Tübingen 1932, 120 – [6] Dichtung und Wahrheit, 11. Buch. Hamburger Ausgabe IX, 490 – [7] Vgl. *Denis Diderot,* Correspondance. Éd. par G. Roth, Paris 1955 ff. III, 277 – [8] Vgl. *R. Mortier,* Diderot in Deutschland, 1750–1850, Stuttgart 1967, 29 – [9] Im folgenden wird in der Regel nach der von *Theodor Lücke* vorgelegten Übersetzung: Denis Diderot, Philosophische Schriften. 2 Bde., Frankfurt 1967 zitiert. Ferner werden Stellenhinweise für: Œuvres complètes de Diderot, éd. par *J. Assézat / M. Tourneux.* 20 Bde., Paris 1875–1877 gegeben. Einige Stücke, die in Lückes Auswahlübersetzung nicht enthalten sind, wurden von W. H. übersetzt.

CLAUDE ADRIEN HELVÉTIUS
1715–1771

Wie sehr die Heuchler, Moralspießer und Schwindelidealisten im christlichen Europa den Ton angaben, zeigt deutlich die überwiegend scharfe Ablehnung, die das Werk Helvétius', eines der hervorragenden Köpfe der französischen Aufklärung, in Frankreich und Deutschland gefunden hat. Helvétius ging es, wie später Feuerbach, Marx, Nietzsche und Freud, um die Erforschung der durch ideologische Vorwände verdeckten Triebkräfte menschlicher Kultur, und er erregte damit als Zerstörer einer Weltansicht des schönen Scheins einen wahren Sturm der Entrüstung.

Der Grund, weshalb seine Schrift *De l'Esprit,* gleich nach ihrem Erscheinen im Jahre 1758, einen ungeheuren Skandal hervorrief, sich den erbitterten Haß der Anhänger des von außenpolitischen Debakeln und inneren sozialen Unruhen geschwächten und daher besonders reizbaren Ancien Régime zuzog und schließlich auf Befehl des Parlaments von Paris im Februar 1759 öffentlich verbrannt wurde – und weshalb später eine große Zahl französischer und deutscher Schriftsteller dieses Verdammungsurteil in effigie wiederholten[1]: Helvétius hatte es in aller Offenheit gewagt, die göttliche Herkunft der Moral in Zweifel zu ziehen, sie von dem metaphysischen, von heiliger Aura umgebenen Podest herunterzustoßen und ihr nur natürliche, aus dem menschlichen Eigeninteresse fließende Ursachen zuzugestehen.

Zwar hatten schon vor ihm in Frankreich La Rochefoucauld und La Bruyère Maximen über die Eigenliebe geprägt und in England Locke und Smith die theoretischen Grundlagen für eine materialistische Interpretation der Moral erarbeitet, aber diese Vorstöße blieben doch mehr oder weniger in zurückhaltender Skepsis und in vorsichtigem Verschweigen der Schlußfolgerungen stecken.[2] Helvétius aber erklärte hart und rücksichtslos physische Lust und physischen Schmerz als die einzigen Beweggründe menschlichen Handelns. Was Wunder, daß die um ihren Heiligenschein gekommenen Priester und Frömmler aller Richtungen ihn mit Schmähungen und Drohungen verfolgten.

Helvétius, der in Paris geboren wurde (seine Vorfahren stammten wie diejenigen Holbachs aus der Pfalz), hatte sich schon in seiner Jugend mit Voltaire, Fontenelle, Buffon und Montesquieu befreundet.[3] Er verkehrte mit Holbach, Diderot und dem Kreis der Enzyklopädisten. Von den anderen französischen Materialisten: Lamettrie, Holbach und (dem älteren) Diderot unterschied sich Helvétius besonders durch sein Bestreben, auch gesellschaftliche Phänomene konsequent materialistisch zu interpretieren. Hierin ging er selbst seinen Gesinnungsfreunden zu weit. So verfaßte zum Beispiel Diderot zwei ausführliche Rezensionen des Buches *De l'Esprit* und des von Helvétius nachgelassenen, in London im Jahre 1772 veröffentlichten Werkes *De l'Homme,* worin er, bei Anerkennung der Verdienste Helvétius' als Aufklärer (er »zählt« *De l'Esprit* »zu den großen Büchern des Jahrhunderts«[4]), seine Theorie einer eindringlichen Kritik unterwirft.

Als Abkömmling der französischen Finanz- und Großbourgeoisie, durch seine Ausbildung und seine praktischen Erfahrungen als Generalsteuerpächter von Frankreich, welches Amt er 1738 durch Vermittlung seines Vaters, der Hofarzt der Königin war, bekommen hatte, sah sich Helvétius schon früh mit ökonomisch-sozialen Problemen konfrontiert: mit der drückenden Leibeigenschaft und dem Elend der Bauern, den Hungerrevolten und der wirtschaftlichen Misere, den allein auf dem dritten Stand lastenden horrenden Steuern und Abgaben, womit eine verschwenderische Hofhaltung und die parasitäre Lebensweise des Adels und der Geistlichkeit finanziert wurden. Sein Nachdenken über die Frage, wie diese Mißstände beseitigt werden könnten, führten ihn zum Studium der Gesetze des sozialen Lebens.

Um sich ganz diesem Studium widmen zu können, legte Helvétius 1751 sein Amt als Generalsteuerpächter nieder. Die reichlichen Einkünfte, die ihm seine Tätigkeit eingebracht hatte, gestatteten ihm nun, ein unabhängiges Leben zu führen. Er zog sich auf sein neu erworbenes Landgut Voré im Departement Perche (südwestlich von Paris) zurück. Dort arbeitete er, von zeitweiligen Aufenthalten in Paris und von Reisen nach England (1764) und nach Preußen (1765) unterbrochen, an seinen beiden Werken *De l'Esprit* und *De l'Homme,* von denen das letztere erst nach seinem Tode erschien, da Helvétius angesichts der Verfolgungen, die er nach dem Erscheinen von *De l'Esprit* zu erdulden hatte (nur dank einflußreichen Verbindungen entging er damals der Verhaftung und dem Gericht; er mußte aber mehrere formale Widerrufe seiner Autorschaft unterzeichnen), sein Leben und die Sicherheit seiner Angehörigen nicht noch einmal aufs Spiel setzen wollte.[5]

Neben seinen beiden theoretischen Hauptwerken hatte Helvétius in seiner Jugend mehrere, damals übliche, Episteln oder Sendschreiben verfaßt, so *über die Liebe zum Wissen, über das Vergnügen, über das Glück, über den Hochmut und die Trägheit des Geistes, über den Aberglauben, über die Gewerbe, über den Luxus und über den Egoismus.*[6]

Helvétius ging in der Begründung seiner Theorie von den erkenntnistheoretischen Forschungen Lockes aus. Locke hatte in seiner *Untersuchung über den menschlichen Verstand* den alten Streit, ob die Ideen angeboren sind oder erworben werden, zugunsten der Erfahrung entschieden, die er als die einzige Quelle unserer Erkenntnis und unserer Ideen anerkannt wissen wollte. Aber er unterschied noch zwischen äußerer, durch Empfindungen (Sinneseindrücke) vermittelter und innerer, durch Reflexionen gewonnener Erfahrung.

Die mit seiner Unterscheidung von »äußerem Sinn« und »innerem Sinn« zwischen Realismus und Idealismus vermittelnde Haltung Lockes befriedigte jedoch die zu logischer Radikalität neigenden Franzosen nicht. Helvétius verwarf deshalb, schon vor Condillac[7], Lockes Lehre vom »inneren Sinn« und erklärte das menschliche Geistesvermögen als ausschließlich von der physischen Empfindungsfähigkeit abhängig. »Der Mensch«, so meint er, »ist eine Maschine, die, vom Empfindungsvermögen in Aktion versetzt, notwendig alles das ausführen muß, was sie tut.«[8]

Bis zu dieser Schlußfolgerung gelangten auch die andern französischen Sensualisten und Materialisten: Condillac, Lamettrie und Holbach. Die originale Leistung Helvétius' ist es nun, daß er hier nicht stehenbleibt, sondern daraus weitreichende Konsequenzen hinsichtlich der Beurteilung menschlichen Verhaltens und gesellschaftlicher Institutionen zieht[9]:

Die Empfindungen, welche auf den Menschen einwirken, erregen in ihm teils Lust, teils Schmerz. Indem er den Schmerz flieht und die Lust anstrebt, folgt er seiner Natur, das heißt seiner Selbstliebe oder seinem Eigeninteresse. Die Selbstliebe ruft den Wunsch nach Glück und Macht hervor; daraus entspringen alle Leidenschaften. Für den einzelnen ist Gut und Böse nur Lust oder Schmerz beziehungsweise das, was Lust oder Schmerz bewirkt. (Das Gerede von der Liebe der Tugend um ihrer selbst willen hält Helvétius für bloße Deklamationen.) Ob Handlungen als moralisch gut oder schlecht zu qualifizieren sind, hängt allein davon ab, ob sie das Gemeinwohl fördern oder ihm schaden. »Was«, so schreibt er, »soll man . . . unter den Begriffen tugendhaft und lasterhaft verstehen? Die Handlungen, welche der Gesell-schaft nützen oder ihr schaden.«[10]

Hier stellt sich nun für Helvétius das zentrale Problem: Wenn das Interesse der einzelnen nicht schon von sich aus mit dem Interesse der Gemeinschaft zusammenfällt und wenn die einzelnen notwendig nur ihrem Egoismus folgen — wie soll man dann beides miteinander in Einklang bringen? Sein Vorschlag: Da die Menschen von Natur aus alle gleich sind und nur durch unterschiedliche Umweltbedingungen und Erziehung voneinander verschieden werden, kann und muß man durch eine weise Gesetzgebung und Erziehung ihr Eigeninteresse mit dem Gemeininteresse zu verbinden su-chen: die Triebkräfte der Leidenschaften, das heißt der Selbstliebe, sollen durch die Erziehung geformt und durch ein kunstvolles System von Belohnungen und Strafen mit den Zwecken des Gemeinwohls verknüpft werden. An Art und Ausmaß, wie Einzel- und Gemeininteresse miteinander har-monieren, erkennt man die Qualität eines Gemeinwesens. »Der moralische Mensch«, so Helvétius, »ist ganz Erziehung und Nachahmung«[11]; und deshalb, schließt er, sind »Laster und Tugenden eines Volkes . . . stets die unvermeidliche Fol-ge seiner Gesetzgebung«[12].

Die Gesetzgebung hängt wiederum von den Naturgege-benheiten und der jeweiligen ökonomischen Situation und Interessenlage eines Volkes ab; das heißt, in derselben Lage haben die Völker denselben Geist, dieselben Gesetze und

denselben Charakter. Ändern sich die ökonomischen Verhältnisse und damit die soziale Struktur, so ändert sich das
Interesse der einzelnen wie das der Gemeinwesen und folglich auch die Gesetzgebung und die Moral. Alles ist der
Wandlung unterworfen: Dieselben Gesetze und Gebräuche,
die gestern noch nützlich waren, sind heute schädlich, und
Gesetze und Sitten wirken sich dann schädlich auf das Gemeinwohl aus, wenn sie fortfahren zu bestehen, obgleich die
Ursachen ihrer Einführung verschwunden sind.[13]

Mit dieser Auffassung einer aus Interessen entstehenden,
wandelbaren Moral setzte sich Helvétius in Widerspruch zu
den meisten anderen Aufklärern, die eine so schwankende
Basis für ihre Forderungen und Attacken gegen das Ancien
Régime begreiflicherweise ablehnten und deshalb am Natur-
rechtsgedanken festhielten, wenn sie diesen auch anstatt auf
die Offenbarung auf die vernünftige Einsicht in die ewig
gleichen Gesetze der menschlichen Natur begründeten.[14]

Die Wohlfahrt einer Nation hängt also, nach Helvétius,
von einer guten Gesetzgebung und von der Erziehung ab, das
heißt von der Aufklärung der Menschen über ihre wahren
Interessen, die notwendig mit dem Gemeinwohl harmonie-
ren müssen, wenn anders die Interessen aller einzelnen ge-
wahrt werden sollen. Wer widersetzt sich aber am meisten
der so verstandenen Wohlfahrt eines Volkes? Das kirchliche
Christentum. Dieses ist für Helvétius das am schärfsten zu
bekämpfende Grundübel. Und zwar aus folgenden Gründen:

1. Die christliche Kirche benutzt aus eigennützigen Motiven die Unwissenheit und Leichtgläubigkeit der Menschen,
um sie zu täuschen und ihre Aufmerksamkeit von dieser Welt
auf eine jenseitige Welt der Schimären zu lenken.

2. Um die Menschen ihren Interessen dienstbar zu machen, verdreht sie die moralischen Begriffe, verdammt sie
den Wunsch und das Streben nach irdischen Gütern und
erklärt sie nur das für tugendhaft und heilig, was ihren Interessen nützt; sie begeht damit das Schlimmste, was einer Nation
zustoßen kann: die Gleichsetzung ihrer Sonderinteressen mit
dem Gemeininteresse, und bewirkt dadurch den Ruin einer
Nation.

3. Um ihre Machtinteressen bewahren zu können, unterdrückt sie jede vernunftgemäße Erziehung und Aufklärung, hält sie die Menschen in Unwissenheit, Aberglauben, knechtischer Gesinnung und erstickt sie in ihnen jede Energie. Sie unterstützt damit den Despotismus, die Knechtschaft und Sklaverei der Völker, schürt den religiösen Fanatismus, verfolgt alle Andersdenkenden und verhindert so alle Fortschritte des Menschengeschlechts.

Mit dieser Kritik am kirchlichen Christentum, die er mit den anderen Aufklärern teilt, gibt sich aber Helvétius nicht zufrieden: Er stellt auch die Frage nach dem Ursprung der Religion überhaupt.

Seine Antwort: Zum einen entstand der Glaube an das Übernatürliche, die Gottesidee und damit die Religion aus der Unwissenheit und der Furcht der im Naturzustand lebenden Völker vor den Naturkräften. Zum anderen erklärt er den Glauben an übernatürliche Kräfte und Wesen aus der menschlichen Selbstliebe und den daraus fließenden Wünschen.[15] »... ein jedes Volk«, so schreibt er, »verlegte ins Reich der Seelen alles das, was auf Erden Gegenstand ihrer Wünsche war.«[16] Helvétius hat damit den Grundgedanken Feuerbachs schon vorweggenommen.

Volker Mack

Der Gott der Christen – ein Gott der Schurken

Ist eine Religion heiter, so läßt ihr lebensfroher Charakter ein edles Vertrauen auf die Güte des höchsten Wesens erkennen. Warum aus ihm einen orientalischen Tyrannen machen, der kleine Vergehen mit ewiger Verdammnis bestraft? Warum so das Bild der Gottheit herabwürdigen und in eine Teufelsfratze verwandeln? Warum die Gemüter unter das Joch der Furcht beugen, ihre Spannkraft brechen und aus einem Verehrer von Jesus einen verächtlichen und kleinmütigen Sklaven machen?

Die Bösartigen sind es, welche uns Gott als böse malen. Was ist denn ihre Frömmigkeit? Ein Schleier, womit sie ihre Verbrechen verhüllen. *II, Bd. 1, 52*

Theologie – eine Domäne der Finsternis

Die theologischen Dispute sind und können niemals etwas anderes sein als Streitereien über Wörter.

II, Bd. 1, Anm. 27, 212

Eben weil die religiöse Moral nie eine Erfahrungsgrundlage besaß, wurde das Reich der Theologie stets als eine Domäne der Finsternis betrachtet.   *II, Bd. 1, Anm. 17, 207*

Die scholastische Metaphysik: Ist sie eine Wissenschaft? Gewiß nicht. . . . an ihr findet nur der irregeleitete Geist, der sich mit leeren Phrasen begnügt, der Unwissende, welcher Worte für Dinge nimmt und der Schwindler, der betrügen will, Geschmack. Der verständige Mensch verachtet sie. Jede nicht auf Erfahrung gegründete Metaphysik besteht nur in der Kunst des Wortmißbrauchs: Sie läuft im Lande der Schimären ständig hinter Seifenblasen her, von denen sie nichts als Wind erntet. Heutzutage, da sie auf die theologischen Schulen beschränkt ist, stiftet sie dort mit ihren Spitzfindigkeiten Zwist, ja vermag sie noch immer den Fanatismus anzufachen und von neuem menschliches Blut fließen zu lassen.   *II, Bd. 1, Anm. 25, 211*

Mancher zweifelt daran, daß die Wissenschaft von Gott oder die Theologie eine Wissenschaft sei. Jede Wissenschaft, so sagt man, setzt eine Reihe von Beobachtungen voraus. Was für Beobachtungen aber kann man an einem unsichtbaren und unbegreiflichen Wesen machen? Folglich ist die Theologie gar keine Wissenschaft. In der Tat, was bedeutet das Wort Gott? Die noch unbekannte Ursache der Ordnung und Bewegung. Was läßt sich aber über eine unbekannte Ursache aussagen?

IV, Bd. 1, 74 f. – zit. n. Mondshian, 212 f.

»Und um die Menschen in harter Knechtschaft zu halten, verbietet ihnen der Priester den Vernunftgebrauch«[17]

Der Priester ist ehrgeizig, aber der Ehrgeiz beim Laien ist ihm verhaßt; denn dieser durchkreuzt seine Pläne.

Die Absicht des Priesters zielt darauf ab, im Menschen jede Wunschregung zu ersticken, ihm seine Reichtümer und seine Macht zu verleiden, um dann – diesen Widerwillen nutzend – sich beides anzueignen.

Man kann mit Sicherheit behaupten, daß das religiöse System stets nach diesem Plan geleitet worden ist.

II, Bd. 1, 32

Es hat den Anschein, daß gewisse Leute in Amt und Würden: die Herren der Pfarrgemeinden, die Pfarrer und Priester sich allein an der Unwissenheit des Volkes interessiert zeigen, um dieses besser täuschen und nach Belieben lenken zu können.   *III, 3 a, 102 f.*

Berücksichtigen Sie ferner, daß man bei denjenigen Völkern, die in Unwissenheit gehalten worden sind, am meisten Fanatismus, Verbrechen jeder Art und Widerstand gegen gute Gesetze vorfindet...   *III, 3 a, 101*

Der Mensch ist als ein vernünftiges Wesen definiert worden; ich bezeichne ihn als ein leichtgläubiges Wesen. Was kann man ihn nicht alles glauben machen?...

Die Geistlichkeit gibt sich als nicht ehrgeizig aus. Dies wird ihr in demselben Augenblick abgenommen, als sie sich zum obersten Stand innerhalb des Staates erklärt.

Die Bischöfe und Kardinäle bezeichnen sich als demütig. Und das wird ihnen – die sich mit »Monsignore«, »Eminenz«, »Euer Gnaden« anreden lassen und die letzteren sogar mit den Königen gleichgeachtet sein wollen – aufs Wort geglaubt...

Der Mönch nennt sich arm: Man glaubt ihn in dürftigen Verhältnissen, obwohl er den größten Teil des Grundbesitzes des Staates an sich gerissen hat; und ebendemselben Mönch werden deswegen von einer Unzahl von Betrogenen Geldopfer gespendet.   *II, Bd. 2, 320 f.*

Jede Religion, welche die menschliche Geistesarmut hochschätzt, ist eine gefährliche Religion. Ihre fromme Stupidität macht die Papisten nicht besser.   *II, Bd. 2, 146*

Die Intoleranz ist die Grundlage der Macht der Geistlichkeit. Die Doktrin, das Verhalten des Priesters – alles beweist sein Machtstreben. Was unterstützt er? Die Unwissenheit. Weshalb? Weil der Unwissende leichtgläubig ist,
weil er von seiner Vernunft selten Gebrauch macht und
sich in seinem Denken von anderen leiten läßt; weil es
leicht ist, ihn zu täuschen und mit den gröbsten Sophismen
zu betrügen. Was hingegen unterdrückt der Priester? Die
Wissenschaft. Weshalb? Weil der Gelehrte, da er mit eigenen Augen sehen will, nichts ohne vorhergegangene Prüfung glaubt und weil es (deswegen) schwieriger ist, ihn
hinters Licht zu führen...

Der Priester war stets darum besorgt, die Wahrheit aus
dem Gesichtskreis der Menschen fernzuhalten. Jede be-
lehrende Lektüre ist ihnen untersagt. Der Priester schließt
sich mit ihnen in ein dunkles Zimmer ein und richtet seine
ganze Aufmerksamkeit darauf, sämtliche Ritzen zu ver-
stopfen, durch die das Licht der Vernunft eindringen könnte. Er haßt den Philosophen und wird ihn stets hassen. Er
wird immer befürchten, daß aufgeklärte Männer sein auf
dem Irrtum und der Blindheit gegründetes Reich stürzen.
Da er Begabungen nicht schätzt, ist er der geheime Feind
menschlicher Tugenden. Er bekämpft sie und leugnet sogar oft ihr Vorhandensein. In seinen Augen gibt es keine
tugendhaften Handlungen, die nicht seiner Doktrin, das
heißt, seinen Interessen entsprechen. Die wichtigsten der
von ihm gelehrten Tugenden sind der Glaube an die Priester und die Unterwerfung unter das Priestertum: Nur seinen Sklaven verleiht er das Attribut der Heiligkeit und
Rechtschaffenheit.   *II, Bd. 1, 306 f.*

Christliche Grundsätze?

Ändert sich das Interesse des Priesters? Seine religiösen
Grundsätze ändern sich. Wie oft haben doch die Ausleger
der Offenbarung Tugend in Verbrechen und Verbrechen
in Tugend umgemünzt.   *II, Bd. 2, Anm. 2, 143*

Wer predigte eifriger als die Geistlichkeit die Liebe der
Demut und Armut? Und was beweist die Falschheit dieser
Liebe besser als die Geschichte ebendieser Geistlichkeit?

II, Bd. 1, 279

Schon seit langem ist klar erkannt worden, daß die Geistlichkeit, wenn sie von den himmlischen Gütern predigt,
nur die irdischen Güter im Auge hat.   *III, 3 b, 51*

Zur Zeit Jesu wurden der Ehrgeiz und die Eitelkeit keineswegs zu den Tugenden gerechnet. Das Reich Gottes war
nicht von dieser Welt. Jesus hatte weder nach Reichtümern
noch nach Titeln, noch nach Ansehen getrachtet. Er befahl
seinen Anhängern, ihre Güter im Stich zu lassen, um ihm
nachzufolgen. Welche Vorstellungen hat man heute von
der Tugend? Kein katholischer Prälat, der sich nicht um
Titel und Ehren bemüht. Kein religiöser Orden, der sich
nicht in die Fürstenhöfe drängt, der nicht Handel treibt und
sich mit Kapitalien bereichert.

Jesus und seine Apostel hatten nie einen solchen Begriff
von rechtem Lebenswandel... Heute jedoch sind in den
Ländern der Inquisition Hochmut, Habsucht und Grausamkeit in den Rang von Tugenden erhoben worden.

Jesus haßte die Lüge... Die Kirche hingegen ist der
Lüge nicht mehr feind: Sie erklärt die frommen Betrugsma-
növer für heilig.

Jesus, Gottes Sohn, war bescheiden. Sein hochfahrender
Stellvertreter maßt sich an, den Herrschern zu befehlen,
nach Belieben das Verbrechen zu rechtfertigen und Meu-
chelmorde als verdienstlich umzumünzen.   *II, Bd. 1, 163*

Papistische Politik oder Geschäfte mit dem Himmel

Der Papismus ist in den Augen eines vernünftigen Menschen pure Abgötterei. Die römische Kirche sieht darin
ohne Zweifel nur eine menschliche Einrichtung, da sie ja
von dieser Religion in skandalöser Weise Gebrauch macht,
sie als Instrument ihrer Habsucht und Größe benutzt und
sich ihrer bedient, um die verbrecherischen Pläne der Päp-

ste zu fördern und deren Herrschsucht und Ehrgeiz zu bemänteln.

Aber diese Anschuldigungen sind verleumderisch – sagen die Papisten.   *II, Bd. 1, 44*

Der Katholizismus verteidigte stets den Diebstahl, den Raub, die Gewalttat und den Mord ...   *II, Bd. 2, 147*

Die Kirche brüstet sich damit, zu bewirken, daß geraubtes und gestohlenes Gut zurückerstattet wird. Aber hat sie die Königreiche von Mexiko und Peru ihren rechtmäßigen Eigentümern zurückgeben lassen? Hat sie nicht vielmehr im Einverständnis mit den Fürsten die Neue Welt ausgeplündert? Hat sie sich nicht an diesen Raubzügen bereichert?

Und hat sie schließlich nicht die Gebote des Naturrechts, welche sie durch Gott als in alle Herzen eingegraben ausgibt, durch ihr eigenes Verhalten der Mißachtung preisgegeben?

Gibt es sonstwo eine absurdere und erbärmlichere Moral als die der Kirche?

Wenn ein Fürst sich eine Geliebte hält, die einen Geschmack befriedigt, der dem Gemeinwohl ebensowenig schadet, wie er den Zwecken der Kirche unvorteilhaft ist, erhebt sich der Priester und schreit von Unfrömmigkeit. Wenn aber derselbe Fürst ein Volk, das ihn nie beleidigt hat, mit Krieg und Verwüstung überzieht; wenn er in dieser Expedition, wofür er seine Untertanen mit Steuern belastet, 400 000 Menschen umkommen läßt, ist der Priester mucksmäuschenstill.

Schöne Moral der katholischen Geistlichkeit!   *II, Bd. 1, Anm. 28, 332*

Was kümmert die Kirche die Tyrannei mißratener Könige, sofern sie an deren Macht teilhat!

Als der Engel der Finsternis den Menschensohn auf einen Berg entführt hatte, sagte er zu ihm: »Du siehst hier alle Königreiche der Welt: Falle vor mir nieder, und du wirst über sie herrschen.«

Die Kirche sagt gleichfalls zum Fürsten: »Sei mein Skla-

ve, sei der Exekutor meiner Barbareien, bete mich an, lehre
die Völker die Ehrfurcht vor dem Priester, damit sie in der
Unwissenheit und Leichtgläubigkeit verharren – um diesen Preis gebe ich dir eine unbegrenzte Macht über deine
Untertanen: Du kannst den Tyrannen spielen.«

Welch ein monströser Vertrag zwischen dem Priestertum
und dem Despotismus!   *II, Bd. 2, 338 f.*

Die Geistlichkeit ist eine Körperschaft, die das ausschließliche Privileg besitzt, durch Verführung zu stehlen.

III, Bd. 2, 135, Aph. 65

Philippe de Commines[18] berichtet..., daß man ihm, als er
nach Pavia ins Kloster der Karmeliter kam, den Leichnam
des Grafen von Yvertu zeigte; desselben Grafen, der zum
Fürstentum Mailand durch den Mord an seinem Onkel
Barnabò gelangte und der als erster den Herzogstitel
trug[19]... »Was«, sagte Commines zu dem Mönch, der ihn
begleitete, »Ihr habt ein solches Scheusal heiliggesprochen!« – »Uns fehlt es an Wohltätern«, erwiderte der Karmeliter. »Nun, um deren Zahl zu erhöhen, pflegen wir
ihnen die Ehren der Heiligkeit zu verleihen. Dummköpfe
und Schurken werden durch uns zu Heiligen, und wir
werden durch sie reich!«

Wie viele Erbschaften wurden von den Mönchen gestohlen!

Aber sie stahlen sie für die Kirche, und die Kirche machte
dafür Heilige. Die Geschichte des Papismus ist eine ungeheure Sammlung ähnlicher Taten. Wenn man ihre Heiligenlegenden liest, findet man die Namen von tausend
heiliggesprochenen Verbrechern...

Die nach Reichtümern stets begierige Kirche verfügte
immer über die Würden des Paradieses zugunsten von
Leuten, die ihr große Güter auf Erden schenkten.

Also bevölkerte der Eigennutz den Himmel.

II, Bd. 2, 318 f.

Unter den Mönchen findet man viele Heilige, aber wenig
ehrliche Leute. Jeder Mönchsorden giert nach Reichtü

mern und Macht; keiner setzt dem Ehrgeiz Grenzen. Hundert, vom Papst zugunsten der Jesuiten erlassene, lächerliche Bullen beweisen dies.

Aber wenn der Jesuit herrschsüchtig ist, ist es etwa die Kirche weniger? Wenn man einen Blick auf die Geschichte wirft, das heißt auf diejenige der Irrtümer und Streitereien der Kirchenväter, der Machenschaften der Geistlichkeit und der Verbrechen der Päpste: Überall sieht man die geistliche Macht verfeindet mit der weltlichen Macht, vergessend, daß ihr Reich nicht von dieser Welt ist, durch immer neue Anstrengungen sich bemühend, der Reichtümer und der Macht dieser Erde habhaft zu werden...

II, Bd. 1, 166 f.

»Feuer und Galgen haben den Theologen oft als Argumente gedient«[20]

Der heilige Paulus sagt ausdrücklich, daß die Überzeugungskraft die einzige Waffe sei, die man anwenden dürfe, um die Heiden zu bekehren. Welcher Mensch würde wohl zur Gewalt greifen, um die Wahrheiten der Geometrie zu beweisen? Welcher Mensch weiß nicht, daß die Tugend sich selbst empfiehlt? In welchem Falle macht man also von Gefängnissen, Folterungen und Scheiterhaufen Gebrauch? Wenn man das Verbrechen, den Irrtum und den Aberwitz predigt.

II, Bd. 1, 165

Die beim Bigotten besonders stark ausgeprägte Überheblichkeit läßt ihn im genialen Menschen den Wohltäter der Menschheit verabscheuen, und sie bringt ihn gegen Wahrheiten auf, deren Entdeckung ihn demütigt. Ebendieselbe geistige Trägheit und Überheblichkeit, die er für Religionseifer hält, machen aus ihm einen Verfolger der gelehrten Männer, und so schickt er sich an, in Italien, Spanien und Portugal, Ketten zu schmieden, Kerker zu bauen und die Scheiterhaufen der Inquisition zu errichten.

I, 451 f.

Der priesterliche Ehrgeiz erlaubt sich alles: Er verleumdet, verfolgt und verblendet die Menschen und erscheint zugleich in den Augen seiner Anhänger als gerechtfertigt.

II, Bd. 2, 403

Im Namen der Liebe oder Monstren der Heiligkeit

Wenn wir die Ketzer umbringen, sagen die Frommen, so tun wir es aus Erbarmen. Wir wollen sie nur den Stachel der Barmherzigkeit fühlen lassen. Wir hoffen sie durch die Furcht vor dem Tode und vor den Henkern der Hölle zu entreißen. Aber seit wann hat die Barmherzigkeit einen Stachel? Seit wann mordet sie? *II, Bd. 2, Anm. 4, 173 f.*

Wenn die Christen hinsichtlich des Saturn oder des karthagischen Moloch, dem Menschen geopfert wurden, so oft hervorgehoben haben, daß die Grausamkeit einer solchen Religion ein Beweis für ihre Falschheit sei: Wie oft haben dann nicht unsere fanatischen Priester den Ketzern Gelegenheit gegeben, dieses Argument gegen sie zu kehren? Wie viele Priester des Moloch gibt es doch unter uns!

I, Anm. a, 181

Die dem Inquisitor lieblichste Melodie sind Schmerzensschreie. Am Scheiterhaufen stehend, wo der Ketzer stirbt, amüsiert er sich. Dieser vom Gesetz ermächtigte Inquisitor und Mörder bewahrt sich inmitten der Städte die Blutgier des Naturmenschen. *II, Bd. 2, 24*

Von dem Augenblick an, als die Priester – durch Erfahrung belehrt – wußten, daß man aus Furcht mehr als aus Liebe gibt, daß man Ahriman mehr als Ormuzd, dem grausamen Moloch mehr als dem sanftmütigen Jesus Opfergaben darbringt, planten sie, ihr Reich auf den Terror zu gründen: Sie wollten – je nach Belieben – den Juden verbrennen, den Jansenisten und Deisten ins Gefängnis werfen und beschlossen von da an, das Inquisitionstribunal zu errichten, obgleich jenes in jedem humanen und empfindsamen Gemüt Entsetzen hervorrufen mußte. Dies gelang ihnen aufgrund raffinierter Machenschaften in Spanien, Portugal, Italien usw.

Je willkürlicher das Prozeßverfahren dieses Tribunals war, um so mehr wurde es gefürchtet. Nachdem die Priester bemerkt hatten, daß die priesterliche Macht in gleichem Maße wie der Schrecken, den sie verbreitete, zunahm, wurden sie bald unbarmherzig.

Der Mönch konnte sich ungestraft der Stimme des Mitleids, den Tränen des Elends und den Seufzern des Schmerzes verschließen und schonte weder Tugend noch Verdienste. Durch die Konfiskation von Gütern, durch Folterungen und Scheiterhaufen ergaunerte er sich schließlich eine Gewalt über die Völker, die der Autorität der Behörden und oft selbst der Macht der Könige überlegen war.

Welche kühne Hand hat es je gewagt, in einem christlichen Königreich ein ähnliches Tribunal zu gründen! Der priesterliche Ehrgeiz errichtete es, und die Dummheit der Völker und Fürsten ließ ihn gewähren... Was folgt aus der religiösen Intoleranz? Das Verderben der Nationen. Wer spricht die Intoleranz heilig? Der priesterliche Ehrgeiz. Das ungezügelte Machtstreben des Mönchs erzeugte eine unerhörte Barbarei. Aus Systemgründen grausam, ist es der Mönch auch noch durch seine Erziehung. Von Natur aus schwächlich, heuchlerisch und feige, muß in der Regel jeder katholische Priester zu einem Scheusal werden.

Was sich die Ungerechtigkeit und raffinierteste Grausamkeit auch nur ersinnen können, hat er in den seiner Gewalt unterworfenen Ländern zu allen Zeiten praktiziert.

Wenn der Priester aus einer Religion, die gegründet worden war, um die Menschen zu Mildtätigkeit und Barmherzigkeit zu erziehen, ein Instrument der Verfolgungen und Massaker machte, wenn er triefend von dem in einem Autodafé vergossenen Blut sich erfrecht, bei dem Meßopfer am Altar seine menschenmörderischen Hände zum Himmel zu erheben, so wundere man sich nicht, denn er ist so, wie er notwendig sein muß. Mit dem Blut der Ketzer befleckt, muß er sich für den Rächer der Gottheit halten. Soll man dennoch in diesem Augenblick von ihm Milde erflehen? Sind seine Hände etwa deswegen rein von Blut, weil die Kirche sie dafür erklärt?   *II, Bd. 1, 308 ff.*

...nicht die von Jesus Christus gegründete, milde und tolerante Religion, sondern die Religion des Priesters – in deren Namen er sich als Rächer der Gottheit aufspielt und sich das Recht anmaßt, Menschen zu verbrennen und zu verfolgen – ist eine Religion der Zwietracht und des Blutes, eine Religion, die den Königsmord lehrt, und auf welcher eine herrschsüchtige Geistlichkeit immer die entsetzlichen Vorrechte wird begründen können, von denen sie so oft Gebrauch gemacht hat.   *II, Bd. 2, 348 f.*

Anmerkungen

Zitiert wird nach folgenden Ausgaben:

I. Helvétius, De l'Esprit, Paris 1776

II. De l'Homme, De Ses Facultés Intellectuelles, Et De Son Éducation. Ouvrage Posthume de M. Helvétius. 2 Bde. London 1774

III. Œuvres Complètes d'Helvétius. Bd. 13 u. Bd. 14. Paris 1795 (Reprographischer Nachdruck Hildesheim 1967):

1. Aus dem »Fragment einer Epistel über den Aberglauben«. Bd. 13

2. Aus den »Pensées et Réflexions«. Bd. 14

3. Aus den Briefen, Bd. 14:

a) Brief an M. Lefebvre-Laroche, Voré, 15. August 1769

b) Brief an M. l'Abbé Chauvelin, Conseiller au Parlement (Rat am Gerichtshof zu Paris), o. J.

IV. Œuvres Complètes. London 1774. Bd. I (De l'Esprit) u. Bd. II (De l'Homme); Zitate nach: *Ch. N. Mondshian, Helvétius.* Deutsche Ausgabe. (Ost-)Berlin 1959.

Abgesehen von den nach *Mondshian* (s. IV) zitierten Stellen wurden sämtliche Zitate von mir übersetzt.

[1] s. hierzu das Urteil des an sich sehr verdienstvollen Verfassers der »Geschichte des Materialismus«, *Friedrich Albert Lange,* der vom »eitlen und oberflächlichen Helvétius« spricht (s. ebd., 2. verb. u. verm. Aufl., 1. Bd. Iserlohn 1873, 360). Dieses leichtfertige Urteil ist von vielen deutschen und sogar französischen Kritikern Helvétius' unbesehen übernommen worden. – [2] vgl. *G. W. Plechanow,* Beiträge zur Geschichte des Materialismus (Holbach, Helvétius, Marx) (1896). Neudruck Berlin 1946, 93 f. – [3] vgl. hierüber (insbesondere über die enge Freundschaft Helvétius' zu *Voltaire* und seine Kritik an *Montesquieus* Festhalten an feudalistischen Vorstellungen) *Guy Besse,* Einleitung zu: Helvétius, De l'Esprit (Auszüge), Paris 1959, 9 f. u. 11 ff., und *Mondshian,* a. a. O. 62 ff. – [4] s. *Diderots* »Reflexionen über das Buch De l'Esprit« (1758). In: Denis Diderot, Philosophische Schriften, Erster Band; übers. v. Theodor Lücke. Frankfurt a. M. 1967, 481 – [5] vgl.

D. W. Smith, Helvétius. A Study in Persecution, Oxford 1965, u. *Mondshian*, a. a. O. 125 ff. − [6] s. *Mondshian*, 72 ff. − [7] *Plechanow*, a. a. O. 60 u. v. a. Autoren behaupten, daß Helvétius seine Kritik an *Locke* und seine sensualistische Konzeption von *Condillac* übernommen habe. Dies kann aber nicht stimmen. Denn als Condillac 1754 seine »Abhandlung über die Empfindungen« (Traité des Sensations) veröffentlichte, schrieb Helvétius bereits an De l'Esprit. Außerdem hatte Condillac noch acht Jahre vorher (1746) in seinem »Essay über den Ursprung menschlichen Wissens« (Essai sur l'Origine des Connoissances Humaines) die Lockesche Lehre ungeschmälert vertreten (s. *Mondshian*, a. a. O. 87). − [8] s. *Helv.*, II, Bd. 1, 130 − [9] s. *Plechanow*, a. a. O. 94 − [10] s. *Helv.*, II, Bd. 1, Anm. 12, 205 − [11] s. ebd., Anm. 84, 353 − [12] s. *Helv.*, IV, Bd. 1, 373 (zit. n. *Mondshian*, a. a. O. 364) − [13] vgl. *Plechanow*, 91 ff. − [14] *Helv.*, II, Bd. 2, 90 ff. u. II, Bd. 1, 156 ff., ferner *Plechanow*, 94 f. Wenn Helvétius an anderer Stelle schreibt: »Die wahre Moral schöpft ihre Prinzipien aus der Vernunft, der Liebe zum Gemeinwohl, und derartige Prinzipien bleiben immer ein und dieselben« (s. IV, Bd. 2, 374, Anm.; zit. n. *Mondshian*, 222), so widerspricht er damit seiner eigenen Theorie; wahrscheinlich, um die Meinungsverschiedenheit über diesen Punkt zwischen ihm und den anderen Aufklärern abzuschwächen und um die Manipulation der Moral durch die Theologen anprangern zu können. Allerdings hält auch Helvétius wie die anderen Aufklärer an dem Gedanken einer ewig gleichen menschlichen Natur fest, eine Auffassung, die er eigentlich, wenn er hinsichtlich seiner Entwicklungstheorie konsequent wäre, aufgeben müßte. − [15] s. hierzu: *Helv.*, II, Bd. 1, 57 f. u. 181 f.; vgl. ferner *Mondshian*, 215 ff. u. *Plechanow*, 96 f. − [16] s. *Helv.*, IV, Bd. 1, 165 (zit. n. *Mondshian*, 216) − [17] s. *Helv.*, III, 1, 120 − [18] Philippe de Commines (1445−1504), franz. Staatsmann und Geschichtsschreiber. − [19] Es handelt sich hier um *Giangaleazzo* (er regierte 1385−1402), der 1385 seinen Onkel Barnabò in einer Verschwörung gefangennehmen und umbringen ließ und der 1395 von König Wenzel zum Herzog von Mailand ernannt wurde. − [20] s. *Helv.*, I, Anm. c, 183.

PAUL THIRY D'HOLBACH
Paul Heinrich Dietrich von Holbach
1723–1789

Innerhalb des klassischen (neuzeitlichen) Materialismus, besonders der französischen Aufklärungsphilosophie, gebührt Baron d'Holbach ein bevorzugter Platz.

1723 im pfälzischen Edesheim geboren (Vater: Johann Jacob Thiry), kam Paul Thiry bereits 1735 nach Paris, wo sein Onkel, Franz Adam Holbach, seine Erziehung übernahm. Der wohlhabende Verwandte, der sich nach dem Kauf eines Adelspatentes d'Holbach nannte und diesen Namen auch seinem Neffen gab, ermöglichte ihm den Zugang zu Kreisen des Großbürgertums und der Aristokratie. Nach mehrjährigem Studium an die Universität Leiden kehrte Paul Thiry d'Holbach 1749 nach Paris zurück, wo er bald Diderot und seine Freunde kennenlernte, die mit den Vorbereitungen zu jenem Projekt beschäftigt waren, das die endgültige Etablierung der intellektuellen Opposition als einer geistigen Weltmacht sicherte: die *Encyclopédie ou dictionnaire raisonné des sciences, des arts et des métiers*. Holbachs Pariser Heim und sein Landsitz Grandval wurden rasch zu Arbeits- und Diskussionszentren der Enzyklopädisten und damit unmittelbar auch der vielleicht bedeutendsten geistigen Umsturzbewegung der Neuzeit: der französischen Aufklärung, die sich politisch in der Revolution von 1789 realisierte. Holbach unterstützte seine Freunde finanziell und gewährte ihnen ständige Gastfreundschaft.

In der Zeit von 1751 bis 1765 beteiligte er sich mit Hunderten von Artikeln, vorwiegend naturwissenschaftlichen Charakters, an der *Encyclopédie*. Ferner übersetzte er Werke aus dem Bereich der Chemie, Geologie, Mineralogie, Physik und verwandter Wissenschaften ins Französische. Die hierbei erworbenen Kenntnisse bildeten eine wesentliche Grundlage seiner philosophischen Theorien. Universell gebildet, führte Holbach unentwegt Gespräche mit hervorragenden Künstlern, Literaten, Gelehrten, Philosophen verschiedener Nationalität. Sein Salon war berühmt als intellektuelles Forum fortschrittlicher Geister. Die Impulse, die ihm dieser intensi-

ve Gedankenaustausch vermittelte, kamen ebenfalls seiner
weitgespannten Publizistik zugute, die sich ab etwa 1760 auf
Religionskritik konzentrierte. Er besorgte Neuausgaben, ver-
öffentlichte bisher nicht erschienene Schriften und übersetzte
Bücher deistischen, materialistischen, atheistischen Inhalts.
Dazu kommt eine Reihe eigener Werke, deren antireligiöse
Radikalität selbst aufgeklärte Zeitgenossen erschreckte und
die Justiz mobilisierte. Schärfste Repressalien der königlichen
und klerikalen Behörden machten strengste Vorsichtsmaß-
nahmen der Autoren erforderlich. Deshalb veröffentlichten
Holbach und seine Gesinnungsfreunde ihre Schriften unter
Pseudonym oder unter dem Namen verstorbener Publizisten.

In der Bekämpfung des Klerus sahen sie eine ihrer elementaren Aufgaben, weil die Kirche politisch und ideologisch die
Macht der absolutistischen Herrscher sicherte, wollte sie
nicht selbst weitere Beschränkungen ihrer Privilegien und
Kompetenzen (seit 1682: die vier Gallikanischen Artikel)
riskieren. Dabei bohrten jedoch Baron d'Holbach, Diderot
und Helvétius tiefer als andere Aufklärer, deren Ziel nur die
Abschaffung der katholischen Kirche (als Voraussetzung der
angestrebten neuen Gesellschaftsordnung) war. Und Holbach ging (wie, etwas gemäßigter, auch Helvétius) von der
Institutionskritik zur grundsätzlichen Religionskritik über.
Bereits *Le christianisme dévoilé* (Das entlarvte Christentum)
setzte radikale neue Maßstäbe eines antireligiösen Vernunft-
denkens (1761): »Die Religion ist die Kunst, die Menschen
mit Schwärmerei zu betäuben, um sie daran zu hindern, sich
mit jenen Übeln zu befassen, mit denen sie von denen, die sie
regieren, überladen werden. Mit Hilfe der unsichtbaren
Mächte, mit denen man ihnen droht, zwingt man sie, mit
Stillschweigen das Elend zu erdulden, das ihnen von den
sichtbaren Mächten auferlegt wird; man läßt sie hoffen, daß
sie in einer anderen Welt glücklicher sein werden, wenn sie
sich damit abfinden, in dieser Welt unglücklich zu sein.«[1]

Da es nicht möglich ist, auch nur die wichtigsten Gedanken aus den verschiedenen Werken Holbachs hier zu skizzie-
ren, beschränken wir uns auf die beiden nachfolgend zitierten, in zuverlässigen deutschen Übersetzungen vorliegenden
Werke: *Briefe an Eugénie* (Lettres à Eugénie ou préservatif

contre les préjuges)² und *System der Natur oder Von den Gesetzen der physischen und der moralischen Welt* (Système de la nature ou Des lois du monde physique et du monde moral)³. Die *Briefe* erschienen erstmals 1768; das *System* wurde 1770 unter dem Namen des (1760) verstorbenen Sekretärs der Académie Française, Jean-Baptiste de Mirabaud, veröffentlicht und sogleich von Staatsanwalt Séguier – zusammen mit anderen Werken – einem Autodafé überantwortet. Selbstverständlich kam das *System* im Erscheinungsjahr noch auf den Index.

In den *Briefen an Eugénie* wandte sich Holbach mit psychologischer Einfühlsamkeit, aber rationalen Argumenten an eine »beunruhigte und verwirrte« Leserin, »die sonst so aufgeklärt und in jeder anderen Beziehung so vernünftig ist, ihre Kenntnisse und ihr Urteil« aber nicht anwendet, »sobald es um die Religion geht«. Die zwölf Briefe stellen eine radikale Denunziation der Religion als eine »Kette von Absurditäten« dar, deren Zweck es ist, »die Ideen und die Geister zu verwirren«, um die Macht der Herrschenden zu garantieren. Dies alles mündet in eine Apologie des Atheismus, der sich als Träger der wahren Moral auf die Natur des Menschen stützt.

Holbachs Hauptwerk, *System der Natur,* enthält die Summe der bis dahin entwickelten materialistischen und atheistischen Konzeptionen, Programme und Lehren. Indessen überschreitet der Autor auch noch die hier gesetzten Markierungen, selbst die des geistesverwandten Helvétius, um sein materialistisches Naturbild und eine soziologisch-politisch artikulierte Religionskritik auf den gemeinsamen Nenner der atheistischen Moral zu bringen. Treffend bemerkt der evangelische Soziologe Joachim Matthes: »Holbach verbindet nun den Gedanken vom Ursprung der religiösen Ideen in der Furcht und Unwissenheit der Menschen mit dem Gedanken von der instrumentalen Ausbeutung der religiösen Disposition des Menschen zu seiner Theorie des ›Priester-Trugs‹, mit der nun auch ein ausdrückliches Verdikt über alle Religion ausgesprochen wird. Religiöse Ideen entstehen im Schoße der Unwissenheit, der Unruhe, der menschlichen Not. Die Kirche, als Menschenwerk repräsentiert durch die Priester, projiziert diese Ideen in die Figur eines jenseitigen Gottes, von wo sie nun als bedrohliche und schreckliche Wirklichkeit auf den Menschen zurückkommen. In der Glaubenslehre und im Ritual schafft sich die Priesterkaste ein Instrumentarium, um diesen Schrecken stets lebendig zu halten und um — vor allem — über seine konkrete Anwendung und inhaltliche Ausdeutung jederzeit autoritativ verfügen zu können. So geht es Holbach nicht nur darum, die Verdinglichung menschlicher Nöte zu religiösen Wahrheiten und Wirklichkeiten zu enthüllen (dogmatischer Priester-Trug); es geht ihm auch und vor allem darum, die Ausbeutung dieses Vorganges zur Stützung der weltlichen Herrschaft der Priester aufzudecken (moralischer Priester-Trug). Die Herrschaft der Priester ist jedoch nicht nur Selbstzweck; sie ist vielfältig verschlungen mit den profanen politischen Herrschaftssystemen...«[4] Dies ist, und nicht zuletzt deswegen wurde sie ausführlich zitiert, eine der ganz wenigen Stimmen aus dem nichtmarxistischen Bereich, die die materialistische Philosophie und gar ihr atheistisches Fundament sachlich, ohne kompromittierenden Akzent, überhaupt zur Kenntnis nehmen.

Eine grundlegende Einführung aus marxistischer Sicht gibt Manfred Naumann unter dem Titel *D'Holbach und das Materialismusproblem in der französischen Aufklärung* in der 1960 erschienenen deutschen Ausgabe des *Systems der Natur*. Dieser Essay ist zuverlässiger und weniger emotional konzipiert als die von Dieter Pommerenke aus dem Russischen übersetzte Abhandlung *Der Atheismus Holbachs* von J. J. Kogan in *Briefe an Eugénie*. Holbachs Einsicht in den »wirklichen Charakter der Religion« gründete sich, wie Naumann richtig bemerkt, auf seine neue »Einstellung zur gesellschaftlichen Realität Frankreichs«, eine Einstellung, die das Verhältnis vieler Materialisten zur Gesellschaft fast schon antiquiert erscheinen läßt. Bekennt doch selbst Voltaire in einem Brief vom 1. November 1770 an den Herzog von Richelieu: »Ich halte es für sehr gut, wenn man Gott als Belohner und Rächer beibehält; die Gesellschaft braucht diese Vorstellung.«[5] Holbach bekämpfte diese Haltung radikal, was ihm auch den Unwillen Voltaires eintrug. Holbach glaubte an den Erfolg eines Emanzipationsprozesses der Beherrschten durch Abschaffung der Religion und Offenbarung der atheistischen Wahrheit. »Wenn diese Religion zufällig einige furchtsame Individuen im Zaume hält, so hält sie doch nicht die große Menge im Zaum, die sich von den epidemischen Lastern, von denen sie angesteckt ist, mitreißen läßt... Um Menschen, um tugendhafte Staatsbürger zu bilden, muß man sie unterrichten, ihnen die Wahrheit zeigen, mit ihnen vernünftig reden, ihnen ihre Interessen sichtbar machen, sie lehren, sich selbst zu achten und die Schande zu fürchten... Wie kann man diese glücklichen Wirkungen von der Religion erwarten...«[6]

Dieses Denken birgt einen fast modern anmutenden revolutionären Kern: Religion als moralische Form der Versklavung garantiert den Fortbestand der etablierten Macht. Antireligiöse Aufklärung schafft Unruhe im Volk. Unruhe bewirkt Zweifel. Durch Zweifel gelangt der denkfähige Mensch zu Einsichten. Einsichten verschaffen ihm einen Überblick über die realen gesellschaftlichen und politischen Verhältnisse. Dieser Überblick muß Empörung auslösen. Empörung führt zur Revolution.

Vielleicht wäre Holbach vom realpolitischen Erfolg seiner intellektuell-publizistischen Agitation (und natürlich der anderen Aufklärer) überrascht gewesen, hätte er den Tag der Revolution noch erlebt. Er starb am 21. Januar 1789, also knapp sechs Monate vor dem Pariser Volksaufstand.

Holbachs Ausgangspunkt ist die materielle Form der Welt, wie sie von jeher existiert, das heißt, es gibt keine Schöpfung aus dem Nichts. Die Natur ist »in fortwährender Bewegung«, »ein wirkendes Ganzes..., das aufhören würde, Natur zu sein, wenn es nicht wirkte, oder in dem ohne Bewegung nichts erzeugt werden, nichts sich erhalten und nichts wirken könnte«. (Auf diesem Sektor leugnet Holbach also die wissenschaftliche Erklärung vom Ursprung der Welt.) Seine anthropologische Theorie hat ebenfalls deterministischen Charakter. Die menschliche Existenz ist (deterministisch) einbezogen in die mechanischen Naturgesetze. Eine immaterielle Substanz gibt es nicht.

In den Schlußkapiteln des ersten Teils des *Systems der Natur* versuchte Holbach, den mechanischen Materialismus (Determiniertheit des menschlichen Verhaltens, Fatalismus usw.) mit einer gesellschaftlichen Theorie materialistischen Charakters zu verbinden, was nicht ohne Widersprüche abgeht, die aber durch teilweise brillante Hypothesen kompensiert werden. Wichtig erscheint auch die Schlußfolgerung: »Physische Seelen und physische Bedürfnisse verlangen ein physisches Glück und wirkliche Gegenstände, die den Hirngespinsten vorzuziehen sind, mit denen man so viele Jahrhunderte lang unseren Geist abgespeist hat. Wir müssen für das Physische des Menschen sorgen, es ihm angenehm machen, und bald werden wir sehen, daß seine Moral besser und glücklicher, seine Seele friedlich und heiter und sein Willen durch natürliche und faßliche Beweggründe, die man ihm zeigt, zur Tugend bestimmt wird . . .«[7]

In *La morale universelle* (1776) beschäftigte sich der Baron nochmals mit den Widersprüchen, die er selbst erkannt hatte, und entwarf eine Art Umwelt- und Erziehungstheorie (Formung des Bewußtseins durch gesellschaftliche und pädagogische Einflüsse), die sich von Helvétius herleitete und sich in einigen Punkten vom reinen Determinismus abkehrte. Entscheidend aber bleibt der Gedanke von der Aufklärung, die zur Einsicht in die atheistische Wahrheit bekehrt und so die Etablierung der »natürlichen« Gesellschaftsordnung ermöglicht. Diesem Ziel diente der zweite Teil des *Systems der Natur,* aus dem hier einige prinzipielle Gedanken vorweggenommen wurden.

Mit einer bis dahin ungewohnten Schärfe haben Diderot, Helvétius und Holbach die Ideologie und die institutionelle Existenz der gesellschaftspolitischen Machtträger bekämpft und intellektuell zersetzt. Sie »steigerten die allgemeine Unzufriedenheit mit den gesellschaftlichen Verhältnissen, legten den Weg frei für die Verbreitung bürgerlich-demokratischer Ideen, befreiten die Wissenschaft von den letzten theologischen Fesseln. Der Atheismus tat, kurz gesagt, bei der ideologischen Vorbereitung der Französischen Revolution voll und ganz seine Schuldigkeit.«[8]

Egbert Hoehl

Diktatur der Frömmigkeit

Die Unwissenheit war von jeher die Mutter der Frömmigkeit. Fromm sein heißt immer nur, daß man in seine Priester ein einfältiges Vertrauen setzt, daß man von diesen seine Antriebe erhält und nur so denkt und handelt, wie sie wollen, daß man blindlings ihre Leidenschaft und ihre Vorurteile übernimmt, daß man treulich die Andachtsübungen ausführt, die ihre Laune vorschreibt. *Briefe an Eugénie*[9], *66*

Wunderglaube

Was ist ein Wunder? Man belehrt mich: Es sei ein Vorgang, der den von Gott selbst festgelegten Gesetzen zuwiderlaufe. Darauf antworte ich, daß es mir nach den Ideen, die ich von der göttlichen Weisheit habe, unmöglich erscheint, daß Gott, der unwandelbar ist, jemals etwas an den weisen Gesetzen ändern könne, die er selbst aufgestellt hat. Hieraus schließe ich, daß Wunder unmöglich sind, denn sie sind unvereinbar mit den Ideen, die ich von der Weisheit und von der Unwandelbarkeit des Gottes des Universums habe. Im übrigen würden diese Wunder Gott nichts nützen. Wenn er allmächtig ist: Kann er dann nicht nach Belieben die Geister seiner Geschöpfe modifizieren? Um sie zu überzeugen, braucht er nur zu wollen, daß sie überzeugt sind; er braucht ihnen nur klare, deutliche, beweiskräftige Dinge zu zeigen, und sie werden durch die Evidenz überzeugt werden; hierzu braucht er weder Wunder noch Dolmetscher: Die Wahrheit allein ist hinreichend, um die Menschen zu gewinnen. *Briefe, 82*

Die Wunder des Moses sind uns nur bezeugt durch Moses selbst oder durch hebräische Schriftsteller, die daran interessiert waren, sie dem Volke glaubhaft zu machen, das sie regieren wollten. Die Wunder Jesu sind uns durch seine Jünger bezeugt, die sich Anhänger zu verschaffen suchten, indem sie einem leichtgläubigen Volk von Wundern berichteten, deren Zeugen sie gewesen zu sein behaupteten oder die vielleicht einige von ihnen wirklich gesehen zu haben glaubten. *Briefe, 108*

Göttliche Gerechtigkeit = Despotismus

Man sagt uns, der Gott, der alle Menschen erschaffen habe, habe sich nur einer sehr kleinen Anzahl von ihnen zu erkennen geben wollen, und während diese wenigen ausschließlich seiner Güte teilhaftig werden, seien alle anderen nur Gegenstand seines Zorns, und er habe sie nur geschaffen, um sie in der Verblendung zu belassen, damit er sie aufs grausamste bestrafen könne. Wir sehen, daß die gesamte Struktur der christlichen Religion von diesen unheimlichen Zügen der Gottheit durchdrungen wird; wir finden sie in den sogenannten inspirierten Büchern; wir finden sie in den Lehren von der Vorherbestimmung und von der Gnade. Mit einem Wort, alles in der Religion weist auf einen despotischen Gott hin, und man bemüht sich vergeblich, uns diesen als gerecht hinzustellen, während doch alles, was man uns von ihm sagt, nur seine Ungerechtigkeiten, seine tyrannischen Launen, seine oft grausamen Eigenwilligkeiten, seine unheilvolle Voreingenommenheit gegen den größten Teil der Menschen beweist.

Briefe, 86 f.

Ungereimtheiten der Bibel

Man braucht nur die Gegenstände, die die Bibel uns darbietet, miteinander zu vergleichen, um die Inkonsequenzen, die Ungereimtheiten und die Widersprüche zu erkennen. Wir treffen stets auf einen weisen Gott, der sich wie ein Unsinniger gebärdet, der sein eigenes Werk zerstört, um es wiederherzustellen, der das bereut, was er getan hat, der so handelt, als habe er nichts vorausgesehen, der gezwungen ist, alles das zuzulassen, was seine Allmacht doch nicht verhindern konnte. *Briefe, 97*

Glaube dient der Unterjochung und Intoleranz

Wem dient also der Glaube? Einzig und allein einigen Menschen, die sich des Glaubens bedienen, um die Menschheit zu unterjochen. *Briefe, 182*

Den unheilvollen Prinzipien der Religion zufolge ist es nicht anders möglich, als daß die Christen diejenigen hassen und verfolgen, die man ihnen als Feinde Gottes bezeichnet.   *Briefe, 189*

So ist ein guter Christ stets gezwungen, intolerant zu sein.
                                                              Briefe, 190

Weit davon entfernt, die Sterblichen zu trösten, die Vernunft zu bilden und den Menschen zu lehren, sich der Hand der Notwendigkeit zu fügen, ist die Religion in tausend Ländern darum bemüht gewesen, ihm den Tod bitterer und sein Joch schwerer zu machen, seine Begleitumstände mit einer Menge von häßlichen Erscheinungen zu verunstalten und sein Nahen viel schrecklicher auszumalen, als er selbst ist.   *System, 200[10]*

Die sinnlose Lehre von einem künftigen Leben hindert die Menschen daran, sich mit ihrem wahren Glück zu befassen und auf die Vervollkommnung ihrer Institutionen, ihrer Gesetze, ihrer Moral und ihrer Kenntnisse bedacht zu sein; leere Trugbilder haben ihre Aufmerksamkeit gänzlich in Anspruch genommen; sie ergeben sich freiwillig in die religiöse und politische Tyrannei, sie verkümmern im Irrtum, schmachten in Elend, und das alles in der Hoffnung auf einen glücklicheren Tag und im festen Vertrauen darauf, daß ihre Not und ihre stumpfsinnige Geduld sie zu einer Glückseligkeit ohne Ende führen werden.
                                                              System, 200

Klerus und Establishment

Der Gehorsam des Klerus ist stets mit Bedingungen verknüpft: Er wird sich seinem Fürsten unterwerfen, er wird seiner Macht schmeicheln und diese erhalten, wenn der Fürst sich seinen Befehlen fügt, seinen Plänen keine Hindernisse in den Weg legt, seine Interessen nicht gefährdet und keines der Dogmen antastet, auf denen nach Übereinkunft der Diener der Kirche ihre eigene Größe beruht; wenn er schließlich ihre göttlichen Rechte anerkennt, die offensichtlich denen des Herrschers entgegengesetzt sind und augenscheinlich die Grundlagen des Thrones unter-graben.   *Briefe, 205 f.*

Man braucht in der Tat nur die Augen zu öffnen, um zu bemerken, daß die Priester sehr gefährliche Menschen sind. Das Ziel, das sie sich setzen, besteht offenbar darin, die Geister zu beherrschen, um über die Körper derer, die sie mit den Waffen der Meinungsbildung unterjocht haben, zu verfügen. Das ist der Grund, warum diese Feinde der Menschheit der Wissenschaft und der Vernunft offen den Krieg erklären; es ist ganz klar ersichtlich, daß sie mit ihrem unveränderlichen System die Menschen abstumpfen, um sie unter ihr widerwärtiges Joch zu zwingen.   *Briefe, 206*

Auf der Erde gibt es nur deshalb so viele Verbrechen, weil alles darauf hinwirkt, die Menschen verbrecherisch und lasterhaft zu machen; ihre Religionen, ihre Regierungen, ihre Erziehung, ihre Beispiele, die sie vor Augen haben, treiben sie unwiderstehlich zum Bösen.   *System, 151*

Religion und Theologie als Aberglaube und Machtinstrument

Das ist die ständige Sprache der Apostel des Aberglau-bens, deren Ziel es war und immer sein wird, die menschli-che Vernunft zu zerstören, damit sie ihre Macht über die Menschen ungestraft ausüben können. Überall sind die hinterlistigen Diener der Religion offen oder insgeheim die Feinde der Vernunft gewesen, weil sie stets bemerkten, daß die Vernunft ihren Absichten zuwiderläuft. Überall verleumdeten sie die Vernunft, weil sie zu Recht fürchte-ten, daß die Vernunft ihre Herrschaft durch die Aufdek-kung ihrer Ränke und der Nichtigkeit ihrer Fabeln zerstört. Überall waren sie bestrebt, auf den Trümmern der Ver-nunft die Herrschaft des Fanatismus und der Einbildung aufzurichten. Um das mit größerer Sicherheit erreichen zu können, haben sie die Sterblichen unaufhörlich durch ab-schreckende Gemälde geängstigt, haben sie sie durch

Wunder und Mysterien in Erstaunen versetzt und verführt, haben sie sie durch Rätsel und Unsicherheiten verwirrt, haben sie sie mit Andachtsübungen und Zeremonien überhäuft, haben sie deren Geist mit Furcht und Zweifel erfüllt, haben sie deren Blicke auf eine Zukunft gerichtet, die – weit entfernt, sie hienieden tugendhafter und glücklicher zu machen – sie nur vom Wege des wahren Glücks ablenkt und dieses im Grunde ihres Herzens für immer zerstört.

Das sind die Schliche, die die Diener der Religion überall anwenden, um die Erde zu unterwerfen und sie unterm Joch zu halten. *Briefe, 59*

Viele Leute erkennen, daß die vom Aberglauben erzeugten Ausschweifungen wirklich große Übel sind; viele Menschen beklagen sich über den Mißbrauch der Religion, aber es gibt sehr wenige, die merken, daß diese Mißbräuche und diese Übel notwendige Folgen der grundlegenden Prinzipien jeglicher Religion sind, die selbst nur auf die widerwärtigen Begriffe begründet sein kann, die man sich notwendigerweise von der Gottheit macht. *System, 517*

Atheismus und Vernunft = Moral

Ein nachdenklicher Ungläubiger erkennt, daß er, ohne den Bereich dieser Welt verlassen zu müssen, zwingende und reale Beweggründe hat, die ihn bestimmen, Gutes zu tun; er sieht ein, daß er Interesse daran hat, sich selbst zu erhalten und all das zu meiden, was ihm zu schaden vermag.

Briefe, 230

Um den Grundstein für eine gute Moral zu legen, ist es also unbedingt notwendig, die Vorurteile zu zerstören, die die Priester uns aufdrängen. Man muß der menschlichen Seele ihre Energie und ihre Spannkraft zurückgeben, die offenbar durch leere Schreckbilder zerbrochen worden sind. Man muß auf jene übernatürlichen Begriffe verzichten, die die Menschen bisher daran gehindert haben, die Natur um Rat zu fragen, und die die Vernunft gezwungen haben, sich unters Joch der Autorität zu beugen. *Briefe, 242*

Wenn man also fragt, was man an die Stelle der Religion
setzen könnte, so werde ich antworten: eine vernünftige
Moral, eine rechtschaffene Erziehung, vorteilhafte Gewohnheiten, evidente Prinzipien und weise Gesetze, die
auch die Bösen beeindrucken, sowie Belohnungen, die zur
Tugend auffordern.   *Briefe, 245*

Wir müssen für das Physische des Menschen sorgen, es
ihm angenehm machen, und bald werden wir sehen, daß
seine Moral besser und glücklicher, seine Seele friedlich
und heiter und sein Willen durch natürliche und faßliche
Beweggründe, die man ihm zeigt, zur Tugend bestimmt
wird.   *System, 79*

Toleranz

Von einem Menschen verlangen, daß er so denken solle
wie wir, heißt verlangen, daß er ebenso gebaut sei wie wir;
daß er in allen Momenten seines Lebens modifiziert worden sei wie wir; daß er dasselbe Temperament, dieselbe
Nahrung, dieselbe Erziehung erhalten habe; kurz: heißt
verlangen, daß er uns gleich sei. Warum verlangen wir
nicht, daß er die gleichen Gesichtszüge habe?
                                                 System, 136

Minorität und Außenseiterstatus der Atheisten

Selbst die maßvollsten Menschen halten denjenigen für
töricht und aufrührerisch, der die Rechte jenes imaginären
Herrschers, die der gesunde Menschenverstand niemals
geprüft hat, zu bestreiten wagt. Wer auch immer es also
unternimmt, das Band der Vorurteile zu zerreißen, scheint
ein wahnwitziger und gefährlicher Bürger zu sein; er wird
fast einmütig verurteilt; die öffentliche, von Fanatismus
und Betrug geschürte Entrüstung läßt ihn kaum zu Wort
kommen; jeder würde glauben, sich mitschuldig zu machen, wenn er ihn anzuhören wagte; jeder würde glauben,
als mitschuldig angesehen zu werden, wenn er seinem
Unwillen gegen ihn und seinem Eifer für den schreckli-

chen Gott nicht Ausdruck verleihen würde, dessen Zorn, wie man annimmt, herausgefordert worden ist.

System, 495

Irdische Zufriedenheit und Reife der Völker durch Aufklärung

Wenn wir den Menschen aufklären wollen, so müssen wir ihm immer die Wahrheit zeigen. Statt seine Einbildungskraft durch die Idee jener vorgeblichen Güter einer künftigen Welt zu entflammen, sollte man ihm sein Dasein erleichtern, ihm helfen oder ihm zumindest erlauben, die Früchte seiner Arbeit zu genießen; man sollte ihm sein Gut nicht durch grausame Steuern entreißen, ihm nicht die Lust zur Arbeit nehmen, ihn nicht zu einem Müßiggang zwingen, der zum Verbrechen führt. Er soll sich mit seiner gegenwärtigen Existenz beschäftigen, ohne seine Blicke darauf zu richten, was ihn nach seinem Tod erwartet. Man reize seinen Fleiß an, man belohne seine Talente, man mache ihn in dieser Welt, die er bewohnt, tüchtig, arbeitsam, mildtätig und tugendhaft; man zeige ihm, daß seine Handlungen seine Mitmenschen und nicht irgendwelche imaginären Wesen, die man sich in einer ideellen Welt ausgedacht hat, beeinflussen. Man erzähle ihm nichts von Strafen, die ihm die Gottheit für eine Zeit androht, in der er nicht mehr sein wird. Man zeige ihm, daß die Gesellschaft gegen diejenigen gewappnet ist, die sie stören.

System, 216

Wenn man sich um das Glück des Menschen wirklich verdient machen will, so muß die Reform bei den Göttern des Himmels beginnen. Nur durch Verzicht auf jene imaginären Wesen, die dazu bestimmt sind, die unwissenden und in ihrer Kindheit verharrenden Völker zu erschrecken, wird man hoffen dürfen, den Menschen zur Reife führen zu können.

System, 536

Anmerkungen

[1] Zitiert nach *Manfred Naumann,* aus der Einleitung zu Holbach, System der Natur, (Ost-)Berlin 1960, XXII – [2] Übers. Fritz-Georg Voigt, (Ost-)Berlin 1959 – [3] Übers. Fritz-Georg Voigt, (Ost-)Berlin 1960 – [4] Religion und Gesellschaft; Einführung in die Religionssoziologie I, Reinbek b. Hamburg 1967, 48 – [5] Zitiert bei M. *Naumann,* a.a.O. XXXI – [6] System der Natur, 518 – [7] ebd. 79 – [8] *Naumann,* XXVII – [9] Briefe an Eugénie. Ins Deutsche übertr. von Fritz-Georg Voigt. (Ost-)Berlin 1959. Im folgenden zitiert als »Briefe« – [10] System der Natur oder Von den Gesetzen der physischen und der moralischen Welt. (Ost-)Berlin 1960. Im folgenden zitiert als »System«.

Copyright der Einführung beim Autor © 1986.

FRIEDRICH DER GROSSE
1712–1786

Mit Recht nennt man Friedrich II. von Preußen den »Einzigen«. Denn nie zuvor und nie nach ihm vereinten sich in einem gekrönten Haupt in gleichem Maße Genialität und Pflichttreue, geistige Freiheit und wahrhaft königlicher Sinn. Hier ergriff wirklich einmal, wie Platon es gefordert, ein Philosoph das Zepter.

Zu seinen Ahnfrauen gehörte neben der heiligen Hedwig, von der abzustammen er sich scherzend rühmte, und der schönen Eleonore d'Olbreuse, der Tochter eines emigrierten Marquis, auch die geistvolle und freidenkende Sophie von der Pfalz, Kurfürstin von Hannover; sie ist sogar von väterlicher wie mütterlicher Seite seine Urgroßmutter gewesen. War es das Erbe dieser Stuart-Enkelin, der Freundin des Philosophen Leibniz, das des jungen Hohenzollern Genie formen half? Wir wissen es nicht; sicher ist nur, daß er auf dem alten Stamme seines Geschlechts wie ein fremdes Reis wirkt.

Sein Vater, Friedrich Wilhelm I., war ein philiströser Despot, pflichteifrig, aber ein Barbar mit engem Horizont. Und just ihm und dem Volke, das er unter der Fuchtel hielt, wurde dieser Prinz aus Genieland geboren, ein Mensch, vor dessen durchdringendem Verstand das Wesen der Dinge klar war wie Glas. Ein geistiger Kämpfer, dessen festem Blick weder die Gespenster des väterlichen Schlosses standhielten noch die Ängste und Vorurteile der Zeitgenossen.

Jeder weiß, wie schwer seine Jugend war. Der Vater glaubte den Sohn, den er nicht verstand, wie einen seiner Rekruten in die Schablone pressen zu können. So kam es zu dem tragischen Fluchtversuch und zu Demütigungen des Prinzen, die einen seelisch Schwächeren vielleicht in den Wahnsinn getrieben hätten. Man wandte Prozeduren an, die heute als »Gehirnwäsche« bezeichnet werden; auch ging der »königliche Feldwebel« so weit, den Sohn zur Ehe mit einem ihm unsympathischen Mädchen zu zwingen. Doch trotz scheinbar restloser Unterwerfung blieb Friedrichs Wesen ungebrochen – nur bekam es wohl damals jenen Zug von Menschenverachtung, dem ein Hochbegabter so leicht verfällt.

Selbst im frohen Kreis vertrauter Freunde zu Rheinsberg umgibt ihn etwas wie eine Ritterrüstung. Er weiß, daß er einsam ist und bleiben wird; sein Lebensziel ist ja Erfüllung der Königspflicht. Einen Mitlebenden freilich erkannte er als ebenbürtig, in vielem sogar als seinen Meister an: den besten Kopf Europas, Voltaire. Beide zogen geistigen Gewinn aus dieser Freundschaft, auch der große Franzose. Denn im Denken erscheint Friedrich anfangs schier noch furchtloser, noch folgerichtiger als Voltaire; so ist er zum Beispiel sogleich entschiedener Determinist und versteht – ähnlich wie Spinoza – unter »Willensfreiheit« wohl auch später nur die Fähigkeit des Menschen, seine Leidenschaften durch Vernunft zu beherrschen und zwischen verschiedenen Möglichkeiten des Handelns zu wählen, wenngleich seine Motive der Notwendigkeit unterworfen und ihm selbst nicht bewußt sein mögen. (Vgl. seinen Brief an d'Alembert vom 18. Oktober 1770.) Der Gedankenaustausch mit dem gekrönten Philosophen gab denn auch Voltaire frischen Mut; nun erst wurde er der eleganteste Fechter gegen Aberglauben, Fanatismus und »l'infâme«, die »Verruchte«.

An ihrer vorübergehenden Entfremdung waren beide schuld. Wer aber wissen will, was der »Patriarch von Ferney« seinem königlichen Gesinnungsfreund trotz allem bedeutet hat, der lese die Gedächtnisrede, die Friedrich im Kriegslager (1778) für den großen Toten verfaßte und in der Berliner Akademie vortragen ließ. Er lese vor allem das *Himmlische Jerusalem,* das der König im Jahre 1770 schrieb! Das ist eine höchst aggressive »Kirchengeschichte«, die in symbolischer Form die Versuche der »Ketzer« schildert, die Vernunft zum Siege zu führen. Alle Angriffe auf die alte Feste scheitern, bis Voltaire erscheint, der »Held des Lichts«, der Aberglauben und Fanatismus überwindet.

Friedrich der Große war unter Preußens und Deutschlands Herrschern der erste und der letzte, der es wagte, sich offen als Freigeist zu bekennen. Und er fand die Kraft dazu wiederum durch die Rückendeckung, die ihm Voltaire gewährte. Anlage und Schicksal hatten den jungen Fürsten zu einem Denker von außergewöhnlicher Kühnheit und Selbständigkeit werden lassen. Früh schon gab er den Glauben an die

Unsterblichkeit auf. »Ich weiß von meinem Lehrer Epikur, daß der Funke des Lebens nicht unsterblich ist«, schrieb er nach der Niederlage von Kolin 1757 an d'Argens. Auch den Gedanken einer Schöpfung aus dem Nichts lehnt er entschieden ab. »Die Welt ist ewig«, betont er immer wieder. Bemerkenswert ist seine Stellung zum Gottesbegriff. Friedrich glaubte nicht an einen persönlichen Gott, rang aber zeitlebens um Klarheit über das Wesen des Schöpferischen, das sein unbestechlicher Blick in der Natur erkannte. Atheist war er sowenig wie Voltaire, doch sein Gott war die Gesetzmäßigkeit und Entwicklungsfähigkeit der Welt, die schaffende Natur, die auch Goethe, Planck und Einstein verehrten. Freilich darf man nicht erwarten, dies bei Friedrich systematisch dargelegt zu finden, sondern muß es aus gelegentlichen Äußerungen entnehmen, etwa aus einem Brief an Voltaire vom 19. Februar 1738, in dem er allem Anschein nach die Gottheit der »alles beherrschenden Notwendigkeit« gleichsetzt, oder vom 19. April 1738, worin er – ähnlich Goethe – sagt, Gott sei die Vernunft selber. In dem Brief an d'Alembert vom 18. Oktober 1770 spricht er von einer dem Weltall innewohnenden Intelligenz (die wir wohl am besten als »Logik der Tatsachen« bezeichnen würden). Und am 18. Dezember 1770 schreibt er dem gleichen Freunde, er stelle sich Gott als »Intelligenz der ewigen Organisation der Welten« vor.

Er vertritt indes diese Ansicht keineswegs dogmatisch, sondern bleibt stets der bescheidene Agnostiker, der sich bewußt ist, das Geheimnis der Welt nicht restlos ergründen zu können. Schon darum ist er tolerant. In seinem Reiche kann jeder glauben, was er will, »wenn er nur ehrlich ist«. In einer seiner amüsanten Satiren *(Bericht des Phihihu)* läßt er einen Chinesen fragen: »Was ist Ketzerei?«, und ein römischer »Bonze« antwortet: »Die Meinung aller, die nicht so denken wie wir...« Bewundernswert früh hat er erkannt, worauf – damals wie heute – das Streben nach »Konformismus« beruht: »Wer die anerkannte Landesreligion antastet, greift die menschliche Eigenliebe in ihrer Wurzel an, denn eine anerkannte Meinung und den Glauben der Väter zieht jeder jedem anderen Glauben vor, auch wenn der vernünftiger ist als der seine.« (An Voltaire, 14. Mai 1737)

Tugend, die um künftiger Belohnung willen geübt wird, läßt er nicht gelten, und als wahre Religion bezeichnet er, seiner Zeit weit vorauseilend, die Menschlichkeit (Brief an Karl Eugen von Württemberg, 6. Februar 1744).

Religion als Mittel der Politik verabscheut er. Sein Neffe Prinz Wilhelm von Braunschweig fragte ihn einst, ob denn Herrscher klug daran täten, ihren Unglauben offen zu bekennen.

»Was sollte sie daran hindern?«

»Sire, ihr eigener Vorteil! Ist die Religion nicht eine Stütze ihrer Macht?«

»Mein Freund, mir genügen die Ordnung und die Gesetze. Habe ich nicht außerdem das Interesse der Bürger, ihre Gewohnheiten, ihre Erziehung und ihre Ohnmacht für mich?«

»Aber was gibt es Bequemeres für Könige als eine Religion, die sie als Ebenbilder Gottes hinstellt und blinden Gehorsam gegen sie befiehlt?«

»Mein Freund, dieser blinde Gehorsam taugt nur für Tyrannen. Wahren Herrschern genügt vernünftiger und begründeter Gehorsam. Übrigens stellen die Priester uns nur darum als Stellvertreter Gottes hin, um sich selbst als Werkzeuge und Dolmetscher der Gottheit auszugeben. Dadurch machen sie uns abhängig von sich und zwingen uns zu ihren Füßen.« (Bericht Thiébaults)

Sein Streben nach Menschlichkeit und geistiger Freiheit offenbarte sich gleich nach der Thronbesteigung. Eine seiner ersten Regierungshandlungen bestand darin, den freisinnigen Philosophen Christian Wolff, den Friedrich Wilhelm I. unter Androhung des Stranges aus dem Lande gejagt hatte, zurückzurufen. Nicht minder beeilte sich der junge König, die Folterung der Untersuchungsgefangenen abzuschaffen. Auch verbot er die Zensur des nichtpolitischen Teils der Zeitungen, denn »Gazetten, wenn sie interessant sein sollen, dürfen nicht genieret werden«. Ebenfalls geflügelt wurde sein Wort, man solle »jeden nach seiner Fasson selig werden« lassen (Juni 1740).

Zu wenig bekannt ist die Instruktion, die er dem Erzieher seines Neffen, des späteren Königs Friedrich Wilhelm II., erteilte. Der Prinz soll die Ansichten der Philosophen und die

verschiedenen Religionen kennenlernen, aber ohne daß ihm
Haß gegen eine davon eingeflößt wird! Insbesondere soll der
Prediger verhindert werden, Schmähungen gegen die Papisten auszustoßen. Andererseits soll der Zögling begreifen
lernen, »daß nichts gefährlicher ist, als wenn die Katholiken
die Oberhand in einem Lande gewinnen, in bezug auf die
Verfolgungen, den Ehrgeiz der Päpste, sowie daß ein prote-
stantischer Fürst viel mehr Herr bei sich ist als ein katholischer«.

Schmerzlich hat er immer wieder die Torheit der Menschen beklagt. »Der Mensch ist ein recht unvernünftiges
Tier«, sagte er am 26. April 1760 zu de Catt. Und an Voltaire
schrieb er: »Die Kraft der menschlichen Vernunft ist gering.
Wie viele *können* denn, wenn man es streng nimmt, überhaupt denken?«

Er war einer der besten Vertreter der »Aufklärung«, ein
Mann mit Kopf und Herz gleich dem von ihm bewunderten
Voltaire. Und obwohl er, wie es in seinem Wesen lag, von
Jugend auf seinen eigenen Weg gegangen ist und sich um die
geistigen Kräfte, die sich in Deutschland zu regen begannen,
zu wenig gekümmert hat, haben wir ihm ein gut Teil unserer
staatsbürgerlichen – und auch unserer inneren – Freiheit zu
danken.

In dem letzten Frühling, den er erlebte, ließ er sich auf die
Freitreppe seines Schlosses tragen, um die wärmenden Strahlen der Sonne zu genießen. »Ich habe immer das Licht geliebt . . .«

Für das Licht der Vernunft und der Menschlichkeit hat er
gestritten, ein Fürst auch im Reiche des Geistes!

Gerhard von Frankenberg

Gott

Sie glauben, daß *Gott* sich um Sie kümmert? Er schert sich
weder um Sie noch um mich. Mein Gebet lautet: Gott,
wenn du existierst, sei meiner Seele gnädig, falls ich eine
habe.   *Zu seinem Vorleser de Catt, 24. September 1758*

Alle Gesetzgeber haben Götter und Unterredungen mit
Göttern erfunden, um das Volk im Zaum zu halten. Glauben Sie mir, wenn wir uns fürchten, ersinnen wir uns Teufel und zornige Mächte; wir glauben, daß der Himmel
grollt. *Furcht schuf die Götter,* Macht die Könige.

Zu de Catt, 29. September 1758

Die Welt

Die Annahme einer *Schöpfung aus dem Nichts* ist widerspruchsvoll und folglich ungereimt. Es bleibt keine andere
Möglichkeit als die, die Welt als *ewig* zu betrachten, eine
Vorstellung, die keinen inneren Widerspruch enthält und
mir darum am wahrscheinlichsten vorkommt; denn was
heute ist, kann sehr wohl auch gestern gewesen sein und
so fort. Da ferner der Mensch Materie ist und dennoch
denkt und sich bewegt, so sehe ich nicht ein, warum das
gleiche Prinzip des Denkens und Handelns nicht auch dem
Weltenstoff sollte innewohnen können. Ich nenne es nicht
Geist, denn von einem Wesen, das keinen Raum einnimmt
und somit nirgends existiert, kann ich mir keine Vorstellung machen. Da aber unser *Denken* ein Ergebnis unserer
körperlichen Organisation ist – warum sollte das Weltall,
das ungleich organisierter ist als der Mensch, nicht eine
Denkkraft besitzen, die der einer hinfälligen Kreatur
unendlich überlegen ist?

An d'Alembert, 18. Oktober 1770

Wenn ich zwischen zwei Meinungen wählen muß, ent-
scheide ich mich für die, gegen die mein Verstand sich am
wenigsten sträubt. Und aus diesem einzigen Grunde halte
ich mich an die Ansicht, daß *die Welt ewig ist* wie Gott, und
daß Gott ihr Geist ist oder, wenn Sie wollen, ihre ordnende
und treibende Kraft.

Zu dem französischen Gelehrten Thiébault

Der Mensch

Der Mensch kann nur ein Naturwesen sein wie Tiere und
Pflanzen.   *Zu Ch. Dantal, Vorleser des Königs seit 1784*

Der menschliche Geist ist schwach. Mehr als drei Viertel der Menschen sind für die Sklaverei des absurdesten Fanatismus geboren. Die *Furcht vor dem Teufel und vor der Hölle* macht sie blind, und sie verwünschen den Weisen, der sie aufklären will. Der große Haufe unseres Geschlechts ist dumm und boshaft. Vergebens suche ich in ihm jenes Ebenbild Gottes, von dem es nach der Versicherung der Theologen den Abdruck in sich tragen soll.

An Voltaire, 31. Oktober 1760

Wie soll man die vielen *Vorurteile* besiegen, die schon mit der Ammenmilch eingesogen sind? Wie soll man gegen das *Herkommen* kämpfen, das die Vernunft der Dummköpfe ist, und wie aus dem menschlichen Herzen den Samen des *Aberglaubens* ausrotten, den die Natur hineingelegt hat und den das Gefühl der eigenen Schwachheit nährt? All dies läßt mich glauben, daß man nichts gewinnen kann über diese zweibeinige und ungefiederte Gattung, die wahrscheinlich stets der Spielball der Schurken bleiben wird, die sie täuschen wollen.

An d'Alembert, 25. November 1769

Als ich geboren wurde, fand ich die Welt in der Sklaverei des *Aberglaubens;* wenn ich sterbe, werde ich sie ebenso verlassen. Der Grund hierfür liegt darin, daß das Volk ein Dutzend *Glaubensartikel* wie Pillen verschluckt und nur in bezug auf das, was seine Freiheit und seinen Geldbeutel angeht, empfindlicher ist. Es bedenkt nicht, daß die Sklaverei die unausbleibliche Folge ist, wenn es in *Dogmen* gebettet wird.   *An d'Alembert, Januar 1780*

Unsterblichkeit

»Wir sprachen«, *notiert de Catt,* »viel über Moral und noch immer über die *Religion* und über die Ansicht, daß es nach diesem Leben noch ein anderes gebe. ›Oh‹, sagte der König, ›Sie kommen stets auf Ihre Ideen zurück. Sie sind durchtränkt mit Theologie. Wenn ich das alles glaubte, verließe ich meinen Thron und lebte als Wüstenheiliger, um mir die ewige Seligkeit zu erwerben.‹«

2. Oktober 1758

Sollten Sie dabei sein, wenn ich *sterbe,* so werden Sie sehen, daß ich ruhig dahinscheide; denn ich glaube, daß nach dem Tode alles zu Ende ist.   *Zu de Catt, 6. Juli 1758*

Christentum

Gestatten Sie mir, Ihnen zu sagen, daß unsere heutigen Religionen der *Religion Christi* so wenig gleichen wie der der Irokesen. Jesus war ein Jude, und wir *verbrennen* die Juden. Jesus predigte Duldung, und wir *verfolgen.* Jesus predigte eine gute Sittenlehre, und wir *üben sie nicht aus.* Jesus hat keine *Dogmen* aufgestellt, die Konzile aber haben reichlich dafür gesorgt. Kurz, ein Christ des 3. Jahrhunderts ist einem Christen des 1. gar nicht mehr ähnlich.

An d'Alembert, 18. Oktober 1770

Wer die Wahrheit in gutem Glauben sucht, wird Nachsicht mit seinen Brüdern haben. Nur der Hochmut des Parteigeistes und der *Eigennutz unter dem Deckmantel der Sache Gottes* bewaffnen die Verfolger mit dem Schwert, das sie vom Altar reißen.

An Herzogin Luise Dorothee von Sachsen-Gotha, 18. Mai 1764

Wenn ich nicht zum *Abendmahl* gehe, so geschieht es, weil ich nicht auf dem Standpunkt des christlichen Glaubens stehe. Ich finde ihn widersinnig und möchte um nichts auf der Welt die Fehler, die ich schon habe, durch das Laster der *Heuchelei* vermehren; denn ich will niemanden täuschen, und man soll der Welt zeigen, daß man ein Ehrenmann sein kann, ohne an die jungfräuliche Geburt und an das Wunder der Hostie zu glauben.

An seinen Bruder August Wilhelm, 3. April 1753

Kirche

Wer sähe nicht, wenn er *die Geschichte der Kirche* durchläuft, daß sie Menschenwerk ist! Welch eine erbärmliche Rolle läßt man Gott darin spielen! Er sendet seinen einzigen Sohn in die Welt. Dieser ist Gott, opfert sich selbst, um sich mit seinen Geschöpfen zu versöhnen, wird Mensch, um unser verderbtes Geschlecht zu bessern – und was entspringt aus diesem großen Opfer? Die Welt bleibt so verderbt, wie sie vor seiner Ankunft war. Sollte der Gott, der da sprach: »Es werde Licht!« – und es ward Licht –, sollte dieser Gott, frage ich, sich wohl so unzulänglicher Mittel bedienen, um zu seinen anbetungswürdigen Zwekken zu gelangen? Ein einziger Willensakt von ihm genügt, das geistige und leibliche Übel aus der Welt zu bannen, den Völkern seinen Glauben einzuflößen und sie auf Wegen glücklich zu machen, die seiner Allmacht offenstehen. Nur enge und beschränkte Köpfe wagen Gott ein seiner Vorsehung so unwürdiges Betragen zuzuschreiben, daß sie ihn durch eins der größten Wunder ein Werk beginnen lassen, das ihm nicht gelingt.

Aus der Vorrede zum Auszug aus Fleurys Kirchengeschichte, 1766

Wir sehen, daß die *Kirchengeschichte* ein Werk der Politik, des Ehrgeizes und des Eigennutzes der Priester ist. Statt Göttliches darin zu finden, trifft man in ihr nur auf schamlosen Mißbrauch mit dem höchsten Wesen, dessen sich die ehrwürdigen Betrüger als Deckmantel für ihre verbrecherischen Leidenschaften bedienen. Wir unterlassen es, diesem Bilde noch etwas hinzuzufügen; dem denkenden Leser haben wir genug gesagt, und Automaten wollen wir nichts vorbuchstabieren.

Aus der Vorrede zum Auszug aus Fleurys Kirchengeschichte

Bei dieser Gelegenheit erinnere ich mich der Anekdote von einem Geistlichen mit dem ein Bauer von *unserem Herrgott* mit einfältiger Verehrung sprach. »Gehen Sie«, sagte der gute Pfarrer, »Sie stellen sich mehr darunter vor, als dahintersteckt; ich, der ich ihn mache und zu Dutzenden verkaufe, kenne seinen inneren Wert.«

An Voltaire, 3. Februar 1742

Die Frömmler haben noch ihren Anhang, und man wird ihn nur durch überlegene Gewalt beseitigen. Von der Regierung muß der Wahlspruch ausgehen, der »die Verruchte« ausrottet.   *An Voltaire, 8. September 1775*

Fanatismus und Duldsamkeit

Sie wissen, daß die Anklage auf *Gottlosigkeit* die letzte Zuflucht aller Verleumder ist...
An den sächsischen Gesandten von Suhm, 22. Juni 1737

Ich halte die Arbeiten unserer Philosophen für sehr nützlich, weil sie die Menschen wegen ihres *Fanatismus* und ihrer *Intoleranz* beschämen müssen und weil man der Menschheit dient, wenn man diese grausamen und schrecklichen Torheiten bekämpft, die unsere Vorfahren in reißende Tiere verwandelt haben.
An Voltaire, Dezember 1766

Ich gestehe Dir, daß ich, wenn ich zwischen den christlichen Bekenntnissen wählen müßte, mich für den *Protestantismus* entscheiden würde, weil er den wenigsten Schaden stiftet. Abgesehen davon aber bin ich fest überzeugt, daß man jedem die Freiheit lassen muß, das zu glauben, was er für glaubhaft hält. Die Menschen mögen also an die *Unsterblichkeit* glauben; ich habe nichts dagegen, vorausgesetzt, daß sie sich deshalb nicht verfolgen.
An seinen Bruder Prinz Heinrich von Preußen, 4. Dezember 1781

Den *Fanatismus* ausrotten heißt die verderblichste Quelle des Hasses und der Zwistigkeiten verschütten, von denen die Geschichte Europas weiß und deren blutige Spuren man bei allen Völkern entdeckt.
An Voltaire, Dezember 1766

Die Städte, die die meisten *Klöster* haben, bergen den meisten Aberglauben und die größte Unduldsamkeit. Zerstört man diese Behältnisse des Wahns, so verschüttet man

die vergifteten Quellen der Vorurteile, die die Ammenmär-
chen in Umlauf setzen und nach Bedarf neue aushecken.
An d'Alembert, 2. Juli 1769

Alle *Religionen* seind gleich und guth, wan nuhr die leute,
so sie profesiren, Ehrlige leute seindt; und wen Türken und
Heihden kämen und wollten das Land pöpliren, so wollen
wir sie Mosqueen und Kirchen bauen.
*Auf eine Anfrage, ob ein Katholik das Bürgerrecht erwer-
ben dürfe, Juni 1740*

Geistesfreiheit

Meiner Meinung nach genügt es nicht, die Menschen von
ihren Irrtümern zu befreien, sondern man muß ihnen den
Mut des Geistes einflößen; sonst siegen Schmerz und Todesfurcht auch über die stärksten und stichhaltigsten
Gründe.   *An Voltaire, 24. Oktober 1766*

Ich tröste mich damit, im *Zeitalter Voltaires* gelebt zu haben.   *An Voltaire, 24. Juli 1775*

Ethik

Die Geistlichen werden dafür bezahlt, daß sie dem Publikum jeden Sonntag ein bis zwei Stunden etwas vorpredi-
gen, und glauben, wenn sie auf die Gefahr hin, sich die
Schwindsucht an den Hals zu reden, die Zeit damit zubrin-
gen, ihre Pflicht getan zu haben. Ich für meinen Teil geden-
ke, diese Herren jedenfalls nicht weiter zu bemühen. Was
sie mir zu sagen haben, weiß ich alles, und ich bin der
Meinung, daß man, um ein tugendhafter Mensch zu sein,
ihres Beistandes nicht bedarf.
An Wilhelmine von Bayreuth, 1. Mai 1737

Die erste Tugend jedes ehrenwerten Menschen und, wie
ich glaube, auch jedes Christen muß die *Humanität* sein.
Die Stimme der Natur, die die Grundlage der Humanität

ist, will, daß wir uns alle lieben und wechselseitig unser Wohlergehen fördern. *Das ist meine Religion.*

An den Kardinal Sinzendorff, 29. Oktober 1741

Hüten Sie sich vor dem religiösen Fanatismus, der Verfolgungen entfacht! Wenn elende Sterbliche dem Höchsten Wesen gefallen können, so durch Wohltaten, die sie den Menschen erweisen, nicht aber durch Gewalttätigkeiten, die sie an eigensinnigen Köpfen begehen. Sollte *die wahre Religion, das heißt die Menschlichkeit,* Sie nicht zu diesen Regierungsprinzipien bewegen können, so müßte es wenigstens Ihre Politik tun.

6. Februar 1744 an Herzog Karl Eugen von Württemberg, für den er einen »Fürstenspiegel« schrieb

Ich gehöre nicht zu den Leuten, die *ihre andere Wange hinhalten,* wenn sie eine Ohrfeige erhalten haben.

Zu de Catt, 22. April 1758

Sie glauben, ich sei der Ansicht, *das Volk bedürfe des Zaumes der Religion,* um in Schranken gehalten zu werden. Ich versichere Sie, daß das nicht meine Meinung ist; im Gegenteil, die Erfahrung führt mich vollständig zu *Bayles* Ansichten. Eine Gesellschaft könnte nicht ohne Gesetze bestehen, wohl aber ohne Religion, vorausgesetzt, daß eine Macht vorhanden wäre, welche die Menge zum Gehorsam gegen die Gesetze durch Leibesstrafen zwingt.

An Voltaire, Dezember 1766

JOHANN WOLFGANG VON GOETHE
1749–1832

Der Schlüssel zum Verständnis Goethes liegt in seiner Freude am Wirklichen. Als bewußtes »Weltkind«, beglückt dem Diesseits hingegeben, schreitet er »den Erdentag entlang«. Er fühlt sich eins mit der Natur, weiß sich all ihren Geschöpfen verwandt. Leben bedeutet ihm gesteigertes Geschehen, und er verehrt die Sonne als Lebensspender.

Diese Weltfrömmigkeit bringt ihn in Gegensatz zu allen weltverachtenden Religionen, zu jedem, der den Schwerpunkt seines Daseins in ein erträumtes Jenseits verlagert. Bis ins höchste Alter bewahrt er sich das Vertrauen auf die Welt und die Möglichkeit ihrer Vervollkommnung. Er glaubt an das Gute im Menschen und tadelt Kant, weil der ein »radikales Böses« in der menschlichen Natur annahm.

Seiner Weltzugewandtheit entspricht die Zuversicht auf die Erforschbarkeit des Seienden. »Ins Innre der Natur«, hatte Haller gedichtet, »dringt kein erschaffner Geist; zu glücklich, wenn sie noch die äußre Schale weist.« Diesen Gedanken nannte Goethe philisterhaft: »Natur hat weder Kern noch Schale, – alles ist sie mit einem Male« – und der Menschengeist vermag ihre Geheimnisse zu ergründen.

Deshalb spottet er über die Verächter von Vernunft und Wissenschaft und wagt sich an das »Abenteuer der Vernunft«, von dem Kant gesprochen hatte; es lockt ihn, den Schleier zu lüften, der die Ursachen des Geschehens verhüllt.

Denn alles Übernatürliche lehnt er ab. Verhaßt sind ihm die Obskuranten, die »nach Wundern schnappen«, um sich gegen die Macht der Vernunft wehren zu können. Aufgrund seiner monistischen Überzeugung erscheint es ihm auch unmöglich, das Netz von Ursachen und Wirkungen durch Gebete zu zerreißen. Spukglaube ist ihm unerträglich. Seine gesunde Natur führt immer wieder zur Bejahung der Wirklichkeit. Ergreifenden Ausdruck findet das gegen Schluß seines größten Werkes: Nahe dem Grabe sieht sich Faust »von Aberglauben früh und spät umgarnt«; doch die Kraft seines Wesens besiegt alle Gespenster. Wiewohl erblindet, bekennt er sich noch einmal zur Tat, die ewig von dieser Welt ist. Und »im Innern leuchtet helles Licht«!

Wie die Titanen der griechischen Sage sich gegen die Götter empörten, so war auch der junge Goethe ein Himmelsstürmer, der sich auflehnte gegen Vorurteil und kirchlichen Zwang. Aber aus der jugendlichen Lust am Zertrümmern dessen, was morsch ist, wurde männliche Freude am Bauen. Und zu der feurigen Energie tritt nun edle Beherrschtheit, die ja die Kraft zum Vollbringen nicht schwächt, sondern steigert. Dies prometheische Wollen ist mehr als Titanentrotz! Es ist noch immer Auflehnung gegen Tyrannei, aber zugleich das Bekenntnis zu echtem Menschentum, zu allem Guten und Schönen, das auf Erden vollbracht werden kann. Nicht Hilfe von oben erhofft Goethe für die Menschen – er ruft sie auf zur eigenen Tat. Ohne Beistand der Götter muß und kann die Welt sich bauen!

Je klarer er sah, »wie Natur im Schaffen lebt«, je deutlicher er die Berufung des Menschen erkannte, desto entschiedener wandte er sich ab vom Bibelgott. Manches kam zusammen, ihm das Christentum zu verleiden. Anfangs waren es wohl besonders die Eiferer, deren Wesen ihn bald zu der Überzeugung brachte, er werde sich in ihrer Gesellschaft weder auf Erden noch im Himmel wohlfühlen können. Gern hat er sich immer wieder als entschiedenen Nichtchristen und als Heiden bezeichnet. Religiöse Formen waren ihm nur »Schall und Rauch, umnebelnd Himmelsglut«.

Nicht als ob er der Sittenlehre Christi widersprochen hätte! Freilich war er zu wohl bewandert in der Geschichte der Kultur, um nicht zu wissen, daß das Gute in dieser Lehre weit älter ist als das Christentum. Auch für die Person Christi hegte er Ehrfurcht, so wenig ihm der Gedanke einer Erlösung durch stellvertretendes Leiden gefallen konnte. Im Verhalten Jesu sah er den Erweis, wessen die Menschennatur fähig ist, und *so* müssen wir es verstehen, wenn er in ihm »die göttliche Offenbarung des höchsten Prinzips der Sittlichkeit« erblickte. »Offenbarung« ist hier nicht im herkömmlichen Sinne gemeint! Für Goethe offenbarte sich ja das Göttliche nicht in Wundern, sondern im Geschehen selbst, also auch in den großen Menschen, die die Natur hervorbringt!

Alles dagegen, was in der christlichen Lehre gegen die Vernunft oder gegen sein sittliches Empfinden war, bekämpfte er. Ebenso wie der Gedanke der »Erbsünde« widerstrebte seinem Wesen der einer Erlösung von außen her statt durch »immer strebendes Bemühen«. Nicht minder verwarf er den Dogmatismus der Kirche und ihre Berufung auf überirdische Erkenntnisse. Es ist der Forscher in ihm und der Promethide, der überheblichen Offenbarungs-Gläubigen zuruft: »Ich denke *auch,* ›aus der Wahrheit‹ zu sein, aber aus der Wahrheit der fünf Sinne.« (So schrieb er an Lavater am 24. September 1779.)

Unerträglich vollends schien ihm die *Bevormundung* durch Priester, die sich als Mittler zwischen den Menschen und die Gottheit drängten. Über die *Kirche* hat er viel Herbes und Spöttisches gesagt, im *Faust,* in den *Zahmen Xenien,* im *Reineke Fuchs* und bei mancher anderen Gelegenheit.

Wie stand es um seinen Gottesbegriff? Der Gott der Christen ist Schöpfer und Regierer des Universums, er steht der Welt deshalb als gesondertes Wesen gegenüber. Für Goethe gibt es solche Zweiheit nicht. Zudem erscheint ihm ein persönlicher Gott, dem wohl gar Zorn und Reue, ja Erkenntlichkeit für Opfergaben zugeschrieben wird, als eine Ungeheuerlichkeit. Wohl ist auch er im besten Sinne religiös, aber sein Gott ist »das ewig Eine, das sich vielfach offenbart«; es ist die Natur mit ihrer ehernen Gesetzmäßigkeit und ihrer schöpferischen Kraft. Jeden Gedanken an Durchbrechungen der Naturgesetze empfindet er daher buchstäblich als »Lästerung«.

Goethe ist also Pantheist, wie der von ihm so hoch verehrte Spinoza. Aber unverkennbar ist er über diesen großen Denker bereits hinausgewachsen. Denn seiner Zeit vorauseilend hat er das Werden in der Natur als wesentlich erkannt und es auch in der Kunst wiedergefunden. »Entwicklung« wird zum Losungswort einer vertieften Anschauung der Natur. Für ihn ist die Wirklichkeit kein fertiger Zustand; überall sieht er ein Ringen um Entfaltung. Aber nicht durch den Machtspruch eines Gottes oder gar durch sein unverdientes Leiden kommt ein Sinn in die Welt, sondern durch das Wirken der Naturgewalten, zu denen auch der schaffende Mensch gehört. Vervollkommnung ist kein Geschenk aus Himmelshöhen – sie gehört zum Wesen der Wirklichkeit, die sich aufwärts entwickelt.

Dadurch tritt an die Stelle der christlichen Lehre von Schuld und Gnade ein neues Evangelium: die frohe Botschaft der *Selbsterlösung,* des Vollkommenerwerdens aus eigener Kraft. Und »Erlöstsein« konnte für einen tatfrohen Geist wie den Goethes auch nicht eine wunschlose »ewige Seligkeit« bedeuten, wohl aber Harmonie mit dem Unendlichen, Eingereihtsein in das sieggewohnte Heer des Lebendigen. Für den Denkenden hieß das: bewußtes Streben nach Schönheit, Güte und Sinn.

Doch in seinem Weltbild hatte auch das Unzulängliche Platz; er sah die Erde, wie sie wirklich ist – all ihre Schönheit und all ihre Not. Nichts Menschliches war ihm fremd, im Versagen wie im Vollbringen. Im Weiterschreiten zur Vollendung fand er des Daseins Inhalt und Glück. Und da ihm alle Wesen Gedanken der »Gott-Natur« waren, erblickte er auch im Aufstieg der Menschheit nichts anderes als die *Selbstentfaltung des Göttlichen.*

Vielleicht wird mancher einwenden, hin und wieder habe sich Goethe doch auch für das Christentum ausgesprochen, zumal in den letzten Jahren seines Lebens gegenüber Eckermann.

Gewiß, Goethe hat das Gute im Christentum wie auch in anderen Religionen keineswegs verkannt. Aber er unterschied scharf zwischen Konfessionszugehörigkeit, naiver Gläubigkeit und wahrer Sittlichkeit, die nicht nach Lohn oder Strafe fragt. Seit er selbständig denken konnte, glaubte er nicht mehr an einen Gott, der seinen Sohn zur Entsühnung der eigenen Geschöpfe geopfert habe. Und es störte sein ästhetisches Empfinden, überall das »leidige Marterholz« aufgerichtet zu sehen. Priesterherrschaft vollends war ihm ein Greuel.

Freilich erkannte er mit zunehmendem Alter immer deutlicher, wie sinnlos es ist, sich mit dem gebildeten Pöbel zu streiten; darum geschah es nur noch selten, daß er »sein Schauen offenbarte«.

Noch in den Jahrzehnten von 1780 bis 1800 ist seine

Haltung gegenüber der christlichen Lehre ausgesprochen schroff. Später erscheint sie maßvoller, zuletzt eher positiv. Man muß aber bedenken, daß der Gealterte erregende Auseinandersetzungen mehr denn je scheute, zumal mit Personen, die nicht die göttliche Größe der Natur sahen, sondern durchaus an Übernatürliches glauben wollten.

In der versöhnlichen Stimmung des Alters war er geneigt, den Zeitgenossen ihre Illusionen zu lassen, und erging sich wohl gar selber einmal in frommen Phantasien, die für ihn kaum mehr als ein Gedankenspiel gewesen sein können. Offenbar machte es ihm auch Vergnügen, sich hier und da zweideutig auszudrücken oder ironisch in der Sprache der Gläubigen zu reden.

In seiner Freude am Leben und Wirken — und vielleicht unter dem Einfluß von Leibniz — hätte er wohl selber gern an ewige Fortdauer der Persönlichkeit geglaubt. Er führte sogar Scheingründe dafür an, wiewohl er wußte, daß ihm eine andere Art von Unsterblichkeit gewiß sei. Über den Christenhimmel freilich konnte er nur milde lächeln, selbst wenn er dessen dichterische Verwertung nicht verschmähte. »Im Greisenalter werden wir Mystiker«, sagte er selbstkritisch mit Bezug auf den katholisch anmutenden Schluß des *Faust.*

Und Eckermann? Nun, der war kein klassischer Zeuge! Manche seiner Gespräche mit Goethe sind unverkennbar erdichtet, und im übrigen neigte er als strenggläubiger Christ dazu, den bewunderten Mann so darzustellen, wie es seinem altväterischen Ideal entsprach. Gern hätte er das Publikum darüber beruhigt, daß der berühmte Heide trotz allem ein braver Christ gewesen sei. Darum wertete er manches duldsame Wort des abgeklärten Greises als Beweis einer »im Grunde« christlichen Überzeugung. Eckermanns Blick reichte auch nicht weit genug, um diesem Geist auf seinem Flug zu folgen. Er haftete an seiner kleinstädtischen Gegenwart — und Goethe war ein Bürger kommender Zeiten . . .

Gerhard von Frankenberg

Mensch und Welt

Der Mensch ist als wirklich in die Mitte einer wirklichen Welt gesetzt und mit solchen Organen begabt, daß er das Wirkliche und nebenbei das Mögliche erkennen und hervorbringen kann. Alle gesunden Menschen haben die Überzeugung ihres Daseins und eines Daseienden um sie her. Indessen gibt es auch einen hohlen Fleck im Gehirn, d. h. eine Stelle, wo sich kein Gegenstand abspiegelt, wie denn auch im Auge selbst ein Fleckchen ist, das nicht sieht. Wird der Mensch auf diese Stelle besonders aufmerksam, vertieft er sich darin, so verfällt er in eine Geisteskrankheit, ahnet hier *Dinge aus einer anderen Welt,* die aber eigentlich Undinge sind und weder Gestalt noch Begrenzung haben, sondern als leere Nacht-Räumlichkeit ängstigen und den, der sich nicht losreißt, mehr als gespensterhaft verfolgen.   *Maximen und Reflexionen*

Es wäre nicht der Mühe wert, siebzig Jahre alt zu werden, wenn alle Weisheit der Welt Torheit wäre vor Gott.
                    Maximen und Reflexionen

Wie in Rom außer den Römern noch ein Volk von Statuen war, so ist außer dieser realen Welt noch eine Welt des Wahns, viel mächtiger beinahe, in der die meisten leben.
                    Maximen und Reflexionen

Der eigentliche Obskurantismus ist nicht, daß man die Ausbreitung des Wahren, Klaren, Nützlichen hindert, sondern daß man das Falsche in Cours bringt.
                    Maximen und Reflexionen

Geheimnisse sind noch keine Wunder.
                    Maximen und Reflexionen

Gott

Ich halte mich fest und fester an die Gottesverehrung des »Atheisten«[1] und überlasse euch alles, was ihr Religion heißt und heißen müßt. Wenn Du sagst, man könne an Gott nur *glauben,* so sage ich Dir, ich halte viel aufs *Schauen . . .*
                    An Jacobi, 5. Mai 1786

Wie einer ist, so ist sein Gott,
Darum ward Gott so oft zu Spott.   *Zahme Xenien*

O Freund, der Mensch ist nur ein Tor,
Stellt er sich Gott als seinesgleichen vor.
                                            Der ewige Jude

Unsterblichkeit

Wer eine Fortdauer glaubt, der sei glücklich im stillen, aber
er hat nicht Ursache, sich darauf etwas einzubilden... Indes machte ich die Bemerkung, daß, ebenso wie der Adel,
so auch die Frommen eine gewisse Aristokratie bilden. Ich
fand dumme Weiber, die stolz waren, weil sie... an Unsterblichkeit glaubten, und ich mußte es leiden, daß manche mich über diesen Punkt auf eine sehr dünkelhafte
Weise examinierte. Ich ärgerte sie aber, indem ich sagte: es
könne mir ganz recht sein, wenn nach Ablauf dieses Lebens uns ein abermaliges beglücke; allein ich wolle mir
ausbitten, daß mir drüben niemand von denen begegne,
die hier daran geglaubt hätten...
Die Beschäftigung mit Unsterblichkeitsideen ist für vornehme Stände und besonders für Frauenzimmer, die nichts
zu tun haben. Ein tüchtiger Mensch aber, der schon hier
etwas Ordentliches zu sein gedenkt und der daher täglich
zu streben, zu kämpfen und zu wirken hat, läßt die künftige
Welt auf sich beruhen und ist tätig und nützlich in dieser.
Ferner sind Unsterblichkeitsgedanken für solche, die in
Hinsicht auf Glück hier nicht zum besten weggekommen
sind...   *Zu Eckermann, 25. Februar 1824*

Nach drüben ist die Aussicht uns verrannt;
Tor, wer dorthin die Augen blinzelnd richtet,
Sich über Wolken seinesgleichen dichtet!
Er stehe fest und sehe hier sich um;
Dem Tüchtigen ist diese Welt nicht stumm.
                                            Faust II, 5. Akt

Christus und Christentum

Wenn nur die ganze Lehre von Christo nicht so ein Scheinding wäre, das mich als Mensch, als eingeschränktes, bedürftiges Ding rasend macht, so wär' mir auch das Objekt lieb ...   *An Herder, Mai 1775*

Du hältst das Evangelium, wie es steht, für die göttlichste Wahrheit; mich würde eine vernehmliche Stimme vom Himmel nicht überzeugen, daß das Wasser brennt und das Feuer löscht, daß ein Weib ohne Mann gebiert und daß ein Toter aufersteht; vielmehr halt ich dieses für Lästerungen gegen den großen Gott und seine Offenbarung in der Natur.   *An Lavater, 9. August 1782*

Die Geschichte des guten Jesus hab ich nun so satt, daß ich sie von keinem als allenfalls von ihm selbst hören möchte ...   *An Charlotte von Stein, 6. April 1782*

Da ich zwar kein Widerchrist, kein Unchrist, aber doch ein decidierter Nichtchrist bin, so hat mir dein *Pilatus* widrige Eindrücke gemacht.   *An Lavater, 29. Juli 1782*

Das Christentum hast Du nach Würden behandelt; ich danke Dir für mein Teil. Ich habe nun auch Gelegenheit, von der Kunstseite es näher anzusehen, und da wirds auch recht erbärmlich. Überhaupt sind mir bei dieser Gelegenheit so manche Gravamina wieder rege geworden. Es bleibt wahr: Das Märchen von Christus ist Ursache, daß die Welt noch 10 000 Jahre stehen kann und niemand recht zu Verstand kommt, weil es ebensoviel Kraft des Wissens, des Verstandes, des Begriffs braucht, um es zu verteidigen, als es zu bestreiten.   *An Herder, 4. September 1788*

Offen stehet das Grab. Welch herrlich Wunder, der Herr ist Auferstanden! Wer's glaubt! Schelmen, ihr trugt ihn ja
weg.
Bei Th. Vogel, Goethes Selbstzeugnisse, 1903; fehlt in der Jubiläumsausgabe

In religiösen Dingen, in wissenschaftlichen und politischen, überall machte es mir zu schaffen, daß ich nicht heuchelte, und daß ich den Mut hatte, mich auszusprechen, wie ich empfand. Ich glaubte an Gott und die Natur und an den Sieg des Edlen über das Schlechte; aber das war den frommen Seelen nicht genug; ich sollte auch glauben, daß Drei Eins sei und Eins Drei. Das aber widerstand dem Wahrheitsgefühl meiner Seele...

Zu Eckermann, 4. Januar 1824

Das leidige Marterholz, das Widerwärtigste unter der Sonne, sollte kein vernünftiger Mensch auszugraben und aufzupflanzen bemüht sein. Das war ein Werk für eine bigotte Kaiserin-Mutter; wir sollten uns schämen, ihre Schleppe zu tragen. *An Zelter, 9. Juni 1831*

Jesus fühlte rein und dachte
Nur den einen Gott im Stillen;
Wer ihn selbst zum Gotte machte,
Kränkte seinen heil'gen Willen. *West-östlicher Divan*

»Es täte not«, sagte Eckermann am 12. März 1828 zu Goethe, »daß ein zweiter Erlöser käme, um den Ernst, das Unbehagen und den ungeheuren Druck der jetzigen Zustände uns abzunehmen.«

»Käme er«, antwortete Goethe, »man würde ihn zum zweiten Male kreuzigen.«

Den deutschen Mannen gereicht's zum Ruhm,
Daß sie gehaßt das Christentum,
Bis Herrn Carolus leidigem Degen
Die edlen Sachsen unterlegen.
Doch haben sie lange genug gerungen,
Bis endlich die Pfaffen sie bezwungen
Und sie sich unters Joch geduckt...

Zahme Xenien

Vieles kann ich ertragen. Die meisten beschwerlichen Dinge

Duld' ich mit ruhigem Mut, wie es ein Gott mir gebeut.
Wenige sind mir jedoch wie Gift und Schlange zuwider;
Viere: Rauch des Tabaks, Wanzen und Knoblauch und ✝.

Venetianische Epigramme, Nr. 67

Kirche

Vom Theater und den kirchlichen Zeremonien bin ich
gleich übel erbaut: Die Schauspieler geben sich viel Mühe,
um Freude, die Pfaffen, um Andacht zu erregen, und beide
wirken nur auf eine Klasse, zu der ich nicht gehöre. Beide
Künste sind in ein seelenloses Gepräge ausgeartet. Auf alle
Fälle ist der Papst[2] der beste Schauspieler, der hier seine
Person produziert.

*Aus Rom an Herzog Karl August von Sachsen-Weimar,
3. Februar 1787*

Gestern war Fronleichnam. Ich bin nun ein für alle mal für
diese kirchlichen Zeremonien verdorben. Alle diese Be-
mühungen, eine Lüge gelten zu machen, kommen mir
schal vor, und die Mummereien, die für Kinder und sinnliche Menschen etwas Imposantes haben, erscheinen mir
auch sogar, wenn ich die Sache als Künstler und Dichter
ansehe, abgeschmackt und klein. Es ist nichts groß als das
Wahre, und das kleinste Wahre ist groß.

Aus Rom an Frau von Stein, 8. Juni 1787

Glaubt nicht, daß ich fasele, daß ich dichte,
Seht hin und findet nur andre Gestalt!
Es ist die ganze Kirchengeschichte
Mischmasch von Irrtum und von Gewalt.

Zahme Xenien

Die Kirche hat einen guten Magen,
Hat ganze Länder aufgefressen
Und doch noch nie sich übergessen;
Die Kirch' allein, meine lieben Frauen,
Kann ungerechtes Gut verdauen.

Faust I

In England geboren, wäre ich ein reicher Herzog gewesen, oder vielmehr ein Bischof mit jährlichen 30 000 Pfund Sterling Einkünfte... Und dann einmal zu dieser Höhe gelangt, würde ich nichts unterlassen haben, mich oben zu erhalten. Besonders würde ich alles getan haben, die Nacht der Unwissenheit womöglich noch finsterer zu machen. O wie hätte ich die gute, einfältige Masse kajolieren wollen, und wie hätte ich die liebe Schuljugend wollen zurichten lassen, damit ja niemand hätte wahrnehmen, ja nicht einmal den Mut hätte haben sollen zu bemerken, daß mein glänzender Zustand auf der Basis der schändlichsten Mißbräuche fundiert sei. *Im Scherz zu Soret, März 1830*

Der Gottes-Erde lichten Saal
Verdüstern sie zum Jammertal;
Daran entdecken wir geschwind,
Wie jämmerlich sie selber sind. *Zahme Xenien*

Sollte die Echtheit einer biblischen Schrift durch die Frage entschieden werden, ob uns durchaus *Wahres* überliefert worden, so könnte man sogar in einigen Punkten die Echtheit der Evangelien bezweifeln, wovon Markus und Lukas nicht aus unmittelbarer Ansicht und Erfahrung, sondern erst spät nach mündlicher Überlieferung geschrieben, und das letzte, von dem Jünger Johannes, erst im höchsten Alter. Dennoch halte ich die Evangelien alle vier für durchaus echt, denn es ist in ihnen der Abglanz einer Hoheit wirksam, die von der Person Christi ausging und die so göttlicher Art, wie nur je auf Erden das Göttliche erschienen ist. Fragt man mich, ob es in meiner Natur sei, ihm anbetende Ehrfurcht zu erweisen, so sage ich: Durchaus! Ich beuge mich vor ihm als der göttlichen Offenbarung des höchsten Prinzips der Sittlichkeit. Fragt man mich, ob es in meiner Natur sei, die Sonne zu verehren, so sage ich abermals: Durchaus! Denn sie ist gleichfalls eine Offenbarung des Höchsten, und zwar die mächtigste, die uns Erdenkindern wahrzunehmen vergönnt ist. Ich anbete in ihr das Licht und die zeugende Kraft Gottes, wodurch allein wir leben, weben und sind, und alle Pflanzen und Tiere mit uns. Fragt man mich aber, ob ich geneigt sei, mich vor einem Daumenknochen des Apostels Petri oder Pauli zu bücken, so sage ich: Verschont mich und bleibt mir mit euren Absurditäten vom Leibe!

Es ist gar viel Dummes in den Satzungen der Kirche. Aber sie will herrschen, und da muß sie eine borthierte Masse haben, die sich duckt und die geneigt ist, sich beherrschen zu lassen. Die hohe, reichdotierte Geistlichkeit fürchtet nichts mehr als die Aufklärung der unteren Massen. Sie hat ihnen auch die Bibel lange genug vorenthalten, so lange als irgend möglich. Was sollte auch ein armes christliches Gemeindeglied von der fürstlichen Pracht eines reichdotierten Bischofs denken, wenn es dagegen in den Evangelien die Armut und Dürftigkeit Christi sieht, der mit seinen Jüngern in Demut zu Fuße ging, während der fürstliche Bischof in einer von sechs Pferden gezogenen Karosse einherbraust!

Aus der letzten Unterredung mit Eckermann (11. März 1832), über deren zuverlässige Wiedergabe allerdings Zweifel bestehen

Ist Concordat und Kirchenplan
Nicht glücklich durchgeführt? –
Ja, fangt einmal mit Rom nur an,
Da seid ihr angeführt. *Zahme Xenien*

Anmerkungen

[1] Mit dem »Atheisten« ist Spinoza gemeint. Ich habe den Ausdruck in Anführung gesetzt, weil Goethe ihn natürlich ironisch gebraucht. Spinoza war ja Pantheist. – [2] Pius VI. (1775–1799).

ARTHUR SCHOPENHAUER

1788–1860

Schopenhauers durchgehend ambivalentes Verhältnis zur christlichen Religion kommt am deutlichsten zur Sprache im Kapitel »Über Religion« des 2. Bandes der *Parerga und Paralipomena*.[1] In einem Dialog lobt Demopheles die Religion als »das der Rohheit entgegenwirkende Princip«[2], und Philalethes stimmt zu, »soweit es die Theorie betrifft: aber sieh die Praxis an«[3], und er legt den »demoralisirenden Einfluß«[4] der Religionen dar, die Gebete und Donationen schon für moralische Handlungen halten, was sie zu Surrogaten der eigentlichen moralischen Handlungen mache.[5] Genüßlich türmt Philalethes den Haufen der Untaten des Christentums auf[6] (»nichts Analoges, oder die Waage Haltendes, ist bei den Alten zu finden«[7]) und schildert den langsamen Untergang des Christentums[8], das wie alle Religionen die Kindheit der Menschheit nicht überdauern könne; hier steht der bekannte Satz: »Die Religionen sind wie die Leuchtwürmer: sie bedürfen der Dunkelheit, um zu leuchten«[9], und: »Glaube und Wissen ... verhalten (sich) wie die zwei Schaalen einer Waage: in dem Maaße, als die eine steigt, sinkt die andere.«[10] An einer anderen Stelle der *Parerga* heißt es: »Religionen sind Kinder der Unwissenheit, die ihre Mutter nicht lange überleben«[11], und: »Die Menschheit wächst die Religion aus wie ein Kinderkleid; und da ist kein Halten: es platzt.«[12]

Schopenhauer steht hier in der klassischen Tradition der Aufklärung, und sogar stilistisch ist die Ähnlichkeit mit Voltaire an einigen Stellen auffallend (man vergleiche z. B. den Abschnitt aus »Über Religion« von »Zwar habe ich diese Dinge schon vorhin berührt...«[13] an mit Voltaires Kapitel über den König David im *Dictionnaire philosophique*). Die Wahrheit soll die Menschen befreien: Dieses Hauptthema der Aufklärung und darüber hinaus der Philosophie im allgemeinen (in der verschiedenartigsten Bedeutung von den Vorsokratikern über Hegel, Marx und Nietzsche bis zu Adorno) wird offenbar sogar von Schopenhauer bisweilen in geschichtlichem Sinne verstanden: Wenn die Menschheit ein

»Kinderkleid« »auswachsen« kann, so heißt das, daß die
Menschheit sich entwickelt. Bei der Kritik der Religion
scheint Schopenhauer plötzlich den gedämpften Optimismus wiederzufinden, den die Enzyklopädisten in der Bekämpfung aller Arten von Dummheit hegten. Schopenhauer
scheint mit Erleichterung die Erholungspause einer Aufklärer-
rolle zu genießen, die er bei den französischen und englischen Philosophen so bewunderte.

Am Ende gelingt es Demopheles aber, Philalethes versöhn-
lich zu stimmen: Demopheles gibt zu, daß die Religion, »wie
der Brahmanische Todesgott Jama«, zwei Gesichter habe:
»ein sehr freundliches und ein sehr finsteres«[14]. Er hatte Philalethes' Position mit zwei wichtigen Argumenten ins Wanken
gebracht: daß die christliche Religion die »Anarchie« im
Zaume halte, den »Erzfeind aller gesetzlichen Ordnung, aller
Zivilisation und aller Humanität«[15], und daß ihr »die Wahrheit wenigstens allegorisch zum Grunde lieg(e)«[16]. Denn
Schopenhauers Pessimismus möchte die Religion schließlich
als eine Art Zwangsjacke des Menschen nicht missen, und
außerdem sieht er in ihr wie Marx ein Opium, das er jedoch
positiv als Anästhetikum wertet (»der gar nicht zu verachtende Gewinn aller Superstitionen«[17]). Schopenhauers Pessimismus gewinnt schließlich die Oberhand: Die Vernunft kann
nicht triumphieren, denn sie ist im Grunde nur das Werkzeug
des blinden Willens, das diesen sowenig treffen und ändern
kann wie der Hammer die Hand, die ihn führt. Es bleibt
dabei: »Unser Zustand ist ein so elender, daß gänzliches
Nichtseyn ihm entschieden vorzuziehn wäre.«[18] In einem
solchen Zustand vermag die Religion Trost und Bescheidung
zu bieten. »Siegreich« hält Schopenhauer den »Versprechun-
gen einer den Menschen moralisch bessern wollenden und
von Fortschritten in der Tugend redenden Ethik«[19] die Lehre
von der Unveränderlichkeit des intelligiblen Charakters entgegen. Dies, obwohl hier und da in seinem Werk Bemerkungen einer nicht mehr erwarteten jovialen Zuversichtlichkeit
auftauchen, etwa wenn er von einer Zukunft spricht, in der,
da allmählich »artes molliunt mores«, »alsdann die Kriege im
Großen und die Raufereien, oder Duelle im Kleinen vielleicht ganz aus der Welt kommen«[20]. (Eine Parallele ließe

sich ziehen zu dem Fall, wo der Pessimist Freud im Zusammenhang mit der Kritik an der Religion den Satz wagt: »Der Primat des Intellekts liegt gewiß in weiter, weiter, aber wahrscheinlich doch nicht in unendlicher Ferne.«[21]) Bei Schopenhauer herrscht jedoch, wie bei Freud, die Einsicht in das schlechte Bestehende vor, das als Ding an sich, als Wille (»ein blinder Drang, ein völlig grundloser, unmotivirter Trieb«[22]), nicht wirklich zu ändern ist: Der Mensch ist in einer »mißliche(n), dunkele(n), geängstigte(n) und peinliche(n) Lage«[23], und so »in secula seculorum, oder bis ein Mal wieder die Rinde des Planeten bricht«[24]. Diese Welt-Hölle, »welche die des Dante dadurch übertrifft, daß Einer der Teufel des Andern seyn muß«[25], muß konsequent verneint werden.

Zwar verschleiert das Christentum diese Wahrheiten aus Unwissenheit und Furcht vor ihnen, doch enthält es in seinem Kern das Wesentliche von Schopenhauers Philosophemen der Bejahung und Verneinung des Willens zum Leben in der Lehre von der Sünde und der Erlösung — in einer für das Volk verständlichen und erträglichen Form: Die Religion ist »Volksmetaphysik«[26]. Zwar stehen die indischen Religionen, und besonders die heiligen Schriften der Veden, »die Frucht der höchsten menschlichen Erkenntnis und Weisheit«[27], viel höher als das Christentum, aber: »Wenn gleich das Christentum, im Wesentlichen, nur Das gelehrt hat, was ganz Asien damals schon lange und sogar besser wußte; so war dasselbe dennoch für Europa eine neue und große Offenbarung...«[28] Deshalb aber ist christliche Mission sinnlose Anmaßung: »... uns widerfährt, was Dem, der eine Kugel gegen einen Felsen abschießt. In Indien fassen unsere Religionen nie und nimmermehr Wurzel: die Urweisheit des Menschengeschlechts wird nicht von den Begebenheiten in Galiläa verdrängt werden. Hingegen ströhmt Indische Weisheit nach Europa zurück und wird eine Grundveränderung in unserm Wissen und Denken hervorbringen.«[29] Die pessimistische Erlösungsethik des Neuen Testaments »muß irgendwie indischer Abstammung sein«[30]: »Denn wie ein aus fernen, tropischen Gefilden, über Berge und Ströhme hergewehter Blüthenduft, ist im Neuen Testament der Geist der

Indischen Weisheit zu spüren.«[31] Im Endziel sieht Schopenhauer Buddhismus, Hinduismus, Christentum und seine Philosophie übereinstimmen; da das Leben Leiden und nie befriedigtes Wollen ist, wird der Heilige zum Ideal; in seinem Bild »zeigt sich uns, statt des rastlosen Dranges und Treibens, statt des steten Ueberganges von Wunsch zu Furcht und von Freude zu Leid, statt der nie befriedigten und nie ersterbenden Hoffnung, daraus der Lebenstraum des wollenden Menschen besteht, jener Friede, der höher ist als alle Vernunft, jene gänzliche Meeresstille des Gemüths, jene tiefe Ruhe, unerschütterliche Zuversicht und Heiterkeit, deren bloßer Abglanz im Antlitz, wie ihn Raphael und Correggio dargestellt haben, ein ganzes und sicheres Evangelium ist . . .«[32] Und Schopenhauer kommt sogar zu der Behauptung: Man »könnte . . . meine Lehre die eigentliche Christliche Philosophie nennen.«[33] Die Aufklärung wird Anerkennung des Seienden.

Aber die christliche Religion erhebt zum Bösen »an sich« und zum Ursprung alles weiteren Übels den Abfall von Gott; Schopenhauer jedoch sieht das Böse letzten Endes – und wieder als Aufklärer – in der Unmöglichkeit der dauernden Befriedigung des Willens zum Leben. Dieser Unterschied ist der zwischen Zwang und Freiheit: Erlösung ist für das Christentum die Versöhnung des unfolgsamen Kindes mit dem strengen Gott-Vater, für Schopenhauer ist sie die endgültige Befriedigung des Willens durch seine Selbstaufhebung. Die Religion und die Macht des Gott-Vaters scheinen verinnerlicht nachzuwirken, wenn Befriedigung und Selbstverwirklichung schließlich Selbstverleugnung sein muß: Der aufklärende Eudämonismus von Schopenhauers Philosophie zeigt seine dunkle Seite der Resignation, die Resultante zwischen dem Anspruch auf Befriedigung und dem Ur-Verbot. Die schmerzliche Erlösungsphilosophie entsteht als schwebende Synthese aus dem aufgeklärten, sich befreienden und doch immer wieder in tödliche Schuld zurückfallenden Willen. Die Aufklärung trägt hier ihre eigene Negation in sich: Sie ist am Ende nicht mehr Befreiung, sondern Vernichtung; im Nirwana entschwebt die Welt zusammen mit dem Subjekt.

Die Philosophie ist für Schopenhauer Übereinstimmung zwischen Erkenntnis und Welt (das heißt Wille zum Leben), die christliche Religion aber nur Kompromiß zwischen Erkenntnis und Wille zum Leben. So im Dogma der Unsterblichkeit, das von der Unzerstörbarkeit unseres Wesens »an sich« weiß, aber noch die heißerwünschte individuelle Unsterblichkeit hinzudenkt; oder im Glauben an den Himmel, der die Notwendigkeit der Erlösung vom Leiden einsieht, sie aber aus der dürftigen Immanenz der Erde herausreißt; oder im Glauben an Gott, der die von Schopenhauer durch den Satz vom Grunde verstandene Teleologie durch einen »deus ex machina« erklärt. Daß nicht primär das Leiden an der »Welt«, sondern das an der traditionellen Vaterautorität ein Hauptmovens des christlichen Erlösungsglaubens ist, drückt sich auch darin aus, daß sein Dogma keine Unverträglichkeit zwischen der Existenz des vollkommenen Gottes und der von ihm geschaffenen elenden Welt sieht, ebensowenig wie eine zwischen Gott als Schöpfer und der Selbstverantwortlichkeit des Menschen – was Schopenhauers größte Entrüstung hervorrief, die sich unter anderem in den *Parerga* gegen Augustinus und Skotus Erigena sarkastisch entlud. Oder: »Wenn ich aber suche, mir vorstellig zu machen, daß ich vor einem individuellen Wesen stünde, zu dem ich sagte: ›mein Schöpfer! ich bin einst nicht gewesen: du aber hast mich hervorgebracht, so daß ich jetzt etwas und zwar ich bin‹, – und dazu noch: ›ich danke dir für diese Wohltat‹; – und am Ende gar: ›wenn ich nichts getaugt habe, so ist das *meine* Schuld‹; – so muß ich gestehn, daß in Folge philosophischer und indischer Studien mein Kopf unfähig geworden ist, einen solchen Gedanken auszuhalten.«[34]

Mit der Religion Jesu und des Neuen Testaments verbindet Schopenhauer der »Widerstand«[35] gegen das bloß Gegebene, das Ungenügen an »diese(r) unsere(r) so sehr reale(n) Welt«[36] mit allen ihren Widersprüchen und Ungerechtigkeiten: Über die erstarrten Dogmen der Kirche hinweg belebt er aufklärerisch die Friedensideale der ersten Christen. Auch so gesehen lehnt Schopenhauer das Christentum nicht »an sich« ab, doch um so mehr als geschichtlich entwickelte »Erscheinung«. Gegen diese hohnlacht und wettert er, erinnert aber

jedesmal an beide Aspekte, lobt *und* tadelt: »Religionen sind
dem Volke notwendig und sind ihm eine unschätzbare Wohl-
that. Wenn sie jedoch dem Fortschritt der Menschheit in der
Erkenntnis der Wahrheit sich entgegenstellen wollen; so
müssen sie mit möglichst großer Schonung bei Seite gescho-
ben werden. Und zu verlangen, daß sogar ein großer Geist –
ein Shakespeare, ein Goethe – die Dogmen irgend einer
Religion implicite, bona fide et sensu proprio zu seiner Ue-
berzeugung mache, ist wie verlangen, daß ein Riese den
Schuh eines Zwerges anziehe.«[37] Demnach wäre für Schopenhauer zumindest *ein* Fortschritt dem religiösen Zeitalter
gegenüber möglich: Erkenntnis.

Joseph Welter

Glauben und Wissen vertragen sich nicht wohl
im selben Kopfe

Die, welche wähnen, daß die Wissenschaften immer weiter
fortschreiten und immer mehr sich verbreiten können, ohne daß Dies die Religion hindere, immerfort zu bestehn und
zu floriren, – sind in einem großen Irrthum befangen. Physik und Metaphysik sind die natürlichen Feinde der Religion, und daher diese die Feindin jener, welche allezeit
strebt, sie zu unterdrücken, wie jene sie zu unterminiren.
Von Friede und Übereinstimmung Beider reden zu wollen
ist höchst lächerlich: es ist ein bellum ad internecionem.
Religionen sind Kinder der Unwissenheit, die ihre Mutter
nicht lange überleben. Omar, Omar hat es verstanden, als
er die Alexandrinische Bibliothek verbrannte: sein Grund
dazu, daß der Inhalt der Bücher entweder im Koran enthalten, oder aber überflüssig wäre, gilt für albern, ist aber sehr
gescheut, wenn nur cum grano salis verstanden, wo er
alsdann besagt, daß die Wissenschaften, wenn sie über den
Koran hinausgehn, Feinde der Religionen und daher nicht
zu dulden seien. Es stände viel besser um das Christentum,
wenn die Christlichen Herrscher so klug gewesen wären,
wie Omar. Jetzt aber ist es etwas spät, alle Bücher zu

verbrennen, die Akademien aufzuheben, den Universitäten das pro ratione voluntas durch Mark und Bein dringen zu lassen, – um die Menschheit dahin zurückzuführen, wo sie im Mittelalter stand . . . Die Menschheit wächst die Religion aus, wie ein Kinderkleid; und da ist kein Halten: es platzt. Glauben und Wissen vertragen sich nicht wohl im selben Kopfe: sie sind darin wie Wolf und Schaaf in einem Käfig; und zwar ist das Wissen der Wolf, der den Nachbar aufzufressen droht. – In ihren Todesnöten sieht man die Religion sich an die Moral anklammern, für deren Mutter sie sich ausgeben möchte: – aber mit Nichten! Aechte Moral und Moralität ist von keiner Religion abhängig; wiewohl jede sie sanktioniert und ihr dadurch eine Stütze gewährt. – Zuerst nun aus den mittlern Ständen vertrieben, flüchtet das Christentum sich in die niedrigsten, wo es als Konventikelwesen auftritt, und in die höchsten, wo es Sache der Politik ist, man aber wohl bedenken sollte, daß auch hierauf Goethes Wort Anwendung findet: »So fühlt man Absicht und man ist verstimmt . . .«

Der Glaube ist wie die Liebe: er läßt sich nicht erzwingen. Daher ist es ein mißliches Unternehmen, ihn durch Staatsmaaßregeln einführen, oder befestigen zu wollen: denn, wie der Versuch, Liebe zu erzwingen, Haß erzeugt; so der, Glauben zu erzwingen, erst recht Unglauben. [*] Nur ganz mittelbar und folglich durch lange zum Voraus getroffene Anstalten kann man den Glauben befördern, indem man nämlich ihm ein gutes Erdreich, darauf er gedeiht, vorbereitet: ein solches ist die Unwissenheit.

Parerga und Paralipomena, II, Kapitel 15: Ueber Religion, § 181; Rationalismus, 416–418

---

[*] Was für ein schlechtes Gewissen die Religion haben muß, ist daran zu ermessen, daß es bei so schweren Strafen verboten ist, über sie zu spotten. – Die europäischen Regierungen verbieten jeden Angriff auf die Landesreligion. Sie selbst aber schicken Missionarien in Brahmanische und Buddhaistische Länder, welche die dortigen Religionen eifrig und von Grund auf angreifen –, ihrer importirten Platz zu machen. Und dann schreien sie Zeter, wenn ein Mal ein chinesischer Kaiser oder Großmandarin von Tunkin solchen Leuten die Köpfe abschlägt.

O ja, den Fürsten ist der Herrgott der Knecht Ruprecht, mit dem sie die großen Kinder zu Bette jagen, wenn nichts Anderes mehr helfen will; daher sie auch nicht viel auf ihn halten. Schon recht: inzwischen möchte ich jedem regierenden Herrn anrathen, halbjährlich an einem fest bestimmten Tage, das 15te Kapitel des ersten Buches Samuelis mit Ernst und Aufmerksamkeit durchzulesen, damit er stets vor Augen behalte, was es auf sich habe, den Thron auf den Altar zu stützen. Überdies hat, seitdem die ultima ratio theologorum, der Scheiterhaufen, außer Gebrauch gekommen, jenes Regierungsmittel sehr an Wirksamkeit verloren. Denn, du weißt es, die Religionen sind wie die Leuchtwürmer: sie bedürfen der Dunkelheit, um zu leuchten. Ein gewisser Grad allgemeiner Unwissenheit ist die Bedingung aller Religionen, ist das Element, in welchem allein sie leben können. Sobald hingegen Astronomie, Naturwissenschaft, Geologie, Geschichte, Länder- und Völkerkunde ihr Licht allgemein verbreiten und endlich gar die Philosophie zum Worte kommen darf; da muß jeder auf Wunder und Offenbarung gestützter Glaube untergehn; worauf dann die Philosophie seinen Platz einnimmt. In Europa brach, gegen das Ende des 15ten Jahrhunderts, mit der Ankunft gelehrter Neugriechen, jener Tag der Erkenntniß und Wissenschaft an, seine Sonne stieg immer höher, in dem so ergiebigen 16ten und 17ten Jahrhundert, und zerstreute die Nebel des Mittelalters. In gleichem Maaße mußte allmälig die Kirche und der Glaube sinken; daher im 18ten Jahrhundert Englische und Französische Philosophen sich schon direkt gegen dieselben erheben konnten, bis endlich, unter Friedrich dem Großen, Kant kam, der dem religiösen Glauben die bisherige Stütze der Philosophie entzog und die ancilla theologiae emancipirte, indem er die Sache mit deutscher Gründlichkeit und Gelassenheit angriff, wodurch sie eine weniger frivole, aber desto ernsthaftere Miene annahm. In Folge davon sehn wir im 19ten Jahrhundert das Christentum sehr geschwächt dastehn, vom ernstlichen Glauben fast ganz verlassen, ja, schon um seine eigene Existenz kämpfend, während besorgliche Fürsten ihm durch künstliche Reizmittel aufzuhelfen suchen, wie der Arzt dem Sterbenden durch Moschus.

Parerga und Paralipomena, II, Kapitel 15: Ueber Religion, § 174: Ein Dialog, 366–367.

Tempel und Kirchen, Pagoden und Moscheen, in allen Landen, aus allen Zeiten, in Pracht und Größe, zeugen vom metaphysischen Bedürfnis des Menschen, welches, stark und unvertilgbar, dem physischen auf dem Fuße folgt. Freilich könnte wer satirisch gelaunt ist hinzufügen, daß dasselbe ein bescheidener Bursche sei, der mit geringer Kost vorlieb nehme. An plumpen Fabeln und abgeschmackten Mährchen läßt es sich bisweilen genügen: wenn nur früh genug eingeprägt, sind sie ihm hinlängliche Auslegungen seines Daseyns und Stützen seiner Moralität...

Niemals hingegen hat es an Leuten gefehlt, welche auf jenes metaphysische Bedürfnis des Menschen ihren Unterhalt zu gründen und dasselbe möglichst auszubeuten bemüht waren; daher es unter allen Völkern Monopolisten und Generalpächter desselben giebt: die Priester. Ihr Gewerbe mußte ihnen jedoch überall dadurch gesichert werden, daß sie das Recht erhielten, ihre metaphysischen Dogmen den Menschen sehr früh beizubringen, ehe noch die Urtheilskraft aus ihrem Morgenschlummer erwacht ist, also in der ersten Kindheit: denn da haftet jedes wohl eingeprägte Dogma, sei es auch noch so unsinnig, auf immer. Hätten sie zu warten, bis die Urtheilskraft reif ist; so würden ihre Privilegien nicht bestehn können.

Die Welt als Wille und Vorstellung, II, 1. Buch, Kapitel 17: Ueber das metaphysische Bedürfnis des Menschen, 177–178

Sogar an Abrichtungsfähigkeit übertrifft der Mensch alle Thiere. Die Moslem sind abgerichtet, 5 Mal des Tages, das Gesicht gegen Mekka gerichtet, zu beten: thun es unverbrüchlich. Christen sind abgerichtet, bei gewissen Gelegenheiten ein Kreuz zu schlagen, sich zu verneigen u. dgl.; wie denn überhaupt die Religion das rechte Meisterstück der Abrichtung ist, nämlich die Abrichtung der Denkfähigkeit; daher man bekanntlich nicht früh genug damit anfangen kann. Es giebt keine Absurdität, die so handgreiflich wäre, daß man sie nicht allen Menschen fest in den Kopf setzen könnte, wenn man nur schon vor ihrem sechsten Jahre anfienge, sie ihnen einzuprägen, indem man unablässig und mit feierlichstem Ernst sie ihnen vorsagte. Denn, wie die Abrichtung der Thiere, so gelingt auch die des Menschen nur in früher Jugend vollkommen.

Parerga und Paralipomena, II, Kapitel 26: Psychologische Bemerkungen, § 344, 639

Zivilisation, Kultur, Religion

Eine Religion, die zu ihrem Fundament eine einzelne Begebenheit hat, ja aus dieser, die sich da und da, dann und dann zugetragen, den Wendepunkt der Welt und alles Daseyns machen will, hat ein so schwaches Fundament, daß sie unmöglich bestehn kann, sobald einiges Nachdenken unter die Leute gekommen. Wie weise ist dagegen im Buddhaismus die Annahme der tausend Buddha's! damit es nicht sich ausnehme, wie im Christenthum, wo Jesus Christus die Welt erlöst hat und außer ihm kein Heil möglich ist, – aber viertausend Jahre, deren Denkmale in Aegypten, Asien und Europa herrlich dastehn, nichts von ihm wissen konnten und jene Zeitalter mit aller ihrer Herrlichkeit unbesehens zum Teufel fuhren! Die vielen Buddha's sind nothwendig, weil am Ende jedes Kalpa's die Welt untergeht und mit ihr die Lehre, also eine neue Welt einen neuen Buddha verlangt. Das Heil ist immer da. –

Daß die Civilisation unter den christlichen Völkern am höchsten steht, liegt nicht daran, daß das Christenthum ihr günstig, sondern daran, daß es abgestorben ist und wenig Einfluß mehr hat: so lange es ihn hatte, war die Civilisation weit zurück: im Mittelalter. Hingegen haben Islam, Brahmanismus und Buddhaismus noch durchgreifenden Einfluß auf's Leben: in China noch am wenigsten, daher die Civilisation der europäischen ziemlich gleich kommt. Alle Religion steht im Antagonismus mit der Kultur. –

In frühern Jahrhunderten war die Religion ein Wald, hinter welchem Heere halten und sich decken konnten. Der Versuch, dies in unsern Tagen zu wiederholen, ist schlecht abgelaufen. Denn nach so vielen Fällungen ist sie nur noch ein Buschwerk, hinter welchem gelegentlich Gauner sich verstecken. Man hat dieserhalb sich vor Denen zu hüten, die sie in Alles hineinziehn möchten, und begegne ihnen mit dem oben angezogenen Sprichwort: detra de la cruz está el diablo.

Parerga und Paralipomena, II, Kapitel 15: Ueber Religion, § 182, 418—419

. . . die schlimmste Seite der monotheistischen Religionen

Die Religionen haben sehr häufig einen entschieden demoralisirenden Einfluß. Im Allgemeinen ließe sich behaupten, daß was den Pflichten gegen Gott beigelegt wird, den Pflichten gegen die Menschen entzogen wird, indem es sehr bequem ist, den Mangel des Wohlverhaltens gegen diese durch Adulation gegen jenen zu ersetzen. Demgemäß sehn wir, in allen Zeiten und Ländern, die große Mehrzahl der Menschen es viel leichter finden, den Himmel durch Gebete zu erbetteln, als durch Handlungen zu verdienen. In jeder Religion kommt es bald dahin, daß für die nächsten Gegenstände des göttlichen Willens nicht sowohl moralische Handlungen, als Glaube, Tempelceremonien und Latreia mancherlei Art ausgegeben werden; ja, allmälig werden die Letzteren, zumal wann sie mit Emolumenten der Priester verknüpft sind, auch als Surrogate der Ersteren betrachtet, Thieropfer im Tempel, oder Messelesenlassen, oder Errichtung von Kapellen, oder Kreuzen am Wege, sind bald die verdienstlichsten Werke, so daß selbst grobe Verbrechen durch sie gesühnt werden, wie auch durch Buße, Unterwerfung der Priesterauktorität, Beichte, Pilgerfahrten, Donationen, an die Tempel und ihre Priester, Klosterbauten u. dgl. m., wodurch zuletzt die Priester fast nur noch als Vermittler des Handels mit bestechlichen Göttern erscheinen. Und wenn es auch so weit nicht kommt; wo ist die Religion, deren Bekenner nicht wenig-

stens Gebete, Lobgesänge und mancherlei Andachtsübungen für einen wenigstens theilweisen Ersatz des moralischen Wandels halten? ... Jene Teufel in Menschengestalt, die Sklavenhalter und Sklavenhändler in den Nordamerikanischen Freistaaten (sollten heißen Sklavereistaa-
ten) sind in der Regel orthodoxe und fromme Anglikaner,
die es für schwere Sünde halten würden, am Sonntag zu
arbeiten, und im Vertrauen hierauf und auf ihren pünktli-
chen Kirchenbesuch usw. ihr ewige Säligkeit hoffen. – Der
demoralisirende Einfluß der Religionen ist also weniger
problematisch, als der moralisirende. Wie groß und gewiß
müßte hingegen nicht dieser seyn, um einen Ersatz zu
bieten für die Gräuel, welche die Religionen, namentlich
die Christliche und Mohammedanische, hervorgerufen
und den Jammer, welchen sie über die Welt gebracht haben! Denke an den Fanatismus, an die endlosen Verfolgungen, zunächst an die Religionskriege, diesen blutigen
Wahnsinn, von dem die Alten keinen Begriff hatten; dann
an die Kreuzzüge, die ein zweihundertjähriges, ganz un-
verantwortliches Gemetzel, mit dem Feldgeschrei »Gott
will es«, waren, um das Grab Dessen, der Liebe und Duldung gepredigt hat, zu erobern; denke an die grausame
Vertreibung und Ausrottung der Mauren und Juden aus
Spanien; denke an die Bluthochzeiten, an die Inquisitionen, und andern Ketzergerichte, nicht weniger an die blutigen und großen Eroberungen der Mohammedaner in drei
Welttheilen; dann aber auch an die der Christen in Amerika, dessen Bewohner sie größtentheils, auf Kuba sogar
gänzlich, ausgerottet und, nach Las Casas, binnen 40 Jahren, zwölf Millionen Menschen ermordet haben, versteht
sich Alles in majorem Dei gloriam und zum Behuf der
Verbreitung des Evangeliums und weil überdies was nicht
Christ war auch nicht als Mensch angesehn wurde. Zwar
habe ich diese Dinge schon vorhin berührt: aber wenn
noch in unsern Tagen »Neueste Nachrichten aus dem Reiche Gottes«* gedruckt werden, wollen auch wir nicht mü-

---

* Zeitschrift, welche über die Leistungen der Mission berichtet. Der
40. Jahrgang derselben ist 1856 erschienen.

de werden, die älteren Nachrichten in Erinnerung zu bringen. Besonders laß uns Indien nicht vergessen, diesen heiligen Boden, diese Wiege des Menschengeschlechts, wenigstens der Rasse, welcher wir angehören, woselbst zuerst Mohammedaner und nachher Christen auf das Gräue-
lichste gegen die Anhänger des heiligen Urglaubens der
Menschheit gewüthet haben und die ewig beklagenswer-
the, muthwillige und grausame Zerstörung und Verunstal-
tung urältester Tempel und Götterbilder noch jetzt die
Spuren des monotheistischen Wüthens der Mohammedaner uns vorhält, wie es von Mahmud dem Ghazneviden,
verfluchten Angedenkens, an, bis zum Aureng-Zeb, dem
Brudermörder, herab, betrieben wurde, welchen nachher
es gleich zu thun die Portugiesischen Christen sich treulich
bemüht haben, sowohl durch Tempelzerstörungen als
durch Autos de Fe der Inquisition zu Goa. Auch das auser-
wählte Volk Gottes laß uns nicht vergessen, welches, nachdem es, in Aegypten, auf Jehova's ausdrücklichen Special-
befehl, seinen alten, zutrauensvollen Freunden die darge-
liehenen goldenen und silbernen Gefäße gestohlen hatte,
nunmehr, den Mörder Moses an der Spitze, seinen Mord-
und Raubzug ins gelobte Land antrat, um es, als »Land der
Verheißung«, auf desselben Jehova's ausdrücklichen,
stets wiederholten Befehl, nur ja kein Mitleid zu kennen,
unter völlig schonungslosem Morden und Ausrotten aller
Bewohner, selbst der Weiber und Kinder, (Jos., c. 10 und
11) den rechtmäßigen Besitzern zu entreißen, – weil sie
eben nicht beschnitten waren und den Jehova nicht kann-
ten, welches Grund genug war, alle Gräuel gegen sie zu
rechtfertigen; wie ja, aus dem selben Grunde, auch früher
die infame Schurkerei des Patriarchen Jakob und seiner
Auserwählten gegen Henor, den König von Salem und sein
Volk uns (1. Mos. 34) ganz glorreich erzählt wird, weil ja
eben die Leute Ungläubige waren. Wahrlich Dies ist die
schlimmste Seite der Religionen, daß die Gläubigen einer
jeden gegen die aller andern sich Alles erlaubt halten und
daher mit der äußersten Ruchlosigkeit und Grausamkeit
gegen sie verfahren: so die Mohammedaner gegen Christen und Hindu; die Christen gegen Hindu, Mohammeda-

ner, amerikanische Völker, Neger, Juden, Ketzer u. s. f.
Doch gehe ich vielleicht zu weit, wenn ich sage alle Religionen: denn, zur Steuer der Wahrheit muß ich hinzufügen, daß die aus diesem Grundsatz entsprungenen fanatischen Gräuel uns eigentlich doch nur von den Anhängern
der monotheistischen Religionen, also allein des Juden-
thums und seiner zwei Verzweigungen, Christentum und
Islam, bekannt sind. Von Hindu und Buddhaisten wird
dergleichen uns nicht berichtet...

...In der That ist Intoleranz nur dem Monotheismus wesentlich: ein alleiniger Gott ist, seiner Natur nach, ein eifersüchtiger Gott, der keinem andern das Leben gönnt. Hingegen sind polytheistische Götter, ihrer Natur nach, tolerant: sie leben und lassen leben: zunächst dulden sie gern
ihre Kollegen, die Götter der selben Religion, und nachher
erstreckt diese Toleranz sich auch auf fremde Götter, die
demnach gastfrei aufgenommen werden und später bisweilen sogar das Bürgerrecht erlangen; wie uns zunächst
das Beispiel der Römer zeigt, welche Phrygische, Aegyptische und andere fremde Götter willig aufnahmen und ehr-
ten. Daher sind es die monotheistischen Religionen allein,
welche uns das Schauspiel der Religionskriege, Religions-
verfolgungen und Ketzergerichte liefern, wie auch das der
Bilderstürmerei und Vertilgung fremder Götterbilder, Um-
stürzung Indischer Tempel und Aegyptischer Kolosse, die
drei Jahrtausende hindurch in die Sonne gesehn hatten;
weil nämlich ihr eifriger Gott gesagt hatte: »Du sollst dir
kein Bildniß machen«, usw. –
*Parerga und Paralipomena, II, Kapitel 15: Ueber Reli-
gion, § 174: Ein Dialog, 375 – 381*

... als hätte der liebe Gott die Welt geschaffen, damit der
Teufel sie holen solle

Ein Beispiel und Beleg zu der oben erwähnten, aus der
Verbindung des Alten und Neuen Testaments entsprin-
genden Quelle des Absurden, liefert uns, unter Anderm,
die Christliche, von Augustinus, diesem Leitstern Luthers,
ausgebildete Lehre von der Prädestination und Gnade, der

zufolge Einer vor dem Andern die Gnade eben voraus hat, welche sonach auf ein, bei der Geburt erhaltenes und fertig auf die Welt gebrachtes Privilegium, und zwar in der allerwichtigsten Angelegenheit, hinausläuft. Die Anstößigkeit und Absurdität hievon entspringt aber bloß aus der Alttestamentlichen Voraussetzung, daß der Mensch das Werk eines fremden Willens und von diesem aus dem Nichts hervorgerufen sei. Hingegen erhält, – im Hinblick darauf, daß die ächten moralischen Vorzüge wirklich angeboren sind, – die Sache schon eine ganz andere und vernünftigere Bedeutung, unter der Brahmanischen und Buddhaistischen Voraussetzung der Metempsychosis, nach welcher was Einer, bei der Geburt, also aus einer andern Welt, und einem früheren Leben mitbringt und vor den Andern voraushat, nicht ein fremdes Gnadengeschenk, sondern die Früchte seiner eigenen, in jener andern Welt vollbrachten Thaten sind. – An jenes Dogma des Augustinus schließt sich nun aber gar noch dieses, daß aus der verderbten und daher der ewigen Verdammniß anheimgefallenen Masse des Menschengeschlechts nur höchst Wenige, und zwar in Folge der Gnadenwahl und Prädestination, gerecht befunden und demnach sälig werden, die Uebrigen aber das verdiente Verderben, also ewige Höllenquaal, trifft. – Sensu proprio genommen wird hier das Dogma empörend. Denn nicht nur läßt es, vermöge seiner ewigen Höllenstrafen, die Fehltritte, oder sogar den Unglauben, eines oft kaum zwanzigjährigen Lebens durch endlose Quaalen büßen; sondern es kommt hinzu, daß diese fast allgemeine Verdammniß eigentlich Wirkung der Erbsünde und also nothwendige Folge des ersten Sündenfalls ist. Diesen nun aber hätte jedenfalls Der vorhersehn müssen, welcher die Menschen erstlich nicht besser, als sie sind, geschaffen, dann aber ihnen eine Falle gestellt hatte, in die er wissen mußte, daß sie gehn würden, da Alles mit einander sein Werk war und ihm nichts verborgen bleibt. Demnach hätte er ein schwaches, der Sünde unterworfenes Geschlecht aus dem Nichts ins Daseyn gerufen, um es sodann endloser Qual zu übergeben. Endlich kommt noch hinzu, daß der Gott, welcher Nachsicht und Vergebung jeder Schuld, bis zur Feindesliebe, vorschreibt, keine übt, sondern vielmehr in das Gegenteil verfällt; da eine Strafe, welche am Ende der Dinge eintritt, wann Alles vorüber und auf nimmer zu Ende ist, weder Besserung, noch Abschreckung bezwekken kann, also bloße Rache ist. Sogar aber erscheint, so betrachtet, in der That das ganze Geschlecht als zur ewigen Quaal und Verdammniß geradezu bestimmt und ausdrücklich geschaffen, – bis auf jene wenigen Ausnahmen, welche, durch die Gnadenwahl, man weiß nicht warum, gerettet werden. Diese aber bei Seite gesetzt, kommt es heraus, als hätte der liebe Gott die Welt geschaffen, damit der Teufel sie holen solle; wonach er denn viel besser gethan haben würde, es zu unterlassen.

Parerga und Paralipomena, II, Kapitel 15: Ueber Religion, § 177: Ueber das Christenthum, 387–388

Christentum und Tier

Daß die Moral des Christenthums die Thiere nicht berücksichtigt, ist ein Mangel derselben, den es besser ist einzugestehn, als zu perpetuiren, und über den man sich um so mehr wundern muß, als diese Moral im Uebrigen die größte Uebereinstimmung zeigt mit der des Brahmanismus und Buddhaismus, bloß weniger stark ausgedrückt und nicht bis zu den Extremen durchgeführt ist... Als ein artiges Symbol des eben gerügten Mangels in der Christlichen Moral, bei ihrer sonstigen großen Uebereinstimmung mit der Indischen, ließe sich der Umstand auffassen, daß Johannes der Täufer ganz in der Weise eines Indischen Saniassi's auftritt, dabei aber – in Thierfelle gekleidet! welches bekanntlich jedem Hindu ein Gräuel sein würde; da sogar die Königliche Societät zu Kalkutta ihr Exemplar der Veden nur unter dem Versprechen erhielt, daß sie es nicht, nach Europäischer Weise, in Leder binden lassen würde: daher es sich in ihrer Bibliothek in Seide gebunden vorfindet. Einen ähnlichen, charakteristischen Kontrast bildet die Evangelische Geschichte vom Fischzuge Petri, den der Heiland, durch ein Wunder, dermaßen segnet, daß die Böte mit Fischen bis zum Sinken überfüllt werden (Luk. 5),

mit der Geschichte von dem in Aegyptische Weisheit eingeweihten Pythagoras, welcher den Fischern ihren Zug,
während das Netz noch unter dem Wasser liegt, abkauft,
um sodann allen gefangenen Fischen ihre Freiheit zu
schenken (Apul. de magia, p. 36. Bip.).

*Die beiden Grundprobleme der Ethik: Preisschrift über
die Grundlage der Moral, § 19, 241*

Anmerkungen

[1] § 174. Zitiert wird nach der von *Arthur Hübscher* besorgten Ausgabe
der Sämtlichen Werke, Wiesbaden – [2] 371 – [3] ibid. – [4] 375. Zitiert wird
in Schopenhauers Orthographie – [5] 376 – [6] 376–380 – [7] 371 –
[8] 366–368 – [9] 366 – [10] 367 – [11] § 181,416 – [12] 417 – [13] § 174, 377–379 –
[14] 382 – [15] 381 – [16] 374 – [17] Die Welt als Wille und Vorstellung I,
Bejahung und Verneinung des Willens zum Leben, 381 – [18] ibid. 383 –
[19] Die beiden Grundprobleme der Ethik, 251 – [20] Parerga und Paralipomena II, Kapitel 9: Zur Rechtslehre und Politik, §125, 263 – [21] Die
Zukunft einer Illusion, Frankfurt/Main, 133 – [22] Die Welt als Wille und
Vorstellung II, Charakteristik des Willens, 404 – [23] ibid. Von der Nichtigkeit und den Leiden des Lebens, 665 – [24] Charakteristik des Willens
zum Leben, 404 – [25] Von der Nichtigkeit und den Leiden des Lebens,
663 – [26] ibid. Ueber das metaphysische Bedürfnis des Menschen, 181 –
[27] ibid. I, 419 – [28] ibid. II, Zur Lehre von der Verneinung des Willens
zum Leben, 721 – [29] ibid. I, 421 – [30] Parerga und Paralipomena II,
Ueber Religion, § 179: Altes und Neues Testament, 404 – [31] ibid. 405 –
[32] Die Welt als Wille und Vorstellung I, Bejahung und Verneinung des
Willens, 486 – [33] Parerga und Paralipomena II, Kapitel 14, Nachträge
zur Lehre von der Bejahung und Verneinung des Willens zum Leben,
334 – [34] ibid. Ueber Religion, § 178: Ueber Theismus, 401 – [35] *Horkhei-
mer:* Schopenhauer und die Gesellschaft, in: M.Horkheimer u.
Th. W. Adorno: Sociologica II, 122, Frankfurt/Main – [36] Die Welt als
Wille und Vorstellung I, Bejahung und Verneinung des Willens, 487 –
[37] ibid. II, Ueber das metaphysische Bedürfnis des Menschen, 185.

PERCY BYSSHE SHELLEY
1792—1822

Hundert Jahre nach dem Erscheinen der zweiten Auflage von Shelleys Trauerspiel *Die Cenci* übersetzte der Dichter Alfred Wolfenstein das Stück neu ins Deutsche, ein Stück, das Byron als das bedeutendste Drama der englischen Literatur seit Shakespeare bezeichnet hat. Ein Rezensent dieser Übertragung, Karl Arns, resümierte damals, 1921, die Wirkungsgeschichte der Werke Shelleys in Deutschland: »Von 1814—1834 war Shelley in Deutschland unbekannt oder mißachtet; von 1834—1848 kam er als politischer Prophet zu Ehren; von 1850—1880 galt er als naiver, unpraktischer Träumer; 1880 beginnt eine Shelley-Renaissance, die in der Gegenwart neue Impulse erhalten hat.«[1] Zu diesen belebenden Impulsen zählt, daß der anarchistische Sozialist B. Traven (unter dem Pseudonym Ret Marut, wie Rolf Recknagel nachgewiesen hat) Shelleys *Deklaration der Menschenrechte* in der revolutionären Zeitschrift *Der Ziegelbrenner* in deutscher Sprache druckte, zählt auch die Tatsache, daß Brecht, nach seinen eigenen Worten, Shelleys Ballade *Der Maskenzug der Anarchie* als Vorbild für sein Gedicht *Freiheit und Democracy* benutzte und sich mit dem Wort »mein Bruder Shelley« zu dem älteren Dichter bekannte. Mißachtet wurde Shelley zum Beispiel von Goethe, der 1824 gesprächsweise äußerte, »überhaupt scheint Byron viel zu gut gegen ihn gewesen«[2]. Was immer den Verfasser der Prometheus-Hymne zum Tadel an dem von ihm sonst bewunderten Lord Byron bewogen haben mag — sollte gerade Byron geirrt haben, als er Shelley attestierte: »Er denkt gigantisch . . . Wenn Gedanken Licht wären und unser Planet dadurch sichtbar und wenn Raum Zeit wäre, so würden uns kommende Zeitalter durch einen kleinen Lichtstrahl, den solche Geister auswerfen, herannahen sehen.«[3]? Es ist, als wirkte die unzulängliche Goethesche Bemerkung über Shelley bis heute fort, oder sollte Georg Brandes recht behalten mit seiner Behauptung, Shelley werde »jederzeit darauf beschränkt bleiben, für ›the happy few‹ geschrieben zu haben«[4]? Tatsächlich sind seine großen revolutionären Dichtungen in Deutschland kaum bekannt und in übersetzten Anthologien nur spärlich vertreten, und seine Prosa, so scheint es, wird einfach ignoriert. Daß Shelley als »Autor hervorragender politischer Schriften« und als »bedeutender Briefschreiber« in Auswahlbänden deutscher Sprache fehle, beklagte zu Recht anläßlich seines 175. Geburtstages eine sehr auflagenstarke deutsche Tageszeitung. Sollte dies Manko eines von den zahlreichen Symptomen der heutigen deutschen Zustände, sollte auch diese fast permanente Mißachtung lebenswichtiger Literatur ein Ausdruck eines geistigen und damit eines politischen Übelstandes sein? Entspringt nicht auch die Ignoranz, die den größten Teil von Shelleys Werken trifft, einer restaurativen und konservativen Geheimkonvention, einer Parole, welche besagt, daß eben das, was große Literatur großartig macht: ihr genial formulierter Wille zur vernünftigen Weltänderung – daß genau dies nicht wörtlich, nicht ernst zu nehmen, sondern daß ausschließlich das Ästhetische an dieser Literatur relevant sei? Im Vorwort zum *Entfesselten Prometheus* sagt Shelley: »Ich gebe zu, das zu besitzen, was ein schottischer Philosoph charakterisiert als ›eine Leidenschaft, die Welt zu bessern‹: er hingegen unterläßt es zu erklären, welche Leidenschaft ihn anstachelte, sein Buch zu schreiben und zu publizieren. Ich meinerseits möchte lieber mit Platon und Lord Bacon verdammt sein, als mit Paley und Malthus in den Himmel kommen.«[5] (II, 174)

Shelley definierte sich selbst mit einer griechisch verfaßten Inschrift in einer Hütte in den Schweizer Alpen: »Ich bin Philanthrop, Demokrat und Atheist. Percy B. Shelley.«

Kein *christlicher* Demokrat also, und damit ist einer in diesem Lande auch heute noch erledigt, und wenn er ein Genie sein sollte. Erledigter als erledigt wäre aber, wer es wagte, das geheiligte Tabu Demokratie zum Gegenstand kritischer Erwägungen zu machen. Das tat Shelley, als er schrieb: »Ich will nicht den gesunden Menschenverstand dadurch beleidigen, daß ich auf der Lehre von der natürlichen Gleichheit der Menschen bestehe.« (I, 139) Im selben Jahre, 1813, schrieb er an seinen Freund Hogg: »Vielleicht wirst Du sagen, daß mein Republikanismus stolz ist; er ist gewiß weit entfernt von der Bierkneipen-Demokratie und weiß, mit welchem Lächeln er die servilen Beifallskundge-

bungen des wankelmütigen Pöbels anzuhören hat.« (IX, 45)
In Shelleys politischer Philosophie spielt die Kritik an den
Methoden der Französischen Revolution eine entscheidende
Rolle. Aus einem Brief an Godwin von 1812 geht hervor, daß
Shelley einen Essay zu schreiben begonnen hatte, dessen
Titel lauten sollte: *Eine Untersuchung über die Ursachen des
Mißerfolgs der Französischen Revolution, zum Wohle der
Menschheit* (VIII, 241). Er verwarf den jakobinischen Rigoris-
mus der Mittel zugunsten einer evolutionären Durchsetzung
politischer Forderungen ». . . mit der berechtigten Überzeugung, daß Geduld und Vernunft und Ausdauer die Voraussetzungen für einen ruhigen, doch unaufhaltsamen Fortschritt
sind« (VII, 41). »Die Morde während der Periode der Französischen Revolution und der Despotismus, der seither errichtet
wurde, beweisen, daß die Lehren der Menschenliebe und der
Freiheit nur oberflächlich verstanden wurden.« (V, 264) Ein
Fragment gebliebener Essay, den Shelley wahrscheinlich
1815 schrieb, beginnt mit dem Satz: »Das erste Gesetz,
welches ein Reformer angesichts eines nahe bevorstehen-
den, großen politischen Umschwungs vorzuschlagen und zu
begründen hätte, ist die Abschaffung der Todesstrafe.«
(VI, 185) Nicht minder scharf bekämpfte Shelley den staatlich
befohlenen Massenmord: »Krieg, aus welchen Motiven auch
immer er geführt sein mag, löscht die Empfindung der Beson-
nenheit und der Gerechtigkeit im Geiste aus . . . Er gleicht,
wie Vernünftigdenkende bemerkt haben, dem religiösen
Glauben.« (VII, 54) Und wohl als erster in der Geschichte des
Pazifismus hat Shelley auch die Ächtung des Kriegers gefordert: »Der Mensch hat kein Recht, seinen Mitmenschen zu
töten, und er ist nicht entschuldigt, wenn er es in Uniform tut.
Damit fügt er lediglich dem Verbrechen des Mordes die
Schande der Knechtschaft hinzu.« (V, 273) »Von dem Augenblick, da ein Mann Soldat ist, wird er zum Sklaven . . . Man
lehrt ihn die Verachtung menschlichen Lebens und Leidens . . . Er steht tiefer als der Mörder; . . . ein Berufssoldat ist
über alle Begriffe verabscheuungswürdig und verächtlich.«
(VII, 41) In seinem bedeutendsten Essay, *Die Reform in philosophischer Sicht,* begründet Shelley das Recht auf Widerstand gegen den Mißbrauch staatlicher Gewalt; er empfiehlt

dabei eine Methode, von der man später annahm, daß sie
eine Erfindung der afro-amerikanischen Bürgerrechtskämpfer
gewesen sei; mit erstaunlicher Einsicht in das Wesen der
Massenpsychologie beschreibt und fordert er die passive
Gruppendemonstration. Doch ist der gewaltsame Aufstand
unter folgenden Bedingungen nicht ausgeschlossen: »Der
wahre Charakter einer Mißregierung ist Elend, zuerst Unzufriedenheit und dann, falls man sie mißachtet, Aufstand als
der legitime Ausdruck dieses Elends. Die Allgemeinheit sollte
Glück fordern; die arbeitenden Klassen sind gezwungen, es
mit Gewalt zu erobern, wenn sie für ihre Arbeit keine Nahrung bekommen können. Gesetze, Versammlungen, Gerichtshöfe und delegierte Vollmachten . . . sind die Mittel und
die Formen, Substanz und Ziel jeder politischen Institution
jedoch ist das Allgemeine Glück.« (VII, 30 f.)

Warum er sich als Atheist bezeichne, diese Frage hat Shelley 1822 so beantwortet: »Ich gebrauchte das Wort, um
meinen Abscheu vor dem Aberglauben auszudrücken; ich
nahm es auf, wie ein Ritter in alten Tagen einen Handschuh
aufnahm, um dem Unrecht zu trotzen.«[6] Mit dieser Kampfan-
sage ergriff Shelley die Partei derjenigen Philosophen, welche in dem bis heute nicht abgeschlossenen großen Revi-
sionsprozeß immer wieder Anklage erhoben haben gegen die
mächtigste Komplizin der Gewaltherrschaft: gegen die Religion. 1811 äußerte Shelley in einem Brief: ». . . meine Ablehnung der *geoffenbarten* Religion entstammt meiner vollendeten Überzeugung von ihrer Unzulänglichkeit für das Glück
der Menschen — auf diese Quelle kann *ich* Mord, Krieg,
Intoleranz zurückführen—, meine Ablehnung der *natürlichen*
erwächst aus der *Vernunft*. Ich war *einst* ein enthusiastischer
Deist, aber niemals Christ.« (VIII, 89) Im selben Jahre, als
neunzehnjähriger Student, verfaßte Shelley den Essay *Die
Notwendigkeit des Atheismus;* er wurde dafür mit der Relega-
tion von der Universität Oxford bestraft. Dieser Essay bildet
eine Art formallogischen Auftakt zur Philosophie seiner
späteren Schriften, vor allem seiner revolutionären Dichtungen *Königin Mab, Laon und Cythna, Rosalind und Helena*
und seiner Dramen *Der entfesselte Prometheus* und *Die Cenci*—Werke, mit denen ihr Autor nicht zuletzt eine fortgesetzte

und gewaltige Anklage gegen das Christentum erhob. Der Kampf gegen das Prinzip »Gott« ist eine Teiloperation der permanenten Kampagne, die Shelley den »Menschheits-krieg« nannte (I, 252).

Im Vorwort zu seinem letzten Drama, *Hellas* – Georg Brandes bezeichnete es als »eine Weissagung der Befreiung Griechenlands«, als das »moderne Seitenstück zu Aeschylos' *Persern*«[7] –, schreibt Shelley: »Dies ist das Zeitalter des Krieges der Unterdrückten gegen die Unterdrücker, und jene Rädelsführer der privilegierten Mörder- und Gaunerbanden, Landesherren genannt, sehen sich untereinander nach Hilfe um gegen den gemeinsamen Feind und stellen die Feindseligkeiten gegeneinander nur ein angesichts einer mächtigeren Furcht. Alle Despoten dieser Erde sind im Grunde Mitglieder dieser Heiligen Allianz.« (III, 9) Der Kampf gegen die Hypothese »Gott«, gegen den »gnädigen und rachevollen Gott«, welcher, »ein Urbild menschlicher Tyrannenherrschaft« (Strodtmann, 58), als metaphysische Projektion der Monarchie erfunden wurde – dieser kämpferische Atheismus ist die Voraussetzung für die Unschädlichmachung jenes Hauptinstruments jahrhundertelanger Gewaltherrschaft, dessen Name Christentum lautet. Über den Gott der Christenheit schrieb Shelley 1811 an Elisabeth Hitchener: »Mein Wunsch, Sie von seiner Nicht-Existenz zu überzeugen, ist zweifach: erstens um der Wahrheit willen, zweitens, weil ich darin die gründlichste Methode zur Ausrottung des Christentums sehe.« (VIII, 101) Indes differenziert Shelley seinen Atheismus vom erkenntnistheoretisch erforderlichen Agnostizismus: »Die Hypothese eines das Weltall durchdringenden und gleich ihm ewigen Geistes bleibt unangetastet.« (Strodtmann, 109) Ähnlich scharf unterscheidet Shelley zwischen den nach seiner Überzeugung bejahenswerten Lehren Jesu Christi und dem zur Staatsreligion verkommenen Christentum: »Ein Bündnis von Kirche und Staat – konträr den Grundsätzen und der Praxis Jesu, konträr jener Gleichheit, welche er in vergeblichem Bemühen die Menschheit lehrte – ist von allen Institutionen, die wegen ihrer verrosteten Urtümlichkeit verehrungswürdig genannt werden, am wenigsten qualifiziert, freimütigen und kühlen Erwägungen standzuhal-

ten, weil es am wenigsten zum Glück der Menschheit führt.«
(V, 258) Urheber und Prototyp dieser verhängnisvollen Allianz ist Kaiser Konstantin I., »dieses Ungeheuer Konstantin«
(VI, 38), »das christliche Reptil« (X, 14), wie Shelley ihn genannt hat. Wer das Christentum anzufechten versuche, müsse »es sich gefallen lassen, daß die öffentliche Meinung Mörder und Verräter ihm vorzieht« (Strodtmann, 124), konstatierte Shelley im Jahre 1813. Gleichwohl beruhte es nicht auf
seinem radikalen Atheismus allein und auch nicht nur auf
seinem konsequenten Republikanismus, daß Shelley als vielleicht fortschrittlichster Schriftsteller seiner Epoche zugleich
ihr verhaßtester und erfolgsloster war.

Shelley repräsentierte mit grandioser Leuchtkraft einen un-
erhört neuen Typus, einen, der es wagt, die gesamte Zivilisation der Restaurationszeit zur Veränderung ihrer Grundlagen
herauszufordern – einen sehr unzeitgemäß vorauseilenden
philosophischen Künstlertypus, der mit Hilfe unverwirklich-
ter Ideen großer Vorläufer den Beginn einer besseren, weniger unglücklichen Menschheitsepoche herbeiführen will.
»Die jetzt bestehende Gesellschaftsordnung muß von den
Fundamenten her mitsamt allen Maximen und Erscheinungs-
formen ihres Überbaus umgestürzt werden; solange das nicht
geschieht, werden wir im Umgang mit allen außer wenigen
erlesenen Geistern nichts als Enttäuschung finden. Diese
Krankheitskur scheint nicht von der leichtesten Sorte zu sein.
Aber die wenigen Starken und Großmütigen sind nichtsdestoweniger gehalten, sie mit aller Kraft anzustreben.« (X, 163)
Diese Zumutung hat ihm die Christenheit und Europa anscheinend bis heute nur widerstrebend verziehen. Nicht das
angeblich Unverständliche und Esoterische seines Lyrismus,
sondern Shelleys utopischer Realismus, die wohlverstandene
universale Tendenz seiner Schriften provozierte den wütenden Haß der zeitgenössischen englischen Presse. Daher
konnte es »unmöglich ein pestilenzialischeres Gemisch von
Gotteslästerung, Empörungsgeist und Sinnlichkeit«[8] geben,
als den *Entfesselten Prometheus,* deshalb sind *Die Cenci* »das
abscheulichste Produkt der Zeit und scheinen das Erzeugnis
eines Teufels zu sein«[9]. Das Gedicht *Königin Mab* von 1813,
diese strahlende Vision eines atheistischen Menschheitspara-

dieses, trägt den Untertitel: »Ein philosophisches Gedicht; mit Anmerkungen«. Auf dem Titelblatt steht unter Voltaires »Ecrasez l'infâme!« als zweites Motto ein Zitat aus Lukrez' *De rerum natura,* worin es heißt: »denn ich ... suche aus dem verstrickten Netz der Religionen die Seele loszuwinden«; das dritte Motto ist das Wort des Archimedes: »Gib mir einen festen Punkt, und ich werde die Welt aus den Angeln heben.« Diese ins Philosophisch-Revolutionäre abgewandelte Devise, die als alleiniges Motto 1818 auf dem Titelblatt von *Laon und Cythna* wiedererscheint, beweist Shelleys Überzeugtheit von der Bedeutung der Philosophie als Ausgangspunkt aller Kultur. Und merkwürdig genug, dieser neben Byron größte englische Dichter seiner Epoche hat gesagt: »Ich betrachte die Dichtkunst als den moralischen und politischen Wissenschaften sehr untergeordnet, und wenn es mir besser ginge, würde ich mich sicherlich um letztere bemühen.« (X, 21) In der Tat plante Shelley, ein großangelegtes Werk zu schreiben, »eine systematische Geschichte dessen«, was ihm »die genuinen Elemente der menschlichen Gesellschaft« (II, 175) zu sein schienen. In einer imaginären Rede an eine zukünftige Regentin spricht er zu ihr: »Die Kunst, die dir anvertraute Macht zum Wohle derer auszuüben, die sie anvertrauen, ... ist die edelste, größte und universalste aller Künste.« (VI, 269)

Georg Borchardt

Aufklärung und Anklage

Die ersten Zweifel an der Wahrheit der christlichen Religion als einer göttlichen Offenbarung, welche sich in meinem noch knabenhaften Geiste regten, wurden hervorgerufen durch Nachdenken über den Genius und die Tugenden Griechenlands und Roms. Sollen Sokrates und Cicero verdammt sein, während der unbedeutendste Landarbeiter im modernen England das ewige Leben erbt? Ich will nicht behaupten, daß dies das erste Argument ist, mit dem ich die Irrtümer des Aberglaubens bekämpfen würde; aber es war sicherlich das erste, welches auf mich wirkte, um mich davon zu überzeugen, daß es Irrtümer seien. *VIII, 337*

... Was die Divinität betrifft, ich habe sie mir zum Gegenstand peinlich genauer Forschung gemacht, um zu meiner Genugtuung die unverschämten und widersinnigen Lügen der Pfaffenpolitik aufzudecken... *VIII, 54*

O! ich brenne vor Ungeduld auf den Zeitpunkt der Abschaffung des Christentums; es hat mich beleidigt... Ich will das erbärmliche Wesen heimlich erstechen. Laß uns hoffen, daß die beigebrachte Wunde, obwohl der Dolch verborgen ist, im Herzen unseres Widersachers schwären wird. *VIII, 24*

Ich behaupte..., daß die Religion das Kind des kalten Vorurteils und der egoistischen Angst ist. Liebe zu Gott, zu Christus und zum Heiligen Geist (das ist alles dasselbe) entspringt gewiß letzterem Motiv. *VIII, 75*

Barbarische und unzivilisierte Völker haben übereinstimmend, unter verschiedenen Namen, einen Gott angebetet, dessen Modell sie selber waren; rachsüchtig, blutdürstig, kriecherisch und launisch. *VI, 33*

Als Kindern gibt man uns ein Buch in die Hände, das die Bibel heißt und dessen Inhalt in Kürze folgender ist: In sechs Tagen erschuf Gott die Erde, und pflanzte daselbst einen köstlichen Garten, in welchen er das erste Menschenpaar setzte. In der Mitte des Gartens pflanzte er einen Baum, dessen Frucht zu berühren ihnen verboten war, obschon sie dieselbe erreichen konnten. Der Teufel, in Gestalt einer Schlange, beredete sie, von dieser Frucht zu essen; dafür verdammte Gott sowohl diese Menschen, wie ihre noch ungeborene Nachkommenschaft, seiner Gerechtigkeit durch ihr ewiges Elend Genüge zu thun. Viertausend Jahre nach diesen Ereignissen (während welcher Zeit das Menschengeschlecht unerlöst ins Verderben hinabgesunken war) schwängerte Gott die Verlobte eines Zimmer-

manns in Judäa (deren Jungfräulichkeit nichtsdestoweniger unverletzt blieb), und zeugte einen Sohn, dessen Name
Jesus Christus war, und der gekreuzigt wurde und starb,
damit keine Menschen mehr dem Höllenfeuer überantwortet würden, indem er die Last der Ungehaltenheit seines Vaters als Stellvertreter auf sich nahm. Das Buch besagt ferner, daß die Seele eines Jeden, der nicht an dieses
Opfer glaubt, in ewigem Feuer brennen werde. – Während
vieler Jahrhunderte des Elends und der Finsternis fand
diese Geschichte unbedingten Glauben; allein endlich
standen Männer auf, welche argwöhnten, daß sie Fabel
und Betrug sei, und daß Jesus Christus, weit entfernt, ein
Gott zu sein, nur ein Mensch, gleich ihnen selbst, gewesen.
Aber eine zahlreiche Menschenklasse, welche enormen
Gewinnst aus jener Meinung, in der Gestalt eines bei dem
Volk herrschenden Glaubens, zog und immer noch zieht,
sagte der Menge, wenn sie nicht an die Bibel glaube, werde sie ewiglich verdammt werden, und verbrannte, verhaf-
tete und vergiftete alle vorurtheilsfreien und vereinzelten
Forscher, welche gelegentlich aufstanden. Sie unterdrückt
dieselben noch immer, soweit das Volk, welches jetzt auf-
geklärter geworden ist, Solches gestatten will.

Strodtmann, 122 f.

In der Tat bilden Religion und Moral, wie sie gegenwärtig
beschaffen sind, ein praktisches Gesetzbuch des Elends
und der Knechtschaft; der Genius des menschlichen Glük-
kes muß jedes Blatt aus dem verruchten Gottesbuche reißen, bevor der Mensch die Schrift in seinem Herzen lesen
kann.   *Strodtmann, 102*

Im Namen all dessen, was wir von der menschlichen Natur
erhoffen – was geht in den Menschen Englands vor? Oder
vielmehr wie lange werden sie und diejenigen, deren
ererbte Pflicht es ist, sie zu führen, die ungeheuerlichen
Exzesse ertragen, deren Opfer sie heute und deren Werkzeuge sie morgen sind? ... Zunächst erfahren wir, daß ein
Trupp wütender Fabrikbesitzer mit scharfen Säbeln auf
eine Menge ihrer verhungernden Arbeiter losgelassen

wird und daß sie, trotz den Einwendungen der regulären
Truppen, in diese hineinreiten und sie ohne Unterschied
von Geschlecht oder Alter niedermetzeln, daß sie Frauen
die Brüste abschneiden und Kindern die Köpfe auf Steinen
zerschmettern. Dann erreicht uns die Nachricht, daß ein
Mann eines unsagbaren Verbrechens für schuldig befunden worden sei, welches seine Ankläger Gotteslästerung
nennen; bezeichnend dafür sei unter anderm, so informiert
man uns, die Leugnung, daß die Ermordung der Kinder
und die Schändung der Frauen auf unmittelbaren Befehl
des Urhebers und Erhalters aller Dinge erfolgt sei. Und so
sehen wir zur selben Zeit einerseits Menschen sich anma-
ßen, aufgrund öffentlicher Autorität zu handeln, indem sie
die Niedertramplung und Ermordung einer unbewaffneten Menge, ohne Unterschied von Geschlecht oder Alter,
in die Tat umsetzen und andrerseits ein Tribunal, welches
Menschen dafür bestraft, daß sie behaupten, Taten eben
dieser Art, transponiert in entfernte Zeiten und Länder,
seien nicht auf Befehl Gottes begangen worden. Wenn
nicht hierfür, weswegen wurde Herr Carlisle denn angeklagt? Deshalb, weil er die Göttlichkeit Christi anficht? Ich
bestreite sie. Weil er verneinte, daß die gesamte Masse der
alten hebräischen Literatur von göttlicher Autorität sei? Ich
leugne sie. Ich hoffe, daß dies keine Gotteslästerung ist
und daß mich die Feindseligkeit unserer politischen Gegner nicht nach Hause schleppen soll, um dem abergläubischen Fanatismus der herrschenden Sekte zum Opfer
gebracht zu werden. Aber ich bin bereit, meine Pflicht zu
tun und alle damit verbundenen Konsequenzen zu tragen... Ist Herr Carlisle der einzige Deist und Herr Paine
der einzige deistische Schriftsteller, daß diese schweren
Strafen die Person des einen treffen und diese wilden Ver-
wünschungen von seiten der Anklage gegen das Werk des
anderen ausgehen? Wie! war Hume kein Deist? ... Ist Herr
Bentham etwa kein Deist? ... Warum klagt man nicht
Herrn Bentham an oder Sir William Drummond? Warum
vernichtet man einen verhungernden Buchhändler...?
...Im Falle eines Angriffs gegen irgendeinen von den ari-
stokratischen Deisten würde das Risiko einer Niederlage

zu groß und die Aussicht auf Erfolg zu gering sein. Und die
Ankläger kümmert Religion wenig oder nur so viel, als sie
die Maske und das Gewand abgibt, womit man weltliche
Macht symbolisch bemäntelt. Die Carlisle anklagen, haben den Aberglauben der Geschworenen als Werkzeug
zur Vernichtung eines politischen Gegners benutzt, oder
vielmehr schlagen sie in seiner Person alle politischen
Feinde.   *X, 105 ff.*

Wofür ... wird Herr Eaton bestraft? – Weil er Deist ist?[10] –
Und was sind Sie, Mylord? Ein Christ. Aha! Die Maske ist
gefallen; Sie verfolgen ihn, weil sein Glaube von dem Ihrigen abweicht. Mit Ihren Handlungen kopieren Sie die Verfolger des Christentums und sind ein zusätzlicher Beweis
dafür, daß Ihre Religion so blutig, barbarisch und intolerant
ist wie jene ... Die schrecklichen und tief verheerenden
Abnormitäten, die wie Kometen durch die Finsternis des
abergläubischen gotischen Zeitalters glühen, werden von
den Moralisten für nichts andres als die notwendigen Wirkungen bekannter Ursachen erachtet; aber wenn eine aufgeklärte Epoche und Nation sich durch eine Tat auszeich-
net, welche nur zu Barbaren und Fanatikern paßt, dann
sieht sich die Philosophie selber zu bezweifeln veranlaßt,
ob die menschliche Natur jemals die Anfälligkeit und den
Schwachsinn ihrer Kindheitsstufe hinter sich lassen wird.
Das System der Verfolgung, bei dessen Neugeburt Sie,
Mylord, zu den führenden Hebammen gehören, ist ebenso
kraftlos und verrucht wie widersinnig. Die Druckereien
sind angefüllt mit dem, was man (ironischerweise, möchte
ich meinen) *Beweise* der christlichen Religion nennt. Diese
Bücher sind voll von Schmähungen und Verleumdungen
Ungläubiger, sie unterstellen, daß einer, der das Christen-
tum ablehnt, gänzlich der Vernunft und des Gefühls beraubt sein müsse. Sie stellen die ungesichertsten Behauptungen auf und nehmen die umwerfendsten Dogmen als
Urprinzipien an. Die aus diesen Prämissen gezogenen
Schlußfolgerungen sind imponierend logisch und korrekt;
aber wenn ein Fundament schwach ist, bedarf es keines
Architekten mehr, um die Instabilität des darüber errichte-

ten Gebäudes vorherzusagen. – Wenn die Wahrheit des
Christentums unbestreitbar ist, zu welchem Zweck sind
diese Bücher dann geschrieben? Wenn sie genügen, um
dieselbe zu beweisen, wozu sind weitere Auseinandersetzungen nötig? *Wenn Gott gesprochen hat, warum ist das
Universum nicht überzeugt?*
(Aus dem »Brief an Lord Ellenborough«) V, 283 ff.

Ein beschränkter Verstand ist nur insofern verantwortlich
für die Folgen seiner Tätigkeit, als er sie vorhersah oder
hätte absehen können; die Allwissenheit jedoch wäre offensichtlich mit allen Konsequenzen ihres Verhaltens zu
belasten. Das Christentum selbst lehrt doch, daß der Wert
des Baumes nach der Qualität seiner Früchte bestimmt
werden solle.   *VI, 37*

Bibel, Dogmen, Glaube

Übrigens schreibt Moses die Geschichte seines eignen Todes; was eine beinah so außerordentliche Angelegenheit
ist wie die Schöpfung der Welt zu beschreiben.   *VIII, 228*

Die widerlichen und minuziösen Obszönitäten, zu welchen
sich die inspirierten Schreiber immer wieder erniedrigen,
die unflätigen Vorschriften, die als von Gott persönlich
erlassen beschrieben werden (siehe Hos., Kap. 1 und 9;
Ezech., Kap. 4, 16 und 23), die gänzliche Mißachtung der
Wahrheit und die Verachtung der elementaren moralischen Grundsätze, wie sie sich bei den meisten öffentlichen Gelegenheiten durch die erwählten Günstlinge des
Himmels manifestieren – all das könnte verderblich wirken, wäre es nicht so abscheulich, um Ekel zu erregen.
Wenn der Anführer dieser obskuren und brutalen Horde
von Meuchelmördern versichert, der Gott des Weltalls sei
in einer Kiste aus Shittim- (= Akazien-) Holz eingesperrt,
...lächle ich über die Dreistigkeit eines derart leichtfertigen Schwindels. Aber es ist eine in ihrer Art scheußlichere
und beispiellose Blasphemie, zu behaupten, der Allmächtige Gott habe Moses ausdrücklich befohlen, ein harmloses

Volk zu überfallen und wegen unterschiedlichen Gottes-
dienstes jedes seiner Lebewesen vollkommen zu vernichten, jedes Kind und jeden unbewaffneten Mann kaltblütig
zu ermorden, die Gefangenen abzuschlachten, die Ehefrauen in Stücke zu hauen und allein die jungen Mädchen
für Beischlaf und Notzucht zu schonen.[11]   *VI, 34*

Jesus selbst... sagt seine eigne Ankunft in den Wolken
voraus, um eine Periode übernatürlicher Trostlosigkeit zu
vollenden, ehe die Generation, zu welcher er sprach, da-
hingegangen sein würde (Matth., Kap. 24). Achtzehnhundert Jahre sind vergangen, und kein dementsprechendes
Ereignis ist vorgekommen.   *VI, 40*

Die Ankunft Christi wurde... gute Nachricht genannt; es
fällt schwer zu glauben, wie jene Nachricht *gut* sein *könnte*, welche mehr als die Hälfte der Menschheit dem Teufel
überantworten soll, denn, wie der hl. Athanasius sagt,
»wer nicht glaubt, der soll in ewiges Feuer kommen« – als
ob der Glaube eine Sache des Wollens oder des Handelns
und nicht (was er tatsächlich ist) eine Leidenschaft des
Gemüts wäre.   *VIII, 52*

Ich würde die Existenz *eines solchen* Gottes bezweifeln,
der, wenn er uns nicht befehlen kann, aus LIEBE Ehrfurcht
vor ihm zu haben, *allen Ernstes* Verehrung aus Tugend
verlangt, die durch Terror erzielt wird.   *VIII, 131*

Man kann nicht genau ermitteln, inwieweit Jesus Christus
seine Lehren den Auffassungen seiner Zuhörer angepaßt
oder in welchem Umfang er wirklich all das gesagt hat, was
von ihm berichtet wird. Er selber hat keine schriftlichen
Aufzeichnungen hinterlassen, und wir sind nach den unvollkommenen und dunklen Informationen zu urteilen gezwungen, welche seine Biographen, zweifellos Persönlichkeiten von sehr undiszipliniertem und unkritischem Geist,
der Nachwelt überliefert haben. Diese Verfasser, unsere
einzigen Gewährsmänner, unterstellen Jesus Christus Gesinnungen, welche sich plump widersprechen. Sie stellen

ihn als abergläubisch beschränkt oder ausnehmend rachsüchtig und gehässig dar. Sie schalten mitten in eine Passage leidenschaftlicher Beredsamkeit oder weisester Ermahnung einen Gedanken ein, der einzig wegen seiner unverhüllt faselnden Narrheit merkwürdig ist. Aber es ist nicht schwierig, die Erfindungen, mit welchen diese Historiker die Lücken der Überlieferung füllten oder die Simplizität der Wahrheit korrumpierten, von der wirklichen Natur des Gegenstandes ihrer rüden Bewunderung zu unterscheiden. Die von ihnen hinterlassenen klaren Andeutungen über den wahren Charakter Jesu Christi reichen aus, um ihn für immer von dem Makel zu befreien, den sie ihm in ihrer Unwissenheit und ihrem Fanatismus angedichtet haben. Wir entdecken, daß er ein Feind der Unterdrückung und der Lüge, daß er der Anwalt gleichen Rechts ist, und daß er weder Blutvergießen noch Betrügerei zu sanktionieren gesonnen ist, unter welchem Vorwand auch immer man diese Taten rechtfertigen mag. *VI, 240*

Gegen das Dogma von der Unbefleckten Empfängnis
Trägt eine so ungeheuerliche und widerwärtige Absurdität nicht ihre eigene Schmach und Widerlegung in sich?
Strodtmann, 131

Kann Gott *Drei sein?* *VIII, 227*

Analogie scheint die Meinung zu unterstützen, daß das Christenthum, da es gleich andern Religionssystemen entstanden ist und sich ausgebreitet hat, auch gleich diesen in Verfall gerathen und untergehen werde; daß, da Gewalt, Finsterniß und Betrug, nicht Vernunftgründe und Überzeugung, ihm Eingang bei dem Menschengeschlechte verschafft haben, es veralten werde, wenn die Begeisterung geschwunden ist und die Zeit, diese untrügliche Widerlegerin irriger Ansichten, seine vorgeblichen Beweisstücke in das Dunkel des Alterthums gehüllt hat; daß nur Miltons Gedicht der Erinnerung an seine Absurditäten Dauer verleihen, und daß man über »Gnade«, »Glauben«, »Erlösung« und »Erbsünde« ebenso herzlich lachen werde, wie

man jetzt über die Metamorphosen Jupiters, die Wunder
der römischen Heiligen, die Wirksamkeit der Zauberei und
das Erscheinen abgeschiedener Geister lacht.

Strodtmann, 124 f.

Eine possierliche Geschichte wird, unter anderen, von Jesus Christus erzählt. Nachdem er eine Legion von Teufeln
in eine Schweineherde getrieben habe, seien die Säue
wegen dieser bösen Feinde so außer Fassung geraten, daß
sie sich über einen Abgrund in einen See stürzten und
ertranken. Es handelte sich dabei um eine Gesellschaft
hypochondrischer und hochherziger Schweine, sehr un-
ähnlich allen anderen, von denen wir authentische Über-
lieferungen besitzen.   *VII, 98*

Christentum und christliche Politik als Perversion der jesuanischen Lehre

Dies allein würde die Lüge des Christentums demonstrieren: daß nämlich die so bezeichnete Religion der mächtigste Bundesgenosse und das stärkste Bollwerk jenes Systems der erfolgreichen Gewalt und des Betrugs und der
eigennützigen Leidenschaften ist, aus welchem es seinen
Ursprung und seine Dauerhaftigkeit ableitet, eines Systems, dem Jesus Christus den kompromißlosesten Krieg
erklärte und dessen Zerstörung das große Ziel seines Lebens gewesen zu sein scheint.   *VI, 255*

Religion... ist zuinnerst verknüpft mit Politik und vermehrt in hohem Grade die Mißstände, die aus dem ehmals
herrschenden System resultieren... Krieg, Meuchelmord,
die Sizilianische Vesper, das Blutbad von St. Bartholo-
mäus, Lord G. Gordons Pöbel und der gegenwärtige Zustand der religiösen Angelegenheiten können meine Behauptung weitgehend erklären. – Und Freiheit! – Arme
Freiheit! Gerade die Religiösen, die so laut nach dir schrei-
en, benutzen deinen Namen nur als Maske, damit sie ja die
Fackel ergreifen und sich dadurch erkenntlich zeigen dürfen, daß sie ihren Befreier verbrennen... Dies ist das Reich
des Schreckens, welches die Religion gründet... *VIII, 131*

Dieselben Mittel, welche jeden anderen volksthümlichen
Glauben gestützt haben, haben das Christenthum gestützt. Krieg, Einkerkerung, Meuchelmord und Lüge; Thaten beispielloser und unvergleichlicher Roheit haben es zu
Dem gemacht, was es ist. Das Blut, welches die Bekenner
des Gottes der Barmherzigkeit und des Friedens seit der
Einführung seiner Religion vergossen haben, würde wahrscheinlich genügen, um die Anhänger aller anderen Sekten, die jetzt auf der Erdkugel wohnen, zu ersäufen.

Strodtmann, 124

Seit dem Zerfall des römischen Imperiums, jenes ungeheuren und erfolgreichen Entwurfs zur Versklavung des
höchstzivilisierten Teils der Menschheit, bis zur gegenwärtigen Epoche, ist eine Reihe von Entwürfen in kleine-
rem Maßstabe gelungen, welche auf das gleiche Ziel hin-
arbeiteten. Meinungen Jesu Christi und aus seiner Le-
bensgeschichte entlehnte Begriffe wurden als Symbole der
Herrschaft und des Betrugs benutzt; und ein System der
Freiheit und Gleichheit (denn als solches predigte es dieser
große Reformator) wurde pervertiert, um die Unterdrük-
kung zu rechtfertigen ... Das war der Ursprung der katholischen Kirche, welcher, mitsamt den verschiedenen Dyna-
stien, die sich damals in Europa zu konsolidieren begannen, wenn man ihn interpretiert, einen Plan bedeutet,
demzufolge die schlauen und eigennützigen Wenigen die
Ängste und Hoffnungen der unwissenden Vielen ausge-
beutet haben, um ihre eigne Macht zu etablieren und die
wirklichen Interessen aller zunichte zu machen.   *VII, 5*

Ich will zugeben, daß eine einzige Vorhersage Jesu Christi
unbestreitbar eingetroffen ist. *Ich komme nicht Frieden zu
bringen auf Erden, sondern das Schwert.* Das Christentum
kam tatsächlich dem Judentum an Grausamkeit gleich und
übertraf es im Ausmaß des Elends ... Vergebens wird man
mir sagen, daß diese schrecklichen Auswirkungen nicht
dem Christentum, sondern dessen Mißbrauch entspran-
gen. Keine solche Entschuldigung wird helfen, die Ungeheuerlichkeiten einer angeblich göttlichen Religion zu bemänteln.

VI, 37

Es ist klar genug, daß kein allwissendes Wesen jemals den
Plan ersann, die Welt durch das Christentum zu verbes-
sern. Eine Allwissenheit würde sicherlich die Mangelhaf-
tigkeit jenes Systems vorhergesehen haben, welches nicht
nur grenzenlos unfähig gewesen ist, die übelwollenden
Neigungen der Menschen in Schranken zu halten, sondern
äußerst aktiv, ihnen Vorschub zu leisten, wie die Erfahrung
lehrt. Welchen heilsamen Einfluß übte denn das Christentum tatsächlich auf die Welt aus, die es zu erleuchten beab-
sichtigte, während der Epoche zwischen der Verlegung
der kaiserlichen Residenz nach Konstantinopel im Jahre
328 und dessen Eroberung durch die Türken, 1453? Nie
zuvor war Europa der Schauplatz für so unaufhörliche und
blutige Kriege gewesen; niemals waren die Menschen
durch Unwissenheit so verroht und durch Sklaverei erniedrigt.   *VI, 36 f.*

Die Strafen, die dieses Ungeheuer Konstantin, der erste
christliche Kaiser, über die Freuden unerlaubter Liebe verhängte, sind so unvergleichlich schwer, daß kein moderner
Gesetzgeber sie für die grausamsten Verbrechen hätte
festsetzen können. Dieser kaltblütige und scheinheilige
Rohling durchschnitt seinem Sohn die Kehle, erdrosselte
seine Frau, ermordete seinen Schwiegervater und seinen
Schwager und unterhielt an seinem Hofe eine Clique blut-
dürstiger und bigotter christlicher Priester, von denen ein
einziger genügt hätte, die eine Hälfte der Menschheit zur
Abschlachtung der anderen aufzureizen.   *VI, 38*

Die Inquisition wurde eingerichtet, und im Laufe eines
Jahres verbrannte man in Italien und Spanien 30 000 Menschen deswegen, weil sie anderer Meinung waren als der
Papst und die Priester. Es geschah eine Tat von empören-
der Barbarei, welche der römisch-katholische Klerus auf
Anordnung des Papstes in Frankreich beging. Die bigotten
Mönche dieses Landes schlachteten in einer Nacht kaltblütig 80 000 Protestanten ab; dies wurde unter der Autorität des Papstes getan, und nur ein römisch-katholischer
Bischof besaß genug sittliche Kraft, um seine Hilfe dabei zu
verweigern.   *V, 218*

Examinieren wir nun die protestantische Religion. Ihr Ursprung wird Reformation genannt. Sie wurde ins Werk
gesetzt von einigen frömmelnden Männern, welche zeigten, wie wenig sie den Geist der Reformation verstanden,
dadurch daß sie einander verbrannten ... Halten nun die
Protestanten an denselben Lehren fest wie zu der Zeit, als
Calvin den Servetus verbrennen ließ, oder nicht? Sie
schwören, daß sie es tun. Wir können keinen besseren
Beweis haben. *V, 220*

Es gibt nichts, was dem humanistischen und dem philosophischen Geist größeren Schmerz verursachen könnte als
das Nachdenken darüber, wie sehr der Aberglaube den
Fortschritt des Intellekts und infolgedessen das Glück der
Menschen verzögert hat. *VI, 213*

»Barbaren und Hellenen«

Es stellte den Gründer des Karthäuserordens dar, wie er
sich in der Wüste in Askese übte, in der Gesellschaft eines
Kindes, das ihm zur Seite an einem Altar kniete. Auf einem
anderen Altar befanden sich ein Totenschädel und ein
Kruzifix... Ich sah niemals eine Gestalt wie diesen Kerl.
Sein Gesicht war runzlig wie getrocknete Schlangenhaut
und in langen harten Linien gezeichnet. Selbst seine Hände waren faltig. Er sah aus wie eine wiederbelebte Mumie.
Er war mit einem Gewand aus leichenfarbenem Flanell
bekleidet, welches man sich als ein Leichentuch vorstellen
mag, worin ein Toter ein oder zwei Monate gehüllt war. Es
war von einer gelben, verwesten, gräßlichen Farbe, die
sich auf alle Gegenstände ringsum niederschlug, so daß
Hände und Gesicht des Karthäusers und seines Gefährten
in diesem Grabesschimmer wie von einer Gelbsucht befallen wirkten. Warum Bücher gegen die Religion schreiben,
wenn man solche Bilder aufhängen kann? Aber entweder
will die Welt nicht oder kann nicht sehen.
Über ein Bild von Guercino, IX, 345 f.

Ich beneide Sie um die erste Lektüre des Theokrit. Waren
die Griechen nicht ein herrliches Volk? ... Wer weiß, ob
unter dem stetigen Fortschritt, den Philosophie und soziale
Einrichtungen gemacht haben würden (denn in dem Zeit-
abschnitt, den ich meine, vollzog sich dieser Fortschritt
schnell und sicher), bei einem Volk der allervollkommen-
sten physischen Beschaffenheit – ob die christliche Religion entstanden sein würde oder die Barbaren die Trümmer der Zivilisation überrannt haben würden, welche die
Eroberungen und die Tyrannei der Römer lebendig über-
standen hatten? Was hätte dann aus uns werden können?
So wie es tatsächlich ist, bringt jeder von uns, der irgend
etwas wert ist, seine Mannesjahre damit zu, die Narrheiten
seiner Jugend zu verlernen oder ihre Fehler zu büßen. Wir
sind überfüttert mit Vorurteilen; und unsere wechselseiti-
gen Leidenschaften sind so abgerichtet, daß wir intolerant
und pedantisch steif werden, wenn wir sie bezähmen, weil
wir sie nicht vernunftgemäß, sondern einem Irrtum entsprechend zügeln, und daß wir uns und anderen allerhand
Unheil zufügen, falls wir sie nicht in Schranken halten.
Unsere Einbildungskraft und unser Denkvermögen sind
gleichermaßen dem absurdesten Reglement unterworfen:
so viel über Theokrit und die Griechen.   *X, 123*

Anmerkungen

[1] *Lawrence Mardsen Price,* Die Aufnahme englischer Literatur in
Deutschland 1500–1960. Deutsch von Maxwell E. Knight, Bern 1961,
318 f. – [2] *Biedermann,* Gespräche, Bd. 5, 107 – [3] *Edmund Blunden,*
Shelley, übersetzt von Irmgard Kutscher und Karl Bahnmüller, Düs-
seldorf/Frankfurt a. M. 1948, 440 f. – [4] *Georg Brandes,* Die Hauptströ-
mungen der Literatur des 19. Jahrhunderts, übersetzt von Adolf
Strodtmann, Berlin 1872–1876, Bd. 4, 369 – [5] The Complete Works of
Percy Bysshe Shelley, Newly Edited by *Roger Ingpen* and *Walter E.
Peck* in Ten Volumes, London/New York 1965. Die römischen Ziffern
im Text beziehen sich auf die Bände dieser Ausgabe; nach ihr wurde
für den Zweck dieses Buches neu übersetzt, mit Ausnahme solcher
Textstellen, die mit dem Namen des Übersetzers Strodtmann gekenn-
zeichnet sind. Diese entstammen dem umfangreichen Anmerkungs-
teil, den Shelley dem Gedicht »Queen Mab«beigefügt hat (Percy B.
Shelley's Ausgewählte Dichtungen, Deutsch von *Adolf Strodtmann,*
Hildburghausen 1866, Erster Teil). – [6] *Brandes,* Bd. 4, 327*– [7] ebd.
370 – [8] ebd. 321 – [9] ebd. 375 – [10] Daniel Isaac Eaton, ein Mann von

mehr als sechzig Jahren, hatte im Jahre 1812 den dritten Teil von Thomas Paines *Zeitalter der Vernunft* publiziert; er wurde dafür unter dem Vorsitz von Lord Ellenborough zu achtzehn Monaten Gefängnis und außerdem dazu verurteilt, einen Monat lang täglich eine Stunde am Pranger zu stehen. (Nach einer Anmerkung des Herausgebers.) – [11] Hier zitiert Shelley in einer Anmerkung aus: 2. Mos., Kap. 32, V. 26; 4. Mos., Kap. 31; 5. Mos., Kap. 3, V. 6; Jos., Kap. 10; 2. Sam., Kap. 12, V. 29.

HEINRICH HEINE
1797–1856

> Ich habe nie großen Wert ge-
> legt auf Dichterruhm, und ob
> man meine Lieder preiset oder
> tadelt, es kümmert mich we-
> nig. Aber ein Schwert sollt ihr
> mir auf den Sarg legen; denn
> ich war ein braver Soldat im
> Befreiungskriege der Mensch-
> heit.
>
> Reise von München nach
> Genua, Kap. XXXI

> Der Erzbischof von Paris er-
> wartet alles Heil von der Cho-
> lera, von dem Tode; ich er-
> warte es von der Freiheit, von
> dem Leben.
>
> Französische Maler
> (Delaroche)

In der Kampagne gegen Heine präludierten, Jahrzehnte vor
Hitler, die Posaunen des Dritten Reiches. Treitschkes *Deutsche Geschichte im 19. Jahrhundert,* 1879–1894, oder das
Pasquill *Heinrich Heine. Auch ein Denkmal,* 1906, von A.
Bartels, können als Beweise dafür dienen. Brachte die Nie-
derwerfung des Naziregimes den Abschluß dieser Kampagne
mit sich? Hans Kaufmanns gründlicher Essay, der den zehnten Band seiner 1961–1964 erschienenen Heine-Ausgabe
eröffnet, enthält die Klage: »Noch nach dem Ende des Hitler-
reichs ließen zartsinnige Ästheten, die mit der braunen Barbarei gewiß nicht gern in Verbindung gebracht werden
möchten, Formulierungen über Heine drucken, die ihn mindestens moralisch und ästhetisch zum Scheiterhaufen verurteilen.«[1] Kaufmanns Klage wäre durch Sätze Golo Manns
verifizierbar; sie wäre durch Sätze eines Literaturprofessors
wie Walther Killy verifizierbar; sie wäre endlich durch Sätze
Ludwig Marcuses verifizierbar, welcher mittels eines merkwürdigen Begriffs aus der Welt der Ballerinen zum Beispiel
des Dichters Religiosität rügt: »Heine war immer . . . behei-
matet in geborstenen Ritterburgen mit Fledermäusen, in alten

Klöstern mit litaneisingenden Nonnen; und sein Heidentum war immer nur das Auf-den-Zehenspitzen-Tanzen eines Menschen gewesen, der nie richtig stehen konnte.«[2] Was ist in Wirklichkeit Heines Heidentum gewesen? Was die Religiosität des Dichters? Handelt es sich hierbei nicht um seine Philosophie überhaupt oder um seine (wie er selber sagte) »größere Weltanschauung«[3]? Fest steht, daß nur die Erkenntnis der »größeren Weltanschauung« des Dichters es dem Betrachter ermöglicht, Heines Kritik am Christentum, seinen Kampf gegen die christliche Klerisei in den großen Zusammenhang einzuordnen, in den beides gehört. Jene »größere Weltanschauung«, deren antichristlichen Impetus der Dichter niemals hat kaschieren wollen – muß nicht vor allem sie auch für den Haß der Vielzuvielen verantwortlich gemacht werden, den er immer auf sich gezogen hat?

Der neunundzwanzigjährige Heine schreibt 1826 an Wilhelm Müller: »Es ist eine gar zu schlechte Zeit, und wer die Kraft und den freien Mut besitzt, hat auch zugleich die Verpflichtung, ernsthaft in den Kampf zu gehen gegen das Schlechte, das sich so aufbläht, und gegen das Mittelmäßige, das sich so breitmacht, so unerträglich breit.« (VIII, 239) 1830 erläutert er genauer, um welchen Kampf es sich handelt: »Jetzt gilt es die höchsten Interessen des Lebens selbst, die *Revolution* tritt in die Literatur.« (VIII, 356) Große Künstler früherer Zeiten zitiert er als Zeugen, Phidias und Michelangelo; »sie trennten nicht ihre Kunst von der Politik des Tages, sie arbeiteten nicht mit kümmerlicher Privatbegeisterung, die sich leicht in jeden beliebigen Stoff hineinlügt« (VI, 343). Der Künstler kämpft begeistert. Mit Feuer statt mit Objektivität: »Die sogenannte Objektivität ... ist nichts als eine trockene Lüge.« (V, 467) Seine Stimme klingt vielleicht oft verzerrt: »Wer das Exil nicht kennt, begreift nicht, wie grell es unsere Schmerzen färbt und wie es Nacht und Gift in unsere Gedanken gießt. Dante schrieb seine ›Hölle‹ im Exil.« (VI, 197) Im Exil, das für ihn ein Vierteljahrhundert dauerte, schrieb auch Heine – mehr als zwei Drittel seines Œuvres. Die gestellte Aufgabe: zuerst Zersetzen, dann Bauen. »Man kann ja nicht eher bauen, ehe das alte Gebäude niedergerissen ist, und der Niederreißer verdient ebensoviel Lob als der

Aufbauende, ja noch mehr, da sein Geschäft noch viel wichtiger.« (VI, 143) In welcher Weise hilft der Dichter aufbauen?
Indem er die Ziele zeigt, die erreicht werden sollen; die von
»einer mystischen Gemeinschaft« der »großen Männer aller
Zeiten« gesetzt worden sind (III, 111) – von den prometheischen Protagonisten und Propheten. Der Dichter ist damit
»ein Geschichtschreiber«, »dessen Auge hinausblicke in die
Zukunft« (II, 556). Wie lautet die Parole des Kampfs? »Emanzipation der ganzen Welt« (III, 259)! Der Kämpfende, der,
»wie es sich gebührt, das Herz auf der linken Seite hat«
(II, 643 f.), begreift, was nottut: »Die Freiheit, die bisher nur
hie und da Mensch geworden, muß auch in die Massen
selbst, in die untersten Schichten der Gesellschaft übergehen.« (VI, 491) Inhalt der Revolution wird sein: die Verwirklichung der Kirche von dem »dritten neuen Testament«
(I, 238). Heine nennt es auch das »französische Evangelium«
(III, 403). Es basiert auf der Unterscheidung zwischen Sinnen-
feindlichkeit der Nazarener und blühender Lebenslust der
Hellenen oder auf der Unterscheidung zwischen Spiritualismus und Sensualismus. Relevant sind vor allem die »sozialen
Ideen« (VI, 446). Eine Umwälzung steht bevor, »wogegen die
französische Revolution als sehr zahm und bescheiden erscheinen dürfte« (VI, 449). Die »Weltrevolution« kommt,
»der große Zweikampf der Besitzlosen mit der Aristokratie
des Besitzes«; »nur *ein* Vaterland wird es geben, nämlich die
Erde, und nur *einen* Glauben, nämlich das Glück auf Erden«
(VI, 433). Das Größte zu dessen Erkämpfung wird beitragen:
die deutsche Philosophie – »der deutsche Donner« (V, 307).
1833 schreibt Heine an Laube, es gehe jetzt um »Fragen«, die
»weder Formen noch Personen, weder die Einführung einer
Republik noch die Beschränkung einer Monarchie« »betref-
fen«, »sondern . . . das materielle Wohlsein des Volkes. Die
bisherige spiritualistische Religion war heilsam und notwendig, solange der größte Teil der Menschen im Elend lebten
und sich mit der himmlischen Seligkeit vertrösten mußten.
Seit aber, durch die Fortschritte der Industrie und Ökonomie,
es möglich geworden, die Menschen aus ihrem materiellen
Elende herauszuziehen und auf Erden zu beseligen, seitdem – Sie verstehen mich.« (VIII, 418 f.) Die Methode des

Kampfes sollte nicht die terroristische Robespierres sein. So
lehnt Heine auch Börnes Kampfesart ab. Heine erklärt mehrmals, daß er selber auf seiten Mirabeaus stehe. Er differenziert. Der Gattung revolutionärer Terrorist, die er in Rousseau, Robespierre und Börne verkörpert findet, stellt er die
Gattung Revolutionär gegenüber, die, obgleich nicht weniger entschieden, ohne Blutvergießen zu fechten entschlossen
ist. Beispiele hierfür sind ihm Voltaire, Mirabeau, er selber.
Daher, bei aller Anerkennung für das generelle Ziel der Kommunisten, doch die Verwerfung des Terrors, mit dem sie es
durchsetzen wollen! »Wilde, düstere Zeiten dröhnen heran,
und der Prophet, der eine neue Apokalypse schreiben wollte,
müßte ganz neue Bestien erfinden.« (VI, 433) Es sei aber »für
den Kommunismus ein unberechenbar günstiger Umstand . . ., daß der Feind, den er bekämpft, bei all seiner
Macht dennoch in sich selber keinen moralischen Halt besitzt. Die heutige Gesellschaft verteidigt sich nur aus platter
Notwendigkeit, ohne Glauben an ihr Recht, ja ohne Selbst-
achtung, ganz wie jene ältere Gesellschaft, deren morsches
Gebälke zusammenstürzte, als der Sohn des Zimmermanns
kam.« (VI, 540)

»Keinen moralischen Halt« . . . Auch das Christentum bietet ihn nicht mehr. Es zählt zu den Feinden des »französischen Evangeliums«, zu den Feinden der »größeren Weltanschauung« Heines, ebenso wie die übrigen konservativen
oder rückschrittlichen Gewalten: das absolute Königtum, der
erbliche Adel; ebenso wie der überhitzte Nationalismus, die
»schäbige, plumpe, ungewaschene Opposition gegen eine
Gesinnung, die eben das Herrlichste und Heiligste ist, was
Deutschland hervorgebracht, nämlich gegen jene Humanität, gegen jene allgemeine Menschenverbrüderung, gegen
jenen Kosmopolitismus« der Lessing, Herder, Schiller, Goethe, Jean Paul (V, 33); hinzu kommt für Heine noch seine
Opposition gegen den radikalen Demokratismus à la Börne.
Sah er jedoch in der Demokratie immerhin eine Macht der
Zukunft, so war ihm das Christentum eine Religion der Ver-
gangenheit, im Grunde nur eine Krankheit, die Verherrlichung des Todes . . . selber nun dem Tode nah. Mit einer
Priesterschaft, die wie eh und je ein Haupthindernis der

Freiheit und des Glücks auf Erden bildete. Deren Gott im
Sterben lag. Wie denn Heine Nietzsches Formel »Gott ist
tot!« in jenen Briefen aus Helgoland vorweggenommen hat,
worin das Ende der Bourbonen (1830) beschrieben wird und,
dieser Beschreibung eingewebt, die Schilderung vom Ende
Gottes.

Aber: Ist es nicht gerade dieser totgesagte Gott gewesen,
den der Dichter sich auf dem Krankenbett wiederentdeckte?
Jetzt sprach er von einer »Heimkehr zu Gott« oder davon,
daß er »mit dem Schöpfer Frieden gemacht« habe (II, 187).
Seine Attacken gegen den Deismus revozierte er nun rigoros
(V, 170). Und: Neigte er nicht in den Jahren des Krankenla-
gers zu einer nachträglichen Milderung der Invektiven, die er
früher wider das Christentum gerichtet hatte? So hob er etwa
hervor, daß ihm keineswegs »fanatische Feindschaft gegen
die römische Kirche« vorgeworfen werden könne; daß er
selber bloß ein »bescheidener Handlanger« »bei dem langsamen Abtragen« der »Quadern« gewesen sei, aus denen der
Koloß Katholizismus sich zusammensetzt (VII, 146 f.).

In der Tat hatte seine Feindschaft gegen das Christentum
nicht die Anerkennung gewisser wirklicher oder vermeintli-
cher Verdienste dieses Glaubens ausgeschlossen. Die katholische Kirche, so lautete eine Feststellung Heines, wußte »die
Bestialität der nordischen Barbaren zu zähmen« (V, 17)[4].
Man fand bei ihm eine andere Sentenz Nietzsches vorweggenommen[5]: »Ewiger Ruhm gebührt dem Symbol jenes leidenden Gottes, des Heilands mit der Dornenkrone, des gekreuzigten Christus, dessen Blut gleichsam der lindernde Balsam
war, der in die Wunden der Menschheit herabrann.« (V, 181)
Ein Plädoyer gegen die gänzliche Beseitigung der römischen
Kirche: »Denn wenn man die letzten sichtbaren Reste des
Katholizismus vertilgen würde, könnte es sich leicht ereignen, daß die Idee desselben sich in eine neue Form, gleichsam in einen neuen Leib flüchtet und, sogar den Namen
Christentum ablegend, in dieser Umwandlung uns noch weit
verdrießlicher belästigen könnte als in ihrer jetzigen gebro-
chenen, ruinierten und allgemein diskreditierten Gestalt. Ja,
es hat sein Gutes, daß der Spiritualismus durch eine Religion
und eine Priesterschaft repräsentiert werde, wovon die erste-

re ihre beste Kraft schon verloren und letztere mit dem ganzen Freiheitsenthusiasmus unserer Zeit in direkter Opposition steht.« (V, 197) Doch wenn Heine im Testament von
1848 dargelegt hatte, daß er, obzwar durch den Akt der Taufe
der evangelischen Kirche angehörend, als Denker niemals
mit den Dogmen irgendeiner Religion übereingestimmt und
daß er »en bon payen«, als guter Heide gelebt habe, auch
keinerlei Geistlichkeit bei seinem Begräbnis wünsche – so
wiederholte er den letztgenannten Wunsch nach seiner
»Heimkehr zu Gott« im Testament von 1851 (VII, 440 f.,
450). Und bis zu seinem Tode beharrte er darauf, daß er
»weder für ein Dogma noch für irgendeinen Kultus« einge-
nommen sei (VII, 143); »meine religiösen Überzeugungen
und Ansichten sind freigeblieben von jeder Kirchlichkeit;
kein Glockenklang hat mich verlockt, keine Altarkerze hat
mich geblendet. Ich habe mit keiner Symbolik gespielt und
meiner Vernunft nicht ganz entsagt.« (II, 189) »Ich bin kein
Frömmler geworden« (IX, 353); »ich reise niemals nach Damaskus« (V, 172). Was über ihn gekommen sei: »große, er-
habne, schauerliche Gedanken«; »Gedanken, Blitze des
Lichtes und nicht die Phosphordünste der Glaubensspisse«
(IX, 354). Es handle sich um die »Wiedergeburt des religiösen
Gefühls«. Diese »genügte dem Dichter« (VII, 136). Übrigens
eine durch Bibellektüre vorbereitete. Weshalb Heine jetzt
dem Protestantismus die »Auffindung und Verbreitung des
heiligen Buches« besonders hoch anrechnet (VII, 138).
»Wiedergeburt des religiösen Gefühls« ... Und doch übte
Heine weiter sein altes Vernunftrecht; er ironisierte den neu-
gefundenen Gott; er kritisierte ihn, wie es etwa das Gedicht
Zum Lazarus I zeigt. In den *Geständnissen* explizierte er freimütig: »Ja, die Lauge der Verhöhnung, die der Meister über
mich herabgeußt, ist entsetzlich, und schauerlich grausam ist
sein Spaß. Demütig bekenne ich seine Überlegenheit, und
ich beuge mich vor ihm im Staube. Aber wenn es mir auch an
solcher höchsten Schöpfungskraft fehlt, so blitzt doch in meinem Geiste die ewige Vernunft, und ich darf sogar den Spaß
Gottes vor ihr Forum ziehen und einer ehrfurchtsvollen Kritik
unterwerfen.« (VII, 154 f.)

Wolfgang Beutin

Religion: Unwissenheit, Heuchelei, Betrug

Religion und Heuchelei sind Zwillingsschwestern, und beide sehen sich so ähnlich, daß sie zuweilen nicht voneinander zu unterscheiden sind. Dieselbe Gestalt, Kleidung und Sprache. Nur dehnt die letztere von beiden Schwestern etwas weicher die Worte und wiederholt öfter das Wörtchen »Liebe«.   *V, 64*

»Sehen Sie, Mylady«, sagte ich, »jede Bewegung, die Sie hier erblicken, die Art des Zusammenlegens der Hände und des Ausbreitens der Arme, dieses Knicksen, dieses Händewaschen, dieses Beräuchertwerden, dieser Kelch, ja die ganze Kleidung des Mannes, von der Mitra bis zum Saume der Stola, alles dieses ist altägyptisch und Überbleibsel eines Priestertums, von dessen wundersamen Wesen nur die ältesten Urkunden etwas weniges berichten, eines frühesten Priestertums, das die erste Weisheit erforschte, die ersten Götter erfand, die ersten Symbole bestimmte und die junge Menschheit –«

»Zuerst betrog«, setzte Mylady bitteren Tones hinzu, »und ich glaube, Doktor, aus dem frühesten Weltalter ist uns nichts übriggeblieben als einige triste Formeln des Betrugs. Und sie sind noch immer wirksam. Denn sehen Sie dort die stockfinsteren Gesichter? Und gar jenen Kerl, der dort auf seinen dummen Knien liegt und mit seinem aufgesperrten Maule so ultradumm aussieht?«

»Um des lieben Himmels willen!« begütigte ich leise, »was ist daran gelegen, daß dieser Kopf so wenig von der Vernunft erleuchtet ist? Was geht das uns an? Was irritiert Sie dabei? Sehen Sie doch täglich Ochsen, Kühe, Hunde, Esel, die ebenso dumm sind, ohne daß Sie durch solchen Anblick aus Ihrem Gleichmut aufgestört und zu unmutigen Äußerungen angeregt werden?«   *III, 384 f.*

Der Olymp wurde ein Lazarett

Da plötzlich keuchte heran ein bleicher, bluttriefender Jude, mit einer Dornenkrone auf dem Haupte und mit einem großen Holzkreuz auf der Schulter; und er warf das Kreuz

auf den hohen Göttertisch, daß die goldnen Pokale zitter-
ten und die Götter verstummten und erblichen und immer
bleicher wurden, bis sie endlich ganz in Nebel zerrannen.

Nun gab's eine traurige Zeit, und die Welt wurde grau
und dunkel. Es gab keine glücklichen Götter mehr, der
Olymp wurde ein Lazarett, wo geschundene, gebratene
und gespießte Götter langweilig umherschlichen und ihre
Wunden verbanden und triste Lieder sangen. Die Religion
gewährte keine Freude mehr, sondern Trost; es war eine
trübselige, blutrünstige Delinquentenreligion.

War sie vielleicht nötig für die erkrankte und zertretene
Menschheit? Wer seinen Gott leiden sieht, trägt leichter
die eignen Schmerzen ... Um so ganz von ganzem Herzen
geliebt zu werden – muß man leidend sein. Das Mitleid ist
die letzte Weihe der Liebe, vielleicht die Liebe selbst. Von
allen Göttern, die jemals gelebt haben, ist daher Christus
derjenige Gott, der am meisten geliebt worden. Besonders
von den Frauen –   *III, 376 f.*

Wenn ihr doch verrückt sein wollt, so werdet katholisch,
und man wird euch wenigstens nicht einsperren, wie andere Monomanen ... Ist doch der Katholizismus die schauerlich reizendste Blüte jener Doktrin der Verzweiflung, deren schnelle Verbreitung über die Erde nicht mehr als ein
großes Wunder erscheint, wenn man bedenkt, in welchem
grauenhaft peinlichen Zustand die ganze römische Welt
schmachtete ... Wie der einzelne sich trostlos die Adern
öffnete und im Tode ein Asyl suchte gegen die Tyrannei
der Cäsaren, so stürzte sich die große Menge in die Aske-
tik, in die Abtötungslehre, in die Martyrsucht, in den ganzen Selbstmord der nazarenischen Religion, um auf einmal
die damalige Lebensqual von sich zu werfen und den Fol-
terknechten des herrschenden Materialismus zu trotzen ...

Für Menschen, denen die Erde nichts mehr bietet, ward
der Himmel erfunden ...   *VI, 194*

Unterjochung der schlimmsten Art

Auf jeden Fall war jene Kirchenherrschaft eine Unterjo-
chung der schlimmsten Art. Wer bürgte uns für die gute
Absicht...? Wer kann beweisen, daß sich nicht zuweilen
eine schlimme Absicht beimischte? Rom wollte immer
herrschen, und als seine Legionen fielen, sandte es Dogmen in die Provinzen. Wie eine Riesenspinne saß Rom im
Mittelpunkt der lateinischen Welt und überzog sie mit seinem unendlichen Gewebe. Generationen der Völker lebten darunter ein beruhigtes Leben, indem sie das für einen
nahen Himmel hielten, was bloß römisches Gewebe war;
nur der höherstrebende Geist, der dieses Gewebe durch-
schaute, fühlte sich beengt und elend, und wenn er hin-
durchbrechen wollte, erhaschte ihn leicht die schlaue We-
berin und sog ihm das kühne Blut aus dem Herzen; – und
war das Traumglück der blöden Menge nicht zu teuer
erkauft für solches Blut?   *III, 91*

Verbündet mit Cäsar und Konsorten

Nicht bloß die römischen, sondern auch die englischen, die
preußischen, kurz, alle privilegierten Priester haben sich
verbündet mit Cäsar und Konsorten zur Unterdrückung
der Völker. Aber durch diese Verbündung geht die Religion des Spiritualismus desto schneller zugrunde. Zu dieser Einsicht gelangen schon einige Priester, und um die
Religion zu retten, geben sie sich das Ansehen, als entsag-
ten sie jener verderblichen Allianz, und sie laufen über in
unsere Reihen, sie setzen die rote Mütze auf, sie schwören
Tod und Haß allen Königen, den sieben Blutsäufern, sie
verlangen die irdische Gütergleichheit, sie fluchen, trotz
Marat und Robespierre. – Unter uns gesagt, wenn ihr sie
genau betrachtet, so findet ihr: sie lesen Messe in der
Sprache des Jakobinismus, und wie sie einst dem Cäsar
das Gift beigebracht, versteckt in der Hostie, so suchen sie
jetzt dem Volke ihre Hostien beizubringen, indem sie solche in revolutionärem Gifte verstecken; denn sie wissen,
wir lieben dieses Gift.   *V, 231*

Für die Religion selber, für ihr heiliges Wesen, ist es ebenso verderblich, wenn sie mit Privilegien bekleidet ist, wenn ihre Diener vom Staate vorzugsweise dotiert werden und zur Erhaltung dieser Dotationen ihrerseits verpflichtet sind, den Staat zu vertreten, und solchermaßen eine Hand die andere wäscht, die geistliche die weltliche und umgekehrt, und ein Wischwasch entsteht, der dem lieben Gott eine Torheit und den Menschen ein Greul ist. Hat nun der Staat Gegner, so werden diese auch Feinde der Religion, die der Staat bevorrechtet und die deshalb seine Alliierte ist; und selbst der harmlose Gläubige wird mißtrauisch, wenn er in der Religion auch politische Absicht wittert. Am widerwärtigsten aber ist der Hochmut der Priester, wenn sie für die Dienste, die sie dem Staate zu leisten glauben, auch auf dessen Unterstützung rechnen dürfen, wenn sie für die geistige Fessel, die sie ihm, um die Völker zu binden, geliehen haben, auch über seine Bajonette verfügen können. Die Religion kann nie schlimmer sinken, als wenn sie solchermaßen zur Staatsreligion erhoben wird; es geht dann gleichsam ihre innere Unschuld verloren, und sie wird so öffentlich stolz wie eine deklarierte Mätresse.

III, 403

Wer mit Pfaffen kämpft

Verfolgung der Andersdenkenden ist überall das Monopol der Geistlichkeit... *III, 471*

Was die heiligen Männer betrifft, deren fromme Wut sich zu gleicher Zeit gegen mich kundgab, und nicht bloß meiner antizölibatischen Gedichte wegen, sondern auch wegen der *Politischen Annalen,* die ich damals herausgab, so konnte ich ebenfalls nur gewinnen, wenn man deutlich sah, daß ich keiner der Ihrigen sei. Wenn ich hiermit andeute, daß man nichts Gutes von ihnen sagt, so sage ich darum noch nichts Böses von ihnen. Ich bin sogar der Meinung, daß sie, nur aus Liebe zum Guten, durch frommen Betrug und gottgefällige Verleumdung das Wort der Bösen entkräftigen möchten und daß sie diesen, nur für

einen solchen edlen Zweck, der jedes Mittel heiligt, nicht
bloß die geistigen Lebensquellen, sondern auch die materiellen zu verschütten suchen.   *III, 347 f.*

Ach! gilt doch der Kampf auch jenen Erbfeinden der Wahrheit, die so schlau den guten Leumund ihrer Gegner zu
vergiften wissen und die sogar jenen ersten Bergprediger,
den reinsten Freiheitshelden, herabzuwürdigen wußten;
denn als sie nicht leugnen konnten, daß er der größte
Mensch sei, machten sie ihn zum kleinsten Gotte. Wer mit
Pfaffen kämpft, der mache sich darauf gefaßt, daß der beste
Lug und die triftigsten Verleumdungen seinen armen guten Namen zerfetzen und schwärzen werden.   *III, 486*

Religion und Philosophie

Es waren nun, wenn ich nicht irre, die halleschen Orthodoxen, welche, in ihrem Kampfe mit den eingesiedelten Pieti-
sten, die Wolffsche Philosophie zu Hülfe riefen. Denn die
Religion, wenn sie uns nicht mehr verbrennen kann,
kommt sie bei uns betteln. Aber alle unsere Gaben bringen
ihr schlechten Gewinn... Von dem Augenblick an, wo
eine Religion bei der Philosophie Hülfe begehrt, ist ihr
Untergang unabwendlich. Sie sucht sich zu verteidigen
und schwatzt sich immer tiefer ins Verderben hinein.

V, 242 f.

Christentum und Sozialismus

Wie unglücklich sind doch die Reichen in diesem Leben –
und nach dem Tode kommen sie nicht einmal in den Himmel! »Ein Kamel wird eher durch ein Nadelöhr gehen, als
daß ein Reicher ins Himmelreich käme« – dieses Wort des
göttlichen Kommunisten ist ein furchtbares Anathema und
zeugt von seinem bittern Haß gegen die Börse und Haute-
finance von Jerusalem.   *VI, 483*

Es gibt wahrhaftig keinen Sozialisten, der terroristischer
wäre als unser Herr und Heiland...   *VIII, 141*

Die Vernichtung des Glaubens an den Himmel hat nicht
bloß eine moralische, sondern auch eine politische Wichtigkeit: die Massen tragen nicht mehr mit christlicher Geduld ihr irdisches Elend und lechzen nach Glückseligkeit
auf Erden. Der Kommunismus ist eine natürliche Folge
dieser veränderten Weltanschauung, und er verbreitet sich
über ganz Deutschland. Es ist eine ebenso natürliche Erscheinung, daß die Proletarier in ihrem Ankampf gegen
das Bestehende die fortgeschrittensten Geister, die Philosophen der großen Schule, als Führer besitzen; diese gehen über von der Doktrin zur Tat, dem letzten Zweck alles
Denkens, und formulieren das Programm.   *VII, 307*

Kampf der Philosophen gegen die Religion – zerstören die
heidnische, aber eine neue, die christliche, steigt hervor,
auch diese ist bald abgefertigt, doch es kommt gewiß eine
neue, und die Philosophen werden wieder eine neue Arbeit bekommen, jedoch wieder vergeblich: die Welt ist ein
großer Viehstall, der nicht so leicht wie der des Augias
gereinigt werden kann, weil, während gefegt wird, die
Ochsen drinbleiben und immer neuen Mist anhäufen –
                                                         VII, 381

Ein neues Lied, ein besseres Lied,
O Freunde, will ich euch dichten!
Wir wollen hier auf Erden schon
Das Himmelreich errichten.

Wir wollen auf Erden glücklich sein,
Und wollen nicht mehr darben;
Verschlemmen soll nicht der faule Bauch,
Was fleißige Hände erwarben.

Es wächst hienieden Brot genug
Für alle Menschenkinder,
Auch Rosen und Myrten, Schönheit und Lust,
Und Zuckererbsen nicht minder.

Ja, Zuckererbsen für jedermann,
Sobald die Schoten platzen!
Den Himmel überlassen wir
Den Engeln und den Spatzen.   *I, 436*

Denn ich glaube an den Fortschritt, ich glaube, die
Menschheit ist zur Glückseligkeit bestimmt, und ich hege
also eine größere Meinung von der Gottheit als jene frommen Leute, die da wähnen, er habe den Menschen nur zum
Leiden erschaffen. Schon hier auf Erden möchte ich, durch
die Segnungen freier politischer und industrieller Institutionen, jene Seligkeit etablieren, die, nach der Meinung
der Frommen, erst am Jüngsten Tage, im Himmel, stattfin-
den soll. Jenes ist vielleicht ebenso wie dieses eine törichte
Hoffnung, und es gibt keine Auferstehung der Menschheit, weder im politisch-moralischen noch im apostolisch-
katholischen Sinne.

Die Menschheit ist vielleicht zu ewigem Elend bestimmt,
die Völker sind vielleicht auf ewig verdammt, von Despoten zertreten, von den Spießgesellen derselben exploitiert
und von den Lakaien verhöhnt zu werden.   *V, 180 f.*

Mausoleum des Christentums

Die Philosophie hat in Deutschland gegen das Christentum
denselben Krieg geführt, den sie einst in der griechischen
Welt gegen die ältere Mythologie geführt hat, und sie er-
focht hier wieder den Sieg. In der Theorie ist die heutige
Religion ebenso aufs Haupt geschlagen, sie ist in der Idee
getötet und lebt nur noch ein mechanisches Leben, wie
eine Fliege, der man den Kopf abgeschnitten und die es gar
nicht zu merken scheint und noch immer wohlgemut um-
herfliegt. Wieviel Jahrhunderte die große Fliege, der Katholizismus, noch im Bauche hat (um wie Cousin zu reden),
weiß ich nicht, aber es ist von ihm gar nicht mehr die Rede.
Es handelt sich weit mehr von unserem armen Protestantismus, der, um seine Existenz zu fristen, alle möglichen Kon-
zessionen gemacht und dennoch sterben muß: es half ihm
nichts, daß er seinen Gott von allem Anthropomorphismus

reinigte, daß er ihm durch Aderlässe alles sinnliche Blut auspumpte, daß er ihn gleichsam filtrierte zu einem reinen Geiste, der aus lauter Liebe, Gerechtigkeit, Weisheit und Tugend besteht – alles half nichts, und ein deutscher Porphyrius, genannt Feuerbach (auf Französisch fleuve de flamme), mokiert sich nicht wenig über diese Attribute des »Gott-Reiner-Geist«, dessen Liebe kein besonderes Lob verdiene, da er ja keine menschliche Galle habe...

VII, 305 f.

Anblick eines Doms – sechshundert Jahr wurde dran gebaut, und du genießest in einem Augenblick die Ruhe nach einer sechshundertjährigen Arbeit – wie Meereswellen sind die Generationen daran vorbeigewogt, und noch kein Stein ist bewegt worden – Mausoleum des Katholizismus, das er sich noch bei Lebzeiten bauen lassen – steinerne Hülle eines erloschenen Gefühls – (Ironisch droben die Uhr) – Drinnen in diesem Steinhause blühte einst ein lebendiges Wort, drinnen ist es tot und lebt nur noch in der äußeren Steinrinde (hohler Baum). *VII, 369*

Die edelsten Genüsse herabgewürdigt

Die nächste Aufgabe ist, gesund zu werden; denn wir fühlen uns noch sehr schwach in den Gliedern. Die heiligen Vampire des Mittelalters haben uns so viel Lebensblut ausgesaugt. Und dann müssen der Materie noch große Sühnopfer geschlachtet werden, damit sie die alten Beleidigungen verzeihe. Es wäre sogar ratsam, wenn wir Festspiele anordneten und der Materie noch mehr außerordentliche Entschädigungsehren erwiesen. Denn das Christentum, unfähig, die Materie zu vernichten, hat sie überall fletriert, es hat die edelsten Genüsse herabgewürdigt, und die Sinne mußten heucheln, und es entstand Lüge und Sünde. Wir müssen unseren Weibern neue Hemden und neue Gedanken anziehen, und alle unsere Gefühle müssen wir durchräuchern, wie nach einer überstandenen Pest. *V, 232*

Ich spreche von jener Religion, in deren ersten Dogmen
eine Verdammnis alles Fleisches enthalten ist und die dem
Geiste nicht bloß eine Obermacht über das Fleisch zuge-
steht, sondern auch dieses abtöten will, um den Geist zu
verherrlichen; ich spreche von jener Religion, durch deren
unnatürliche Aufgabe ganz eigentlich die Sünde und die
Hypokrisie in die Welt gekommen, indem eben durch die
Verdammnis des Fleisches die unschuldigsten Sinnenfreu-
den eine Sünde geworden und durch die Unmöglichkeit,
ganz Geist zu sein, die Hypokrisie sich ausbilden mußte;
ich spreche von jener Religion, die ebenfalls durch die
Lehre von der Verwerflichkeit aller irdischen Güter, von
der auferlegten Hundedemut und Engelsgeduld die er-
probteste Stütze des Despotismus geworden. Die Menschen haben jetzt das Wesen dieser Religion erkannt, sie
lassen sich nicht mehr mit Anweisungen auf den Himmel
abspeisen, sie wissen, daß auch die Materie ihr Gutes hat
und nicht ganz des Teufels ist, und sie vindizieren jetzt die
Genüsse der Erde, dieses schönen Gottesgartens, unseres
unveräußerlichen Erbteils. Eben weil wir alle Konsequenzen jenes absoluten Spiritualismus jetzt so ganz begreifen,
dürfen wir auch glauben, daß die christkatholische Weltansicht ihre Endschaft erreicht. Denn jede Zeit ist eine
Sphinx, die sich in den Abgrund stürzt, sobald man ihr
Rätsel gelöst hat.   *V, 15 f.*

Sakramente für einen sterbenden Gott

Unsere Brust ist voll von entsetzlichem Mitleid – es ist der
alte Jehova selber, der sich zum Tode bereitet. Wir haben
ihn so gut gekannt, von seiner Wiege an, in Ägypten, als er
unter göttlichen Kälbern, Krokodilen, heiligen Zwiebeln,
Ibissen und Katzen erzogen wurde – Wir haben ihn gesehen, wie er diesen Gespielen seiner Kindheit und den Obe-
lisken und Sphinxen seines heimatlichen Niltals ade sagte
und in Palästina, bei einem armen Hirtenvölkchen, ein
kleiner Gottkönig wurde und in einem eigenen Tempelpa-
last wohnte – Wir sahen ihn späterhin, wie er mit der
assyrisch-babylonischen Zivilisation in Berührung kam

und seine allzu menschlichen Leidenschaften ablegte,
nicht mehr lauter Zorn und Rache spie, wenigstens nicht
mehr wegen jeder Lumperei gleich donnerte – Wir sahen
ihn auswandern nach Rom, der Hauptstadt, wo er aller
Nationalvorurteile entsagte und die himmlische Gleichheit
aller Völker proklamierte und mit solchen schönen Phrasen gegen den alten Jupiter Opposition bildete und so
lange intrigierte, bis er zur Herrschaft gelangte und vom
Kapitole herab die Stadt und die Welt, urbem et orbem,
regierte – Wir sahen, wie er sich noch mehr vergeistigte,
wie er sanftselig wimmerte, wie er ein liebevoller Vater
wurde, ein allgemeiner Menschenfreund, ein Weltbeglük-
ker, ein Philanthrop – es konnte ihm alles nichts helfen –

Hört ihr das Glöckchen klingeln? Kniet nieder – Man
bringt die Sakramente einem sterbenden Gotte. *V, 256*

Pan ist tot!

Helgoland, den 18. Julius
... Welch ein großes Drama ist die Passion! Und wie tief ist
es motiviert durch die Prophezeiungen des Alten Testa-
mentes! Sie konnte nicht umgangen werden, sie war das
rote Siegel der Beglaubnis. Gleich den Wundern, so hat
auch die Passion als Annonce gedient... Wenn jetzt ein
Heiland aufsteht, braucht er sich nicht mehr kreuzigen zu
lassen, um seine Lehre eindrücklich zu veröffentlichen...
er läßt sie ruhig drucken und annunziert das Büchlein in
der *Allgemeinen Zeitung* mit sechs Kreuzern die Zeile
Inserationsgebühr.

Welche süße Gestalt, dieser Gottmensch! Wie borniert
erscheint in Vergleichung mit ihm der Heros des Alten
Testaments! Moses liebt sein Volk mit einer rührenden
Innigkeit; wie eine Mutter sorgt er für die Zukunft dieses
Volks. Christus liebt die Menschheit, jene Sonne um-
flammte die ganze Erde mit den wärmenden Strahlen seiner Liebe. Welch ein lindernder Balsam für alle Wunden
dieser Welt sind seine Worte! Welch ein Heilquell für alle
Leidende war das Blut, welches auf Golgatha floß!... Die
weißen marmornen Griechengötter wurden bespritzt von

diesem Blute und erkrankten vor innerem Grauen und konnten nimmermehr genesen! Die meisten freilich trugen schon längst in sich das verzehrende Siechtum, und nur der Schreck beschleunigte ihren Tod. Zuerst starb Pan. Kennst Du die Sage, wie Plutarch sie erzählt? Diese Schiffersage des Altertums ist höchst merkwürdig. – Sie lautet folgendermaßen:

Zur Zeit des Tiberius fuhr ein Schiff nahe an den Inseln Parä, welche an der Küste von Ätolien liegen, des Abends vorüber. Die Leute, die sich darauf befanden, waren noch nicht schlafen gegangen, und viele saßen nach dem Nachtessen beim Trinken, als man auf einmal von der Küste her eine Stimme vernahm, welche den Namen des Thamus (so hieß nämlich der Steuermann) so laut rief, daß alle in die größte Verwunderung gerieten. Beim ersten und zweiten Rufe schwieg Thamus, beim dritten antwortete er; worauf dann die Stimme mit noch verstärktem Tone diese Worte zu ihm sagte: »Wenn du auf die Höhe von Palodes anlangst, so verkündige, daß der große Pan gestorben ist!« Als er nun diese Höhe erreichte, vollzog Thamus den Auftrag und rief vom Hinterteil des Schiffes nach dem Lande hin: »Der große Pan ist tot!« Auf diesen Ruf erfolgten von dort her die sonderbarsten Klagetöne, ein Gemisch von Seufzen und Geschrei der Verwunderung, und wie von vielen zugleich erhoben. Die Augenzeugen erzählten dies Ereignis in Rom, wo man die wunderlichsten Meinungen darüber äußerte. Tiberius ließ die Sache näher untersuchen und zweifelte nicht an der Wahrheit.

Helgoland, den 1. August

... Es ist heute junges Licht, und trotz aller wehmütigen Zweifelsucht, womit sich meine Seele hin und her quält, beschleichen mich wunderliche Ahnungen... Es geschieht jetzt etwas Außerordentliches in der Welt... Die See riecht nach Kuchen, und die Wolkenmönche sahen vorige Nacht so traurig aus, so betrübt...

Ich wandelte einsam am Strand in der Abenddämmerung. Ringsum herrschte feierliche Stille. Der hochgewölbte Himmel glich der Kuppel einer gotischen Kirche. Wie

unzählige Lampen hingen darin die Sterne; aber sie brann-
ten düster und zitternd. Wie eine Wasserorgel rauschten
die Meereswellen; stürmische Choräle, schmerzlich ver-
zweiflungsvoll, jedoch mitunter auch triumphierend. Über
mir ein luftiger Zug von weißen Wolkenbildern, die wie
Mönche aussahen, alle gebeugten Hauptes und kummer-
vollen Blickes dahinziehend, eine traurige Prozession...
Es sah fast aus, als ob sie einer Leiche folgten...»Wer wird
begraben? Wer ist gestorben?« sprach ich zu mir selber.
»Ist der große Pan tot?«

Helgoland, den 6. August
...Lafayette, die dreifarbige Fahne, die Marseillaise...Ich
bin wie berauscht. Kühne Hoffnungen steigen leidenschaftlich empor, wie Bäume mit goldenen Früchten und
wilden, wachsenden Zweigen, die ihr Laubwerk weit aus-
strecken bis in die Wolken... Die Wolken aber im raschen
Fluge entwurzeln diese Riesenbäume und jagen damit von
dannen. Der Himmel hängt voller Violinen, und auch ich
rieche es jetzt, die See duftet nach frischgebackenen Kuchen. Das ist ein beständiges Geigen da oben in himmel-
blauer Freudigkeit, und das klingt aus den smaragdenen
Wellen wie heiteres Mädchengekicher. Unter der Erde
aber kracht es und klopft es, der Boden öffnet sich, die alten
Götter strecken daraus ihre Köpfe hervor, und mit hastiger
Verwunderung fragen sie: »Was bedeutet der Jubel, der
bis ins Mark der Erde drang? Was gibt's Neues? dürfen wir
wieder hinauf?« – Nein, ihr bleibt unten in Nebelheim, wo
bald ein neuer Todesgenosse zu euch hinabsteigt... –
»Wie heißt er?« – Ihr kennt ihn gut, ihn, der euch einst
hinabstieß in das Reich der ewigen Nacht...
    Pan ist tot!

Helgoland, den 10. August
...Ich kann gar nicht mehr schlafen, und durch den über-
reizten Geist jagen die bizarrsten Nachtgesichte. Wachen-
de Träume, die über einander hinstolpern, so daß die Gestalten sich abenteuerlich vermischen und wie im chinesi-
schen Schattenspiel sich jetzt zwerghaft verkürzen, dann

wieder gigantisch verlängern; zum Verrücktwerden. In diesem Zustande ist mir manchmal zu Sinne, als ob meine eignen Glieder ebenfalls sich kolossal ausdehnten und daß ich, wie mit ungeheuer langen Beinen, von Deutschland nach Frankreich und wieder zurück liefe. Ja, ich erinnere mich, vorige Nacht lief ich solchermaßen durch alle deutsche Länder und Ländchen und klopfte an den Türen meiner Freunde und störte die Leute aus dem Schlafe... Sie glotzten mich manchmal an mit verwunderten Glasaugen, so daß ich selbst erschrak und nicht gleich wußte, was ich eigentlich wollte und warum ich sie weckte! Manche dicke Philister, die allzu widerwärtig schnarchten, stieß ich bedeutungsvoll in die Rippen, und gähnend frugen sie: »Wieviel Uhr ist es denn?« In Paris, lieben Freunde, hat der Hahn gekräht; das ist alles, was ich weiß. – Hinter Augsburg, auf dem Wege nach München, begegneten mir eine Menge gotischer Dome, die auf der Flucht zu sein schienen und ängstlich wackelten. Ich selber, des vielen Umherlaufens satt, ich gab mich endlich ans Fliegen, und so flog ich von einem Stern zum andern. Sind aber keine bevölkerte Welten, wie andere träumen, sondern nur glänzende Steinkugeln, öde und fruchtlos. Sie fallen nicht herunter, weil sie nicht wissen, worauf sie fallen können. Schweben dort oben auf und ab, in der größten Verlegenheit. Kam auch in den Himmel. Tür und Tor stand offen. Lange, hohe, weithallende Säle, mit altmodischen Vergoldungen, ganz leer, nur daß hie und da, auf einem samtnen Armsessel, ein alter gepuderter Bedienter saß, in verblichen roter Livree und gelinde schlummernd. In manchen Zimmern waren die Türflügel aus ihren Angeln gehoben, an andern Orten waren die Türen fest verschlossen und obendrein mit großen runden Amtssiegeln dreifach versiegelt, wie in Häusern, wo ein Bankrott oder ein Todesfall eingetreten. Kam endlich in ein Zimmer, wo an einem Schreibpult ein alter dünner Mann saß, der unter hohen Papierstößen kramte. War schwarz gekleidet, hatte ganz weiße Haare, ein faltiges Geschäftsgesicht und frug mich mit gedämpfter Stimme, was ich wolle. In meiner Naivität hielt ich ihn für den lieben Herrgott, und ich sprach zu ihm ganz zutrauungsvoll: »Ach, lieber Herrgott, ich möchte donnern lernen, blitzen kann ich... ach, lehren Sie mich auch donnern!« – »Sprechen Sie nicht so laut«, entgegnete mir heftig der alte dünne Mann, drehte mir den Rücken und kramte weiter unter seinen Papieren. »Das ist der Herr Registrator«, flüsterte mir einer von den roten Bedienten, der von seinem Schlafsessel sich erhob und gähnend die Augen rieb...

Pan ist tot!   *VI, 123 ff., 129, 131 f., 134 f.*

Anmerkungen

[1] Heinrich Heine, Werke und Briefe. 10 Bde., (Ost-)Berlin o. J. Hier: X, 12 f. Nach dieser Ausgabe werden im folgenden, außer bei ausdrücklich bezeichneten Ausnahmen, die Schriften Heines zitiert. – [2] Heinrich Heine in Selbstzeugnissen und Bilddokumenten, Hamburg 1960 (= rororo Monographien 41), S. 150 – [3] Heinrich Heines Sämtliche Werke. Hrsg. von *Ernst Elster*, Leipzig/Wien o. J., VII, 5 – [4] Zu »besänftigen«, erklärt Heine etwas später, nicht zu zerstören; »und wenn einst der zähmende Talisman, das Kreuz, zerbricht, dann rasselt wieder empor die Wildheit der alten Kämpfer, die unsinnige Berserkerwut«, V, 306 – [5] *Der Wille zur Macht,* Nr. 219: »›Christus am Kreuze‹ ist das erhabenste Symbol – immer noch.«

GIACOMO LEOPARDI
1798–1837

Leopardis besondere Eigenarten lassen sich schwer umrei-
ßen. Sein ganzes Schaffen vereinigt eine Fülle widersprüch-
lichster Empfindungen; und derjenige, der sich nur mit dem
Lyriker Leopardi befaßt, hat es wesentlich leichter, da sich
ihm zwar der leidenschaftlich-leidende Sänger offenbaren,
doch der kühl verachtende Spötter entziehen wird. Vom
schönen Wahn als »Fluchtmöglichkeit« wird er weniger erkennen als von der poetisch schönen Verzweiflung, die ihn
an Hölderlin erinnern, Platen bestätigen, aber auch die Glut
beider und das verzehrende Frösteln des anderen zeigen
mag.

Uns interessiert der wohl größte italienische Lyriker nach
Petrarca nicht nur in seiner skeptisch-weltlichen, sondern
seiner antichristlichen Einstellung, die, zumeist recht zwi-
schenzeilig, nur gelegentlich klar sichtbar wird. Symbolisch
oder antik verbrämt entblättert er seine Gestalten; und plötzlich steht »die Erscheinung« zwischen dem bombastischen
Getümmel seiner Reflexionen, um nicht mehr zu klagen,
sondern anzuklagen. Normalerweise vertragen sich Schwärmer und Spötter, Überschwang und Logik schlecht; Leopardi
gibt beides und ist beides. Aber dort, wo er wirklich kritisch
wird, bietet er mehr als Polemik. Ist dieser Nachhellene doch
von dem Verlangen besessen, zu beweisen, daß die christliche Welt mit dem Märchen der allgemeinen Menschenliebe
den Menschen verraten hat. Er spürt, daß das allgemeine
Wohl niemals mit dem Wohl und Interesse des einzelnen
zusammengehen kann, da dieser, sobald er sich für alle
plagen muß, unmöglich in der Lage sein kann, sich für sich
selbst zu plagen, um das zu gewinnen, was nach dem Willen
der Natur seine wirkliche Bestimmung ist: Macht über andere. Für Leopardi rechtfertigt dieser Machtanspruch die Natur
und bleibt zugleich des Menschen Verdammnis. Leopardi
negiert denn auch ständig aufgrund der Erfahrung des Nichti-
gen. Er beschreibt dieses Nichts mit dem Verstand; und sein
ganzer Widerspruch ergibt sich daraus, daß er sich trotzdem
vom Gefühl her *weigert,* dieses Nichts als unumstößlich zu

akzeptieren. Der Mensch scheint im Grunde weniger skeptisch als melancholisch; und Melancholie ist Stadium einer zum Tode verdammten Welt.

Er weiß, daß das Paradies nur mit den Melodien der Hölle besungen werden kann und daß das Christentum mit seinem heiliggesprochenen Schmerz, seiner Erduldung und wissentlichen Entsagung, seiner anhaltenden Verächtlichmachung der diesseitigen zum Vorteil einer jenseitigen Welt, mit seiner ganzen, schon im Ursprung provozierten Erfahrung des Schmerzes ihm nichts anderes als die Bestätigung dessen, was er den gelenkten, der Natur abhold gegenüberstehenden Wahn nennt, gewähren kann. Hierbei bestreitet er keineswegs, daß die Natur selbst grausam verfährt, wenn auch nur grausam in einer durch die Zivilisation entfremdeten, ursprungsentrissenen Art und Weise, die statt eines einzigen Grundnenners viele, unzählig wandel- und widerlegbare Nenner erschuf. Das Leiden der Antike etwa ist den uns geläufigen Empfindungen des Schmerzes entgegengesetzt. Der antike Schmerz ist nicht Zerknirschung und gewünschte oder gezielte Apathie, sondern Leidenschaft und Größe. Er wird, um mit Grassi zu sprechen, zur Analyse des Lebens. Die Alten glaubten an das Leben und *nur* an dieses, wenn sie leiden mußten. Leben war Wert, nicht Unwert wie im Christentum. Die christliche *Lust* am *Unglück* ist bereits Beweis, daß der Schmerz alle Lebendigkeit verloren hat. Man ist dem Tode nahe, und *nur dieser* erfährt jene Verklärung, wie sie ausschließlich das Leben verdient. Er wird zum *Erlöser* statt zum Bedroher des Seins, auf den man keineswegs wartet oder hofft, sondern den man abgeklärt als etwas Unvermeidliches in Kauf nehmen muß, *nicht* weil irgendein Gott dies so bestimmt hat, sondern weil es dem Gesetz einer sich ständig selbst verändernden Natur entspricht, die *nicht aufhört,* mit allen ihr zur Verfügung stehenden Stoffen zu experimentieren.

Jeder Literaturhistoriker würde Leopardis Lyrik besondere Beachtung widmen; und schon Voßler verwendet die Hälfte seiner vorzüglichen Biographie darauf, von Leopardis kleinem Gedicht *L'infinito* aus den skeptischen Elegiker der Meisterjahre zu erschließen. In der Tat scheint der eigentliche Ruhm, scheinen Wirksamkeit und Bedeutung Leopardis mit seiner Lyrik zu stehen und zu fallen. Das ist ein Vorurteil. Der Prosaist und Satiriker kommt trotz dem fast fünftausend Seiten umfassenden *Zibaldone,* diesem analysierenden Gemisch aus Kraterbrocken, antiker Verherrlichung und Menschenverachtung, entschieden zu kurz. Es scheint seit mehr als 150 Jahren so, als scheue man sich aus unbegreiflichen Gründen, den »Ankläger« Leopardi gesammelt vorzulegen, vielleicht bewegt von der Furcht, die Aureole des reinen Verspoeten könnte dabei ersticken. Die Frage freilich, wodurch Leopardi Leopardi wurde, scheint die Antwort: »...vornehmlich durch seine Lyrik!« geradezu zu forcieren. Gemessen aber am vorliegenden Plan wird und muß Leopardis Lyrik ausscheiden. Der überschwengliche Sänger von Qual, Weh und zerhackter Hoffnung ist kein Analytiker. Ginge es lediglich um Leid und Verzicht, wir könnten unbeschadet mehr als hundert ausgezeichnete Verse zitieren. So aber liefert Leopardis Lyrik kein Kriterium. Er beschreibt Gefühle, ohne zu ermitteln und zu verankern. Er kündet alle Arten und Phasen von Schmerz und Verzicht und enthält sich der Ausdeutung. Er beweint den Untergang besserer und beklagt den Aufbruch schlechterer Welten. Aus seinen religiösen Empfindungen lösen sich (noch) keine klarumrissenen Formen der antichristlichen Anklage, deren sich erst der Spötter bedient, *nachdem* er den lyrischen Felsen sprengte, um die dadurch gewonnenen Quarzbrocken mit den Augen des klareren, gefühlsentfremdeteren, eben logischer gewordenen Geologen zu betrachten.

Man hüte sich, in den Leopardischen Text Gedanken hineinzuexperimentieren, die sich nie darin aufspüren lassen würden. Trotzdem wird in seinen *Gedanken* schnell spürbar, worauf er abzielt und daß die Theorie des schönen Wahns nur eines der Mittel ist, der Verzweiflung zu entkommen. Leopardi fordert nicht zur gezielten Selbsttäuschung auf. Er stilisiert nur die Möglichkeiten, in der ewigen Kerkerzelle den Lichtquell zwischen den Rillen der Granitblöcke sichtbar werden zu lassen. Da alles Täuschung bleibt, gilt es Wege zu finden, von ihr nicht erstickt, sondern *getragen* zu werden.

Leopardi, der nicht hassen kann, verachtet, verfeinert die Verachtung ästhetisch und bemüht sich um die Distanz, die es seinen kalten Geschossen ermöglicht, sich auf dem Flug ins Ziel anzuwärmen. Auf seinem Gipfel stehend, fröstelt ihn vor der Erkenntnis, daß kein Aufwand sich je lohnen wird und daß es sinnlos bleibt, nach Preisen, selbst göttlichen, zu haschen. Dort oben meißelt er den *Zibaldone,* dieses Parerga-Paralipomena-Gebilde aus Eis, läßt es spasmisch zucken, entwickelt das monologäre System der Sammeltitel, um unter »Lust«, »Vergnügen«, »Langeweile«, »Glaube«, »Religion«, »Gesellschaft«, »Heroismus« und so weiter die Wellen eines Lichtes zu beschreiben, das größtenteils längst erloschen ist. Er spricht vom Lichtraub des Christentums, von der Luft ohne Sonne. Christentum ist pompöses Mausoleum, das atmende Leichen für ein Nichts, für das Nichts eines schein-natürlichen Glückes präpariert. Die Trauer wird diesen menschlichen Mumien zur *Bedingung* gemacht. Das Christentum, das mit falschen Hoffnungen ent-idealisiert und versimpelt, hat die lichteren Gesetze der Hellenen verdrängt mit der Wucht seiner Himmel, deren reinigende Flammen Krähen zu töten vorgeben, doch auch die Falken versengen müssen. Noch im Sterben, verheert von der Wassersucht, scheint Leopardi das christliche Gebaren nichts anderes als der Versuch von Lurchen zu sein, sich über die Verwendbarkeit der Augen zu streiten.

Leopardi ist ein Gegner des Entschiedenen, des Festgelegten. Der schöne Wahn ist schön, weil alles nicht Gleichgültige sich mit ihm der Erstarrung entzieht. Das Glück ist mehr flüssig als flüchtig. Es flutet, weil Verweilen schon wieder Erstarrung, Erstarrung Gewohnheit und Verrat wäre. Freiheit schwimmt. Der Körper ist lediglich Laichgehäuse, das weniger Bruten als Schlacken aufnimmt, um sie periodisch-chaotisch auszustoßen. Es »lebt« sich nur in ständiger Erneuerung. Die Aufgabe jeder Sekunde ist nichts anderes, als die Beweglichkeit zu erhalten. Leopardis Bezeichnung »Wahn« ist in gewöhnlicher Terminologie nicht deutbar. Sie bringt einen transzendären, treibenden Charakter zum Ausdruck. Der schöne Wahn ist unerreichbar, solange er mit »Zielen« ausgestattet bleibt. Man hat sich ihm zu überliefern. Aber die abgeschachtelte Welt kann mit dem Unberechenbaren nicht leben. Das Gesichertseinwollen verzehrt jedes Ideal, obzwar auch das Christentum in der Ausdeutung des Unberechenbaren endet. Die bürgerlich gesittete Existenz muß alles Spontane, Ungewohnte, Unvoraussehbare verneinen, ja bekämpfen. Zerfall und Hinfälligkeit der abendländischen Ära sind damit aufgezeigt. Das ganze Unglück des Menschen ergibt sich daraus, daß die Sucht nach dem Sicheren ihn unfähig macht, im natürlichen Gefühl das Unbegründbare, Fließend-Harmonische gelten zu lassen. Aber die Natur wirkt und drängt, ohne Dogmen zu schaffen. Es kümmert sie wenig, inwieweit der Mensch in ihr leidet und wie er sich des Schmerzes bedient. Sie liefert natürliche Gründe, die, nicht zuletzt vom Christentum mißbraucht, den Jammer zum Mittel der »gewollten Verklärung« werden lassen, so, als sei der Mensch aus keinem anderen Grunde als dem vorhanden, sich in einer ihm auferlegten Verdammnis fortwährend zu läutern; und als sei das Leben nichts weiter als eine Stufe der Bewährung für etwas ebenso Lebensfeindliches wie Unbewiesenes.

Eine sterile Gelehrsamkeit erstickte nicht erst seit Leopardis Zeiten jede natürliche Entwicklung. Die Ära, durch ein dogmatisches Programm geschwächt, machte die Zeit des unterhöhlten Roms für eine neue Verkündigung reif. Es wirkte als natürliches Gesetz, daß die verblassenden Zeitalter der Freude von einem Zeitalter der Zerknirschung, ja Verzweiflung abgelöst werden mußten. Damals münzte man die schönen Mythen zu »Täuschungen« um. Es hieß, die Menschheit sei allein für Entsagung und Schmerz geschaffen worden, um eine (nie bewiesene) Sünde zu tilgen. Natur und Vernunft bekämpften einander, und das Christentum nutzte diesen Zwist, indem es die menschliche Vernunft für zwar nicht abträglich erklärte, doch die Gesetze der antiken Weltordnung verneinte. Die Natur blieb, wie man meinte, willkürlich, und *nur* der *Gott* wurde zum neuen, auch über *sie bestimmenden Ordner* in der jeweils passenden menschlichen Auslegung eingesetzt. Er heiligte den Schmerz mit dem Willküranspruch, daß menschliches Leben nichts als Schmerz zu sein habe und Schmerz der Bestätiger einer (letztlich freudlosen) Liebe. Der Mensch *soll* glauben. Ob ihn sein eigenes Gefühl zwingt oder die Überlieferung hierzu überlistet, ist ohne Belang. Er soll es, weil Schmerz, gleich Entsagung, das beste Mittel geblieben ist, ihm die kleinen, wohlgezielten Hoffnungen wie ungeheure Geschenke erscheinen zu lassen, danach es sich lohnt zu lechzen. Die Ausweglosigkeit des Seins liefert hierbei die erforderliche Verzweiflung, die ja stets der Befreiung harrt; und als Befreierin tritt die Kirche in Erscheinung. Dabei gibt es keine andere Wahrheit als die, daß Natur ist, daß sie verwirft, was sie schafft, und schafft, was sie verwerfen wird. Der Mensch in seiner »auserwählten Rolle« nährt sich, wie der Drache, von der Selbstverschlingung und von der Wiederausspeiung; und der Gipfelpunkt, die Krönung seiner tragischen Posse wird nur die stets größere Erschlaffung von Kinnladen und Schließmuskeln sein. Die schließliche Verhärtung der »besonderen Kotstruktur« Mensch zieht endlich Blähungen nach sich, deren Kräfte ausreichen dürften, seine eigene Farce zu beenden. Der von ihm ausgebrütete Gott hat, so scheint es, längst eingestanden, im Menschen nie mehr als in jeder x-beliebigen Raupe erkannt zu haben. Gott wäre, falls es ihn je gegeben hätte, in dem Maße wieder Natur geworden, wie der Mensch Unnatur geworden ist. Allein nun steht er, singt schon Leopardi, steht einsam, abgesondert, isoliert, bar selbst des schönen Wahns, bar selbst der Heiterkeit im Schmerz. Und also fährt Leopardi fort: »Wir kennen aus der Vergangenheit noch kein Beispiel eines jeden Maßes entbehrenden Fortschritts der Zivilisierung und einer grenzenlosen Entfernung von der Natur. Wenn wir jedoch jetzt nicht umkehren, dann werden unsere Nachfahren dieses Beispiel ihren Enkeln hinterlassen – wenn sie überhaupt noch welche besitzen.«

Richard Klaus

Glauben und Wissen

Je mehr der Mensch weiß, desto weniger, schwieriger, langsamer und zaghafter entscheidet er sich. Je umfassender sein Wissen ist, desto geringer seine Entschlußkraft.

Glauben ist so weit davon entfernt, mit Unwissenheit *unvereinbar* zu sein, daß man ruhig behaupten kann, er sei im *Gegenteil* mit der Unwissenheit *eher vereinbar* denn mit dem Wissen.

Theorie des schönen Wahns und Kritik der modernen Zeit. Sammlung Überlieferung und Auftrag. Herausgegeben und mit Vorwort von Ernesto Grassi. Reihe: Probleme und Hinweise, Bd. 7, München 1949, 151 f.

Es ist nun durch lange Erfahrung bewiesen, daß sich der Mensch desto leichter, schneller und entschiedener zu glauben entschließt, je näher er noch dem Naturzustande steht, wie man ja aus dem Verhalten der Tiere sieht, deren Vorstellungen oder angeborene Überzeugungen weder Schwierigkeiten noch Hemmungen oder Zweifel im Wege stehen. *Ebenso* ist es bei Kindern und *Unwissenden.* Je weiter sich hingegen einer vom Naturzustand entfernt, je mehr er weiß, desto größere Schwierigkeiten und Hemmungen stellen sich seinem Verstand beim Entschließen entgegen und desto geringere Kraft und Entschiedenheit besitzt auch diese Entschließung oder Überzeugung. So steht also die Entschiedenheit zum Glauben (und mithin die Entschlußkraft zur Tat, die dazu in direktem Verhältniss steht) im umgekehrten Verhältniss zum Wissen des Menschen.

Kinder und Unwissende glauben hingegen alles oder doch mindestens das, was sie glauben, ganz sicher zu wissen. Das ist freilich der Gipfel der Unwissenheit.

Theorie des schönen Wahns und Kritik der modernen Zeit, 151

Man behauptet, das Glück des Menschen könne *außerhalb* der Wahrheit keinen Bestand haben. So hat es in der Tat den Anschein; denn was für ein Glück kann im Unwahren liegen? Und wie sollte Wahrheit *nicht* glücklich machen, wenn Glück das Ziel der Welt ist? Und trotzdem behaupte ich, daß das *Glück* auf der *Unkenntnis* des Wahren beruht.   *Zibaldone, München/Berlin 1943, 94*

Zwei Wahrheiten wollen die Menschen im Allgemeinen durchaus nicht ernst nehmen: die, daß sie nichts wissen, und die zweite, daß sie nichts bedeuten. Nimm noch die dritte hinzu, die mit der zweiten aufs engste zusammenhängt, nämlich die Tatsache, daß sie *keinerlei Hoffnung auf ein Fortleben nach dem Tode haben können.*

Zibaldone, 61

Antike und christliche Religion

Man darf behaupten, daß die Antiken, weil sie *lebten,* auch den Tod nicht fürchteten, die Modernen ihn aber fürchten, weil sie *kein* Leben haben.

Zit. aus: Karl Voßler, Leopardi, Heidelberg 1930, 128

Nächst dem ausgesprochenen Naturzustand ist der denkbar glücklichste in dieser Welt der einer mittleren Kultur, in der ein gewisses Gleichgewicht zwischen Vernunft und Natur hergestellt ist. Und eben dies war der Zustand der antiken Kulturvölker, die deshalb so reich an Leben waren, weil sie der Natur und dem natürlichen Glück so viel *näher* standen. Und darum ist auch die antike Religion dem irdischen Glück viel förderlicher gewesen, als es das Christentum sein kann; denn, da sie mehr und greifbarere natürliche Glaubensinhalte schuf, die mit einer weit verbreiteten und tieferen Unwissenheit zusammenhingen, blieb der Mensch dem Naturzustand näher.   *Zibaldone, 91 f.*

Wie aber blieb das Christentum Sieger über die Philosophie und die Gleichgültigkeit, die auch alle früheren Irrlehren ausgelöscht hatten?

Die Erkenntnisse jener Zeit waren 1) weder beständig noch bestimmt oder fest umrissen, 2) noch weit verbreitet, 3) oder so tief verwurzelt wie jetzt.

Die damaligen Erkenntnisse hatten genügt, den groben

Irrtum antiker Kulte auszulöschen. Sie ließen einem feine-
ren Irrtum nicht nur Raum, sondern beförderten ihn sogar.
Die Zeit bewies durch ihre Erkenntnisse, daß sie zum Übersinnlichen, Abstrakten und Mystischen neigte.

Um diesen ihren Irrtum zu zerstören, bedurfte es schon
viel tieferer, schärferer, umfassenderer Erkenntnisse als
der damaligen. Der Art sind die heutigen, daß sie vor Irrtum völlig unfruchtbar wurden. Von ihnen kann, wie von
den antiken Erleuchtungen, kein feinerer Irrtum mehr ausgehen, der der Welt noch Leben spendet.

*Theorie des schönen Wahns und Kritik der modernen
Zeit, 108 f.*

Die Höfe? Rom? Der *Vatikan?* Wer kennt nicht jene *Brut-
stätte des Aberglaubens,* der Ignoranz und der Laster?
Freilich, die ganze Welt ist mehr oder weniger ein Fegefeuer. Hier, bei uns aber ist richtige Hölle, wo man sich hüten
muß zu zeigen, daß man lesen gelernt hat, wo man nur vom
Wetter oder von Weibern im Wirtshaus- und Bordellstil
spricht, wo man als denkender Mensch sich nur noch im
Studium beschäftigen und ausruhen kann, während man
andererseits, fern und abgelegen von gebildeten Gegen-
den und Menschen, von seinen Studien nicht einmal Anerkennung, die letzte Illusion des Weisen, sich erhoffen darf.

Zit. aus: Voßler, Leopardi, 130 f.

Gott, das Übel und das Nichts

Hat man einmal die den Dingen präexistierenden platonischen Formen zerstört, so hat man Gott zerstört.

Zit. aus: Voßler, Leopardi, 148

Der Ursprung aller Dinge und Gottes selbst ist das Nichts.
Kein Ding muß durchaus vorhanden sein; es gibt keinen
unumgänglichen Beweis dafür, das etwas nicht auch nicht
sein und nicht auf diese oder jene Weise sein kann. Alle
Dinge sind möglich; aber es besteht kein zwingender
Grund dafür, daß irgend etwas sein, und daß es in dieser
oder jener Form sein müsse. Es gibt auch keine absolute

Verschiedenheit aller Möglichkeiten und keinen unbe-
schränkten Abstand zwischen allen möglichen Vorzügen
und Vollkommenheiten. Das bedeutet, daß ein erster und
gemeinsamer Urgrund der Welt nicht besteht und nie be-
standen hat; oder daß, wenn es ihn gibt oder je gegeben
hat, wir ihn unter keinen Umständen zu erkennen vermögen, da uns jede Voraussetzung für ein Wissen von den
Dingen vor ihrer Erschaffung, ja von allem fehlt, was über
das rein Tatsächliche hinausgeht. Weil wir infolge der, zu
unserer Natur gehörenden, Selbsttäuschung die Wahrheit
für absolut nehmen, glauben wir, bis zu jenem Urgrunde
vordringen zu können, indem wir ihm alles, was in unseren
Augen vollkommen heißt, zuschreiben. Allein diese Vollkommenheiten können nur im Rahmen der uns bekannten
Welten gelten, das heißt, nur in einem einzigen aller denkbaren Weltzusammenhänge; und daher sind es nur relativ,
nicht absolut gesprochen, Vollkommenheiten.

Zibaldone, 94 f.

König der Dinge, Schöpfer der Welt, geheimnisvoll *Ruchlo-
ser,* Allmächtiger und Allwissender, ewiger Schenker des
Unheils und Lenker der Bewegung – ich weiß nicht, ob es
Dich glücklich macht, aber schau und genieße... in ewiger
Betrachtung... Erzeugung und Zerstörung... um zu töten
gebiert es... System der Welt, nichts als Leiden. Natur ist
wie ein Kind und löst das kaum Gefügte wieder auf. Greisenalter. Langweile oder schmerzvolle Leidenschaft und
Verzweiflung: Liebe.

Die wilden Volksstämme und Einfältigen erkennen unter wechselnden Formen nur Dich. Die gebildeten Völker
aber... Dich unter wechselnden Namen ruft das Volk an
als Schicksal, Natur und Gott. Du aber bist Ahriman, bist
jener, der...

Und die gebildete Welt betet zu Dir.

Zu schweigen von den Unwettern, den Seuchen...

Deinen Geschenken, denn anderes kannst Du nicht
schenken. Du gibst die Gluten und Vereisungen.

Und fiebernd sucht die Welt nach neuen Ordnungen und
Gesetzen und hofft sich fortzubilden. Aber unverändert

verharrt Dein Werk, denn immer werden nach der Natur
des Menschen die Kühnheit herrschen und der Betrug;
und Wahrhaftigkeit und Bescheidenheit zurückstehen und
das Glück dem Werte feind sein und das Verdienst sich
nicht durchsetzen können und der Gerechte und Schwache unterdrückt werden...

Gedeihe, Ahriman, und triumphiere, Du wirst immer
triumphieren. Neid, den die Antike den Göttern gegen die
Menschen zuschrieb. Bestimmung der Tiere, als Speise zu
dienen. Boa-Schlange. Mitleidige Gottheit...

Warum, Du *böser* Gott, hast Du ins Leben einigen Schein
von Freude gesetzt? Die Liebe...? um uns zu quälen mit
der Sehnsucht, mit dem Blick nach den Andern und nach
der entschwundenen Zeit unserer Jugend...? Ich weiß
nicht, ob Du Lob oder Flüche lieber hast... Dein Lob ist
wohl die Träne, der Zeuge unseres Leidens. Tränen, wahrlich, sollst Du von mir nicht haben. Vieltausendmal soll
mein Mund *Deinen Namen fluchen*...

Nie will ich mich darin ergeben...

Wenn Ahriman je um eine Gnade gebeten wurde...
vergönn mir, daß ich das siebente Lustrum überschreite.
Ich bin mein Leben lang Dein größter Verkünder gewesen... der Apostel Deiner Religion. Belohne mich! Ich for-
dere keines der von der Welt geschätzten Güter: gib mir,
was als das größte aller Übel gilt: den Tod. (Keine Reichtümer... auch die Liebe, das einzig Lebenswerte nicht...)
Ich kann, ich kann das Leben nicht mehr tragen.

Zit. aus: Voßler, Leopardi, 160 f.

Jetzt bin ich hingestreckt und ausgetrocknet wie ein dürres
Rohr; keine Regung mehr dringt in meine arme Seele; die
ewige und höchste Macht der Liebe selbst ist ausgelöscht
aus meinem jungen Leben...

...Denn so steht es tatsächlich mit der unglücklichen
Menschheit und so lehrt es die grausame Vernunft: daß all
unsere Freuden und Schmerzen purer Trug sind und daß
das ewig und einzig Richtige und Echte die Pein ist, die aus
der Gewißheit des *Nichts* hinter *allen* Dingen hervorquillt.

Zit. aus: Voßler, Leopardi, 160 f.

Alles ist vom Übel. Das heißt, alles Sein ist vom Übel. Daß überhaupt etwas vorhanden ist, ist vom Übel. Was da ist, birgt in sich den Zweck des Übels. Das Dasein ist vom Übel und zum Übel erkoren, Zweck des Alls ist das Übel. Die Einrichtung, die Beschaffenheit, die gesetzmäßige und natürliche Bewegung des Universums sind nichts als Übel und dienen nichts anderem als dem Übel. Es gibt nichts als Übel. Es gibt kein Glück, als *nicht* zu sein. Gut ist nur, was *nicht* ist. Das Sein ist nur gut, wenn es nicht ist; denn alles Sein ist schlecht. Alles Vorhandene, die Gesamtheit der vielen vorhandenen Welten, das Universum sind, metaphysisch gesprochen, nicht mehr als ein Nichts, als ein Staubkorn. Das Dasein ist in seiner Anlage und seiner besonderen und allgemeinen Beschaffenheit nach etwas *Unvollkommenes,* Ungeheuerliches. Allein diese Unvollkommenheit ist etwas durchaus Geringfügiges, ist ein wirkliches Nichts. Denn, da alle vorhandenen Welten, wie zahlreich und groß sie auch sein mögen, dennoch ganz gewiß *nicht* unendlich sind, weder an Zahl noch an Ausdehnung, so sind sie infolgedessen unendlich klein, verglichen mit dem, was das All sein *könnte,* wäre es unendlich. Und alles Vorhandene ist unendlich klein im Vergleich zu der, wenn man es so ausdrücken darf, *wahren Unendlichkeit des Nichtvorhandenen,* des Nichts.   *Zibaldone, 47*

LUDWIG FEUERBACH
1804–1872

> Selbst die Deutschen, einst die
> Bessern,
> . . .
> . . .
> Diese gleichfalls sind entartet.
> Sind jetzt glaubenlos und
> gottlos,
> Pred'gen gar den Atheismus –
> Kind, mein Kind, nimm dich
> in acht
> Vor dem Feuerbach und
> Bauer!
> Heine, Atta Troll, Caput VIII

Als Sechsundzwanzigjähriger ließ Ludwig Feuerbach eine Abhandlung erscheinen, die den Titel trug: *Gedanken über Tod und Unsterblichkeit.* Sie enthielt in nuce Feuerbachs religionskritische Darlegungen, vor allem über den christlichen Begriff der Unsterblichkeit, und wurde von den Behörden beschlagnahmt. Hiernach blieb ihm die akademische Laufbahn versperrt. Er war am 28. Juli 1804, im Todesjahr Kants, geboren worden. In dem Geburtsort Landshut hatte der Vater, der Kriminalist Anselm von Feuerbach, soeben eine Professur angenommen. Doch ging er bereits 1805 nach München, wo er sich große Verdienste um die bayerische Rechtspflege erwarb. So unternahm er die Beseitigung der Folter und entwarf ein modernes *Strafgesetzbuch für das Königreich Bayern.* Der älteste Sohn Anselms, gleichfalls Anselm geheißen, wurde als Archäologe bekannt, der Sohn des jüngeren Anselm, wiederum Anselm mit Namen, Ludwigs Neffe, als Maler von Rang.

Ludwig Feuerbach studierte, nach einer Gymnasialzeit in Ansbach, Theologie in Heidelberg und Philosophie bei Hegel in Berlin. Nachdem er sich 1828 an der Universität Erlangen für Philosophie habilitiert hatte, versuchte er wiederholt, eine außerordentliche Professur zu erhalten. Doch mißlang ihm dies jedesmal, ein Symptom der, wie Friedrich Engels urteilt, »erbärmlichen deutschen Zustände, kraft deren die Lehrstühle der Philosophie von spintisierenden eklektischen

Flohknackern in Beschlag genommen wurden, während Feuerbach, der sie alle turmhoch überragte, in einem kleinen Dorf verbauern und versauern mußte«[1].

Feuerbach entsagte dem akademischen Leben, zog sich nach Ansbach zurück und, 1836, auf das nahe gelegene Schloß Bruckberg, wo er mit seiner Frau Bertha, der Mitbesitzerin einer Porzellanfabrik, bis 1860 wohnte. Als Jäger und Wanderer durchstreifte er Feld und Wald, und er liebte es, mit einfachen Leuten zu sprechen. In Bruckberg sind seine philosophischen Hauptschriften entstanden, dabei die religionskritischen Werke: *Das Wesen des Christentums,* 1841; *Das Wesen der Religion,* 1845; die *Vorlesungen über das Wesen der Religion,* 1848/1849; *Theogonie,* 1857. Feuerbachs Ruhm währte nur kurze Zeit. Er hatte 1841 begonnen: mit dem Erscheinen der Schrift *Das Wesen des Christentums.* Damals herrschte allgemeine Begeisterung; Friedrich Engels meldet: »Wir waren alle momentan Feuerbachianer.«[2]

Nach dem unglücklichen Ausgang der Revolution geriet der Philosoph langsam in Vergessenheit. Seine ökonomische Situation verschlechterte sich zusehends: 1860 mußte er Schloß Bruckberg verlassen, weil die Fabrik in Konkurs gegangen war. Feuerbach verlor seine bescheidene Rente. Arm lebte er seitdem auf dem Rechenberg bei Nürnberg, und es wurde ihm ein für deutsche Linksoppositionelle des 19. Jahrhunderts typisches Ende zuteil, die entweder im Exil starben: Börne, Heine, Karl Marx und Arnold Ruge, oder in bitterer Not: Bruno Bauer, Max Stirner und, 1872, Feuerbach selber.

1848, während der Revolution, hatte sich der Vierundvierzigjährige nach Heidelberg begeben, um dort Vorlesungen *über das Wesen der Religion* zu halten. Die Einladung stammte von Studenten. Heidelbergs Bürgerschaft hatte den städtischen Rathaussaal zur Verfügung gestellt. Hier las der Gast an drei Abenden der Woche, vom 1. Dezember 1848 bis zum 2. März 1849. Einer der Hörer war Gottfried Keller, der am 8. Februar 1849 mitteilte: »Für die poetische Tätigkeit aber glaube ich neue Aussichten und Grundlagen gewonnen zu haben, denn erst jetzt fange ich an, Natur und Mensch so recht zu packen und zu fühlen ... ich bin froh, endlich eine bestimmte und energische philosophische Anschauung zu haben.«[3] Eine »bestimmte und energische philosophische Anschauung« – mit diesem Wort hatte Keller die Philosophie Feuerbachs besser umrissen, als es in manchen hundert Jahre jüngeren Nachschlagewerken der Fall ist, wo Feuerbach meistens schlicht als »Kritiker der Religion« abgehandelt wird. Er teilt das Los derjenigen Autoren, deren umfangreiches Œuvre vom Schatten einer Einzelschrift verdunkelt bleibt. Feuerbachs *Wesen des Christentums* hat, zusammen mit den anderen religionskritischen Arbeiten, nicht nur die darstellenden Schriften, wie die Monographien über Leibniz und Bayle, sondern vor allem auch die kleineren Schriften verdeckt, in denen seine eigene Philosophie positiv niedergelegt ist. Unter anderen: *Vorläufige Thesen zur Reform der Philosophie,* 1842; *Grundsätze der Philosophie der Zukunft,* 1843. Grundsätze, Thesen – bereits die Titel zeigen, was ein Überblick über das Gesamtwerk bestätigt: Die eigene Philosophie wurde nur in kleinen Portionen ans Licht gebracht . . . fragmentarisch, aphoristisch. Hier war die Redlichkeit eines Philosophen zu groß, als daß noch ein System hätte entstehen dürfen. Und hier reichte anderseits die künstlerische Begabung eines Philosophen nicht aus, um Aphorismen vom Rang derjenigen Schopenhauers oder Nietzsches für die Ewigkeit zu meißeln. Im Detail ausgearbeitet und abgeschlossen dagegen ist Feuerbachs Religionsphilosophie, deren Prinzipien allerdings nur auf der Folie seiner Entwürfe einer Philosophie der Zukunft verstanden werden können.

Eine Philosophie der Zukunft beginnt, Feuerbach zufolge, für Deutschland mit Feuerbachs Philosophie. Diese aber nimmt ihren Anfang bei einer Hypothese über den Menschen, die, obgleich kaum neu, jedenfalls derjenigen aller idealistischen Philosophen entgegengesetzt war, insofern also revolutionär wirkte. Und nicht *der* Mensch nur, der denkt, nicht *die Vernunft* des Menschen stellt das neue Prinzip dar, sondern der Mensch als *ganzer:* »Die neue Philosophie stützt sich also nicht auf die Gottheit, d. i. Wahrheit, der Vernunft allein für sich, sie stützt sich auf die *Gottheit, d. i. Wahrheit, des ganzen Menschen.*«[4] Hiernach ist der Ausgangspunkt keineswegs ein »abstractes, nur gedachtes oder eingebildetes« Wesen, sondern »ein *wirkliches*«, »*das allerwirklichste* Wesen«, »das positivste *Realprincip*«« (VII, 283), eben der Mensch. Dieser, ein sinnliches, mit den Sinnen faßbares Ganzes, eine *Einheit,* hat das Prinzip der Philosophie der Zukunft zu sein, ihr Erstes, ihr hauptsächlicher Gegenstand, ihr Ziel. Die Leiblichkeit des Menschen wird nicht mehr bloß als äußere Hülle des Wesentlichen, des Kerns, der Seele begriffen und damit abgewertet, sondern es heißt nun: »*Ich bin ein wirkliches, ein sinnliches Wesen; ja der Leib in seiner Totalität ist mein Ich, mein Wesen selber.*« (II, 299 f.) Die Vernunft des Denkenden, des Philosophen versteht sich jetzt niemals mehr als losgelöst von der Sinnlichkeit, sondern die Sinne sind am Werk, wo die Vernunft am Werke ist: »Ich bin himmelweit unterschieden von *den* Philosophen, welche sich die *Augen* aus dem Kopfe reissen, um desto besser denken zu können; ich brauche zum Denken die Sinne, vor Allem die Augen, gründe meine Gedanken auf *Materialien,* die wir uns stets nur vermittelst der Sinnenthätigkeit aneignen können, erzeuge nicht den Gegenstand aus dem Gedanken, sondern umgekehrt den Gedanken *aus dem Gegenstande.*« (VII, 281) Danach möchte Feuerbach nur den »Realismus« oder »Materialismus« als Philosophie gelten lassen (ebd.). Sein Realprinzip bedingt nun eo ipso schon die entschlossene Negation einer paulinischen Position: des Dualismus von Geist und Leib. Fortan darf keiner mehr, wie es Theologen und spekulative Philosophen tun, »die Bestimmungen und Kräfte der Wirklichkeit, überhaupt die wirklichen Wesen und Dinge . . . zu willkürlichen Zeichen, zu Vehikeln, Symbolen oder Prädicaten eines von ihnen unterschiedenen, transcendenten, absoluten, d. i. abstracten Wesens machen«, sondern sie sollen in der Bedeutung erfaßt werden, »welche sie *für sich selbst* haben« (VII, 289). Nichts darf als Fleischwerdung einer Idee genommen werden, als Erscheinung eines Ding-an-sich: Alles hat sein Schwergewicht zurück.

Heißt das aber, daß die Idee überhaupt beiseite zu werfen wäre? Nein. Während Feuerbach »auf dem Gebiete der eigentlichen theoretischen Philosophie« den Materialismus als Prinzip setzt, bekennt er sich gleichzeitig »auf dem Gebiete der *praktischen* Philosophie« als Idealist (VII, 281). Hier, aber

auch nur hier hat die Idee ihre Bedeutung. Sie stellt den
Zielpunkt politischen Handelns und moralischen Tuns dar,
und wer sie besitzt, besitzt den »Glauben an die geschichtliche Zukunft«; niemals nämlich, expliziert Feuerbach, seien
»Schranken der Gegenwart und Vergangenheit« »Schranken
der Menschheit, der Zukunft«, und manches, »was den kurz-
sichtigen, kleinmüthigen Praktikern heute für Phantasie, für
nie realisirbare Idee, ja für blosse Chimäre gilt«, werde bereits »morgen, d. h. im nächsten Jahrhundert . . . in voller
Realität dastehen« (ebd.). Er verspottet die »Lamentationen
der religiösen und gelehrten Heuler«, die gegen den Atheismus vorbrächten, daß dieser alle Ideale zertrümmere, und
führt aus, daß der Atheismus nicht, indem er das »theologische Ueber« aufhebe, »damit auch das moralische und natürliche Ueber« aufhebt. »Das moralische Ueber ist das Ideal,
das sich jeder Mensch setzen muss, um etwas Tüchtiges zu
werden; aber dieses Ideal ist und muss sein ein menschliches
Ideal und Ziel.« (VIII, 133 f.) Unter dem »natürlichen Ueber«
will er die Gewalten der Natur verstanden haben; insbesondere den Tod. Der »Tod ist ein Uebel, wofür kein Kraut
gewachsen ist – am Wenigsten auf dem Mist der Theologie«
(I, 202). »Erwartet das Bessere nicht von dem Tode, sondern
von Euch selbst! Nicht den Tod schafft aus der Welt; die
Uebel schafft weg – *die* Uebel, die aufhebbar sind, *die* Uebel, die nur in der Faulheit, Schlechtigkeit und Unwissenheit
der Menschen ihren Grund haben; und gerade diese Uebel
sind die schrecklichsten.« (I, 116 f.) Aus Unglück und Leid
ergebe sich daher »nichts weniger als die Nothwendigkeit
eines himmlischen Jenseits, ergiebt sich nur die Nothwendigkeit der Abänderung der aufhebbaren Uebelstände des
menschlichen Lebens« (I, 200). Somit erweist sich die praktische Philosophie Feuerbachs oder seine politische Philosophie als Meliorismus oder humanitärer Aktivismus, und wie
die Schriftsteller des Jungen Deutschland postulierte Feuerbach: »die *Politik* muss unsere Religion werden« (II, 219).
Und er nennt als Prinzip, gemäß welchem das Zusammenle-
ben der Menschen geformt werden soll: *»EGO und ALTER
EGO«; »Egoismus«* und *»Communismus«*, denn beide sind so
unzertrennlich wie *»Kopf* und *Herz«* (II, 391). Worauf zu

bauen wäre? Erstes Prinzip, »*Basis* der Ethik und Philosophie, der Anfang zu einem neuen Leben der Menschheit, die Grundbedingung ihrer Wiedergeburt, das unerläßliche Antidotum gegen das grundverderbliche Gift des theologischen, supranaturalistischen Dünkels und Lügengeistes«: die Natur; »aber sie ist nicht das höchste, das *letzte* Princip. Dieses ist vielmehr die *Einheit* von *Ich* und *Du*«. (VII, 258) Die »Einheit von Ich und Du« oder die Liebe bildet das Fundament einer neuen Ethik. Wenn der Mensch der Natur verdankt, daß er lebt, so verdankt er der Gesellschaft von Menschen, daß er als Mensch lebt. Er verdankt, »dass er *Mensch* ist, dem *Menschen*« (VI, 100). Erforderlich sei, meint Feuerbach, Liebe zum Menschen um des Menschen willen, nicht mehr um Gottes willen. Würde jedoch »praktisch das *höchste* und *erste Gesetz* die *Liebe des Menschen zum Menschen*« – Feuerbach formuliert es lateinisch: »Homo homini Deus est«–, so bedeutet dies den »Wendepunkt der Weltgeschichte« (VI, 326).

Feuerbachs Religionskritik bezweckt nichts weniger, als die für notwendig gehaltene Wendung der Weltgeschichte zu ermöglichen. Seine Annihilation des Christentums ist die Abrechnung eines Philosophen mit der Vergangenheit, um der Menschheit eine hellere Zukunft zu eröffnen. Voller Verachtung konstatiert er, daß in seiner Zeit – »welche . . . sich nicht geschämt hat, den Hader über die gemischten Ehen als eine ernsthafte, hochwichtige Angelegenheit aufzunehmen« (VII, 279) – seine Landsleute darauf gekommen sind, »die religiösen Wirren dadurch schlichten zu wollen, dass man über die Religion *plötzlich* nicht mehr denkt« . . . »d. h. dass man sich zum Besten der deutschen Nationalinteressen, d. h. der Dampfmaschinen und Runkelrübenzuckerfabriken in religiösen Dingen ohne weiteres zur *Bestie* degradirt« (VII, 268). Dieser Zeit und diesen Zeitgenossen sich entgegenstemmend, wagt er, was vor ihm kein deutscher Autor gewagt hatte: das Gesamtsystem der Religion aus den Angeln zu heben. Nicht einzelne Dogmen, nicht Institutionen greift er an. Er führt den Schlag gegen das Ganze. Er plant nicht, *hinter* der Religion Wahrheiten zu suchen, sondern er nimmt die Religion in ihrer Totalität als Wahrheit . . . als von der menschlichen Psyche hervorgebrachte Wahrheit, die als

Wahrheit denselben Wert besitzt wie jede andere Projektion der Psyche, wie jedes andere Gebilde menschlichen Wähnens. Er analysiert die Theologie, indem er sie als »psychische Pathologie« betrachtet[5]. Er fragt überhaupt nicht nach den Gegenständen der Religion als solchen, sondern er untersucht, was die Religion an Menschlichem enthalte; was sie, als Produkt des Menschen, des ganzen Menschen, über den Menschen auszusagen vermag, der sie schuf. Dies ist der Sinn der von Feuerbach immer wieder verwendeten Formel: »die *Theologie ist Anthropologie*«, welche er zu Beginn seiner *Vorlesungen* von 1848/1849 wie folgt erläuterte: »d. h. in dem Gegenstande der Religion, den wir griechisch Theos, deutsch Gott nennen, spricht sich nichts Anderes aus als das Wesen des Menschen, oder: der Gott des Menschen ist nichts Anderes als das vergötterte Wesen des Menschen« (VIII, 21).

Was leistet die Religionskritik? Therapie! Über den Zweck seines Buches *Das Wesen des Christentums* sagt Feuerbach, er sei »ein therapeutischer oder praktischer«[6]. In dem Buch selber steht der Satz, der die Essenz eines Buches von Freud vorwegnimmt: »Es handelt sich also im Verhältnis der selbstbewußten Vernunft zur Religion nur um die Vernichtung einer *Illusion* – einer Illusion aber, die keineswegs gleichgiltig ist, sondern vielmehr *grundverderblich* auf die Menschheit wirkt, den Menschen, wie um die Kraft des wirklichen Lebens, so um den Wahrheits- und Tugendsinn bringt.« (VI, 331) Oder, wie er seine Absicht zu Beginn der *Vorlesungen* zusammenfaßt – in einem Passus, worin sich Analyse und persönliche Konfession aufs innigste verbinden –: »Mir war und ist es vor Allem darum zu thun, das dunkle Wesen der Religion mit der Fackel der Vernunft zu beleuchten, damit der Mensch endlich aufhöre, eine Beute, ein Spielball aller jener menschenfeindlichen Mächte zu sein, die sich von jeher, die sich noch heute des Dunkels der Religion zur Unterdrückung des Menschen bedienen.« (VIII, 28)

Wolfgang Beutin

Das Wesen des Glaubens

Das Abhängigkeitsgefühl des Menschen ist der *Grund* der Religion; der Gegenstand dieses Abhängigkeitsgefühles, Das, wovon der Mensch abhängig ist und abhängig sich fühlt, ist aber ursprünglich nichts anderes, als die Natur.

VII, 434

Wenn der Mensch nicht stürbe, wenn er ewig lebte, wenn also *kein Tod* wäre, so wäre auch *keine Religion.*   *VIII, 41*

In der That ist der Tod – als der empfindlichste Ausdruck unserer Endlichkeit und Abhängigkeit von einem Wesen ausser uns, nämlich der Natur – der einzige letzte Grund der Religion; die Aufhebung des Todes, die Unsterblichkeit der einzige letzte Zweck der Religion, wenigstens der christlichen, und das Mittel dieser Aufhebung eben Gott.

VII, 388

Die Auferstehung Christi ist daher das *befriedigte Verlangen* des Menschen nach *unmittelbarer Gewissheit* von seiner *persönlichen* Fortdauer nach dem Tode – die persönliche Unsterblichkeit als eine sinnliche, unbezweifelbare Thatsache.   *VI, 163*

Das Wesen des Glaubens ... ist, dass das *ist*, was der Mensch *wünscht ...*   *VI, 154*

Der Wunsch ist der *Ursprung*, ist das *Wesen selbst der Religion* – das *Wesen der Götter nichts anderes, als das Wesen des Wunsches.*   *VII, 465*[7]

In der Religion ist der Mensch ein Kind

Der Mensch glaubt nicht an die Unsterblichkeit, weil er an Gott glaubt, sondern er glaubt an Gott, weil er an die Unsterblichkeit glaubt, weil er ohne den Gottesglauben den Unsterblichkeitsglauben nicht begründen kann.

VIII, 336 f.

Der Glaube oder die Vorstellung, dass ein Gott Urheber, Erhalter und Regent der Welt sei, – eine Vorstellung, die der Mensch nur von sich, von dem politischen Regimente abgezogen und auf die Natur übergetragen hat – beruht auf der Unkenntnis von der Natur; sie stammt daher aus der Kinderzeit der Menschheit... *VIII, 175*

Die Religion ist ... das kindliche Wesen des Menschen. Oder: in der Religion ist der Mensch ein Kind. *VIII, 261*

Gott – ein Bild des Menschen

Jeder Gott ist ein *Wesen* der Einbildung, ein Bild, und zwar *ein Bild des Menschen,* aber ein Bild, das der Mensch ausser sich setzt und als ein selbständiges Wesen vorstellt.
VIII, 236

Wenn aber Gott *nur* ein Gegenstand des Menschen ist, was offenbart sich uns im Wesen Gottes? Nichts Anderes als das Wesen des Menschen. Wem das höchste Wesen Gegenstand ist, das ist selbst das höchste Wesen. *II, 252*

Die Religion ist die *Entzweiung* des Menschen *mit sich selbst*: er setzt sich Gott als ein ihm *entgegengesetztes* Wesen gegenüber. *VI, 41*

Die Religion ist das Verhalten des Menschen zu seinem eigenen Wesen – darin liegt ihre Wahrheit und sittliche Heilkraft – aber zu seinem Wesen nicht als dem seinigen, sondern *als einem anderen, von ihm unterschiedenen, ja entgegengesetzten Wesen* – darin liegt ihre Unwahrheit, ihre Schranke, ihr Widerspruch mit Vernunft und Sittlichkeit, darin die unheilschwangere Quelle des religiösen Fanatismus, darin das oberste metaphysische Princip der blutigen Menschenopfer, kurz: darin der Urgrund aller Greuel, aller schaudererregenden Scenen in dem Trauerspiel der Religionsgeschichte. *VI, 238*

Also ist zwischen der göttlichen Offenbarung und der sogenannten menschlichen Vernunft oder Natur *kein anderer als ein illusorischer Unterschied* – auch der *Inhalt der
göttlichen Offenbarung* ist *menschlichen Ursprungs...*

VI, 250

In der Liebe allein ist der Gott, der die Haare auf dem
Haupte zählt, Wahrheit und Realität. Der christliche Gott
ist selbst nur eine Abstraction von der menschlichen Liebe,
nur ein Bild derselben.   *II, 297*

Die Religion ist Poesie...

Das Jenseits ist das Diesseits im Spiegel der Phantasie...
ist das im Bilde angeschaute, von aller groben Materie
gereinigte – verschönerte Diesseits.   *VI, 220*

...die Religion ist Poesie ..., aber mit dem Unterschiede
von der Poesie, von der Kunst überhaupt, dass die Kunst
ihre Geschöpfe für nichts Anderes ausgiebt, als sie sind, für
Geschöpfe der Kunst; die Religion aber ihre eingebildeten
Wesen für *wirkliche* Wesen ausgiebt.   *VIII, 228*

Die Nacht der Theorie

...*Begriff der Erschaffung*, der nichts ist als ein Verbot, die
Dinge sich auf natürlichem Wege entstanden zu denken,
ein Interdict aller Physik und Naturphilosophie.   *VI, 264*[8]

Gott ist der den *Mangel der Theorie ersetzende Begriff.* Er
ist die Erklärung des Unerklärlichen, die nichts erklärt,
weil sie Alles ohne Unterschied erklären soll – er ist die
Nacht der Theorie, die aber dadurch Alles dem Gemüthe
klar macht, dass in ihr das Maass der Finsterniss, das unter-
scheidende Verstandeslicht ausgeht – das Nichtwissen,
das alle Zweifel *löst,* weil es alle *niederschlägt* ... Die
Nacht ist die Mutter der Religion.   *VI, 233*

Etwas aus Gott ableiten heißt:
etwas der prüfenden Vernunft entziehen

Die Beweise von der Existenz Gottes aus der Natur sind nur Beweise von der *Unwissenheit* und *Arroganz* des Menschen, mit welcher er die Schranken seines Kopfes zu Schranken der Natur macht.   *VI, 345*

»Der Ursprung des Lebens ist unerklärlich und unbegreiflich«; es sei; aber diese Unbegreiflichkeit berechtigt Dich nicht zu den abergläubischen Consequenzen, welche die Theologie aus den Lücken des menschlichen Wissens zieht, berechtigt Dich nicht, über das Gebiet der natürlichen Ursachen auszuschweifen, denn Du kannst nur sagen: ich kann nicht aus *diesen* mir bekannten natürlichen Erscheinungen und Ursachen oder aus ihnen, *wie* sie mir bis jetzt bekannt sind, das Leben erklären, aber nicht: es ist schlechterdings, überhaupt nicht aus der Natur erklärbar ... berechtigt Dich nicht, durch die Annahme *erdichteter* Wesen das Unerklärliche zu erklären, berechtigt Dich nicht, durch eine *nichts erklärende* Erklärung Dich und Andere zu täuschen und zu belügen, berechtigt Dich nicht, Dein *Nichtwissen* natürlicher, materieller Ursachen in ein *Nichtsein* solcher Ursachen zu verwandeln, Deine *Ignoranz* zu vergöttern, zu personificiren, zu vergegenständlichen in einem Wesen, welches diese Ignoranz aufheben soll, und doch *nichts anderes ausdrückt, als die Natur dieser Deiner Ignoranz*, als den *Mangel* positiver, materieller Erklärungsgründe.   *VII, 454*

Etwas in Gott setzen oder aus Gott ableiten, das heisst nichts weiter als etwas der prüfenden Vernunft entziehen, als unbezweifelbar, unverletzlich, heilig hinstellen, *ohne Rechenschaft* darüber abzulegen.   *VI, 330*

Ist es auch wenig, was wir wissen, dieses bestimmte Wenige ist doch mehr, als das nebelhafte Mehr, was der Glaube vor dem Wissen voraus hat.   *X, 326*

Wo die Moral auf die Theologie gegründet wird

Wo die *Moral* auf die *Theologie*, das *Recht* auf *göttliche Einsetzung* gegründet wird, da kann man die *unmoralischsten, unrechtlichsten, schändlichsten* Dinge *rechtfertigen* und *begründen.* *VI, 330*

Die Religion ist daher so wenig ein Besserungsmittel des Menschen, dass sie vielmehr ihn zur Verstellung vor sich selbst, zum Selbstbetrug verführt, indem sie seinem Glauben und Handeln *andere* Motive unterlegt, als in Wahrheit zu Grunde liegen. *VII, 417 f.*

Denn so wie der Mensch seine Augen öffnet, so wie er ungeblendet durch religiöse Vorstellungen die Wirklichkeit ansieht, wie sie ist, so empört sich das Herz gegen die Vorstellung einer Vorsehung wegen ihrer Parteilichkeit, mit der sie den Einen rettet, den Anderen untergehen lässt, die Einen zum Glück und Reichthum, die Anderen zum Unglück und Elend bestimmt, wegen ihrer Grausamkeit oder Unthätigkeit wenigstens, mit der sie Millionen von Menschen den grässlichsten Leiden und Martern unterworfen. *VIII, 258*

Dieser Jesus kein Christus

Ich leugne also nicht, dass ein Jesus gewesen, eine historische Person war, der die christliche Religion ihren Ursprung verdankt, ich leugne nicht, dass er gelitten für seine Lehre. Aber ich leugne, dass dieser Jesus ein Christus, ein Gott oder Gottessohn, ein von einer Jungfrau geborenes, wunderthätiges Wesen gewesen sei, dass er Kranke durch sein blosses Wort geheilt, Stürme durch seinen blossen Befehl beschwichtigt, Todte, die schon der Verwesung nahe waren, erweckt, und selbst von dem Tode auferweckt worden sei, kurz, ich leugne, dass er *so* gewesen ist, wie ihn die Bibel uns darstellt; denn in der Bibel ist Jesus kein Gegenstand der schlichten, historischen Erzählung, sondern der Religion, also keine geschichtliche, sondern religiöse Person, d. h. ein in ein Wesen der Einbildung, der

Phantasie umgesetztes und umgewandeltes Wesen. Und ein thörichtes oder wenigstens unfruchtbares Bestreben ist es, die geschichtliche Wahrheit von den Zusätzen, Entstellungen und Uebertreibungen der Einbildungskraft scheiden zu wollen. Es fehlen uns hierzu die historischen Mittel.

VIII, 238

Im Glauben liegt ein böses Prinzip

Der Glaube ... ist *gut* gegen die Gläubigen, aber *böse* gegen die Ungläubigen. *Im Glauben liegt ein böses Princip.*

VI, 303

Der Glaube ist wesentlich *intolerant – wesentlich,* weil mit dem Glauben immer nothwendig der *Wahn* verbunden ist, dass *seine Sache die Sache Gottes sei...*

VI, 307

Der Satz: »*liebet eure Feinde*« bezieht sich nur auf *persönliche Feinde,* aber nicht auf die *öffentlichen* Feinde, die *Feinde Gottes,* die *Feinde des Glaubens, die Ungläubigen.*

VI, 305

Der Glaube geht nothwendig in *Hass,* der Hass in *Verfolgung* über, wo die Macht des Glaubens *keinen Widerstand* findet, sich nicht bricht an einer dem Glauben fremden Macht, an der Macht der Liebe, der Humanität, des Rechtsgefühls.

VI, 313

Charakter des Glaubens

Abwärts Tyrann, nach oben ein Knecht; Verleumder des Menschen, Speichellecker des Herrn, – voilà des Glaubens Porträt.

I, 370

Wie die übervernünftigen und übernatürlichen Lehren der Dogmatik nur zur Unvernunft und Unnatur, so führen auch die übernatürlichen und übermenschlichen Forderungen der Moral nur zur Unmenschlichkeit, Unnatur und Unwahrheit.

VII, 419

Die Christen widerlegten ihren Glauben durch ihr Leben

»Der eheliche Beischlaf zum Zwecke der Zeugung ist nicht Sünde.« Der Christ, wenigstens der wahre, negirt also, wenigstens soll er negiren die Natur, indem er sie befriedigt; er will nicht, er verschmäht vielmehr das Mittel *für sich selbst,* er will nur den Zweck *in abstracto* ... Der Christ gesteht sich nicht offenherzig seine Sinnlichkeit ein, er verleugnet vor seinem Glauben die Natur und hinwiederum vor der Natur seinen Glauben, d. h. er desavouirt öffentlich, was er im Geheimen thut. O wie viel besser, wahrer, herzensreiner waren in dieser Beziehung die Heiden, die aus ihrer Sinnlichkeit kein Hehl machten, während die Christen leugnen, dass sie das Fleisch befriedigen, indem sie es befriedigen! ... Was ist also, kurz und gut gesagt, der Unterschied der Christen und Heiden in dieser delicaten Materie? Die Heiden *bestätigten,* die Christen *widerlegten* ihren Glauben durch ihr Leben. *VI, 379*

... verwerfen den grundverderblichen, grundirrthümlichen, grundphantastischen Dualismus des Christenthums von Geist und Fleisch, die Zerspaltung des Menschen in zwei wesentlich verschiedene Theile ... Der Mensch soll also das *Christenthum aufgeben,* dann erst *erfüllt* und *erreicht er seine Bestimmung,* dann erst wird er *Mensch* ...
I, 161

Das dunkle, lichtscheue Wesen der Religion

Es ist demnach eine *moralische Nothwendigkeit,* eine *heilige Pflicht* des Menschen, das dunkle, lichtscheue Wesen der Religion ganz in die Gewalt der Vernunft zu bringen; und diese Pflicht ist um so dringender, je größer der Widerspruch ist, in welchem die Vorstellungen, Gefühle und Interessen der Religion mit den anderweitigen Vorstellungen, Gefühlen und Interessen der Menschheit stehen, wie dies gegenwärtig der Fall ist ... *VII, 270*

Ich hebe nicht die Religion auf, nicht die subjectiven, d. i. menschlichen Elemente und Gründe der Religion, nicht

Gefühl und Phantasie, nicht den Drang, sein eigenes Inneres zu vergegenständlichen und zu personificiren...

VIII, 227

Die Philosophie kämpft also... nicht gegen den Glauben selbst – dieser liegt *ausser* ihrem Gebiete, – sondern gegen die *Glaubenstheorien,* oder überhaupt gegen den Glauben, wie er schon durch die Hände der *gelehrten* Herren hindurch gegangen...

VII, 49

Nur der ist ein wahrhaft sittlicher, ein wahrhaft menschlicher Mensch, der seine religiösen Gefühle und Bedürfnisse zu durchschauen den Muth hat.

VII, 269

Nur ein scheinbarer Glaube

...der Glaube der modernen Welt ist nur ein scheinbarer Glaube, ein Glaube, der *nicht* glaubt, was er zu glauben sich einbildet, nur ein *unentschiedener, schwachsinniger* Unglaube...

VII, 288

Der heilige Antonius faßte den Entschluß, der Welt zu entsagen, als er einst den Spruch hörte: »Willst du vollkommen sein, so gehe hin, verkaufe, was Du hast und gieb es den Armen, so wirst Du einen *Schatz im Himmel* haben und komm und folge mir nach.« Der heilige Antonius gab die allein wahre Auslegung dieses Ausspruchs. Er ging hin und verkaufte seine Reichthümer und gab sie den Armen. Nur so bewährte er seine geistige Freiheit von den Schätzen dieser Welt.

Solche Freiheit, solche Wahrheit widerspricht nun freilich dem heutigen Christenthum...

VI, 197

...der Theologe ... *muß* vielmehr die *sonnenklarste Evidenz* für *rabenschwarze Nacht,* den *schlagendsten Beweis* für *unbegründete Voraussetzung,* die *einfachste Wahrheit* für *dialektische Spiegelfechterei,* die *unvermeidliche Nothwendigkeit* der Natur der Sache für ein *willkürliches Hirngespenst* ansehen und erklären.

VII, 212

Nur die Bewußtlosigkeit, die Charakterlosigkeit, die Halbheit kann den Gottesglauben mit der Natur und Naturwissenschaft verbinden wollen. *VIII, 278*

Der Atheismus ist daher positiv

Wie Gott sich selbst aufgegeben aus Liebe, so sollen wir auch aus Liebe Gott aufgeben; denn *opfern wir nicht Gott der Liebe auf, so opfern wir die Liebe Gott auf,* und wir haben trotz des Prädicats der Liebe den Gott, das böse Wesen des religiösen Fanatismus. *VI, 66*

Die bisherige Negation war eine unbewusste. Jetzt erst ist oder wird sie eine bewusste, eine gewollte, eine direct angestrebte, um so mehr als sich das Christenthum vermengt hat mit den Hemmnissen des wesentlichen Triebs der jetzigen Menschheit, der *politischen Freiheit.* *II, 218*

Was ist mein Atheismus? Nur der zum Bewusstsein gebrachte, ehrliche, unumwundene, ausgesprochene, *unbewusste* und *thatsächliche* Atheismus der modernen Menschheit und Wissenschaft. *X, 345*

Der Atheismus ist daher positiv, bejahend; er giebt der Natur und Menschheit die Bedeutung, die Würde wieder, die ihr der Theismus genommen; er belebt die Natur und Menschheit, welchen der Theismus die besten Kräfte ausgesogen. *VIII, 357*

Eine Gewissensfrage

Aber, meine Herren! noch eine Gewissensfrage zum Abschied – sind denn unsere Staaten wirklich *christliche* Staaten? Stimmt der Begriff des Staates überhaupt mit dem Christenthum überein, mit *dem* Christenthum, welchem die *Weltweisheit,* die Philosophie des Diesseits widerspricht? Weiss das Christenthum von etwas Anderem als von einer religiösen Gemeinde? Widerspricht nicht selbst schon eine solche religiöse Gemeinde, die äusserlichen

Staat und Prunk macht, die selbst durch den Donner der
Kanonen die Kraft ihres geistlichen Segens unterstützt,
dem Wesen des Christenthums, geschweige erst der Staat?
Kommt mir nicht mit den Stellen der Bibel, welche die
Anerkennung der weltlichen Obrigkeit aussprechen! Anerkannte nicht auch das Christenthum den Sklavenzu-
stand? Folgert Ihr daraus die Christlichkeit dieses Zustandes? Und beziehen sich jene Stellen nicht auf bestehende
Obrigkeiten? Aber soll denn unter den Christen nicht die
einzige regierende Macht die religiöse Macht, nicht ihr
einziger Herr und Meister und König Der sein, von dem sie
ihren Namen ableiten? Wo bleibt denn die göttliche übernatürliche Macht des Christenthums, wenn es zu seiner
Unterstützung, um die Christen in Zucht und Ordnung zu
halten, der Polizeigewalt bedarf? Und wenn ja Strafen
auch unter ihnen nothwendig sind, sollen und können
nicht bei Christen die kirchlichen Strafen diesem Bedürf-
niss hinreichend entsprechen? Bedarf ferner der fromme
Christ eines anderen Schutzes als der göttlichen Obhut?
Oder schickt sich etwa nicht für *den* Gott, der die Blumen
auf dem Felde kleidet, ohne dass sie spinnen, und die
Raben nicht verhungern lässt, eine unmittelbare Vorsehung, bedarf er zur Vermittlung der Vorsorge einer weltlichen Regierung? Aber ist dadurch nicht das Band zwischen
Gott und den Menschen unterbrochen? Ist dies nicht ein
epikurischer Grundsatz? Haben die frommen, wahren
Christen nicht selbst eingestanden, dass mit der Erhebung
des Christenthums auf den Thron der weltlichen Macht der
Verfall des wahren Christenthums begonnen habe? Haben
sie nicht offen bekannt, dass weltliches Glück das grösste
Unglück des Christen sei? Haben sie nicht selbst Krankhei-
ten des Leibes für Wohlthaten der Seele erklärt? Wenn also
ein Staat das weltliche Glück seiner Unterthanen sich zum
Zwecke setzt, wenn er alle das leibliche Wohlsein bezwek-
kende Anstalten fördert, und folglich seinen Unterthanen
nur weltliche Bestrebungen und Gesinnungen gewisser
Maassen zum Gesetz macht, widerspricht er nicht dem
Glauben und den ausdrücklichen Lehren *der* Christen,
welche selbst die heutigen Christen noch als die Muster

ihres Glaubens, wenn auch nicht ihres Lebens, anerkennen?

Wenn nun aber der Staat den Krieg sanctionirt und selbst dem Kriegerstand den Vorzug vor allen anderen Ständen giebt, sanctionirt er hiemit nicht ein unchristliches Princip? – Ihr helft Euch, um Euer Gewissen zu belügen, mit der Gerechtigkeit der Sache. Aber wenn einmal der Krieg *an sich* unchristlich ist, was Ihr nicht bezweifelt, so bleibt er dem Christen, auch wenn er gerecht ist, immer ein Gegenstand des Abscheues, denn nicht was Recht, sondern was christlich, ist dem Christen Gesetz und Richtschnur. Der Feind raubt Euch Euere Weiber, Euere Schätze, Euere Ehre, Euere Freiheit; das ist zweifelsohne sehr unrecht. Aber was raubt er denn Euch im christlichen Sinn? *Irdische* Güter, die dem Christen in der Gewissheit der himmlischen Güter *Nichts* sein sollen. Opfert Ihr also nicht der Erhaltung der irdischen Güter die himmlischen Güter, der Heiligkeit des Eigenthums die Heiligkeit des Christenthums, der bürgerlichen Freiheit die christliche Freiheit, dem rechtlichen Sinn den christlichen auf? Selbst wenn der Feind Euch das Heiligthum Eueres Glaubens rauben will, was ist der einzige christliche Widerstand? – der Märtyrertod. Ihr helft Euch ferner mit der traurigen Nothwendigkeit dieser Welt. Aber für den Christen ist eben nur das *Christliche* das *Nothwendige*. Trefflich sagt der Kirchenvater Tertullian in seiner Schrift *de Corona* im XI. Capitel, wo er die Widersprüche des Kriegsdienstes mit dem Christenthum aufzeigt: »Der Stand des Glaubens läßt keine Nothwendigkeit zu. Wo nur die Eine Nothwendigkeit ist, *nicht* zu sündigen, da giebt es keine Nothwendigkeit, zu sündigen.« Ihr helft Euch endlich damit, dass Ihr sagt, der Soldat, welcher seinen Nächsten oder gar seinen Bruder in Christo todtschlägt, thue dies nicht aus persönlichem Hass und Rachegefühl. Aber was ist damit gesagt? Gegen diesen einzelnen Franzosen da, welchen der Deutsche niedersticht, hat er freilich keine besondere Malice, aber den Feind, die Franzosen überhaupt, hasst er bis in den Tod; er würde, wenn er so glücklich wäre, die ganze Nation unter *einen* Hut zu bringen, mit dem grössten Vergnügen der

vielgliederigen Bestie mit einem Hiebe den Kopf abschla-
gen, nur um seinem lieben Vaterland die Kriegskosten zu
ersparen. Den alten *unbedingten, unverdorbenen* Christen war Blutvergiessen (wenigstens zum Berufe weltlicher Zwecke) ein Greuel. Also meine christlichen oder
vielmehr allerchristlichen Herren ... bitte ich mir *die* Frage
zu beantworten: – aber wohlgemerkt ohne schlechte Sophismen – ob und wie unsere Staaten, ja der Staat überhaupt mit dem Christenthum zusammenstimmt? Doch verzeiht einem Philosophen diese thörichte Frage! Philosophen sind ja schlecht *in historicis* bestellt. Eben fällt mir –
aber leider zu spät – mein krasser Irrthum ein. Diese Frage
ist ja schon seit Constantin *dem Grossen* gelöst, der Standpunkt selbst, von dem diese Frage aufgeworfen werden
könnte, ein *abgethaner, überwundener* Standpunkt. Ja
wohl! Seitdem das Christenthum das asketische Pallium
Tertullians und das Ziegenfell des heiligen Antonius mit
dem Purpur und Priesterrock vertauscht hat, ist selbst das
Schinderhandwerk, ungeachtet die Kirche sich bei der
Hinrichtung der auf ihr Anstiften geschlachteten Ketzer
immer *krank gestellt* und eine besondere Blutscheu *affec-
tirt* hat, nicht nur ein christliches, sondern – noch weit
mehr – ein allerchristlichstes Handwerk geworden. Seitdem die Staaten christlich sind, sind die Christen *keine*
Christen mehr. Wenn man einen *Vicarius Dei* hat, was
braucht man Gott selbst? Und wenn die *Welt* christlich ist,
was braucht der Christ selbst noch Christ zu sein? Freilich
muss man hierbei nicht vergessen die übernatürliche magische Kraft des Christenthums, welche die Natur der Dinge verkehrt, ihre natürlichen Eigenschaften in entgegengesetzte verwandelt. Die *verfolgende,* herrschende und
herrschsüchtige Kirche ist z. B. in der Sprache des heiligen
Augustinus nicht die verfolgende, Gott bewahre! sondern
die *verfolgte,* die unterdrückte, die leidende, und der
Strick, mit dem ein Ketzer erst gepeitscht und dann geknebelt und endlich gewürgt wird, nicht ein Zwangsmittel der
peinlichen Halsgerichtsordnung, nein! nur ein Angebinde
der christlichen Liebe. So verwandelt die magische Kraft
des christlichen Glaubens Galle in Honig, Hass in Liebe,

Lüge in Wahrheit! O Wunder über Wunder! Erst geschehen nur natürliche Wunder, aber mit Constantin dem Grossen kommen die *moralischen* Wunder an die Reihe. Sonst
wurde Wasser zu Wein, der Kranke gesund, der Blinde
sehend, aber jetzt wurde das Unchristliche zum Christlichen. Erst wurden die Heiden auf wunderbare Weise in
Christen, aber dann wieder die Christen auf natürliche
Weise in Heiden verwandelt. Das Mittelalter hatte die Aufgabe, den wunderbaren Transsubstantiationsprocess des
Christlichen ins Unchristliche und des Unchristlichen ins
Christliche fortzusetzen und auszubilden, und das tief-
fromme Mittelalter hat diese Aufgabe aufs Beste gelöst.
Jetzt haben wir statt der *Dornenkrone* des Christenthums
die christliche *Kaiserkrone,* statt Armuth Reichthum, statt
Einfachheit Prunksucht, statt Demuth Hochmuth, statt Bar-
füssigkeit Stiefeln und Sporen. Sonst hiess es bei den Christen: nur die Tugend unterscheidet uns. Aber jetzt kommen die *christlichen* Höfe, die *christlichen* Fürsten, die
christlichen Grafen und Freiherren zum Vorschein, und es
schneiden sich die Unterschiede zwischen den Patriciern
und Plebejern selbst mit Messerstichen angesichts der
christlichen Liebe und des christlichen Glaubens in die
allerchristlichsten Herzen ein. Und nicht genug haben die
gläubigen Christen an den weltlichen Würden, Reichthü-
mern, Distinctionen und Titulaturen: auch die Kirche, die
Perle, die aus dem blutigen Saft des Seitenstichs des Heilands am Kreuze gequollen, muß mit allem Glanze irdischer Herrlichkeit und Eitelkeit schimmern, damit auch an
der heiligsten Stätte die religiöse Macht des Christenthums, als ein lockender Gegenstand der Ehrsucht und
Habsucht, ihre Versöhnung mit der Welt und mit den
menschlichen Schwächen und Leidenschaften feiere. So
verwandelte sich das erst *abstracte* Christenthum in con-
cretes, *reales* Christenthum!

VII, 92–99; Text aus dem Jahre 1839

Anmerkungen

[1] In: Ludwig Feuerbach und der Ausgang der klassischen deutschen Philosophie. Zuerst 1886, dann revidiert 1888, Berlin 1946, 24 – [2] a. a. O. 14 – [3] Brief an Eduard Dößekel. In: Gottfried Kellers Werke, Bd. 7 (Briefe, Tagebücher, Aufsätze), Zürich o. J., 144 f. – [4] Ludwig Feuerbachs Sämmtliche Werke. Neu hrsg. v. *Wilhelm Bolin* u. *Friedrich Jodl,* 10 Bde., Stuttgart 1903/1911. Im Folgenden wird – außer bei zwei ausdrücklich bezeichneten Ausnahmen – stets nach dieser Ausgabe zitiert. (Die Hervorhebungen immer nach der Ausgabe.) Hier: II, 313 – [5] Aus: Das Wesen des Christentums, Vorwort zur 1. Auflage. Es fehlt in den Sämmtlichen Werken und wird zitiert nach: Ludwig Feuerbach, Das Wesen des Christentums. Neu hrsg. u. eingel. v. *Dieter Bergner.* Leipzig 1957, 34 – [6] s. u. Anm. 5; hier: 36 – [7] Vgl. Freuds Feststellung: »Religion ist ein Versuch, die Sinneswelt, in die wir gestellt sind, mittels der Wunschwelt zu bewältigen, die wir infolge biologischer und psychologischer Notwendigkeiten in uns entwikkelt haben.« Gesammelte Werke XV, repr. London 1946, 181. Zahlreiche Formulierungen Freuds nehmen Formulierungen Feuerbachs auf. So etwa auch, wenn Freud in seinem Buch *Die Traumdeutung* ausgeführt, daß die Theorie aller psychoneurotischen Symptome in die Erkenntnis münde, sie seien die Erfüllung von *Wünschen* des Unbewußten. – [8] Vgl. Nietzsches Sentenz »Gott ist eine faustgrobe Antwort, eine Undelikatesse gegen uns Denker –, im Grunde sogar bloß ein faustgrobes *Verbot* an uns: ihr sollt nicht denken!« Werke in 3 Bänden, hrsg. v. *Karl Schlechta,* München o. J., II, 1082. In Nietzsches Schriften lassen sich zahlreiche Gedanken nachweisen, die mit Gedanken Feuerbachs übereinstimmen. Dazu gehört das Postulat: »Wesentlich: vom *Leib* ausgehen« (III, 476); die Erkenntnis: »Wir besitzen heute genau so weit Wissenschaft, als wir uns entschlossen haben, das Zeugnis der Sinne *anzunehmen*« (II, 958); das Bewußtsein, mit der eigenen Philosophie eine Wende der Weltgeschichte herbeizuzwingen, u. v. a. m. Zur Beeinflussung Nietzsches durch Feuerbach: C. A. Bernoulli, Franz Overbeck und Friedrich Nietzsche. Eine Freundschaft. Jena 1908, u. a. I, 239 f.

DAVID FRIEDRICH STRAUSS
1808–1874

Ist die Bibel ein menschliches Buch oder eine Offenbarung? Diese Frage, seit Reimarus nicht mehr zur Ruhe gekommen, wurde von den protestantischen Theologen verschieden beantwortet. An den Wundern beispielsweise suchten die Rationalisten alles Wunderbare wegzuerklären. So konnte Jesus den Sturm nur deshalb besänftigen, weil er – aufgrund seiner richtigen Beurteilung der Witterung – das baldige Abflauen des Windes voraussah. Die Engel am Grabe Jesu waren keineswegs Engel, sondern Leintücher, die bloß wegen flüchtiger Betrachtung für Engel gehalten wurden (weitere Beispiele bei G. Backhaus). Gegenüber solchen Konstruktionen schien es den Vertretern des Supranaturalismus ratsam, alle Berichte der Bibel, einschließlich der Wunder, gläubig zu akzeptieren.

David Friedrich Strauß sah das Unbefriedigende dieser Auffassungen und erklärte in der Vorrede zu seinem weltbewegenden Buch *Das Leben Jesu,* der neue Standpunkt, der an die Stelle der beiden alten treten sollte, sei der mythische. Mythus ist die geschichsartige Einkleidung religiöser Ideen, gebildet in der absichtslos dichtenden Sage und konsolidiert an einer historischen Persönlichkeit, ist das unbewußte Dichten der Phantasie, die Darstellung eines Gedankens in geschichtlicher Form. Strauß zeigt in den evangelischen Berichten die Widersprüche und Unmöglichkeiten, er zeigt, wie die sogenannten natürlichen Deutungsversuche dem Text und dem gesunden Menschenverstand Gewalt antun. So wie berichtet, können sich die Dinge nicht zugetragen haben, ohne Wunder lassen sie sich aber auch nicht erklären und nach Abzug alles Wunderbaren nicht geschichtlich festhalten. Strauß benutzt für seine Kritik den Common sense, die geschichtliche und naturwissenschaftliche Bildung sowie die Hegelsche Philosophie. Woher nahm die Phantasie den Stoff zu den Sagen über Jesus? Die kurze Zeit zwischen seinem Tod und der Entstehung dieser Sagen reichte für die Erfindung kaum aus. Die ersten Christen lebten und webten im Alten Testament, es lieferte das meiste Material. Jesus als der größte

Prophet mußte alles überbieten, was die alttestamentlichen Propheten erlebt hatten. Wenn Moses dem Volk auf übernatürliche Art Speise und Trank gewährt, so erwartet man ein Gleiches vom Messias; wenn auf Elisas Bitten ein Blinder die Augen auftat, so soll auch der Messias die Blinden wieder sehend machen. Albert Schweitzer zählt Strauß' Werk zum Vollendetsten in der wissenschaftlichen Literatur. In etwa zwei Jahren (1835/1836) hatte der Siebenundzwanzigjährige beide Bände geschrieben. Seine kritische Einstellung gegenüber dem Christentum und der Plan zu seinem *Leben Jesu* aber reichen weiter zurück.

1827 reiste Strauß mit einem Freund zu Justinus Kerner nach Weinsberg, um die Offenbarungen hysterischer Frauen zu erleben. Die *Kritik der verschiedenen Ansichten über die Geistererscheinungen der Seherin von Prevorst* – die erste von Strauß gedruckte Schrift – bezeichnet solche Erscheinungen als Einbildung. Strauß zweifelt an den Beweisen für die Unsterblichkeit und sieht keine religiöse Notwendigkeit, an sie zu glauben. Im folgenden Jahr bewies er zwar in einer Preisaufgabe der katholischen Fakultät die Auferstehung der Toten, aber nach beendeter Arbeit war ihm klar, »daß an der ganzen Sache nichts sei«. Für seinen dritten Predigtversuch im Tübinger Stift erhielt er das Zeugnis, »wegen einiger großartiger Zweifel bedeutenden Anstoß erregt« zu haben.

Die Glaubensskrupel, die ihn als Vikar in Klein-Ingersheim bedrückten, suchte er mit Hilfe der Philosophie Hegels zu bewältigen, erklärte dann aber in Briefen an seinen Freund Märklin es für unmöglich, daß sie sich zum Glauben zurück zwingen könnten. Pflichtwidrig wäre es, die rationalistische Auffassung zu verkündigen. Den geistlichen Stand zu verlassen, hält Strauß jedoch für »feuerreiterisch«. Man müsse den Begriff durch die Vorstellung durchscheinen lassen. So wandelt sich dann der Teufel in den Gedanken des Bösen. Die »Pfarrersfrage« ist schon sechs Jahrzehnte vor Schrempf gestellt worden.

Als Repetent im Mai 1832 nach Tübingen zurückgekehrt, äußerte Strauß im Stift, was die Kirche über Christus sage, gelte von der Menschheit im ganzen. Der zuhörende Inspektor trug daraufhin selber die orthodoxe Lehre vor und erklärte etlichen Stiftlern, dächten sie so wie Strauß, sei es für sie besser, den Kirchendienst aufzugeben.

Bei der Abfassung des *Leben Jesu* hatte Strauß noch gemeint, er könne den teils vernichteten, teils wankend gemachten Glauben in höherer Weise wiederherstellen. Doch bemerkte er bald – inzwischen auch mit den Schriften Feuerbachs und Bruno Bauers bekannt –, daß das nicht möglich war. Worte sind ihm gleichgültig, weshalb er nichts dagegen hat, wenn man seine Weltanschauung noch Christentum nennen will. »Aber man wird es nicht, und das soll mir um so lieber sein.« Die besseren Köpfe seien über die Illusionen Schleiermachers und Hegels hinausgewachsen. Eine endliche Form könne keinen absoluten Inhalt haben. Das zeigt Strauß in seiner *Christlichen Glaubenslehre,* besonders an den Begriffen Offenbarung, Wunder, Weissagung, Heilige Schrift. Mit diesem Buch hört er auf, Theologe und Christ zu sein, und überwindet auch die Hegelsche Philosophie. Gott ist keine Person neben anderen Personen, der Gottmensch keine geschichtliche Persönlichkeit, die Prädikate, die die Kirche ihm beilegt, kommen allein der Menschheit zu. An die Stelle des Jenseits tritt das Diesseits, der Glaube wird durch das Wissen verdrängt.

Auch in seiner wissenschaftlichen Arbeit wendet sich Strauß von der Theologie ab und beschäftigt sich mit Menschen freien Geistes. In seinen Biographien schildert er Hutten und Voltaire am besten, ferner Reimarus, der sich als einer der ersten kritisch mit der Bibel auseinandersetzte, den Humanisten Frischlin sowie Schubart, der in seiner *Deutschen Chronik* gegen Ultramontanismus und Jesuitismus gekämpft, seiner Heimat einen Hut voll englischer Freiheit gewünscht hatte und zehn Jahre in Festungshaft auf dem Hohenasperg saß. Persönliche Bekenntnisse von Strauß finden wir vor allem in seinen *Sechs theologisch-politischen Volksreden,* der *Vorrede zu Gespräche von Ulrich von Hutten* und seinem Alterswerk *Der alte und der neue Glaube.*

Wie hat die evangelische Kirche auf Strauß' Kritik reagiert? Dutzende von Gegenschriften zog sein *Leben Jesu* nach sich, teils fanatische Notschreie als Ausdruck des Schreckens und Abscheus, teils hochmütige Kritik an seiner Methode, ohne

Versuch, es besser zu machen. Um Zeit für die Auseinandersetzung zu gewinnen, gab Strauß sein Lehramt auf und über-
siedelte nach Stuttgart. Hier »sitzt ein solcher Sauerteig von
pietistisch-liberalem Pharisäismus und Philistertum, der auf
Jahrhunderte hinaus verderblich wirken muß«. »... diese Erfahrung von dem schleichenden Gifte, durch welches der
Kirchenbann allmählich alle Verhältnisse zerfrißt, versetzte
mich in eine Art von schmerzlicher Wut.« In Preußen wurde
versucht, das Schreib- und Druckverbot auf Strauß auszudeh-
nen, Theologen wollten den Laien das Lesen des Buches
verbieten, selbst Geistlichen sollte es nur erlaubt werden,
wenn sie es widerlegten.

Die Universitäten von Bern und Heidelberg übertrugen
Strauß keine Professur. Im Februar 1839 wurde er nach Zürich berufen, aber schon im folgenden Monat pensioniert.
Den Konservativen schien die Religion in Gefahr, und da sie
mit der Regierung sowieso nicht einverstanden waren, gab
die Berufung von Strauß einen willkommenen Anlaß, die
religiösen Gefühle für die Politik zu mobilisieren. Das in
Zürich bewährte Rezept der Volksaufwiegelung wurde 1848
in Ludwigsburg erneut mit Erfolg angewandt. Bei der Wahl
der Abgeordneten zur Paulskirche unterlag Strauß seinem
pietistischen Gegenkandidaten. Noch mehr als zwanzig Jahre nach dem ersten Erscheinen des *Leben Jesu* hätte die
evangelische Kirche jeden persönlichen Umgang ihrer Geistlichen mit Strauß am liebsten unterbunden. Wer mit ihm
verkehrte, hieß es, könne nicht befördert werden, ja müsse
überhaupt von seinem Amt zurücktreten.

Es war kaum zu umgehen, daß Strauß sich kirchlich trauen
ließ, doch die Predigt seines Freundes Rapp hatte keinerlei
christlichen Inhalt. Und das Erlebnis einer protestantischen
Trauerfeier bestimmte Strauß zu der Verfügung, »daß ihm
kein solcher Bursche ans Grab mitgenommen werden dürfe«;
auch verbat er sich das Läuten der Glocken. Im stillen hatte er
die Überzeugung, es schicke sich nicht für ihn, in seiner
Heimat bestattet zu werden. Württemberg sei gegen ihn ein
Rabenvaterland gewesen; nirgends hätte er mehr Verken-
nung, Verkleinerung und Verleumdung, nirgends weniger
Verständnis und Wohlwollen erfahren.

Heute freilich ist für die wissenschaftliche Theologie die Mehrzahl seiner Ergebnisse eine Selbstverständlichkeit. Man rühmt sein ungeheures Wissen, seinen Scharfsinn, seine glänzende Darstellung, und Albert Schweitzer nennt David Friedrich Strauß nicht den größten und tiefsten, aber den wahrhaftigsten unter den Theologen.

Karl Becker

Bibel

Wir sehen heutzutage alle Dinge im Himmel und auf Erden anders an, als die neutestamentlichen Schriftsteller und die Begründer der christlichen Glaubenslehre. Was die Evangelisten uns erzählen, können wir so, wie sie es erzählen, nicht mehr für wahr, was die Apostel glaubten, können wir so, wie sie es glaubten, nicht mehr für notwendig zur Seligkeit halten. Unser Gott ist ein anderer, unsere Welt eine andere, auch Christus kann uns nicht mehr der sein, der er ihnen war. Dies zuzugestehen, ist Pflicht der Wahrhaftigkeit; es leugnen oder bemänteln zu wollen, führt zu nichts als Lügen, zur Schriftverdrehung und Glaubensheuchelei.

Der Christus des Glaubens, Gesammelte Schriften V, 1877, 212 f.

Weniges steht fest, und gerade von demjenigen, woran der Kirchenglaube sich vorzugsweise knüpft, dem Wunderbaren und Übermenschlichen in den Taten und Schicksalen Jesu, steht vielmehr fest, daß es nicht geschehen ist. Daß nun aber von dem Glauben an Dinge, von denen zum Teil gewiß ist, daß sie nicht geschehen sind, zum Teil ungewiß, ob sie geschehen sind, und nur zum geringsten Teil außer Zweifel, daß sie geschehen sind, daß von dem Glauben an dergleichen Dinge des Menschen Seligkeit abhängen sollte, ist so ungereimt, daß es heutzutage keiner Widerlegung mehr bedarf.

Das Leben Jesu, für das deutsche Volk bearbeitet, II 1904, 160

Nur der Gewöhnung an die evangelische Geschichte ist es
zuzuschreiben, daß wir es nicht... schlechthin unbegreiflich finden, wie die Juden einen Mann, der Tausende mit
wunderbar vermehrtem Brote gespeist, der in der Hauptstadt selbst einen blind Geborenen und einen seit 38 Jahren gelähmten Menschen geheilt, in deren nächster Nähe
aber einen seit 4 Tagen beigesetzten Toten erweckt hatte,
verwerfen und kreuzigen lassen konnten.

Streitschriften I, 1838, 51

Ich lasse jeden seines Glaubens leben, und verlange nur,
daß man auch mich in meiner Überzeugung ungekränkt
lasse. Überhaupt, der Religion zu nahe treten zu wollen,
war nie meine Meinung. Die Religion ist auch mir ein
ehrwürdiger Gegenstand, wie mir Alles ehrwürdig und
heilig ist, was zu den Kräften, den Anlagen der menschlichen Natur gehört. Zu diesen Grundkräften der menschlichen Natur gehört aber vor Allem die Religion. Allein ich
glaube, – und die Erfahrung, die Geschichte lehrt es mich –
daß alle Anlagen der menschlichen Natur in ihrer Äußerung, ihrer Entfaltung, der Entartung unterworfen sind...
Wie das Wasser Kalk absetzt, der Wein Hefen und Wein-
stein, so hat jede Religion zu jeder Zeit Erzählungen, Legenden abgesetzt, die erbaulich sind, aber nicht wahr, die
dem Gemüte wohl tun, aber vor dem Verstande nicht bestehen. Diese abzusondern, den edlen Wein der Religion
durch eine Art von Ablassen von seinen Hefen zu befreien,
ihn dadurch heller, genießbarer, haltbarer zu machen, das
und das allein war meine Absicht mit dem so verschrienen
Buche. Nun sagen meine Gegner: gut; aber du hast zu viel
Abgang gemacht, du hast Manches weggegossen, was uns
und Tausenden mit uns noch ein erquickender Trank gewesen wäre. Da beginnt denn der Streit über dasjenige,
was in der Religion wesentlich und unentbehrlich sei und
was nicht; was Alle glauben sollen, und was einer wohl
auch in Abrede ziehen dürfte. Ich sage nun: wesentlich,
unerläßlich in der Religion sind die Sprüche: Selig sind, die
reinen Herzens sind; selig sind die Barmherzigen, die
Friedfertigen; richtet nicht, auf daß ihr nicht gerichtet wer-

det; liebe deinen Nächsten, als dich selbst; liebet eure Feinde, segnet, die euch fluchen – glaubet Ihr, ich sei so unsinnig, daß ich diese und ähnliche Sprüche als Hefe weggegossen hätte?

Kleine Schriften VII: Sechs theologisch-politische Volksreden, Bonn 1895, 249 f.

Jesus

Es fällt mir nicht ein, zu bestreiten, daß Jesus ein vorzüglicher Mensch gewesen; was ich behaupte ist nur dies: nicht um dessen willen, was er war, sondern um dessen willen, was er nicht war, nicht um des Wahren willen, das er lehrte, sondern um einer Vorhersage willen, die nicht eingetroffen, also nicht wahr gewesen ist, hat man ihn zum Mittelpunkt einer Kirche, eines Kultus gemacht. Nachdem wir erkannt haben, daß er das nicht gewesen, daß das nicht wahr ist, um dessen willen man ihn dazu gemacht hat, ist für uns der Grund, und sofern wir wahrhaftig sein wollen, auch das Recht hinweggefallen, einer solchen Kirche anzugehören.   *Ein Nachwort als Vorwort . . . , Bonn 1875, 399*

Theismus

Ich hatte schon vor mehreren Jahren nach der Lektüre von Hume's vortrefflichen Gesprächen über natürliche Religion meine Gedanken über die Sache zusammengeschrieben, worin ich den Monotheismus als das Erzeugnis des Selbstgefühls einer Nomadenhorde bezeichnete.

An Zeller, Darmstadt, 25. November 1871; Ausgewählte Briefe, 531

Tod

Für mich liegt kein Antrieb zum Guten in der Aussicht auf die Gestaltung meines Schicksals nach dem Tode.

Vergängliches und Bleibendes im Christentum, Altona 1839, 65

Der Mensch möchte im Sterben nicht zu Grunde gehen,
darum glaubt er, er werde nicht zu Grunde gehen. Das ist
freilich ein schlechter Grund: daher wird er auf jede Weise
herausgeputzt.   *Der alte und der neue Glaube, 127*

Gestern früh war ich auf dem Kirchhof mit der Leiche eines
guten alten Herrn, des Kaufmanns H...., wobei ich mich
über den Pfarrer (der noch unser bester ist) und diese
ganze christliche Art, natürlich menschliche Verhältnisse
und Schicksale ins Unnatürliche zu verzerren und zu ent-
menschen, dergestalt alterierte, daß ich, so wie ich nach
Hause gekommen war, zur Nachachtung für meine Kinder
eine Verordnung aufsetzte, die jede Beteiligung eines
Geistlichen bei meiner dereinstigen Leiche untersagte.
Der Pfarrer sprach ganz gut über den Verstorbenen, auch
wirklich manches Gute; aber alles war durch den Fisch-
tran, in den es getaucht war, ungenießbar gemacht. Wie
traurig, dachte ich, wenn die Menschheit gerade bei solchen Anlässen, wo sie sich besinnen sollte, was sie ist, statt
über das, was vorliegt, ernsthaft und männlich nachzuden-
ken, lieber mit tauben Nüssen spielt. Denn lauter Nichtrea-
litäten, lauter Träumereien sind es doch vom ersten Wort
bis zum letzten, womit sich die Menschheit bei derlei Gelegenheiten abspeisen läßt, ja es sehr übel nehmen würde,
wenn man ihr dabei einmal die beliebten Kinderklappern
und Kreuzertrompeten nicht zu vernehmen gäbe. Was ist
denn aber an all den Fortschritten, deren sie sich rühmt,
wenn sie es noch nicht einmal dahin gebracht hat, eine
solche Fundamentalsache, wie der Tod ist, einfach und
wahr ansehen zu können? Sind und bleiben denn Lügen
ihre unentbehrliche Nahrung? – –
    *An Schöll, Heilbronn, 22. Mai 1863; Ausgewählte Briefe,
461*

Wie recht hast Du, wenn Du vom Christentum schreibst, es
habe den Tod zu überwinden gemeint, in der Tat aber nur
vertuscht, indem es ein anderes Leben an seine Stelle setzte.
    *An Rapp, Ludwigsburg, 2. November 1873; Ausgewähl-
te Briefe, 563*

Kirche

»Nun ist's entschieden; jetzt ist's gut!« rufe ich mit Wallenstein.

Entschieden nämlich, daß von der sichtbaren christlichen Kirche nichts für unsere Sache zu erwarten, daher alle Annäherungen, Unterhaltungen usw. abzubrechen, und strikt gradaus zu fahren ist, in alleiniger Hoffnung auf eine jetzt unsichtbare Gemeinde der Zukunft.

An Kern, 26. August 1839; Ausgewählte Briefe, 89, Anm. 1

Meine Meinung ist in Kurzem die, daß die Spekulativen sich eine Stelle innerhalb der Kirche nur durch Unwahrheit, Untreue gegen ihr eigenes Prinzip, erkaufen können. So ist es uns allen gegangen: man wird erst ganz wahr, nachdem man den letzten Schritt aus den Grenzen dieser Selbstbelügungsanstalt herausgemacht hat.

An Vischer, München, 30. November/1. Dezember 1849; Briefwechsel I, 238

Luther

Ein Mann, bei dem Alles von dem Bewußtsein ausgeht, daß er und alle Menschen für sich grundverdorben, der ewigen Verdammnis verfallen wären, aus der sie nur durch das Blut Christi und ihren Glauben an dessen Kraft erlöst werden können – ein Mann, dessen Kern dieses Bewußtsein bildet, ist mir so fremd, so unverständlich, daß ich ihn nie zum Helden einer biographischen Darstellung wählen könnte. Was ich auch sonst an ihm bewundern und lieben möchte: dieses sein innerstes Bewußtsein ist mir so abscheulich, daß von Sympathie zwischen mir und ihm, wie sie zwischen dem Biographen und seinem Helden unerläßlich ist, niemals die Rede sein könnte.

Literarische Denkwürdigkeiten, 19. Februar, in: Kleine Schriften, Bonn 1895, 41

Seines Herzens Meinung kann einer meinesgleichen deswegen nicht sagen, weil diese dahin geht, daß es sich nicht mehr um Rationalisierung, sondern um völlige Beseitigung des Christentums handeln kann, – und das versteht gerade jetzt niemand oder will doch niemand verstehen. Also bleibt nichts als schweigen und sterben.

An Vischer, Darmstadt, 18. Juni 1868; Briefwechsel II, 262

Teufelsglaube

Bilden die Hexenprozesse eines der entsetzlichsten und schmachvollsten Blätter der christlichen Geschichte, so ist der Teufelsglaube eine der häßlichsten Seiten des alten Christenglaubens, und es ist geradezu als ein Kulturmesser zu betrachten, wie weit diese gefährliche Fratze die Vorstellungen der Menschen noch beherrscht oder daraus vertrieben ist. *Der alte und der neue Glaube, 22*

Theologie und Wissenschaft

Ja, ich hasse und verachte jenes andächtige, zerknirschte und angstvolle Reden in wissenschaftlichen Untersuchungen, welches auf jedem Schritte sich und dem Leser mit dem Verluste der Seligkeit droht, und ich weiß, warum ich es hasse und verachte. In wissenschaftlichen Dingen verhält sich der Geist frei: Soll also auch freimütig das Aug erheben, nicht knechtisch es senken; für die Wissenschaft existiert unmittelbar kein Heiliges, sondern nur Wahres: Dieses aber verlangt keine Weihrauchwolken der Andacht, sondern Klarheit des Denkens und Redens; noch kennt der Geist, wo er der Spur der Wahrheit zu folgen sich bewußt ist, eine Gefahr: sondern ist völlig ruhig über das Ziel, zu welchem sie ihn führen wird, überzeugt, es werde das beste sein. Alles jenes andächtige, beklemmte Wesen aber in Sachen der Wissenschaft kann nur dazu dienen, das Denken scheu und befangen zu machen, es durch fremdartige Rücksichten zu bestechen, um statt zum Ziele der Wahrheit vorwärts, vielmehr im Kreise dahin zurückzuführen, wo das Vorurteil längst stand, und auch fernerhin zu verbleiben wünscht.

Streitschriften I, Tübingen 1837, 92 f.

Denn all ihr Bemühen ging von jetzt an dahin, die Welt, und am Ende gar auch sich selbst, glauben zu machen, es sei mit nichten aus mit ihr, sie vielmehr immer noch ein gutes Haus, und die Gerüchte von ihrem Bankrott nur von leichtfertigen Buben ausgesprengt. Kurz sie gebärdete sich wie ein Kaufmann, der sich vom unvermeidlichen Ruin in der letzten Stunde noch zu retten sucht: sie schwindelte, nahm Anleihen auf, wo man ihr noch borgte, und verwirrrte dadurch ihre Angelegenheiten nur um so mehr. Ein Blick auf die theologische Literatur der Gegenwart zeigt ein seltsames, widerwärtiges Schauspiel. Einem verschwindend kleinen Häuflein von solchen, die wissen und wissen wollen, wie es um die Theologie steht, die sich zum Geschäfte machen, die Wahrheit zu erforschen, und zur Pflicht, was sich ihnen als solche ergeben hat (vorbehältlich manches menschlichen Fehlgriffs im einzelnen) ungescheut auszusprechen, steht die unermeßliche und äußerlich herrschende Mehrheit derer gegenüber, denen im Gegenteil alles daran liegt, die sich aufdringende Wahrheit, von der sie sich in ihrem kirchlichen Besitzstande gefährdet sehen, vor sich selbst und anderen zu verstecken, das Unleugbare in Abrede zu stellen, das Offenbare zu vertuschen, zwingenden Gründen sich durch Seitensprünge zu entziehen, gegen jeden Beweis eine Ausrede, sei sie noch so schlecht, in Bereitschaft zu haben: und dieses Gebahren geht von der stumpfen oder feinen Selbsttäuschung bis zum frechen Umsichwerfen mit wissentlich unwahren Behauptungen fort. Daß man sich dabei notgedrungen einzelne Ergebnisse der Kritik angeeignet, dies aber durch Schmähen auf die Kritiker verdeckt, und jedenfalls die Konsequenzen ablehnt, trägt nur dazu bei, die Verworrenheit und Unlauterkeit des ganzen Treibens desto offenbarer zu machen.

Vorrede zu Gespräche von Ulrich von Hutten, in: Ulrich von Hutten, übers. u. erl. v. D. F. Strauß, Bonn 1895, 552 f.

Klerus

Und durch welcherlei Ansichten man sich in der Prüfung und sonst vorwärts bringe, durch welche dagegen sich jede Aussicht verschließe, darüber lassen die Herren vom Kirchenregiment kein Dunkel bestehen. Also – fort mit Kritik und Zweifel! ich glaube, Herr Kirchenrat! so gewiß als Sie selber glauben...

Die Gewaltsamkeit, mit der ein solcher Candidat seine Vernunft zum Schweigen gebracht hat, wirkt nun aber durch das ganze Leben in ihm nach. Er ist unduldsam gegen Alle, in denen er eine minder fügsame Vernunft als die seinige antrifft oder auch nur vermutet. Sein ganzes Wesen behält etwas Ungesundes, Leidenschaftliches; er ist, bei aller Bildung vielleicht, bei aller Selbstbeherrschung, doch im Innern ein Fanatiker. Und nun frage ich, ob das nicht der Durchschnittscharakter unsres theologischen Nachwuchses ist? Die jungen Leute kann man bedauern; der Vorwurf trifft die Lehrer und die Kirchenbehörden. Am meisten jedoch ist das Volk zu beklagen, dessen künftige Religions- und Sittenlehrer zu nichts früher und eifriger angehalten werden, als den unbefangenen Wahrheitssinn in sich zu ertöten, sich selbst zu belügen.

Vorrede zu Gespräche von Ulrich von Hutten, a.a.O., 557 f.

Christentum und Wahrheit

Wenn das Christentum Wahrheit ist, so kann es zu seiner Stütze keiner Unwahrheit bedürfen; was an ihm einer solchen Stütze bedarf, das ist nicht seine Wahrheit, sondern der Irrtum an ihm; was übrig bleibt, wenn diese Stützen und die durch sie gestützten Irrtümer fallen – wir glauben aber, daß etwas, und nicht wenig, übrig bleibt – nur das ist die Wahrheit des Christentums. An dieses selbst tritt jetzt die Wahl heran, ob es mit seiner Wahrheit, indem es sich auf sie zusammenzieht, stehen, oder mit seiner Unwahrheit, wenn es von ihr nicht lassen zu können meint, untergehen will.

Die Halben und die Ganzen, Gesammelte Werke V, Bonn 1877, 228

Von keiner Seite, finde ich, sagt man gerne das letzte aufrichtige Wort. Und warum denn nicht? Ist es doch unter allen nur einigermaßen Gebildeten und Denkenden längst ein offenes Geheimnis, daß Keiner mehr an das kirchliche Dogma glaubt. Zu glauben glaubt, das räume ich ein; aber wirklich glaubt, das leugne ich. Für Keinen mehr ist das apostolische Symbolum oder die Augsburgische Confession ein angemessener Ausdruck seines religiösen Bewußtseins. Keiner glaubt mehr an irgend eines der neutestamentlichen Wunder (von den alttestamentlichen gar nicht zu reden), von der übernatürlichen Empfängnis an bis zur Himmelfahrt. Entweder er erklärt sie sich natürlich, oder er faßt sie als Legenden. Und steht es bei denkenden Laien so, so steht es bei den Geistlichen, wie wir gesehen haben, nicht besser. Wozu also die Winkelzüge? Wozu die Heuchelei vor Andern und vor sich selbst?

Vorrede zu Gespräche von Ulrich von Hutten, a.a.O., 559

... Und wie viele sind deren, die sich von einem mit der Muttermilch eingesogenen Vorurteil durch späteres Nachdenken losmachen? Einer auf Tausend nicht einmal.

Krieg und Friede, 3. Strauß an Renan, in: Kleine Schriften, 325

CHARLES DARWIN
1809–1882

> Nichts ist bemerkenswerter als die Ausbreitung des Skeptizismus und des Rationalismus in der zweiten Hälfte meines Lebens.
>
> Charles Darwin

Darwins Name ist bekanntlich so eng verknüpft mit seiner als Darwinismus diskutierten Deszendenztheorie, daß man beide nur künstlich trennen kann. Ebenso bekannt ist aber auch die bis vor kurzem fast unversöhnliche Gegnerschaft konservativer, insbesondere kirchlicher Kreise gegen die heute allgemein anerkannte Lehre.

Mit welcher Erbitterung man sie einst bekämpfte, mag ein Beispiel zeigen. Am 30. Juni 1860, ein halbes Jahr nach dem Erscheinen von Darwins erstem großem Werk *Die Entstehung der Arten durch natürliche Auslese,* erörterte die British Association in Oxford die neue Theorie. Doch obwohl nur Fachleute sprechen sollten, ergriff der Bischof Wilberforce, der Darwin schon in der *Quarterly Review* heftig angegriffen hatte, das Wort. »Der Bischof«, heißt es in einem von anderen Teilnehmern weitgehend bestätigten Augenzeugenbericht, »war auf der Höhe und sprach eine volle halbe Stunde mit unnachahmlichem Temperament, aber unsachlich und unredlich. Seine Behandlung des Verhandlungsobjektes zeigte deutlich, daß er bis an den Hals vollgestopft war und daß er nichts aus erster Hand wußte. Verglichen mit seinem Aufsatz in *Quarterly Review* brachte er keine neuen Argumente. Er machte Darwin in häßlicher, Huxley in gemeiner Weise lächerlich, aber alles in ›süßen Tönen‹, in solch überredender Form, in wohlgesetzten Redewendungen, daß ich, der ich vorher den Präsidenten hatte tadeln wollen, daß er vor einem dafür nicht geeigneten Publikum eine Diskussion zugelassen hatte, ihm nun aus dem Grunde meines Herzens vergab. Zu seinem Unglück vergaß sich der Bischof, mitgerissen durch den Lauf seiner Beredsamkeit, so weit, daß er persönlich wurde und sich zu Huxley umwandte mit der Frage (ich habe die genauen Worte vergessen und zitiere nach Sir Lyell)–›Der Bischof fragte, ob Huxley durch seinen Großvater oder seine Großmutter mit einem Affen verwandt sei‹.«

Nachdem darauf Thomas H. Huxley einige Unrichtigkeiten in den Angaben des Bischofs korrigiert hatte, sagte Huxley: »Ich unterstreiche und wiederhole, daß ein Mensch keinen Grund hätte, sich dessen zu schämen, daß er einen Affen zum Großvater hätte. Wenn es einen Vorfahren gäbe, dessen ich mich in der Erinnerung schämen würde, so wäre es ein *Mensch*, ein Mann von rastlosem und beweglichem Intellekt, der, nicht zufrieden mit seinem Erfolg auf seinem eigenen Tätigkeitsfeld, sich in wissenschaftliche Fragen einmischt, in denen er nicht zu Hause ist, nur um sie durch eine ziellose Rhetorik zu verdunkeln und die Aufmerksamkeit seiner Zuhörer von dem eigentlichen Verhandlungsgegenstand abzulenken durch beredte Appelle an religiöse Vorurteile.«[1]

Huxley war einer der vertrautesten Freunde Darwins und absolut kompetent. Nachdem auch der berühmte Botaniker Hooker die Entstellungen des Bischofs zurückgewiesen, wagte dieser keine Widerrede, und »die Versammlung ging auseinander«. Doch der Vorgang blieb Jahrzehnte hindurch fast mustergebend für Auseinandersetzungen zwischen Theologen und wissenschaftlichen Vertretern der Abstammungslehre. Noch 1947 bestätigte mir der inzwischen verstorbene Professor Bernhard Bavink, Leiter des seinerzeit als Gegenkraft gegen den Monistenbund gegründeten Keplerbundes, bitter-sarkastisch: Sie reden und reden und haben keine Ahnung!

Der junge Charles Darwin ist übrigens selber zwei Jahre Theologe gewesen. Aufgewachsen als Sohn eines erfolgreichen Arztes, wurde er zwar zum gleichen Beruf bestimmt, gab aber dies Studium auf — bezeichnenderweise, weil er »kein Blut sehen« und die Leiden von (ohne Narkose!) operierten Kindern nicht ertragen konnte. Wieder ließ er sich vom Vater zu einem »honetten« Beruf anregen, dem des Geistlichen (1, 2), wobei er wohl hoffen mochte, in der ruhigen Position eines Landpfarrers seinen botanischen, geologischen, zoologischen, besonders ornithologischen Liebhabereien ungestört nachgehen zu können. Tatsächlich hat

er im Alter von 18 bis 22 mehr naturwissenschaftliche als
theologische Studien betrieben und kleinere Arbeiten auch
schon veröffentlicht. Doch machte er sein erstes theologi-
sches Examen. Fast gleichzeitig aber erreichte ihn der Ruf, an
der Weltumsegelung des Vermessungsschiffes »Beagle« als
Forscher teilzunehmen, und die Berichte, die er von dieser
fünfjährigen Reise lieferte, begründeten seinen Ruhm; besonders seine Zusammenfassung *Reise eines Naturforschers um
die Welt* wurde mit Humboldts Reiseschilderungen auf eine
Stufe gestellt.

Uns interessieren dabei vor allem Darwins Darlegungen
über die Haltung der Kirche zur Sklaverei (3, 4, 5) und, was
ihm abschließend der Hervorhebung wert erscheint, die Wirkung der Reise auf sein Gefühlsleben überhaupt. Dieser so
überaus ernste, stets sachliche junge Mensch ist tiefer Empfindungen fähig – nur äußert er sie selten (6, 7). Seine damalige philosophisch-theologische Überzeugung, am ehesten als
Pantheismus-Deismus zu bezeichnen, ändert sich freilich
allmählich, denn je deutlicher er erkennt, daß seine Lehre
den Widerspruch der Theologen erregen muß, desto klarer
wird ihm die eigene Stellung. In einem Brief, den Darwin
unmittelbar nach dem Renkontre mit dem Bischof Wilberforce an Huxley richtete, dankt er allen, die so tapfer zu ihm
und seiner Lehre standen, und fügt den einen tiefen, eigenen
Wesenszug ausdrückenden Satz hinzu: »Ich wäre lieber gestorben, bevor ich versucht hätte, dem Bischof in einer solchen Versammlung zu antworten.«[2]

Schon wenige Jahre nach seiner Rückkehr von der Weltrei-
se zieht sich Darwin auf sein Landgut Down südöstlich von
London zurück, das er fast nie verläßt. Jahrzehnte hindurch
kränkelt er; überhaupt ist er kein Mensch der Öffentlichkeit,
kein Redner und Debattierer, sondern ein Mann des Labora-
toriums und des Schreibtischs. In solcher Abgeschlossenheit
von der Welt, bei freilich intensiver Korrespondenz mit vielen bedeutenden Männern, reifen nicht nur seine wissenschaftlichen, sondern auch seine religiösen Ansichten, großenteils nun niedergelegt in dem dreibändigen Werk seines
Sohnes Francis *Life and letters of Charles Darwin,* London
1887 (8, 9).

Wir erkennen hier einen ernst mit sich und seinen Zweifeln Ringenden. Oft dominiert sogar eine gewisse Übervorsicht, weshalb denn auch das Bild eines Darwin entstehen konnte, der schließlich trotz aller Skepsis »ein treuer Christ geblieben« sei. Daß dies Legende ist, wissen wir eindeutig seit zehn Jahren. Wurden doch in Francis Darwins Werk erhebliche Stellen aus des Vaters Aufzeichnungen gestrichen, vornehmlich auf Einspruch von dessen Frau. Erst 1958 publizierte eine Urenkelin Darwins, Lady Nora Barlow, die vollständige Autobiographie. Sie erschien freilich bisher nur in der englischen Originalausgabe bei Sollins, London und in einer russischen Übersetzung, aus der dann wiederum Rolf Feurich eine deutsche Ausgabe im »Verlag für populärwissenschaftliche Literatur«, Leipzig/Jena angefertigt hat. Ein Vergleich mit *Life and Letters* ergibt, daß darin gerade in den Teilen über Darwins religiöse Entwicklung vieles unterdrückt oder entstellend gekürzt worden war. Deshalb sollen aus der ungekürzten Autobiographie hier noch einige Belege folgen; wir halten uns dabei an das englische Original (10, 11, 13, 14, 15, 16; Ausnahme: 12).

Vor der endgültigen Abfassung seiner Hauptarbeit über die Entstehung der Arten schrieb Darwin zu dem Vorwurf, er habe die christliche Lehre angreifen *wollen,* seinem amerikanischen Freund Asa Gray: »Ich hatte keinerlei Absicht, atheistisch zu schreiben; als ehrenhafter Mann muß ich Ihnen aber mitteilen, daß ich zu undogmatischen Schlüssen gekommen bin.« Wir können diesen Satz mit seinem vollen Gewicht als Resümee von Darwins ganzer Lebensarbeit, zumal seiner religiösen Entwicklung, betrachten. Unter vielen inneren Kämpfen, doch ohne jedes Ressentiment hat sich hier eine beispielhafte Entwicklung vollzogen, die wie ein Naturgesetz wirkt und darum so überzeugend ist.

Rudolf Genschel

... lächerlich, daß ich einmal die Absicht hatte, Geistlicher
zu werden

1. Wenn man bedenkt, wie scharf ich von den Orthodoxen
angegriffen worden bin, erscheint es lächerlich, daß ich
einmal die Absicht hatte, Geistlicher zu werden. Diese
Absicht und meines Vaters Wunsch sind nie förmlich aufgegeben worden, aber sie starben eines natürlichen Todes,
als ich als Naturforscher die »Beagle« bestieg. (Wenn man
den Phrenologen trauen kann, war ich durchaus geeignet,
Geistlicher zu werden. Vor einigen Jahren bat mich ein
Sekretär einer deutschen psychologischen Gesellschaft
ernsthaft brieflich um eine Photographie, und einige Zeit
nachher erhielt ich den Bericht von einer der Sitzungen, in
welcher anscheinend die Form meines Schädels Gegenstand einer öffentlichen Diskussion gewesen war, und einer der Sprecher erklärte, daß mein »Zeichen für Ehrfurcht« ausreiche für zehn Geistliche.)

Au (= Autobiographie), 57[3]

2. ... aber ich war nie so närrisch zu sagen: credo quia
incredibile (ich glaube, weil es unglaubhaft ist). *Au, 56*

Christentum und Sklaverei

3. ... denn infolge des Bestrebens der Katholiken (in Chi-
loe in den Anden), mit einem Schlage Christen und Sklaven zu schaffen, ist die Rasse in dieser Gegend ausgestorben. *R (=Reise), 172*[4]

4. Der Platz (bei Rio) war berüchtigt, weil er viele Jahre
hindurch der Aufenthaltsort entlaufener Sklaven gewesen
war, die sich durch die Bebauung eines kleinen Stück-
chens Boden eine erbärmliche Existenz gegründet hatten.
Endlich wurden sie entdeckt, eine Abteilung Soldaten
wurde ihnen nachgeschickt, und alle wurden ergriffen –
mit Ausnahme einer alten Frau, die sich vom Gipfel herab-
stürzte und in Atome zerschmettern ließ, um nicht wieder
in die Sklaverei abgeführt zu werden. Bei einer römischen
Matrone wäre dies die edle Liebe zur Freiheit genannt

worden – bei einer armen Negerin heißt es brutaler Starr-
sinn.   *R, 11*

5. Am 19. August (1836) verließen wir endlich die Küste
Brasiliens für immer. Ich danke Gott, daß ich nie wieder ein
Sklavenland zu besuchen haben werde. Bis auf den heutigen Tag ruft mir ein fernes Schreien mit peinlicher Lebendigkeit meine Empfindungen zurück, die ich beim Vorübergehen an einem Hause in Pernambuco hatte, als ich
das allererbarmungswürdigste Stöhnen hörte und es mir
nicht anders erklären konnte, als daß irgendein armer
Sklave gemartert wurde... (Ich habe gesehen, wie ein
kleiner Junge, sechs oder sieben Jahre alt, dreimal mit der
Reitpeitsche über seinen nackten bloßen Kopf geschlagen
wurde, ehe ich dazwischentreten konnte, weil er mir ein
Glas Wasser gereicht hatte, das nicht ganz sauber war)...
Ich war zugegen, als ein »rechtlich denkender« Mann im
Begriff war, die Männer, Frauen und Kinder einer großen
Zahl von Familien, die lange zusammen gelebt hatten,
voneinander zu trennen...
Und solche Handlungen werden von Leuten ausgeführt
und verteidigt, die vorgeben, ihren Nächsten wie sich
selbst zu lieben, welche an Gott glauben und welche beten, daß sein Wille auf Erden geschehe!   *R, 305*

Das Unerforschliche ruhig verehren...

6. Unter den Bildern, welche sich tief in meine Erinnerung
eingeprägt haben, übertreffen keine an Großartigkeit die
von den Händen des Menschen noch nicht berührten Wäl-
der, mögen es nun die von Brasilien sein, wo die Kraft des
Lebens obsiegt, oder diejenigen des Feuerlandes, wo Tod
und Auflösung herrschen. Beide sind Tempel, die mit den
großartigen Erzeugnissen des Gottes der Natur erfüllt sind.
Niemand kann in diesen Einsamkeiten stehen, ohne dabei
zu fühlen, daß im Menschen noch etwas mehr existiert als
der bloße Atem seines Körpers.   *R, 308*

7. Keine andere Quelle für die Überzeugung von der Existenz Gottes, die aus der Vernunft und nicht aus dem Gefühl entspringt, beeindruckte mich als sehr gewichtig. Sie folgt aus der großen Schwierigkeit oder beinahe Unmöglichkeit, dieses unendliche und wundervolle Universum einschließlich des Menschen mit seiner Fähigkeit, weit rückwärts und in die Zukunft zu schauen, als das Resultat blinden Zufalls oder bloßer Notwendigkeit anzusehen... Diese Überzeugung beherrschte mich um die Zeit, als ich den *Origin of Species* schrieb, aber seit der Zeit ist sie gradweise, mit Schwankungen, schwächer geworden. Aber dann erhebt sich der Zweifel: Kann man dem menschlichen Geist, welcher, wie ich fest glaube, sich aus einem Geist wie dem der niedrigsten Tiere entwickelt hat, vertrauen, wenn er so großartige Schlüsse zieht? Ich kann nicht im geringsten behaupten, Licht auf solche abstrusen Probleme zu werfen. Das Geheimnis des Anfangs aller Dinge ist von uns nicht zu lösen, und ich muß damit zufrieden sein, Agnostiker zu bleiben.   *Au, 92*

Vorherbestimmung

8. Das alte Argument einer natürlichen Vorherbestimmung, wie Paley [bedeutender zeitgenössischer Theologe] es vertritt und das mir früher so überzeugend klang, ist hinfällig geworden, nun das Gesetz der natürlichen Auslese entdeckt worden ist. Wir können nicht länger argumentieren, daß z. B. das schöne Scharnier einer zweiklappigen Muschel von einem intelligenten Wesen geschaffen worden sein müsse wie das Scharnier an einer Tür vom Menschen...   *LL (Life and Letters) I, 309*

Sinn für das Erhabene kein Gottesbeweis

9. Der Gemütszustand, den große Naturszenen früher in mir auslösten und den ich naiv mit einem Glauben an Gott in Zusammenhang brachte, unterschied sich nicht wesentlich von dem sogenannten Sinn für das Erhabene; und wie schwierig es auch sein mag, die Entstehungsgeschichte

dieses Sinnes zu erklären, so kann er doch niemals als Beweis für die Existenz Gottes gelten, jedenfalls nicht mehr als die mächtigen und doch unbestimmten Gefühle, die durch die Musik hervorgerufen werden. *LL I, 312*

Vollständige Preisgabe des Christentums

10. Während dieser beiden Jahre (Mitte 1836 bis Januar 1839) mußte ich viel über Religion nachdenken. An Bord der »Beagle« war ich noch völlig rechtgläubig, und ich weiß gut, daß einige Offiziere – obwohl sie sich selbst als orthodox bezeichneten – mich herzlich auslachten, als ich die Bibel als unwiderlegliche Autorität in einem gewissen Punkte der Moralität anführte. Doch bis 1839 war ich so weit gekommen, daß ich dem Alten Testament nicht mehr traute als den heiligen Büchern der Hindus. Die Frage stand dann immer vor meinem Geiste und ließ sich nicht bannen: Ist es glaubhaft, daß, wenn Gott nun den Hindus eine Offenbarung schenkt, er dies mit dem Glauben an Wischnu, Schiva usw. vereinbaren könnte, so, wie es das Christentum mit dem A. T. macht? ... Durch die weitere Überlegung, daß ein gesunder Mensch unmöglich an die *Wunder glauben* kann, durch die das Christentum gestützt wird – und je mehr wir von den unverbrüchlichen Gesetzen der Natur wissen, desto unglaubhafter werden solche Wunder! – daß die Menschen jener Zeiten in einem für uns unbegreiflichen Grade unwissend und leichtgläubig waren – daß von den Evangelien nicht bewiesen werden kann, sie seien zugleich mit den Ereignissen niedergeschrieben worden – daß sie in vielen wichtigen Eigenschaften sich widersprechen, weit bedeutender, wie mir scheint, als daß sie durch die gewohnten Ungenauigkeiten von Augenzeugen erklärt werden könnten, durch solche Überlegungen, die ich nicht im geringsten als neu oder besonders wertvoll an sich bezeichnen will, die mich aber doch beeinflußten, kam ich stufenweise dazu, *nicht mehr an das Christentum als eine göttliche Offenbarung zu glauben*... *Au, 85*

11. Dieser Unglaube überkam mich in einem sehr langsamen Tempo, war aber schließlich vollkommen. Der Prozeß vollzog sich so allmählich, daß ich keinerlei Bedrängnis verspürte, und ich habe seither nicht für eine einzige Sekunde daran gezweifelt, daß meine Schlußfolgerungen richtig waren. Ich kann auch wirklich nicht einsehen, wie jemand wünschen kann, daß das Christentum wahr wäre, denn wäre es das, so würde die klare Sprache des Textes erweisen, daß Menschen, die nicht glauben, auf ewig bestraft würden, und das würde meinen Vater, meinen Bruder, und beinahe alle meine besten Freunde einschließen. Das ist eine verdammungswürdige Doktrin!   *Au, 90*

Gott und das Leiden der Tiere

12. Es scheint mir zu viel Elend in der Welt zu sein. Ich kann mich nicht zu der Ansicht überreden, daß ein wohlmeinender und allmächtiger Gott die Schlupfwespen ausgerechnet mit der Absicht geschaffen haben sollte, daß sie sich im lebenden Körper von Raupen ernähren sollten – oder daß eine Katze mit Mäusen spielen sollte. Da ich dies nicht glauben kann, sehe ich auch keine Notwendigkeit zu dem Glauben ein, daß unser Auge ausdrücklich von einem Schöpfer beabsichtigt war. Andererseits kann ich mich in keiner Weise damit zufriedengeben, das wundervolle Universum zu betrachten und nun zu schließen, daß alles nur das Resultat roher Kraft ist... Ich fühle zutiefst, daß das Ganze zu geheimnisvoll für den menschlichen Verstand ist. Genausogut könnte ein Hund über den Verstand Newtons spekulieren...   *An Asa Gray, 22. Mai 1860*

13. Daß es viel Leiden auf Erden gibt, bestreitet keiner. Man hat das – wenigstens soweit es den Menschen betrifft – damit zu erklären versucht, daß es seiner sittlichen Besserung diene. Aber die Zahl der Menschen ist wie nichts im Vergleich mit der aller anderen fühlenden Wesen. Diese leiden oft erheblich ohne die Möglichkeit einer sittlichen Besserung. Ein Wesen, das so mächtig und kenntnisreich ist wie ein Gott, der das Universum erschaf-

fen konnte, erscheint unserem begrenzten Geist allmächtig und allwissend, und es beleidigt unser Verständnis, daß
sein Wohlwollen nicht unbegrenzt sein soll, denn was für
einen Vorteil könnte das Leiden von Millionen niederer
Tiere durch fast endlose Zeiten hindurch haben? *Au, 90*

Gott und die Religionen

14. Heutzutage wird als häufigstes Argument für die Existenz eines intelligenten Gottes die tiefe innere Überzeugung und das innere Erlebnis der meisten Menschen angeführt. Aber es kann nicht bezweifelt werden, daß Hindus,
Mohammedaner und andere in derselben Weise und mit
der gleichen Hartnäckigkeit für die Existenz eines Gottes
oder von vielen Göttern oder, wie bei den Buddhisten, für
gar keinen Gott eintreten könnten. *Au, 90*

Gott als Produkt der Erziehung

15. Wir dürfen auch nicht übersehen, daß wahrscheinlich
die stetige Einschärfung eines Glaubens an Gott in dem
Geist der Kinder eine starke und vielleicht sogar vererbte
(?) Wirkung auf ihr noch unentwickeltes Gehirn hervorbringt, so daß es für sie schwierig wird, ihren Glauben
abzulegen, ähnlich wie für einen Affen seine instinktive
Angst vor Schlangen. *Au, 93*

. . . die höchste Befriedigung

16. Ein Mensch, der keinen sicheren und immer gegenwärtigen Glauben an die Existenz eines persönlichen Gottes oder eine zukünftige Existenz mit Vergeltung und Belohnung hat, kann für sein Leben, soweit ich sehe, als
Richtschnur seines Verhaltens setzen, nur den Impulsen
und Instinkten zu folgen, die die stärksten sind und ihm als
die besten erscheinen. Ein Hund handelt so, aber er tut es
blind. Ein Mensch schaut vorwärts und rückwärts und vergleicht seine verschiedenen Gefühle, Wünsche und Erin-
nerungen. Er findet dann in Übereinstimmung mit dem

Urteil aller Weisen, daß die höchste Befriedigung daraus
entspringt, wenn man gewissen Impulsen folgt, nämlich
den sozialen Instinkten. Wenn er für das Wohl der anderen
handelt, wird er die Anerkennung seiner Mitmenschen
finden und die Liebe derer gewinnen, mit denen er lebt,
und dies gewährt zweifellos die größte Befriedigung auf
dieser Erde. Mit der Zeit wird es ihm unerträglich sein,
seinen sinnlichen Leidenschaften mehr zu gehorchen als
seinen höheren Impulsen, die – wenn sie zur Gewohnheit
werden – beinahe Instinkte genannt werden können. Seine Vernunft mag ihn gelegentlich veranlassen, im Gegensatz zur Meinung anderer zu handeln, deren Zustimmung
er dann nicht erhalten wird. Aber er wird doch die feste
Genugtuung haben, daß er seiner inneren Überzeugung
und seinem Gewissen gefolgt ist.   *Au, 94*[5]

Anmerkungen

[1] The Life and Letters of Charles Darwin, edited by his son, *Francis
Darwin*, in three Volumes. London, John Murray 1887, II, 321 f. (zitiert
als LL) –[2] LL II, 324 – [3] The Autobiography of Charles Darwin,
1809–1882, by his granddaughter *Nora Barlow*, London, Collins 1958
(Au) – [4] Reise eines Naturforschers um die Welt von Charles Darwin,
deutsch von *Heinrich Schmidt*. Leipzig, Kröner 1909 (R) – [5] Es ist der
Hervorhebung wert, daß Darwin in dem letzterwähnten Beitrag mindestens hypothetisch dasjenige Argument entkräftet, mit dem auch
liberale Theologen die unbedingte Notwendigkeit religiöser Unter-
weisung zu begründen suchen: ohne Religion sei keine Ethik, damit
keine Erziehung möglich. *Seine* Ethik ist gänzlich und nur humani-
stisch.

FRIEDRICH HEBBEL
1813–1863

> Der Glaube ist der beste, bei
> welchem der Mensch am mei-
> sten gewinnt und Gott am mei-
> sten verliert.
>
> F. Hebbel[1]

Der Gedanke des autonomen, emanzipierten Menschen liegt Hebbels Urteil über Religion und Gesellschaft zugrunde. Vom klassisch-idealistischen Menschenbild bestimmt, ist Hebbel zu einer Ideologienkritik[2] vorgestoßen, deren Formulierungen wegen ihrer manchmal frappanten Nähe zu materialistischen Gedankengängen überraschen: »Am Ende existiert der Mensch nur durch seine Bedürfnisse.« (IV, 1103) Und: »Wenn man die Menschen am Abend ihr Butterbrot essen sieht, so kann die Bemühung, das Leben zu erklären, sehr lächerlich erscheinen. Butter und Brot erklären alles.« (IV, 38)

»Die idealistische Idee vom Menschen und der Menschheit wird von Hebbels bohrender, sprunghafter Initiative in Dimensionen erweitert, die man auf den ersten Blick als ihr durchaus nicht zugehörig erkennen würde.«[3] So tritt uns die Gesellschaftskritik des jungen Hebbel mit beißendem Spott, zuweilen aber »in der Färbung eines fast kommunistischen Radikalismus«[4] entgegen. Sarkastisch attackiert er typisch deutsche Unart: »raufen und philosophieren!« (IV, 2882) oder: »Der Deutsche ist der geborene Infinitiv. Er läßt sich deklinieren.« (IV, 1043) Hebbel beschreibt den Widerstreit zwischen dem »Interesse der Throne« und dem des Volkes (IV, 1122) und beurteilt anfänglich die Revolution – zumindest in ihrer Front gegen das Königtum – positiv: »Die Revolution ist eine Krankheit des Volks; aber eine solche, an der die Könige sterben.« (IV, 3035) Er nennt den Krieg »die Freiheit gewisser Barbaren« (V, 4390), zählt die Pressefreiheit zu den »allgemeinen Rechte(n) der Menschheit« (V, 4740), sieht den »Jüngsten Tag der Nationalitäten« und den »Völkerbund« der Zukunft (IV, 3812 b). Schließlich fordert Hebbel trotz seiner Bedenken gegen eine allgemeine Gütergemein-

schaft »ein Maß des Besitzes« (IV, 2748), hat er doch die
Problematik der Eigentumsverteilung durchschaut. »Ist es ein
gerechter Zustand der Gesellschaft«, fragt er, »in welchem
der einzelne, wenn ihn die Verhältnisse begünstigen, das an
sich raffen und wofern es ihm beliebt behalten, für die Gesellschaft unfruchtbar machen kann, was eben, weil er es besitzt,
Tausenden fehlt und sie in Not und Tod hineintreibt?«
(IV, 2722) »Rothschild müßte den Gedanken haben, all sein
Geld in Landbesitz zu stecken und das Land unbebaut liegen
zu lassen. Nach dem in der Welt geltenden Eigentumsrecht
könnte er es tun, wenn auch Millionen darüber verhunger-
ten.« (IV, 2777)

Der Herrschaftsanspruch von Macht und Besitz findet im
kirchlich-dogmatischen Christentum einen hilfreichen Verbündeten, denn auch dort wird willenlose Unterordnung
gepredigt. »Alle Regierungen fordern blinden Glauben, sogar
die göttliche.« (IV, 3667) Hebbel aber verabscheut den dik-
tatorisch gebietenden Gott der Christen. In das Wirken seiner
pantheistisch gedachten Gottheit – »Gott ist alles, weil er
nichts ist, nichts Bestimmtes« (IV, 2784) – greift der Mensch
handelnd und verändernd ein. »Gott schickt ein Unglück dir
ins Haus: Mach du dir selbst ein Glück daraus!« (IV, 1667) An
den »guten Hausvater über den Sternen« (IV, 2932), der zwar
unfähig ist, das Leid der Menschen zu verhindern, es aber
dennoch zu heilen vermag, kann Hebbel nicht glauben. Der
christliche Gedanke eines Weltschöpfers ist ihm krasser Anthropomorphismus, zu dem die ältere, nichtchristliche Philosophie nie herabsank. In Feuerbachs Religionskritik sieht er
seine eigene Auffassung bestätigt: Gott als Projektion uner-
füllter Wünsche und Vorstellungen. Denn: »Der Mensch
denkt sich leichter einen Gott, als sich selbst.« (IV, 4048) So
ist der christliche Gott letztlich ein Objekt, das »gar nicht
existiert« (V, 6343).

Die Bibel Gottes Buch? Unmöglich! Steht in ihr doch allzu-
viel Gutes von Gott und Schlechtes von den Menschen.
Warum hat Gott nicht ein über alle Mißdeutungen erhabenes
Buch geliefert, wenn er sich offenbaren wollte? Warum
schrieb Jesus nicht selbst die Evangelien? Das Neue Testament schließlich mit seinen Wundergeschichten ist ein

höchst unzulängliches Glaubensfundament. Allein die christliche Ethik, die freilich auch in anderen Weltanschauungen ihre Quellen hat, sieht Hebbel mit Wohlwollen. Aber was gelten die Forderungen Jesu schon bei den Christen!

Das Christentum mit seiner Sünden- und Demutslehre hat – hierin weiß sich Hebbel einig mit allen bedeutenden Männern vor ihm – unendlich viel Unheil über die Welt gebracht, es »schlägt den Menschen tot«, wie er einmal bitter im Tagebuch bemerkt (IV, 175). Und wäre das Böse in der Welt, wären die menschlichen Schwächen nicht in erster Linie dem Versagen des Schöpfers anzukreiden? Hebbel kommt so zu seinen wohl aggressivsten Vorwürfen: »Ich mögte mich nie an Menschen rächen, die mir Übels tun, aber an Gott, der solche Menschen geschaffen hat. Buchstäblich wahr.« (IV, 3442) »Eine Kanone erfinden, groß genug, die Erde hineinzuladen und sie Gott ins Gesicht zu schießen.« (V, 4723)

Mit wachsendem Wohlstand und Ansehen paßt sich Hebbel der bürgerlichen Vorstellungswelt immer mehr an. Die anfänglich entschiedene Gesellschaftskritik wird von konservativeren Stellungnahmen, das idealistische Menschenbild oft von resignierender Menschenverachtung verdrängt. Jetzt wendet er sich nachdrücklich gegen die Idee des Kommunismus und will »mit Leuten, die Eigentum und Familie nicht respektieren, die also gar keine Gesellschaft wollen«, nichts zu schaffen haben (V, 4982). Erst »das besitzende Individuum protestiert gegen einen Angriff der Allgemeinheit auf den Besitz, während das nicht-besitzende den Besitz der anderen ablehnt«[5].

In der Auseinandersetzung mit dem Christentum zeigt sich Hebbel ebenfalls kompromißbereiter. So schreibt er in einem Brief vom 8. August 1856: ». . . auch ich kenne die Religion von ihrer schönsten Seite und werde sie nicht . . . mit Behagen, sondern mit Wehmuth verschwinden sehen.«[6] Ein andermal gesteht er zu: »Mein Standpunkt hat nichts Ausschließliches, ich ehre einen jeden und lasse es ganz dahingestellt, wer den besseren hat.« (V, 5891) Von den Grundgedanken seiner Kritik ist Hebbel dennoch nicht abgewichen; in den Briefen an Luck und Uechtritz kehren sie immer wieder: Das Christentum bleibt ihm eine Mythologie unter anderen, ja »nicht einmal die tiefste« (V, 836). Der christliche Gottmensch wird ebenso entbehrlich wie der griechische oder persische. Die Poesie hat die Funktion der Religion übernommen, und Hebbel kann sich keinen denken, »dem die universellen Formen des Dramas und des Epos zu Gebote stehen und der zu der positiven Religion ein anderes Verhältnis hat« als er (V, 5841).

Trotz seiner Ablehnung des kirchlich-dogmatischen Christentums ist Hebbel noch nicht zu einer grundsätzlichen Religionskritik vorgedrungen. Die »ängstliche große Frage nach dem Woher und Wohin« – für ihn Urgrund aller Religion[7] – beantwortete er mit einem stark ethisch gefärbten mystischen Pantheismus. Zeitlebens beschäftigte ihn das Phänomen der Religion und ihrer Entstehung. Schon 1837 vermerkt er im Tagebuch: »Der Stifter einer Religion, Sujet für ein Trauerspiel.« (IV, 586) Doch *Christus* und *Moloch,* zwei Dramen zu diesem Thema, blieben trotz langjähriger Planung Fragmente[8].

Gerade die Vorarbeiten zum *Christus,* das intensive theologische Studium vor allem der Leben-Jesu-Forschung, bestätigten Hebbel in seiner Front gegen das christliche Welt- und Menschenbild. Mit der Kritik an Kult und Pfaffenwesen hat er sich kaum aufgehalten, lag doch der Grund allen Übels nicht in der Kirche, sondern »in der christlichen *Religion* selbst« (V, 486). Ihr gegenüber galt es, Freiheit und Autonomie zu verwirklichen: »Das ist des Menschen letzte Aufgabe, aus sich heraus ein dem Höchsten, Göttlichen, Gemäßes zu entwickeln und so sich selbst Bürge zu werden für jede seinem Bedürfnis entsprechende Verheißung.« (IV, 584) Jener Satz, der fälschlicherweise als Bloch-Aperçu die Runde macht[9], faßt Hebbels Urteil zusammen: »Es ist am Ende an der Religion das beste, daß sie Ketzer hervorruft.« (VI, 1167)

Klaus Ahlheim

Religion: Flucht vor der Wirklichkeit

Religion ist die Phantasie der Menschheit, das Vermögen, alle Widersprüche nicht aufzuheben, sondern zu verneinen.   *IV, 1853*

Die Religion der meisten Leute ist nichts, als ein »Sich schlafen legen« und es ist wirklich zu befürchten, Gott möge sie für ihre Gottesfurcht noch einmal scharf ansehen, denn es ist keine Kunst, zu Bett zu gehen, wenn man müde ist, oder gar – der Fall ist noch häufiger – niemals aufzustehen und die Unbegreiflichkeiten der Natur und des Menschengeistes im Schlaf – d. h. im Glauben – vor sich vorübergehen zu lassen.   *IV, 688*

Oft heißt es, dieser oder jener sei wegen seines blinden Köhlerglaubens, des Trostes wegen, zu beneiden. Nach derselben Logik ist auch der Besitzer einer fixen Idee zu beneiden, z. B. der Narr, der sich für den Kaiser hält und nicht merkt, daß er eben darum im Irrenhause sitzt.
                                                                    V, 5696

Manche Menschen glauben nur darum einen Gott, eine Unsterblichkeit, weil sie sich so ungeheuren Ideen nicht zu opponieren wagen.   *IV, 716*

Gott

In einem jüdischen Kalender, der vor mir liegt, heißt es: »Zu dem Gedanken eines ›Welt-Schöpfers‹ hat sich die heidnische Philosophie nie aufgeschwungen; das war uns vorbehalten.« Ich mögte dies ausdrücken: »Zu dem Gedanken eines Welt-Schöpfers ist die Philosophie der Alten nie herabgesunken, vor diesem krassesten aller Anthropomorphismen hat sie ihr gesunder Instinkt immer glücklich bewahrt.   *V, 5960*

Die Welt ist Gottes Sündenfall.   *IV, 3031*

Der Kot ist fast so allgegenwärtig wie Gott.
  Tagebücher. Auswahl und Nachwort von A. Metz, Stutt-gart 1963, 240

Wenn man sich auch das größte Verbrechen denkt, man kann sich Gott doch noch immer daneben denken.
                                              Tagebücher, 91

Jedes Schloß an der Tür ist ein Pasquill auf Gott.   *V, 4629*

Ich glaube nicht an einen guten Hausvater über den Sternen, der, zu ohnmächtig, die Wunden seiner lieben Kinder zu verhüten, doch allmächtig genug ist, sie alle zu heilen...   *IV, 2932*

Man kann sich über die Eigenschaften eines Objekts, welches gar nicht existiert, wohl nicht füglich vereinigen. Dies ist der letzte Grund aller deistischen Religionen und ihrer Zerspaltung in Sekten.   *V, 6343*

Es ist wahr, der Gott des wahren Christen paßt in die krause Maschine, wie eine Welle in die Windmühle; aber eben, weil er so erstaunlich gut paßt, mögt ich einen solchen Gott bezweifeln. Wir durchdringen nie eine *Ursach* und erfaßten wirklich bis zur Zuversicht die *End-Ursach?* Ich will dem christlichen Hochmut nur *eine* Frage vorlegen, die vielleicht ihn und, wo nicht, gewiß *mich,* verstummen macht. Woher kommts doch wohl, daß alles, was auf Erden jemals *bedeutend* war, über Christentum dachte, wie ich?   *IV, 688*

Der Mensch dachte sich sein eignes Gegenteil; da hatte er seinen Gott.   *IV, 1883*

Wenn alle Menschen sich bei der Hand fassen, ist Gott fertig.   *IV, 3760*

Unsterblichkeitsglaube

Ich habe einiges von den Feuerbachschen Sachen gelesen und finde Kolazceks Wort bestätigt, daß ich in unendlich vielem mit ihm übereinstimme. Manches habe ich gefunden, was ich schon 1835 dachte und in einem alten Tagebuch aussprach, so. z. B. über Zeit und Raum. In Hamburg hatte ich sein Wesen des Christentums in Händen, blätterte aber nur darin. Die Gründe, worauf der Glaube an Gott und Unsterblichkeit sich bis jetzt stützte, widerlegt er vollkommen, das ist wahr. Ob es aber, was wenigstens die Unsterblichkeit betrifft, nicht noch andere gibt? Ich denke manches, was ich nicht aufschreiben mag. In den Lebens-Gesetzen gibt es etwas Mystisches; in den Denk-Gesetzen nicht auch? *V, 4453*

Die Menschheit läßt sich keinen Irrtum nehmen, der ihr nützt. Sie würde an Unsterblichkeit glauben, und wenn sie das Gegenteil wüßte. Es wäre möglich, daß unser ganzes höheres Leben nichts, als ein warmes Gespinst von nützlichen Täuschungen lieferte, aber es wäre auf jeden Fall etwas ganz Außerordentliches, und ein Wesen, das so weise, so göttlich träumte, mögte die Realisierung seiner Träume verdienen und – *bewirken*! *IV, 1337*

Blatterngift der Menschheit

Das Christentum ... predigt die *Sünde* die *Demut* und die *Gnade*. Christliche Sünde ist ein Unding, christliche Demut die einzigmögliche menschliche Sünde, und christliche Gnade wär eine Sünde Gottes. Dies ist um nichts zu hart. Die edelsten und ersten Männer stimmen darin *überein*, daß das Christentum wenig Segen und viel Unheil über die Welt gebracht hat. Aber sie suchen meistenteils den Grund in der christlichen *Kirche*; ich find ihn in der christlichen *Religion* selbst.

Das Christentum ist das Blatterngift der Menschheit. Es ist die Wurzel alles Zwiespalts, aller Schlaffheit, der letzten Jahrhunderte vorzüglich. Je weiter sich wahre Bildung nach unten hin verbreitet, um so schlimmer wird es wirken. Bisher war das Christentum des Volks ziemlich unschädlich, denn es war ein roheres *Heidentum* ... ich hasse und verabscheue das Christentum, und nichts mit größerem Recht. Es will Wunder tun, und selbst, wenn Wunder möglich wären, hörten sie nicht auf, überflüssig zu sein.

An Elise Lensing, V, 486

Das Christentum schlägt den Menschen tot, damit er nicht sündigen kann, wie jener verrückte Bauer sein Pferd, damit es ihm die Saat nicht zertrete.   *IV, 175*

Das Christentum ist mir, was es war, eine Mythologie neben anderen, und wie ich jetzt, nach abermaliger jahrelanger Beschäftigung mit den Akten, leider hinzufügen muß, nicht einmal die tiefste.   *An Uechtritz, V, 836*

Biblische und kirchliche Autorität

Die Bibel kann schon darum nicht von Gott sein, weil er darin gar zu viel Gutes von sich selbst und gar zuviel Schlimmes von den Menschen sagt. Oder gleicht der Umstand, daß er diese gemacht hat, alles aus?   *IV, 3303*

Warum *schrieb* Christus nicht, wenn er die Evangelien wollte?   *IV, 73*

Du darfst philosophieren innerhalb der Kreise des Staats und der Kirche, d. h. du darfst beweisen, daß das, was wir gemacht haben, gut sei.   *IV, 3467*

Einem erst die Augen ausstechen, und ihn dann führen: ob das wirklich eine Tugend ist?   *Tagebücher, 51*

Ethik

In der Welt ist ein Gott begraben, der auferstehen will und allenthalben durchzubrechen sucht, in der Liebe, in jeder edlen Tat.   *IV, 2137*

Es gibt keinen Weg zur Gottheit, als durch das Tun des Menschen. Durch die vorzüglichste Kraft, das hervorragendste Talent, was jedem verliehen worden, hängt er mit dem Ewigen zusammen, und soweit er dies Talent ausbildet, diese Kraft entwickelt, soweit nähert er sich seinem Schöpfer und tritt mit ihm in Verhältnis. Alle andere Religion ist Dunst und leerer Schein. *IV, 1211*

Auch halte ich es für schwerer, das Vaterunser zu beten, als alle Schlachten Napoleons zu gewinnen, ja ich bezweifle es stark, daß es auf Erden schon gebetet worden ist, aber freilich nur wegen seiner ethischen Voraussetzungen, die ich nicht ausschließlich vom Christentum abhängig machen kann, wenn dieses ihnen auch in diesem Gebet für alle Zeiten eine unübertreffliche Fassung gegeben hat.
V, 5891

Nicht, als ob ich glaubte, daß zwischen Ihrem absolut christlichen und meinem Standpunkt eine Vermittlung möglich wäre, wenn die ethische nicht ausreicht, die Christus selbst zu genügen schien, als er das Wort aussprach: »an ihren Früchten sollt ihr sie erkennen!«
An Uechtritz, V, 780

Christus ist mir eine hohe – vielleicht die höchste – sittliche Erscheinung in der Geschichte; der einzige Mensch, der durch Leiden groß geworden ist. Weil Judentum und Heidentum nicht weit genug gegangen waren, vergeb ich es ihm, daß er zu weit ging. *An Elise Lensing, V, 486*

Auf der Welt-Bühne machen nur Kraft und List sich geltend; das Ethische tritt nur in den größten Umgestaltungs-Epochen hervor und wird gleich nach dem Sieg entstellt, wie z. B. das Christentum. *V, 5448*

. . . in der Woche der krasseste Egoismus in brutalster Form und sonntags eine noch scheußlichere Abfütterung des Gewissens und der Moral durch den widerwärtigsten Pu-

ritanismus, der übrigens seine Wurzeln im Volke hat, weil
er sich mit Gewalt nicht aufrechterhalten ließe.

An Christine Hebbel (zu seiner London-Reise), V, 830

In der Kirche weiß jeder die 10 Gebote, aber auf der Straße
weiß er immer nur 9, dasjenige, an das er sich gerade
erinnern sollte, ist vergessen. Wer stiehlt, weiß recht gut,
daß er nicht töten soll, auch beschwichtigt er sein Gewissen
wohl selbst damit, daß er es nicht tut.   *IV, 3032*

Die dümmsten Schafe sind immer zugleich die reißendsten
Wölfe.   *Tagebücher, 44*

Die Krisis

Ob das Christentum fortbestehen wird, oder nicht? Jedenfalls ist die *Krisis* eingetreten, denn was früher nur einen
Teil der Literatur bewegte, bewegt jetzt das Leben; hält
sich in solchem Kampf eine Institution, so hält sie sich auf
ewig.   *IV, 739*

Unsere Zeit ist schlimme Zeit. Das große Geheimnis, die
letzte Ausbeute alles Forschens und Strebens, die »Einsicht in das Nichts« war ehemals hinter Schlösser und Riegel versteckt, und der Mensch sah sich und das Rätsel zu
gleicher Zeit aufgelöst. Die alten Schlösser und Riegel sind
schadhaft geworden, der Knabe *kann* sie aufreißen, der
Jüngling reißt sie auf; ach, und fliegt der Adler wohl länger, als er an die *Sonne* glaubt? Die Weltgeschichte steht
jetzt vor einer ungeheuren Aufgabe; die Hölle ist längst
ausgeblasen und ihre letzten Flammen haben den Himmel
ergriffen und verzehrt, die Idee der Gottheit reicht nicht
mehr aus, denn der Mensch hat in Demut erkannt, daß Gott
ohne Schwanz, d. h. ohne eine Menschheit, die er wiegen,
säugen und seligmachen muß, Gott und selig sein kann . . .
                                                  IV, 689

Man enthusiasmiert sich zweimal für eine Religion (und gerade dann, wenn man ihr noch am wenigsten Dank schuldig ist), wenn sie entsteht und wenn sie untergeht.

IV, 740

Anmerkungen

[1] Alle Hebbel-Zitate – soweit nicht anders vermerkt – nach: Friedrich Hebbel, Werke, hrsg. v. *G. Fricke, W. Keller* und *K. Pörnbacher,* 5 Bde., München 1963. Angegeben werden jeweils Band- und Seitenzahl (bei Tagebuchnotizen Bandzahl und Nummer der fortlaufenden Zählung); hier: IV, 1508 c – [2] *K. Ziegler* (Friedrich Hebbel und die Krise des deutschen Geistes, in: Hebbel-Jahrbuch 1949/1950, 3 f.) hat diesen Begriff erstmals auf Hebbel angewandt. – [3] *P. Michelsen,* Friedrich Hebbels Tagebücher, Göttingen 1966, 71 – [4] ebd. – [5] *P. Michelsen,* a. a. O., 99 – [6] Zitiert nach der historisch-kritischen Ausgabe von *R. M. Werner,* Friedrich Hebbel, Sämtliche Werke, 3. Abteilung: Briefe, Bd. V, Berlin 1906, 334 – [7] ebd. Bd. VII, Berlin 1907, 220 – [8] Dazu ausführlich: *H. Nagel,* Studien zur Entstehungsgeschichte von Friedrich Hebbels Christusfragment, in: Hebbel-Forschungen Nr. XIV, Berlin/Leipzig 1925 – [9] Vgl. z. B. die Besprechung von *E. Blochs* Atheismus im Christentum (*H. J. Krüger*) in der *Frankfurter Rundschau* vom 4. Januar 1969.

MICHAIL ALEKSANDROWITSCH BAKUNIN
1814–1876

Heute gibt es kaum noch Anarchisten. Vielleicht wird es einmal kaum noch Kommunisten geben. Käme es so, weil sich die Menschen der Forderung des »sozialistischen Bewußtseins« nicht gewachsen zeigten, könnte man im 22. Jahrhundert sagen: »Die dogmatische Weltanschauung der Kommunisten ist zu Recht erledigt, aber ihre Weltwollung [die präzise Vokabel verdanken wir dem freiheitlichen Sozialisten Kurt Hiller] war so unrecht nicht.« Ich behaupte heute umgekehrt vom Anarchismus: Seine Weltwollung erwies sich als unmöglich; aber seine Weltanschauung ist so falsch nicht.

Die Sehnsucht des Kommunismus behält ihren Wert als Experiment auch dann, wenn sich der ideologische Ausgangspunkt, der ihre Realisierbarkeit in absehbarer Frist verhieß, als irrig herausstellte. Das Schrumpfen des anarchistischen Gedankens kann man umgekehrt darauf zurückführen, daß im Zeitalter der Bevölkerungsexplosion nicht einmal an einen Versuch seiner Verwirklichung zu denken ist: Das Auftreten der Massen heischt mehr Organisation, mehr Verwaltung, also mehr Staat, als Liberalen, gar Anarchisten lieb ist. So illusorisch jedoch deren ursprüngliches Ziel sein mag, ihre Erkenntnis, »wie die Welt es treibt« (z. B. daß auch innerhalb der staatlichen Ordnung der Kampf aller gegen alle als Konkurrenz fortbesteht oder daß nicht nur Macht vor Recht geht, sondern Recht *ist*), hat nichts an Gültigkeit verloren. Dies läßt sich insbesondere durch die anarchistische Stellung zu Christentum und Kirche belegen. (Die folgenden Zitate entnehme ich den 1921 bei Fritz Kater im Verlag »Der Syndikalist«, Berlin O 34, erschienenen *Gesammelten Werken* von Michail Bakunin, herausgegeben von Erwin Rholfs.)

Bakunin, ein Russe aristokratischer Abkunft, geboren 1814 im Gouvernement Twer, gestorben 1876 in Bern, beteiligte sich zu seiner Zeit an fast allen revolutionären Bestrebungen Westeuropas, so auch 1848 in Paris und in Posen und 1849 in Dresden. Von Sachsen wurde er an Österreich, von dort ans

Zarenreich ausgeliefert. Das liebe Vaterland verbannte ihn nach Sibirien. Von dort floh er 1861. 1864 wurde er Mitglied der I. Internationale, die ihn auf Betreiben von Karl Marx 1872 wieder ausschloß. Bakunin war zweifellos weniger Systematiker als jener, was ihn zuweilen zu der naiven Erwartung beflügelt haben mag, man brauche einen Unsinn nur zu entlarven, um ihn unglaubwürdig zu machen (eine Geradlinigkeit, die mir, auch wenn vergeblich, nicht unsympathisch ist, da sie wenigstens jenes taktische Finassieren mit der Kirche ausschließt, zu dem Marxisten fähig sind).

Die Freidenker-Bewegung des vorigen Jahrhunderts wurde wesentlich durch zwei Richtungen repräsentiert: die psychologische Betrachtungsweise des Philosophen Ludwig Feuerbach (»Der Mensch schuf Gott nach seinem Bilde«) und die politisch-radikale des *Gottespest*-Autors John Most (»Wer den Gottesschwindel . . . predigt, kann nur ein Dummkopf oder ein Schurke sein«). Bakunin vereinigt beide Standpunkte, indem er mystische Neigungen sozialpsychologisch interpretiert: »Sie sind der instinktive und leidenschaftliche Aufschrei des menschlichen Wesens gegen die Enge, die Flachheit, die Schmerzen und die Schande eines erbärmlichen Lebens.« (I, 104) Demgegenüber muß es stutzig machen, wenn Bakunin an anderer Stelle schreibt: »Nur die englischen Arbeiter wagen es, zum großen Entsetzen der herrschenden Klassen und ihrer Prediger, öffentlich freimütig den Gotteskult zu verwerfen. Sie betrachten diesen Kult als eine aristokratische und bourgeoise Einrichtung zur Niederhaltung des Proletariats.« (I, 270) Ist das Elend also Quelle des Gottesglaubens oder Quelle der Empörung gegen diesen Gottesglauben? Zu bestimmten Zeiten und in bestimmten Gesellschaften mag das erste, in anderen das zweite zutreffen. Jedenfalls aber scheint wirtschaftlicher Mangel nur *eine* der Ursachen jener imaginären Hoffnung zu sein, die sich als Ausgleich für Entbehrungen im Diesseits ein Traumparadies im Jenseits vorgaukelt. Woher käme sonst der tiefe religiöse Glaube mancher Reichen (vom schlechten Gewissen, das ihnen die Selbstgefälligkeit meist verbietet, einmal abgesehen)? »Mitten wir im Leben sind mit dem Tod umfangen«, heißt es in einem alten Kirchenlied. Die Ungewißheit der

Schicksals- wie der Todesstunde ist Menschenlos, und kein Sozialismus wird es ändern. So dürfte der Angelpunkt der Religion nicht in der Unzufriedenheit mit den äußeren Lebensumständen, sondern in der Unsicherheit unserer Existenz schlechthin zu finden sein.

Bakunin jedoch hält die soziale Revolution (I, 99) zur Überwindung des Gottesglaubens für geeigneter »als alle theoretische Propaganda der Freidenker«. Diese Ableitung allen Denkens und Fühlens von Eigentums- und Produktionsverhältnissen erscheint zu einseitig. Dennoch hat sie bei der Deutung des sonst so schwer ergründbaren »Credo quia absurdum« ein starkes Gewicht. Das zeigt schon Bakunins Rückblende in die Anfänge des Christentums, wobei er einerseits dessen unbestreitbare soziale Verdienste in der Frühzeit rühmt, andererseits aber die »beinahe vollständige Geistesarmut« seiner ersten Anhänger als Voraussetzung für die Annahme der »christlichen Sinnlosigkeit« nennt (1).

Wie eine Auseinandersetzung mit unseren »fortschrittlichen« Richtungen der Theologie, die ihre »christliche Sinnlosigkeit« modernen und verstandesbewußten Menschen von heute akzeptabel machen möchten, mutet Bakunins Polemik gegen den Gottesbegriff an (2).

Für Bakunin ist »Gott« schon darum absurd, weil es ja Naturgesetze gibt. Was wäre eine Allmacht, die sich Vorschriften unterwerfen müßte? Offensichtlich herrscht im Universum kein Chaos, sondern es laufen ineinandergreifende Prozesse ab, die der Menschengeist als »Gesetze« versteht: physikalische, chemische oder biologische Notwendigkeiten, die niemand »verordnet« hat. Vielmehr läßt sich eins aufs andere zurückführen, Ursache und Wirkung bedingen einander, und gerade darum ist Gott auch als »erste Ursache« für Bakunin logisch unmöglich (3).

Alles, was über unsere Welt philosophiert worden ist, stammt aus dem menschlichen Gehirn, das erst Milliarden Jahre später da war als Sonne, Mond und Sterne. Gott ist lediglich eine Denkform, eine Figur des menschlichen Vorstellungsvermögens. Sitz Gottes ist also nicht das »Jenseits« oder ein Himmelsthron, sondern das Menschenhirn. Eine Teilfunktion desselben macht auch das aus, was man noch heute so schön »die Seele« nennt. Das Zentralnervensystem ist natürlich so sterblich wie der übrige Mensch auch, und so ist die »unsterbliche Seele«, die irgendwohin auf(?)fährt, ebenfalls ein Galimathias (4).

Wie erklärt sich's aber, daß der Homo sapiens, höchster Vernunftleistungen fähig, religiöse Dogmen und Vorstellungen annimmt und zäh verteidigt, die der gesunde Verstand geradezu als Provokation empfindet? Bakunins Antwort darauf erinnert an das Nietzsche-Wort, wonach Wahnsinn bei einzelnen eine Ausnahme, bei Parteien, Staaten, Völkern aber die Regel sei: Er erklärt Religion als den gemeinsamen Wahnsinn der Gesellschaft (5).

Dabei sind für Bakunin – im Unterschied etwa zu Marx, nach dem Christentum und Kirche dereinst sich von selbst erledigen würden, wenn der Sozialismus erst in voller Blüte sich entfaltet hätte – Staat und Religion so eng miteinander verknüpft, daß er die Ausrottung beider zugleich wünscht (6).

Nun mag mancher Menschenfreund den Mißbrauch der Herzenseinfalt des Volkes zugeben, die Religion aber in Schutz nehmen, und sei es gerade wegen ihres Opiumcharakters. Denn: Ist das Leben nicht schwer genug? Wenn der Glaube selig macht, sollte man ihn dann nicht eher preisen? Bakunin hält diese Droge aber nicht für ein Palliativum, sondern für ein Toxin (7) und widerspricht dem Anspruch der Religion, eine menschenfreundliche Ethik könne nur auf den Glauben an Gott gründen (8). »Mit Gott verglichen ist das größte menschliche Genie ein ebenso großes Vieh als ein Idiot«, faßt Bakunin (I, 157) zusammen. Weil diese Stellung aber weder mit der menschlichen Würde vereinbar noch dem gesellschaftlichen Leben förderlich ist, spricht er (I, 187) von der »Unsittlichkeit der Gottesfiktion«. Und wird dies harte Wort nicht völlig gerechtfertigt durch die Wirkung, die das Christentum auf das sittliche Verhalten der Menschheit ausübt (9)? Dabei ist bei dieser jahrhundertelangen systematischen Korrumpierung die Kirche ebenso die treue Partnerin des Staates wie er der Verbündete der Kirche (10). Woraus Bakunins Postulat folgt: »Dieses einstimmige Interesse der Herrscher aller Länder an der Aufrechterhaltung des religiösen Kults beweist, wie sehr es notwendig ist und im Interesse der Völker liegt, daß er bekämpft und umgestürzt werde.«

Längst aber haben Kirche und Staat Gegenmaßnahmen erwogen. Nicht umsonst beharrt der konservative Katholizismus beispielsweise auf der Konfessionsschule. Wie eine aktuelle Äußerung dazu wirkt Bakunins Satz (I, 270): »Ich zweifle nicht, daß im Grunde des übermäßigen Eifers, den heute die herrschenden Klassen der Volksbildung entgegenzubringen beginnen, die geheime Hoffnung ruht, durch Schmuggel in die Masse des Proletariats einige jener religiösen Lügen zu streuen, die die Völker einschläfern und die Ruhe ihrer Ausbeuter sichern.« Denn, seufzt Bakunin (I, 99), und wir seufzen trotz oder angesichts moderner Bildungspolitik mit ihm: »Das Volk ist leider noch sehr unwissend und wird in seiner Unwissenheit erhalten durch die systematischen Anstrengungen aller Regierungen, welche diese Unwissenheit sehr begründeter Weise für eine der wichtigsten Bedingungen ihrer eigenen Macht halten.«

Wolfgang Baranowsky

Anfänge des Christentums

1. Gewiß ist, daß er (JESUS) der Prediger der armen Leute war, der Freund und Tröster der Elenden, der Unwissenden, der Sklaven und der Frauen... Er versprach allen Unterdrückten, allen hinieden Leidenden – und ihre Zahl ist ungeheuer groß – das ewige Leben. Er wurde, wie sich von selbst versteht, von den Vertretern der offiziellen Moral und der öffentlichen Ordnung seiner Zeit gekreuzigt. Seine Schüler und deren Schüler konnten sich, dank der römischen Eroberung, welche die nationalen Grenzen zerstört hatte, verbreiten und trugen tatsächlich die Lehre des Evangeliums in alle den Alten bekannten Länder. Überall wurden sie von den Sklaven und den Frauen mit offenen Armen empfangen, den beiden am meisten unterdrückten, am meisten leidenden und natürlich auch unwissendsten Klassen der antiken Welt... Die große Ehre des Christentums, sein unbestreitbares Verdienst und das ganze Ge-

heimnis seines unerhörten und übrigens ganz berechtigten Triumphs war, daß es sich an dieses ungeheure leidende Volk wandte, dem die antike Welt, die eine enge und
grausame geistige und politische Aristokratie bildete, auch
die letzten Eigenschaften und einfachsten Rechte der
Menschheit verweigerte. Sonst hätte es sich nie verbreiten
können. Die von den Aposteln Christi gepredigte Lehre, so
trostreich sie den Unglücklichen erscheinen mochte, war
vom Gesichtspunkt der menschlichen Vernunft aus zu empörend, zu unsinnig, als daß aufgeklärte Männer sie hätten
annehmen können. Wie triumphierend spricht nicht auch
der heilige Apostel Paulus von dem *Ärgernis* des Glaubens
und dem Triumph dieser göttlichen Narrheit, welche die
Mächtigen und Weisen der Zeit zurückwiesen, welche
aber um so leidenschaftlicher von den Einfachen, den Unwissenden und den Armen im Geiste angenommen wurde!
Es muß wirklich sehr tiefe Unzufriedenheit mit dem Leben,
sehr großer Durst des Herzens und beinahe vollständige
Geistesarmut vorhanden sein, um die christliche Sinnlosigkeit anzunehmen.   *I, 140 f.*

Gott als Hauptunsinn

2. Es gibt eine ziemlich zahlreiche Klasse ehrlicher, aber
schwacher Seelen, die zu intelligent sind, um die christlichen Dogmen ernst zu nehmen, und sie im einzelnen verwerfen, aber nicht die nötige Kraft und Entschlossenheit
haben, sie als Ganzes zu verwerfen. Sie geben alle speziel-
len Unsinnigkeiten der Religion der Kritik preis, sie weisen
alle Wunder zurück, aber sie klammern sich verzweifelt an
den Hauptunsinn, der die Quelle aller anderen ist, an das
Wunder, das alle anderen Wunder erklärt und rechtfertigt,
an das Dasein Gottes.   *I, 100*

3. Die erste Ursache hat nie existiert, konnte nie existieren. Die erste Ursache ist eine Ursache, die selbst keine
Ursache hat, oder die Ursache ihrer selbst. Das Absolute,
das das Universum schafft, der reine Geist, der die Materie
schafft, ist ein Unsinn.   *I, 280*

4. Aus all dem geht mit unverwerflicher Gewißheit hervor, daß das innere Wesen der Dinge, von den Metaphysikern zur großen Befriedigung der Theologen erfunden und selbst von der positiven Philosophie als wirklich erklärt, etwas Nicht-Seiendes ist, ebenso wie das innere Wesen des Weltalls etwas Nicht-Seiendes ist, und daß alles, was wirkliche Existenz hat, sich vollständig und immer durch seine Eigenschaften, seine Beziehungen oder seine Aktionen äußert. *I, 302*

Religion als gemeinsamer Wahnsinn

5. Man nehme einen Narren; welches immer der besondere Gegenstand seiner Narrheit sein mag, man wird finden, daß die dunkle und fixe Idee, die von ihm Besitz ergriffen, ihm die natürlichste Sache von der Welt scheint, während dagegen die dieser Idee widersprechenden natürlichen und wirklichen Tatsachen ihm lächerlicher und verhaßter Wahnsinn zu sein scheinen. Nun, die Religion ist ein gemeinsamer Wahnsinn, der um so mächtiger ist, als es ein überlieferter Wahnsinn ist, dessen Ursprung sich in das entfernteste Altertum verliert. Als allgemeiner Wahnsinn drang sie in alle öffentlichen und privaten Einzelheiten des sozialen Daseins eines Volkes ein, verkörperte sich in der Gesellschaft, wurde sozusagen deren Seele und gemeinsamer Gedanke. Jeder Mensch ist von seiner Geburt an von ihr umringt, nimmt sie mit der Muttermilch in sich auf, nimmt sie auf mit allem, was er hört und sieht. Er wurde damit so sehr genährt, vergiftet und in seinem ganzen Wesen durchdrungen, daß er später, wie mächtig auch sein natürlicher Verstand sein mag, unerhörte Anstrengungen machen muß, sich von ihr zu befreien, und nie gelingt ihm dies vollständig. Unsere modernen Idealisten sind ein Beweis hierfür; ein weiterer Beweis sind unsere doktrinären Materialisten, die deutschen Kommunisten: sie konnten sich von der Religion des Staates nicht losmachen (n. b.: »Religion des Staates« meint hier nicht Staatsreligion, sondern »Glauben an die Notwendigkeit des Staates«). *I, 138*

6. Es kann keinen Staat ohne Religion geben. Man nehme die freiesten Staaten der Erde, die Vereinigten Staaten von Nordamerika oder die Schweiz, und sehe, welch wichtige Rolle die göttliche Vorsehung, diese oberste Weihe aller Staaten, in allen offiziellen Reden spielt. Jedesmal aber, wenn ein Staatsoberhaupt von Gott spricht, sei es Wilhelm I., der knutogermanische Kaiser, oder Grant, der Präsident der großen Republik, kann man sicher sein, daß er sich vorbereitet, seine Volksherde von neuem zu scheren.

I, 147

Die Gottesidee führt zur Versklavung

7. Da Gott alles ist, sind die wirkliche Welt und der Mensch nichts. Da Gott die Wahrheit, die Gerechtigkeit, das Gute, das Schöne, die Macht und das Leben ist, ist der Mensch die Lüge, das Schlechte, das Übel, die Häßlichkeit, die Ohnmacht und der Tod. Da Gott der Herr ist, ist der Mensch der Sklave.

I, 104

Die Gottesidee enthält die Abdankung der menschlichen Vernunft und Gerechtigkeit in sich, sie ist die entschiedenste Verneinung der menschlichen Freiheit und führt notwendigerweise zur Versklavung... Wie sehr die Religionen die Völker verdummen und verderben! Sie töten in ihnen die Vernunft... Sie entehren die menschliche Arbeit und machen sie zum Zeichen und zur Quelle der Knechtschaft. Sie töten Begriff und Gefühl der menschlichen Gerechtigkeit und lassen die Waagschale immer sich auf die Seite der triumphierenden Schurken, der bevorrechteten Auserwählten der göttlichen Gnade neigen. Sie töten menschlichen Stolz und Würde und schützen nur die Kriechenden und Demütigen. Sie ersticken im Herz der Völker jedes Gefühl menschlicher Brüderlichkeit und erfüllen es mit göttlicher Grausamkeit. Alle Religionen sind grausam, alle sind auf Blut gegründet; denn alle ruhen hauptsächlich auf der Idee des Opfers, das heißt auf der beständigen Opferung der Menschheit zugunsten der unersättlichen Rache der Gottheit.

I, 105 f.

8. Beachten wir die Worte: »Aus Liebe zu Gott«; sie drükken vollkommen den Charakter der einzigen menschlichen Liebe aus, die in der metaphysischen Moral möglich sein soll; sie besteht gerade darin, daß die Menschen sich nicht um ihrer selbst willen, aus eigenem Bedürfnis lieben, sondern nur, um dem höchsten Herrn zu gefallen. Übrigens muß es so sein, denn sobald man die Existenz eines Gottes und die Beziehungen des Menschen zu Gott zugibt, muß man, wie die Theologie, ihnen alle menschlichen Beziehungen unterordnen. Die Gottesidee absorbiert, zerstört alles, was nicht Gott ist, und ersetzt alle menschlichen und irdischen Wirklichkeiten durch göttliche Fiktionen. In der metaphysischen Moral, sagte ich, kann der zum Bewußtsein seiner unsterblichen Seele und seiner persönlichen Freiheit vor Gott und in Gott gelangte Mensch die Menschen nicht lieben, weil er vom moralischen Standpunkt aus ihrer nicht bedarf und weil man nur das lieben kann, füge ich noch hinzu, was man braucht.   *I, 195*

Christus, Kirche und Kapital

9. Hat Jesus Christus nicht zu seinen Jüngern gesagt: »Raffet keine Schätze zusammen in dieser Welt, denn da, wo eure Schätze sind, da ist euer Herz«; und ein anderes Mal: »Ein Kamel wird viel leichter durch ein Nadelöhr gehen, als daß ein Reicher in den Himmel komme.« ... Jesus Christus hat recht: Zwischen der Gier nach materiellen Reichtümern und dem Heile unsterblicher Seelen besteht unbedingte Unvereinbarkeit. Und ist es dann, sofern man wirklich an die Unsterblichkeit der Seele glaubt, nicht besser, auf die Bequemlichkeit und den Luxus, den die Gesellschaft bietet, zu verzichten und von Wurzeln zu leben, wie es die Einsiedler gemacht haben, und dadurch seine Seele für die Ewigkeit zu retten ...? Diese Erwägung ist so einfach, so augenscheinlich richtig, daß wir gezwungen sind zu glauben, die frommen und reichen Bourgeois, Bankiers, Industriellen und Kaufleute, welche mit den bekannten Mitteln so ausgezeichnete Geschäfte machen und dabei immer die Worte des Evangeliums im Munde führen, rech-

neten keineswegs mit der Unsterblichkeit der Seele, so daß
sie dies großmütig dem Proletariat überließen, während sie
sich bescheiden die erbärmlichen materiellen Güter, die
sie auf dieser Erde ansammeln, vorbehalten.   *I, 175*

Um zu zeigen, wie sich der theoretische Idealismus sofort
und unvermeidlich in praktischen Materialismus verwandelt, braucht man nur das Beispiel aller christlichen Kirchen und natürlich vor allem das der römisch-apostoli-
schen Kirche anzuführen. Was gibt es Erhabeneres, im
idealen Sinn Uneigennützigeres, von allen irdischen Interessen Losgelösteres als die von dieser Kirche gepredigte
Lehre Christi – und was gibt es brutal Materialistischeres
als die beständige Praxis derselben Kirche...? Was war
und ist wohl der Hauptgegenstand all ihrer Streitigkeiten
mit den Herrschern Europas? Die weltlichen Güter, die
Einkünfte der Kirche zunächst und dann die weltliche
Macht, die politischen Vorrechte der Kirche... Es ist
durchaus nicht schwer, anhand der Geschichte zu beweisen, daß die Kirche, daß alle christlichen und nichtchristli-
chen Kirchen neben ihrer überirdischen Lehre – wahrscheinlich zur Beschleunigung und Erhöhung des Erfolgs
derselben – niemals unterließen, sich zu großen Gesellschaften zu organisieren, zur wirtschaftlichen Ausbeutung
der Massen, der Arbeit der Massen, unter dem Schutz und
mit dem unmittelbaren und besonderen Segen irgendeiner
Gottheit.   *I, 119 f.*

Thron und Altar

10. Zeigt uns übrigens nicht die Geschichte, daß die Priester aller Religionen, ausgenommen die der verfolgten
Kulte, immer die Verbündeten der Tyrannei waren? *I, 254*

Alle Staatsmänner, die sich als Hirten des Volkes betrachten und von denen die ungeheure Mehrheit heute zweifellos weder christlich noch deistisch, sondern Freigeist ist...
und weder an Gott noch an den Teufel glaubt, (beschüt-
zen) nichtsdestoweniger mit sichtlichem Interesse alle Re-

ligionen, vorausgesetzt, daß die Religionen, wie es übrigens alle tun, die Ergebung, die Geduld und die Unterwerfung lehren.   *I, 255*

KARL MARX
1818–1883

Vita: Den am 5. Mai 1818 als Sohn eines jüdischen Rechtsanwaltes in Trier Geborenen läßt sein zum Protestantismus konvertierter Vater christlich taufen. Nach dem Abitur (1835) studiert er Rechtswissenschaften und Philosophie zunächst in Bonn, dann in Berlin. Hier hat er Kontakt mit Junghegelianern und beginnt ein intensives Studium der Hegelschen Philosophie. 1841 promoviert er zum Dr. phil. Danach ist er als Redakteur der radikaldemokratischen *Rheinischen Zeitung* tätig. 1843 heiratet er Jenny von Westphalen und übersiedelt mit ihr nach Paris, nachdem er, unter politischem Druck, aus der Redaktion ausgeschieden ist. Gemeinsam mit Arnold Ruge gibt er in Paris die *Deutsch-Französischen Jahrbücher* heraus. Darin erscheinen seine beiden Aufsätze *Zur Judenfrage* und *Kritik der Hegelschen Rechtsphilosophie. Einleitung.* Von seinem Studium der bürgerlichen politischen Ökonomie zeugen die *Ökonomisch-philosophischen Manuskripte* aus dem Jahre 1844; in ihnen wird erstmals die entfremdete Arbeit analysiert.

Mit Friedrich Engels, der ihn in Paris besucht, verbindet ihn seitdem eine enge Zusammenarbeit und lebenslange Freundschaft. Beide von Hegel her kommend, setzen sie sich bald kritisch mit den Junghegelianern auseinander, so in ihren gemeinsamen Schriften *Die heilige Familie* und, die erst postum veröffentlichte, *Deutsche Ideologie.* 1845 wird Marx auf Betreiben der preußischen Regierung, die einen Haftbefehl gegen ihn erlassen hat, aus Paris ausgewiesen. Sein Exil wird Brüssel. Dort entstehen die *Thesen über Feuerbach,* die den historischen Materialismus in nuce enthalten. Engels folgt ihm nach, und beide unternehmen 1847 eine Studienreise nach London und Manchester. Im gleichen Jahre werden sie Mitglieder des *Bundes der Gerechten,* der bald darauf umbenannt wird in *Bund der Kommunisten.* 1848 erscheint das *Manifest der kommunistischen Partei,* mit dessen Ausarbeitung Marx und Engels beauftragt worden waren.

Nach der Ausweisung aus Belgien geht Marx nach Köln zurück und begründet die *Neue Rheinische Zeitung,* deren

Chefredakteur er wird. An den revolutionär-demokratischen Strömungen im Rheinland beteiligt er sich politisch und publizistisch. 1849 wegen Aufreizung zur Rebellion angeklagt und freigesprochen, wird er als Staatenloser ausgewiesen. Er begibt sich nach London, wo er den Rest seines Lebens verbringt. Zeitweilig ist er als Korrespondent der *New York Tribune* tätig, doch bleibt er finanziell von Engels abhängig. In der Bibliothek des Britischen Museums betreibt er umfassende ökonomische Studien für sein späteres Hauptwerk, *Das Kapital,* dessen erster Band 1867 erscheint. 1864 beteiligt er sich an der Gründung der *Internationalen Arbeiter-Assoziation,* deren Generalrat er angehört. Wenige Jahre später wird diese *I. Internationale* durch heftige Auseinandersetzungen zwischen ihm und Bakunin über Sozialismus und Anarchismus empfindlich geschwächt, 1872 bricht sie schließlich auseinander. Die beiden deutschen Arbeiterparteien, 1863 und 1869 gegründet, entstehen fast ohne Mitwirkung von Marx und Engels. Als es 1875 zu ihrer Vereinigung in Gotha kommt, ist das Vereinigungsprogramm weniger von der Marxschen Theorie als von deren Verflachung und Entstellung durch Lassalle geprägt. 1881 stirbt Jenny. Marx folgt ihr zwei Jahre später, am 14. März 1883, in den Tod. Mehrere theoretisch bedeutsame Schriften von ihm erscheinen erst postum.

Die prinzipielle Religionsfeindlichkeit des Marxismus ist notorisch, wenngleich ihr Stellenwert innerhalb der Theorie oft überschätzt wird. Das Wort von der Religion als dem Opium des Volkes ist ebenso populär und gefürchtet wie das von der Diktatur des Proletariats, beides von politischer Propaganda und Gegenpropaganda aufgeladene Termini. Der militante Atheismus wird von westlichen Experten der kommunistischen Ideologie häufig damit erklärt, daß diese, als *wissenschaftliche Weltanschauung,* keine konkurrierende Lehre neben sich dulden könne, die wie sie menschliches Sein und Sollen umfassend deutet und postuliert. Solche Erklärung trifft zu auf die ausgebildete Sowjetideologie, den *Diamat* – obgleich sie selbst dort noch zu kurz faßt. Für die Marxsche Lehre in ihrer unverstellten Gestalt ist sie falsch. Die Differenz zwischen der Marxschen Religionskritik und der des *Diamat* ist eine doppelte: Dieser widerlegt die Religion durch den Darwinismus und die positiven Naturwissenschaften, der junge Marx löst sie in Anthropologie und Soziologie auf; den ethischen Maximen des Christentums setzt die Sowjetideologie die kommunistische Moral entgegen, Marx wendet christliche Forderungen ins Praktisch-Diesseitige, Revolutionäre.

Marxens religiöse Kritik ist weder bloße Kritik der Kirche, wie sie von Frühsozialisten geübt wurde, noch spezielle Kritik des Christentums, wie sie französische Aufklärer betrieben, sondern Kritik der Religionen in toto. Ausgangspunkt sind die Erkenntnisse Ludwig Feuerbachs, dessen Buch *Das Wesen des Christentums* eine theoretische Revolution auslöste: Es erhob – in den Worten von Engels – »den Materialismus ohne Umschweife wieder auf den Thron« (MEW 21, 272)[1].

Als junger Doktor der Philosophie gesteht Marx enthusiastisch: »...es gibt keinen anderen Weg...zur Wahrheit und Freiheit als durch den Feuer-bach. Der Feuerbach ist das Purgatorium der Gegenwart.« (MEW 1, 27) Feuerbach hatte die Theologie auf Anthropologie reduziert, indem er zeigte, daß der Mensch die Religion mache, der christliche Gott eine anthropomorphe Projektion sei, in der sich das wahre Wesen des Menschen entäußere und vergegenständliche, der Mensch also der Schöpfer sei und Gott seine Kreatur. Für Marx indes ist der Mensch kein isoliertes Individuum, sondern steht in einem historischen und gesellschaftlichen Kontext: »Der Mensch, das ist die Welt des Menschen, Staat, Sozietät. Dieser Staat, diese Sozietät produzieren die Religion.« (MEW 1, 378) Das Wesen des Menschen begreift er als »das ensemble der gesellschaftlichen Verhältnisse« (MEW 3, 6). Marx sieht in der Religion ein Indiz für das »Dasein eines Mangels« (MEW 1, 352). Der Mensch sucht im Jenseits, was ihm das Diesseits vorenthält – daher der Trostcharakter aller Religionen. Diese Mängel des Daseins sind nicht im Wesen des Menschen begründet, sondern in Umständen außerhalb seines Lebens, in der historisch-konkreten Verfassung der Gesellschaft, welche auch die jeweilige Gestalt der religiösen Projektion bestimmt. Für Marx folgt daraus, daß die Kritik der Religion sich in eine Kritik ihrer Grundlage, der gesellschaftlichen Praxis, umwandeln müsse, und mehr noch, daß diese revolutionär zu verändern sei. Denn Feuerbachs Versuch, die Religion theoretisch zu überwinden, dünkt Marx zur Ohnmacht verurteilt, da diese doch Ausdruck unmenschlicher Verhältnisse ist, die es praktisch zu revolutionieren gilt, damit Religion überflüssig werde. »Die Forderung, die Illusion über seinen Zustand aufzugeben, ist die Forderung, einen Zustand aufzugeben, der der Illusionen bedarf.« (MEW 1, 379)

Neben dem gesellschaftskritischen Akzent, den Marx der Religionskritik gibt, und der revolutionären Praxis, die er als radikale Konsequenz daraus zieht, geht er auch in der Methode über Feuerbach hinaus. Während dieser durch Analyse religiöser Inhalte ihren irdischen Kern herauspräparierte, entwickelte Marx, darin genuin materialistisch, aus den bestehenden Verhältnissen ihre »verhimmelten Formen« (MEW 23, 393 Anm.). Jene zu analysieren und der Kritik zu unterziehen ist ihm seit der Pariser Zeit wichtiger als die Kritik ihrer phantastischen Widerspiegelungen. Der materialistischen Methode folgend, findet er bei der Analyse gesellschaftlicher Verhältnisse ihre religiösen Entsprechungen, ob er nun das Verhältnis von Staat und bürgerlicher Gesellschaft diskutiert *(Zur Judenfrage)*, die entfremdete Arbeit analysiert *(Pariser Manuskripte)* oder die kapitalistische Warenform expliziert *(Das Kapital)*. Die realen Abhängigkeitsverhältnisse spiegeln sich, weil sie für die Menschen undurchsichtig bleiben, als transzendente wider, zum Beispiel die persönlichen Herrschafts- und Knechtschaftsverhältnisse des Feudalismus in katholischen, die abstrakt über den Markt vermittelte Herrschaft des Kapitalismus in protestantischen Formen. Als von himmlischen Mächten verhängtes Schicksal wird soziales Unglück erfahren, weil der soziale Prozeß, den die einzelnen Akte der Individuen konstituieren, dennoch blind über ihre Köpfe hinweggeht. Weil die Menschen sich jeweils dem anpassen müssen, was ungewolltes Resultat ihrer gegensätzlichen Handlungen ist, fühlen sie sich zu Spielbällen fremder, jenseitiger Mächte degradiert.

Zentraler Gedanke der Marxschen Religions- und Ideologiekritik ist, daß die Geschöpfe ihre Schöpfer beherrschen. So, wie die tote vergegenständlichte Arbeit (in der Form des Kapitals) die lebendige Arbeit, die Ware den Produzenten, das soziale Gebilde die es konstituierenden Individuen beherrscht, herrschen die Götter über die Menschen. Der Grund für die Verselbständigung des materiellen wie des geistigen Produkts ist – laut der *Deutschen Ideologie* – letztlich die Trennung der körperlichen von der geistigen Arbeit und deren Fixierung als Herrschaft dieser über jene. Wo die Interessen unterschiedlicher Klassen zusammenstoßen, resultiert eine gesellschaftliche Praxis, die die Menschen als ihnen fremd erfahren. Zwar machen sie ihre eigene Geschichte, doch adaptiv, ohne Willen und Bewußtsein. Zwar gehen gesellschaftliche Gliederung, Staat und der gesamte ideologische Überbau beständig aus ihrem materiellen Lebensprozeß hervor, doch als naturwüchsiges, ungeplantes Ergebnis. Falsche Praxis hat in der Religion ihre mystifizierende Maskerade. Erst die klassenlose, herrschaftsfreie Gesellschaft ist eine mit durchsichtigen sozialen Beziehungen, richtiger Praxis und daher ideologiefrei. Da sie ohne strukturelle Widersprüche ist, kann ein vernünftiges Gesamtsubjekt, die mündige Menschheit, den sozioökonomischen Prozeß einholen und planend in die Hände nehmen. Das menschliche Bewußtsein, statt wie bisher ans gesellschaftliche Sein geketten, würde sich von diesem emanzipieren; denn solange das Sein noch das Bewußtsein bestimmt, ist die *Vorgeschichte der Menschheit,* wie es bei Marx polemisch heißt, noch nicht abgeschlossen.

Marx zog aus Hegels Wort: »Was vernünftig ist, das ist wirklich, und was wirklich ist, das ist vernünftig«[2] mit allem Ernst die Konsequenz. Nachdem er, die Wirklichkeit des Vernünftigen in der empirischen Welt suchend, eine unvernünftige vorgefunden hat, wird ihm dies zur Notwendigkeit revolutionärer Umwälzung. Die *Verwirklichung der Philosophie,* das heißt die Herstellung vernünftiger Zustände, wird zur historischen Aufgabe des Proletariats. Da die Religion nur Indikator gesellschaftlicher Unvernunft ist, kommt ihr als einem Sekundärphänomen nicht die Würde eines Hauptgeg-

ners zu. Nur insoweit sie Verschleierungsfunktionen erfüllt –
als Rechtfertigende des Bestehenden und Trostmittel für die
darunter Leidenden – und daher der Veränderung der Gesellschaft sich widersetzt, gilt ihr der Kampf. Die Menschen
sollen über die Misere ihrer sozialen Existenz durch nichts
mehr hinweggetröstet werden, damit sie ihnen unerträglich
wird: »Man muß den wirklichen Druck noch drückender
machen, indem man ihm das Bewußtsein des Drucks hinzufügt.« (MEW 1, 381) Zugleich aber wird das, was als Protest
und menschliche Hoffnung in die christliche Religion eingegangen ist, im Marxschen *realen Humanismus* aufgehoben,
ohne indes zur säkularisierten Religion zu werden. Später erst
zeigt der Marxismus, dogmatisiert als Staatsideologie, diese
Fratze.

Walther Müller-Jentsch

Kritische Anknüpfung an Feuerbach

Für Deutschland ist die *Kritik der Religion* im wesentlichen
beendigt, und die Kritik der Religion ist die Voraussetzung
aller Kritik ...

Das Fundament der irreligiösen Kritik ist: Der *Mensch*
macht die Religion, die Religion macht nicht den Menschen. Und zwar ist die Religion das Selbstbewußtsein und
das Selbstgefühl des Menschen, der sich selbst entweder
noch nicht erworben oder schon wieder verloren hat. Aber
der Mensch, das ist kein abstraktes, außer der Welt hok-
kendes Wesen. Der Mensch, das ist *die Welt des Men-*
schen, Staat, Sozietät. Dieser Staat, diese Sozietät produzieren die Religion, ein *verkehrtes Weltbewußtsein*, weil
sie eine *verkehrte Welt* sind. Die Religion ist die allgemeine
Theorie dieser Welt, ihr enzyklopädisches Kompendium,
ihre Logik in populärer Form, ihr spiritualistischer Point-
d'honneur, ihr Enthusiasmus, ihre moralische Sanktion,
ihre feierliche Ergänzung, ihr allgemeiner Trost- und
Rechtfertigungsgrund. Sie ist die *phantastische Verwirkli-*
chung des menschlichen Wesens, weil das *menschliche*

Wesen keine wahre Wirklichkeit besitzt. Der Kampf gegen die Religion ist also mittelbar der Kampf gegen *jene Welt*, deren geistiges *Aroma* die Religion ist.

Das *religiöse* Elend ist in einem der *Ausdruck* des wirklichen Elends und in einem die *Protestation* gegen das wirkliche Elend. Die Religion ist der Seufzer der bedrängten Kreatur, das Gemüt einer herzlosen Welt, wie sie der Geist geistloser Zustände ist. Sie ist das *Opium* des Volks.

Die Aufhebung der Religion als des *illusorischen* Glücks des Volkes ist die Forderung seines *wirklichen* Glücks. Die Forderung, die Illusionen über seinen Zustand aufzugeben, ist die *Forderung, einen Zustand aufzugeben, der der Illusionen bedarf.* Die Kritik der Religion ist also im *Keim* die *Kritik des Jammertales*, dessen *Heiligenschein* die Religion ist.

Die Kritik hat die imaginären Blumen an der Kette zerpflückt, nicht damit der Mensch die phantasielose, trostlose Kette trage, sondern damit er die Kette abwerfe und die lebendige Blume breche. Die Kritik der Religion enttäuscht den Menschen, damit er denke, handle, seine Wirklichkeit gestalte wie ein enttäuschter, zu Verstand gekommener Mensch, damit er sich um sich selbst und damit um seine wirkliche Sonne bewege. Die Religion ist nur die illusorische Sonne, die sich um den Menschen bewegt, solange er sich nicht um sich selbst bewegt.

Zur Kritik der Hegelschen Rechtsphilosophie, Einleitung; MEW 1, 378 f.

Feuerbach geht von dem Faktum der religiösen Selbstentfremdung, der Verdopplung der Welt in eine religiöse und eine weltliche aus. Seine Arbeit besteht darin, die religiöse Welt in ihre weltliche Grundlage aufzulösen. Aber daß die weltliche Grundlage sich von sich selbst abhebt und sich ein selbständiges Reich in den Wolken fixiert, ist nur aus der Selbstzerrissenheit und Sichselbstwidersprechen dieser weltlichen Grundlage zu erklären. Diese selbst muß also in sich selbst sowohl in ihrem Widerspruch verstanden als praktisch revolutioniert werden. Also nachdem z. B. die irdische Familie als das Geheimnis der heiligen Familie

entdeckt ist, muß nun erstere selbst theoretisch und praktisch vernichtet werden.

Feuerbach löst das religiöse Wesen in das *menschliche*
Wesen auf. Aber das menschliche Wesen ist kein dem
einzelnen Individuum inwohnendes Abstraktum. In seiner
Wirklichkeit ist es das ensemble der gesellschaftlichen
Verhältnisse.

Feuerbach, der auf die Kritik dieses wirklichen Wesens
nicht eingeht, ist daher gezwungen:

1. von dem geschichtlichen Verlauf zu abstrahieren und
das religiöse Gemüt für sich zu fixieren, und ein abstrakt –
isoliert – menschliches Individuum vorauszusetzen.

2. Das Wesen kann daher nur als »*Gattung*«, als innere,
stumme, die vielen Individuen *natürlich* verbindende Allgemeinheit gefaßt werden.

Feuerbach sieht daher nicht, daß das »religiöse Gemüt«
selbst ein gesellschaftliches Produkt ist und daß das abstrakte Individuum, das er analysiert, einer bestimmten
Gesellschaftsform angehört.

Thesen über Feuerbach; MEW 3, 6 f.

Materialistische Methode

Ganz im Gegensatz zur deutschen Philosophie, welche
vom Himmel auf die Erde herabsteigt, wird hier von der
Erde zum Himmel gestiegen. D. h., es wird nicht ausgegangen von dem, was die Menschen sagen, sich einbilden, sich
vorstellen, auch nicht von den gesagten, gedachten, eingebildeten, vorgestellten Menschen, um davon aus bei den
leibhaftigen Menschen anzukommen: es wird von den
wirklich tätigen Menschen ausgegangen und aus ihrem
wirklichen Lebensprozeß auch die Entwicklung der ideologischen Reflexe und Echos dieses Lebensprozesses dargestellt. Auch die Nebelbildungen im Gehirn der Menschen sind notwendige Sublimate ihres materiellen, empi-
risch konstatierbaren und an materielle Voraussetzungen
geknüpften Lebensprozesses. Die Moral, Religion, Metaphysik und sonstige Ideologie und die ihnen entsprechenden Bewußtseinsformen behalten hiermit nicht länger den

Schein der Selbständigkeit. Sie haben keine Geschichte, sie haben keine Entwicklung, sondern die ihre materielle Produktion und ihren materiellen Verkehr entwickelnden Menschen ändern mit dieser ihrer Wirklichkeit auch ihr Denken und die Produkte ihres Denkens. Nicht das Bewußtsein bestimmt das Leben, sondern das Leben bestimmt das Bewußtsein. *Deutsche Ideologie; MEW 3, 26 f.*

Reale Verhältnisse und ihre religiösen Reflexe

Für eine Gesellschaft von Warenproduzenten, deren allgemein gesellschaftliches Produktionsverhältnis darin besteht, sich zu ihren Produkten als Waren, also als Werten zu verhalten, und in dieser sachlichen Form ihre Privatarbeiten aufeinander zu beziehn als gleiche menschliche Arbeit, ist das Christentum, mit seinem Kultus des abstrakten Menschen, namentlich in seiner bürgerlichen Entwicklung, dem Protestantismus, Deismus usw., die entsprechendste Religionsform.   *Das Kapital I; MEW 23, 93*

Wie der Mensch in der Religion vom Machwerk seines eignen Kopfes, so wird er in der kapitalistischen Produktion vom Machwerk seiner eignen Hand beherrscht.
Das Kapital; MEW 23, 649

Funktion der Religion:
Trost, Rechtfertigung, Domestikation

Die sozialen Prinzipien des Christentums haben jetzt achtzehnhundert Jahre Zeit gehabt, sich zu entwickeln, und bedürfen keiner ferneren Entwicklung durch preußische Konsistorialräte.

Die sozialen Prinzipien des Christentums haben die antike Sklaverei gerechtfertigt, die mittelalterliche Leibeigenschaft verherrlicht und verstehen sich ebenfalls im Notfall dazu, die Unterdrückung des Proletariats, wenn auch mit etwas jämmerlicher Miene, zu verteidigen.

Die sozialen Prinzipien des Christentums predigen die Notwendigkeit einer herrschenden und einer unterdrück-

ten Klasse und haben für die letztere nur den frommen
Wunsch, die erstere möge wohltätig sein.

Die sozialen Prinzipien des Christentums setzen die kon-
sistorialrätliche Ausgleichung aller Infamien in den Himmel und rechtfertigen dadurch die Fortdauer dieser Infamien auf der Erde.

Die sozialen Prinzipien des Christentums erklären alle
Niederträchtigkeiten der Unterdrücker gegen die Unterdrückten entweder für gerechte Strafe der Erbsünde und
sonstigen Sünden oder für Prüfungen, die der Herr über
die Erlösten nach seiner unendlichen Weisheit verhängt.

Die sozialen Prinzipien des Christentums predigen die
Feigheit, die Selbstverachtung, die Erniedrigung, die Unterwürfigkeit, die Demut, kurz alle Eigenschaften der Kanaille, und das Proletariat, das sich nicht als Kanaille behandeln lassen will, hat seinen Mut, sein Selbstgefühl,
seinen Stolz und seinen Unabhängigkeitssinn noch viel
nötiger als sein Brot.

Die sozialen Prinzipien des Christentums sind duckmäu-
serisch, und das Proletariat ist revolutionär.

Soviel über die sozialen Prinzipien des Christentums.

Der Kommunismus des Rheinischen Beobachters;
MEW 4, 200

Luther hat [mit der Reformation – M. J.] die Knechtschaft
aus *Devotion* besiegt, weil er die Knechtschaft aus *Über-*
zeugung an ihre Stelle gesetzt hat. Er hat den Glauben an
die Autorität gebrochen, weil er die Autorität des Glaubens
restauriert hat. Er hat die Pfaffen in Laien verwandelt, weil
er die Laien in Pfaffen verwandelt hat. Er hat den Menschen von der äußern Religiosität befreit, weil er die Religiosität zum innern Menschen gemacht hat. Er hat den
Leib von der Kette emanzipiert, weil er das Herz in Ketten
gelegt.

Zur Kritik der Hegelschen Rechtsphilosophie, Einlei-
tung; MEW 1, 386

Der christliche Staat

Der sogenannte christliche Staat ist der *unvollkommene* Staat, und die christliche Religion gilt ihm als *Ergänzung* und als *Heiligung* seiner Unvollkommenheit. Die Religion wird ihm daher notwendig zum Mittel, und er ist der Staat der *Heuchelei*. Es ist ein großer Unterschied, ob der *vollendete* Staat wegen des Mangels, der im allgemeinen *Wesen* des Staats liegt, die Religion unter seine *Voraussetzungen* zählt, oder ob der *unvollendete* Staat wegen des Mangels, der in seiner *besondern* Existenz liegt, als mangelhafter Staat, die Religion für seine *Grundlage* erklärt. Im letztern Fall wird die Religion zur *unvollkommenen Politik.* Im ersten Fall zeigt sich die Unvollkommenheit selbst der vollendeten *Politik* in der Religion.

Zur Judenfrage; MEW 1, 358

Dem Staat, der das Christentum als seine höchste Norm, der die *Bibel* als seine *Charte* bekennt, muß man die *Worte* der heiligen Schrift entgegenstellen, denn die Schrift ist heilig bis auf das Wort ... Vor seinem *eignen Bewußtsein* ist der offizielle christliche Staat ein *Sollen,* dessen Verwirklichung unerreichbar ist, der die *Wirklichkeit* seiner Existenz nur durch Lügen vor sich selbst zu konstatieren weiß und sich selbst daher stets ein Gegenstand des Zweifels, ein unzuverlässiger, problematischer Gegenstand bleibt. Die Kritik befindet sich also in vollem Rechte, wenn sie den Staat, der auf die Bibel provoziert, zur Verrücktheit des Bewußtseins zwingt, wo er selbst nicht mehr weiß, ob er eine *Einbildung* oder eine *Realität* ist, wo die Infamie seiner *weltlichen* Zwecke, denen die Religion zum Deckmantel dient, mit der Ehrlichkeit seines *religiösen* Bewußtseins, dem die Religion als Zweck der Welt erscheint, in unauflöslichen Konflikt gerät. Dieser Staat kann sich nur aus seiner innern Qual erlösen, wenn er zum *Schergen* der katholischen Kirche wird. Ihr gegenüber, welche die weltliche Macht für ihren dienenden Körper erklärt, ist der Staat ohnmächtig, ohnmächtig die *weltliche* Macht, welche die Herrschaft des religiösen Geistes zu sein behauptet.

Zur Judenfrage; MEW 1, 359 f.

Der Mensch wurde... nicht von der Religion befreit, er erhielt die Religionsfreiheit. Er wurde nicht vom Eigentum befreit. Er erhielt die Freiheit des Eigentums. Er wurde nicht von dem Egoismus des Gewerbes befreit, er erhielt die Gewerbefreiheit.   *Zur Judenfrage; MEW 1, 369*

Überwindung der Religion

Das Selbstgefühl des Menschen, die Freiheit, wäre in der Brust dieser Menschen erst wieder zu erwecken. Nur dies Gefühl, welches mit den Griechen aus der Welt und mit dem Christentum in den blauen Dunst des Himmels verschwindet, kann aus der Gesellschaft wieder eine Gemeinschaft der Menschen für ihre höchsten Zwecke, einen demokratischen Staat machen.

Briefe aus den Deutsch-Französischen Jahrbüchern; MEW 1, 338 f.

Die Kritik der Religion endet mit der Lehre, daß *der Mensch das höchste Wesen für den Menschen* sei, also mit dem *kategorischen Imperativ, alle Verhältnisse umzuwerfen,* in denen der Mensch ein erniedrigtes, ein geknechtetes, ein verlassenes, ein verächtliches Wesen ist.

Zur Kritik der Hegelschen Rechtsphilosophie, Einleitung; MEW 1, 385

Anmerkungen
[1] Zitiert wird nach der Ausgabe Karl Marx/Friedrich Engels, Werke, Berlin 1956 ff.; abgekürzt: MEW – [2] G. W. F. *Hegel,* Grundlinien der Philosophie des Rechts, hrsg. v. Hoffmeister, Hamburg 1955, 14.

FRIEDRICH ENGELS
1820–1895

Vita: Am 28. November 1820 als Sohn eines Barmer Textil-
fabrikanten geboren, wächst Friedrich Engels in einer Atmosphäre pietistischer Frömmigkeit und nüchterner kaufmänni-
scher Gesinnung auf. Er besucht das Elberfelder Gymnasium,
das er 1837 als »Einjähriger« verläßt. Danach erhält er eine
kaufmännische Ausbildung in einem großen Bremer Han-
delshaus. 1841 geht er nach Berlin, um seinen Militärdienst
abzuleisten. In der freien Zeit besucht er Vorlesungen an der
Universität und nimmt Kontakt mit Junghegelianern auf.
1842 vervollständigt er in England seine kaufmännische Ausbildung in der Manchester-Spinnerei Ermen & Engels. Er
studiert die sozialen und politischen Verhältnisse Englands
und schreibt darüber kritische Beiträge für die *Rheinische
Zeitung,* deren Redakteur Karl Marx ist. Dieser veröffentlicht
auch, in den von ihm und Arnold Ruge herausgegebenen
Deutsch-Französischen Jahrbüchern, Engels' *Umrisse zu einer Kritik der Nationalökonomie.* 1844 besucht er Marx in
Paris und stellt eine vollständige Übereinstimmung auf allen
theoretischen Gebieten fest. Von da an verbindet sie eine
enge Zusammenarbeit und lebenslange Freundschaft.

Zurückgekehrt nach Barmen, beendet Engels sein kriti-
sches Werk über *Die Lage der arbeitenden Klasse in England*
und nimmt Verbindung mit deutschen Sozialisten auf. Das
Verhältnis zu seinem Vater verschlechtert sich, so daß er
1845 das Elternhaus verläßt und Marx in dessen Brüsseler Exil
folgt. Dort arbeiten sie gemeinsam an der *Deutschen Ideologie,* einer kritischen Auseinandersetzung mit den Junghegelianern und frühen Darstellung des *historischen Materialismus.* 1847 unternehmen sie eine Studienreise nach London
und Manchester. Im gleichen Jahre werden sie Mitglieder des
Bundes der Gerechten, der bald umbenannt wird in *Bund der
Kommunisten.* Für diesen verfassen sie das *Manifest der kommunistischen Partei,* das 1848 erscheint. Sie kehren nach
Deutschland zurück und beteiligen sich publizistisch und
politisch an den revolutionär-demokratischen Strömungen
der Jahre 1848/1849.

Nach aktiver Beteiligung an den badisch-pfälzischen Aufständen flüchtet Engels in die Schweiz. Im Herbst 1849 folgt er Marx nach England. Dort widmet er sich abermals dem »hündischen Kommerz«. Als Angestellter seiner ehemaligen Lehrfirma in Manchester unterstützt er Marx und dessen darbende Familie. Nach zwanzig Jahren verläßt er 1869 die Firma, deren Mitinhaber er inzwischen geworden ist, und siedelt nach London über. Hier trifft er fast täglich mit Marx zusammen. Sie nehmen tätigen Anteil an der Entwicklung der internationalen sozialistischen Arbeiterbewegung, ohne ihre theoretische Arbeit zu vernachlässigen. Engels betreibt naturwissenschaftliche Studien und überträgt die dialektisch-materialistische Methode der Marxschen Sozialökonomie auf die Naturwissenschaften. Rechenschaft darüber gibt er in seiner theoretisch folgenreichsten Schrift *Herrn Eugen Dührings Umwälzung der Wissenschaft* (bekannt als *Anti-Dühring*) und dem Fragment *Dialektik der Natur*. Nach dem Tode von Marx (1883) unterbricht er seine Arbeit an diesem Werk und ediert den zweiten und dritten Band des *Kapitals*. Am 5. August 1895 stirbt Engels, fünfundsiebzigjährig, in London.

Im Gegensatz zu Karl Marx, der dem Überbauphänomen Religion nur in seinen frühen Schriften Aufmerksamkeit schenkt, hat sich Friedrich Engels mit ihr zeit seines Lebens beschäftigt. Als Jüngling schon macht er sich Gedanken über die Widersprüche der Bibel und den Gegensatz zwischen Glauben und Vernunft und erkennt, daß die Orthodoxie auf nichts anderes als auf den Schlendrian gründet. Entscheidender noch bestimmt sein Denken der Kontrast zwischen pietistischer Frömmigkeit und frühkapitalistischer Ausbeutung; mit beiden wird er in früher Jugend konfrontiert. »Die reichen Fabrikanten«, schreibt er bitter als Achtzehnjähriger über seine Heimatstadt, »haben ein weites Gewissen, und ein Kind mehr oder weniger verkommen zu lassen, bringt keine Pietistenseele in die Hölle, besonders wenn sie alle Sonntage zweimal in die Kirche geht.« (MEW 1, 418[1]) Spekulative Theologie und Pantheismus werden für ihn zu Phasen der Befreiung vom engstirnigen Pietismus des Wuppertals. Gerade zwanzigjährig, bezeichnet er sich bereits als Atheisten.

Als Mitbegründer des *historischen Materialismus* stimmt
Engels mit Marx über Stellenwert, historische Genesis und
Funktion der Religion überein.[2] Die Kritik der Religion verbindet beide mit den Junghegelianern. Was sie bald von
ihnen trennt, ist die Kritik ihrer Grundlage, der bürgerlichen
Gesellschaft, die nach einem Wort von Marx ihre Anatomie
in der politischen Ökonomie hat. Politik, Recht, Philosophie
und Religion, so entdecken sie, sind nicht aus sich selbst zu
verstehen, sondern letztlich aus den jeweiligen Produktions-
oder Klassenverhältnissen abzuleiten. Religion ist ihr bloßer
Reflex; die irdischen Abhängigkeitsverhältnisse haben, weil
sie undurchschaut sind, in den himmlischen ihre phantastische Widerspiegelung.

Nach diesem theoretischen Konzept verfolgt Engels die
Entwicklung des Christentums – vom Urchristentum über die
mittelalterlichen Ketzer- und Reformationsbewegungen bis
zum modernen Atheismus – parallel zur sozialen Entwicklung, von der jene funktional abhängt. In den Auseinandersetzungen religiöser Sekten sieht er die Klassenkämpfe entfernt sich widerspiegeln. Im Sieg der Reformatoren Luther
und Calvin entdeckt er den Aufstieg des Bürgertums wieder.

Obgleich Engels die Religion als »ideologisches Kostüm«
(MEW 21, 305) der realen Geschichte entlarvt und ihre Funktion als Domestikationsmittel, ihren Trost- und Rechtferti-
gungscharakter durchschaut, ist sein Verhältnis zumal zum
Christentum differenzierter als das der Blanquisten und Baku-
nisten, die »den Atheismus zum zwangsmäßigen Glaubensartikel erklären« möchten (MEW 18, 532). Für seinen Geschmack wird der Religion damit zuviel Ehre erwiesen; andererseits dünkt ihn die umstandslose Verwerfung von zwei
Jahrtausenden idealistischer Weltanschauung zu borniert. Er
ist nicht, wie mancher Freigeist, blind gegen die Tatsache,
daß das Christentum auch zum Substrat sozialer Empörung
taugt. Sein Potential an Protest und realer Hoffnung tritt für
Engels in der urchristlichen Gemeinde und der mittelalterlichen Wiedertäuferbewegung Thomas Münzers am überzeugendsten in Erscheinung. Dem Theologen der Revolution,
wie Ernst Bloch Münzer später nennt, stellt Engels den devo-
ten bürgerlichen Reformator Luther gegenüber. Das Urchri-

stentum vergleicht er ohne Ironie mit den Anfängen der sozialistischen Arbeiterbewegung. Goethes Wort, daß die christliche Religion eine internationale politische Revolution gewesen, die, verfehlt, moralisch geworden sei, könnte in den Engelsschen Schriften *Zur Geschichte des Urchristentums* und *Der deutsche Bauernkrieg* seine Belegstellen haben.

Das Absterben der Religion erscheint ihm nichtsdestoweniger so sicher wie das Amen in der Kirche. Für den verkrampften Atheismus, der die Religion am liebsten durch Dekret abschaffen möchte, hat er daher nur Spott übrig. Realistisch erscheint ihm allein die *praktische* Auflösung der Religion durch Veränderung der Gesellschaft. Das kämpferische Proletariat, eigentums- und illusionslos, habe sie bereits durch die *proletarische Weltanschauung* ersetzt. Deren Kern ist ein popularisierter *historischer Materialismus,* der in der Engelsschen Altersphilosophie von einer metaphysischen Lehre von der *Dialektik der Natur* umschlossen wird. In diesem umfassenden, geschlossenen, monistischen System wird die gesamte Wirklichkeit als Materie und ihre verschiedenen Daseinsweisen begriffen; zwischen den qualitativ unterschiedenen Seinsbereichen – tote, lebendige und bewußtseinsfähige Materie – vermitteln dialektische Sprünge; Natur, Gesellschaft und Denken werden von gleichen dialektischen Prinzipien durchherrscht. Die materialistische Weltanschauungslehre mündet in einer kosmischen Kreislauftheorie: ».. .wir haben die Gewißheit, daß die Materie in allen ihren Wandlungen ewig dieselbe bleibt, daß keins ihrer Attribute je verlorengehn kann, und daß sie daher auch mit derselben eisernen Notwendigkeit, womit sie auf der Erde ihre höchste Blüte, den denkenden Geist, wieder ausrotten wird, ihn anderswo und in andrer Zeit wieder erzeugen muß.« (MEW 20, 327) Wo Engels sich der Religion am fernsten glaubt, ist er ihr am nächsten. Mit ihr nämlich konkurriert die Geschlossenheit seiner Weltdeutung und die metaphysische Gewißheit über den Gang der Dinge. Seine Lehre vom *dialektischen Materialismus* ist denn auch zur Grundlage der späteren Sowjetideologie geworden, deren Dogmatik oft den Vergleich mit einer säkularisierten Religion herausgefordert hat.

Walther Müller-Jentsch

Das Wesen der Religion

Nun ist alle Religion nichts andres als die phantastische Widerspiegelung, in den Köpfen der Menschen, derjenigen äußern Mächte, die ihr alltägliches Dasein beherrschen, eine Widerspiegelung, in der die irdischen Mächte die Form von überirdischen annehmen. In den Anfängen der Geschichte sind es zuerst die Mächte der Natur, die diese Rückspiegelung erfahren und in der weitern Entwicklung bei den verschiednen Völkern die mannigfachsten und buntesten Personifikationen durchmachen. Dieser erste Prozeß ist wenigstens für die indoeuropäischen Völker durch die vergleichende Mythologie bis auf seinen Ursprung in den indischen Vedas zurückverfolgt und in seinem Fortgang bei Indern, Persern, Griechen, Römern, Germanen und, soweit das Material reicht, auch bei Kelten, Litauern und Slawen im einzelnen nachgewiesen worden. Aber bald treten neben den Naturmächten auch gesellschaftliche Mächte in Wirksamkeit, Mächte, die den Menschen ebenso fremd und im Anfang ebenso unerklärlich gegenüberstehn, sie mit derselben scheinbaren Naturnotwendigkeit beherrschen wie die Naturmächte selbst. Die Phantasiegestalten, in denen sich anfangs nur die geheimnisvollen Kräfte der Natur widerspiegelten, erhalten damit gesellschaftliche Attribute, werden Repräsentanten geschichtlicher Mächte. Auf einer noch weitern Entwicklungsstufe werden sämtliche natürlichen und gesellschaftlichen Attribute der vielen Götter auf Einen allmächtigen Gott übertragen, der selbst wieder nur der Reflex des abstrakten Menschen ist. So entstand der Monotheismus, der geschichtlich das letzte Produkt der spätern griechischen Vulgärphilosophie war und im jüdischen ausschließlichen Nationalgott Jahve seine Verkörperung vorfand. In dieser bequemen, handlichen und allem anpaßbaren Gestalt kann die Religion fortbestehn als unmittelbare, das heißt gefühlsmäßige Form des Verhaltens der Menschen zu den sie beherrschenden fremden, natürlichen und gesellschaftlichen Mächten, solange die Menschen unter der Herrschaft solcher Mächte stehn. Wir haben aber mehrfach gesehn, daß in der heutigen bürgerlichen Gesellschaft die Menschen von den von ihnen selbst geschaffnen ökonomischen Verhältnissen, von den von ihnen selbst produzierten Produktionsmitteln wie von einer fremden Macht beherrscht werden. Die tatsächliche Grundlage der religiösen Reflexaktion dauert also fort und mit ihr der religiöse Reflex selbst. *Anti-Dühring; MEW 20, 294 f.*

Entstehung des Christentums

Mit einer Religion, die das römische Weltreich sich unterworfen und den weitaus größten Teil der zivilisierten Menschheit 1800 Jahre lang beherrscht hat, wird man nicht fertig, indem man sie einfach für von Betrügern zusammengestoppelten Unsinn erklärt. Man wird erst fertig mit ihr, sobald man ihren Ursprung und ihre Entwicklung aus den historischen Bedingungen zu erklären versteht, unter denen sie entstanden und zur Herrschaft gekommen ist. Und namentlich beim Christentum. Es gilt eben die Frage zu lösen, wie es kam, daß die Volksmassen des römischen Reiches diesen noch dazu von Sklaven und Unterdrückten gepredigten Unsinn allen andern Religionen vorzogen...

[Nach der Schilderung der sozialen und politischen Verhältnisse des untergehenden Römischen Reiches fährt Engels fort:]

In diese allgemeine ökonomische, politische, intellektuelle und moralische Auflösung trat nun das Christentum. Zu allen bisherigen Religionen trat es in entschiednen Gegensatz.

Bei allen bisherigen Religionen waren die Zeremonien die Hauptsache. Nur durch die Teilnahme an Opfern und Umzügen, im Orient noch dazu durch die Beobachtung der umständlichsten Diät- und Reinheitsvorschriften, konnte man seine Angehörigkeit bekunden. Während Rom und Griechenland in letzterer Beziehung tolerant waren, herrschte im Orient eine religiöse Verbotswut, die zum schließlichen Verfall nicht wenig beigetragen hat... Das Christentum kennt keine scheidenden Zeremonien, nicht einmal die Opfer und Umzüge der klassischen Welt. Indem es so alle Nationalreligionen und das ihnen gemeinsame Zeremoniell verwirft und an alle Völker ohne Unterschied sich wendet, wird es selbst die *erste mögliche Weltreligion* . . .

Zweitens schlug das Christentum eine Saite an, die in zahllosen Herzen widerklingen mußte. Auf alle Klagen über die Schlechtigkeit der Zeiten und das allgemeine materielle und moralische Elend antwortete das christliche Sündenbewußtsein: So ist es, und so kann es nicht anders sein, an der Verderbtheit der Welt bist Du schuld, Ihr alle, Deine und Euere eigne innere Verderbtheit! Und wo war der Mann, der nein sagen konnte? Mea culpa! Die Erkenntnis des eignen Schuldanteils jedes einzelnen am allgemeinen Unglück war unabweisbar und wurde nun auch Vorbedingung der geistigen Erlösung, die das Christentum gleichzeitig verkündete. Und diese geistige Erlösung war so eingerichtet, daß sie von den Genossen jeder alten Religionsgemeinschaft leicht verstanden werden konnte. Allen diesen alten Religionen war die Vorstellung des Sühnopfers geläufig, durch das die beleidigte Gottheit versöhnt wurde; wie sollte die Vorstellung von dem ein für allemal die Sünden der Menschheit tilgenden Selbstopfer des Mittlers da nicht leicht Boden finden? Indem also das Christentum das allgemein verbreitete Gefühl, daß die Menschen am allgemeinen Verderben selbst schuld seien, als Sündenbewußtsein jedes einzelnen zum klaren Ausdruck brachte, und gleichzeitig mit dem Opfertod seines Stifters eine überall leicht erfaßliche Form der allgemein ersehnten inneren Erlösung von der verderbten Welt, des Bewußtseinstrosts, lieferte, bewährte es wieder seine Fähigkeit, Weltreligion zu werden – und zwar eine für die grade vorliegende Welt passende Religion.

Bruno Bauer und das Urchristentum; MEW 19, 297 ff.

Die Entwicklung des Christentums und ihre sozialen Ursachen

Die neue Weltreligion, das Christentum, war . . . entstanden aus einer Mischung verallgemeinerter orientalischer, namentlich jüdischer Theologie und vulgarisierter griechischer, namentlich stoischer Philosophie... die Tatsache, daß es schon nach 250 Jahren Staatsreligion wurde, beweist, daß es die den Zeitumständen entsprechende Religion war. Im Mittelalter bildete es sich genau im Maß, wie der Feudalismus sich entwickelte, zu der diesem entsprechenden Religion aus, mit entsprechender feudaler Hierarchie. Und als das Bürgertum aufkam, entwickelte sich im Gegensatz zum feudalen Katholizismus die protestantische Ketzerei, zuerst in Südfrankreich bei den Albigensern, zur Zeit der höchsten Blüte der dortigen Städte...

Die Unvertilgbarkeit der protestantischen Ketzerei entsprach der Unbesiegbarkeit des aufkommenden Bürgertums; als dies Bürgertum hinreichend erstarkt war, begann sein bisher vorwiegend lokaler Kampf mit dem Feudaladel nationale Dimensionen anzunehmen. Die erste große Aktion fand in Deutschland statt – die sogenannte Reformation. Das Bürgertum war weder stark noch entwickelt genug, um die übrigen rebellischen Stände – die Plebejer der Städte, den niederen Adel und die Bauern auf dem Lande – unter seiner Fahne vereinigen zu können. Der Adel wurde zuerst geschlagen; die Bauern erhoben sich zu einem Aufstand, der den Gipfelpunkt dieser ganzen revolutionären Bewegung bildet; die Städte ließen sie im Stich, und so erlag die Revolution den Heeren der Landesfürsten, die den ganzen Gewinn einstrichen. Von da an verschwindet Deutschland auf drei Jahrhunderte aus der Reihe der selbständig in die Geschichte eingreifenden Länder. Aber neben dem Deutschen Luther hatte der Franzose Calvin gestanden; mit echt französischer Schärfe stellte er den bürgerlichen Charakter der Reformation in den Vordergrund, republikanisierte und demokratisierte die Kirche. Während die lutherische Reformation in Deutschland versumpfte und Deutschland zugrunde richtete, diente die calvinische den Republikanern in Genf, in Holland, in Schottland als Fahne, machte Holland von Spanien und vom Deutschen Reiche frei und lieferte das ideologische Kostüm zum zweiten Akt der bürgerlichen Revolution, der in England vor sich ging. Hier bewährte sich der Calvi-

nismus als die echte religiöse Verkleidung der Interessen
des damaligen Bürgertums und kam deshalb auch nicht zu
voller Anerkennung, als die Revolution 1689 durch einen
Kompromiß eines Teils des Adels mit den Bürgern vollendet wurde. Die englische Staatskirche wurde wiederher-
gestellt, aber nicht in ihrer früheren Gestalt, als Katholizismus mit dem König zum Papst, sondern stark calvinisiert.
Die alte Staatskirche hatte den lustigen katholischen Sonntag gefeiert und den langweiligen calvinistischen bekämpft, die neue verbürgerte führte diesen ein, und er
verschönert England noch jetzt.

In Frankreich wurde die calvinistische Minorität 1685
unterdrückt, katholisiert oder weggejagt; aber was half's?
Schon damals war der Freigeist Pierre Bayle mitten in der
Arbeit, und 1694 wurde Voltaire geboren. Die Gewaltmaß-
regel Ludwigs XIV. erleichterte nur dem französischen
Bürgertum, daß es seine Revolution in der, der entwickelten Bourgeoisie allein angemessenen irreligiösen, ausschließlich politischen Form machen konnte. Statt Protestanten saßen Freigeister in den Nationalversammlungen.
Dadurch war das Christentum in sein letztes Stadium getreten. Es war unfähig geworden, irgendeiner progressi-
ven Klasse fernerhin als ideologische Verkleidung ihrer
Strebungen zu dienen; es wurde mehr und mehr Alleinbe-
sitz der herrschenden Klassen, und diese wenden es an als
bloßes Regierungsmittel, womit die untern Klassen in
Schranken gehalten werden.

*Ludwig Feuerbach und der Ausgang der klassischen
deutschen Philosophie; MEW 21, 303 ff.*

Über die Reformatoren Luther und Calvin

Als Luther 1517 zuerst gegen die Dogmen und die Verfassung der katholischen Kirche auftrat, hatte seine Opposition durchaus noch keinen bestimmten Charakter. Ohne
über die Forderungen der früheren bürgerlichen Ketzerei
hinauszugehn, schloß sie keine einzige weitergehende
Richtung aus und konnte es nicht. Im ersten Moment mußten alle oppositionellen Elemente vereinigt, mußte die ent-

schiedenste revolutionäre Energie angewandt, mußte die
Gesamtmasse der bisherigen Ketzerei gegenüber der katholischen Rechtgläubigkeit vertreten werden. Geradeso
waren unsere liberalen Bourgeois noch 1847 revolutionär,
nannten sich Sozialisten und Kommunisten und schwärm-
ten für die Emanzipation der Arbeiterklasse...

Aber dieser erste revolutionäre Feuereifer dauerte nicht
lange. Der Blitz schlug ein, den Luther geschleudert hatte.
Das ganze deutsche Volk geriet in Bewegung. Auf der
einen Seite sahen Bauern und Plebejer in seinen Aufrufen
wider die Pfaffen, in seiner Predigt von der christlichen
Freiheit das Signal zur Erhebung; auf der andern schlossen
sich die gemäßigteren Bürger und ein großer Teil des niederen Adels ihm an, wurden selbst Fürsten vom Strom mit
fortgerissen. Die einen glaubten den Tag gekommen, wo
sie mit allen ihren Unterdrückern Abrechnung halten
könnten, die andern wollten nur die Macht der Pfaffen, die
Abhängigkeit von Rom, die katholische Hierarchie brechen und sich aus der Konfiskation des Kirchengutes bereichern. Die Parteien sonderten sich und fanden ihre Repräsentanten. Luther mußte zwischen ihnen wählen. Er,
der Schützling des Kurfürsten von Sachsen, der angesehe-
ne Professor von Wittenberg, der über Nacht mächtig und
berühmt gewordene, mit einem Zirkel von abhängigen
Kreaturen und Schmeichlern umgebene große Mann zau-
derte keinen Augenblick. Er ließ die populären Elemente
der Bewegung fallen und schloß sich der bürgerlichen,
adligen und fürstlichen Seite an. Die Aufrufe zum Vertil-
gungskampfe gegen Rom verstummten; Luther predigte
jetzt die *friedliche Entwicklung* und den *passiven Widerstand*...

Luther hatte der plebejischen Bewegung ein mächtiges
Werkzeug in die Hand gegeben durch die Übersetzung der
Bibel. In der Bibel hatte er dem feudalisierten Christentum
der Zeit das bescheidene Christentum der ersten Jahrhunderte, der zerfallenden feudalen Gesellschaft das Abbild
einer Gesellschaft entgegengehalten, die nichts von der
weitschichtigen, kunstmäßigen Feudalhierarchie wußte.
Die Bauern hatten dies Werkzeug gegen Fürsten, Adel,

Pfaffen nach allen Seiten hin benutzt. Jetzt kehrte Luther es gegen sie und stellte aus der Bibel einen wahren Dithyrambus auf die von Gott eingesetzte Obrigkeit zusammen, wie ihn kein Tellerlecker der absoluten Monarchie je zustande gebracht hat. Das Fürstentum von Gottes Gnaden, der passive Gehorsam, selbst die Leibeigenschaft wurde mit der Bibel sanktioniert. Nicht nur der Bauernaufstand, auch die ganze Auflehnung Luthers selbst gegen die geistliche und weltliche Autorität war hierin verleugnet; nicht nur die populäre Bewegung, auch die bürgerliche war damit an die Fürsten verraten.

Der deutsche Bauernkrieg; MEW 7, 347 ff.

(Calvins) Dogma war den kühnsten der damaligen Bürger angepaßt. Seine Gnadenwahl war der religiöse Ausdruck der Tatsache, daß in der Handelswelt der Konkurrenz Erfolg oder Bankrott nicht abhängt von der Tätigkeit oder dem Geschick des einzelnen, sondern von Umständen, die von ihm unabhängig sind. »So liegt es nicht an jemandes Wollen oder Laufen, sondern am Erbarmen« überlegner, aber unbekannter ökonomischer Mächte. Und dies war ganz besonders wahr zu einer Zeit ökonomischer Umwälzung, wo alle alten Handelswege und Handelszentren durch neue verdrängt, wo Amerika und Indien der Welt eröffnet wurden und wo selbst die altehrwürdigsten ökonomischen Glaubensartikel – die Werte des Goldes und Silbers – ins Wanken und Krachen gerieten. Dazu war Calvins Kirchenverfassung durchweg demokratisch und republikanisch; wo aber das Reich Gottes republikanisiert war, konnten da die Reiche dieser Welt Königen, Bischöfen und Feudalherrn untertan bleiben? Wurde das deutsche Luthertum ein gefügiges Werkzeug in den Händen deutscher Kleinfürsten, so gründete der Calvinismus eine Republik in Holland und starke republikanische Parteien in England und namentlich in Schottland.

Die Entwicklung des Sozialismus von der Utopie zur Wissenschaft, Einleitung zur englischen Ausgabe; MEW 22, 300

Urchristentum und Sozialismus

Die Geschichte des Urchristentums bietet merkwürdige Berührungspunkte mit der modernen Arbeiterbewegung. Wie diese, war das Christentum im Ursprung eine Bewegung Unterdrückter: es trat zuerst auf als Religion der Sklaven und Freigelassenen, der Armen und Rechtlosen, der von Rom unterjochten oder zersprengten Völker. Beide, Christentum wie Arbeitersozialismus, predigen eine bevorstehende Erlösung aus Knechtschaft und Elend; das Christentum setzt diese Erlösung in ein jenseitiges Leben nach dem Tod, in den Himmel, der Sozialismus in diese Welt, in eine Umgestaltung der Gesellschaft. Beide werden verfolgt und gehetzt, ihre Anhänger geächtet, unter Ausnahmegesetze gestellt, die einen als Feinde des Menschengeschlechts, die andern als Reichsfeinde, Feinde der Religion, der Familie, der gesellschaftlichen Ordnung. Und trotz aller Verfolgungen, ja sogar direkt gefördert durch sie, dringen beide siegreich, unaufhaltsam vor. Dreihundert Jahre nach seinem Entstehen ist das Christentum anerkannte Staatsreligion des römischen Weltreichs, und in kaum sechzig Jahren hat sich der Sozialismus eine Stellung erobert, die ihm den Sieg absolut sicherstellt.

Zur Geschichte des Urchristentums; MEW 22, 449

Anmerkungen
[1] Zitiert wird nach der Ausgabe Karl Marx/Friedrich Engels, Werke, Berlin 1956 ff.; abgekürzt: MEW – [2] Vgl. dazu den Beitrag über Karl Marx.

MARK TWAIN
1835–1910

> Es gibt in der Welt Leute, die
> sich ziemlich viel Mühe ge-
> ben, die Mängel an einer Reli-
> gion oder Sprache aufzuzei-
> gen, und dann gelassen ihrer
> Wege gehen, ohne Abhilfe
> vorzuschlagen. Ich bin kein
> Mensch dieser Art.
>
> Mark Twain

Der Schriftsteller Samuel Clemens alias Mark Twain kündigte
das 20. Jahrhundert mit Neujahrsglückwünschen an: »Gruß-
botschaft des 19. Jahrhunderts an das 20., von Mark Twain
notiert: ›Ich bringe euch die stattliche Matrone mit dem Namen Christenheit, die beschmutzt, besudelt und entehrt von
ihren Piratenzügen aus China, der Mandschurei, Südafrika
und den Philippinen zurückkehrt. Gemeinheit ist ihr Wesen,
Plündergut trägt sie in den Taschen, heuchlerische Phrasen
kommen von ihren Lippen. Gebt ihr Seife und Handtuch,
aber versteckt den Spiegel.‹«[1]

In der Allegorie *Die erstaunliche internationale Prozession*
zeigt Twain den Zusammenhang zwischen Imperialismus
und Christentum noch deutlicher auf. An der Spitze eines
feierlichen Umzuges geht der Teufel. Ihm folgt das Christentum in der Gestalt einer Matrone, die in der einen Hand einen
Totschläger, in der anderen eine Bibel hält. Die Großmächte
marschieren mit verstümmelten Gefangenen einher. Sprüche, teils der Bibel, teils der amerikanischen Verfassung entnommen, charakterisieren mit bitterer Ironie die Diskrepanz
zwischen Worten und Taten der Kolonialisten.

Trotz subjektiver Aufrichtigkeit einzelner Missionare war
der Versuch, die Völker Asiens und Afrikas zu christianisie-
ren, nichts anderes als ein Vorwand zur wirtschaftlichen und
militärischen Eroberung. So stellte sich das Christentum für
Mark Twain in der zweiten Hälfte des 19. Jahrhunderts dar.
Scheinheilige Worte sollten blutige Taten verdecken. Twains
Angriff gegen Imperialismus und Kolonialismus fand einen
Höhepunkt in dem Pamphlet *An den, der da sitzt in der*

Finsternis. Missionaren schlägt Twain vor, Mißstände in ihrem eigenen Land zu beseitigen. Für die USA erwartet er zum
Beispiel eine Beseitigung von sozialen Ungerechtigkeiten
und Aufhebung der Slums, wenn sich nur einige Menschen
für diese Ziele einsetzen wollten. Europäern und Amerika-
nern rät er, den Völkern Asiens und Afrikas Freiheit und
staatliche Selbstbestimmung zu lassen.

Mit Leidenschaft vertrat Twain die Grundsätze der Demokratie. Er glaubte an eine Zukunft in größerer Freiheit − für
alle Menschen. Doch zu seinem Glauben kam der Zweifel,
Zweifel an der »verdammten Menschenrasse«, schließlich
sogar Verzweiflung: »Der Mensch ist das religiöse Tier. Er ist
das einzige religiöse Tier, das es gibt. Er ist das einzige Tier,
welches die Eine und Alleinseligmachende Religion hat −
mehrere davon. Er ist das einzige Tier, das seinen Nächsten
wie sich selber liebt und, wenn dessen Theologie nicht
stimmt, ihm die Kehle abschneidet. Aus dem Erdball hat er
einen Friedhof gemacht im ehrlichen Bestreben, seines
Nächsten Pfad zu Glück und Seligkeit zu ebnen.«[2]

Mark Twains Biographie spiegelt ein ganzes Zeitalter wider, dem er mit seinem Buch *The Gilded Age* − das vergoldete
Zeitalter − den Namen gab: die Jahre nach dem Amerikanischen Bürgerkrieg (1861−1865). Rücksichtslose Wirtschafts-
expansion und Erfolgsstreben bestimmten die Jahrzehnte, in
denen der 1835 in einem Dorf der amerikanischen Südstaa-
ten geborene Samuel Clemens vom Druckerlehrling zum
Lotsen und über den Journalismus zum Autor mit Weltgel-
tung aufstieg. Sein vielseitiges Werk umfaßt Reisebücher und
Romane, Satiren und Humoresken. In Deutschland ist er im
wesentlichen als Jugendbuchautor bekannt. Sein sozialkriti-
sches Œuvre wurde hier nahezu übersehen.

Twains Auseinandersetzung mit dem Christentum findet
sich zum größten Teil in seinen sozialkritischen Studien, die
häufig in Zeitungen und Zeitschriften erschienen, oft aber
auch unveröffentlicht blieben und erst in den letzten Jahrzehnten ediert wurden. Reisebeschreibungen, mit denen der
Autor seine ersten großen Erfolge beim Lesepublikum hatte,
erweitern sich jedoch auch zu kritischen Berichten über die
sozialen Bedingungen eines Landes. Unermeßlicher Reich-

tum der Kirchen und heuchlerische Gebete für die Armen
verstörten den Beobachter in Italien. Die Kirche erweist sich
als ein Mittel zur Unterdrückung der individuellen Freiheiten
und Rechte. Satirische Ausblicke in die Geschichte des Christentums belegen die Thesen: »Es ist ein großer Unterschied,
ob man Menschen wilden Tieren zum Fraß vorwirft oder ob
man ihre höheren Sinne durch die Inquisition anspricht. Das
eine ist der Weg niedriger Barbaren, das andere der von
aufgeklärten, zivilisierten Menschen. Es ist schade, daß es die
unterhaltsame Inquisition nicht mehr gibt.«[3]

Den Armen in Italien ruft Twain zu: »Fluch eurer trägen
Unwürdigkeit, warum beraubt ihr nicht eure Kirche?«[4] Daß
sich zudem die Fürsten und Einflußreichen mit dem christlichen Glauben zu schmücken wußten, Künstler wie Tizian,
Tintoretto, Raffael, Paolo Veronese und Michelangelo die
»Himmlischen« Beifall spenden ließen für das Hofgepränge,
erweckte Twains Flüche, nicht nur gegen die christliche Kirche, die dies alles sanktionierte, nicht nur gegen die Fürsten,
die sich als Christen glorifizierten, auch gegen die »alten
Meister«.

Neben sozialer Ungerechtigkeit und missionarischer Gewalt »im Namen des Herrn« geißelt Twain noch eine andere
Seite des Christentums: den naiven Glauben des unkritischen
Kirchgängers. Wie sieht sein Himmel und sein Gott aus? In
den *Briefen Satans* wird der Mensch als das »unvernünftige
Tier« entlarvt, sein Gott als Träger, grausamer Erfinder hingestellt, der zudem noch eitel und eifersüchtig ist und den
Gedanken nicht ertragen kann, »daß ein anderer Gott etwas
von den sonntäglichen Schmeicheleien seiner komischen
kleinen Menschenrassen abbekäme«[5].

Monarchie und Kirche sind für den Aufklärer und Spötter
Twain Zeichen einer willkürlichen Autorität. Nicht das
Grundprinzip der christlichen Lehre – die Nächstenliebe –
greift er an. Er vergleicht allein die frommen Sprüche mit dem
praktizierten Leben. Aus diesem Blickwinkel – dem des praktischen Lebens, nicht dem des philosophischen Systems –
erkennt Twain die Verlogenheit des christlichen Glaubens in
seiner Zeit. Die Gestalt Satans wird Twain in den letzten
Jahren seines Lebens immer mehr zum Sprachrohr seiner

Gedanken. In einer nachgelassenen Schrift Twains sagt Satan: ».. . es gibt keinen Gott, kein Weltall, kein Menschengeschlecht, kein irdisches Leben, keinen Himmel, keine Hölle. Es ist alles ein Traum – ein grotesker und törichter Traum.«[6]

Hat der optimistische Demokrat Samuel Clemens, der gefeierte Journalist und Schriftsteller, der verbitterte Sozialkritiker zum Schluß seines Lebens resignierend in der Traumwelt der Romantik Zuflucht gesucht? Twain verbarg sich hinter vielen Masken. Für die deutsche Literatur bleibt der sozialkritische Twain, der humoristisch und sarkastisch das Christentum attackierende Amerikaner, noch zu entdecken.[7]

Thomas Ayck

.. . daß die fähigen Kopfjäger alle Christen sind

Dort hatten wir, bei sechshundert Soldaten auf unserer Seite, fünfzehn Gefallene und zweiunddreißig Verwundete – jene Nase und jenen Ellenbogen mitgerechnet. Auf der Seite des Feindes standen sechshundert einschließlich Frauen und Kinder, und wir vernichteten ihn gänzlich und ließen nicht einen einzigen Säugling leben, der nach seiner toten Mutter hätte schreien können. *Dies ist der unvergleichlich größte Sieg, der je von den christlichen Soldaten der Vereinigten Staaten errungen worden ist.*

Das Kriegsgebet, Leipzig o. J., 130

Ein erstaunlicher Fortschritt. In fünf-, sechstausend Jahren sind fünf, sechs hohe Kulturen entstanden und haben geblüht und das Wunder der Welt beherrscht und sind eingegangen und abgetreten, und keiner außer der jetzigen ist es gelungen, eine hinlängliche und umfassende Methode zum Töten von Menschen zu erfinden. Alle taten sie ihr Möglichstes – Töten ist der Hauptehrgeiz des Menschengeschlechtes und das früheste Ereignis seiner Geschichte –, aber nur die christliche Kultur hat einen Triumph erreicht, auf den sie stolz sein kann. In zwei, drei Jahrhunderten wird anerkannt werden, daß die fähigen Kopfjäger alle Christen sind; dann wird die heidnische Welt bei den

Christen in die Lehre gehen – nicht um deren Religion, sondern ihre Feuerwaffen zu erwerben. Die Türken und Chinesen werden sie kaufen, um Missionare und Bekehrte damit totzuschlagen.

Der geheimnisvolle Fremde, Gesammelte Werke, Bd. 5, 704 f.

Wie üblich wird die lärmende kleine Handvoll nach Krieg schreien. Die Geistlichkeit ist – vorsichtig tastend – zuerst dagegen; die große, breite, dumme Masse des Volkes reibt sich die schläfrigen Augen und versucht herauszufinden, warum es Krieg geben soll, und erklärt in entrüstetem Ernst: »Das ist ungerecht und unehrlich und nicht notwendig.« Dann schreit die Handvoll lauter. Einige wenige anständige Männer auf der anderen Seite ziehen in Wort und Schrift mit den Waffen der Logik und Vernunft gegen den Krieg zu Felde, und anfangs finden sie auch Gehör und Beifall, doch das bleibt nicht lange so; jene andern brüllen sie nieder, und bald wird es auf den Antikriegsversammlungen immer leerer. Nicht lange, und du erlebst folgendes merkwürdige Bild: Die Redner werden mit Steinen von den Tribünen verjagt, und die Redefreiheit wird von Horden rasender Männer abgewürgt, die innerlich noch – wie von Anfang an – genauso denken wie die gesteinigten Redner, sich das aber nicht zu sagen getrauen. Und jetzt stimmt die ganze Nation – Kirche und alle – ein in den lauten Ruf nach Krieg... *Der geheimnisvolle Fremde, 711*

»Gib uns den Sieg, o Herr, unser Gott!« *Alles*, was euer Gebet enthält, ist zusammengedrängt in diesen inhaltsschweren Worten, in diesen wenigen Worten. Wenn ihr für euren Sieg gebetet habt, so habt ihr zugleich für viele unerwähnte Folgen gebetet, die ein Sieg mit sich bringt – mit sich bringen *muß*. Dem lauschenden Ohr Gottes, des Vaters, entging der unausgesprochene Teil des Gebetes nicht. Er befiehlt mir, ihn in Worte zu fassen. Hört also!

O Herr, unser Vater, die jungen Patrioten, die Abgötter unserer Herzen, ziehen in die Schlacht – sei Du mit ihnen! Auch wir gehen im Geiste mit ihnen hinaus aus dem holden Frieden unserer geliebten Heimat, um den Feind zu schlagen. O Herr, unser Gott, hilf uns, seine Soldaten mit unseren Granaten in blutige Stücke zu zerfetzen; hilf uns, ihre freundlichen Gefilde mit den Leichen ihrer Vaterlandsverteidiger zu bedecken; hilf uns, daß das Donnern der Waffen von den Schreien ihrer Verwundeten, die sich in Schmerzen krümmen, übertönt wird; hilf uns, ihre friedlichen Heime durch einen Feuerorkan zu verwüsten; hilf uns, daß die Herzen ihrer schuldlosen Witwen in unsäglicher Qual brechen; hilf uns, sie mit ihren kleinen Kindern von Haus und Herd zu verjagen und sie trostlos umherirren zu lassen in den Öden ihres verwüsteten Landes, in Lumpen und Hunger und Durst . . .   *Das Kriegsgebet, 19*

Missionare

Wir könnten amerikanische Missionare aus China herholen und sie in das Lynchgebiet schicken. Wenn eintausendfünfhundertundelf von ihnen da draußen pro Jahr zwei Chinesen zum Christentum bekehren, bei einer immer noch anwachsenden Geburtenzahl von dreiunddreißigtausend Heiden am Tage, wird es über eine Million Jahre dauern, bis die Bekehrung zu einem befriedigenden Ergebnis gebracht worden ist und die Christianisierung des Landes in sichtbare Nähe rückt. Deshalb, wenn wir unseren Missionaren solch ein ergiebiges Betätigungsfeld zu Hause bieten können, wo weniger Aufwand nötig und doch ausreichend Gefahren vorhanden wären, warum sollten sie es nicht für recht und billig finden, zurückzukommen und einen Versuch zu wagen? Die Chinesen sind allgemein als vortreffliche Menschen bekannt – rechtschaffen, edelmütig, fleißig, zuverlässig, gutherzig und alles, was dazugehört –, laßt sie in Ruhe, sie sind durchaus gut so, wie sie sind; und im übrigen läuft fast jeder Bekehrte Gefahr, von der Zivilisation befallen zu werden. Wir sollten behutsam sein, wir sollten es uns zweimal überlegen, ehe wir ein derartiges Risiko eingehen, denn *wenn China einmal zivilisiert ist, kann es niemals wieder unzivilisiert gemacht werden.* Daran haben wir nicht gedacht. Nun gut, deshalb sollten wir *jetzt* daran denken. Unsere Missionare werden sehen, daß wir ein weites Betätigungsfeld für sie haben, und nicht nur für eintausendfünfhundertundelf, sondern für fünfzehntausendundelf. Sie mögen sich das folgende Telegramm ansehen und sich überlegen, ob sie in China etwas haben, das mehr nach ihrem Geschmack ist. Es stammt aus Texas:

>Der Neger wurde zu einem Baum geschleppt und in die Höhe gezogen. Holz und Stroh wurde unter ihm aufgeschichtet und ein gewaltiges Feuer angezündet. *Dann überlegte man sich, daß der Mann nicht so schnell sterben sollte, und er wurde wieder auf die Erde hinuntergelassen, während eine Gruppe nach dem zwei Meilen entfernten Dexter ging, um Petroleum zu holen. Das* wurde in die Flammen gegossen und das Werk vollendet.<

Wir flehen sie an, zurückzukommen und uns in unserer Not zu helfen. *Das Kriegsgebet, 100 f.*

Reichtum der Kirche

Soweit ich beurteilen kann, hat Italien seit fünfzehnhundert Jahren all seine Kräfte, all seine Geldmittel und all seinen Fleiß darauf verwandt, ein riesiges Aufgebot wundervoller Kirchenbauten zu errichten, und hat dabei die Hälfte seiner Bürger verhungern lassen, um das zu erreichen. Es ist heute ein riesiges Museum von Pracht und Elend. Alle Kirchen einer gewöhnlichen amerikanischen Stadt zusammengenommen, könnten kaum den juwelenstrotzenden Flitterkram einer seiner hundert Kirchen kaufen. Und für jeden Bettler in Amerika kann Italien deren hundert vorweisen – und Lumpen und Ungeziefer in entsprechender Menge. Es ist das elendste, fürstlichste Land auf Erden.

Die Arglosen im Ausland, Gesammelte Werke, Bd. 3, 230

Gott und Gotteslästerung

»Kreuzigung von sechzig Frauen!«

Wie roh! Wie taktlos! Die Christenheit wird vor Entsetzen eine Gänsehaut bekommen bei dieser Nachricht. *»Entweihung des Heiligen Kreuzes!«* Die Christenheit wird ein Geschrei erheben! Ja, die Christenheit wird außer sich sein. Sie kann ihre Ruhe bewahren, wenn ich mich zwanzig Jahre lang mit einer halben Million Morden jährlich belaste – aber etwas anderes ist es, das Heilige Kreuz zu entweihen. Das betrachten sie als ein sehr schlimmes Vergehen.

Das Kriegsgebet, 172

Die Wesensart des biblischen Gottes ist äußerst schwer zu verstehen. Sie ist ein Labyrinth von Widersprüchen: Wetterwendischkeit und eiserne Starre; abstrakte gutherzige Moralregeln, die mit Worten, und konkrete höllische, die mit Taten bezeugt werden; fließende Freundlichkeiten, die mit permanenten Bösartigkeiten gespickt sind.

Briefe von der Erde – Die Briefe Satans, 756

Alsdann, nachdem er den Schöpfer für all diese Greuel und Qualen und Miseren, die ich aufgezählt habe, verantwortlich gemacht hat, da er sie ja hätte verhindern können, nennt der weise Christ ihn schlankweg lieb und unsern Vater im Himmel!

Briefe von der Erde – Die Briefe Satans, 759 f.

Wenn die Wissenschaft eine Krankheit besiegt, die für Gott gearbeitet hat, so bekommt Gott den Dank dafür, und von allen Kanzeln herab ertönt Lob und Preis für seine Güte. Ja, er, *er* hat's vollbracht. Vielleicht hat er tausend Jahre damit gewartet. Und das ist noch gar nichts: Die Prediger beteuern, er habe all die Zeit daran gedacht. Wenn erregte Massen aufstehen, einen Tyrannen stürzen und ein Volk befreien, so wird als erstes der entzückte Priester es als Gottes Werk preisen und das Volk mahnen, auf die Knie zu gehen und ihm zu danken...

Sie vergessen dabei, daß er der langsamste Kraftentfalter im Weltall ist und daß sein Auge, das nie schläft, es wohl

doch tut, da er ein Jahrhundert braucht, um etwas zu sehen, was jeder sonst in einer Woche sieht; daß es kein
Beispiel in der Weltgeschichte gibt, wo er eine edle Tat als
erster gesehen hätte, sondern daß er immer erst da sieht,
wo jemand anders schon gesehen und auch gehandelt hat.
Dann langt er an und streicht seinen Anteil ein.

Briefe von der Erde – Die Briefe Satans, 763

Die Geschichte der Menschheit ist in allen Zeitaltern von
Blut getränkt, von Haß gefärbt, von Greueln geschändet;
aber doch haben diese Merkmale seit den biblischen Zeiten immer eine Grenze gehabt. Sogar die Kirche, die seit
dem Antritt ihrer Herrschaft mehr unschuldiges Blut vergossen hat als alle politischen Kriege zusammengenommen, hat sich in Grenzen gehalten. Immerhin. Jedoch läßt
sich feststellen, daß, wenn der Herr des Himmels und der
Erde, der angebetete Gottvater, in den Krieg zieht, alle
Schranken fallen. Er, der der Allerbarmende genannt wird,
er ist ohne jegliches Mitleid. Er schlachtet, schlachtet,
schlachtet. Menschen, Tiere, Knaben, Säuglinge, Frauen
und Mädchen, außer denen, die noch nicht defloriert sind.

Briefe von der Erde – Die Briefe Satans, 782 f.

Sollte man es glauben, daß dieser selbe gewissenlose Gott,
dieser moralische Kretin, zum Lehrer der Güte, der Sitten,
der Milde, der Rechtlichkeit, der Reinheit ernannt wurde?
Es erscheint unmöglich und verrückt...

Briefe von der Erde – Die Briefe Satans, 785

Altes und Neues Testament

Die beiden Testamente sind eine interessante Sache, jedes
auf seine Art. Das Alte vermittelt ein Bild des Gottes jener
Leute, wie er war, bevor er religiös wurde; das Neue, wie er
hernach erschien. Das Alte Testament befaßt sich im wesentlichen mit Blut und Sinnlichkeit; das Neue mit dem
Heil, der Erlösung. Der Erlösung durch Feuer.

Als Gott zum ersten Mal zur Erde herabstieg, brachte er
Leben und Tod; das zweite Mal brachte er die Hölle...

... Es herrscht die allgemeine Auffassung, daß Gott, als er im Himmel wohnte, streng, hart, böse, eifersüchtig und grausam gewesen, aber seitdem er zu Erde gekommen war und den Namen Jesus Christus angenommen hatte, das Gegenteil davon geworden sei. Nämlich: Er wurde sanft, milde, mitleidig und verzeihend, alle Härte entschwand aus seiner Natur und machte einer innigen, süßen Liebe zu seinen irdischen Kindern Platz. Und dabei war es doch in seiner Eigenschaft als Jesus Christus, daß er die Hölle erfand und verkündete!

Briefe von der Erde – Die Briefe Satans, 775

Anmerkungen

[1] *Milton Meltzer,* Mark Twain Himself, New York 1960, 254 – [2] Mark Twain, Briefe von der Erde – Die verdammte Menschenrasse, Werke, Bd. 5, hrsg. von *Klaus-Jürgen Popp,* München 1967, 942 – [3] *Meltzer* a.a.O., 97 – [4] Mark Twain, Die Arglosen im Ausland, Werke, Bd. 3, 231 – [5] Briefe von der Erde – Die Briefe Satans, Werke, Bd. 5, 757 – [6] Der geheimnisvolle Fremde, Werke Bd. 5, 728 – [7] Sieht man sich die umfangreiche, 1967 im Hanser Verlag herausgegebene fünfbändige Ausgabe der Gesammelten Werke Mark Twains an, so wird man feststellen, daß auch in ihr einige wichtige politische Pamphlete fehlen, so daß man ergänzend zu DDR-Ausgaben greifen muß.

EDUARD VON HARTMANN
1842–1906

Von Schopenhauer unterscheidet sich Eduard von Hartmann, der andere große Pessimist der Deutschen, in Leben und Lehre beträchtlich. Als Sohn eines preußischen Offiziers 1842 in Berlin geboren, wählte auch er die Offizierslaufbahn, doch eine Knieverletzung mit dauernden Leidensfolgen zwang ihn bald zum Verzicht. Wie Schopenhauer lebte er zurückgezogen als Privatgelehrter, aber weniger sonderlinghaft. Wie Schopenhauer schrieb er das grundlegende Hauptwerk zwischen zwanzig und dreißig, doch seine *Philosophie des Unbewußten* (1868) hatte im Unterschied zur *Welt als Wille und Vorstellung* einen außerordentlichen Erfolg. Schon zehn Jahre danach gab es eine umfangreiche, allerdings zum größeren Teil ablehnende Hartmann-Literatur. Das Interesse für sein späteres Schaffen freilich war geringer. Hartmann starb 1906, und die Nachwelt hat sich mit seinem weitläufigen Gedankengebäude nur noch sporadisch beschäftigt. Der faszinierendere Nietzsche und Freud, der Psychologe des Unbewußten, wurden ihr wichtiger.

Seit Leibniz war der Begriff des Unbewußten wiederholt in der Philosophie aufgetaucht, jedoch erst Hartmann machte ihn zum systemtragenden Grundbegriff. Damit suchte er, durch Spekulationen Schellings angeregt, die Willensphilosophie Schopenhauers mit der Vernunftphilosophie Hegels zu verbinden. Das Unbewußte ist nach ihm das All-Eine, der alles wirkende und beseelende unbewußte Geist. Alogischer Wille und logische (aber unbewußte) Vorstellung sind die Attribute dieser ewigen, übersinnlichen Wesenheit. Indem der Wille durch grundlosen Urzufall von der Potentialität zur Aktualität übergeht, kommt der räumlich-zeitliche Weltprozeß in Gang, wird die Vorstellung zur erscheinungsmäßigen Wirklichkeit. Weil der blinde, unvernünftige Wille die Welt gesetzt hat, herrscht in ihr das Leiden vor; weil die andere Grundeigenschaft des Unbewußten, die logische Vorstellung, den Weltprozeß inhaltlich bestimmt, sehen wir Zweckmäßigkeit am Werk. Im Hinblick auf das unbewußt Zweckmäßige in Natur und Menschenwelt distanziert sich Hartmann von der mechanistischen Naturerklärung des Darwinismus, anerkennt aber die Abstammungslehre. Die Welt in ihrer Vielfalt hat realen Charakter, obschon sie nur Erscheinung des Allgeistes ist. Danach bezeichnet Hartmann sein System als konkreten Monismus und unterscheidet diesen vom abstrakten Monismus der Eleaten und der indischen Brahma-Maya-Philosophen, der die Welt zum trügerischen Schein herabsetzt.

Das Bewußtsein entsteht nach Hartmann schon im Atom (Allbeseelungslehre), und zwar aus dem Zusammenstoß verschiedener Willensfunktionen des Unbewußten, wobei sich die Vorstellung vom Willen emanzipiert. Auf die Menschenstufe gelangt, erkennt der bewußt gewordene Geist mehr und mehr die unselige Beschaffenheit der Welt und bestimmt dadurch den Willen, sich selber zu verneinen. Was Hartmann vom allgemeinen Überwiegen der Unlust sagt und von deren Verschärfung auf den höheren Lebensstufen, bleibt hinter den entsprechenden Urteilen Schopenhauers nicht zurück. Doch lehrt Hartmann keinen absoluten Pessimismus. Die Welt wäre zwar besser nicht entstanden, aber dank der unbewußten Vernunft ist sie gleichwohl die beste der möglichen. Die kulturelle Entwicklung hat ihren eigentlichen Sinn im zunehmenden Bewußtsein der Unseligkeit des Wollens, ihr Endzweck ist die Selbstaufhebung der Welt durch Geisteskraft, die Zurücknahme aller Dinge in das all-eine Unbewußte. Daher empfiehlt Hartmann, im Unterschied zu Schopenhauer, nicht die individuelle Willensverneinung, sondern die solidarische Mitarbeit am Kulturfortschritt im Hinblick auf die Gesamterlösung. Diese, als Universalwillensverneinung, fällt zusammen mit der Erlösung Gottes, des unbewußten Weltgeistes, dem er ein Gefühl der Unseligkeit des Weltprozesses zuschreibt. Dem eudämonologischen Pessimismus ist also ein evolutionistischer (teleologischer) Optimismus zugeordnet.

An scharfsinniger Argumentation und Reichtum des verarbeiteten Wissensstoffes ist Eduard von Hartmanns Philosophie kaum zu überbieten. Nicht zu leugnen sind die Denkschwierigkeiten, die zumal dem Begriff des unbewußten Geistes anhaften; nicht zu unterschätzen die Gefühlswiderstände gegen die Zumutung, sich für einen negativen Weltzweck sittlich anzustrengen. Durch eine Erkenntnislehre, nach der die Metaphysik bloß eine Wissenschaft des Wahrscheinlichen ist, hat sich Hartmann immerhin gegen den Vorwurf des Dogmatismus geschützt.

Im Bestreben, an den für unhaltbar befundenen Anschauungen die Teilwahrheiten zu würdigen, anerkennt Hartmann an der indischen Religiosität das (im Volksglauben polytheistisch überwucherte) monistische Prinzip, am Christentum den Gedanken des endlichen, zielgerichteten Weltprozesses, an beiden die Lehren vom geistigen Weltgrund und von der Erlösungsbedürftigkeit, wodurch sie den polytheistischen Naturreligionen überlegen sind. Den eigenen Panmonotheismus versteht er als Synthese dessen, was er an Brahmanismus, Buddhismus und Christentum für gültig hält.

Aber mit der Lehre vom Unbewußten als dem unpersönlichen, rein gesetzmäßig sich auswirkenden Allgeist befand er sich von vornherein in scharfem Gegensatz zur christlichen Theologie. Der biblische Gott ist der Immanenz unfähig. Er steht dem Menschen als gesonderte Person, als wesenhaft anderer, Fremder gegenüber, und die von ihm kommende Moral kann nur eine fremdgesetzliche sein. Wahre Moral aber ist autonom. Sie ergibt sich aus der Erkenntnis der Wesenseinheit des Menschen mit dem göttlichen Weltgrund, der Wesenseinheit also auch der Menschen untereinander, bei existentieller Verschiedenheit, und ist eine Moral der Liebe wie die christliche, durch den Identitätsgedanken jedoch besser begründet als diese. Noch entschiedener als die heteronome Moral verneint Hartmann die das Christentum mitbestimmende eudämonistische, im Egoismus wurzelnde Moral und mit ihr besonders den christlichen Anspruch auf individuelle Unsterblichkeit.

Vom philosophischen System teilweise unabhängig ist Hartmanns Kritik der christlichen Glaubensurkunden und der Kirchen. In dem zuerst anonym veröffentlichten Werk *Das Christentum des neuen Testaments* zerstört er die Illusion derer, die das Christentum durch Rückgang auf die »reine Lehre« zu retten hoffen. Der synoptische Jesus erscheint hier ganz in talmudisch und essenisch gefärbtem Judentum befan-

gen, Paulus mit seiner Christologie als der eigentliche Stifter
der christlichen Erlösungsreligion, mit seiner Lehre von den
Glaubensbedingungen des Heils mittelbar ebenfalls dem jüdischen Gesetzesdenken verhaftet. An den johanneischen
Schriften kritisiert Hartmann die schroffe Scheidung zwischen Gottes- und Teufelskindern und die unzulänglich
durchdachte Mystik. Es erweckt heute Argwohn, daß er die
arische Religiosität als hauptsächliche Trägerin des Imma-
nenzprinzips von der semitischen, dem transzendenten Gott
verpflichteten in höherwertendem Sinne abhob und das Judentum auch sonst kritisierte. Dem hitlerischen Rassenwahn
haben seine besonnenen Urteile jedoch nicht vorgearbeitet;
sie hätten im Gegenteil, wären sie von Deutschen und Juden
besser beachtet worden, verhütend gewirkt. Frei von schön-
färberischer Pietät, aber auch von aufreizendem Extremis-
mus, ist Hartmanns Bibelkritik eine bahnbrechende, von
theologischer Seite freilich erfolgreich totgeschwiegene Leistung.

Die dogmatische Entfaltung des Christentums hat für Hartmann einige positive Aspekte. Zur römisch-katholischen Kirche als Machtgebilde aber verhält er sich gänzlich ableh-
nend, unterstützt den Kulturkampf Bismarcks – leider auch,
obzwar in gemäßigter Form, den preußischen Militarismus –
und spricht dem neueren Katholizismus eine ernstzuneh-
mende geistige Bedeutung ab. Im liberalen Protestantismus,
mit dem er sich besonders eingehend befaßt, erblickt er den
Sieg eines welthörigen, oberflächlichen Kulturoptimismus
über das eigentliche, vom Diesseits pessimistisch denkende
Christentum: Die liberalen Protestanten sind nur noch dem
Namen nach Christen. Vorzeichen der monistischen Imma-
nenzreligion der Zukunft erkennt er in dem von Alois Emanuel Biedermann, Otto Pfleiderer und Richard Adalbert Lipsius
vertretenen spekulativen Protestantismus. Doch hatte er zuviel geschichtliches Verständnis, um das Ende der Kirchen
nahe zu wähnen. Er wußte, daß seine »Religion des Geistes«
zunächst eine Spekulation, nicht eine religiöse Angelegenheit für das Volk war. Seinem evolutionistischen Optimismus
gemäß dachte er an eine in langen Zeiträumen sich vollzie-
hende geistige Wandlung: »Je religiöser Kunst, Wissenschaft

und praktisches Leben werden, je mehr sie sich insgesamt mit religiösem Gehalt durchtränken und in den Inhalt des religiösen Bewußtseins aufgenommen werden, desto unhaltbarer muß das jetzt noch in gewissem Maße berechtigte Bestreben werden, neben dem künstlerischen, wissenschaftlichen und praktischen Leben des Geistes noch eine gesonderte Sphäre des religiösen Lebens aufrechtzuerhalten, wie die Kirche dies unter dem Namen des kirchlichen Lebens beansprucht.«

Von Hartmanns Argumenten gegen das Christentum sind die stärksten nicht diejenigen, die er aus seiner Philosophie des Unbewußten schöpft, sondern die der freien kritischen Vernunft und der modernen Kulturgesinnung entstammenden. Im Nachweis der historischen Bedingtheit Jesu, seiner Abhängigkeit vom mosaischen Gottesdenken, seiner Kulturfeindlichkeit und der Unglaubwürdigkeit der paulinischen Erlösungslehre besteht das dauernde Verdienst Eduard von Hartmanns als Kritiker des Christentums.

Robert Mächler

Jehova

Jehova ist nach den Lehren des alten Testaments ein *grimmiger*, eifriger und *zorniger* Gott, der die Missetat der Väter bis ins dritte und vierte Glied an den *Kindern* heimsucht, ein Gott, der da *haßt* (Mal. 1, 3) und verfolgt, die ihn hassen (5. Mos. 5, 9), der die ihm angetanen Beleidigungen furchtbar *rächt*, dem zwar das Verbrennen der eigenen Söhne und Töchter durch Feuer ein Greuel ist (5. Mos. 12, 31), aber nur weil das feurige Menschenopfer zu sehr an den Molochritus erinnert (3. Mos. 18, 21 und 20, 2), der hingegen *Menschenopfer* durch das Schwert (2. Mos. 32, 26−29; 5. Mos. 20, 16−18) und durch den Strick (4. Mos. 25, 4; 2. Sam. 21, 1-9) im größten Maßstabe gebietet und annimmt (Jos. 10, 40 und 11, 11−12; Richter 11, 30−40), um seinen *Zorn zu sühnen* (4. Mos. 25, 4). Jehova ist ein *gefräßiger* Gott (2. Mos. 33, 3), ein verzehrendes Feuer (5. Mos. 4, 24), dessen Anblick *tötet* (2. Mos. 33, 20; 5. Mos.

5, 25 – 26). In der Vorstellung der alttestamentlichen Schriftsteller ist er ebenso empfindlich gegen Beleidigungen, wie empfänglich und erkenntlich für Liebe und Lobpreisung; denn alles, was er tut von Anbeginn, tut er doch nicht etwa um seiner Geschöpfe, oder auch nur um seines auserwählten Volkes willen, sondern lediglich um seiner eigenen Ehre und seines Namens willen, d. h. um seine Kraft, Macht und Herrlichkeit zu zeigen (Ezech. 36, 22 – 23; 2. Mos. 9, 16; 14, 4 und 17). Ebenso gebricht es ihm an Stetigkeit des Wollens und an Klarheit der Ziele; er *bereut* die Schöpfung (1. Mos. 6, 6 – 7), die er anfangs sehr gut gefunden hatte, nimmt dann aus persönlicher Zuneigung für Noah von seinem Vorsatz, die beiden letzten Schöpfungstagewerke rückgängig zu machen, wieder Abstand, und begeht dabei den *zu spät erkannten* (Ezech. 14, 20) *Fehler*, nicht bloß ihn selbst, sondern auch sein Geschlecht fortleben zu lassen, so daß er sich mit der Sündflut ganz *vergebens* bemüht hat, da hinterher die Sache nur noch schlimmer wird. Alle solche Bestimmungen müssen uns als unangemessen und unanwendbar auf Gott gelten.

Das Christentum des neuen Testaments, Sachsa 1905, 135

Nonsens der Theodizee

Da nun Gott schlechterdings nicht Urheber des Übels sein soll und darf, so sieht sich der Theismus darauf angewiesen, den Ursprung des Übels außerhalb Gottes zu suchen, d. h. da außer Gott nur noch seine Kreatur existiert, in der Kreatur. Eine sittliche Verschuldung des ersten (?) Menschenpaares soll die Verschlechterung der Natur zur natürlichen Folge gehabt haben, so daß Gott nun mit ansehen muß, wie Milliarden für den Fehltritt zweier vor Jahrtausenden gestorbener Individuen, d. h. schuldlos leiden; da aber trotzdem der Zusammenhang zwischen menschlichem Fall und Verschlechterung der Natur, zwischen sittlicher Schuld und natürlichem Weltelend, allzukühn erschien, muß eine übermenschliche Kreatur herbeigezogen werden, ein Teufel, der die schöne Schöpfung Gottes ver-

darb und in Unordnung brachte. Für eine kindlichere Zeit
mochte diese Theodizee durch die beiden Sündenböcke
Luzifer und Adam gut genug sein, wir lächeln nur noch
über solche Phantasien; wir weisen aber zugleich im Prinzip jeden Versuch zurück, Gott von der Verantwortlichkeit
für das Weltelend durch Abwälzung derselben auf irgend
welche seiner Kreaturen zu entlasten, da erstens eine solche, die Absichten Gottes durchkreuzende Selbständigkeit der Kreatur nach unsren obigen Darlegungen nicht
denkbar ist, und da zweitens ein allwissender und allwei-
ser Gott die Willensentscheidung seiner Kreatur in allen
von ihm herbeigeführten Verhältnissen und die sämtlichen
indirekten Folgen ihres Tuns im Augenblick der Schöpfung vorhersehen und in Rechnung stellen mußte bei der
Frage, ob es weise sei, eine so ausfallende Welt zu schaffen.   *Philosophie des Unbewußten, Berlin* [6]*1874, 558 f.*

Jesus

Erst wenn man sich vergegenwärtigt, auf welcher Stufe
des sinnlichen Phantasierens und beschränkten Aberglaubens nicht nur die Zuhörer, sondern auch die unmittelbaren Jünger Jesu standen, wird es deutlich, in welcher geistigen Atmosphäre er lebte und sich bewegte. Gewiß sucht
er öfters allzu plumpe Anschauungen der Jünger zu be-
richtigen und die Gier nach Wundern einzuschränken.
Aber prinzipiell teilt er doch den Dämonen- und Geisterglauben und die Anschauungen seiner Zeit über Wunder,
Besessenheit, Krankheitsentstehung, Krankheitsheilung,
Teufelsaustreibung usw. Kein Anzeichen deutet darauf
hin, daß er in dieser Hinsicht über dem Vorstellungskreise
seiner Zeit gestanden habe und ihr vorangeschritten sei,
wie man dies von einem wirklich hervorragenden Geiste
erwarten könnte. Er bleibt darin sogar hinter verschiedenen griechischen Philosophen zurück, die noch vor ihm
gelebt haben. Gewiß ist ihm daraus kein Vorwurf zu machen; man würde über die Irrtümer, die er mit seiner Zeit
teilte, stillschweigend hinweggehen, wenn niemand etwas
anderes mehr in ihnen sähe als Irrtümer einer überwunde-

nen Zeit. Aber die Kirchenlehre hält leider auch an diesen
Bestandteilen der Lehre Jesu als an einem Stück Gottes-
wort fest; unser Volk hört sie in den Kirchen predigen, und
unsere Kinder müssen sie in den Schulen erlernen und
durch sie ihr Urteil und ihre Denkweise verwirren lassen.
So lange solcher Mißbrauch damit getrieben wird, ist es
immer wieder nötig, auf ihren abergläubischen Gehalt mit
Nachdruck hinzuweisen.

Das Christentum des neuen Testaments, 33 f.

Fassen wir das Gesamtbild der Persönlichkeit Jesu, wie es
sich aus den vorliegenden Urkunden als Erinnerungsbild
der ihn überlebenden Jünger im engeren und weiteren
Sinne darstellt, noch einmal kurz zusammen, so ergibt sich
folgendes: Kein Genie, sondern ein Talent, das aber bei
völligem Mangel gediegener Kultur im Durchschnitt nur
Mittelmäßiges produziert und nicht vor zahlreichen
Schwächen und bedenklichen Verirrungen zu schützen
vermag; ein stiller Fanatiker und transzendenter Schwärmer, der trotz angeborener Menschenfreundlichkeit die
Welt und das Irdische haßt und verachtet und jedes Interesse dafür als dem einzig wahren transzendenten Interesse
schädlich erachtet; ein liebenswürdig bescheidener Jüngling, der durch merkwürdige Verkettung von Umständen
zu der damals epidemischen Idee kommt, der erwartete
Messias zu sein, und an den Folgen derselben untergeht.

Das Christentum des neuen Testaments, 72

Irrtum der Lehre vom nahen Weltende

Das nahe Weltende war der *eigentliche und einzige* Inhalt
des Evangeliums, welcher allein ihm den Charakter der
frohen Botschaft verlieh; es war das Fundamentaldogma
des Urchristentums, ja es war sogar (neben der Messianität
Jesu) geradzu das *einzige* urchristliche Dogma und hörte
erst auf, Dogma zu sein, als es sich tatsächlich als falsch
erwiesen hatte, ohne daß es damit aufgehört hätte, stille
Hoffnung zu bleiben; für die praktische Lehre Jesu ist es ...
das entscheidende Moment für alle vorkommenden Ab-

weichungen vom Talmudismus. Wer in *einem* Dogma irrt, kann keine dogmatische Unfehlbarkeit mehr beanspruchen; wer in einem die ganze praktische Lehre bestimmenden Fundamentaldogma irrt, dessen Lehre wird, so weit sie von diesem beeinflußt ist, wahrscheinlich ebenso irrtümlich sein..., wenigstens kann sie nur durch Zufall richtig werden, wie das Resultat auch eines falschen Rechenexempels durch Zufall richtig werden kann.

Das Christentum des neuen Testaments, 96

Christliche Kirche, christlicher Staat, christliche Wirtschafts- und Arbeitsgesellschaft, christliche Ehe und christliche Sakramente sind sämtlich Dinge, die gegen den Willen und gegen die Lehre Jesu konstruiert worden sind, als sich die Notwendigkeit herausstellte, für das immer länger werdende Provisorium bis zum Gottesreich auch immer dauerhaftere provisorische Zustände zu schaffen. Die Lehre Jesu hingegen, welche das Ende unmittelbar vor Augen sieht, verbietet gerade all und jede, wenn auch noch so provisorische Vorkehrungen für das Diesseits; nach ihr ist der Mensch wie ein Reisender, der sein Billett gelöst, sein Gepäck aufgegeben hat und nur noch auf das Signal zum Einsteigen in den Auswandererzug wartet, der ihn nach der neuen Heimat führen soll; alles, was er in dieser Zwischenzeit noch vornimmt, kann nur die eine bedenkliche Folge haben, daß er die Abfahrt verpaßt, die jeden Augenblick erfolgen kann (Matth. 24, 43−51; 25, 10−13; Luk. 21, 34−35; 12, 20 usw.).

Das Christentum des neuen Testaments, 157 f.

Unsinn der Stellvertretung

Der Schwerpunkt der priesterlichen Tätigkeit Christi fällt in den *(paulinischen)* Begriff der Stellvertretung, gleichviel wie das Opfer, in welchem er die Stelle der Menschheit vertritt, näher gedeutet werde. Nun ist aber die Stellvertretung nur möglich bei dinglichen Leistungen, nicht bei persönlichen; sie ist denkbar, wenn Christus statt unser das Wergeld entrichtet, welches Gott als Äquivalent oder gemeinrechtliche »Buße« der ihm zugefügten Beleidigung akzeptiert, aber nicht mehr denkbar, wenn Gott als persönlicher Träger einer objektiv sittlichen Weltordnung im Namen der kriminellen Straf-Gerechtigkeit die Bestrafung der schuldigen Personen fordert und statt dessen die Strafe eines Unschuldigen als eine der sittlichen Weltordnung genugtuende akzeptieren soll. Aber auch abgesehen von der rechtlichen und sittlichen Unmöglichkeit der stellvertretenden Strafabbüßung ist die Satisfaktionstheorie in keinem Punkte vor der Verstandeskritik haltbar; weder die unendliche Schuld noch die Äquivalenz von Schuld und Sühne halten bei näherer Betrachtung stich. Weder hat Christus statt unser die ewigen Höllenstrafen getragen, noch war der Tod des Gottmenschen ein wirklicher Tod, wie der Mensch ihn (selbst nach kirchlicher Vorstellung) erleidet; ist die Schuld nicht wahrhaft unendlich, so bedarf es keines Gottes, um sie zu büßen; ist die Buße der Menschheit aber nicht ausreichend, der sittlichen Weltordnung genugzutun, so kann der sogenannte Kreuzestod eines Gottmenschen, der damit in Wirklichkeit nur den Stand seiner Erniedrigung mit seiner pneumatischen Herrlichkeit vertauscht, ihr erst recht nicht genugtun. Wäre aber wirklich dieser Kreuzestod ein Bußäquivalent der Menschheitsschuld, so wäre doch der Konflikt zwischen Gerechtigkeit und Liebe in Gott nicht gelöst, sondern einseitig zugunsten der Gerechtigkeit entschieden; denn Gottes Barmherzigkeit hat ja nichts mehr zu vergeben und zu verzeihen, nachdem seine Gerechtigkeit die volle Buße für die Schuld eingezogen und quittiert hat. Ist Christi Kreuzestod wirklich unendlicher, vollgenügender Ersatz für die Sünden der ganzen Welt, für die vergangenen und künftigen, so ist die Konsequenz, daß der Gläubige nun mit ruhigem Gewissen darauf los sündigen könne, theoretisch unwiderleglich. Noch widersinniger als die stellvertretende Strafabbüßung erscheint im Licht einer objektiven sittlichen Weltordnung die stellvertretende Gesetzeserfüllung Christi für die Menschen durch seinen tätigen Gehorsam, was wohl keiner Ausführung bedarf. Neue Widersprüche tauchen auf, wenn man nach der Aneignung und nach der

Wirkung des Erlösungswerkes fragt. Ist das Leiden und Tun Christi objektiv stellvertretend für die ganze Menschheit, so bleibt es logisch unnachweislich und unverständlich, wie die Wirkung desselben für ein bestimmtes Individuum noch einmal von dem Glauben des letzteren an diese objektiv-stellvertretende Leistung oder von sonstigen subjektiven Bedingungen abhängig gemacht werden kann, da diese in den Prämissen der Stellvertretungstheorie gar keinen Platz finden: ist aber die von bestimmten subjektiven psychologischen Funktionen abhängige Aneignung des Heils erst der Akt, welcher in jedem einzelnen Individuum, also auch in der Menschheit die Erlösung bewirkt, so liegt das die Erlösung objektiv Bewirkende eben noch nicht in dem stellvertretenden Leiden und Tun Christi, sondern erst in jenen subjektiven Vorgängen.

War als der Sünde Sold der Tod und in weiterem Sinne das Übel hingestellt, so mußte die stellvertretende Wirkung des Leidens Christi vor allem in der Erlösung vom Tode und Übel hervortreten; dies ist aber nicht geschehen, denn beide bestehen fort, und selbst die Auferstehung ist den Sündern ebenso gewiß wie den Gerechten, nur daß die einen in der Hölle, die andern im Himmel weiter leben.

Die Krisis des Christentums in der modernen Theologie, Berlin 1880, 10 f.

Was bleibt vom Neuen Testament?

Um die Lehre Jesu für die Gegenwart empfehlen zu können, muß man die Augen gewaltsam verschließen gegen ihre nationaljüdische Beschränktheit, ihre gesetzliche Gebundenheit und ihre essenische Feindseligkeit gegen alle Kulturgüter (Staat, Ehe, Arbeit, volkswirtschaftliches Gedeihen, Kunst und Wissenschaft), welche alle konsequente Folgerungen aus der Nähe des Weltendes, aber eben darum für uns unbrauchbar und unannehmbar sind. Um den Paulinismus für die Gegenwart empfehlen zu können, muß man nicht nur seine talmudische Dialektik und seine pharisäischen Voraussetzungen, den Zentralbegriff der Gerechtigkeit und die auf ihn gebaute Rechtfertigungslehre aus-

scheiden, sondern auch seine dogmatische Fixierung des
Glaubens und seine Abstraktionen des natürlichen Menschen und der transzendenten Gnade. Um den Johanneis-
mus für die Gegenwart empfehlen zu können, muß man
von seinem Gnostizismus absehen, nämlich von dem Dualismus zwischen Gott und Teufel, Licht und Finsternis,
Gotteskindern und Teufelskindern und von seiner Auffassung der Mittlerschaft Christi im Sinne eines Mittelwesens
zwischen Gott und Mensch. Wenn man alle diese wesentlichen Bestandteile, sowohl die den neutestamentlichen
Schriftstellern gemeinsamen, als auch die jedem von ihnen
eigentümlichen, ausschaltet und als nicht vorhanden betrachtet, dann bleibt von jedem einzelnen Standpunkt ein
viel zu dürftiger Rest übrig, als daß man darauf eine Religion stützen könnte. Wenn man aber versucht, die drei
Reste miteinander zu verschmelzen, so unternimmt man
die Vereinigung von ganz disparaten Bestandteilen, die
aus ihrer gliedlichen Stellung in den bezüglichen Weltanschauungen gewaltsam herausgerissen sind. Selbst dann,
wenn eine solche Vereinigung gelingen könnte, wäre ihr
Ergebnis doch noch viel zu dürftig, um es als eine unseren
heutigen Bedürfnissen entsprechende Religion ausgeben
zu können. Durch diese Erkenntnis sind alle diese Versuche, zu den Lehren des neuen Testaments (oder zu einer
derselben) zurückzukehren und auf denselben die Religion der Gegenwart zu erbauen, von selbst gerichtet, wenn
dieselben als bloße Versuche der weitgreifendsten historischen Reaktion nicht ohnehin schon in sich gerichtet wären. Ebenso ist durch diese Erkenntnis die Frage nach der
Autorität der Bibel erledigt und konstatiert, daß die verschiedenen Schriften ihrer verschiedenen Autoren viele
mangelhafte und irrtümliche Lehren enthalten, in denen
sich einige wenige gute Gedanken wie Goldadern im tauben Gestein eingesprengt finden. – *Unsere ganze Ausbeute aus dem neuen Testament* beschränkt sich mithin auf
das Paulinische Prinzip der Gewissensfreiheit oder die negative Forderung des Ausschlusses *jeden* äußeren Autori-
tätszwanges in religiösen Dingen und das Johanneische
Prinzip der Liebe. Ersteres ist ersichtlich identisch mit dem

Prinzip des Protestantismus, d. h. es ist eine rein formalisti-
sche inhaltsleere Negation, die sich wohl zerstörend gegen
etwas Gegebenes (sei es nun wie bei Paulus das historische
Judentum oder wie bei uns das historische Christentum)
kehren und betätigen, aber an und für sich nichts schaffen
und aufbauen kann. Letzteres Prinzip bleibt uns also allein
von diesen beiden übrig; es ist das Positive des gesamten
Evangeliums, das evangelisch-christliche Prinzip in seiner
exoterischen Fassung. Nun ist aber die Liebe als *Gottesliebe*
entweder unmöglich, insofern der zu liebende Gott sich
als nicht liebenswert darstellt, oder illusorisch, sofern sie
durch einen geläuterten Gottesbegriff gegenstandslos
wird; hingegen ist die Liebe als *Menschenliebe* wohl ein
ethisches, aber nicht ein religiöses Prinzip, also wohl ein,
wenn auch unzulänglicher Baugrund für eine Moral, aber
in keiner Weise für eine Religion. Wenn also das protestantische Prinzip seine negative Aufgabe dem Christentum
gegenüber bis zu Ende vollzogen hat, so stellt sich heraus,
daß das übrig bleibende Positive, das eigentlich evangelische oder christliche Prinzip gar kein religiöses Prinzip
mehr ist; d. h. der Protestantismus in seiner folgerichtigen
Entwicklung hebt das Christentum als Religion auf und
läßt es nur als Moral auf Grund eines einseitigen Gefühls-
moralprinzips, mithin in einer Gestalt bestehen, in welcher
es nur mit Unrecht den Anspruch erheben kann, eine ei-
genartige und kulturgeschichtliche neue Idee zu sein.

Das Christentum des neuen Testaments, 304 ff.

Die Frau im Christentum

Die meisten heidnischen Völker hatten das weibliche Geschlecht als das schwächere mißachtet und es wegen und
trotz seiner Schwäche zum Lastvieh herabgewürdigt; nur
als instrumentum voluptatis und als Mehrerin des Stam-
mes hatten sie es geschätzt. Das Christentum ließ nicht nur
die herkömmliche Mißachtung und Zurücksetzung des
Weibes bestehen, sondern beseitigte auch die beiden
Gründe, um derentwillen es bisher noch einigen Wert zu
haben schien. An einer Mehrung des Volkes konnte einer

rein jenseitigen Weltanschauung nichts mehr gelegen sein, und die Lust am Weibe wurde je länger je mehr zu etwas Nichtseinsollendem. Im ganzen christlichen Mittelalter gilt das Weib als Inbegriff aller Laster, Schlechtigkeiten und Sünden, als der Fluch und das Verderben des Mannes, als der teuflische Fallstrick auf dem Pfade zur Tugend und Heiligkeit. Die entgegengesetzte germanische Anschauung mußte in dem transzendenten Marienkultus und in dem ungesunden Minnedienst ihre Zuflucht suchen. Es ist ein Hauptverdienst der Reformation, daß sie endlich wieder dem Weibe, insbesondere dem Eheweibe eine würdigere Stellung anwies, und daß sie zu dem Zweck nicht bloß den Bruch mit der ganzen christlichen Tradition, sondern auch den Bruch mit der Autorität des neuen Testaments nicht scheute.

Das Christentum des neuen Testaments, 190

Der christliche Egoist

Daß die Welt einmal aufhört und Gott wieder Alles in Allem ist, dagegen haben die Theologen gar nichts; *nur eine* Bedingung stellen sie: *sie* müssen dann *auch noch dabei sein*, um die ungetrübte Herrlichkeit Gottes *mit zu genießen*. In dieser *Selbstsucht* des nicht abdanken wollenden Individualeudämonismus steckt des Pudels Kern; der christliche Egoist will wohl nach Ablauf des tausendjähriges Reiches und nach dem Aufhören der Zeit ganz in Gott eingehen und mit Gott eins werden, aber nicht ohne diese mystische Einheit als *seine* ewige Seligkeit zu empfinden.

Nachträge zur Metaphysik des Unbewußten; im Ergänzungsband zur Philosophie des Unbewußten, Leipzig 1890, 531

FRIEDRICH NIETZSCHE
1844–1900

Die Kunde vom Ableben (Nietzsches) hatte sich . . . unter den Gästen des Hotels verbreitet, unter denen sich auch ein hochgestellter süddeutscher Beamter mit seiner schwerhörigen Gemahlin befand. Während wir nun geruhsam auf einer durch Gebüsche versteckten Aussichtsbank saßen, spazierte das geheimrätliche Ehepaar im Rücken an uns vorbei und führte ohne eine Ahnung unserer Zuhörerschaft etwa folgendes Zwiegespräch: – »– Ja, und dann hat er e wüschte Schrift gschriebe geges Christedom – und dann isch er e Narr worde.« – »Ha ja«, respondierte der andere Teil, »*darum* isch er e Narr worde.« –

Carl Albrecht Bernoulli,
II, 417 f.

Seit dem Ende des 2. Jahrhunderts, seit Celsus und Lukian war »dem Christentum kein Gegner erwachsen wie Friedrich Nietzsche«; dies legte der Theologe Albert Kalthoff dar[1]. Nietzsches *Antichrist* (1888) bleibt wahrscheinlich das Stärkste, was Europa an antichristlicher Polemik hervorgebracht hat. Auch Nietzsches übrige Schriften enthalten ein starkes Nein zum Christentum – ein Nein, weil Nietzsches Philosophie insgesamt als die Philosophie eines begeisterten *Ja* verstanden werden muß. Nur aus der Entschiedenheit von Nietzsches Ja erklärt sich die unüberbietbare Unerbittlichkeit seines Neins; aus beiden die schneidende Schärfe des Tons. Kritiker, welche diese als Indiz des ausbrechenden Wahnsinns deuten wollten, wurden bereits von C. A. Bernoulli der »Perfidie« überführt[2]. Nietzsche selbst wußte: »Alle wesentlichen Forderungen müssen mit einer brutalen Deutlichkeit, d. h. tausendfach *übertrieben* gestellt werden.«[3] Brutal deutlich das Postulat, brutal deutlich daher ebenso die Negation des dem Postulat schädlichen Gegenpostulats, dergestalt, daß der Konnex von eigener Forderung und Polemik gegen die feindliche Doktrin bis in die einzelnen Sätze hinein verfolgt werden kann: »Ich beschwöre euch, meine Brüder, *bleibt der Erde treu* und glaubt denen nicht, welche euch von überirdischen Hoffnungen reden! Giftmischer sind es, ob sie es wissen oder nicht.« (II, 280) Wer, ein Architekt menschenwürdiger Zukunft, der Menschheit ein großes Ziel zu oktroyieren wünscht, das er verwirklicht haben will – was hätte er zu tun? Es zu propagieren. Dafür zu agitieren. Es dem Gegenbild zu konfrontieren. Die Konfrontation eines revolutionären Plans der Zukunft des Menschengeschlechts mit der Vergangenheit und Gegenwart des Lebewesens Mensch oder die Konfrontation eines revolutionären Entwurfs des Menschengeschlechts der Zukunft mit dem Menschen vergangener Zeiten und insbesondere der Gegenwart: Nietzsches Lehre stellt nichts anderes dar als dies. Demnach erweist sich das Miteinander von tödlich-rigorosem Nein und von begeistertem Ja, das Ineins von Haß auf das Alte und Enthusiasmus für das Neue als unzersprengbarer Zusammenhang der Kritik am gegenwärtig vorhandenen Fundus irdischer Einrichtungen, an der jetzt und hier lebenden – oder vegetierenden – Menschheit und einer Utopie der herbeizuführenden besseren Zukunft. Weshalb sich Nietzsches positive Philosophie unter gleich viel Aspekten resümieren läßt wie seine antichristliche Konfession. Unter ein und demselben Blickwinkel erfaßt man, betrachtet man das gesamte Werk, jedesmal sowohl einen Hauptstrang seiner Kritik als auch einen Bestandteil seiner Utopie.

Nietzsches Welterlebnis ist *tragisch*, sein Weltbild dasjenige Heraklits, welches seit dem Sturm und Drang in Deutschland dominant geworden war: Festes Sein wird geleugnet, nur das Werden anerkannt; kein Ewiges existiert, nur Gewordenes und Werdendes, nur »Werden und Vergehen«, »Bauen und Zerstören ohne jede moralische Zurechnung« (III, 376). Im Gegensatz dazu steht den Christen die Ordnung der Welt fest, worin Wesenhaftes nicht vernichtet wird, sondern in einem Jenseits aufgehoben bleibt, so daß christliche

Metaphysik, wie schon Lessing wußte, jedenfalls genuine Tragik ausschließt. Wer, anders als die Christen, es zu akzeptieren vermag, daß, da alles entsteht, alles auch vergeht; wer das Eingespanntsein zwischen Entstehen und Ausgelöschtwerden erträgt; wer den Schmerz ins Leben einbezieht, anstatt ihn zu eskamotieren, und wer das Zerstören und Zerstörtwerden ins Schaffen einrechnet – dessen Auffassung ist die dionysische. Oder: »Es wird ein höchster Zustand von Bejahung des Daseins konzipiert, aus dem auch der höchste Schmerz nicht abgerechnet werden kann: der *tragisch-dionysische* Zustand.« (III, 693) Wie besteht der dionysische Mensch angesichts einer sich ständig wandelnden Welt? Indem er zum Schaffenden wird. Form schafft. Denn Form ist Sein. Ist Festes. »Dem Werden den Charakter des Seins *aufzuprägen* – das ist der *höchste Wille zur Macht.*« (III, 895) Der höchste Wille zur Macht oder Künstlerwille, der Illusion herstellt, nämlich einen wohltuenden Schleier über den wahren Charakter der Welt zu breiten versucht. Kunst also eine Lüge, die hilft, am Leben zu bleiben, oder: »Wir haben die *Kunst,* damit wir *nicht an der Wahrheit zugrunde gehn.*« (III, 832) Im Zeichen des Dionysos ja sagen zur Welt, zum Werden wie zum Vergehen, schließt das Jasagen zum *ganzen* Menschen ein, ohne Trennung von Innen und Außen, wofür auch die Formel gesetzt werden kann: Hellas wiedergeboren! Und dies heißt vor allem einmal: Eros und Aphrodite, die vom Christentum grausam mißhandelten Götter, gelangen aufs neue an die Macht! Die Geschlechtlichkeit des Menschen bedeutet nämlich ihrerseits ein »triumphierendes Ja zum Leben über Tod und Wandel hinaus; das *wahre* Leben als das Gesamt-Fortleben durch die Zeugung, durch die Mysterien der Geschlechtlichkeit« (II, 1031). »Erst das Christentum, mit seinem Ressentiment *gegen* das Leben auf dem Grunde, hat aus der Geschlechtlichkeit etwas Unreines gemacht« (II, 1032) – dies Faktum allein reichte zu seiner Verurteilung aus. Wer dionysisch empfindet, für den ist jede Priesterlehre erledigt; damit auch die gesamte Metaphysik. Denn aus dem »*Schnappsack der Metaphysiker*« kommen als Resultate doch bloß ans Licht: »ein kleiner lieber Herrgott, eine artige Unsterblichkeit, vielleicht etwas Spiritismus und je-

denfalls ein ganzer verschlungener Haufen von Armen-Sün-
der-Elend und Pharisäer-Hochmut« (I, 748). Was nottut?
*»Gleichgültigkeit gegen Glauben und angebliches Wissen
auf jenen Gebieten!«* (I, 881) Skepsis tut not, wie denn der
»einzige *ehrenwerte* Typus« Philosoph der *Skeptiker* war
(II, 1087) und wie auch in der Gegenwart gilt: »große Geister
sind Skeptiker« (II, 1220).

Der christlichen Hypothese über den Menschen setzte
Nietzsche wie Feuerbach eine revolutionäre Auffassung davon entgegen, was der Mensch sei, und wenn Feuerbach den
Wert der Anthropologie hervorgehoben hatte, so hob Nietzsche denjenigen der *Psychologie* hervor[4]: Für den geborenen
Psychologen sei das vorbestimmte Arbeitsgebiet die
»menschliche Seele und ihre Grenzen, der bisher überhaupt
erreichte Umfang menschlicher innerer Erfahrungen«
(II, 609); die Psychologie müsse wieder als »Herrin der Wissenschaften« eingesetzt werden, weil allein sie den »Weg zu
den Grundproblemen« bilde (II, 587). Wie Feuerbach auch
forderte Nietzsche, den Sinnen zu vertrauen: »Wir besitzen
heute genau so weit Wissenschaft, als wir uns entschlossen
haben, das Zeugnis der Sinne *anzunehmen* — als wir sie noch
schärfen, bewaffnen, zu Ende denken lernten.« (II, 958) Die
Feindschaft mancher bisherigen Philosophie gegen die Sinne
sei der denkbar größte Fehler gewesen, die zeitgenössischen
Philosophen aber zeigten sich allesamt als »Sensualisten«
(II, 247). Wesentlich ist nämlich: »vom *Leib* ausgehen und
ihn als Leitfaden zu benutzen« (III, 476). Wie Feuerbachs
Sensualismus involviert derjenige Nietzsches gleichfalls eine
revolutionäre Ansicht darüber, was das menschliche Bewußtsein sei. Verwies Feuerbach auf Herz oder Gemüt als
determinative Kräfte des Menschen, so hört man von Nietzsche den Satz: »Die längsten Zeiten hindurch hat man bewußtes Denken als das Denken überhaupt betrachtet: jetzt
erst dämmert uns die Wahrheit auf, daß der allergrößte Teil
unseres geistigen Wirkens uns unbewußt, ungefühlt ver-
läuft.« (II, 193) Auch agiert nach Nietzsche das Bewußtsein
nicht »in irgendeinem entscheidenden Sinne dem Instinkti-
ven *entgegengesetzt,* — das meiste bewußte Denken eines
Philosophen ist durch seine Instinkte heimlich geführt und in

bestimmte Bahnen gezwungen« (II, 569); der Intellekt des
Menschen darf deshalb als ein »*gewisses Verhalten der Triebe zueinander*« bezeichnet werden (II, 193). So arbeitet die
Erkenntnis hauptsächlich als Werkzeug des Unbewußten, sie
liefert keineswegs Wahrheit, sondern im wesentlichen Fiktionen, welche der Ausdehnung menschlicher Macht nützlich
sein können. Heißt dies nun, daß Nietzsche, wie ihm oft
vorgeworfen worden ist, die Unvernunft apotheosiert? Im
Gegenteil! Es geht ihm niemals darum, die Vernunft zu verfemen, sondern er versucht, indem er ihre wirkliche Beschaffenheit angibt, ihre Grenzen anzugeben. Denn nur wer die
Grenzen der Vernunft erkennt, wird von ihr richtigen Gebrauch zu machen wissen. Und er wünscht, sie im Körper des
Tierwesens Mensch fest zu verankern; damit wäre sie gestärkt. Es kommt darauf an, die Erkenntnis »zum *mächtigsten*
Affekt zu machen« (III, 1171) oder »*das Wissen sich einzuverleiben* und instinktiv zu machen« (II, 44); wie es anderseits
darauf ankommt, die »großen Kraftquellen, jene oft so gefährlich und überwältigend hervorströmenden Wildwasser
der Seele« nicht »*versiegen*« zu lassen, sondern »ihre Macht
in Dienst zu nehmen und zu *ökonomisieren*« (III, 721).
»*Summa: die Herrschaft* über die Leidenschaften, *nicht* deren
Schwächung und Ausrottung!« (III, 528) Dies wäre Nietzsches »Rückkehr zur Natur«: »obwohl es eigentlich nicht ein
Zurückgehn, sondern ein *Hinaufkommen* ist« (II, 1023). Für
denjenigen, der sich über die Funktion des Bewußtseins im
klaren ist, enthüllt sich das Christentum als »eine zu Ende
gedachte Methodik der psychologischen Falschmünzerei«:
»Die Kirche glaubt an Dinge, die es nicht gibt, an ›Seelen‹;
sie glaubt an Wirkungen, die es nicht gibt, an göttliche Wirkungen; sie glaubt an Zustände, die es nicht gibt, an Sünde,
an Erlösung, an das Heil der Seele: sie bleibt überall bei der
Oberfläche stehn, bei Zeichen, Gebärden, Worten, denen
sie eine arbiträre Auslegung gibt.« (III, 731) Ist die christliche
Praktik verloren, Christlichkeit »auf ein Für-wahr-halten, auf
eine bloße Bewußtseins-Phänomenalität« reduziert, so hat
man die Christlichkeit bereits negiert (II, 1200).

Außer auf dem tragischen Welterlebnis und der neuen
Auffassung vom Menschen beruht Nietzsches Philosophie

auf einer *Typologie.* Er stellt zwei Typen von Menschen
einander gegenüber; einen, dessen Macht er brechen möchte, einen anderen, dessen Macht er gesteigert sehen will.
Seine Hauptfrage: »welchen Typus Mensch man *züchten*
soll, *wollen* soll, als den höherwertigeren, lebenswürdige-
ren, zukunftsgewisseren« (II, 1166). Nietzsches gesamtes
Œuvre entsprang womöglich dem Nachsinnen über dies Problem: Wie vermehre ich die Macht des Schaffenden? Und:
Wie vermindere ich die Macht des Nichtschaffenden? Im
Schaffenden ist der Gegensatz von Vita practica und Vita
contemplativa überwunden; er übt die höchste Tätigkeit, die
schöpferische; er ist der Mensch der größeren Vernunft, Ver-
wirklicher der Rückkehr zur Natur; er übt die vornehmste
Tätigkeit: Gesetzgeben – womit er der Erde ihren Sinn verleiht; daher endlich ist er der Antinihilist, der prometheische
Mensch. Denn Prometheus, Goethes Symbol für den Künstler, der sich selber die Gesetze vorschreibt, unabhängig von
Gott – er ist auch Nietzsches Symbol. Nietzsche selber plante
eine Prometheusdichtung; der Entwurf ist erhalten. Zarathustra, Übermensch: nur andere Namen für Prometheus, und
Zarathustra formt am Menschen, wie Goethes Prometheus
den Stein behaut. Er philosophiert mit dem Hammer, die Erde
wird zur Marmorwerkstätte, und seine Schöpfung heißt: der
neue Mensch. *»Die eigentlichen Philosophen«* sind also »*Be-
fehlende und Gesetzgeber:* sie sagen ›*so soll* es sein!‹, sie
bestimmen erst das Wohin? und Wozu? des Menschen und
verfügen dabei über die Vorarbeit aller philosophischen Arbeiter, aller Überwältiger der Vergangenheit – sie greifen mit
schöpferischer Hand nach der Zukunft, und alles, was ist und
war, wird ihnen dabei zum Mittel, zum Werkzeug, zum
Hammer.« (II, 676, III, 436) Sie bestimmen die neue Moral,
da die »gesetzgeberischen Moralen« »das Hauptmittel« sind,
»mit denen man aus dem Menschen gestalten kann, was
einem schöpferischen und tiefen Willen beliebt« (III, 467).
Ihnen gehört von Rechts wegen die »Herrschaft über die
Erde« »als Mittel zur Erzeugung eines höheren Typus«
(III, 430). Ihre Philosophie eröffnet das Zeitalter großer Politik. Dem prometheischen Philosophen setzt sich dessen Ge-
gentyp entgegen: das Herdentier, der Herdenmensch, der

Christ. Dieser versucht, seinen eigenen Typus »gegen die
davon Entartenden (Verbrecher usw.)« ebenso wie »gegen
die darüber Emporragenden« zu verteidigen (III, 423). Es sind
»Menschen, nicht hoch und hart genug, um *am Menschen*
als Künstler gestalten zu dürfen« (II, 624). »Die Tendenz der
Herde ist auf Stillstand und Erhaltung gerichtet, es ist nichts
Schaffendes in ihr.« (III, 423) Das Herdentier hat nun einen
tödlichen Krieg gegen den höheren Typus, den Schaffenden,
angefangen und ihn einstweilen gewonnen. Denn der Sieg
des Christentums war der Sieg der Herde, genauer: der Sieg
des antiken Sklaven. Wie kam es dazu? Nachdem der Skla-
venaufstand in der politischen Realität gescheitert war – Spar-
takus unterlag –, setzte sich der Kampf in der Moral fort. Der
Sklave brachte seine Metaphysik, seine Psychologie, vor allem seine Moral, die sich gegen die dominierenden Werte
richtete, mit großer List an die Macht. Dabei konnte er das
Schuldgefühl ausnutzen, das lange vor Jesus schon in den
Menschen lebte; es war eine Folge der »gewaltsamen Abtren-
nung von der tierischen Vergangenheit« oder davon, daß die
Raubtierinstinkte, die sich nicht mehr nach außen entladen
durften, nun nach innen wirkten (II, 825 f.). Die Priesterschaft
bediente sich des Schuldgefühls, interpretierte es als »Sünde«
und herrschte mittels dieser Erfindung. »O über diese wahnsinnige traurige Bestie Mensch! Welche Einfälle kommen ihr,
welche Widernatur, welche Paroxysmen des Unsinns, welche *Bestialität der Idee* bricht sofort heraus, wenn sie nur ein
wenig verhindert wird, *Bestie der Tat* zu sein!« (II, 833 f.) Die
auf dem Begriff der Sünde aufgebaute Moral, die Herdentier-
moral, die Moral des antiken Sklaven, die Moral jeder Art von
sklavischem Menschen aber ist der Weg ins Nichts, eine
Form der Todfeindschaft gegen das Leben (wie gegen die
Liebe), kurz: Verbrechen – *das* kapitale Verbrechen gegen
alles Leben.

Wie kann der prometheische Mensch, der Typus höherer
Mensch an die Spitze kommen? Wie gelangt er zur Macht?
Indem *Rangordnung* hergestellt wird: »Meine Philosophie ist
auf *Rangordnung* gerichtet« (III, 907), bei welcher der höchste Mensch den ersten Platz einnähme. Neue Aristokratie
also, eine wahrhafte Herrschaft der Besten oder der Schaffen-

den – Künstler, Philosophen, Gesetzgeber, Religionsstifter –;
eine »höhere Form des *Aristokratismus*« (III, 629); eine »auf
der härtesten Selbst-Gesetzgebung aufgebaute Aristokratie,
in der dem Willen philosophischer Gewaltmenschen und
Künstler-Tyrannen Dauer über Jahrtausende gegeben wird –
eine höhere Art Menschen, die sich, dank ihrem Überge-
wicht von Wollen, Wissen, Reichtum und Einfluß, des demokratischen Europas bedienen als ihres gefügigsten und be-
weglichsten Werkzeugs, um die Schicksale der Erde in die
Hand zu bekommen, um am ›Menschen‹ selbst als Künstler
zu gestalten« (III, 504 f.). Solcher »Mensch der Zukunft« heißt
bei Nietzsche auch der »Antichrist und Antinihilist« (II, 837).
Nietzsches neue Aristokratie aber bleibt unmöglich, solange
das Christentum und die Moral des Christentums herrschen.
Beider Sturz nur führt die Herrschaft des neuen Adels herbei.
Fest steht, daß das Christentum auf dem Sterbebett liegt; fest
steht, daß die zuerst von Heine unübertrefflich brillant formu-
lierte Einsicht recht behält: Gott ist tot! Aphorismus 125 der
Fröhlichen Wissenschaft zum Beispiel (Überschrift: *Der tolle
Mensch*) oder die *Vorrede zum Zarathustra* enthalten diese
Einsicht, diese These, dies Aperçu, diesen Satz, diesen Ruf,
diesen Schrei: Gott ist tot! Damit ist der Weg frei für den
neuen Menschen, den Übermenschen.

»Einst sagte man Gott, wenn man auf ferne Meere blickte;
nun aber lehrte ich euch sagen: Übermensch.

Gott ist eine Mutmaßung; aber ich will, daß euer Mutma-
ßen nicht weiter reiche als euer schaffender Wille.

Könntet ihr einen Gott *schaffen?* – So schweigt mir doch
von allen Göttern! Wohl aber könntet ihr den Übermenschen
schaffen.« (II, 344)

Wolfgang Beutin

Die Irrenhaus-Welt ganzer Jahrtausende

…ich gehe durch die Irrenhaus-Welt ganzer Jahrtausende, heiße sie nun »Christentum«, »christlicher Glaube«,
»christliche Kirche«, mit einer düsteren Vorsicht hin-

durch – ich hüte mich, die Menschheit für ihre Geistes-krankheiten verantwortlich zu machen. Aber mein Gefühl schlägt um, bricht heraus, sobald ich in die neuere Zeit, in *unsre* Zeit eintrete. Unsre Zeit ist *wissend...* Was ehemals bloß krank war, heute ward es unanständig – es ist unan-ständig, heute Christ zu sein. *Und hier beginnt mein Ekel.* – Ich sehe mich um: es ist kein Wort von dem mehr übrigge-blieben, was ehemals »Wahrheit« hieß, wir halten es nicht mehr aus, wenn ein Priester das Wort »Wahrheit« auch nur in den Mund nimmt. Selbst bei dem bescheidensten An-spruch auf Rechtschaffenheit *muß* man heute wissen, daß ein Theologe, ein Priester, ein Papst mit jedem Satz, den er spricht, nicht nur irrt, sondern *lügt* – daß es ihm nicht mehr freisteht, aus »Unschuld«, aus »Unwissenheit« zu lügen. Auch der Priester weiß, so gut es jedermann weiß, daß es keinen »Gott« mehr gibt, keinen »Sünder«, keinen »Erlö-ser« – daß »freier Wille«, »sittliche Weltordnung« *Lügen* sind – der Ernst, die tiefe Selbstüberwindung des Geistes *erlaubt* niemandem mehr, hierüber *nicht* zu wissen... Alle Begriffe der Kirche sind erkannt als das, was sie sind, als die bösartigste Falschmünzerei, die es gibt, zum Zweck, die Natur, die Natur-Werte zu *entwerten;* der Priester selbst ist erkannt als das, was er ist, als die gefährlichste Art Parasit, als die eigentliche Giftspinne des Lebens... Wir wissen, unser *Gewissen* weiß es heute, *was* überhaupt jene unheimlichen Erfindungen der Priester und der Kirche wert sind, *wozu sie dienten,* mit denen jener Zustand von Selbstschändung der Menschheit erreicht worden ist, der Ekel vor ihrem Anblick machen kann – die Begriffe »Jen-seits«, »Jüngstes Gericht«, »Unsterblichkeit der Seele«, die »Seele« selbst: es sind Folter-Instrumente, es sind Sy-steme von Grausamkeiten, vermöge deren der Priester Herr wurde, Herr blieb... Jedermann weiß das: *und trotz-dem bleibt alles beim alten.* Wohin kam das letzte Gefühl von Anstand, von Achtung vor sich selbst, wenn unsre Staatsmänner sogar, eine sonst sehr unbefangene Art Mensch und Antichristen der Tat durch und durch, sich heute noch Christen nennen und zum Abendmahl ge-hen?... Ein junger Fürst an der Spitze seiner Regimenter,

prachtvoll als Ausdruck der Selbstsucht und Selbstüberhe-
bung seines Volks – aber, *ohne* jede Scham, sich als Chri-
sten bekennend!   *II, 1199 f.*

Die Zeit kommt, wo wir dafür *bezahlen* müssen, zwei Jahrtausende lang *Christen* gewesen zu sein ...   *III, 665*

Ein untrügliches Wetterzeichen der Kultur

Sicherlich aber ist Leichtsinn oder Schwermut jeden Gra-
des besser als eine romantische Rückkehr und Fahnen-
flucht, eine Annäherung an das Christentum in irgendeiner Form: denn mit ihm kann man sich, nach dem gegenwärtigen Stande der Erkenntnis, schlechterdings nicht
mehr einlassen, ohne sein *intellektuales Gewissen* heillos
zu beschmutzen und vor sich und anderen preiszugeben.
                                                                    I, 518

Es gibt so wenig entscheidende Wetterzeichen der Kultur,
daß man froh sein muß, für seinen Haus- und Gartenge-
brauch wenigstens *ein* untrügliches in den Händen zu haben. Um zu prüfen, ob jemand zu uns gehört oder nicht –
ich meine zu den freien Geistern –, so prüfe man seine
Empfindung für das Christentum. Steht er irgendwie anders zu ihm als *kritisch*, so kehren wir ihm den Rücken: er
bringt uns unreine Luft und schlechtes Wetter.   *I, 947*

Eure Gesichter sind immer eurem Glauben schädlicher
gewesen als unsere Gründe! Wenn jene frohe Botschaft
eurer Bibel euch ins Gesicht geschrieben wäre, ihr brauch-
tet den Glauben an die Autorität dieses Buches nicht so
halsstarrig zu fordern: eure Werke, eure Handlungen sollten die Bibel fortwährend überflüssig machen, eine neue
Bibel sollte durch euch fortwährend entstehen! So aber hat
alle eure Apologie des Christentums ihre Wurzel in eurem
Unchristentum; mit eurer Verteidigung schreibt ihr eure
eigne Anklageschrift.   *I, 775 f.*

Angewöhnung geistiger Grundsätze ohne Gründe nennt
man Glauben.   *I, 586*

Der Fanatismus ist nämlich die einzige »Willensstärke«, zu der auch die Schwachen und Unsichern gebracht werden können, als eine Art Hypnotisierung des ganzen sinnlich-intellektuellen Systems zugunsten der überreichlichen Ernährung (Hypertrophie) eines einzelnen Gesichts- und Gefühlspunktes, der nunmehr dominiert – der Christ heißt ihn seinen *Glauben.* Wo ein Mensch zu der Grundüberzeugung kommt, daß ihm befohlen werden *muß,* wird er »gläubig«... *II, 213*

Der »Gläubige« gehört *sich* nicht, er kann nur Mittel sein, er muß *verbraucht* werden, er hat jemand nötig, der ihn verbraucht. *II, 1221*

Atheismus aus Instinkt

Ich kenne den Atheismus durchaus nicht als Ergebnis, noch weniger als Ereignis: er versteht sich bei mir aus Instinkt. Ich bin zu neugierig, zu *fragwürdig*[5], zu übermütig, um mir eine faustgrobe Antwort gefallen zu lassen. Gott ist eine faustgrobe Antwort, eine Undelikatesse gegen uns Denker –, im Grunde sogar bloß ein faustgrobes *Verbot* an uns: ihr sollt nicht denken! *II, 1082*

Einer der korruptesten Gottesbegriffe

Und er selbst, so blaß, so schwach, so *décadent*... Selbst die Blassesten der Blassen wurden noch über ihn Herr, die Herrn Metaphysiker, die Begriffs-Albinos. Diese spannen so lange um ihn herum, bis er, hypnotisiert durch ihre Bewegungen, selbst Spinne, selbst Metaphysicus wurde. Nunmehr spann er wieder die Welt aus sich heraus – *sub specie Spinozae* –, nunmehr transfigurierte er sich ins immer Dünnere und Blässere, ward »Ideal«, ward »reiner Geist«, ward »*absolutum*«, ward »Ding an sich«... *Verfall eines Gottes*... *II, 1178*

Der christliche Gottesbegriff – Gott als Krankengott, Gott als Spinne, Gott als Geist – ist einer der korruptesten Got-

tesbegriffe, die auf Erden erreicht worden sind; er stellt
vielleicht selbst den Pegel des Tiefstands in der absteigen-
den Entwicklung des Götter-Typus dar. Gott zum *Widerspruch des Lebens* abgeartet, statt dessen Verklärung und
ewiges *Ja* zu sein! In Gott dem Leben, der Natur, dem
Willen zum Leben die Feindschaft angesagt! Gott die Formel für jede Verleumdung des »Diesseits«, für jede Lüge
vom »Jenseits«! In Gott das Nichts vergöttlicht, der Wille
zum Nichts heilig gesprochen!...   *II, 1178*

Der alte Gott erfindet den *Krieg*, er trennt die Völker, er
macht, daß die Menschen sich gegenseitig vernichten
(– die Priester haben immer den Krieg nötig gehabt...).
                                                    II, 1213

Das ist es nicht, was *uns* abscheidet, daß wir keinen Gott
wiederfinden, weder in der Geschichte, noch in der Natur,
noch hinter der Natur – sondern daß wir, was als Gott
verehrt wurde, nicht als »göttlich«, sondern als erbar-
mungswürdig, als absurd, als schädlich empfinden, nicht
nur als Irrtum, sondern als *Verbrechen am Leben*...
                                                    II, 1211 f.

Das größte neuere Ereignis – daß »Gott tot ist«, daß der
Glaube an den christlichen Gott unglaubwürdig geworden
ist – beginnt bereits seine ersten Schatten über Europa zu
werfen.   *II, 205*

Jesus, dieser heilige Anarchist

Ich sehe nicht ab, wogegen der Aufstand gerichtet war, als
dessen Urheber Jesus verstanden oder *mißverstanden*
worden ist, wenn es nicht der Aufstand gegen die jüdische
Kirche war – »Kirche« genau in dem Sinn genommen, in
dem wir heute das Wort nehmen. Es war ein Aufstand
gegen »die Guten und Gerechten«, gegen »die Heiligen
Israels«, gegen die Hierarchie der Gesellschaft... Dieser
heilige Anarchist, der das niedere Volk, die Ausgestoßnen
und »Sünder«, die *Tschandala* innerhalb des Judentums

zum Widerspruch gegen die herrschende Ordnung auf-
rief – mit einer Sprache, falls den Evangelien zu trauen
wäre, die auch heute noch nach Sibirien führen würde, war
ein politischer Verbrecher, so weit eben politische Verbrecher in einer *absurd-unpolitischen* Gemeinschaft möglich
waren. Dies brachte ihn ans Kreuz: der Beweis dafür ist die
Aufschrift des Kreuzes. Er starb für *seine* Schuld – es fehlt
jeder Grund dafür, so oft es auch behauptet worden ist, daß
er für die Schuld andrer starb.   *II, 1189*

Der Widerspruch in Christus

Einstweilen klafft ein Widerspruch zwischen dem Berg-,
See- und Wiesenprediger, dessen Erscheinung wie ein
Buddha auf einem sehr wenig indischen Boden anmutet,
und jenem Fanatiker des Angriffs, dem Theologen- und
Priester-Todfeind, den Renans Bosheit als »*le grand maître
en ironie*« verherrlicht hat. Ich selber zweifle nicht daran,
daß das reichliche Maß Galle (und selbst von *esprit*) erst
aus dem erregten Zustand der christlichen Propaganda auf
den Typus des Meisters übergeflossen ist...   *II, 1193*

In der ganzen Psychologie des »Evangeliums« fehlt der
Begriff Schuld und Strafe; insgleichen der Begriff Lohn.
Die »Sünde«, jedwedes Distanz-Verhältnis zwischen Gott
und Mensch ist abgeschafft – *eben das ist die »frohe Botschaft*«. Die Seligkeit wird nicht verheißen, sie wird nicht
an Bedingungen geknüpft: sie ist die *einzige* Realität – der
Rest ist Zeichen, um von ihr zu reden... Die *Folge* eines
solchen Zustandes projiziert sich in eine neue *Praktik,* die
eigentlich evangelische Praktik. Nicht ein »Glaube« unterscheidet den Christen: der Christ handelt, er unterscheidet
sich durch ein *andres* Handeln.   *II, 1195*

Paulus, das Genie des Hasses

Man sieht, *was* mit dem Tode am Kreuz zu Ende war: ein
neuer, ein durchaus ursprünglicher Ansatz zu einer bud-
dhistischen Friedensbewegung, zu einem tatsächlichen,

nicht bloß verheißenen *Glück auf Erden.* Denn dies bleibt... der Grundunterschied zwischen den beiden *décadence*-Religionen: der Buddhismus verspricht nicht, sondern hält, das Christentum verspricht alles, aber *hält nichts.* – Der »frohen Botschaft« folgte auf dem Fuß die *allerschlimmste:* die des Paulus. In Paulus verkörpert sich der Gegensatz-Typus zum »frohen Botschafter«, das Genie im Haß, in der Vision des Hasses, in der unerbittlichen Logik des Hasses. *Was* hat dieser Dysangelist alles dem Hasse zum Opfer gebracht! Vor allem den Erlöser: er schlug ihn an *sein* Kreuz. Das Leben, das Beispiel, die Lehre, der Tod, der Sinn und das Recht des ganzen Evangeliums – nichts war mehr vorhanden, als dieser Falschmünzer aus Haß begriff, was allein er brauchen konnte.

II, 1203 f.

Das Christentum als Formel, um die unterirdischen Kulte aller Art, die des Osiris, der großen Mutter, des Mithras zum Beispiel, zu überbieten – *und* zu summieren: in dieser Einsicht besteht das Genie des Paulus. Sein Instinkt war darin so sicher, daß er die Vorstellungen, mit denen jene Tschandala-Religionen faszinierten, mit schonungsloser Gewalttätigkeit an der Wahrheit dem »Heilande« seiner Erfindung in den Mund legte, und nicht nur in den Mund – daß er aus ihm etwas *machte,* das auch ein Mithras-Priester verstehen konnte... Dies war sein Augenblick von Damaskus: er begriff, daß er den Unsterblichkeits-Glauben *nötig* hatte, um »die Welt« zu entwerten, daß der Begriff »Hölle« über Rom noch Herr wird – daß man mit dem »Jenseits« *das Leben tötet*... Nihilist und Christ: das reimt sich, das reimt sich nicht bloß...

II, 1230

Alles das, was Jesus bekämpft hatte...

Das Christentum hat von vornherein das Symbolische in Kruditäten umgesetzt:

1. der Gegensatz »wahres Leben« und »falsches Leben«: mißverstanden als »Leben diesseits« und »Leben jenseits«;

2. der Begriff »ewiges Leben« im Gegensatz zum Personal-Leben der Vergänglichkeit als »Personal-Unsterblichkeit«;

3. die Verbrüderung durch gemeinsamen Genuß von Speise und Trank nach hebräisch-arabischer Gewohnheit als »Wunder der Transsubstantiation«;

4. die »Auferstehung —« als Eintritt in das »wahre Leben«, als »wiedergeboren«; daraus: eine historische Eventualität, die irgendwann nach dem Tode eintritt;

5. die Lehre vom Menschensohn als dem »Sohn Gottes«, das Lebensverhältnis zwischen Mensch und Gott; daraus: die »zweite Person der Gottheit« – gerade das *weggeschafft:* das Sohnverhältnis jedes Menschen zu Gott, auch des niedrigsten;

6. die Erlösung durch den Glauben (nämlich daß es keinen anderen Weg zur Sohnschaft Gottes gibt als die von Christus gelehrte *Praxis des Lebens*) umgekehrt in den Glauben, daß man an irgendeine wunderbare *Abzahlung der Sünde* zu glauben habe, welche nicht durch den Menschen, sondern durch die Tat Christi bewerkstelligt ist . . .

III, 650 f.

Wir haben also als *Mißverständnis:* . . . eine kirchliche Ordnung mit Priesterschaft, Theologie, Kultus, Sakrament; kurz, alles das, was Jesus von Nazareth *bekämpft* hatte . . .

III, 651

Mit jeder Ausbreitung des Christentums über noch breitere, noch rohere Massen, denen die Voraussetzungen immer mehr abgingen, aus denen es geboren ist, wurde es nötiger, das Christentum zu *vulgarisieren,* zu *barbarisieren* – es hat Lehren und Riten aller *unterirdischen* Kulte des *imperium Romanum,* es hat den Unsinn aller Arten kranker Vernunft in sich eingeschluckt. Das Schicksal des Christentums liegt in der Notwendigkeit, daß sein Glaube selbst so krank, so niedrig und vulgär werden mußte, als die Bedürfnisse krank, niedrig und vulgär waren, die mit ihm befriedigt werden sollten. Als Kirche summiert sich endlich die *kranke Barbarei* selbst zur Macht – die Kirche, diese Todfeindschaftsform zu jeder Rechtschaffenheit, zu jeder *Höhe* der Seele, zu jeder Zucht des Geistes, zu jeder freimütigen und gütigen Menschlichkeit.   *II, 1198*

Das Evangelium starb am Kreuz

Das Wort schon »Christentum« ist ein Mißverständnis –, im Grunde gab es nur einen Christen, und der starb am Kreuz[6]. Das »Evangelium« *starb* am Kreuz. Was von diesem Augenblick an »Evangelium« heißt, war bereits der Gegensatz dessen, was *er* gelebt: eine »*schlimme* Botschaft«, ein *Dysangelium.* Es ist falsch bis zum Unsinn, wenn man in einem »Glauben«, etwa im Glauben an die Erlösung durch Christus das Abzeichen des Christen sieht: bloß die christliche *Praktik,* ein Leben so wie der, der am Kreuze starb, es *lebte,* ist christlich... Heute noch ist ein *solches* Leben möglich, für *gewisse* Menschen sogar notwendig: das echte, das ursprüngliche Christentum wird zu allen Zeiten möglich sein... *Nicht* ein Glauben, sondern ein Tun, ein Vieles-*nicht*-tun vor allem, ein andres *Sein*...
II, 1200

Die christliche Kirche ist eine Enzyklopädie von vorzeitlichen Kulten und Anschauungen der verschiedensten Abkunft und deshalb so missionsfähig: sie mochte ehemals, sie mag jetzt kommen, wohin sie will, sie fand und findet etwas Ähnliches vor, dem sie sich anpassen und dem sie allmählich ihren Sinn unterschieben kann. Nicht das Christliche an ihr, sondern das Universal-Heidnische ihrer *Gebräuche* ist der Grund für die Ausbreitung dieser Weltreligion...   *I, 1058*

Eine Gesamt-Abirrung der Menschheit von ihren Grundinstinkten

Christentum war von Anfang an, wesentlich und gründlich, Ekel und Überdruß des Lebens am Leben, welcher sich unter dem Glauben an ein »anderes« oder »besseres« Leben nur verkleidete, nur versteckte, nur aufputzte. Der

Haß auf die »Welt«, der Fluch auf die Affekte, die Furcht
vor der Schönheit und Sinnlichkeit, ein Jenseits, erfunden,
um das Diesseits besser zu verleumden, im Grunde ein
Verlangen ins Nichts, ans Ende, ins Ausruhen, hin zum
»Sabbat der Sabbate« – dies alles dünkte mich, ebenso wie
der unbedingte Wille des Christentums, *nur* moralische
Werte gelten zu lassen, immer wie die gefährlichste und
unheimlichste Form aller möglichen Formen eines »Willens zum Untergang«, zum mindesten ein Zeichen tiefster
Erkrankung, Müdigkeit, Mißmutigkeit, Erschöpfung, Ver-
armung an Leben, – denn vor der Moral (insonderheit
christlichen, das heißt unbedingten Moral) *muß* das Leben
beständig und unvermeidlich Unrecht bekommen, weil
Leben etwas essentiell Unmoralisches ist, – *muß* endlich
das Leben, erdrückt unter dem Gewichte der Verachtung
und des ewigen Neins, als begehrens-unwürdig, als unwert an sich empfunden werden.   *I, 15*

Eine solche Gesamt-Abirrung der Menschheit von ihren
Grundinstinkten, eine solche Gesamt-*décadence* des
Werturteils ist das Fragezeichen *par excellence*, das eigentliche Rätsel, das das Tier »Mensch« dem Philosophen
aufgibt.   *III, 661*

Das Christentum dagegen zerdrückte und zerbrach den
Menschen vollständig und versenkte ihn wie in tiefen
Schlamm: in das Gefühl völliger Verworfenheit ließ es
dann mit einem Male den Glanz eines göttlichen Erbar-
mens hineinleuchten, so daß der Überraschte, durch Gnade Betäubte, einen Schrei des Entzückens ausstieß und für
einen Augenblick den ganzen Himmel in sich zu tragen
glaubte. Auf diesen krankhaften Exzeß des Gefühls, auf
die dazu nötige tiefe Kopf- und Herz-Korruption wirken
alle psychologischen Empfindungen des Christentums
hin: es will vernichten, zerbrechen, betäuben, berauschen,
es will nur eins nicht: das *Maß,* und deshalb ist es im
tiefsten Verstande barbarisch, asiatisch, unvornehm, un-
griechisch.   *I, 526*

Weder die Moral noch die Religion berührt sich im Christentume mit irgendeinem Punkte der Wirklichkeit. Lauter imaginäre *Ursachen* (»Gott«, »Seele«, »Ich«, »Geist«, »der freie Wille« – oder auch »der unfreie«): lauter imaginäre *Wirkungen* (»Sünde«, »Erlösung«, »Gnade«, »Strafe«, »Vergebung der Sünde«). Ein Verkehr zwischen imaginären *Wesen* (»Gott«, »Geister«, »Seelen«); eine imaginäre *Natur*wissenschaft (anthropozentrisch; völliger Mangel des Begriffs der natürlichen Ursachen); eine imaginäre *Psychologie* (lauter Selbst-Mißverständnisse, Interpretationen angenehmer oder unangenehmer Allgemeingefühle, zum Beispiel der Zustände des *nervus sympathicus*, mit Hilfe der Zeichensprache religiös-moralischer Idiosynkrasie – »Reue«, »Gewissensbiß«, »Versuchung des Teufels«, »die Nähe Gottes«); eine imaginäre *Teleologie* (»das Reich Gottes«, »das Jüngste Gericht«, »das ewige Leben«). – Diese reine *Fiktions-Welt* unterscheidet sich dadurch sehr zu ihren Ungunsten von der Traumwelt, daß letztere die Wirklichkeit *widerspiegelt,* während *sie* die Wirklichkeit fälscht, entwertet, verneint.   *II, 1175*

Was ein Theologe als wahr empfindet, das *muß* falsch sein: man hat daran beinahe ein Kriterium der Wahrheit. Es ist sein unterster Selbsterhaltungsinstinkt, der verbietet, daß die Realität in irgendeinem Punkte zu Ehren oder auch nur zu Worte käme. So weit der Theologen-Einfluß reicht, ist das *Wert-Urteil* auf den Kopf gestellt, sind die Begriffe »wahr« und »falsch« notwendig umgekehrt: was dem Leben am schädlichsten ist, das heißt hier »wahr«, was es hebt, steigert, bejaht, rechtfertigt und triumphieren macht, das heißt »falsch« . . .   *II, 1170*

Die Moral des Christentums: Kapitalverbrechen am Leben

Die Sünde, nochmals gesagt, diese Selbstschändungs-Form des Menschen *par excellence* ist erfunden, um Wissenschaft, um Kultur, um jede Erhöhung und Vornehmheit des Menschen unmöglich zu machen; der Priester *herrscht* durch die Erfindung der Sünde.   *II, 1214 f.*

Man hat bisher das Christentum immer auf eine falsche, und nicht bloß schüchterne Weise angegriffen. Solange man nicht die *Moral* des Christentums als *Kapitalverbrechen am Leben* empfindet, haben dessen Verteidiger gutes Spiel. Die Frage der bloßen »Wahrheit« des Christentums – sei es in Hinsicht auf die Existenz seines Gottes oder die Geschichtlichkeit seiner Entstehungslegende, gar nicht zu reden von der christlichen Astronomie und Naturwissenschaft – ist eine ganz nebensächliche Angelegenheit, solange die Wertfrage der christlichen *Moral* nicht berührt ist.   *III, 826*

Man soll das Christentum nicht schmücken und herausputzen: es hat einen *Todkrieg* gegen diesen *höheren* Typus Mensch gemacht, es hat alle Grundinstinkte dieses Typus in Bann getan, es hat aus diesen Instinkten das Böse, *den* Bösen herausdestilliert – der starke Mensch als der typisch Verwerfliche, der »verworfene« Mensch.   *II, 1167*

Die Wurzel alles Üblen

Die Wurzel alles Üblen: daß die sklavische Moral der Demut, Keuschheit, Selbstlosigkeit, absoluten Gehorsams *gesiegt* hat ...   *III, 425*

Die *Klugheit des Moral-Kastratismus.* – Wie führt man Krieg gegen die männlichen Affekte und Wertungen? Man hat keine physischen Gewaltmittel, man kann nur einen Krieg der List, der Verzauberung, der Lüge, kurz »des Geistes« führen.

Erstes Rezept: man nimmt die Tugend überhaupt für sein Ideal in Anspruch; man *negiert* das ältere Ideal bis zum *Gegensatz zu allem Ideal.* Dazu gehört eine Kunst der Verleumdung.

Zweites Rezept: man setzt seinen Typus als *Wertmaß* überhaupt an; man projiziert ihn in die Dinge, hinter die Dinge, hinter das Geschick der Dinge – als Gott.

Drittes Rezept: man setzt die Gegner seines Ideals als Gegner Gottes an; man erfindet sich das *Recht* zum großen Pathos, zur Macht, zu fluchen und zu segnen.

Viertes Rezept: man leitet alles Leiden, alles Unheimliche, Furchtbare und Verhängnisvolle des Daseins aus der Gegnerschaft gegen *sein* Ideal ab: – alles Leiden folgt als *Strafe,* und selbst bei den Anhängern (– es sei denn, daß es eine Prüfung ist usw.).

Fünftes Rezept: man geht so weit, die Natur als Gegensatz zum eignen Ideal zu fassen: man betrachtet es als eine große Geduldsprobe, als eine Art Martyrium, so lange im Natürlichen auszuhalten; man übt sich auf den dédain der Mienen und Manieren in Hinsicht auf alle »natürlichen Dinge« ein.

Sechstes Rezept: der Sieg der Widernatur, des idealen Kastratismus, der Sieg der Welt des Reinen, Guten, Sündlosen, Seligen wird projiziert in die Zukunft, als Ende, Finale, große Hoffnung, als »Kommen des Reiches Gottes«. – Ich hoffe, man kann über diese Emporschraubung einer kleinen Spezies zum absoluten Wertmaß der Dinge noch *lachen?* ...   *III, 580 f.*

Denn *was* ist die Seligkeit jenes Paradieses? ... Wir würden es vielleicht schon erraten; aber besser ist es, daß es uns eine in solchen Dingen nicht zu unterschätzende Autorität ausdrücklich bezeugt, Thomas von Aquino, der große Lehrer und Heilige. »*Beati in regno coelesti*«, sagt er sanft wie ein Lamm, »*videbunt poenas damnatorum, ut beatitudo illis magis complaceat.*«   *II, 793*

Hier wird der Leib verachtet

Die Leidenschaften werden böse und tückisch, wenn sie böse und tückisch betrachtet werden. So ist es dem Christentum gelungen, aus Eros und Aphrodite – großen idealfähigen Mächten – höllische Kobolde und Truggeister zu schaffen, durch die Martern, welche es in dem Gewissen der Gläubigen bei allen geschlechtlichen Erregungen entstehen ließ. Ist es nicht schrecklich, notwendige und regelmäßige Empfindungen zu einer Quelle des inneren Elends zu machen und dergestalt das innere Elend *bei jedem Menschen* notwendig und regelmäßig machen zu wollen!

I, 1062

Hier wird der Leib verachtet, die Hygiene als Sinnlichkeit
abgelehnt; die Kirche wehrt sich selbst gegen die Reinlich-
keit (– die erste christliche Maßregel nach Vertreibung der
Mauren war die Schließung der öffentlichen Bäder, von
denen Cordova allein 270 besaß). Christlich ist ein gewisser Sinn der Grausamkeit gegen sich und andre; der Haß
gegen die Andersdenkenden; der Wille, zu verfolgen...
Christlich ist der Haß gegen den *Geist*, gegen Stolz, Mut,
Freiheit, *libertinage* des Geistes; christlich ist der Haß gegen die *Sinne*, gegen die Freuden der Sinne, gegen die
Freude überhaupt...   *II, 1181*

Wir sind um *ein* Interesse ärmer geworden: das »Nach-
dem-Tode« geht uns nichts mehr an! – eine unsägliche
Wohltat, welche nur noch zu jung ist, um als solche weit-
und breithin empfunden zu werden. – Und von neuem
triumphiert Epikur!   *I, 1061*

Der Antichrist

Die ganze Arbeit der antiken Welt *umsonst*: ich habe kein
Wort dafür, das mein Gefühl über etwas so Ungeheures
ausdrückt. – Und in Anbetracht, daß ihre Arbeit eine Vorarbeit war, daß eben erst der Unterbau zu einer Arbeit von
Jahrtausenden mit granitnem Selbstbewußtsein gelegt
war, der ganze *Sinn* der antiken Welt umsonst!... Wozu
Griechen? wozu Römer? – Alle Voraussetzungen zu einer
gelehrten Kultur, alle wissenschaftlichen *Methoden* waren
bereits da, man hatte die große, die unvergleichliche
Kunst, gut zu lesen, bereits festgestellt – diese Voraussetzung zur Tradition der Kultur, zur Einheit der Wissenschaft; die Naturwissenschaft, im Bunde mit Mathematik
und Mechanik, war auf dem allerbesten Wege – der *Tatsa-
chen-Sinn,* der letzte und wertvollste aller Sinne, hatte
seine Schulen, seine bereits Jahrhunderte alte Tradition!
Versteht man das? Alles *Wesentliche* war gefunden, um an
die Arbeit gehn zu können – die Methoden, man muß es
zehnmal sagen, *sind* das Wesentliche, auch das Schwierig-
ste, auch das, was am längsten die Gewohnheiten und
Faulheiten gegen sich hat. Was wir heute, mit unsäglicher

Selbstbezwingung – denn wir haben alle die schlechten
Instinkte, die christlichen, irgendwie noch im Leibe – uns
zurückerobert haben, den freien Blick vor der Realität, die
vorsichtige Hand, die Geduld und den Ernst im Kleinsten,
die ganze *Rechtschaffenheit* der Erkenntnis – sie war bereits da! vor mehr als zwei Jahrtausenden bereits! *Und,*
dazu gerechnet, der gute, der feine Takt und Geschmack!
Nicht als Gehirn-Dressur! *Nicht* als »deutsche« Bildung
mit Rüpel-Manieren! Sondern als Leib, als Gebärde, als
Instinkt – als Realität mit einem Wort... *Alles umsonst!*
Über Nacht bloß noch eine Erinnerung! – Griechen! Römer! die Vornehmheit des Instinkts, der Geschmack, die
methodische Forschung, das Genie der Organisation und
Verwaltung, der Glaube, der *Wille* zur Menschen-Zukunft,
das große Ja zu allen Dingen als *imperium Romanum* sichtbar, für alle Sinne sichtbar, der große Stil nicht mehr bloß
Kunst, sondern Realität, Wahrheit, *Leben* geworden... –
Und nicht durch ein Natur-Ereignis über Nacht verschüttet! Nicht durch Germanen und andre Schwerfüßler niedergetreten! Sondern von listigen, heimlichen, unsichtbaren, blutarmen Vampyren zuschanden gemacht! Nicht besiegt – nur ausgesogen!... Die versteckte Rachsucht, der
kleine Neid *Herr* geworden! Alles Erbärmliche, An-sich-
Leidende, Von-schlechten-Gefühlen-Heimgesuchte, die
ganze *Ghetto-Welt* der Seele mit einem Male *obenauf!* –
Man lese nur irgendeinen christlichen Agitator, den heiligen Augustin zum Beispiel, um zu begreifen, um zu *riechen,* was für unsaubere Gesellen damit obenauf gekommen sind. Man würde sich ganz und gar betrügen, wenn
man irgendwelchen Mangel an Verstand bei den Führern
der christlichen Bewegung voraussetzte – o sie sind kluq,
klug, bis zur Heiligkeit, diese Herren Kirchenväter! Was
ihnen abgeht, ist etwas ganz anderes. Die Natur hat sie
vernachlässigt – sie vergaß, ihnen eine bescheidne Mitgift
von achtbaren, von anständigen, von *reinlichen* Instinkten
mitzugeben... Unter uns, es sind nicht einmal Männer...
Wenn der Islam das Christentum verachtet, so hat er tau-
sendmal recht dazu: der Islam hat *Männer* zur Voraussetzung...

(60) Das Christentum hat uns um die Ernte der antiken Kultur gebracht, es hat uns später wieder um die Ernte der *Islam*-Kultur gebracht. Die wunderbare maurische Kultur-Welt Spaniens, *uns* im Grunde verwandter, zu Sinn und Geschmack redender als Rom und Griechenland, wurde *niedergetreten* (– ich sage nicht von was für Füßen –), warum? weil sie vornehmen, weil sie Männer-Instinkten ihre Entstehung verdankte, weil sie zum Leben ja sagte auch noch mit den seltnen und raffinierten Kostbarkeiten des maurischen Lebens!... Die Kreuzritter bekämpften später etwas, vor dem sich in den Staub zu legen ihnen besser angestanden hätte – eine Kultur, gegen die sich selbst unser neunzehntes Jahrhundert sehr arm, sehr »spät« vorkommen dürfte. – Freilich, sie wollten Beute machen: der Orient war reich... Man sei doch unbefangen! Kreuzzüge – die höhere Seeräuberei, weiter nichts! Der deutsche Adel, Wikinger-Adel im Grunde, war damit in seinem Elemente; die Kirche wußte nur zu gut, womit man deutschen Adel *hat*... Der deutsche Adel, immer die »Schweizer« der Kirche, immer im Dienste aller schlechten Instinkte der Kirche – aber *gut bezahlt*... Daß die Kirche gerade mit Hilfe deutscher Schwerter, deutschen Blutes und Mutes ihren Todfeindschafts-Krieg gegen alles Vornehme auf Erden durchgeführt hat! Es gibt an dieser Stelle eine Menge schmerzlicher Fragen. Der deutsche Adel *fehlt* beinahe in der Geschichte der höheren Kultur: man errät den Grund... Christentum, Alkohol – die beiden *großen* Mittel der Korruption... An sich sollte es ja keine Wahl geben, angesichts von Islam und Christentum, so wenig als angesichts eines Arabers und eines Juden. Die Entscheidung ist gegeben; es steht niemandem frei, hier noch zu wählen. Entweder *ist* man ein Tschandala, oder man ist es *nicht*...»Krieg mit Rom aufs Messer! Friede, Freundschaft mit dem Islam«: so empfand, so *tat* jener große Freigeist, das Genie unter den deutschen Kaisern, Friedrich der Zweite. Wie? muß ein Deutscher erst Genie, erst Freigeist sein, um *anständig* zu empfinden? Ich begreife nicht, wie ein Deutscher je *christlich* empfinden konnte...

(61) Hier tut es not, eine für Deutsche noch hundertmal

peinlichere Erinnerung zu berühren. Die Deutschen haben
Europa um die letzte große Kultur-Ernte gebracht, die es
für Europa heimzubringen gab – um die der *Renaissance.*
Versteht man endlich, *will* man verstehn, *was* die Renaissance war? Die *Umwertung der christlichen Werte,* der
Versuch, mit allen Mitteln, mit allen Instinkten, mit allem
Genie unternommen, die *Gegen*-Werte, die *vornehmen*
Werte zum Sieg zu bringen... Es gab bisher nur *diesen*
großen Krieg, es gab bisher keine entscheidendere Frage-
stellung als die der Renaissance – *meine* Frage ist ihre
Frage –: es gab auch nie eine grundsätzlichere, eine gera-
dere, eine strenger in ganzer Front und auf das Zentrum
losgeführte Form des *Angriffs!* An der entscheidenden
Stelle, im Sitz des Christentums selbst angreifen, hier die
vornehmen Werte auf den Thron bringen, will sagen in die
Instinkte, in die untersten Bedürfnisse und Begierden der
daselbst Sitzenden *hinein*bringen... Ich sehe eine *Möglichkeit* vor mir von einem vollkommen überirdischen Zau-
ber und Farbenreiz – es scheint mir, daß sie in allen Schau-
dern raffinierter Schönheit erglänzt, daß eine Kunst in ihr
am Werke ist, so göttlich, so teufelsmäßig-göttlich, daß
man Jahrtausende umsonst nach einer zweiten solchen
Möglichkeit durchsucht; ich sehe ein Schauspiel, so sinn-
reich, so wunderbar paradox zugleich, daß alle Gottheiten
des Olymps einen Anlaß zu einem unsterblichen Gelächter
gehabt hätten – *Cesare Borgia als Papst...* Versteht man
mich?... Wohlan, *das* wäre der Sieg gewesen, nach dem
ich heute allein verlange –: damit war das Christentum
abgeschafft! – Was geschah? Ein deutscher Mönch, Luther,
kam nach Rom. Dieser Mönch, mit allen rachsüchtigen
Instinkten eines verunglückten Priesters im Leibe, empör-
te sich in Rom *gegen* die Renaissance... Statt mit tiefster
Dankbarkeit das Ungeheure zu verstehn, das geschehen
war, die Überwindung des Christentums an seinem *Sitz* –,
verstand sein Haß aus diesem Schauspiel nur seine Nahrung zu ziehn. Ein religiöser Mensch denkt nur an sich. –
Luther sah die *Verderbnis* des Papsttums, während gerade
das Gegenteil mit Händen zu greifen war: die alte Verderbnis, das *peccatum originale,* das Christentum saß *nicht*

mehr auf dem Stuhl des Papstes! Sondern das Leben! Sondern der Triumph des Lebens! Sondern das große Ja zu allen hohen, schönen, verwegenen Dingen!... Und Luther *stellte die Kirche wieder her:* er griff sie an... Die Renaissance – ein Ereignis ohne Sinn, ein großes *Umsonst!* – Ah diese Deutschen, was sie uns schon gekostet haben! Umsonst – das war immer das *Werk* der Deutschen. – Die Reformation; Leibniz; Kant und die sogenannte deutsche Philosophie; die »Freiheits«-Kriege; das Reich – jedesmal ein Umsonst für etwas, das bereits da war, für etwas *Unwiederbringliches*... Es sind *meine* Feinde, ich bekenne es, diese Deutschen: ich verachte in ihnen jede Art von Begriffs- und Wert-Unsauberkeit, von *Feigheit* vor jedem rechtschaffnen Ja und Nein. Sie haben, seit einem Jahrtausend beinahe, alles verfilzt und verwirrt, woran sie mit ihren Fingern rührten, sie haben alle Halbheiten – Drei Achtelsheiten! – auf dem Gewissen, an denen Europa krank ist – sie haben auch die unsauberste Art Christentum, die es gibt, die unheilbarste, die unwiderlegbarste, den Protestantismus auf dem Gewissen... Wenn man nicht fertig wird mit dem Christentum, die *Deutschen* werden daran schuld sein...

(62) – Hiermit bin ich am Schluß und spreche mein Urteil. Ich *verurteile* das Christentum, ich erhebe gegen die christliche Kirche die furchtbarste aller Anklagen, die je ein Ankläger in den Mund genommen hat. Sie ist mir die höchste aller denkbaren Korruptionen, sie hat den Willen zur letzten auch nur möglichen Korruption gehabt. Die christliche Kirche ließ nichts mit ihrer Verderbnis unberührt, sie hat aus jedem Wert einen Unwert, aus jeder Wahrheit eine Lüge, aus jeder Rechtschaffenheit eine Seelen-Niedertracht gemacht. Man wage es noch, mir von ihren »humanitären« Segnungen zu reden! Irgendeinen Notstand *abschaffen* ging wider ihre tiefste Nützlichkeit: sie lebte von Notständen, sie *schuf* Notstände, um *sich* zu verewigen... Der Wurm der Sünde zum Beispiel: mit diesem Notstande hat erst die Kirche die Menschheit bereichert! – Die »Gleichheit der Seelen vor Gott«, diese Falschheit, dieser *Vorwand* für die *rancunes* aller Niedriggesinn-

ten, dieser Sprengstoff von Begriff, der endlich Revolution, moderne Idee und Niedergangs-Prinzip der ganzen Gesellschafts-Ordnung geworden ist − ist *christlicher* Dynamit... »Humanitäre« Segnungen des Christentums! Aus der *humanitas* einen Selbst-Widerspruch, eine Kunst der Selbstschändung, einen Willen zur Lüge um jeden Preis, einen Widerwillen, eine Verachtung aller guten und rechtschaffnen Instinkte herauszuzüchten! Das wären mir Segnungen des Christentums! − Der Parasitismus als *einzige* Praxis der Kirche; mit ihrem Bleichsuchts-, ihrem »Heiligkeits«-Ideale jedes Blut, jede Liebe, jede Hoffnung zum Leben austrinkend; das Jenseits als Wille zur Verneinung jeder Realität; das Kreuz als Erkennungszeichen für die unterirdischste Verschwörung, die es je gegeben hat − gegen Gesundheit, Schönheit, Wohlgeratenheit, Tapferkeit, Geist, *Güte* der Seele, *gegen das Leben selbst*...

Diese ewige Anklage des Christentums will ich an alle Wände schreiben, wo es nur Wände gibt − ich habe Buchstaben, um auch Blinde sehend zu machen ... Ich heiße das Christentum den *einen* großen Fluch, die *eine* große innerlichste Verdorbenheit, den *einen* großen Instinkt der Rache, dem kein Mittel giftig, heimlich, unterirdisch, *klein* genug ist − ich heiße es den *einen* unsterblichen Schandfleck der Menschheit... Und man rechnet die *Zeit* nach dem *dies nefastus,* mit dem dies Verhängnis anhub − nach dem *ersten* Tag des Christentums! − *Warum nicht lieber nach seinem letzten? − Nach heute?* − Umwertung aller Werte!   *II, 1230−1235*

Gesetz wider das Christenthum[7]
Gegeben am Tage des Heils, am ersten Tage des Jahres Eins (− am 30. September 1888 der falschen Zeitrechnung)
Todkrieg gegen das Laster: das Laster ist das Christenthum.
Erster Satz. − Lasterhaft ist jede Art Widernatur. Die lasterhafteste Art Mensch ist der Priester: er *lehrt* die Widernatur. Gegen den Priester hat man nicht Gründe, man hat das Zuchthaus.
Zweiter Satz. − Jede Theilnahme an einem Gottesdienste

ist ein Attentat auf die öffentliche Sittlichkeit. Man soll härter gegen Protestanten als gegen Katholiken sein, härter gegen liberale Protestanten als gegen strenggläubige. Das Verbrecherische im Christ-sein nimmt in dem Maasse zu, als man sich der Wissenschaft nähert. Der Verbrecher der Verbrecher ist folglich der *Philosoph.*

Dritter Satz. – Die fluchwürdige Stätte, auf der das Christenthum seine Basilisken-Eier gebrütet hat, soll dem Erdboden gleichgemacht werden und als *verruchte* Stelle der Erde der Schrecken aller Nachwelt sein. Man soll giftige Schlangen auf ihr züchten.

Vierter Satz. – Die Predigt der Keuschheit ist eine öffentliche Aufreizung zur Widernatur. Jede Verachtung des geschlechtlichen Lebens, jede Verunreinigung desselben durch den Begriff »unrein« ist die eigentliche Sünde wider den heiligen Geist des Lebens.

Fünfter Satz. – Mit einem Priester an Einem Tisch essen stösst aus; man excommunicirt sich damit aus der rechtschaffenen Gesellschaft. Der Priester ist *unser* Tschandala – man soll ihn verfehmen, aushungern, in eine Art Wüste treiben.

Sechster Satz. – Man soll die »heilige« Geschichte mit dem Namen nennen, den sie verdient, als *verfluchte* Geschichte; man soll die Worte »Gott«, »Heiland«, »Erlöser«, »Heiliger« zu Schimpfworten, zu Verbrecher-Abzeichen benutzen.

Siebenter Satz. – Der Rest folgt daraus.

Anmerkungen

[1] In seiner noch immer lesenswerten Schrift: Friedrich Nietzsche und die Kulturprobleme unsrer Zeit. Vorträge. Berlin 1900, 225 – [2] In: Franz Overbeck und Friedrich Nietzsche. Eine Freundschaft. 2 Bde., Jena 1908. Hier: II, 212. Und als was soll eine Wendung wie diese gewertet werden: »Nietzsche, der sich im *Antichrist* zu maßlosen Ausfällen gegen das Christentum hinreißen läßt« . . .? Verrät *Ivo Frenzel* – Friedrich Nietzsche in Selbstzeugnissen und Bilddokumenten. Reinbek b. Hamburg (= rororo Monographien 115), 126 – just Kenntnis der Maßstäbe Nietzsches? – [3] Friedrich Nietzsche, Werke in drei Bänden, hrsg. v. *Karl Schlechta,* München o. J. Hier: III, 811. Im folgenden wird, außer bei ausdrücklich bezeichneten Ausnahmen, stets nach dieser Ausgabe zitiert. – [4] Über den Einfluß Feuerbachs auf Nietzsche vgl. *Rawidowicz,* Ludwig Feuerbachs Philosophie. Ur-

sprung und Schicksal, Berlin [2]1964, besonders 336. In der Tat lassen sich bei Nietzsche zahlreiche Gedanken und Begriffe Feuerbachs wiederfinden. So etwa in diesem Passus: »die Religion ist eine Ausgeburt eines *Zweifels* an der Einheit der Person, eine *altération* der Persönlichkeit –: insofern alles Große und Starke vom Menschen als *übermenschlich,* als *fremd* konzipiert wurde, verkleinerte sich der Mensch, – er legte die zwei Seiten, eine sehr erbärmliche und schwache und eine sehr starke und erstaunliche in zwei Sphären auseinander, hieß die erste ›Mensch,‹ die zweite ›Gott‹« (III, 747 f.; ähnlich I, 537). Auch in der Feststellung, daß jede Religion »aus der Angst und dem Bedürfnis« geboren werde (I, 519). In der Mahnung: »Es ist nicht genug Liebe und Güte in der Welt, um noch davon an eingebildete Wesen wegschenken zu dürfen.« (I, 530) Wenn Nietzsche die deutsche Philosophie von der christlichen Theologie ableitete, so war ihm auch hierin Feuerbach vorangegangen; er schrieb: »Unsere bisherigen Philosophen sind nichts als *mediatisirte,* durch den abstrakten Begriff vermittelte Theologen.« (X, 65) – [5] Kurt Hiller schlägt vor, statt *fragwürdig* hier *fragwütig* zu lesen. (Mündlich geäußert.) – [6] »Das Wesen der Lehre Christi war getötet, als das *Christentum* entstand.« *Ernst Freiherr von Feuchtersleben.* In: Ausgewählte Werke, hrsg. v. Richard Guttmann, Leipzig, o. J., 213 – [7] Dies hat erst *Erich F. Podach* an den ihm zukommenden Platz gestellt. Zitiert nach *Erich F. Podach*, Friedrich Nietzsches Werke des Zusammenbruchs, Heidelberg 1961, 157 f. Podachs Fehler im *Vierten Satz* (»derselben« für »desselben«) kann nach dem Faksimile, Anhang VIII, verbessert werden. Dem »Gesetz wider das Christentum« sollte nach Nietzsches Absicht noch ein Zitat aus dem *Zarathustra* folgen: »Von alten und neuen Tafeln«, 30 (Schlechta II, 460 f.).

OSKAR PANIZZA
1853–1921

> Eingeschlagene Fenster und
> eingeschlagene Köpfe besa-
> gen gar nichts für einen Um-
> sturz: aber es besagt wohl et-
> was, den Mut zu haben, das
> Alte herunterzureißen, daß es
> kracht und dann – dann erst! –
> etwas Neues aufzubauen...
> Wir gedenken des tapfern Os-
> kar Panizza...
>
> Kurt Tucholsky[1]

Ein deutscher Dichter – ein deutscher Märtyrer... Wer ex-
emplifizierte dies schrecklicher als Oskar Panizza? Der am
12. November 1853 in Bad Kissingen geborene typisch frän-
kische Aufwiegler[2], der literarische Rebell par excellence?
Dieser schon früh unstete, getriebene Geist, der so viel begann und so wenig zu Ende führte: nicht das Gymnasium der
Residenzstadt, das Hotelgewerbe in Kissingen, das Bankge-
schäft in Nürnberg, das Konservatorium in München. Und als
er, nach einer Promotion summa cum laude, Assistenzarzt an
einer Nervenklinik wurde, gab er auch die Medizin bald auf,
um, mit unerschütterlicher Konsequenz nun und durch einen
intellektuellen Amoklauf ohnegleichen, einer der meistge-
haßten deutschen Schriftsteller zu werden. Man verbot mehrere seiner Werke, warnte öffentlich vor ihrem Ankauf, be-
schlagnahmte sie, brachte ihren Verfasser zweimal vors Gericht, zweimal ins Gefängnis, zwang ihn zur Emigration,
jagte ihn steckbrieflich, konfiszierte sein Vermögen, entmün-
digte ihn und sperrte ihn sechzehn Jahre in die Nervenheilan-
stalt Herzogshöhe bei Bayreuth, bis er am 28. September
1921 starb.

Der Rest war Schweigen. Die Literaturgeschichte kennt ihn
kaum. Oskar Panizza, der sein Leben stolz als ein stetes
»Schach dem König« geführt[3] und als »ausgesprochener
Feind des Christentums«[4], blieb verfemt. Was half's, daß ihm
Michael Georg Conrad beisprang, daß ihn Liliencron und
Fontane priesen, Theodor Lessing eine Broschüre über ihn

schrieb, daß er auch für Tucholsky »der frechste und kühnste, der geistvollste und revolutionärste Prophet seines Landes« war. »Einer, gegen den Heine eine matte Zitronenlimonade genannt werden kann und einer, der in seinem Kampf gegen Kirche und Staat, und vor allem gegen diese Kirche und gegen diesen Staat, bis ans Ende gegangen ist.«[5] Noch Mitte des Jahrhunderts umgab den vielleicht größten Satiriker Deutschlands Friedhofsruhe. Gewiß, als Michael Bauer, Verfasser einer Panizza-Dissertation, 1984 ulkte, »Panizza« hätten einige vor wenigen Jahren noch »für eine sprachliche Variante der Bezeichnung für ein italienisches Teiggericht« gehalten, war dies mehr Scherz, wie gerade Bauers eigene, 49seitige Bibliographie beweist[6].

Denn inzwischen hatte ein später Nachruhm des Geschmähten begonnen, kamen mehr und mehr Artikel über ihn, literarische Arbeiten, erschienen Nach- und Neudrucke, Textsammlungen, Buchrezensionen, Wiedergaben in Anthologien, Zeitschriften, Zeitungen, Beiträge in Sammelwerken, Monographien, einige Dissertationen, hierzulande, in den USA, zahlreiche Funksendungen, nicht zuletzt Übersetzungen, zumal ins Französische. Gar mancher Verlag nahm sich jetzt des Vergessenen an, verdienstvoll besonders Matthes & Seitz. Kurz, fast gibt es eine kleine Panizza-Renaissance, wenn auch noch immer keine Panizza-Gesamtausgabe; wie er natürlich dem breiteren Publikum weiterhin unbekannt ist. Zu heftig hatte er einst die (dummen) Deutschen – die nach ihm bisher doch »vom Köpfen leider immer nur die passive Form: das Geköpft-Werden, kennengelernt«[7] – herausgefordert, hatte er alles, was ihnen heilig war, wie ein Berserker attackiert und mit einem phänomenalen Furor satiricus unsterblichem Gelächter preisgegeben.

Zumal der Haß auf den Katholizismus schlug selten solche Flammen; bei Hutten allenfalls oder Luther, die Panizza ebenso inspirierten wie, in antichristlicher Hinsicht überhaupt, Stirner und Nietzsche. Und läßt sich Panizzas Zorn auch biographisch begründen, aus den konfessionellen Konflikten seiner Eltern, Abkömmlingen von Hugenotten und katholischen Italienern – hätte er nicht auch ohnedies zu seiner Haltung kommen können? Aus rein rationalen Erwä-

gungen? Aus ethischen Motiven? Aus seiner stupenden
Kenntnis der Geschichte? Ein Mann wie er, frappierend bele-
sen, dabei grundgescheit und wahrhaftig, mußte die Kirche
als permanente Provokation empfinden, als Beleidigung seines Verstandes ebenso wie seiner Humanität. All sein Aufbe-
gehren, die exotische Weißglut seiner Wut, sein heller, grel-
ler Hohn sind nur Reaktionen eines leidenschaftlichen Ernstes, die grandiose Konsequenz einer Liebe, die sich (und die
Welt) verraten sah: nicht einer Liebe zum Christentum oder
Katholizismus gar, sondern einer Liebe zu jenem hohen
Ethos, das *auch* das Neue Testament durchzieht, ja seine
wesentlichen Teile prägt, von der Kirche aber heillos korrum-
piert und ins Gegenteil verkehrt worden ist. »Er hat Gott
gelästert«, schrieb Tucholsky im Hinblick auf *Das Liebeskonzil,* das Panizza wegen Blasphemie in 93 Fällen ins Gefängnis
brachte, »aber aus einer tiefen Liebe zu jenem andern Ding
heraus, das die Besten aller Zeiten im Herzen trugen, und das
keinen Namen hat.«[8]

Wurde das *Liebeskonzil,* das die christlichen Götter des
Himmels und der Erde ebenso ergötzlich wie gotteslästerlich
mit dem Auftauchen der Syphilis verquickt, Panizzas be-
rühmtestes Buch, wurde wahrscheinlich sein bestes und un-
geheuerstes *Die unbefleckte Empfängnis der Päpste.* Einem
spanischen »Bruder Martin O. S. B.« gewissermaßen in die
Feder gelegt und von Panizza angeblich übersetzt, versehen
sowohl mit dem kirchlichen »Imprimatur« als auch der Widmung »LEONI TERTIO DECIMO Pontifici Romano Patri sanctissi-
mo humillime MARTINUS«, präsentiert Panizza darin eine
»Geschichte der Natur der Päpste« (die er, nach Maria, in
corpore als Fünfte Person der Gottheit feiert), eine »Embryo-
logie« und eine »Anthropologie« der »Unbefleckten Empfängnis der Päpste«, sowie endlich, in einem »Apologetischen Teil«, nicht weniger als »101 Beweise«.

Wurde je in der Weltliteratur der Katholizismus zugleich
amüsanter und tödlicher demaskiert? Gerade weil der Autor
seine Titel-These, die für jeden, nicht zuletzt für Katholiken,
völlig absurd ist – freilich, wohlgemerkt, um kein Jota absurder als die tatsächlichen Dogmen –, gerade weil er diesen
seinen »Glaubenssatz« (in der Maske des spanischen Paters)

mit allem frommen Eifer »beweist«, mit allen den Kirchenver-
teidigern bewundernswert genau abgeguckten apologetischen Attitüden, mit demselben betulichen pastoralen Zun-
genschlag, denselben kühnen, scheinbar die Logik bemü-
henden, tatsächlich beleidigenden Sprüngen, ebendeshalb
erledigt diese große Satire den Katholizismus so, wie er weder vorher noch nachher erledigt worden ist.

Zwar interessiert Panizza durchaus nicht nur als (satirisch
kämpfender) Gegner des Christentums. Auch manche seiner
furios konzipierten (im Grunde freilich epigonalen) Gedichte
sind lesenswert. Mehr noch viele seiner Erzählungen, deren
beste eine dichte Atmosphäre einspinnt, eine ganz wirklich-
keitsgetreue, doch oft, erstaunlich harmonisch, von skurri-
len, visionären, mitunter schon fast kafkaesken Stimmungen
überblendete Welt, in die das religiöse Thema einfließen
kann, wie in dem unheimlichen, zwielichtig-zweideutigen
Wirtshaus zur Dreifaltigkeit – »etwas Neues, Eigenes: die
Aushöhlung eines religiösen Sujets mit den Mitteln des Absurden«[9]. Erst allmählich, nachdem uns der Verfasser manchen Schauer eingejagt, hebt sich hier hinter der kunstvoll
verfremdeten, dabei verhalten anspielungsreichen und völlig
realistischen Erzählung eine zweite Geschichte ab, vor allem, wenn Maria, die attraktive jüdische Magd des alten,
leicht konfus wirkenden Wirts, von ihrem Sohn, dem hüb-
schen, schwindsüchtigen Christian, sagt, sein Erzeuger sei
»kein Mann gewesen«, und der Jüngling im weißen Mönchs-
habit mit schmerzlichem Pathos dem Erzähler zum Abschied
bekennt: »Ihre Sorgen, Herr, drehen sich um ein paar Stiefel
und ihren Glanz, aber mir, Herr, stecken die stacheligen
Sporen eines ungesättigten Wahns im Fleische; der Schmutz
der gesamten Menschheit wühlt in meinem Herzen, und
das Mitleid mit der ganzen Welt will mich nicht verlassen!
Nehmt mich mit Euch, Herr, ich verderbe in diesem Hause;
niedriger Schmutz und Eigennutz will mich ersticken; nehmt
mich mit Euch, Herr, in die große Welt, damit ich für sie
sterbe!«

Beachtenswert sind auch Panizzas (ernstere) Exkurse in die
Kirchen- und Dogmengeschichte, seine etwas aphoristischen
Abrisse über Beichte, Ablaß, Maria, Zölibat und dergleichen,

die, teils ingrimmig, teils spöttisch, oft eine Fülle wenig bekannter Details beleuchten.

Doch kulminiert die Kunst dieses Autors stets da, wo er Kirche und Christentum rein satirisch ad absurdum führt und mit seinen Karikierungen, seinen parodistischen Malicen und persiflierenden Spitzen oft mehr trifft und tötet als manche selbst der größten Christengegner mit den seriösesten Argumenten.

Karlheinz Deschner

Diese Fünf sind Eins

1. Gottvater

Treten wir ein: Da sitzt vor allem der Herrgott, die erste Person der Gottheit. Der Herr ist doch sehr alt geworden. Er hört uns nicht einmal eintreten. Er scheint taub zu sein. Er hat noch immer das teils ehrwürdige, teils milde Gesicht, das ihm *Michel Angelo* gab. Aber die Zornesfalte da zwischen den Augenbrauen, mein Gott, die ist längst gewichen und ausgeglättet. Es ist eben lange her, daß dieser Gott ein strafender und rächender Gott war ... Ja, wir bezweifeln, ob er gegenwärtig noch – Seltenheiten abgerechnet – von seinem Thron aufsteht; denn die Krücken, die ihm gehören, stehen ganz weit hinten in der Ecke. Es *scheint*, daß er sich Regen und Sonnenschein als Altenteil zurückbehalten hat. Aber sonst – wenn wir vielleicht noch die Mithülfe bei der Redaktion von Kriegsdepeschen ausnehmen – hat er sich von jeder Arbeit zurückgezogen. An Bataillen beteiligt er sich definitiv nicht mehr. Und selbst die Zumutung des deutschen Dichters *Arndt*, daß er noch vor achtzig Jahren in Deutschland das »Eisen wachsen ließ«[10], würde er mit Entschiedenheit, als über seine Kräfte gehend, zurückgewiesen haben.

Die unbefleckte Empfängnis der Päpste, Zürich 1893, 40 f.

2. Gottsohn

Da haben wir dann ferner *Christus,* die zweite Person der Gottheit. Er ist noch nicht so sehr alt; sieht aber sehr elend aus. Mein Gott, dieser Mensch war nie recht gesund. Ob es ihm auf der Lunge fehlt, ich weiß es nicht. Aber eine ewige Resignation, eine ewige Milde, die ewige Lammesdemut, das ewige »Brüderlein« und »Kinderlein« und »Liebet Euch unter einander«, und nichts wie Mitleid und Kopfhängen und Wunden und Schmerzen haben aus diesem Gott eine fließpapierne Figur gemacht, vor der sich niemand fürchtet, und die deshalb auch niemand achtet. – Aber sein Kreuzestod? – Ah, à la bonne heure, das war eine ehrenwerte Handlung, die ihm niemand vergessen wird. – Aber sie ist vorbei. Sie ist eskomptiert. Sie hat ihre Wirkung gethan. Wer fragt noch nach ihr?... Christus ist aus der Mode. Ich muß das harte Wort sprechen und werde es beweisen: neun Zehntel sämtlicher zum Himmel gerichteten Gebete gehen an die Maria; ich habe eher Grund, anzunehmen, daß das Verhältnis für Christus noch ungünstiger ist. Man glaubt nicht, was für plärrende Massen von abgehudelten Rosenkränzen hier einlaufen. Natürlich, die Leute eilen sich, weil es nach dem Gewicht geht... und von dem knapp einen Zehntel Gebete, die für Christus einlaufen, sind die Mehrzahl *leis,* kommen meist von Protestanten, sind langsam, mit Nachdruck, mit tiefem Ausdruck gebetet, – aber das macht natürlich weniger Effekt. Und angesichts dieser Thatsachen wundert man sich, wenn Christus krank und niedergedrückt ist. Ja, der Mann ist sehr krank, liegt im Bett, sieht aus wie der *Heine,* mit eingefallenen Wangen, kurzem Atem, lechzendem Blick, und wenn er was zu kommunizieren hätte, möcht' er's kommunizieren. Seitdem er gar weiß, daß man in Deutschland an Stelle seines Bluts im Abendmahl die Milch Mariä genießen will (siehe oben), ist es ganz aus mit ihm, und er will sterben.

Die unbefleckte Empfängnis der Päpste, 41 ff.

3. Der Heilige Geist

Da haben wir dann als dritte Person der Gottheit den *heiligen Geist*. Ja, wo ist der? Ich seh' ihn nicht. Hui! flog da 'was zum Fenster hinaus? Fort ist er. Wenn er's war. Dieser heilige Geist — ich muß es offen bekennen —, der sich nur im Symbol einer Taube, eines so schnellen und schwer sichtbaren Vogels zeigt, hat mir immer den Verdacht erweckt, daß er — ich will nicht direkt sagen, nie existierte, — aber entweder sehr dünn, oder sehr klein, oder sehr schnell ist. Viele Leute essen keine Tauben, weil der heilige Geist sie zum Aufenthalt gewählt hat. Tauben zu essen soll auch traurig machen. Ist das der Grund, weshalb der heilige Geist ein so *trauriger* Gott ist? ... Dies sind also die drei Gottheiten, wie wir sie im Himmel gefunden haben. Wie Ihr mir zugeben werdet, liebe Leser, eine traurige Gesellschaft. Ein halbes Spital. Zwei sind immer krank. Der Dritte ist fort.   *Die unbefleckte Empfängnis der Päpste, 43 f.*

4. Maria

Ist sie nicht zum Himmel gefahren? Hat sie nicht in allen Legenden und Romanen des Mittelalters und der späteren Zeit Wunder gewirkt? ... Ist sie nicht unzähligemal, seit sie im Himmel ist, auf Erden erschienen? Ist das etwa nichts? Kann das jemand anders außer Gott und der Teufel? Wirkt nicht schon ihre Medaille gegen Hundswut[11], Schwindsucht[12], Cholera[13], Krebs[14] und Protestantismus[15]? ... Und da sollen wir zögern, der allerheiligsten Göttin unsere Verehrung zu erweisen? Uns Sünden fürchten, ihr jene Namen und jene Stellung zu geben, die ihr gebühren? Nicht den Mut haben, die fromme Meinung, die durch die ganze Christenheit über sie geht, öffentlich zu bekennen? — Was der heilige Vater binnen kurzer Frist, dem Drängen der Gläubigen, wie dem des heiligen Geistes, folgend, definieren muß, wir rufen es heute schon aus unsrer einsamen Zelle hinaus in die katholische Welt: *Maria ist vom heiligen Geist empfangen. Sie ist die vierte Person der Gottheit. Diese Vier aber sind Eins*[16].

   Die unbefleckte Empfängnis der Päpste, 38 ff.

5. Die Päpste

... wir reden immer nur schlechtweg vom Papst, und nicht von diesem oder jenem Papst, da ja alle nur Verkörperung des einen mächtigen Wesens sind, sozusagen Fortsetzungen auseinander, ähnlich wie beim Bandwurm[17], wo die einzelnen Glieder wohl für sich betrachtet werden können, und für sich Existenz haben, alle zusammen aber den Bandwurm ausmachen, so alle einzelnen Päpste das große Papst-Wesen...

Und dies bringt uns nun auf eine andere Frage, die eine Fülle spekulativer und dialektischer Schwierigkeiten in sich birgt: Was geschieht mit den Päpsten nach deren Tode? Erwägt man, daß während der Regierungszeit eines Papstes, der eine sichere Manifestation des heiligen Geistes repräsentiert, auch sein Nachfolger schon auf Erden wandelt, der doch ebenso sicher vom heiligen Geist gezeugt ist und, wenigstens wahrscheinlicherweise, auch dessen Nachfolger schon als Knabe vorhanden sein kann, so müssen wir, allein auf Erden, nach unseren, einen Ausweg nicht mehr gestattenden, Darlegungen bereits drei Verkörperungen der Gottheit zur Instandhaltung des Papsttums annehmen. Stirbt nun ein Papst, so wird dessen göttlicher Anteil frei, da ja sein Nachfolger schon seit seiner Geburt mit dem heiligen Geist begabt ist, und kehrt zu der Gottheit zurück, von der er ein Ausfluß ist. Aber nur der EINE Papst, der auf Petri Stuhl sitzt, ist wahrer Repräsentant Gottes. Nur auf IHM ruht die unumschränkte Schöpfergewalt im Himmel und auf Erden. Die anderen zurückkehrenden wie nachrückenden Papstkomponenten sind nur Teilmanifestationen des göttlichen Geistes im latenten Zustand und verhalten sich zum wirklichen Papst wie Puppen zum Schmetterling. Nur dieser hat Anteil an der *Fünfeinigkeit*, an der *Quintunität* im Himmel.

Freilich wird es dem in religiös-spekulativen Dingen wenig Versierten schwer fallen, sich vorzustellen, wie ein Teil dieser Fünfeinigkeit im Himmel, als Papst immer auf Erden weilen soll. Aber bei Christus war es doch ähnlich. Auch er, ein Teil der damals nur als *Drei*einigkeit bekannten Gottheit, lebte, obwohl von Uranfang an erschaffen, eine Spanne Zeit als Inkarnation des göttlichen Geistes auf Erden, verkündete seine Lehrsätze, Dogmen und Definitionen, wurde gekreuzigt, und kehrte dann in den Himmel zurück. Das Gleiche lehren wir vom Papst. Nur mit dem Unterschied, daß, während Christus als Gott im Himmel weiterexistiert, der göttliche Papstanteil, als Emanation der Gottheit, von der Erde zurückkehrend wieder mit dieser verschmilzt. Sonst bekämen wir, außer der Fünfheit, noch die 259 göttlichen Papstanteile verstorbener Päpste zurück, machte 264 Gottheiten, und die müßten dann *Eins* sein, weil wir ein monotheistisches Religionssystem haben...

Der gegenwärtige Papst ist die zweihundertundsechzigste Manifestation des heiligen Geistes. Aber es sind nicht zweihundertsechzig Päpste, sondern es ist *ein* Papst. Aber zweihundertundsechzig Manifestationen. Und diese zweihundertundsechzig sind gleich. Also nicht zweihundertundsechzig Papst-Wesen, sondern *ein* Papst-Wesen im Himmel und auf Erden. Aber zweihundertundsechzig päpstliche Individuen. Und dieser Papst ist eine der Personen der Gottheit. Aber nicht mehrere Gottheiten, sondern *eine* Gottheit. Aber mehrere Personen. Aber nicht beliebig viel Personen; nicht vier, oder sechs, oder zweihundertundfünfundsechzig; sondern *fünf* göttliche Personen. Und diese Fünf sind *Eins*. Also *ein* Vater, nicht fünfe; *ein* Sohn, nicht fünfe; *ein* heiliger Geist, nicht fünfe; *eine* Maria, nicht fünfe; *ein* Papst, nicht fünfe, oder gar zweihundertundsechzig.

Und in dieser Fünfeinigkeit ist nichts früher oder später, nichts größer oder kleiner.

Sondern alle fünf Personen sind sich gleichzeitig und gleichwertig, so daß immer und überall die Einheit in der Fünfheit und die Fünfheit in der Einheit verehrt werden muß.

Die unbefleckte Empfängnis der Päpste, 13, 64 f., 106 f.

Auferstehung

Ich sah einmal eine solche Auferstehungsfeier in München in der Teatiner-Kirche. Es war an einem Samstag-Nachmittag. Das Volk rannte in den Straßen herum, und suchte sich eine Kirche, in der »auferstanden« wird. Ich wurde durch die sehr freudig-erregte Masse vorwärtsgedrängt, und kam so, ohne recht zu wissen: wie und warum, durch ein Portal hineingeschoben, in die große zopfige Teatiner-Kirche. Ein mächtiger Kerzenglanz strömte von der Altarseite herüber und die ziehenden Schwaden grünen Weihrauches zeigten mir an, daß die Sache bereits im Gange sei. Am Hochaltar, umgeben von einer enormen Menge goldbestickter Buckeln und weißgeriebener Glatzen, tänzelte ein rosiges, enorm gemästetes Schweinchen, mit dem süßlichen Zwinkern, das diesen Tierchen eigen, und eingehüllt in weiße, seidne, gestickte Gewänder auf und ab. Es züngelte herüber und tänzelte hinüber, und wurde nicht fertig. Wenn es sich umkehrte, sah man nichts, als das heitere, geschwellte, rosige, von allen Haaren befreite Köpfchen, wie es sich auf rauschiger Seide und Goldbrokat hin und her bewegte, wie die Lotos auf dem Wasserspiegel. Schwänzchen, Füße, Beinchen und alle übrigen Leibesformen waren vollständig verborgen. Es hüpfte hinüber auf die Kapitelseite und tänzelte herüber auf die Evangelienseite. Endlich hörte ich, wie es mit sehr fetter, fast etwas belegter Stimme sang: »Ech ben auf-är-sta-an-den!!!« ...... ein tausendfältiger Widerprall von Pauken, Trompeten und Posaunen löste sich zu meinen Häupten von der Decke und das gesamte Volk sang einen feierlichen Lobgesang. Auf der Seite neben dem Hauptaltar fiel gleich darauf ein Vorhang und sichtbar wurde ein weißes Lämmchen auf hoher Estrade mit einer roten Siegesfahne. Wie kommst Du hier herein, mein armes Geschöpf? – frug ich unwillkürlich – Du bist hier offenbar an falscher Stelle! Aber ich hatte keine Zeit, mich mit diesem süßen Ding zu beschäftigen. Das Schweinchen nahm meine ganze Aufmerksamkeit in Anspruch, und auch im Publikum schien alles Interesse lediglich auf die weitere Tätigkeit dieses

possierlichen Tierchens gerichtet zu sein. Es nahm nämlich
aus einem goldenen Schrank in der Mitte des Altaraufsat-
zes einen kleinen Gullinbursti heraus, der wie die Sonne
glänzte, und der offenbar große Heiligkeit besaß, denn er
rührte ihn nicht mit bloßen Händen, sondern nur mit aufge-
hobenen Seidenbauschen seines goldstrotzenden Gewan-
des an. Das Volk schien entzückt von diesen Vorbereitungen zu sein, harrte in atemloser Spannung dem weiteren
Gang der Dinge, während eine stürmisch-schallende Musik von der Höhe des Sänger-Chors das Durchbrechen
eines sieghaften Prinzips anzudeuten schien. Zu meiner
größten Überraschung kam das Schweinchen mit seinem
Himmelssimbol, dem Gullinbursti, die Chorstufen herunter, die gesamte Geistlichkeit schloß sich ihm mit Lichtern
und Fahnen an, kleine rotgeröckte Knaben mit Rauchfaß
und Schellenklingeln gingen ihm voraus; das Volk wich
scheu zurück und machte Platz; mächtige Weihrauchwolken verhüllten den gierigen Blicken das allzugefährliche
Betrachten des heiligen Simbols. Jetzt kam es den Haupt-
gang herauf. Ich betrachtete es genau. Man sah fast nichts
wie eine weiße Seidenstoffwolke mit dem in der Höhe
schwebenden goldstrotzenden Sonnensimbol. Klingelnd
und schwirrend kam es heran. Das Volk stürzte auf die
Knie. Kling-kling! – Schwrrrrrrr . . . . Kling-kling! – Von
Zeit zu Zeit wurde das lustige, rosige Köpfchen hinter der
Sonne sichtbar. Es züngelte und klingelte dann hinter den
goldigen Strahlen hervor und zwinkerte mit den lüsternen
Äuglein, und schnalzte und schmatzte, sah seine Verehrer
sehnsüchtig an und zeigte das Rosa-Zünglein – alles Volk
lag auf den Knien und bekreuzte sich – ein rosigeres
Schweinchen habe ich nie gesehen – endlich kehrte es
zum Altar zurück, tänzelte noch lange hin und her, zeigte
noch einmal dem Volk den kleinen Gullinbursti – auf dem
Chor trompetete und posaunte es noch immer sieghaft fort
– schließlich verschwand das goldene Simbol wieder in
seinem Kasten – das Schweinchen tänzelte aber immer
noch hin und her, züngelte und leckte, wisperte, schmun-
zelte und schleckte, hüpfte und schwänzelte – schließlich
verbeugte es sich vor dem ganzen Publikum, und dann

noch einmal vor der ganzen Geistlichkeit, und zum dritten-
mal vor dem kleinen Gullinbursti – und tänzelte dann heiter und schmunzelnd in die Sakristei zurück, aus der es
gekommen war.......

Das Volk stürzte mit dem Ruf »Es ist auferstanden!« auf
die Straße, rannte in die nächsten Charcutier-Läden und
kaufte sich mächtige Schweinsschinken, Schweinsspeck,
rosa gefärbte Rippenstücke, Schweinsohren, Schweins-
köpfe, gesulzte Schweinsfüße, rötliche Schweinswürste,
die aus Frankfurt kamen, mächtige, lange Schweinsdärme,
die mit Schweinefleisch gefüllt waren, und aus Gotha kamen, Schweine-Konserven aus Mailand und Bolo-
gna.......

Glühend strahlte die Sonne vom blauen Firmament und
beleuchtete diesen tausendfachen Speck.......

Überall auf der Straße schrie es: »Es ist auferstanden!«....... Das war die Auferstehung des Schweins in
München.

*Zürcher Diskussionen: Das Schwein in poetischer,
mitologischer und sittengeschichtlicher Beziehung*

Vom süßen Osterlämmchen
zum zentnerschweren Schwein

...nein, was ich sagen wollte: diese Oberbaiern, dieses
herkulische Geschlecht, aus Naken und Haar bestehend,
und das Messer im Hosenschliz, brauchte eine ganz kindliche, weinerliche, *weiblich-süße Religion,* 'was Zartes in
Blau – anders waren diese Ochsenfiesel gar nicht zu rühren – und, sehen Sie, das ist ihnen diese Maria – blauer
Himmelsmantel, silberne Sternchen, 'ne Tallje zum Abbrechen, süßes Köpfchen, kirschrote Lippen...

na ja, sehen Sie: jedes Volk hat die transzendentalen
Anschauungen, die es braucht – wenn auch das Gehirn ein
Bischen dabei leidet – das zu ändern liegt nicht in seiner
Macht – das ist der Gang der Geschichte und einer gewissen – wie soll ich sagen? – Völkerplacirung – alle Völker,
die während einer gewissen Zeit in *der Nähe von Rom*
lagen, machten diesen Prozeß einer überraschen und *über-*

weichen Reifung des Gehirns durch – und schieden damit
aus dem Kampfe des Völkergewimmels aus; – aber: régar-
dez donc! – sehen Sie dieses Leben hier: dieses flutende
Genießen, diese Üppigkeit, dieses Sich-Selbst-Genügen,
dieser Konsum, geistig und fisisch – es ist ja fast wie auf
Petron's Gastmahl: man geht hinaus, erbricht sich, und der
Schlund ist wieder zum Kitzeln frei – diese Resolutheit,
Alles sich anzueignen, dieses Nimmer-Rasten, bis die ganze Keule verschluckt ist – man hört zwei Stunden »Tristan
und Isolde«, man kann nicht mehr, scheinbar, macht 20 Mi-
nuten Pause, verschwindet in einer Nebengasse, kommt
mit geröteten Wangen erfrischt zurück, dann rasch noch
ein Kotlett, ein, zwei Schoppen Bier – und man hört den
Rest von drei Stunden »Isolde« – ja, saperlot...

Und doch ist diese uralte Form das, worin sich die Menschen so kolossal sicher fühlen. Hier die Litanei, das opus
operatum, verrichtet, und es steht ihnen die ganze Welt
offen mit ihren Lüsten und Freuden. Faktisch ist *die Religion* nur ein Auskunfts-Mittel, weil keiner so viel Zeit hat,
sich seine eigene Moral zu machen und sich mit dem
Transzendentalen, was er gewissermaßen ahnt, auseinan-
derzusezen. Da kommt Einer und sagt ihnen: Tu das und
das, murmle das und das, dann bist du versöhnt und darfst
draußen, beim Austritt aus der Kirche, deinen geheimen
Instinkten freien Lauf lassen.........Ah, wissen Sie, was
das heißt, diese Absoluzion? Wie sie sich beeilen, in hübsch
geschnürten Paketchen ihre Sünden zur Kirche zu tragen
und dann mit gewaschnen Händen wieder fortzuge-
hen?.......Neulich sah ich sie, diese Volks-Masse, in ihrer
Verzückung liegen.........Ich wolte jene Kirche besuchen, um das Kuriosum zu sehen, wo auf der Altar-Freske,
die das jüngste Gericht darstelt, Goethe unter den Verdammten wie ein Räudiger winselnd dem Teufel zu Füßen
liegt und trotz alles Flennens und Jammerns eben eine
Gabel nach ihm ausholt, um ihn in die katholische Hölle zu
stürzen – ich konnte nicht vorkommen – die ganze Kirche
gefült mit zukenden, schmazenden Körpern, die wie Säke
in den Kirchstühlen lagen – ringsum auf den steinernen
Fliesen Kinder und Weiber in ängstlichen Grimassen, als

ging's zum letzten Gericht – da und dort auf den Betpulten
ein isoliertes Lichtchen, wie von einer eben aus dem Sarg
gekrochenen Seele – vom Empor herunter larmoiante,
brösliche Gesänge, als hätte man den Leuten Kolofonium
in den Hals geblasen – vorne, ganz vorne am Altar, unter
einem Zik-Zak von Lichterglanz, weiße, ganz weiße hüpfende Kleider – dann wieder goldgestikte, ganz goldgestikte hüpfende Kleider...

Je nach der Zeit des Kirchenjahrs oder für den Fall einer
Totenmesse – – ich sage: es sind Frühjahrs-Ausstellungen
und sind Herbst-Ausstellungen und sind Sommertoiletten
und sind Toiletten für den Trauerfall........ Und Odör,
halb Oppoponax, halb Ylang-Ylang, dampft aus blizen-
den, vergoldeten geschwungenen Kesselchen und fült die
Köpfe der Damen mit Haschisch, und die Muskeln regen
sich zu Derwisch-Strekungen...
    Kling-kling: – Rutsch, der ganze Haufen schwarzer Säke
stürzt in den Betpulten zusammen und jam-
mert.................. ritscheldadibum, ritscheldadibum,
ritscheldadibum... rödeldörödeldörödeldörödeldö........
.... Kling-kling! – noch einmal knikt die schwarze
Masse zusammen, und die Kirchenstühle ächzen und stöhnen........ ritscheldadibum, ritscheldadibum, ritscheldadibum........ rödeldö-rödeldö-rödeldö-rödeldö.......
Kling-kling!: – Jezt kommt's!...
    Mit imaginär aufgesperrten Mäulern liegen sie drinnen
und schluken – und schlürfen den rötlichen Saft, das Blut –
und würgen den Broken hinunter, das transzendentale
Fleisch eines vor fast 2000 Jahren justifizirten Gottes – und
das blöde Gehirn nimmt die Sugestion an, und mukst sich
nicht...
    Jeder denkt sich: ist's wahr, ist's gut! – ist's nicht wahr,
macht's nix! – Voilà!...
    Haha! – und nun sollen Sie sehen – jezt werden die
Utensilien eingepakt – das Kritschi-kratschi-Ritscheldadi-
Kruzifax komt in den Schrank – die Oblaten verschwinden – und die diken, schnappenden Goldfische verschwinden in der Sakristei..... und nun erheben sich die Tausen-

den von Säken – jezt sind sie entsündigt; die Mienen sind
noch ganz steif – die Augen starren noch schwarz: die
Sugestion ist eben erst im Verschwinden – und nun rutscht
es hinaus – in das flirrende, helle Tageslicht – in das Licht,
wo die Bestien wandeln – halo! Saperlot! – jezt sollen Sie
sehen! . . . Und nun geht's an! – Das resolute Genießen – mit
realen Kinnbaken – bei intaktem Gehirn – das entschlossene Würgen, bis die Keule verschlukt ist – und die Goldfische von vorhin kommen auch – in schwarzen Röken – jetzt
essen sie keine Oblaten – tapfer greifen sie ein – – Haha,
mon cher, – welches Geschlecht! – . . .

Aber daß man ein solches Geschlecht fertig bringen
konnte – mit so sicherer Gangart – mit fest vorgeschriebe-
nen Bahnen – auf dem Pflaster der Wirklichkeit wie in der
Metafisik der Seele – welches nie strauchelt – immer sich
gleichbleibt – stets sich neugebiert – mit dem Bier des
Sedelmaier und der Dogmatik von Rom sich stets frisch
und kräftig erhält – sehen Sie diese prächtige Rasse –
riechen Sie diesen süßen Seelenduft – rühren Sie diese
marmelartigen Formen! . . . . . . Gehen sie nach Linz, nach
Salzburg, nach Wien – überall, wo die römische Dogmatik
und das süffige Bier hingedrungen ist, dieselbe unvergleichliche Rasse – mit den leuchtenden Augen, dem see-
lenvollen Blick, der lammartigen Güte . . .

He! Nehmen Sie gerade die jezige Zeit, nehmen Sie
Ostern: kein Fest läßt diese Bevölkerung vorbeigehen, ohne ihre Därme, ihren Schnappsack dran zu knüpfen: alle
Schaufenster liegen voll von ungeheuren Quantitäten
Wurstwaaren, diken und dünnen, rötlich gefärbten und
bläulich durchscheinenden, Sulzen und Eingemachtes, auf
Platten und in Vasen, Gepökeltes und Geselchtes, Spekseiten und Schinken, Alles umkränzt und bemalt mit den
Oster-simbolen. Schnittwaaren-Lager und Schuh-Magazi-
ne werden für die wenigen Tage schleunigst in Scharku-
tjee-Läden umgewandelt, und überall drängt sich die kolossal fettige, hautüberzogene, spekige, ranzige Masse.
Ganze Schweine von Spek und Schelatine, mit Rosen umkränzt, erscheinen hinter den Glasfenstern der Läden, in
deren Hintergrund man die zentner-busigen Scharku-

tjees-Gattinnen keuchend ihren Dienst verrichten sieht. Und jede Fleischfaser und jedes Spekwürfelchen, jeder Schinken und jedes Rippenstük war auf dem Altar in der Hochkirche gelegen und ist vom Erzbischof geweiht und besprengt worden. Hier ist die Verbindung mit der Kirche gewonnen, und damit ist für dieses prächtig-naive Volk das Recht zum Zulangen, das Recht auf Gabel und Messer gegeben. Jeder noch so einfache und bescheidene Mensch will an diesem Tag ein Stük Schweinernes zwischen den Zähnen haben. Das Schwein steigt in diesen Tagen der Auferstehung Christi zu einem wahrhaft herkulischen Simbol empor und fegt, wie ehemals die goldborstige Wildsau der alten Germanen, grunzend und Fettspuren zurüklassend, durch die dike Luft Münchens und durch die Herzen ihrer Bewohner. Was sagen sie dazu? – Ist das nicht prächtig? – Kein anderes Volk hat so die Gabe, Himmlisches und Irdisches, wie der Dichter sagt, miteinander zu verweben...

Und dann nehmen Sie die, ich weiß nicht, soll ich sagen: *dogmatische Kühnheit der Verbindung des Todes des Erlösers mit dem Scharkutjee-Gewerbe.* Erst hat man die Leiche Jesu – das ist noch der Charfreitag – man nimmt sie simbolisch als Lamm Gottes, das weiße, aber blutüberströmte Lamm; dieses Lamm nimmt man und stelt es aus Schweinefett gegossen mit Rosen umkränzt, in's Schaufenster – jezt ist es noch Oster-simbol, und noch könte Alles in den Gränzen des Schiklichen bleiben – aber mit dem Fett hat man – optisch, oder gedanklich, oder vielmehr: durch den süßen Geschmak – die Verbindung zum Schwein gewonnen, und nun stürzt diese kolossale Menge von Schinken und Rippenstüken, Sulzen und Spekseiten in die Kirche hinein. Aus dem süßen Osterlämmchen ist das zentnerschwere Schwein geworden. Aus der schmerzhaften Charfreitags-Leiche das fürchterliche, grunzende Tier, welches man aufißt. Ist es nicht enorm? Diese Wandlung vom Freitag zum Samstag. Nur ein so riesig gesundes Volk, wie Sie es in Ihrer Stadt haben, kann sich eine solche kühne Dogmatik erlauben, ohne daß es ihm das Gehirn zerreißt. Mit dem Ruf: Resurrexit: Er ist auferstanden! sezt

sich das Volk hin und verzehrt kolossale Massen von Grie-
ven und Spek. Irgend ein Münchener – ein Bischof oder ein
Scharkutjee muß die Verbindung auf diese Weise einmal
hergestelt haben. Die Sitte ist rein Münchnerisch, Süd-
deutsch, nicht allgemein Katolisch ...

Oder stamt die kaum verständliche Sitte aus dem Mittelalter, wie mir ein anderer Erklärer versicherte? Daß sie
sich, um die Juden zu ärgern, die Jesum ans Kreuz geschlagen hatten und die bekantlich aus rituellen Gründen kein
Schweinefleisch genießen, gerade um die Zeit, da Christus
wieder lebendig geworden, hinsezten und Schweinefleisch in allen Dimensionen und Zubereitungsarten ver-
zehrten, in der Meinung, je mehr sie zu sich nähmen, um so
mehr ärgerten sie die in ihren Ghettos still versammelten
Juden, und um so größer sei das Verdienst, welches sie sich
erwürben, und das »Opfer«, welches sie darbrächten, und
um so größer die Freude, die sie ihrem Gott machten ...

... Oder ist es die Erinnerung an das Essen von Leichen-
teilen, welches sie tagtäglich bei ihren Priestern in der
Kirche beobachten und welches die Ursache sein soll, weshalb sie diese lezteren mit so großer Ehrfurcht, sozusagen
als Gott, betrachten – welches bei ihnen, bei diesem resolu-
ten Volk, den Kizel erweckt hat – ich weiß nicht, ob Sie mir
dies nachdenken können – nun auch seinerseits einmal,
wie soll ich sagen?: travestirte Leichenteile in Form von
simbolisirten ham, porc, Schinken, Spek – kommen Sie
nach? – sich zwischen die Zähne zu steken, um einmal zu
sehen, wie das Ding eigentlich schmekt? Wie? Was? Was
sagen Sie? Haben Sie's erfaßt? – Ist es nicht kolossal? – Ich
meine nur ...

Ich meine nur! – Verstehn Sie wohl! – Bei diesem Volk –
aus purer Genußsucht – nicht aus sakrilegischem Bedürfnis – o Gott nein! – die täten keiner Fliege 'was zu leid,
wenn sie wüßten, daß sie heilig wäre – nein, aus Kinnba-
kenbedürfnis – rein, um zu Zermalmen – um zu verzeh-
ren – heute »Tristan und Isolde«, morgen »Bockpartie«,
übermorgen »Kunstausstellung von Nuditäten«, dann
Osterfest mit simbolischem Schinkenfleisch, dann »Salva-
tor auf dem Nokherberg«, Redouten mit wallenden Busen

und Sekt-Schmeißerei, dann wieder Entsündigung: Fasten, d. h. Fasten-Essen, Responsorien von Scarlatti, – Stabat mater von Palestrina und dann Rendezvous in der Konditorei – verstehen Sie? – so mein' ich's! – Alles nebeneinander – Alles zu seiner Zeit – aber Alles! – nicht das Eine nicht, das Andere doch, – sondern Alles! – Verschlingen –
Über die Stadt München (Dialoge im Geiste Hutten's),
aus: Das Liebeskonzil und andere Schriften, Zürich 1897,
57 ff.

Ein Kapitel aus der Pastoral-Medizin

»Und sahen, daß sie nackt waren.«
1. Mose 3, 7

In Innsbruck, wo ich im Jahr 1859 als blutjunger Student der Theologie obzuliegen hatte, galt als eine der gefeiertsten Autoritäten der dortigen Universität Professor Süpfli, Benedictiner-Pater, Haus-Prälat Pius IX. und Ordinarius für Pastoral-Medizin. Seine Abhandlung »De conceptionis sexualis humanae causa transcendentali«, sowie seine scharfsinnige Untersuchung »Ueber den sittlichen Boden bei den Fröschen« waren damals in Aller Händen. Und die wichtige Frage, die wohl alle Gemüther beschäftigte, über den Einfluß der Tod-Sünden auf die Blutmischung – da die ganze Lehre von der Erbsünde von ihr beeinflußt zu werden schien – ruhte sozusagen in Süpfli's Händen. Süpfli locutus est! hieß es damals; und die Sache war damit entschieden. –

Ein älterer Student, dem ich mich angeschlossen hatte, veranlaßte mich, einmal dem Colleg Süpflis über Pastoral-Medizin beizuwohnen; »bei Süpfli zu schinden«, sagte man in der Studentensprache; und dies in doppelter Weise; denn nicht nur durfte man eine Vorlesung, welche man nicht belegt hatte, nicht besuchen, sondern Studenten jüngerer Semester war es überhaupt verboten, Collegs von so vorgeschrittener Weisheit beizuwohnen. – Mit dampfendem Gehirn und aufgesträubten Haaren kam ich heraus; und eine Woche lang hatte ich das Gefühl, eine Kugel spanischen Pfeffers verschluckt zu haben, die sich langsam auflöse, und Blut und Gedanken, alle Nahrungssäfte mit ihrem penetranten Roth durchsetze, bis das fabelhafte Gift glücklich wieder ausgeschieden war. – Ich hoffe, der Leser ist in dieser Beziehung rüstiger und von größerer Widerstandskraft. –

Wir kamen etwas zu spät. Das Colleg hatte bereits begonnen. Ueber einige fünfzig kurzgeschnittene Köpfe mit der thalergroßen Tonsur in der Mitte, alle niedergebeugt und die raschelnde Feder an der rechten Schläfe, hinweg sahen wir den langen hageren Süpfli hoch auf dem Catheder thronen, mit etwas belegter Stimme, und leichten nach rechts und links austheilenden Handbewegungen, vortragen. Süpfli sprach ein eigenthümlich gemildertes Schweizer Deutsch. Wir waren damals verpflichtet, jedes vorgetragene Wort des Lehrers zu stenografiren und später reinzuschreiben. Als Zuspätgekommene drückten wir uns schnell in eine Ecke. Der Vortrag hatte bereits begonnen. Ich that, was alle Anderen thaten: zog Bleistift und Papier heraus, und begann zu schreiben. Das Stenogramm bringt Alles, Dialect-Laute wie Gedankengang mit gleicher Treue. Und so bring' ich denn auch, was ich auf dem Papier hatte, hier wieder, sine ira et studio, Constructionsfehler und lapsus loquendi, Ungeheuerlichkeiten und Bestialitäten durcheinander gemischt. – Süpfli loquitur:

»... a seller Zuschtand isch immer schlimmer worda; die Zahl der Chrankheite isch schröckli groß worda; der Düfel, net dermit z'fride, de mänschliche Körper ganz ußere materielle Subschtanz darg'schtellt z'sehe, wellt en no weiter ruinire. Alle Chrankhite, die de mänschliche Körper befalle, sind d'Folge vo der Erbsünde, die si immer vermehrt, und immer vermehrt; eso daß gar kei Hoffnung uf Beß'rung verhande z'sei scheint. Instatt gottähnlicher werda mer immer düfelsähnlicher. Und die letzt' Ursach', zwege der die Erbsünd' in immer größerer Menge uf uns chomme isch, isch seller Zuschtand, ime dem wir eh'mals usem Paradies vertrieb'n worda: Die *Nacktheit.* Durch die Nacktheit wird in den Mänschen die Cubiditas und die Concubiszenschia wachgerufen; selle führen zur Sünde;

die Sünde wird uf die Nachkomme in unwiderschtehlicher Gewalt übertrage, und häuft si immer mehr; und isch bis ufem heutige Tag zure schröckeli Gewalt worda. Zwar hat ma Chlider über die Scham conschtruirt, um die Nacktheit zu verberge. Aber leider sind die Chlider verschieblich. Und selle Verschieblichkeit hat in de letschte Jahrhunderte grüseli zug'nomma. Ma verschiebt si alle Augenblick ohne Zweck. Und leider chönna si ganz abg'nomma werda. Dadurch chönna d'Mänsche zu jeder Zeit ihre Nacktheit inne werda und si betrachte. Die einzige Möglichkeit us diesem sündhaften Zuschtand heruszuchumma, war – as e Z'rückversetze i de paradiesische Zuschtand der Sündlosigkeit zur Zit nüt denkbar, – die *Verwachsung der Chlider mit der Körper-Oberfläche.* Sell isch de Zweck der Paschtoral-Medizin. Uf wellem Weg isch aber dies zu erreiche? Do müsse me z'rückgehe bis zur erschten Entschtehung der Nacktheit beim Mänschen; sell isch bis zur Geburt. As die Ars obschtetrizia aposchtolica, die paschtorale Geburtshülfe, us lehrt, isch die Erzeugung des Mänschen zur Zeit eine sit fascht sechstausend Jahre fortgesetzte Beschtialität; irregeleitet gegen den urschprüngliche Wille des Höchschten; entgegengesetzt em ganze urschprüngliche Schöpfungsplan. As uns Scotus Erigena schon im neunten Jahrhundert gezeigt het, war der Zuschtand des erschten Mänschen im Paradies e rein göttlicher, spiritualischer, seraphischer, immaterieller, frei von concubiszenschia und sexualer Cognitio. Die Vervielfältigung und Weiterzeugung wär' vor sich ganga iner rein idealer Weise, durch Selbscht-Anschauung, wie ebba die der Engel, und in Myriade von fleckenlose Individuen. Erscht durch de Sündefall ging selle siderische Geschtalt verlore. De erscht Mänsch bekam e sinnliche, materielle, fleischliche Körper, de geschlechtliche Zwitheilung erfolgte; und de Chliderfabrik begann. As die Sach' heut' schteht, müsseme uns gedulde, und miteme Dreck abfinde. Aber die aposchtolische Geburtshülfe muß doch conschtatire, daß mit jedem Kinde, das us Mutterlip usschlüpft, e Düfelsfratz uns entgegegrinzt, in wellem der göttliche Funke fascht erloschen isch, e haarlose Beschtie, e Gottrescht, dem zur ewigen

Schande der wizengelbe Charakter der Nacktheit zuge-
theilt worde. Und sit der Zit senner durch fortwährendes
tieferes Verschtricktwerda in die Netze des Düfels zuneme
ohnmächtige, flaischliche, concubischzente G'schlecht us-
geartet. – Was isch nu z'thun? Was isch d'hütige Ufgabe
der Paschtoral-Medizin, die Ufgabe der paschtorale Geburtshülfe? D'Nacktheit chönna mer nüt ändere. D'Nacktheit isch aber z'schame mit der G'schlechtsverthilung uf
zwe Individue die Quelle aller Schande, aller libido, aller
volubtasch, und ebbe dadurch die Quelle der immer
schröcklicher uf uns chumene Erbsünde. Die Chlider ver-
hülla die Nacktheit. Aber die Chlider sind verschieblich,
thilbar, ablegbar, mousselinehaft, schlüpfrig und täu-
schungsrich. Mit Leim chönna merse nüt de Mänsche ufen
Lib feschtkleba. *Wenn'sch aber g'linget, d' Mänsche in
Chlider gebore werda z'lasse,* war allem Übel a'g'holfe! In
Chlider, diene Anschauung der Nacktheit unmöglich mache! Dann war e Vermehrung der Erbsünde nimmer möglich. Welches Wunder! Ma söll's nüt für möglich halte. Und
doch isch sell Wunder amol vor sich gange:

In *Verona* isch im siebezehnte Jahrhundert e frommes
Ehepaar g'si, die händ kei Chinder gha. Er stammte usere
vornehme Familie. Sie isch a armes frommes Mädla gsi.
Durch's Loos isch si si Frau worda. Zerscht welletse e
christlichs, gottseligs, chinderloses Leba führe. Aberne
Stimme hat ihn an sine Pflicht erinnert. E Conzeptschio is
sine ulla libidine necne cubiditate z'schtand chumme. As
die Schtund der Wehen isch näher chumme, sen sechs
Priester Dach und Nacht an's Bett der Wöchneri hi ge-
chniet, und händ ihr heißes Flehen ebba im Sinn von sel-
lem ideale Ziel vereinigt, von dem ich oba g'sprochn hab,
und das unschre Disciplin, die ars obschtetrizia aposchtolica verfolgt. Es verganga bange, schwer Schtunde. D'He-
bam isch g'weiht gsi, und hat d'Communion z'vor empfange
ge gha. Ändli gegen Oba, as sich's Leibethor öffnet, was
meinad er, isch chumma?! E Mänschle, e Büeble isch usi
chomma, inema Frack, in braune, runzliche Hösli, e Schi-
lee het's ang'het mit schöne, gliche, glanzige Knöpfli, Cy-
linder, Manschette, und sehr zarte Stiefeli, die erscht an

der Luft hart worda sind; g'lacht hat's mit rothi Bäckli, mit
freundlich blinzelnde Äugli, hat sie gruseli g'freut, und
isch mit sime feine Schpazierstöckli usi stapft ufem wiße
Leintuch......«

In diesem Augenblick machte es: »Tim, Tim, Tim, Tim,
Tim...« zehn Mal. Es war zehn Uhr. Professor Süpfli schlug
einen großen Folianten zu, und sagte: »s nächschte Mol
Mehres über selle Materie!« –

Visionen der Dämmerung, München/Leipzig, 1914

Anmerkungen

[1] K. Tucholsky, Gesammelte Werke, hrsg. von M. *Gerold-Tucholsky*
und *F. J. Raddatz*, Reinbek b. Hamburg 1960, I, 478 – [2] So charakterisiert ihn Josef Nadler. Zit. in: Oskar Panizza, Das Liebeskonzil und
andere Schriften, hrsg. und mit einem Nachwort versehen von *H. Pre-
scher*, Neuwied 1964, 248 – [3] Brief vom 15. Juli 1896 aus dem Gefängnis Amberg an Max Halbe. – [4] Ein Jahr Gefängnis. Mein Tagebuch
aus Amberg. Zit. in: Das Liebeskonzil und andere Schriften, 174 f. –
[5] K. *Tucholsky*, Gesammelte Werke, a. a. O., I, 696 – [6] Vgl. M. *Bauer*,
Oskar Panizza. Ein literarisches Porträt, München 1984, 283 ff. –
[7] O. Panizza, Dialoge im Geiste Hutten's, 1897, 7 – [8] K. Tucholsky,
Gesammelte Werke, a. a. O., I, 474 – [9] Klaus Katzenberger, Ein mäßig
großes Irrenhaus. Über den Schriftsteller Oskar Panizza, 1853–1921,
Radio Bremen, 2. Programm, 29. März 1980 – [10] »Der Gott der Eisen
wachsen ließ, der wollte keine Knechte.« E. M. *Arndt*, Gedichte. Leipzig 1840. Diese Anmerkung und alle noch folgenden Anmerkungen
sind Fußnoten Panizzas. – [11] Geschichtlicher Bericht über den Ursprung und die Wirkungen der neuen Marien-Medaille. Mün-
ster 1839, 27 – [12] Ebd., 41 ff. – [13] Ebd., 64 ff. – [14] Ebd., 68 ff. u. 126 –
[15] Ebd., 156 ff. – [16] »Halt, kühner Spanier! Das kannst du nicht verant-
worten. Du wirst verdammt werden. Und in 50 Jahren wird man vielleicht Dein Dogma verkünden.« – [17] Ein höchst unschicklicher Vergleich, weil der Bandwurm ein verachtetes Wesen ist und sich an
unschicklichen Stellen aufhält; Bruder Martin konnte ja die Koralle
nehmen, bei der ähnliche Wachstumsverhältnisse existieren.

Abdruck der Zitate mit freundlicher Genehmigung der Erben Panizzas und des Hermann Luchterhand Verlags, Darmstadt und Neuwied *(Das Liebeskonzil und andere Schriften)*.

SIGMUND FREUD
1856–1939

> Es gibt keine Instanz über der
> Vernunft.
>
> XIV, 350

»Meine wissenschaftliche Arbeit hatte sich das Ziel gesetzt, ungewöhnliche, abnorme, pathologische Erscheinungen des Seelenlebens aufzuklären, d. h., sie auf die hinter ihnen wirkenden psychischen Kräfte zurückzuführen und die dabei tätigen Mechanismen aufzuzeigen. Ich versuchte dies zunächst an der eigenen Person, dann auch an anderen, und endlich in kühnem Übergriff auch am Menschengeschlecht im Ganzen.« (XVI, 250) Die Trias tiefster Erkenntnisse, die hinter diesen bescheidenen Sätzen des greisen Freud steht, ist jener Sektion des Menschengeschlechts, die Deutschland heißt, bis heute nicht zum voll erworbenen Besitz geworden; immer noch scheint ein lauer Nachhall jenes Gebrülls der wiederhergestellten Urhorde fortzubestehen, die vor erst einem halben Jahrhundert »gegen seelenzerfasernde Überschätzung des Trieblebens, für den Adel der menschlichen Seele«[1] mit dem Feuer der Bücherscheiterhaufen vorging; und namentlich der Oberbau, der »kühne Übergriff«, blieb unverändert, was er immer war: den Juden ein Ärgernis und den Ariern eine Torheit. Ihm eine unerhörte Bedeutung für die Zukunft zuzusprechen, hat hierzulande viel von Wagnis an sich; für die Einsicht in den gegenwärtigen Weltlauf ist er eine der hellsten Tröstungen.

Die »Untersuchungsmethoden der Psychoanalyse weit weg von ihrem Mutterboden auf die mannigfaltigsten Geisteswissenschaften anzuwenden« wurde dem Erforscher der Neurosen im Lauf der Zeit »eine unwiderstehliche Versuchung, ein wissenschaftliches Gebot«; denn »es war unverkennbar, daß die einzelnen Formen der Neurose die stärksten Anklänge an die höchstwertigen Schöpfungen unsrer Kultur vernehmen ließen« (XII, 327). Was diese Umschreibung vor allem meint, die Religion (und Freud verließ den Oberbegriff nur ganz selten, um die Christlichkeit, die er vor Augen hatte, beim Taufnamen zu nennen), hat durch ihn die schärfste Entlarvung erfahren, die ihr je von Denkenden widerfuhr. So zart und gütig er in der Form blieb, so unerbittlich zugleich doch in der Sache; er verzichtete darauf, sie an ihren Früchten nur zu erkennen, den gräßlichen, bitteren, sondern erkannte sie an ihren Wurzeln; er nahm ihr das Fundament – die Illusion vom metaphysischen Ursprung. »Ich glaube in der Tat, daß ein großes Stück der mythologischen Weltauffassung, die weit bis in die modernsten Religionen hinein reicht, nichts anderes ist als *in die Außenwelt projizierte Psychologie*« (IV, 287): Dieses erste behutsame Bekenntnis legte Freud erst als Fünfundvierzigjähriger ab, 1901, ein Jahr nach der *Traumdeutung,* und er fuhr, womöglich noch behutsamer, fort: »Man könnte sich getrauen, die Mythen vom Paradies und Sündenfall, von Gott, vom Guten und Bösen, von der Unsterblichkeit u. dgl. in solcher Weise aufzulösen« (das heißt in Psychologie des Unbewußten zurückzuverwandeln), »die Metaphysik in Metapsychologie umzusetzen.« (IV, 288) Dies war der Anfang, »das Wort«, das so kompliziert verklärte, sublimierte, wieder »Fleisch« werden zu lassen.

Daß Freud sich so lange nicht »getraut« hatte, das Unfaßbare der Religionen anzufassen, lag nicht in irgendwelcher eigenen Religiosität begründet. »Ich kann sagen, daß ich der jüdischen Religion so ferne stehe wie allen anderen Religionen, das heißt, sie sind mir als Gegenstand wissenschaftlichen Interesses hochbedeutsam, gefühlsmäßig bin ich an ihnen nicht beteiligt.« (XIV, 556) Dies gefühlsmäßige Nichtbeteiligtsein, dem Romain Rolland vergebens sein »›ozeanisches‹ Gefühl« antrug (XIV, 422), war es, das den beteiligten C. G. Jung noch 1955 von Freuds »notorious inability to understand religion«[2] reden ließ, vermutlich in der Absicht, ihm damit Schlimmes nachzusagen. Warum Freud die Praktische Metaphysik so langmütig lange verschonte (beiseite gelassen, daß, wer ihn zwischen den Zeilen zu lesen versteht, dort auf Schritt und Tritt Beurteilungen der Religion begegnet – auch in den frühen Arbeiten), bedarf noch der tieferen Aufklärung; ausdrücklich formuliert hat er zumeist nur oberschichtige Gründe. »Uns ist es vollkommen begreiflich,

wenn Leonardo angesichts der außerordentlichen Empfindlichkeit seines Zeitalters in religiösen Dingen sich direkter
Äußerungen über seine Stellung zum Christentum auch in
seinen Aufzeichnungen enthielt« (VIII, 196), notierte er in
seiner eminenten Analyse einer *Kindheitserinnerung des Leonardo da Vinci* 1910 – um erst erheblich später den Euphe-
mismus der »außerordentlichen Empfindlichkeit« aufzulösen: »In früheren Zeiten ... erwarb man durch solche Äußerungen eine sichere Verkürzung seiner irdischen Existenz
und eine gute Beschleunigung der Gelegenheit, eigene Erfahrungen über das jenseitige Leben zu machen.« (XIV, 359)
Auch wenn er solche Extremfolgen der religiösen Gewalttätigkeit in den ihm gegenwärtigen Zeiten nicht mehr zu befürchten hatte, sorgte er sich doch um die Freiheit seines
Arbeitens, und tatsächlich ist die Kirche, mit den Banditen
des deutschen Faschismus einig, auch hierin durch ihr gleich
von Anfang auf die Psychoanalyse ausgedehntes Denkverbot
am Fortschreiten der Menschheit schuldig geworden; ein
Großteil der heute in psychologicis erneut hereingebrochen
affektierten Unwissenheit der christlich-deutschen Men-
schenart wurde und wird davon bedingt. Man brauche von
der Psychoanalyse »nicht zu besorgen, daß sie versucht sein
werde, etwas so Kompliziertes wie die Religion aus einem
einzigen Ursprung abzuleiten« (IX, 122), beschwichtigte
Freud in seinem entscheidenden Buch über *Totem und Tabu*
1912 den erwarteten Protest, und in das Ende des Abschnitts
über die »infantile Wiederkehr des Totemismus« drang die
dunkle Hemmung mit der wortkargen Erklärung ein: »Ich
stehe unter der Einwirkung einer großen Anzahl von starken
Motiven, die mich vom Versuche zurückhalten werden, die
weitere Entwicklung der Religionen von ihrem Beginn im
Totemismus an bis zu ihrem heutigen Stande zu schildern.«
(IX, 177) Diese Motive bedürfen noch immer der tieferen
Aufklärung.
    Es mag nicht ohne Nebenbedeutung sein, daß der große
Deuter der Seele einer Erinnerungstäuschung erlag, als er
rückblickend feststellte: »Die erste Antastung der religions-
psychologischen Probleme habe ich 1910 selbst gewagt,
indem ich das religiöse Zeremoniell in Vergleich mit dem

neurotischen zog.« (X, 77) Es geschah dies bereits drei Jahre
früher, 1907, in einem Aufsatz über *Zwangshandlungen und
Religionsübungen,* den die lapidaren Sätze eröffneten: »Ich
bin gewiß nicht der erste, dem die Ähnlichkeit der sogenannten Zwangshandlungen Nervöser mit den Verrichtungen aufgefallen ist, durch welche der Gläubige seine Frömmigkeit
bezeugt.« Und Freud zog in aller Ruhe daraus die Konsequenz, daß man »aus einer Einsicht in die Entstehung des
neurotischen Zeremoniells Analogieschlüsse auf die seelischen Vorgänge des religiösen Lebens wagen dürfte«
(VII, 129): »Ohne noch die tieferen Zusammenhänge zu kennen, bezeichnete ich die Zwangsneurose als eine verzerrte
Privatreligion, die Religion sozusagen als eine universelle
Zwangsneurose.« (XIV, 92) Den großen Durchbruch, den
eingangs zitierten »kühnen Übergriff«, brachte schließlich
die Beschäftigung mit dem Totemismus und die Erkenntnis
der Vatertötung als dessen Kern und »als Ausgangspunkt der
Religionsbildung« (XIV, 93); sie ergab eines der wichtigsten
Erkenntnisbücher dieses Jahrhunderts: *Totem und Tabu*
(1912).

Es wäre unerlaubt, den Inhalt einer so komplexen und
argumentationsreichen Arbeit in wenigen Zeilen vorzufüh-
ren, könnte es nicht mit einem Kurztext des Autors selber
geschehen: »Die Forschung nimmt an, daß das menschliche
Familienleben sich in entlegenen Urzeiten ganz anders gestaltet hatte, als wir es heute kennen, und bestätigt diese
Vermutung durch Befunde bei den heute lebenden Primiti-
ven. Unterzieht man das prähistorische und ethnologische
Material darüber einer psychoanalytischen Bearbeitung, so
stellt sich ein unerwartet präzises Ergebnis heraus: daß Gott-
vater dereinst leibhaftig auf Erden gewandelt und als Häupt-
ling der Urmenschenhorde seine Herrschermacht gebraucht
hat, bis ihn seine Söhne im Vereine erschlugen. Ferner, daß
durch die Wirkung dieser befreienden Untat und in der Reaktion auf dieselbe die ersten sozialen Bindungen entstanden,
die grundlegenden moralischen Beschränkungen und die älteste Form einer Religion, der Totemismus. Daß aber auch
die späteren Religionen von demselben Inhalt erfüllt und
bemüht sind, einerseits die Spuren jenes Verbrechens zu

verwischen oder es zu sühnen, indem sie andere Lösungen für den Kampf zwischen Vater und Söhnen einsetzen, anderseits aber nicht umhin können, die Beseitigung des Vaters von neuem zu wiederholen. Dabei läßt sich auch im Mythus der Nachhall jenes, die ganze Menschheitsentwicklung riesengroß überschattenden Ereignisses erkennen.« (XII, 328) Der Nachhall namentlich im christlichen Mythus ist nicht zu überhören: In ihm »bekennt sich . . . die Menschheit am unverhülltesten zu der schuldvollen Tat der Urzeit, weil sie nun im Opfertod des einen Sohnes die ausgiebigste Sühne für sie gefunden hat« (IX, 185).

Die von Darwin übernommene Vermutung einer Horde als Urform der menschlichen Gesellschaft sei, sicherte Freud ab, »zwar nur eine Hypothese wie so viele andere, mit denen die Prähistoriker das Dunkel der Urzeit aufzuhellen versuchen . . .« (dabei möchte man wünschen, die Heilsbehauptungen der Kirche hätten auch nur halb soviel Wahrscheinlichkeit für sich wie die schwächste Stelle dieser Hypothese), »aber ich meine, es ist ehrenvoll für eine solche Hypothese, wenn sie sich geeignet zeigt, Zusammenhang und Verständnis auf immer neuen Gebieten zu schaffen« (XIII, 136). Ebendieses schuf sie: Zusammenhang und Verständnis.

Es solle, verwahrte sich Freud, nicht der Eindruck aufkommen, als habe er bei seiner Arbeit nunmehr »der geduldigen Beobachtung den Rücken gewendet« und sich »durchaus der Spekulation überlassen«. »Ich bin vielmehr immer in inniger Berührung mit dem analytischen Material geblieben und habe die Bearbeitung spezieller, klinischer oder technischer Themata nie eingestellt. Auch wo ich mich von der Beobachtung entfernte, habe ich die Annäherung an die eigentliche Philosophie sorgfältig vermieden.« (XIV, 85 f.) Er scheute die Nachbarschaft der Weltanschauungen und mied den Enthusiasmus der System-Philosophie; er war, inmitten der Zeitgenossen, die er hatte, genötigt, explizite darauf hinzuweisen, daß die Psychoanalyse »eine Forschungsmethode« ist, »ein parteiloses Instrument, wie etwa die Infinitesimalrechnung« (XIV, 360). Gleichwohl wird man die zentralen Werke der Folgezeit – *Jenseits des Lustprinzips* (1920), *Massenpsychologie und Ich-Analyse* (1921), *Das Ich und das Es* (1923) – mit

Wolfgang Beutin[3] der Philosophie zurechnen: Über die wissenschaftliche Disziplin hinaus sind ihre Erkenntnisse und Thesen allesamt Bausteine einer künftigen Ethik der Vernunft.

Nach seiner hochbedeutenden Instanzenlehre (der Aufgliederung des »seelischen Apparats« in Ich, Über-Ich und Es) und der Aufstellung der zwei Triebarten (Eros und Todestrieb) hat Freud nach eigenem Urteil »keine entscheidenden Beiträge mehr zur Psychoanalyse geliefert«. »Was ich später geschrieben habe, hätte schadlos wegbleiben können oder wäre bald von anderer Seite beigebracht worden. Dies hing mit einer Wandlung bei mir zusammen, mit einem Stück regressiver Entwicklung, wenn man es so nennen will. Nach dem lebenslangen Umweg über die Naturwissenschaften, Medizin und Psychotherapie war mein Interesse zu jenen kulturellen Problemen zurückgekehrt, die dereinst den kaum zum Denken erwachten Jüngling gefesselt hatten. Bereits mitten auf der Höhe der psychoanalytischen Arbeit, im Jahre 1912, hatte ich in *Totem und Tabu* den Versuch gemacht, die neu gewonnenen analytischen Einsichten zur Erforschung der Ursprünge von Religion und Sittlichkeit auszunützen. Zwei spätere Essays *Die Zukunft einer Illusion* 1927 und *Das Unbehagen in der Kultur* 1930 setzten dann diese Arbeitsrichtung fort.« (XVI, 32) Was hier so unscheinbar »zwei spätere Essays« heißt, ist der überragende Gipfel von Freuds wissenschaftlicher Altersphilosophie, sein mächtigstes Plädoyer für die hellere Zukunft. »Immer klarer erkannte ich, daß die Geschehnisse der Menschheitsgeschichte, die Wechselwirkungen zwischen Menschennatur, Kulturentwicklung und jenen Niederschlägen urzeitlicher Erlebnisse, als deren Vertretung sich die Religion vordrängt, nur die Spiegelung der dynamischen Konflikte zwischen Ich, Es und Über-Ich sind, welche die Psychoanalyse beim Einzelmenschen studiert, die gleichen Vorgänge, auf einer weiteren Bühne wiederholt.« (XVI, 32 f.)

Sehr folgenreichen Geschehnissen der Menschheitsgeschichte ist auch Freuds letzte Arbeit gewidmet: *Der Mann Moses und die monotheistische Religion* (1937–1939). Sie geht von dem Nachweis aus, daß Moses, der Führer des Auszugs aus Ägypten, selber ein Ägypter der Zeit Echnatons war, dessen monotheistische Aton-Religion nach ihrer Ächtung beim Fremdvolk Israel heimisch machte und eines Tages von Empörern dieses Volkes erschlagen ward: eine Tat, die mit der Urschuld der Vatertötung verschmolz und zum frühen Trauma jener Zwangsneurose wurde, die hernach jüdisch-christliche Religion hieß. *Der Mann Moses* ist nichts Geringeres als eine geschlossene, vollkommen schlüssige Psycho-Analyse von Entstehung und Geschichte dieser Religion; es verwundert nicht, daß Freud sich vor der Veröffentlichung des dritten, das Geschichtsmaterial auswertenden Teils nach alter Weise sorgte. »Die psychoanalytische Forschung, die wir pflegen, ist ohnedies der Gegenstand mißtrauischer Aufmerksamkeit von seiten des Katholizismus. Wir werden nicht behaupten, es sei so mit Unrecht. Wenn unsere Arbeit uns zu einem Ergebnis führt, das die Religion auf eine Menschheitsneurose reduziert und ihre großartige Macht in der gleichen Weise aufklärt wie den neurotischen Zwang bei den einzelnen unserer Patienten, so sind wir sicher, den stärksten Unwillen der bei uns herrschenden Mächte auf uns zu ziehen... Ich glaube es nicht nur, ich weiß es, daß ich mich durch... die äußere Gefahr abhalten lassen werde, den letzten Teil meiner Studie über Moses zu veröffentlichen.« (XVI, 157 f.) Dann jedoch erreichte, 1938, der »Rückfall in nahezu vorgeschichtliche Barbarei« (ebd.) auch Österreich, und Freud mußte sich mit zweiundachtzig Jahren noch in die Emigration aufmachen, ins »schöne, freie, großherzige England«; dort erschien der *Moses* ein Jahr später, im Todesjahr seines Autors.

Freud hat den Religionen ihre Feindschaft stets mit schonenden, gütigen Gesten vergolten; seine Stellung gegenüber dem Christen war nicht die des kämpferischen Geistes gegen den gewalttätigen Unvernünftler, sondern die mitfühlende des Arztes gegenüber dem Schwerkranken. Daß man dessen Krankheit ein endliches Ende setzen müsse, beantragte er, mitfühlend, mit Gründen, wie sie besser, klarer, zwingender niemand vor ihm hatte. Dem Antrag wurde bis heute nicht stattgegeben. Die gegenwärtige deutsche Menschheit, antiaufklärerisch wie lange nicht mehr, hat sich der religiösen Seelsorge ausgeliefert wie lange nicht mehr, und einen maß-

gebenden Politiker nennen zu sollen, dem Kenntnis und
Verständnis der Psychoanalyse zuzutrauen wäre, müßte verlegen machen: Es gibt ihn, unter der gegenwärtigen deutschen Menschheit, nicht. Daß große Abänderungen der allgemeinen Verhaltensmuster, wie sie Freud mit der Entkräf-
tung der sie tragenden Gründe notwendig machte, zumeist
nur wütendes Gebell begrüßt, ist so sehr Lauf der Welt, daß es
zum öffentlichen Ärgernis nicht taugt; zu denken aber gibt,
daß auch die machthabende offizielle Regierungsstimme
sich in diesen obersten Lebens-Fragen nur als — möglichst
täuschende — Imitation der Volksstimme versteht: Auf den
Wegen, die von der Psychoanalyse zur Verwirklichung einer
besseren Welt gewiesen wurden, wird Deutschland unter
den Nachzüglern bleiben. Gleichwohl ist und bleibt es, mit
Sigmund Freud, »unsere beste Zukunftshoffnung, daß der
Intellekt – der wissenschaftliche Geist, die Vernunft – mit der
Zeit die Diktatur im menschlichen Seelenleben erringen
wird. Das Wesen der Vernunft bürgt dafür, daß sie dann nicht
unterlassen wird, den menschlichen Gefühlsregungen und
was von ihnen bestimmt wird, die ihnen gebührende Stellung
einzuräumen. Aber der gemeinsame Zwang einer solchen
Herrschaft der Vernunft wird sich als das stärkste einigende
Band unter den Menschen erweisen und weitere Einigungen
anbahnen. Was sich, wie das Denkverbot der Religion, einer
solchen Entwicklung widersetzt, ist eine Gefahr für die Zukunft der Menschheit.« (XV, 185)

Hans Wollschläger

Kindererziehung

Ich halte es für den bedeutsamsten Fortschritt in der Kindererziehung, daß der französische Staat an Stelle des Katechismus ein Elementarbuch eingeführt hat, welches dem
Kinde die ersten Kenntnisse seiner staatsbürgerlichen
Stellung und der ihm dereinst zufallenden ethischen
Pflichten vermittelt. Aber dieser Elementarunterricht ist in
arger Weise unvollständig, wenn er nicht das Gebiet des

Geschlechtslebens mit umschließt. Hier ist die Lücke, deren Ausfüllung Erzieher und Reformer in Angriff nehmen sollten! In Staaten, welche die Kindererziehung ganz oder teilweise in den Händen der Geistlichkeit belassen haben, darf man allerdings solche Forderungen nicht erheben. Der Geistliche wird die Wesensgleichheit von Mensch und Tier nie zugeben, da er auf die unsterbliche Seele nicht verzichten kann, die er braucht, um die Moralforderung zu begründen. So bewährt es sich denn wieder einmal, wie unklug es ist, einem zerlumpten Rock einen einzigen seidenen Lappen aufzunähen, wie unmöglich es ist, eine vereinzelte Reform durchzuführen, ohne an den Grundlagen des Systems zu ändern!   *VII, 27*

Elternkomplex und Gläubigkeit

Wenn jemand wie Leonardo in seiner ersten Kindheit der Einschüchterung durch den Vater entgangen ist und in seiner Forschung die Fesseln der Autorität abgeworfen hat, so wäre es der grellste Widerspruch gegen unsere Erwartung, wenn wir fänden, daß derselbe Mann ein Gläubiger geblieben ist und es nicht vermocht hat, sich der dogmatischen Religion zu entziehen. Die Psychoanalyse hat uns den intimen Zusammenhang zwischen dem Vaterkomplex und der Gottesgläubigkeit kennen gelehrt, hat uns gezeigt, daß der persönliche Gott psychologisch nichts anderes ist als ein erhöhter Vater, und führt uns täglich vor Augen, wie jugendliche Personen den religiösen Glauben verlieren, sobald die Autorität des Vaters bei ihnen zusammenbricht. Im Elternkomplex erkennen wir so die Wurzel des religiösen Bedürfnisses; der allmächtige, gerechte Gott und die gütige Natur erscheinen uns als großartige Sublimierungen von Vater und Mutter, vielmehr als Erneuerungen und Wiederherstellungen der frühkindlichen Vorstellungen von beiden. Die Religiosität führt sich biologisch auf die lang anhaltende Hilflosigkeit und Hilfsbedürftigkeit des kleinen Menschenkindes zurück, welches, wenn es später seine wirkliche Verlassenheit und Schwäche gegen die großen Mächte des Lebens erkannt hat, seine Lage ähnlich wie in der Kindheit empfindet und deren Trostlosigkeit durch die regressive Erneuerung der infantilen Schutzmächte zu verleugnen sucht. Der Schutz gegen neurotische Erkrankung, den die Religion ihren Gläubigen gewährt, erklärt sich leicht daraus, daß sie ihnen den Elternkomplex abnimmt, an dem das Schuldbewußtsein des einzelnen wie der ganzen Menschheit hängt, und ihn für sie erledigt, während der Ungläubige mit dieser Aufgabe allein fertig werden muß.   *VIII, 195*

Gründe des Glaubens

Wenn wir die Frage aufwerfen, worauf sich ihr Anspruch [der religiöser Lehrsätze] gründet, geglaubt zu werden, erhalten wir drei Antworten, die merkwürdig schlecht zusammenstimmen. Erstens, sie verdienen Glauben, weil schon unsere Urväter sie geglaubt haben, zweitens besitzen wir Beweise, die uns aus eben dieser Vorzeit überliefert sind, und drittens ist es überhaupt verboten, die Frage nach dieser Beglaubigung aufzuwerfen. Dies Unterfangen wurde früher mit den allerhärtesten Strafen belegt, und noch heute sieht es die Gesellschaft ungern, daß jemand es erneuert.

Dieser dritte Punkt muß unsere stärksten Bedenken wecken. Ein solches Verbot kann doch nur die eine Motivierung haben, daß die Gesellschaft die Unsicherheit des Anspruchs sehr wohl kennt, den sie für ihre religiösen Lehren erhebt. Wäre es anders, so würde sie gewiß jedem, der sich selbst eine Überzeugung schaffen will, das Material dazu bereitwilligst zur Verfügung stellen. Wir gehen darum mit einem nicht leicht zu beschwichtigenden Mißtrauen an die Prüfung der beiden anderen Beweisgründe. Wir sollen glauben, weil unsere Urväter geglaubt haben. Aber diese unsere Ahnen waren weit unwissender als wir, sie haben an Dinge geglaubt, die wir heute unmöglich annehmen können. Die Möglichkeit regt sich, daß auch die religiösen Lehren von solcher Art sein könnten. Die Beweise, die sie uns hinterlassen haben, sind in Schriften niedergelegt, die selbst alle Charaktere der Unzuverlässigkeit an sich tragen. Sie sind widerspruchsvoll, überarbeitet, verfälscht; wo sie von tatsächlichen Beglaubigungen berichten, selbst unbeglaubigt. Es hilft nicht viel, wenn für ihren Wortlaut oder auch nur für ihren Inhalt die Herkunft von göttlicher Offenbarung behauptet wird, denn diese Behauptung ist bereits selbst ein Stück jener Lehren, die auf ihre Glaubwürdigkeit untersucht werden sollen, und kein Satz kann sich doch selbst beweisen.

So kommen wir zu dem sonderbaren Ergebnis, daß gerade diejenigen Mitteilungen unseres Kulturbesitzes, die die größte Bedeutung für uns haben könnten, denen die Aufgabe zugeteilt ist, uns die Rätsel der Welt aufzuklären und uns mit den Leiden des Lebens zu versöhnen, daß gerade sie die allerschwächste Beglaubigung haben ...

Man muß nun zweier Versuche gedenken, die den Eindruck krampfhafter Bemühung machen, dem Problem zu entgehen. Der eine, gewaltsamer Natur, ist alt, der andere subtil und modern. Der erstere ist das »Credo quia absurdum« des Kirchenvaters. Das will besagen, die religiösen Lehren sind den Ansprüchen der Vernunft entzogen, sie stehen über der Vernunft. Man muß ihre Wahrheit innerlich verspüren, braucht sie nicht zu begreifen. Allein dieses »Credo« ist nur als Selbstbekenntnis interessant, als Machtspruch ist es ohne Verbindlichkeit. Soll ich verpflichtet werden, jede Absurdität zu glauben? Und wenn nicht, warum gerade diese? Es gibt keine Instanz über der Vernunft. Wenn die Wahrheit der religiösen Lehren abhängig ist von einem inneren Erlebnis, das diese Wahrheit bezeugt, was macht man mit den vielen Menschen, die solch ein seltenes Erlebnis nicht haben? Man kann von allen Menschen verlangen, daß sie die Gabe der Vernunft anwenden, die sie besitzen, aber man kann nicht eine für alle giltige Verpflichtung auf ein Motiv aufbauen, das nur bei ganz wenigen existiert ...

Der zweite Versuch ist der der Philosophie des »Als ob«. Er führt aus, daß es in unserer Denktätigkeit reichlich Annahmen gibt, deren Grundlosigkeit, ja deren Absurdität wir voll einsehen. Sie werden Fiktionen geheißen, aber aus mannigfachen praktischen Motiven müßten wir uns so benehmen, »als ob« wir an diese Fiktionen glaubten. Dies treffe für die religiösen Lehren wegen ihrer unvergleichlichen Wichtigkeit für die Aufrechterhaltung der menschlichen Gesellschaft zu. Diese Argumentation ist von dem »Credo quia absurdum« nicht weit entfernt. Aber ich meine, die Forderung des »Als ob« ist eine solche, wie sie nur ein Philosoph aufstellen kann. Der durch die Künste der Philosophie in seinem Denken nicht beeinflußte Mensch wird sie nie annehmen können, für ihn ist mit dem Zugeständnis der Absurdität, der Vernunftwidrigkeit, alles erledigt. Er kann nicht dazu verhalten werden, gerade in der Behandlung seiner wichtigsten Interessen auf die Sicherheiten zu verzichten, die er sonst für alle seine gewöhnlichen Tätigkeiten verlangt. Ich erinnere mich an eines meiner Kinder, das sich frühzeitig durch eine besondere Betonung der Sachlichkeit auszeichnete. Wenn den Kindern ein Märchen erzählt wurde, dem sie andächtig lauschten, kam er hinzu und fragte: Ist das eine wahre Geschichte? Nachdem man es verneint hatte, zog er mit einer geringschätzigen Miene ab. Es steht zu erwarten, daß sich die Menschen gegen die religiösen Märchen bald ähnlich benehmen werden, trotz der Fürsprache des »Als ob«.

XIV, 348 ff.

Illusionen

In vergangenen Zeiten haben die religiösen Vorstellungen trotz ihres unbestreitbaren Mangels an Beglaubigung den allerstärksten Einfluß auf die Menschheit geübt. Das ist ein neues psychologisches Problem. Man muß fragen, worin besteht die innere Kraft dieser Lehren, welchem Umstand verdanken sie ihre von der vernünftigen Anerkennung unabhängige Wirksamkeit?

... Die Antwort ergibt sich, wenn wir die psychische Genese der religiösen Vorstellungen ins Auge fassen. Diese, die sich als Lehrsätze ausgeben, sind nicht Niederschläge der Erfahrung oder Endresultate des Denkens, es sind Illusionen, Erfüllungen der ältesten, stärksten, dringendsten Wünsche der Menschheit; das Geheimnis ihrer Stärke ist die Stärke dieser Wünsche. Wir wissen schon, der schrek-

kende Eindruck der kindlichen Hilflosigkeit hat das Bedürfnis nach Schutz – Schutz durch Liebe – erweckt, dem
der Vater abgeholfen hat, die Erkenntnis von der Fortdauer dieser Hilflosigkeit durchs ganze Leben hat das Festhalten an der Existenz eines – aber nun mächtigeren – Vaters
verursacht. Durch das gütige Walten der göttlichen Vorsehung wird die Angst vor den Gefahren des Lebens beschwichtigt, die Einsetzung einer sittlichen Weltordnung
versichert die Erfüllung der Gerechtigkeitsforderung, die
innerhalb der menschlichen Kultur so oft unerfüllt geblieben ist, die Verlängerung der irdischen Existenz durch ein
zukünftiges Leben stellt den örtlichen und zeitlichen Rahmen bei, in dem sich diese Wunscherfüllungen vollziehen
sollen. Antworten auf Rätselfragen der menschlichen Wiß-
begierde, wie nach der Entstehung der Welt und der Beziehung zwischen Körperlichem und Seelischem werden unter den Voraussetzungen dieses Systems entwickelt; es
bedeutet eine großartige Erleichterung für die Einzelpsy-
che, wenn die nie ganz überwundenen Konflikte der Kinderzeit aus dem Vaterkomplex ihr abgenommen und einer
von allen angenommenen Lösung zugeführt werden.

Wenn ich sage, das alles sind Illusionen, muß ich die
Bedeutung des Wortes abgrenzen. Eine Illusion ist nicht
dasselbe wie ein Irrtum, sie ist auch nicht notwendig ein
Irrtum ... Für die Illusion bleibt charakteristisch die Ableitung aus menschlichen Wünschen, sie nähert sich in dieser
Hinsicht der psychiatrischen Wahnidee, aber sie scheidet
sich, abgesehen von dem komplizierten Aufbau der Wahnidee, auch von dieser. An der Wahnidee heben wir als
wesentlich den Widerspruch gegen die Wirklichkeit hervor, die Illusion muß nicht notwendig falsch, d. h. unreali-
sierbar oder im Widerspruch mit der Realität sein. Ein Bür-
germädchen kann sich z. B. die Illusion machen, daß ein
Prinz kommen wird, um es heimzuholen. Es ist möglich,
einige Fälle dieser Art haben sich ereignet. Daß der Messias kommen und ein goldenes Zeitalter begründen wird,
ist weit weniger wahrscheinlich ... Wir heißen einen Glauben eine Illusion, wenn sich in seiner Motivierung die
Wunscherfüllung vordrängt, und sehen dabei von seinem

Verhältnis zur Wirklichkeit ab, ebenso wie die Illusion selbst auf ihre Beglaubigungen verzichtet.

Wenden wir uns nach dieser Orientierung wieder zu den religiösen Lehren, so dürfen wir wiederholend sagen: Sie sind sämtlich Illusionen, unbeweisbar, niemand darf gezwungen werden, sie für wahr zu halten, an sie zu glauben. Einige von ihnen sind so unwahrscheinlich, so sehr im Widerspruch zu allem, was wir mühselig über die Realität der Welt erfahren haben, daß man sie – mit entsprechender Berücksichtigung der psychologischen Unterschiede – den Wahnideen vergleichen kann. Über den Realitätswert der meisten von ihnen kann man nicht urteilen. So wie sie unbeweisbar sind, sind sie auch unwiderlegbar. Man weiß noch zu wenig, um ihnen kritisch näher zu rücken. Die Rätsel der Welt entschleiern sich unserer Forschung nur langsam, die Wissenschaft kann auf viele Fragen heute noch keine Antwort geben. Die wissenschaftliche Arbeit ist aber für uns der einzige Weg, der zur Kenntnis der Realität außer uns führen kann. Es ist wiederum nur Illusion, wenn man von der Intuition und der Selbstversenkung etwas erwartet; sie kann uns nichts geben als – schwer deutbare – Aufschlüsse über unser eigenes Seelenleben, niemals Auskunft über die Fragen, deren Beantwortung der religiösen Lehre so leicht wird ...

An dieser Stelle kann man auf den Einwand gefaßt sein: Also, wenn selbst die verbissenen Skeptiker zugeben, daß die Behauptungen der Religion nicht mit dem Verstand zu widerlegen sind, warum soll ich ihnen dann nicht glauben, da sie soviel für sich haben, die Tradition, die Übereinstimmung der Menschen und all das Tröstliche ihres Inhalts? Ja, warum nicht? So wie niemand zum Glauben gezwungen werden kann, so auch niemand zum Unglauben. Aber man gefalle sich nicht in der Selbsttäuschung, daß man mit solchen Begründungen die Wege des korrekten Denkens geht. Wenn die Verurteilung »faule Ausrede« je am Platze war, so hier. Die Unwissenheit ist die Unwissenheit; kein Recht, etwas zu glauben, leitet sich aus ihr ab. Kein vernünftiger Mensch wird sich in anderen Dingen so leichtsinnig benehmen und sich mit so armseligen Begründungen

seiner Urteile, seiner Parteinahme, zufrieden geben, nur in
den höchsten und heiligsten Dingen gestattet er sich
das... Wenn es sich um Fragen der Religion handelt, machen sich die Menschen aller möglichen Unaufrichtigkei-
ten und intellektuellen Unarten schuldig.   *XIV, 352 ff.*

Was sehen wir?

Die Religion hat der menschlichen Natur offenbar große
Dienste geleistet, zur Bändigung der asozialen Triebe viel
beigetragen, aber nicht genug. Sie hat durch viele Jahrtausende die menschliche Gesellschaft beherrscht; hatte Zeit
zu zeigen, was sie leisten kann. Wenn es ihr gelungen
wäre, die Mehrzahl der Menschen zu beglücken, zu trösten, mit dem Leben auszusöhnen, sie zu Kulturträgern zu
machen, so würde es niemand einfallen, nach einer Ände-
rung der bestehenden Verhältnisse zu streben. Was sehen
wir anstatt dessen? Daß eine erschreckend große Anzahl
von Menschen mit der Kultur unzufrieden und in ihr unglücklich ist, sie als ein Joch empfindet, das man abschütteln muß, daß diese Menschen entweder alle Kräfte an eine
Abänderung dieser Kultur setzen oder in ihrer Kulturfeind-
schaft so weit gehen, daß sie von Kultur und Triebein-
schränkung überhaupt nichts wissen wollen...
...Wenn die Leistungen der Religion in bezug auf die
Beglückung der Menschen, ihre Kultureignung und ihre
sittliche Beschränkung keine besseren sind, dann erhebt
sich doch die Frage, ob wir ihre Notwendigkeit für die
Menschheit nicht überschätzen und ob wir weise daran
tun, unsere Kulturforderungen auf sie zu gründen.
                                                   XIV, 360 f.

Herrschaft von Denkverboten

Denken sie an den betrübenden Kontrast zwischen der
strahlenden Intelligenz eines gesunden Kindes und der
Denkschwäche des durchschnittlichen Erwachsenen. Wäre es so ganz unmöglich, daß gerade die religiöse Erziehung ein großes Teil Schuld an dieser relativen Verküm-

merung trägt? Ich meine, es würde sehr lange dauern, bis
ein nicht beeinflußtes Kind anfinge, sich Gedanken über
Gott und Dinge jenseits dieser Welt zu machen. Vielleicht
würden diese Gedanken dann dieselben Wege einschla-
gen, die sie bei seinen Urahnen gegangen sind, aber man
wartet diese Entwicklung nicht ab, man führt ihm die religiösen Lehren zu einer Zeit zu, da es weder Interesse für sie
noch die Fähigkeit hat, ihre Tragweite zu begreifen. Ver-
zögerung der sexuellen Entwicklung und Verfrühung des
religiösen Einflusses, das sind doch die beiden Hauptpunkte im Programme der heutigen Pädagogik, nicht
wahr? Wenn dann das Denken des Kindes erwacht, sind
die religiösen Lehren bereits unangreifbar geworden. Meinen Sie aber, daß es für die Erstarkung der Denkfunktion
sehr förderlich ist, wenn ihr ein so bedeutsames Gebiet
durch die Androhung der Höllenstrafen verschlossen
wird? Wer sich einmal dazu gebracht hat, alle die Absurditäten, die die religiösen Lehren ihm zutragen, ohne Kritik
hinzunehmen und selbst die Widersprüche zwischen ihnen zu übersehen, dessen Denkschwäche braucht uns
nicht arg zu verwundern. Nun haben wir aber kein anderes
Mittel zur Beherrschung unserer Triebhaftigkeit als unsere
Intelligenz. Wie kann man· von Personen, die unter der
Herrschaft von Denkverboten stehen, erwarten, daß sie
das psychologische Ideal, den Primat der Intelligenz, erreichen werden? . . .

. . . Vielleicht ist die Wirkung des religiösen Denkverbots
nicht so arg, wie ich's annehme, vielleicht stellt es sich
heraus, daß die menschliche Natur dieselbe bleibt, auch
wenn man die Erziehung nicht zur Unterwerfung unter die
Religion mißbraucht. Ich weiß es nicht, und Sie können es
auch nicht wissen. Nicht nur die großen Probleme dieses
Lebens scheinen derzeit unlösbar, sondern auch viele geringere Fragen sind schwer zu entscheiden. Aber gestehen
sie mir zu, daß hier eine Berechtigung für eine Zukunftshoffnung vorhanden ist, daß vielleicht ein Schatz zu heben
ist, der die Kultur bereichern kann, daß es sich der Mühe
lohnt, den Versuch einer irreligiösen Erziehung zu unternehmen. Fällt er unbefriedigend aus, so bin ich bereit, die

Reform aufzugeben und zum früheren, rein deskriptiven
Urteil zurückzukehren: der Mensch ist ein Wesen von
schwacher Intelligenz, das von seinen Triebwünschen beherrscht wird.   *XIV, 370 ff.*

Erziehung zur Realität

Es ist gewiß ein unsinniges Beginnen, die Religion gewaltsam und mit einem Schlage aufheben zu wollen. Vor allem
darum, weil es aussichtslos ist. Der Gläubige läßt sich seinen Glauben nicht entreißen, nicht durch Argumente und
nicht durch Verbote. Gelänge es aber bei einigen, so wäre
es eine Grausamkeit. Wer durch Dezennien Schlafmittel
genommen hat, kann natürlich nicht schlafen, wenn man
ihm das Mittel entzieht...

Ich widerspreche Ihnen [jedoch], wenn Sie weiter fol-
gern, daß der Mensch überhaupt den Trost der religiösen
Illusion nicht entbehren kann, daß er ohne sie die Schwere
des Lebens, die grausame Wirklichkeit, nicht ertragen
würde. Ja, der Mensch nicht, dem Sie das süße – oder
bittersüße – Gift von Kindheit an eingeflößt haben. Aber
der andere, der nüchtern aufgezogen wurde? Vielleicht
braucht der, der nicht an der Neurose leidet, auch keine
Intoxikation, um sie zu betäuben. Gewiß wird der Mensch
sich dann in einer schwierigen Situation befinden, er wird
sich seine ganze Hilflosigkeit, seine Geringfügigkeit im
Getriebe der Welt eingestehen müssen, nicht mehr der
Mittelpunkt der Schöpfung, nicht mehr das Objekt zärtli-
cher Fürsorge einer gütigen Vorsehung. Er wird in derselben Lage sein wie das Kind, welches das Vaterhaus verlassen hat, in dem es ihm so warm und behaglich war. Aber
nicht wahr, der Infantilismus ist dazu bestimmt, überwunden zu werden? Der Mensch kann nicht ewig Kind bleiben,
er muß endlich hinaus, ins »feindliche Leben«. Man darf
das »die Erziehung zur Realität« heißen, brauche ich Ihnen
noch zu verraten, daß es die einzige Absicht meiner Schrift
ist, auf die Notwendigkeit dieses Fortschritts aufmerksam
zu machen?

Sie fürchten wahrscheinlich, er wird die schwere Probe

nicht bestehen? Nun, lassen Sie uns immerhin hoffen. Es macht schon etwas aus, wenn man weiß, daß man auf seine eigene Kraft angewiesen ist. Man lernt dann, sie richtig zu gebrauchen. Ganz ohne Hilfsmittel ist der Mensch nicht, seine Wissenschaft hat ihn seit den Zeiten des Diluviums viel gelehrt und wird seine Macht noch weiter vergrößern. Und was die großen Schicksalsnotwendigkeiten betrifft, gegen die es eine Abhilfe nicht gibt, die wird er eben mit Ergebung ertragen lernen. Was soll ihm die Vorspiegelung eines Großgrundbesitzes auf dem Mond, von dessen Ertrag doch noch nie jemand etwas gesehen hat? Als ehrlicher Kleinbauer auf dieser Erde wird er seine Scholle zu bearbeiten wissen, so daß sie ihn nährt. Dadurch, daß er seine Erwartungen vom Jenseits abzieht und alle freigewordenen Kräfte auf das irdische Leben konzentriert, wird er wahrscheinlich erreichen können, daß das Leben für alle erträglich wird und die Kultur keinen mehr erdrückt. Dann wird er ohne Bedauern mit einem unserer Unglaubensgenossen sagen dürfen:

Den Himmel überlassen wir
Den Engeln und den Spatzen.   *XIV, 372 ff.*

Das Ganze ist so offenkundig infantil . . .

In meiner Schrift *Die Zukunft einer Illusion* handelt es sich weit weniger um die tiefsten Quellen des religiösen Gefühls, als vielmehr um das, was der gemeine Mann unter seiner Religion versteht, um das System von Lehren und Verheißungen, das ihm einerseits die Rätsel dieser Welt mit beneidenswerter Vollständigkeit aufklärt, anderseits ihm zusichert, daß eine sorgsame Vorsehung über sein Leben wachen und etwaige Versagungen in einer jenseitigen Existenz gutmachen wird. Diese Vorsehung kann der gemeine Mann sich nicht anders als in der Person eines großartig erhöhten Vaters vorstellen. Nur ein solcher kann die Bedürfnisse des Menschenkindes kennen, durch seine Bitten erweicht, durch die Zeichen seiner Reue beschwichtigt werden. Das Ganze ist so offenkundig infantil, so wirklichkeitsfremd, daß es einer menschenfreundlichen Gesin-

nung schmerzlich wird zu denken, die große Mehrheit der
Sterblichen werde sich niemals über diese Auffassung des
Lebens erheben können. Noch beschämender wirkt es zu
erfahren, ein wie großer Anteil der heute Lebenden, die es
einsehen müssen, daß diese Religion nicht zu halten ist,
doch Stück für Stück von ihr in kläglichen Rückzugsge-
fechten zu verteidigen sucht. Man möchte sich in die Reihen der Gläubigen mengen, um den Philosophen, die den
Gott der Religion zu retten glauben, indem sie ihn durch
ein unpersönliches, schattenhaft abstraktes Prinzip ersetzen, die Mahnung vorzuhalten: Du sollst den Namen des
Herrn nicht zum Eitlen anrufen! Wenn einige der größten
Geister vergangener Zeiten das gleiche getan haben, so
darf man sich hierin nicht auf sie berufen. Man weiß, warum sie so mußten.   *XIV, 431 f.*

Das zusammenfassende Urteil der Wissenschaft über die
religiöse Weltanschauung lautet: Während die einzelnen
Religionen miteinander hadern, welche von ihnen im Besitz der Wahrheit sei, meinen wir, daß der Wahrheitsgehalt
der Religion überhaupt vernachlässigt werden darf. Religion ist ein Versuch, die Sinnenwelt, in die wir gestellt
sind, mittels der Wunschwelt zu bewältigen, die wir infolge
biologischer und psychologischer Notwendigkeiten in uns
entwickelt haben. Aber sie kann es nicht leisten. Ihre Lehren tragen das Gepräge der Zeiten, in denen sie entstanden sind, der unwissenden Kinderzeiten der Menschheit.
Ihre Tröstungen verdienen kein Vertrauen. Die Erfahrung
lehrt uns: Die Welt ist keine Kinderstube. Die ethischen
Forderungen, denen die Religion Nachdruck verleihen
will, verlangen vielmehr eine andere Begründung, denn
sie sind der menschlichen Gesellschaft unentbehrlich, und
es ist gefährlich, ihre Befolgung an die religiöse Gläubigkeit zu knüpfen. Versucht man, die Religion in den Ent-
wicklungsgang der Menschheit einzureihen, so erscheint
sie nicht als ein Dauererwerb, sondern als ein Gegenstück
der Neurose, die der einzelne Kulturmensch auf seinem
Wege von der Kindheit zur Reife durchzumachen hat.

XV, 181

Anmerkungen

Alle Zitierungen aus: Sigmund Freud, Gesammelte Werke I–XVII, London 1940 ff. Bei Einleitung und Textauswahl wurde vorausgesetzt, daß der Leser grundsätzlich unterrichtet sei, welche Gedankengänge die Psychoanalyse tragen; entsprechend erhielten bei den Zitaten die »Urteile« und Thesen den Vorzug vor den Argumentationen und Deduktionen, für die eine kurzfassende Auswahl unerlaubte Vereinfachung bedeutet hätte. – [1] *Joseph Wulf*, Literatur und Dichtung im Dritten Reich, Hamburg 1966, 50 – [2] New Republic, Mai 1955 – [3] *Wolfgang Beutin*, Feuerbach – Nietzsche – Freud: Prinzipien ihrer Religionskritik; Vortrag, gehalten an der Hamburger Universität im Juni 1966.

Abdruck der Zitate mit freundlicher Genehmigung des S. Fischer Verlags, Frankfurt/Main.

ARNO HOLZ
1863–1929

Wenn Arno Holz in einem Brief aus dem Jahre 1917 seine Tragödie *Ignorabimus* das »religiöseste, ›Gott‹ suchendste Buch« seines ganzen Zeitalters nennt und von seinem Hauptwerk *Phantasus* sagt, religiöser »war nicht das Buch Hiob«[1], so wird man berechtigt sein, für seine Dichtungen, wie sie jetzt in definitiver Fassung vorliegen[2], die Gretchenfrage zu stellen.

In dem 1886 erschienenen Jugendwerk *Buch der Zeit* unterscheidet Holz prinzipiell zwischen Götzenhaß und Götterliebe (1). »Götter und Götzen« betitelt sich auch der letzte Abschnitt des ersten *Phantasus*-Bandes (I, 457 ff.). Es wird zu zeigen sein, wie sich das Ringen um den Gottesbegriff – gipfelnd im *Ignorabimus* – als roter Faden durch das gesamte Werk des Dichters zieht und daß sich die christliche Glaubenspraxis dabei als Götzendienst herausstellt.

»Auch ich bin Heide und als solcher zynisch«, bemerkt Holz gleich eingangs im *Buch der Zeit* (V, 1. Teil, 11) mit ironischem Unterton. Daß ihm rein ästhetisch die antiken Mythen näherlagen als christliche Symbole, steht außer Zweifel. Im *Phantasus* beklagt er zum Beispiel den Untergang der Aphrodite, die dem Christentum als dem Kult des Häßlichen weichen mußte (2). Noch 1820 hatte übrigens die Formulierung des gleichen Gedankens Grillparzer, der in dem Gedicht *Die Ruinen des Campo vaccino in Rom* gegen das ästhetisch deplazierte christliche Kreuz auf dem Kolosseum polemisiert hatte, beträchtliche Schwierigkeiten mit der Zensur eingetragen.

Wie tief sich Holz auf der anderen Seite auch in den Geist einer christlich geprägten Epoche einfühlen konnte, zeigt sein *Lyrisches Porträt aus dem 17. Jahrhundert,* der barokkisierende *Dafnis,* und darin vor allem der Anhang der *13 Buß-Thränen* (V, 2. Teil, 229 ff.). Holz läßt den sterbenden Dafnis in Demut und Zerknirschung geradezu schwelgen; christliche Reue fungiert hier gleichsam als seelische Staffage für den Helden, wie vorher auch das »sogenannte Heidentum« nur Staffage gewesen war (3). Jedoch mußte Holz den

Gegensatz zwischen Antike und Christentum mit aller Schärfe im persönlichen Denken und Fühlen austragen: »so ehrlich
christlich ich oft auch leide – / noch mehr bin ich Heide!«
(VII, 338).

Das heißt nicht, daß Holz, der die private von der poeti-
schen Sphäre stets strikt trennte, im persönlichen Umgang
nicht ein beachtliches Maß an Toleranz aufgebracht hätte. So
diskutierte er zum Beispiel seine ästhetischen Überzeugungen ganz unbefangen mit einem seiner Jugendfreunde, dem
Theologen Max Trippenbach, indem er rhetorisch von dessen christlichem Standpunkt aus argumentierte. Emanuel
Geibel, auf den sich Trippenbach bei dem Gedankenaustausch berief, bedeutete Holz zu dieser Zeit (1886) nichts
mehr; von seinen frühesten lyrischen Veröffentlichungen, die
von Geibel beeinflußt waren, hatte er sich bereits distanziert (4).

Die weltanschauliche Grundposition, von der das *Buch
der Zeit* ausgeht, ist die des Skeptizismus und einer jugend-
lich siegesgewissen Aufklärung (5). Nachdem auf dem 1. Vatikanischen Konzil die Unfehlbarkeit des Papstes ex cathedra
als Dogma verkündet worden war und Bismarck 1873 mit
seinen »Maigesetzen« den Kulturkampf eröffnet hatte, rückte
die Institution des Papsttums wieder stärker in die ideologischen Auseinandersetzungen, in denen das *Buch der Zeit*
eindeutig Partei ergreift: Der Zweifel, so prophezeit Arno
Holz, wird sich dem Dogma entgegenstellen und es schließlich überwinden (6). Holz vertraut, ganz in der aufklärerischen Tradition, auf den definitiven Erfolg der allgemeinen
Volkserziehung (7).

Aber vor allem gilt sein Haß der preußischen Staatskirche,
der wilhelminischen Verbindung von Thron und Altar (8).
Schneidend wird seine Polemik, wenn er Zeitgenossen beim
Namen nennt, so den Hofprediger Adolf Stöcker, der von
1881 bis 1908 als Gründer der antisemitischen Christlich-
sozialen Partei Reichstagsabgeordneter war; Holz apostrophiert ihn und seine Gesinnungsgenossen als »Kröte, Basilisk
und Unke« (V, 1. Teil, 48) und notiert an anderer Stelle[3], daß
die »Herren Hofprediger« Heines Denkmäler bespuckt hätten. Den alten Vorwurf, daß der Klerus sexuelle Heuchelei

begünstige, greift Holz zwar noch auf (9), sein hauptsächliches Angriffsobjekt ist aber kirchliches Obrigkeitsdenken und Demagogie (10). Sarkastisch sieht Holz das Christentum zeitgenössischer Prägung als zivilisatorisches Oberflächenphänomen, wenn er »die Überschwemmung dieser Welt / mit Branntwein, Christentum und Seife« als Endziel der Kulturentwicklung definiert (V, 1. Teil, 259).

Als bedeutendste Lyriksammlung des frühen deutschen Naturalismus zeichnet sich das *Buch der Zeit* durch einen starken sozialkritischen Impetus aus. So ist das stärkste Argument, das der junge Holz gegen die Kirche vorträgt, deren Versagen vor der sozialen Frage. Niemand habe die Welt ärger mißverstanden als Christus, jedoch: »Das heißt, nur jener, den die Pfaffen lehren, / nicht jener, den wir heut noch selber ehren! / Für mich ist jener Rabbi Jesus Christ / nichts weiter, als – der erste Sozialist!« (V, 1. Teil, 14) Holz unterscheidet nicht zwischen der dogmatisch erstarrten Lehre der Kirche und der historischen Hypothese eines unverfälschten Urchristentums, von dem in seinem ganzen Werk nirgends die Rede ist. Er lehnt Dogmen und mythologisches Beiwerk ab. Die Heiligen und Kirchenväter nennt er »die himmlische Parasitengarde« (V, 1. Teil, 270); Trinitätslehre und Unbefleckte Empfängnis verfallen der Persiflage (11); die darauf basierende, ironisch relativierte »christliche« Mythologie ist ihm »infamste, haarsträubendste Blasphemie« (VI, 206): nämlich Leugnung des Menschensohnes. Der – wie bei Jean Paul – tote Christus, den der Dichter visionär als alter ego Mephistos und seiner selbst erblickt, denkt zurück an die alte Zeit, als er »im Volk noch des Menschen Sohn hieß« (V, 1. Teil, 287). Denn Arno Holz geht es im Grunde um die Möglichkeiten zur Geschichtsgestaltung, die aus dem lebendigen Beispiel der Person des Jesus von Nazareth hätten erwachsen müssen, von der Kirche aber im Laufe ihrer historischen Entwicklung ignoriert und verraten wurden. Ganz in diesem Sinne legt Holz später in der *Blechschmiede,* seiner großen lyrisch-dramatischen Literatur- und Weltanschauungssatire, eine der bittersten Anklagen gegen das Christentum Christus selbst in den Mund, der, am Kreuz hängend, die Entwicklung der Kirche schon voraussieht (12).

Die historischen Exzesse der Kirche – Inquisition, Ketzer-
und Judenverfolgung – hatte Holz bereits im *Buch der Zeit* als
»grause Blutstatistik« angeführt (13). Dieses Thema kehrt im
späteren Werk des Dichters in immer neuen Variationen
wieder. Im *Phantasus* schildert er in einer breit ausgemalten
mittelalterlichen Schreckensszene die Hinrichtungen von 36
Hexen, von »meinen Mitchristen / liebevollst / ›zu Pulver
verbrannt‹« (I, 130 ff.); kurz darauf werden die Greuel des
Kinderkreuzzuges von 1212 beschworen (I, 135 ff.). Besonders eindringlich zeigt eines der kürzeren *Phantasus*-Gedich-
te (I, 434 ff.) den Autor bei der nächtlichen Lektüre des He-
xenhammers: Eine Fliege verirrt sich auf das aufgeschlagene
Buch und »tupft mit dem . . . Rüssel . . . auf das Wort: / INFER-
NO«. Das Fazit daraus zieht Holz in der *Blechschmiede,*
wenn er Inquisition und Kirche personifiziert auftreten
läßt (14).

Hatte Arno Holz zunächst (vorwiegend im *Buch der Zeit,*
aber auch in breiten Partien der *Blechschmiede*) seine Argumente gegen das Christentum vor allem mit pathetischer
Anklage und bissigem Sarkasmus vorgetragen, so befleißigt
er sich im *Phantasus* einer nüchterneren Tonart, wodurch
seine Polemik noch an Überzeugungskraft gewinnt. Mit
sachlicher Präzision und detailfreudiger Akribie beschreibt er
historische Fakten wie Hexenverbrennung und Kinderkreuz-
zug. Hinzu tritt das Stilmittel sublimer Ironie, wenn er für die
Zeit einer kurzen Idylle den Dualismus zwischen ewiger
Seligkeit und Verdammnis, zwischen Paradiesesfreuden und
Höllenqualen spielerisch aufhebt (III, 339 ff.). Thomas von
Aquino, vom Dichter auf die »Hallelujawiese« versetzt, hält
es nicht mehr für die höchste Wonne, zur rechten Hand
Gottes schadenfroh vom Himmel auf die Qualen der Verdammten hinabzublicken, die aber ausführlich und gerade in
dieser scheinbaren Negation desto eindringlicher vor Augen
geführt werden. Eine weitere stilistische Möglichkeit unter-
gründiger Ironie nutzt Holz, indem er – die Technik der
Futuristen und Dadaisten antizipierend – in einer simultan
aneinanderreihenden Aufzählung heterogener Episoden,
beiläufig, gleichsam anekdotisch, die symptomatische Geschichte vom Pastor Müllensiefen aus Büdekump bei Brütze-

büttel, Westfalen mitteilt, der die Kirchenkasse geplündert und 17 Konfirmandinnen verführt hat (I, 452 f.).

Bekanntlich hat Holz die Keimzelle für sein Lebenswerk, das 1584 Seiten umfassende Poem *Phantasus,* bereits mit dem gleichnamigen Gedicht im *Buch der Zeit* geschaffen. Daß er aber in diesem Jugendwerk, und zwar unter dem Titel *Erkenne dich selbst!,* auch seinen später dialektisch entfalteten Gottesbegriff vorgeformt hat, dürfte weniger bekannt sein. Zur Zeit der Entstehung hielt er dieses Gedicht übrigens für sein bedeutendstes (Briefe, 76). Gottvater figuriert hier als ursprünglich böser, blutsaugerischer, später gealterter, von den eigenen Priestern verlachter, zum »närrischen Popanz« gewordener Geck (V, 1. Teil, 266 f.). Die zeitgenössische Parallele zu Oskar Panizzas *Liebeskonzil* (1894) liegt nahe, das in demselben Züricher Verlag erschien wie acht Jahre vorher das *Buch der Zeit.* Im *Phantasus* greift Holz auf diese Charakteristik wiederholt zurück. Das *Verbissene Credo,* in dem er den modernen Ausverkauf der verschiedensten Idole aller Zeiten und Zonen schildert, präsentiert den Christengott als Jahrmarktsattraktion im Wachsfigurenzelt zwischen Napoleon und Schinderhannes (15). In dem Groteskgedicht *In Berlin N.* kauert »der liebe Gott« als heruntergekommener Bettler vor der Nazarethkirche, um mit dem Groschen, den ihm der Dichter in den Hut wirft, in die nächste Destille zu humpeln (I, 567 ff.).

Ideologiekritisch analysiert Holz die Gottvaterfigur der christlichen Mythologie. An der Erde, »diesem wüsten, / entsetzlichen Trümmerball«, hat Gott »sieben lange, verlorene Tage / nutzlos herumgemodelt« (V, 1. Teil, 286). In der *Blechschmiede* zieht Holz die Konsequenz einer radikalen Emanzipation (16). Den paradiesischen Apfelbaum der Erkenntnis pflanzte Gott »dem Teufel zu Liebe«, auf daß der Mensch wisse, »was böse, doch nicht, was gut ist« (V, 1. Teil, 280). Schließlich ließ Gott es zu, daß »ein törichtes Volk von Pharisäern« seinen eigenen Sohn kreuzigte (V, 1. Teil, 268). Holz wertet das gnostizistisch als Sohnesmord (vgl. VI, 336); der Mörder ist für ihn ein »Teufelsgottdespot« (VI, 73). Die »Moderne Walpurgisnacht«, der zweite Akt der *Blechschmiede,* gipfelt in einer szenischen Abrechnung mit dieser göttlichen Vaterfigur, die (VI, 332) vom Autor noch einmal ausdrücklich als zahnloser Greis apostrophiert wird (17). Gott wird als »ein bekannter Ideologe« einem definitiven Strafgericht unterworfen und dazu gezwungen, dem Satan, »aller Dinge letztem Grund« (VI, 341), drastisch zu huldigen. Auf die Exekution verzichtet Holz, um statt dessen als sein persönlichstes Schlußwort zu bekennen: »GOTT... IST NICHT... GOTT / WIRD!« (VI, 348) Mit diesem evolutionären, dynamischen Gottesbegriff erklärt Holz den statischen, vom christlichen Dogma verkündeten für überwunden, mit dem er im *Buch der Zeit* noch so verzweifelt gerungen, den er resignierend als »Ultima ratio« hingenommen hatte.

Klaus M. Rarisch

1. Götzenhaß und Götterliebe

die Götzen hassen und die Götter lieben,
dünkt mir der einzig menschliche Beruf.

V, 1. Teil, 9

2.

auf
ferner, fremder,
kahlgrauer, wüster, düsterer
Schädelstätte,
jählings,
kohlschwarz, scheußlichst,
blutbespritzt,
hob sich... ein Kreuz:
der
farbigste, heiterste, fröhlichste
Götterhimmel
zersprang!   *I, 556*

3.

Ob bei mir der christliche Himmel als Gegenstück des
heidnischen Olympos ausdrücklich herauskommt, oder
nur als Unterton? Nicht mal als Unterton! . . . Ich conzentri-
re mich ausschließlich auf das Individuum und glaube damit tiefer zu gehn. Alles sogenannte Heidentum war im
ersten Teil nur Staffage.   *Briefe, 154*

4. Gott, Natur und Liebe – kunstgerechter Blödsinn

Du erlaubst, daß ich das schönklingende Wort von »Gott,
Natur und Liebe«, wie es Geibel verstanden haben will
und wie Du es auch verstanden *hast,* für eine ganz entsetzlich oberflächliche Phrase halte. »Gott, Natur und Liebe«:
drei Worte in Parallele gestellt, von denen zwei restlos im
Dritten aufgehen!!! Könntest Du, der candidatus theologiae Max Trippenbach, Dir denn überhaupt das Wort Gott
denken, wenn es eben nicht das gäbe, was wir so gemeinhin Natur nennen? Doch ich merke, Du drehst den Spieß
um und sagst, die Natur ist nur die Schöpfung Gottes und
dieser wäre auch *dann* da, wenn sie *nicht* da wäre. Ob die
Tatsache seiner Existenz noch andern Wesen ins Bewußtsein gedrungen wäre, täte weiter nichts zur Sache. Gut.
Zugegeben. Aber auch dieser Einwand tut nichts zur Sache, denn grade vom Standpunkt Eurer positiven Religionen aus darf man Gott und Natur, Schöpfer und Geschöpf
nicht als gleichberechtigt neben einander stellen, jedes als
eine Welt für sich, das ist dann einfach eine Blasphemie!
Die Natur ist ein winziges Teilchen Eures Gottes und muß
als solches in ihm aufgehen. *Wir* sagen allerdings umgekehrt: Gott geht in der Natur auf. Aber keiner von uns
beiden wird es ernstlich wagen, beide Begriffe an einander
messen zu wollen. Du siehst also: von beiden Seiten gesehen erweist sich die Zusammenstellung dieser beiden
Worte in diesem Sinne als kunstgerechter Blödsinn. Bei der
Liebe brauche ich mich wohl nicht mehr aufzuhalten?
Ebenso hätte er x beliebige andere Begriffe, die ohne Natur, oder wie Du das *gleiche* (!!!) Ding benennst, Gott, nicht

denkbar sind, aufzählen können! Gott, Natur, Liebe, Knor-
pelfische und Gurkensalat – hätte doch wenigstens einer
gewissen Pointe nicht entbehrt! Doch ich ziehe jetzt die
Falle zu und will mich, da ich meiner Sache sicher bin,
sogar auf Deinen christlichen Standpunkt stellen: »Gott«
ist die All-Einheit. Die Natur ist das Medium, durch welches sie uns zum Bewußtsein kommt. Die All-Einheit erfassen, packen und in ein großes Wort drängen, ist Sache des
Dichters. Um seine Mission erfüllen zu können, muß er sich
also an die »Natur« halten. Die Natur ist demnach faktisch
die p. p. All-Einheit für ihn. Der Natur gerecht werden, der
Schöpfung, dem Schöpfer. Wir haben also bisher glücklich
gefunden, daß es nicht drei (!) ewige Grundlagen der Poesie gibt, sondern nur eine: die Natur!   *Briefe, 74*

5. ... der größte Humbug ist das Christentum

Man glaubt nicht mehr an »himmlische Gesichte«
und flüchtet skeptisch sich ins Voltairetum:
»Der größte Schwindel dieser Weltgeschichte,
der größte Humbug ist das Christentum!«
...
Doch enden wird auch dieser grause Fluch,
denn jung ist unsre Zeit und wenig zahm
und unterschrieb in ihrem Wörterbuch
das alte Wutwort: Ecrasez l'infame!   *V, 1. Teil, 13 f.*

6.

Zwar immer opfert noch der Riese Wahn
dem alten Vizegott im Vatikan,
und immer schneidern sich noch die Germanen
aus Christi Windeln bunte Kirchenfahnen:
...
Vermorscht ist endlich in sich selbst die Zeit
der hohlen Köpfe und der leeren Worte
und ihrem sichern Untergang geweiht
Sankt Peters kahlgeschorne Schmutzkohorte!
                                        V, 1. Teil, 12 f.

7. Götter, die – aus Weizenmehl gebacken

Auch sag ich, nützlicher als alle Bibeln
sind momentan uns unsre Volksschulfibeln!
Denn nur ein Narr beugt heut noch seinen Nacken
vor Göttern, die – aus Weizenmehl gebacken!

V, 1. Teil, 14

8. ... aus Religion gegen die Religion

Ich glaube, ich bilde mir sogar ein, daß ich zehnmal mehr
»Religion«, meinetwegen nenn's auch »Christentum«, im
Leibe habe, als sämtliche Konsistorialräte Preußens zusammengenommen. Aber grade, weil ich so viel »Religion«, so viel wahres »Christentum« in mir verspüre, bin
ich gegen unsere kirchliche Luderpfaffenwirtschaft! Ich
verwerfe jegliches Dogma! Zwischen mich und mein Gefühl soll sich nichts, aber auch nichts drängen! Das wäre
wahrhaftig das Letzte, worin ich fremde Einmischung dulden würde. Ich bin also aus Religion gegen die Religion!

Briefe, 67

9.

Erst schielt dies christlich frömmelnde Geschmeiß
nach vollen Brüstchen und nach drallen Wädchen
und dann – schreibts Andachtsbücher und Traktätchen!

V, 1. Teil, 12

10.

Das Volk hat lange, graue Ohren,
und seine Treiber nennen sich
Rabbiner, Pfarrer und Pastoren.

V, 1. Teil, 52

11.

Der alte Drei-Eins-Pfiffikus!
Der einst aus lumpigster Niedertracht
den Juden Joseph zum Hahnrei gemacht!

VI, 206

12. Scheiterhaufen und Folterkammern

die Dornenkrone drückte mich!
Doch drückte noch schwerer mich, was ich sah
in dieser Nacht von Golgatha!
Das Priesterpack, das lausende,
Volk um Volk, durch Jahrtausende!
...
Die tonsurierten, schwarzen Scharen!
Die Bestienmenschen in Tiaren!
Die Mordgreuel gegen die Albigenser,
die Stedinger und die Waldenser!   *VI, 335*

13.

Millionen hörte die Geschichte jammern
auf Scheiterhaufen und in Folterkammern
...
Von ihrer »Bruder«liebe sprach sie viel,
der ewige Friede war ihr köstlich Ziel,
doch wenn sie fromm in Köln die Juden hetzte
und ihren Fuß in die Sevennen setzte,
dann war die Kirche, dieses Schlangennest,
erbarmungsloser als die schwarze Pest!   *V, 1. Teil, 13 f.*

14. Inquisitio haereticae gravitatis

auch zubenihmt Sanctum Officium, als scheußliches, greu-
liches, gräßliches babylonisches Untier:
Ich war, sozusagen über Nacht,
eine neue Art Alchimistik:
Aus Menschenblut habe ich Gold gemacht –
das nenne ich Heuristik!

Die Kirche

ein massiges, mastiges, augenverdrehendes Mönchs-
etwas, sich mit behaarter, breiter Biederklaue über den
gedunsenen, frommen Fettwanst streichend:

Ein allerscheußlichstes Phänomen.
Bedauerlich und blamabel.
Doch war es mir, bei Licht besehn,
immerhin höchst rentabel!   *VI, 205*

15. ... zwischen Napoleon und Schinderhannes

Im
blauen, wallenden,
silberbestickten, silberbeborteten, silberbenähten
Sternenmantel,
zwischen
Napoleon und Schinderhannes,
gegen
fünfzig Pfennige Entree,
...
entzückt mich, verzaubert mich, beglückt
mich
der ... Herr ... der
Herrscharen.

Gilead war sein und Manasse,
Moab sein Waschtopf,
seine
Schuhe ... erstreckten sich über ... Edom.
Wo is he blewen?
Mortuus ... est! ... Mortuus
est!!

Ich
glaube an die Seele einer verfaulenden
Maus,
ich verlasse mich auf ein ewiges Wiederkehrkarussell, ich
schwöre
auf die Unsterblichkeit eines
Vergißmeinnichts!
                                                          I, 588 ff.

16. Gott

ich werde nie zum Affenpfaffen
des Stümpers, der die Welt geschaffen!   *VII, 338*

17.

Ein Blutsumpf seine ganze »Geschichte«!
Der elendeste aller elenden Wichte!
Tierischer noch, als das tierischste Tier!
Bitte, »erlöse« uns von dir!   *VI, 337*

Anmerkungen
[1] Arno Holz, Briefe. Hrsg. von *Anita Holz* und *Max Wagner*, München
[1948], 232; im folgenden nur als »Briefe« zitiert – [2] Arno Holz, Werke.
Bd. I–VII. Hrsg. von *Wilhelm Emrich* und *Anita Holz,* Neuwied/Berlin
1961–1964; im folgenden nur mit Band- und Seitenzahlen zitiert. –
[3] Arno Holz, Die neue Wortkunst. Das Werk, Bd. 10, Berlin 1925, 86.

WLADIMIR ILJITSCH LENIN
1870–1924

Lenins Einfluß auf das Leben von Millionen Menschen, auf das politische Gesicht unserer Zeit sowie seine Bedeutung für die Weiterentwicklung des Marxismus reihen ihn ein unter die Großen der Geschichte. Er ist der Schöpfer des ersten sozialistischen Staates; und wurde die Freiheit in Rußland auch bis heute nicht ganz erkämpft, darf dies doch nicht Lenin angelastet werden – er hatte *die Fundamente* für eine fortschrittliche Entwicklung gelegt.

Quelle und lebensgeschichtlicher Hintergrund seiner politischen Überzeugung sind die russischen Verhältnisse um die Jahrhundertwende: die brutale Knechtung der (noch bis 1861 leibeigenen) Bauern und des erst entstehenden Arbeiterproletariats. Nach der kurzen Reformperiode der sechziger Jahre unter Alexander II. grassierte bald erneut eine hemmungslose Reaktion. Die »Bauernemanzipation« erwies sich als Illusion; die Bauern blieben in quasi-leibeigener Abhängigkeit von den Grundbesitzern und der staatlichen Bürokratie. In der eingeführten Kommunalverwaltung behielten Adel und regierungstreue »Volksvertreter« die Macht völlig in Händen. Die Bevölkerung wurde der uneingeschränkten Willkür der Obrigkeit ausgeliefert und von dem Staatsapparat sowie den Wucherern materiell ausgesaugt. »Unter dem Schutz der Landpolizei und oft im Bund mit derselben«, schreibt K. Zilliacus, »plündern die Dorfbankiers – ›Kulaken‹ – das Volk im ganzen Lande förmlich aus. Wer einmal in ihre Gewalt geraten ist, kann sich kaum mehr daraus befreien. Er muß zufrieden sein, wenn es ihm durch Erlegung der Zinsen seiner Schuld gelingt, eine Vergrößerung der letztern zu vermeiden, damit nicht bloß nach und nach sein Haus und Feld, seine Geräte und Tiere, sondern auch er selbst und seine Familie Eigentum des ›Kulaken‹ werden ... Der Bauer muß vier von den sechs Arbeitstagen für den Staat und den Wucherer arbeiten ...«[1] 1881 forderte das Exekutivkomitee der Widerstandsorganisation »Narodnaja Wolja« den neuen Zaren Alexander III. brieflich auf, die Unterdrückung und Misere des Volkes zu beenden. »Die kaiserliche Regierung«, heißt es da

unter anderem, »hat längst das Volk seiner persönlichen
Freiheit beraubt und es in ein Sklavenverhältnis zu der adeli-
gen Klasse gestellt... Alle Reformen haben zur Folge, daß sie
die Lage des Volkes schlimmer machen als früher.«[2]
   Aber gewiß konnten derartige Aufrufe nichts ändern. Im
Gegenteil, die Regierung Alexanders III. entfesselte gegen die
kleinsten oppositionellen Regungen blutigen Terror und
suchte, zum Beispiel 1889 durch die Einteilung des Landes in
Distrikte, die zaristische Herrschaft noch zu festigen. Über
die Position der Distriktchefs, lauter Angehörige des Adels,
schreibt Stepniak: »Mit solchen Rechten kann der Distrikt-
chef in den Dörfern machen, was ihm gefällt. Er kann die
Kommunalkasse plündern, deren Mittel sämtlich unter seiner
Kontrolle stehen; er kann Bußen erpressen, die Bauern zwingen, gratis sein Land zu bearbeiten, und sie ungehindert
prügeln lassen, wie die frühern Besitzer von Leibeigenen. Die
einfachen Bauern sind ihm gegenüber wehrlos... Es ist unmöglich, die Einführung der Distriktchefs-Institution als etwas anderes als eine Wiedereinführung der Leibeigenschaft
zu betrachten.«[3] Ein verschärfter Polizei- und Bürokratieter-
ror richtete sich gegen die revolutionär-demokratische Bewegung, die mit dem Dekabristenaufstand von 1825 begann
und in den Revolutionen von 1905 und 1917 kulminierte.
Tausende von Oppositionellen – vor allem aus den Reihen
der russischen Intelligenz – wurden jahrelang in den zaristischen Kerkern mißhandelt, nach Sibirien verbannt oder für
lange (manchmal bis zu fünfundzwanzig Jahre) zum Militär
eingezogen; ungezählte von ihnen wurden hingerichtet.
   Die russische orthodoxe Kirche aber, mit dem autokrati-
schen Herrschaftssystem aufs engste verknüpft, war eine der
wirksamsten Institutionen zur Verteidigung und Rechtfertigung dieser mittelalterlichen Barbarei. Bereits der Dichter
A. N. Radistschew (1749–1802) geißelte die gegenseitige
Unterstützung von Zarismus und Glauben.[4] Auch W. G. Belinski (1810–1848) prangerte in seinem berühmten *Brief an
Gogol,* dessen Lektüre oder Verbreitung mit der *Todesstrafe*
geahndet wurde, die Kirche als »Schmeichlerin der Obrigkeit« und »Feindin und Verfolgerin der Brüderlichkeit unter
den Menschen«[5] an. Und in der Tat bestand in Rußland eine

vollkommene Harmonie zwischen weltlicher und kirchlicher Macht. Die traditionelle autokratische Herrschaftsform war von der orthodoxen Religion als gottgewollt anerkannt und dadurch eine ausgeprägte Theokratie des Zaren begründet worden. Die Theorie vom göttlichen Ursprung seiner Gewalt wurde sogar im *Kodex des Russischen Reiches* verankert, dessen erster Artikel lautete: »Der allrussische Herrscher ist absoluter und uneingeschränkter Monarch, sich seiner obersten Macht unterzuordnen, befiehlt Gott selbst – nicht nur der Furcht, sondern auch des Gewissens wegen.«[6] Die religiöse Verehrung des Zaren wurde eine Art Dogma; die Geistlichkeit richtete Gebete für ihn zum Himmel, stellte ihre Predigten in seinen Dienst und verhängte vom Kirchenaltar aus den Bannfluch über die »Feinde der Monarchie«.

Genauso entschieden, wie sie das Regime unterstützte, trat die Kirche den Freiheitsbestrebungen des Volkes entgegen, indem sie mit Bürokratie und Polizei kollaborierte. »Im zaristischen Rußland weihte die Geistlichkeit die Leibeigenschaft mit Weihwasser, segnete die Gewalttaten und beerdigte in aller Stille das von den Gutsbesitzern zu Tode geprügelte Hofgesinde. Die ganze Ideologie der orthodoxen Kirche war vom Geist der Leibeigenschaft durchdrungen«, schreibt M. J. Schachnowitsch[7]. Im Dezember 1901 zitierte Lenin Auszüge aus einem Brief des »Ehrenbürgers Hieronymus Preobrashenski« an seine Eminenz, den Erzbischof von Charkow, in dem die Einstellung der Kirche kritisiert und dem Metropoliten von Moskau, Philaret, vorgeworfen worden war, er habe die Leibeigenschaft »mit Bibelzitaten direkt zu rechtfertigen versucht«[8].

Eine der schändlichsten Episoden in der Geschichte der russischen Polizeikirche stellt ihre Rolle bei den unmenschlichen Juden- und Sektenverfolgungen dar. Allzuoft war die orthodoxe Kirche selbst Initiator solcher Aktionen; sie schürte unter der rückständigen Bevölkerung Rassenhaß und fanatische Unduldsamkeit, die die Ohnmacht der Massen gegenüber den Unterdrückern in die blinde Gewalttätigkeit gegen die Wehrlosen umwandelten.

Während der Regierungszeit Alexanders III. (1881–1891) erreichten die Pogrome ihren Höhepunkt. Die Regisseure waren vor allem der Minister des Innern, Graf Ignatiew, und der Oberprokuror des Heiligen Synod, Pobedonoszew, der allmächtige Kirchenminister und engste Berater des Zaren, der die orthodoxe Geistlichkeit und die Kirchenangelegenheiten von 1880 bis 1905 leitete und das Volk gegen die Juden aufhetzen ließ. Die Verfolgungen begannen in Odessa und breiteten sich rasch aus. Die Juden wurden mißhandelt, ihre Läden geplündert, viele von ihnen totgeschlagen. 1882 befahl die Regierung, die Juden in »gesetzlich erlaubte Distrikte« zu deportieren. Die Deportationen erfolgten überraschend und mit unmenschlicher Härte. Das jüdische Eigentum wurde durch den Staat konfisziert. Unter den Flüchtlingen, die keinerlei Existenzgrundlage mehr hatten, entstand ein ungeheures Elend; Tausende kamen durch Hunger und Krankheit um.

Fast ebenso grausam war das Vorgehen des Pobedonoszewschen Regimes gegen die russischen Sekten. Die Gründe dafür waren offensichtlich. Die Lehren der Duchoborzen, Molokaner, Stundisten und anderer wahrten auf dem Gebiet der Religion bis zum äußersten die Freiheit des Individuums; sie mußten schon deswegen dem Zarismus als staatsfeindlich und der orthodoxen Kirche als gefährlich erscheinen. Zu Tausenden (oft ganze Gemeinden) wurden die Anhänger der Sekten auf »administrativem Weg« nach Sibirien oder in die Kaukasusgegenden verbannt oder in den Dörfern zu Zwangsarbeit gepreßt. Viele flüchteten ins Ausland.

Der religiösen Intoleranz leisteten im zaristischen Rußland die Rechte der orthodoxen Staatskirche Vorschub. Sie verboten unter anderem, außerhalb irgendeiner erlaubten Religion zu stehen und das Glaubensbekenntnis zu wechseln. Das Befolgen der orthodoxen Riten war Staatspflicht, ihre Unterlassung wurde mit Prügel- oder Geldstrafen, Gefängnis und Verbannung in Klöster geahndet. Die Geistlichkeit achtete darauf, daß sich niemand der Beichte entzog, die man als ein Mittel des politischen Spitzelwesens benutzte. Personen, an denen die festgesetzten religiösen Bräuche, etwa die Taufe, nicht vollzogen wurden, gingen ihrer Bürgerrechte verlustig. Die Ehe war ohne kirchliche Trauung nicht rechtskräftig und dergleichen mehr.

In diese düstere Episode der neueren russischen Geschichte
fielen die Schul- und Jugendjahre Lenins, unter solchen äußeren Einflüssen formten sich seine politischen Ansichten sowie
seine Einstellung zu Religion und Kirche.

Lenin begann schon früh, die ihn umgebenden Verhältnisse kritisch zu beobachten. Ein besonderes Interesse zeigte er
für Literatur; bereits mit fünfzehn, sechzehn Jahren las er die
Werke der bedeutendsten russischen Schriftsteller und Dichter, doch auch die der ausländischen Autoren. Stark beeinflußten ihn die Schriften Herzens, Belinskijs, Turgenjews,
Dobroljubows, Pissarews und anderer Volksaufklärer. Bei
dem hervorragenden Denker Tschernyschewskij fand er die
Ideen des Sozialismus und der Bauernrevolution gegen den
Zarismus, für die er sich sofort begeisterte.

1888, an der Universität in Kasan, kam Lenin erstmals mit
marxistischen Zirkeln in Kontakt. In den folgenden Jahren
studierte er intensiv die marxistische Theorie. Nach seiner
Ankunft in Petersburg (1893) gehörte er bald den maßgeben-
den marxistischen Kreisen der Hauptstadt an, wurde Mit-
gründer des »Kampfbundes für die Befreiung der Arbeiterklasse« und beteiligte sich an der Organisierung von Streiks in
Petersburger Fabriken. Die Polizei griff jedoch zu; für Lenin
folgten vierzehn Monate Gefängnis und ab 1897 drei Jahre
Verbannung nach Ostsibirien. Dort widmete er sich erneut
einem eingehenden Studium, vor allem der Philosophie der
europäischen Aufklärung und der Entwicklung des Kapitalismus in Rußland, und konzipierte auf der Grundlage des von
ihm unter Berücksichtigung der russischen Verhältnisse wei-
terentwickelten Marxismus sein revolutionäres Programm.

Während der folgenden fast fünfzehn Jahre langen Emigration verwandte Lenin seine ganze Energie auf die Vorbereitung und Organisierung einer gewaltsamen Umgestaltung
der russischen Verhältnisse. »Es dürfte kaum ein anderes
Land auf der Welt geben«, schrieb er in einem seiner Artikel,
»wo die Bauernschaft solche Leiden, solche Unterdrückung
und Erniedrigung wie in Rußland auszustehen hätte. Je finsterer diese Unterdrückung war, um so machtvoller wird jetzt
das Erwachen, um so unwiderstehlicher der revolutionäre
Ansturm der Bauern sein.«[9]

Die Einstellung Lenins zur Religion formte sich etwa parallel mit der Entwicklung seiner politischen Ansichten. Seine Erziehung hatte ihn noch kaum zum Religionsgegner gemacht. Die Familie Uljanows war keineswegs religionslos, der Vater sogar ein tief gläubiger Mensch, und die Mutter ging erst in späten Jahren zum Atheismus über. Nur sein älterer, 1887 wegen revolutionärer Tätigkeit hingerichteter Bruder Alexander beeinflußte Lenins Entwicklung zum Atheisten. Einen starken Impuls gegen die Religion bedeutete für ihn die Lektüre der Schriften der streitbaren russischen Atheisten (Dobroljubow, Pissarew und andere), der französischen und deutschen Materialisten (Helvétius, Holbach, Feuerbach, Dietzgen und andere), vor allem aber Karl Marx' und Friedrich Engels'. Erst der Marxismus lieferte Lenin die festeste Basis jeglicher Religionskritik, da er sich sowohl mit den ontologischen und erkenntnistheoretischen Fragen des Glaubens befaßt als auch mit seinen sozialen und psychologischen Wurzeln.

Lenins vehementer Atheismus resultiert somit aus seiner konsequent materialistischen Philosophie und seiner genauen Kenntnis der russischen Gesellschaftsverhältnisse, des reaktionären Zusammenspiels zwischen despotischem Absolutismus und orthodoxer Kirche. Der russische Klerus war eindeutig der Feind der Freiheit, ein Hindernis der Revolution, und 1905 bemerkte Lenin, daß sogar der Vatikan dem wakkelnden Zarismus zu Hilfe eilte, indem er durch die katholischen Geistlichen die Katholiken aufrufen ließ, sich nicht an der Revolution (von 1905) zu beteiligen, sondern »auf der Seite der Ordnung zu stehen«[10]. Aus dieser Situation ergab sich für Lenin nur die eine Konsequenz: entschiedene *Verurteilung* und *Bekämpfung* der Religion, der Kirche, der Klerisei.

Genauso rigoros wie die religiösen Mystifikationen und Mystifizierer attackierte er auch den philosophischen Idealismus. Die Revisionisten und Opportunisten lehnten den Materialismus ab; der Begründer des Revisionismus, E. Bernstein, löste den Marxismus vom Materialismus und schuf so die theoretische Grundlage für die »Vereinigung« des wissenschaftlichen Sozialismus mit der Religion. Mit dem Erstarken des Opportunismus in der Sozialdemokratie begann man auch die proudhonistische Losung »Religion ist Privatsache« so zu interpretieren, als sei die Religion Privatsache nicht nur dem Staat, sondern auch der Partei gegenüber. Bereits Engels hatte sich gegen diese Auffassung gewandt, und Lenin bekämpfte lange Jahre derartige Tendenzen in Rußland. Gegen den Idealismus führte er an, daß dessen Entwicklung mit der Notwendigkeit verbunden war, eine »wissenschaftliche« Begründung religiöser Dogmen zu liefern und den illusionär-irrationalen Glauben an Gott und den metaphysischen Hintergrund der Welt zu rechtfertigen. Die offiziösen Philosophieprofessoren an den Universitäten, die sich allzuoft als Apologeten des Fideismus entpuppten, nannte Lenin »diplomierte Lakaien des Pfaffentums«.

Bei alldem hatte er sich nicht zu einer blinden Gegnerschaft hinreißen lassen. Der Streit *gegen* die Religion sollte dem Streit *für* den Sozialismus untergeordnet sein. »Die Einheit des revolutionären Kampfes der unterdrückten Klasse für ein Paradies auf Erden«, höhnte Lenin, »ist uns wichtiger als die Einheit der Meinungen der Proletarier über das Paradies im Himmel.«[11] Eindringlich warnte er davor, sich in der ideologischen Auseinandersetzung mit der Religion auf eine abstrakte, idealistische Behandlung der Fragen »von der Vernunft her«, außerhalb des Klassenkampfes, abdrängen zu lassen. »Es wäre unsinnig, zu glauben, man könne in einer Gesellschaft, die auf schrankenloser Unterdrückung und Verrohung der Arbeitermassen aufgebaut ist, die religiösen Vorurteile auf rein propagandistischem Wege zerstreuen. Es wäre bürgerliche Beschränktheit, zu vergessen, daß der auf der Menschheit lastende Druck der Religion nur Produkt und Spiegelbild des ökonomischen Drucks innerhalb der Gesellschaft ist.«[12] Somit wird Lenins Kampf für die Beseitigung dieses Drucks, für die *ökonomische und geistige Befreiung* des Menschen, auch ein Kampf *gegen die Religion*.

Paul Rolinec

Die reinste Pfaffenphilosophie

Eine Philosophie, die lehrt, daß die physische Natur selbst ein Abgeleitetes ist, ist die reinste Pfaffenphilosophie... Wenn die Natur ein Abgeleitetes ist, so ist es selbstverständlich, daß sie nur von etwas abgeleitet sein kann, das größer, reicher, umfassender, machtvoller als sie selbst ist, von etwas Existierendem; denn wenn die Natur etwas »erzeugen« soll, muß es unabhängig von der Natur existieren. Folglich existiert etwas *außerhalb* der Natur, und zwar etwas, das die Natur *erzeugt*. Auf russisch heißt das Gott. Die idealistischen Philosophen waren stets bemüht, diese Bezeichnung zu ändern, sie abstrakter, nebelhafter zu machen und sie gleichzeitig (um der Glaubwürdigkeit willen) dem »Psychischen« näherzubringen, als dem »Unmittelbaren Komplex«, dem unmittelbar Gegebenen, das keiner Beweise bedarf. Die absolute Idee, der universelle Geist, der Weltwille, die »*allgemeine Substitution*« des Psychischen für das Physische – das ist ein und dieselbe Idee, nur in verschiedenen Formulierungen. Jedermann kennt – und die Naturwissenschaft untersucht – die Idee, den Geist, den Willen, das Psychische als eine Funktion des normal arbeitenden menschlichen Gehirns; diese Funktion von dem in bestimmter Weise organisierten Stoff lostrennen zu wollen, sie in eine universale, allgemeine Abstraktion zu verwandeln, für die ganze physische Natur diese Abstraktion zu »substituieren« – das sind Wahnideen des philosophischen Idealismus, das ist ein Hohn auf die Naturwissenschaft.

Bd. 14, Materialismus und Empiriokritizismus, 1908, 227

Trost der Unterdrückten und Ausgebeuteten

Das Heiligtum der rechtgläubigen Kirche ist darum so wertvoll, weil es lehrt, »ohne Murren« Leid zu ertragen! Fürwahr, ein vorteilhaftes Heiligtum für die herrschenden Klassen! Wenn die Gesellschaft so eingerichtet ist, daß eine verschwindende Minderheit Reichtum und Macht genießt, die Masse aber ständig »Entbehrungen« zu dulden und »schwere Pflichten« zu tragen hat, so ist die Sympathie der Ausbeuter für eine Religion, die die irdische Hölle um eines angeblichen himmlischen Paradieses willen »ohne Murren« ertragen lehrt, völlig verständlich.

Bd. 5, Politische Agitation und »Klassenstandpunkt«, 1902, 346

Die Ohnmacht der ausgebeuteten Klassen im Kampf gegen die Ausbeuter erzeugt ebenso unvermeidlich den Glauben an ein besseres Leben im Jenseits, wie die Ohnmacht des Wilden im Kampf mit der Natur den Glauben an Götter, Teufel, Wunder usw. erzeugt. Denjenigen, der sein Leben lang arbeitet und Not leidet, lehrt die Religion Demut und Langmut hienieden und vertröstet ihn mit der Hoffnung auf himmlischen Lohn. Diejenigen aber, die von fremder Arbeit leben, lehrt die Religion Wohltätigkeit hienieden, womit sie ihnen eine recht billige Rechtfertigung ihres ganzen Ausbeuterdaseins anbietet und Eintrittskarten für die himmlische Seligkeit zu erschwinglichen Preisen verkauft. Die Religion ist das Opium des Volks. Die Religion ist eine Art geistigen Fusels, in dem die Sklaven des Kapitals ihr Menschenantlitz und ihre Ansprüche auf ein halbwegs menschenwürdiges Leben ersäufen.

Doch der Sklave, der sich seiner Sklaverei bewußt geworden ist und sich zum Kampf für seine Befreiung erhoben hat, hört bereits zur Hälfte auf, ein Sklave zu sein.

Bd. 10, Sozialismus und Religion, 1905, 70 f.

Mit Recht hat Feuerbach denjenigen, die die Religion mit dem Argument verteidigen, daß sie den Menschen Trost spende, die reaktionäre Bedeutung des Tröstens vorgehalten: Wer den Sklaven tröstet, statt ihn zur Rebellion gegen die Sklaverei aufzurütteln, der unterstützt die Sklavenhalter.

Bd. 21, Der Zusammenbruch der II. Internationale, 1915, 226

Ausnahmslos alle unterdrückenden Klassen bedürfen zur Aufrechterhaltung ihrer Herrschaft zweier sozialer Funktionen: der Funktion des Henkers und der Funktion des Pfaffen. Der Henker soll den Protest und die Empörung der

Unterdrückten niederhalten. Der Pfaffe soll die Unterdrückten trösten, ihnen die Perspektiven einer Milderung der Leiden und Opfer bei Aufrechterhaltung der Klassenherrschaft ausmalen (das läßt sich besonders bequem tun, wenn man für die »Realisierbarkeit« solcher Perspektiven keine Gewähr leistet...) und sie eben dadurch mit dieser Herrschaft aussöhnen, sie revolutionärer Taten entwöhnen, ihren revolutionären Geist untergraben, ihre revolutionäre Entschlossenheit zerstören.

Bd. 21, Der Zusammenbruch der II. Internationale, 226

Die Demokratie kann nicht Demokratie sein, wenn sie fromm ist.

Bd. 18, Lektion über die »Kadettenfresserei«, 1912, 288

Ich gebe keinen Pfifferling für eine politische Freiheit, bei der der Mensch ein Sklave der Religion bleibt.

Bd. 38, Konspekt zu Feuerbachs »Vorlesungen über das Wesen der Religion«, 1909, 52

Kein unvorteilhaftes Geschäft, Priester zu sein

...die Angaben über die Verteilung der Sparer nach ihren Berufen. Diese Angaben beziehen sich auf die Besitzer von fast 3 Millionen... Sparkassenbüchern mit einem Gesamtguthaben von 545 Millionen Rubel. Das durchschnittliche Guthaben beläuft sich somit auf 185 Rubel – wie man sieht, eine Summe, die deutlich zeigt, daß unter den Sparern jene, eine winzige Minderheit des russischen Volkes ausmachenden »Glückspilze« überwiegen, die Familienvermögen oder wohlerworbenes Eigentum besitzen. Die größten Sparer sind die *Geistlichen:* 46 Millionen Rubel und 137 000 Sparkassenbücher, d. h. 333 Rubel pro Buch. Die Sorge für das Seelenheil der Gemeinde ist demnach kein unvorteilhaftes Geschäft... Dann folgen die *Grundeigentümer:* ...268 Rubel pro Buch; weiter die *Händler:* ...222 Rubel pro Buch; sodann die Offiziere mit 219 Rubel und die Zivilbeamten mit 202 Rubel pro Buch.

Bd. 6, Aus dem Wirtschaftsleben Rußlands, 1902, 76

Ferner besitzen die Kirchen und Klöster gegen *sechs* Millionen Desjatinen Land. Unsere Pfaffen predigen den Bauern Uneigennützigkeit und Enthaltsamkeit, selber aber haben sie auf geraden und krummen Wegen eine ungeheure Menge Boden an sich gerafft.

Bd. 6, An die Dorfarmut, 1903, 375

Die Geistlichkeit in der Politik

Die Arbeiterdemokratie ist für die Freiheit des politischen Kampfes für alle, auch für die Geistlichkeit. Wir sind nicht gegen die Teilnahme der Geistlichkeit am Wahlkampf, an der Duma u. dgl. m., sondern *ausschließlich* gegen die mittelalterlichen Privilegien der Geistlichkeit. Wir fürchten den Klerikalismus nicht, wir werden – auf einer freien und für alle gleichen Tribüne – gern mit ihm streiten. Die Geistlichkeit beteiligte sich an der Politik stets *versteckt;* für das Volk wird es nur von Nutzen sein, und zwar von großem Nutzen, wenn die Geistlichkeit an der Politik *offen* teilnimmt.

Bd. 18, Die Liberalen und die Klerikalen, 1912, 217

Pressemeldungen zufolge wurden auf den Kongressen der kleinen Grundbesitzer und der Kirchendekane in 46 Gouvernements des europäischen Rußlands 7990 Bevollmächtigte gewählt, von denen 6516 Geistliche sind. Letztere bilden 82 Prozent . . . (Es) ergibt sich, daß der private kleine Grundbesitz insgesamt 21,3 Mill. Desjatinen umfaßt, wovon die Geistlichkeit 2,2 Mill. Desjatinen besitzt, d. h. *wenig mehr als* $\frac{1}{10}$! Bevollmächtigte aber hat die Geistlichkeit über *acht Zehntel* gewählt!!

Bd. 18, Die Geistlichkeit bei den Wahlen und die Wahlen mit der Geistlichkeit, 1912, 333 f.

Der Betrug mit der Gottesidee

»Gott ist der Komplex jener von Stamm, Nation und Menschheit entwickelten Ideen, die die sozialen Gefühle wecken und organisieren, zu dem Zweck, die Persönlichkeit mit der Gesellschaft zu verbinden, den animalischen Individualismus zu zügeln.«[13]

Diese Theorie . . . ist offenkundig falsch und offenkundig reaktionär. Wie die christlichen Sozialisten (die schlimmste Art des »Sozialismus« und seine schlimmste Entstellung) wenden Sie eine Methode an, die (ungeachtet Ihrer besten Absichten) den Hokuspokus des Pfaffentums wiederholt: Aus der Gottesidee wird herausgenommen, was *aus der Geschichte und dem Leben* in sie eingegangen ist (Geisterglauben, Vorurteile, Heiligsprechung der Unwissenheit und Unterwürfigkeit einerseits, der Leibeigenschaft und der Monarchie anderseits), wobei in die Gottesidee statt der aus der Geschichte und aus dem Leben bezogenen Realität eine sanftmütige spießbürgerliche Phrase hineingelegt wird (Gott = »Ideen, die die sozialen Gefühle wecken und organisieren«).

Sie wollen damit »Gutes und Schönes« sagen, auf »Wahrheit und Gerechtigkeit« hinweisen und dergleichen mehr. Aber dieser Ihr gutgemeinter Wunsch bleibt Ihre persönliche Angelegenheit, ein subjektiver »frommer Wunsch«. Nachdem Sie ihn einmal niedergeschrieben haben, ist er in die *Masse* gedrungen, und sein *Sinn* wird nicht durch Ihren gutgemeinten Wunsch, sondern durch *das Verhältnis der gesellschaftlichen Kräfte,* durch das objektive Verhältnis der Klassen bestimmt . . . Seht – werden die Pfaffen und ihre Kumpane sagen –, was für eine schöne und tiefgründige Idee das ist (die Gottesidee), das wird sogar von »*euren*« Führern, ihr Herren Demokraten, anerkannt – und wir (die Pfaffen und deren Kumpane) dienen dieser Idee.

Es ist falsch, daß Gott ein Komplex von Ideen ist, die die sozialen Gefühle wecken und organisieren. Das ist Bogdanowscher *Idealismus,* der den materiellen Ursprung der Ideen vertuscht. Gott ist (historisch wie im Leben) vor allem ein Komplex von Ideen, die von der dumpfen, sowohl durch die äußere Natur als auch durch die Klassenunterdrückung bewirkten Niedergedrücktheit des Menschen erzeugt wurden – von Ideen, die diesem Zustand der Niedergedrücktheit *festigen,* die den Klassenkampf *einschlä-*

fern ... Jetzt ist sowohl in Europa als auch in Rußland *jegliche*, selbst die verfeinertste, die bestgemeinte Verteidigung oder Rechtfertigung der Gottesidee eine Rechtfertigung der Reaktion.

Ihre ganze Definition ist durch und durch reaktionär und bürgerlich. Gott = ein Komplex von Ideen, die »die sozialen Gefühle wecken und organisieren, zu dem Zweck, die Persönlichkeit mit der Gesellschaft zu verbinden, den animalischen Individualismus zu zügeln«.

Warum ist das reaktionär? Weil es die pfäffisch-fronherrschaftliche Idee von der »Zügelung« des Animalischen übertüncht. In Wirklichkeit hat nicht die Gottesidee den »animalischen Individualismus« gezügelt; ihn hat sowohl die Urhorde als auch die Urkommune gezügelt. Die Gottesidee hat die »sozialen Gefühle« *stets* eingeschläfert und abgestumpft, da sie Lebendes durch Totes ersetzte und *stets* die Idee der Sklaverei (der schlimmsten, der ausweglosen Sklaverei) war. Nie hat die Gottesidee »die Persönlichkeit mit der Gesellschaft verbunden«, sondern stets die unterdrückten *Klassen* durch den Glauben an die *Göttlichkeit* der Unterdrücker *gefesselt*.

Bd. 35, An A. M. Gorki, Dezember 1913, 102 f.

Die Religion ist das Opium des Volkes – dieser Ausspruch von Marx[14] bildet den Eckpfeiler der ganzen Weltanschauung des Marxismus in der Frage der Religion. Der Marxismus betrachtet alle heutigen Religionen und Kirchen, alle religiösen Organisationen stets als Organe der bürgerlichen Reaktion, die die Ausbeutung verteidigen und die Arbeiterklasse verdummen und umnebeln sollen.

Bd. 15, Über das Verhältnis der Arbeiterpartei zur Religion, 1909, 404 f.

Wie soll die Religion bekämpft werden?

Marxismus ist Materialismus. Als solcher steht er der Religion ebenso schonungslos feindlich gegenüber wie der Materialismus der Enzyklopädisten des 18. Jahrhunderts oder der Materialismus Feuerbachs. Das steht außer Zweifel. Aber der dialektische Materialismus von Marx und Engels geht weiter als jener der Enzyklopädisten und Feuerbachs, denn er wendet die materialistische Philosophie auf das Gebiet der Geschichte, auf das Gebiet der Gesellschaftswissenschaften an. Wir müssen die Religion bekämpfen. Das ist das Abc des *gesamten* Materialismus und folglich auch des Marxismus. Aber der Marxismus ist kein Materialismus, der beim Abc stehengeblieben ist. Der Marxismus geht weiter. Er sagt: Man muß *verstehen,* die Religion zu bekämpfen, dazu aber ist es notwendig, den Ursprung, den Glauben und Religion unter den Massen haben, *materialistisch* zu erklären. Den Kampf gegen die Religion darf man nicht auf abstrakt-ideologische Propaganda beschränken, darf ihn nicht auf eine solche Propaganda reduzieren, sondern er muß in Zusammenhang gebracht werden mit der konkreten Praxis der Klassenbewegung, die auf die Beseitigung der sozialen Wurzeln der Religion abzielt...

...Keine Aufklärungsschrift wird die Religion aus den Massen austreiben, die, niedergedrückt durch die kapitalistische Zwangsarbeit, von den blind waltenden, zerstörerischen Kräften des Kapitalismus abhängig bleiben, solange diese Massen nicht selbst gelernt haben werden, diese *Wurzel* der Religion, die *Herrschaft des Kapitals* in all ihren Formen vereint, organisiert, planmäßig, bewußt zu bekämpfen. *Bd. 15, Über das Verhältnis..., 407 f.*

Die tiefsten Quellen religiöser Vorurteile sind Armut und Unwissenheit; eben diese Übel müssen wir bekämpfen.
Bd. 28, Rede auf dem I. Gesamtrussischen Arbeiterinnenkongreß, 1918, 176

In bezug auf die Religion besteht die Politik der KPR darin, sich nicht zufriedenzugeben mit der bereits dekretierten Trennung der Kirche vom Staat und der Schule von der Kirche, d. h. mit Maßregeln, die die bürgerliche Demokratie versprochen, aber infolge der mannigfachen tatsächlichen Verbindungen des Kapitals mit der religiösen Propaganda nirgends in der Welt zu Ende geführt hat.

Die Partei erstrebt die vollständige Zerstörung der Verbindung zwischen den Ausbeuterklassen und der Organisation der religiösen Propaganda wie auch die faktische
Befreiung der werktätigen Massen von den religiösen Vorurteilen, wozu sie die umfassendste wissenschaftlich aufklärende und antireligiöse Propaganda organisiert.

*Bd. 29, Entwurf des Programms der KPR (B), 10. Pro-
grammpunkt, 1919, 118*

Über die kommunistische Ethik

... gibt es denn eine kommunistische Moral? Gibt es eine
kommunistische Sittlichkeit? Natürlich gibt es sie. Oft stellt
man die Sache so hin, als ob wir keine eigene Moral hätten,
und sehr oft erhebt die Bourgeoisie gegen uns die Beschul-
digung, daß wir Kommunisten jede Moral verneinen. Das
ist ein Dreh, um die Begriffe zu verwirren, um den Arbeitern und Bauern Sand in die Augen zu streuen.

In welchem Sinne verneinen wir die Moral, verneinen
wir die Sittlichkeit? In dem Sinne, in dem die Bourgeoisie
sie predigte, die diese Sittlichkeit aus Gottes Geboten ableitete. Hier sagen wir natürlich, daß wir an Gott nicht
glauben und sehr wohl wissen, daß im Namen Gottes die
Geistlichkeit redete, die Gutsbesitzer und die Bourgeoisie
redeten, um ihre Ausbeuterinteressen durchzusetzen...

Jede solche Sittlichkeit, die von einem übernatürlichen,
klassenlosen Begriff abgeleitet wird, lehnen wir ab...

Für uns gibt es keine Sittlichkeit außerhalb der menschlichen Gesellschaft, das ist Betrug...

Die alte Gesellschaft beruhte auf dem Prinzip: Entweder
raube ich den anderen aus, oder er raubt mich aus; entweder arbeite ich für den anderen, oder er arbeitet für mich;
entweder bin ich Sklavenhalter, oder ich bin Sklave. Und
es ist begreiflich, daß die in dieser Gesellschaft erzogenen
Menschen diese Sinnesart, diese Gewohnheiten und Begriffe – entweder Sklavenhalter oder Sklave oder Kleinei-
gentümer, kleiner Angestellter, kleiner Beamter, Intellek-
tueller, kurzum ein Mensch, der nur auf seinen eigenen

Vorteil bedacht ist und den der andere nichts angeht – sozusagen mit der Muttermilch einsaugen...

An eine ewige Sittlichkeit glauben wir nicht, und wir entlarven den Betrug, der durch alle möglichen Märchen über Sittlichkeit verbreitet wird. Die Sittlichkeit ist dazu da, die menschliche Gesellschaft emporzuheben und sie von der Ausbeutung der Arbeit zu befreien.

Bd. 31, Die Aufgaben der Jugendverbände. Rede auf dem III. Gesamtrussischen Kongreß des Kommunistischen Jugendverbandes Rußlands, 1920, 280 f.

Anmerkungen

[1] *K. Zilliacus:* Das revolutionäre Rußland. Eine Schilderung des Ursprungs und der Entwicklung der revolutionären Bewegung in Rußland, Frankfurt/Main 1905; aus dem Schwedischen übersetzt von F. von Känel, 225, f. – [2] Zitiert nach *K. Zilliacus,* a.a.O., 132 – [3] *Stepniak:* King Stork and King Log; zitiert nach *K. Zilliacus,* a.a.O., 178 – [3] *A. N. Radistschew:* Reise von Petersburg nach Moskau; zitiert nach *M. J. Schachnowitsch:* Lenin und die Fragen des Atheismus, (Ost-)Berlin 1966; aus dem Russischen übersetzt von der Arbeitsgemeinschaft »Mittel- und Osteuropa in der Diplomatie des Vatikans« der Deutschen Historikergesellschaft (DDR), 250 – [5] *W. G. Belinski:* Brief an Gogol; in: Russische Kritiker (Belinski, Dobroljubow, Pissarew). Ausgewählte Schriften; hrsg. und mit einer Einleitung versehen von *E. Frisch;* München 1921; ins Deutsche übersetzt von F. Frisch; 112 – [6] *S. M. I. Schachnowitsch,* a.a.O., 273 – [7] Ebd., 267 – [8] *W. I. Lenin:* Werke (in 40 Bdn.), (Ost-)Berlin 1959 bis 1962; ins Deutsche übersetzt nach der vierten russischen Ausgabe; Bd. 5, 298 (sämtliche Zitate von Lenin stammen aus dieser Ausgabe) – [9] Ebd., Bd. 8, 324 – [10] Vgl. *M. I. Schachnowitsch,* a.a.O., 235 – [11] *W. I.* Lenin, a. a. O., Bd. 10, 74 – [12] Ebd., 73 – [13]Lenin zitiert hier A. M. Gorkis Erwiderung auf seinen Brief vom November 1913 – [14] *S. K. Marx:* Zur Kritik der Hegelschen Rechtsphilosophie. Einleitung; in: *Karl Marx/Friedrich Engels,* Werke, Bd. 1, (Ost-)Berlin 1961, 378.

Abdruck der Zitate mit freundlicher Genehmigung des Dietz-Verlags, (Ost-)Berlin.

THEODOR LESSING
1872–1933

»Kein ehrlicher Denker darf sich mit christlicher Gottesweisheit, darf sich überhaupt noch mit Gottesweisheit oder mit
einer von irgendwelchen theosophischen oder theologischen
Einflüssen auch nur gestreiften Philosophie bemengen. Eisen
kann man hämmern. Kautschuk ist unbesieglich.

Wie der Vogel Strauß die Steine, welche man nach ihm
schleudert, alsbald verschluckt und als Nahrungsmittel ver-
wertet, so hat der mammutverdauende Magen religiöser Phi-
losophelei noch jede beliebige Gedankenwelt sich einzuverleiben vermocht. Und wenn man es fertiggebracht hat, Schopenhauer als ›philosophus christianissimus‹ und Nietzsche
als ›Christushasser aus Christussehnsucht‹ für die deutschen
Schulen und Hochschulen akademisch möglich zu machen,
nun so wird man es auch leicht fertigbringen, meinen Nachweis, daß alle mechanistische Menschenkultur Erfüllung des
Christentums sei, zu verwerten als – Ehrenrettung des Christentums.«[1]

Theodor Lessings leidenschaftlich vorgetragene Kritik am
Christentum ist nicht allein Ausdruck eines mit der europäischen Tradition in Zwiespalt geratenen Denkers des 20. Jahrhunderts, sondern Zeichen einer ganzen Epoche. Bereits im
19. Jahrhundert verbreitete sich die Erkenntnis, daß nicht
mehr die christliche Religion, sondern allein die soziale Verantwortung des einzelnen die Menschheit vor dem totalen
Chaos retten würde. Lessing zog für sich die Konsequenz,
Hilfe zu schaffen, wo er auf Ungerechtigkeiten traf. Er trat für
die soziale Gleichstellung der Arbeiter, für unterdrückte Ko-
lonialvölker sowie für die Emanzipation der Frau ein und
forderte: »Wir sind nicht für wenige Jahrzehnte geboren, um
uns himmlischen Visionen unirdischer Träume hinzugeben,
sondern um menschlich hilfreich zu sein, damit endlich,
endlich auf Erden Gerechtigkeit werde.«[2]

Verbunden mit diesen Gedanken ist eine Anklage gegen
die technische Zivilisation. Lessing wendet sich gegen die
Fortschrittsgläubigkeit, die zur Ausrottung der Tierwelt, Zerstörung der Landschaft und zur Bildung einer von der Natur

unabhängigen Geisteswelt des Menschen führt. Für ihn wird
damit die Abtötung des Lebens und die Selbstherrlichkeit des
Menschen vorbereitet. Sowohl Fortschrittsdenken als auch
Überhebung des Menschen bis zur Selbstvergottung schreibt
er dem Christentum zu, insbesondere dem protestantischen
Christentum.

Trotzdem sieht Lessing seine Geisteswelt nicht an als die
des »naturzugewandten fröhlichen Dichters, welcher glück-
selig abgekehrt lebt von der Menscheit und ihrem Scheide-
weg«[3]. Seine philosophische und pädagogische Aufgabe vergleicht er mit dem Weg des Faust, »der die Magie von seinem
Pfad entfernend, die Zaubersprüche ganz und gar verler-
nend, sich zurückwendet zu den einfachen Forderungen der
Menschlichkeit und ihrer alltäglichen Not. Es ist der Ent-
scheid jenes Nirmanajaka, welcher das große Weltziel Nir-
vana als das allein mögliche Ziel erkannt und in seiner Person
fast erreicht hat, nun aber, ein Vollendeter, auf Vollendung
verzichtend, umkehrt zur Not, also zum Menschen, um ein
Helfer zu werden.«[4] Lessing bekennt von sich: ». . . ich bin
nicht Romantiker, ich bin Sozialist.«[5]

Theodor Lessing wurde am 8. Februar 1872 in Hannover
geboren. Er stammt aus einer jüdischen Familie, die den
Namen Lessing aus Verehrung für den großen Aufklärer annahm. 1895 wurde Theodor Lessing zum Dr. med. promoviert. Er wandte sich dann aber der Philosophie und der
Pädagogik zu und erwarb 1899 den Titel eines Dr. phil. Sein
Sympathisieren mit der Sozialdemokratie und seine Gegnerschaft gegen Chauvinismus und Krieg brachten ihm bald
Feinde. Aber nicht nur von nationalistischer Seite, sondern
auch von Denkern wie Kurt Hiller[6] wurde Lessing heftig
angegriffen. Die Widersprüchlichkeiten in seinem Werk wurden als Geistfeindschaft und antirationale Kulturkritik verstanden; nicht ganz zu Unrecht, denn Lessing stand eine
Zeitlang Ludwig Klages nahe. Trotzdem darf nicht übersehen
werden, daß Lessing immer wieder zu Fragen des Tages
Stellung bezog und sich überall dort engagierte, wo er Unterdrückten helfen zu können glaubte. Er ist also einerseits ein
Verkünder des »Lebensrausches«, andererseits der direkt in
die Geschichte eingreifende Philosoph. Christian Gneuss

schreibt über Lessings *Pluralismus der Welterklärung und -deutung*: »Nicht das geschlossene System, sondern die zugespitzte Einzelaussage, der Aphorismus, ist sein bevorzugtes Ausdrucksmittel. Auch seine größeren Werke tragen diesen Charakter des Aphoristischen. Deshalb ist es so schwer, eine Summe seines Denkens zu ziehen. Immer wieder erschreckt, ja verstört er durch Widersprüchlichkeiten, durch überspitzt pointierte Formulierungen, in denen er Meister ist; Geniales und Bleibendes steht unvermittelt neben Banalem und an den Tag Gebundenem.«[7]

Die Gegnerschaft von nationalistischer Seite wurde für Lessing im Jahre 1925 zur Bedrohung. Seinen Lehrstuhl für Philosophie und Pädagogik, den er seit 1908 als Privatdozent und seit 1922 als außerordentlicher Professor an der Technischen Hochschule Hannover innehatte, mußte er schließlich aufgeben. Seine Warnung vor der Wahl Hindenburgs zum Reichspräsidenten führte zur Sprengung seiner Vorlesung durch Studenten. Auch Professoren und das Stadtparlament Hannovers forderten Lessings Entlassung, da dieser mit eindringlichen Worten die Schwächen eines Mannes wie Hindenburg darstellte: »Die Natur hat ihn so einfach, so gradlinig und selbstverständlich gewollt, daß es überhaupt nichts zu entwickeln gab; nur die unbedenkliche Entfaltung eingeborener Vorurteile. Deutscher, Preuße, Christ, Monarchist, Soldat, Kamerad, zugehörig nach Lebensschnitt und Gesichtskreis der sauberen und gehaltenen Menschenschicht, die im ›Kleinen Gotha‹ und in der ›Rangliste‹ ihre Normen hat, das war alles so zweifelsohne und selbstverständlich, daß die Menschen, die anders fühlen, eben anmuten wie ein Chinese oder wie ein Anbeter des Buddha.«[8]

Lessings durch Zwang erreichter Verzicht auf den Lehrstuhl ist ein Beispiel für den Verfall der demokratischen Ordnung in der Weimarer Republik. Antisemitismus und Nationalismus gewannen an Boden. Bis 1933 konnte der jüdische Philosoph einen Forschungsauftrag erhalten, dann mußte er Deutschland verlassen. Am 31. August 1933 wurde er in Marienbad erschossen. Auf seinen Kopf hatten die Nationalsozialisten eine Prämie ausgesetzt. Dieser politische Mord wurde in deutschen Zeitungen mit höhnischen Kommenta-

ren versehen: »Mit Prof. Lessing ist eine der übelsten Erscheinungen der Nachkriegszeit aus dem Leben geschieden. Er
gehörte zu jenem Teil der Professorenschaft, der mit einem
intellektuellen Pazifismus, der amtlich gewünscht und gefördert wurde, die deutschen Hochschulen verseuchte. Nun ist
auch dieser unselige Spuk weggewischt.«[9]

Wie viele andere wurde Lessing ein Opfer der politischen
Verhältnisse in Deutschland. Zeit seines Lebens sah er sich
immer wieder Unverständnis und Mißdeutungen ausgesetzt.
Seine philosophischen Lehren haben auch nach dem Zweiten Weltkrieg keine Resonanz gefunden. Seine Forderung
nach Mitleid und nach Minderung des Leidens in einer Welt
des rücksichtslosen wirtschaftlichen und wissenschaftlichen
Fortschrittsdenkens verdiente jedoch Beachtung. Den gewaltsamen, das Leben überwindenden und abtötenden Fort-
schrittsglaubens findet Lessing im Christentum angelegt. Im
Christentum erkennt er das Verlangen nach einer absoluten
geistigen Ordnung, die die Bedingungen des Lebens unter-
gräbt und damit den Erhalt des Lebens verneint.

In der Spannung zwischen Leben und Geist steht Lessings
Philosophie. Antworten, die in den umfassenden Schriften
dieses Denkers zu finden sind, lassen sich nicht immer zur
Deckung bringen, stimmen aber in dem Grundgedanken
überein, daß »Wissen aus Leid« entsteht. Daraus resultiert
Lessings Bemühen, das Leid zu überwinden und mit seinen
philosophischen Schriften helfend in die Welt einzugreifen.

Thomas Ayck

Religion ist keine Metaphysik

Religion ist keine Metaphysik. Religion ist kein Glauben.
Sondern zum Glauben muß die wertzeugende Kraft, das
Zielsetzen, das zeugende Leben kommen. Ja, ich könnte sagen: alles Leben ist Religion. Es ist durchaus richtig,
daß eine vollkommen religionslose Seele eine tote Seele
wäre...

Wenn Du nun freilich das Dauernde im Wechsel, das
ewige Sein mit dem Worte Gott benennen willst, wer kann

Dich hindern? und es wird sich wohl auch mancherlei dabei denken lassen. Nur sei Dir klar, daß Gott als Ontologem
kein *Wert* ist, daß auch jeder Pantheismus oder Panen-
theismus wie der Spinozas den eigentlichen Kern der Religiosität verfehlt: die *Auferhöhung* der Wirklichkeit! Ein
bloß wirklicher Gott, der in die Reihe der Ursächlichkeit
eingreift, im Sinn des Naturgesetzes, Gott als Macht, Kraft,
Welturache, Dasein, Substanz, was nützt er eigentlich der
Seele der Menschen? Er wäre ein ungeheures Faktum! Er
ließe den Menschen sein Nichts recht fühlen und könnte
ihn in Angst und Demut, im Bewußtsein schlechthiniger
Abhängigkeit erhalten. Der Sklave hat einen solchen Gott
nötig. Aber was ist denn an Gottes Allmacht begeiste-
rungswürdig? Eines solchen Machtgottes mögen sich jene
erfreuen, die die Religion als Waffe gegen das Selbstgefühl
des Stolzes, gegen den Trotz der einmaligen Persönlichkeit
benötigen. O, ich kenne diese Frommen! So erfuhr und sah
ich sie von Jugend auf: wo immer ein bißchen Eigengefühl
und Menschenseligkeit, wo Wissen um die eigene Kraft,
wo Überlegenheit, Mut und Übermut sich regen, da regt
sich auch sofort viel unbewußte Mißgunst, viel unbewußter
Gegeneifer, welcher heimlich denkt: Wie? da ist einer, der
will auf eignem Wege froh sein? der will mehr sein, als ich?
der soll, ein übermütiges Weltkind, kecker, frecher, wohl-
gelungener über die Erde springen, als wir andern? der soll
glücklicher sein, als alle Heiligen, er mag noch so unheilig
leben? Schlagt ihm auf den Kopf, schlagt ihm stetig auf den
Kopf! Mit Moral, mit Religion, mit einem Imperative. Daß
er nur ja hübsch demütig bleibe! Verwidert ihm das Ich,
sein stolzes, bestimmtes, einmaliges Ich. Weist ihn auf
Gott, auf Geist hin. Auf dieses aufsummierte Ich von Milliarden Mühseligen und Beladenen ... Im Geist erlöschen
alle Freudenfeuer des Lebens. In Gott triumphiert immer
die Masse. In Geist und Gott siegt das Bedürfnis der Masse
über den Stolz, die Größe, das Lebensrecht des Einzelnen.
Es gibt nichts hochmütigeres als eine Demut, die das Wort
Ich mit dem Worte Gott vertauscht. Suche ich denn *mein*
Teil? so spricht der Fromme. Ich bin ja nur im Ewigen, im
Geiste. Und im Geiste habe ich alles Glück des Lebens,

meine Toten, meine Fernen, alle Welten, ich habe sie im Geiste. Ich aber, als Bürger dieser Welt, was bin ich? Ein Atömchen. So spricht der Fromme von sich selbst; immer im Pluralis Majestatis. Er hat es leicht: bescheiden sein, der Fromme! Er braucht freilich nie Ich zu sagen. Er kann sein Ich Gott nennen. Er hat seine Zweiweltenethik. In der einen Welt, von außen: ein Bettler; in der andern Welt, von innen ein König. So tröstet sich der Dünkel des Frommen. – Und was steht hinter diesem Glauben? Eine Eudämonie! Nichts andres. Das Glücklichsein erfand ich noch immer als das letzte Argument aller Frommen. Ihr Wohlgefühl ist ihnen das Kriterium für das Recht ihrer Religion. Unser Kriterium aber heißt: Selbstbestimmung und Größe! Der Fromme würde uns den Antichrist nennen. Der Fromme, der, auch wenn er allein steht, immer die halbe Welt zu Gesellschaft hat.

Philosophie als Tat, Göttingen 1914, 121 ff.

Nur für ein in Zeit und Licht eingebanntes Erwerbs- und Weltverbesserungsgeschlecht konnte Geschichte zu einer Religion und Religion zu einer Geschichte werden. Der Mensch gewann den Adel, aber zahlte mit dem naiven Glück. Er gewann die Zukunft, aber verlor den Augenblick. Er opferte Seele zugunsten des Geistes und erbaute die Gesellschaft auf Kosten der Gemeinschaft. Und indem er jegliche Tat und jegliche Gestalt nur zu schauen vermag als Durchgangspunkt einer Entwicklung, so muß er streben und immer weiter streben, ohne zu wissen, wohin er zuletzt strebt. Er weiß nicht, *was* er will, aber ruht nicht – bis er es erreicht hat. Das ist die Tragödie des Menschen, bis er sich rückwärts wendet und – beim Nächsten beruhigt.

Geschichte als Sinngebung des Sinnlosen, Neudruck der 4. Auflage von 1927, Hamburg 1962, 57 f.

Christus

Was Nietzsches Stellung zur Christologie betrifft, so ist sie so ganz Ausfluß seines Gefühls und Geschmacks, daß sie

jenseits der philosophischen Greifbarkeit bleibt, auf die
wir uns beschränken müssen. Was geht uns eine negative
Theologie an? Dieser *Kampf*, hinter welchem Befangen-
sein und Nochernstnehmen der Religionsprobleme steckt?
Wir haben auf diesen Gebieten gute Historiker, Sprachfor-
scher, Bibelkenner, Psychologen! Wir haben keine *Dogmatiker* mehr! Was hat uns denn moderne Theologie von
Christus *gelassen?* Wäre sie ehrlich und groß, dann würde
sie ruhig sagen: unser *historischer Jesus* ist ein Monomane
und Visionär, dessen Heldentod auch *Bessere* starben. Er
hat für uns nur noch psychologisches Interesse! Unser *ge-
glaubter* Christus ist eine Art Gefühlsschablone, in welche
eine historische Entwicklung die verschiedensten Inhalte
füllen *kann*. Was aber *bleibt,* das ist »Gefühl«, »Gefühl«,
»Gefühl«. Was aber gefühlt wird, daß weiß kein Mensch.
Der Philosoph des Christentums redet über »Glauben«.
Frage ihn aber keiner, *was* er glaubt. Der eine erzählt dir
eine *Charade*. Christologie ist »Geschichte der Gemeinde«. Der zweite hat ein philosophisches Sesam oder *Symbol*. So etwas wie »Entkerkerung Gottes im Menschen-
haupte« oder »Gottwerdung im Fleische vermittelst des
geglaubten Menschheitsanbildes Jesu« oder »Selbstbe-
wußtwerdung Gottes als Geschichte der Religion«. Oder
irgend welchen ähnlichen Tiefsinn, über den sich gar artig
philosophatschen und gar artig »erbauen« läßt. Dann
kommt ein neuer, der beweist: er war kein Nasiräer; ein
zweiter: er war der »*Über*mensch«; ein dritter: er war, bei
Gott, aus *arischem* Geblüt; ein vierter: es ist »die Idee der
Menschheit im *Gefühl*«. – Und was so ein jeder Liebstes am
Leben hat und gerade für sich ersehnt und ersieht, das
pinselt er mit mehr oder minder schöner Farbe durch eben
diese Schablone.
Schopenhauer, Wagner, Nietzsche, München 1906, 372 f.

Was ist Christentum?

Die Antwort auf die Frage: »Was ist Christentum?« darf
also nicht etwa sprechen vom paulinischen, franziskani-
schen, bernhardinischen, nicht vom Christentum des Ruys-

broek oder des Pascal oder sonst einem Christentum. Sie
kann eben nur hinweisen auf – *Geschichte!* Damit befindet
sie sich im Einverständnis mit dem Begründer, welcher
sagt: »Die Christenheit *selber* ist die Leibwerdung des
christlichen Geistes. An ihren Früchten sollt ihr sie erkennen.«

Und wie könnte Das auch anders sein? Mythen sind
keimfähige Wunschanbilde, und »geschichtliche Wirklichkeit« *ist* nichts Anderes als Verwirklichung, Verwerkli-
chung der vom Geiste *vor*gedachten ideologischen Sphäre
(vérité) am Lebenselement (vitalité) vermöge unbewußten
oder bewußten Wollens.

Prüfen wir also, wie das geschichtliche Christentum entstanden ist. In den verworrensten Tagen Europas und
Asiens, als im Zusammenbruch des unsinnig angeschwol-
lenen Imperium Romanum Hunderttausende aus ihren alten Wohnsitzen drängten, Städte rauchten, Tempel stürzten, in Tagen, wo wohl nahezu alle Menschen täglich den
Weltuntergang erwarteten, da sprudelten und strudelten
die verschiedenen Völkerschicksale und Glaubensträume
wirr zusammen. Aus diesen Strudeln heraus verfestigte
sich mählich ein nach allen Richtungen anpassungsfähi-
ges, übervölkisch-geistbleiches Mischgebilde aus hellenischen, hebräischen, sumerischen, babylonischen, irani-
schen, indischen und schließlich auch altnordischen und
germanischen Glaubenstraumelementen, – Pol und Rich-
tungswende für die von nun an auch kalendarisch festge-
legte »Neue Menschheit«, die erste, für welche die allum-
spannenden Begriffe »*die* Menschheit« und »*die* Weltgeschichte« Anwendung finden.

Europa und Asien, Leipzig [5]*1930, 51 f.*

Die Krone der Schröpfung –
Nächstenmoral statt: tat twam asi

Zweierlei tritt im Laufe zweier Jahrtausende klar und immer klarer hervor. Erstens: der Hominismus. Zweitens: der
Evolutionismus! . . . Für den *Hominismus* des Christentums
ist nichts so kennzeichnend wie Christi Antwort auf die

Frage nach dem höchsten Gebot seiner Lehre: »Liebe deinen Nächsten wie dich selbst« (womit er nur wörtlich wiederholt die Stellen des A.T. Lev. 19, 18 u. 24, 12). Die ganze *Enge* der christlichen Jahrhunderte leuchtet aus diesem Gebote und mehr noch aus dem Selbstbehagen und der Selbstgerechtigkeit, mit der man sich noch heut seiner rühmt. Man stelle nur daneben das schon in den ältesten Upanishads sowie auch in dem tausend Jahre jüngeren Kanon der Buddhaisten immer wiederkehrende Grunddogma Asiens, das brahma-atmanaikya, welches die Inder in aller Kürze zusammenfassen in das »große Wort«: »Alles bist du« (tat twam asi), als den Ausdruck unsres Wissens um die Gleichheit alles Lebens im Unbedingten. Mit vollstem Rechte könnte der Morgenländer der christlichen Glaubenslehre vorhalten: Wie? Nur *Nächsten*moral soll ich üben? Nur meinesgleichen soll ich lieben? Nicht die Sonne? nicht die Tiere? nicht Blumen und Kräuter? nicht Bewohner unbekannter Welten und bessere Gestirne? Es scheint mir, daß bei euch im Abendlande der Mensch aus dem Leben heraus- und der Natur gegenübergetreten ist. Denn immer handelt es sich um *eure* Not, *eure* Sehnsucht, *eure* Erlösung.

Das *zweite* Wesensmerkmal des Christentums: der Evolutionismus, macht das noch deutlicher! Mit einer bewundernswerten Triebsicherheit erfühlten die Kirchenlehrer seit je die Notwendigkeit des Entwicklungsdogmas für das Abendland. Die ganze Arbeit der christlichen Scholastik ging darauf aus, die Ideenlehre Platos dem kirchlichen Glaubensgefüge einzuverleiben; und zwar in der Entstellung und platten Vergröberung, die sie durch Aristoteles erfahren hatte. Als Κεφαλαίωσις (recapitulatio) wird seit Irenäus (✝ 202) der echt abendländische *Wahn* bezeichnet, daß »alles von Gott ausgeht und zu Gott zurückkehrt«, die Welt also ein »*historischer Prozeß*« sei, verlaufend nach einem auf *Menschen* zugeschnittenen göttlichen Erziehungs- und Erlösungsplan (παιδαγωγὸς εἰς Χριστόν).

Während der zweiten Hälfte der Scholastik (vom Konzil zu Nikäa 325 bis zu Karl dem Großen 800) ist Gott vollends »*Prozeß*« geworden!! Heute, wo die Profeten (von profiteri, gestehen) abgelöst sind durch Professoren (von proficere, nützen), welche wohlgeübt sind, sowohl Mücken zu seihen als Kamele zu schlucken, da wundert sich offenbar keiner mehr, wenn irgend ein Krumm- oder Schleiermacher redet über »den im Entwicklungsprozeß sich offenbarenden Gottesgeist« oder versichert, daß Gott zu begreifen sei als »der geschichtliche Fortschritt«, welcher im »Haupte des Menschen aus den Gefängnissen der Materie sich selbst entkerkere« – und derartige wüste Paradoxe mehr, grade als ob all dieses krüde Zeugs sich ganz von selber verstünde.

Von allen wider-, ja wahnsinnigen Gedanken der Erde ist sicherlich nie ein wahn- und widersinnigerer gedacht worden als der von Sören Kierkegaard mit der Formel »das große Paradox« bedachte Grundgedanke der Christenheit: »An einer bestimmten Stelle im *Raume*, an einem bestimmten Punkte in der *Zeit*, just in unserm menschlich-irdischen Ameisenhügel sei Gott ein *Mensch* geworden, und von *meiner* Stellungnahme zu diesem empirischen und geschichtlichen Vorgang solle nun fortan das *zeitlos Ewige* abhängig bleiben.«

Eine höhere Selbstbewertung, Selbstbetonung und Selbstgerechtigkeit läßt sich überhaupt nicht denken. Unter der Maske der De- und Wehmut tritt der *Mensch* als ein besonderes, vor dem Leben aller Sonnen und Erden ausgezeichnetes und mit einer Erlösungsmission betrautes eigentlich gottgeborenes Hoch- und Edelwesen aus der Natur *heraus*, der Natur *gegenüber*. Damit beginnt die christliche Zeitwende! Es beginnt das, was der Abendländer Weltgeschichte nennt. (Denn die Menschheit hatte vor dem Auftreten des Sokrates, Buddha und Christus nur Gegenwart, aber keine Geschichte.) Es erscheinen auf der Weltgeschichtsbühne die endlose Reihe der für das Christentum durchaus kennzeichnenden Überredner-, Überwältiger- und Vergewaltigertypen. Die Reihe der Paulus, Origenes, Loyola, Torquemada, Luther, Fichte, Lagarde, Eucken, Troeltsch. Unduldsam, erbarmungslos, alles Leben darniederwalzend, alles am liebsten zu *sich* bekehrend, missionarisierend, propagandierend, kolonisierend und den Schlaf der Erde zerstörend. Denn von nun ab dreht sich ja die ganze Geistesgeschichte der Erde immer nur um *eines*: um den in die zeugende Natur selber hineingedeuteten Vorgang der Gotteskindschaft und Gotteswerdung des *Menschen*; oder genauer gesagt des christlich-kaukasischen Menschen.

Europa und Asien oder Der Mensch und das Wandellose. Sechs Bücher wider Geschichte und Zeit, Hannover 1923, 57 ff.

Verkäfigung des Kosmischen

Das Bemühen des Christentums, das Kosmische auf das Menschliche zu beziehen oder den Menschen als den sittlichen Mittelpunkt alles Außermenschlichen zu behandeln, führte zu jener gewaltigen Entsinnlichung und Entnatürlichung, deren letztes Ergebnis die heutige abendländische Wissenschaft ist, eine Wissenschaft, welche den letzten Rest sinnlichen Gestaltenlebens logifiziert und unter vielerlei modernen Schlagworten (wie: Idealismus, Kritizismus, Intuitivismus, Phänomenologie, Psychologie usw.) zu guter Letzt nie etwas anderes betreibt als das Zerlegen und Definieren menschlicher Begriffe.

Die Neigung, alles Leben zu entsinnlichen und zu entnatürlichen, zeigt sich an jenen überall siegreichen christlichen Lehren, welche den Christus auffassen als eine Art von *Gegen*-Adam (»den alten Adam aus- und den neuen Adam anziehen«) und geneigt sind, etwa mit der fast grauenhaft abstrakten, Kant und Luther verbindenden protestantischen Theologie der Gegenwart zu verkünden: »Adam, unser Vater im Fleisch, hat das Paradies verloren, weil er den Lockungen des schimmernden Apfels (malum!) nicht widerstand; aber Christus, unser Vater im Geist, hat das Paradies neu gewonnen, in Form der Kirche, der Gemeinde, der *geistigen* Christenheit.« (Ritschl)

Ich will ganz dahingestellt sein lassen, ob das Christentum wirklich nur eine Glückseligkeitslehre der abendländischen Menschheit oder ob es eine welt- und menschheitverneinende Erlösungslehre (wie das Christentum Pascals oder Kierkegaards) sei. Es kommt hier lediglich darauf an, darzulegen, wie die Wissenschaft der Gegenwart (ihr Historismus, Relativismus, Kritizismus, Logizismus) bereits angelegt und vorbedingt ist im christlichen Mythos und wie hinter der vermeintlichen Wissenschaft des Abendlandes somit immer nur diese menschliche Willenschaft stehe.

Ob das Christentum weltbejahend oder -verneinend, optimistisch oder pessimistisch sei, ob das sogenannte Urchristentum oder das sogenannte paulinische das richtige, wahre und eigentliche sei und wie diese beiden zueinander sich verhalten mögen, darüber mögen die Priester des Glaubens oder Unglaubens einander die Schädel spalten. Es geht mich nichts an. Ich wünsche hier lediglich klarzumachen, daß die gesamte Geistes- und Lebenshaltung christlicher Jahrtausende hinauskommt auf Verengung und Verkäfigung kosmisch irrationaler Gewalt in die Begriffsschranke menschlichen Erlöserwahns.

Europa und Asien, 1923, 60 f.

Die Kirche kämpfte gegen die Vorherrschaft des kopernikanischen Systems nicht darum, weil sie es für wissenschaftlich *falsch* hielt. Es bestand ja schon seit jeher *neben* dem Weltbild des Ptolemäus auch die »wissenschaftliche Astronomie«, die wir nach *Kopernikus* benennen. Die Kirche fürchtete, daß der Mensch seine Macht einbüße, wenn er an die Direktive aller kosmischen Gewalten auf *Menschenziele* nicht mehr glaube.

Europa und Asien, 1923, 348

»Frommsein!«

Goethe und später Novalis gebrauchten für das Christentum die Formel »Theoanthropophilie« (Menschvergottungsliebe), worin die kerntreffende Einsicht liegt, daß das christliche Wort »Gott« eben nur die andere Vokabel ist für das Wort »Ich« und daß der Mensch unter dem Vorwande der christlichen »humilitas« eben nur sich selber liebend, fortan seinem Menschentume schmeichelt.

Europa und Asien, [5]1930, 53

Ich begriff das Wesen der abendländischen Frömmigkeit zuerst, als ich ein junges Kalb zur Schlachtbank getrieben werden sah. Ich habe dies Erlebnis in meinem Jugendwerk *Schopenhauer, Wagner, Nietzsche* erzählt. (S. 471 f.) Vor dem Tore des Schlachtraumes blieb das Tier stehen. Keine Gewalt konnte es voranbringen. Plötzlich aber, als ob es seiner Ohnmacht bewußt geworden, sich freiwillig dem Schicksal unterstelle, stieß es einen Schrei aus, neigte das Haupt und ging freiwillig über die blutige Schwelle... Immer kommt der Augenblick, wo der verzweifelt kämpfende Kletterer freiwillig die Felswand losläßt; wo der aussichtslos Verirrte freiwillig sich zu letztem Schlaf in den Schnee legt, wo der gehetzte Hirsch mit brennenden Flanken, freiwillig der hetzenden Meute sich preisgibt, wo der hoffnungslos Liebende, nicht mehr weiterkämpfend, sein Schicksal in die Hände derer legt, die gewillt sind, sein Leben zu überrädern. Dies nennt man *Frommsein!*

...Daß nun aber alle dieser *scheinbare* Wille zum Leiden in Wahrheit in sich birgt die Forderung des Stolzes und der Würde, welcher dort, wo man nicht *gegen* das Schicksal ankämpfen kann, dieses Schicksal selber zum Inhalt des *eigenen* Willens macht – das beweist die Geschichte des Christentums. Die Natur kennt keinen Willen zum *Unschöpferischen.* Einen solchen Willen zu behaupten ist widersinnig. Wo eine Lebensverneinung vorzuliegen *scheint* (wie bei Buddha oder Christus), da handelt es sich ausnahmslos um den Umweg und Notausgang, den die Selbstliebe und das Selbstgefühl (l'amour de soi, als *Gegensatz* der l'amour propre) einzuschlagen *gezwungen* ist. Von diesem Punkte aus müssen wir die weltgeschichtliche Erscheinung des Christentums begreifen.

Europa und Asien, 1923, 134

Warum der Christ schwerer stirbt
und an Unsterblichkeit glaubt

Über die Stellung der morgen- und abendländischen Völker zu Sterben und Tod wäre zunächst Folgendes zu bemerken: Der minder willenbewegte Mensch stirbt gleich

Pflanze und Tier den leichteren Tod. Er gibt das persönliche Ich wieder dahin, als handele es sich um das Zurücksinken ins Lebenselement, dessen Unverbrüchlichkeit trotz des Dahinsterbens der in Zeit und Raum zerstückelten Kreatur nicht zu bezweifeln ist. Der Abendländer, in einer fixierten Ich- und Dingwelt lebend, stirbt um so schwerer, je mehr diese der Willkür und Nachprüfung zugängliche Standwelt der Dinge sich an Stelle des elementar flutenden Lebens setzt. Schließlich ersteht der wunderliche Trug, daß das Erlöschen des Wollens gleichbedeutend sei mit dem Ende des Lebens.

Es ist somit wohl zu begreifen, daß das Christentum den Unsterblichkeitsglauben nötig hat. Es sucht das Heil im Beharren des geistigen Ich und der von ihm getragenen Wertwelt.

Je stärker nun das lebende Es geknebelt ward an ein denkendes und gedachtes *Ich*, um so schwerer fällt es dem so fixierten Selbstbewußtsein, wieder zurückzugleiten ins Unbewußte. Im Abendlande aber sind Erleben und Denken bis in den Schlaf und bis in die Träume hinein so völlig verschmolzen, daß es nicht möglich ist zu bestimmen, wo der Untergrund der Vitalität aufhört oder wie tief der logisch-ethische Oberbau hinabreicht. Die beiden großen Leidens- und Geistesreligionen unterscheiden sich somit auch bezüglich des Glaubens an Unsterblichkeit.

Unsterblichkeit ist für den Christen ein großer Gedanke, für den Buddhisten aber etwas Schreckliches. Der Buddhist könnte es nicht ertragen, aus dem Werden und seinen Abermillionen Neugeburten nie herauszukommen. Der Christ dagegen fordert Ewigkeit. Nicht zwar Ewigkeit des Lebens. Sondern Ewigkeit des wertgebundenen, des »in Gott geborgenen« Lebens.   *Europa und Asien,* [5]*1930, 199 f.*

Die lebensmörderische Geschichte der Verchristlichung

Wie immer auch die Ideale des christlichen Kulturkreises lauten – Vergottung, Emporgottung des Menschengeschlechts, Vergeistigung der Erde, Vermenschlichung der Natur, Erlösung des Elements, vollendete Logik, vollende-

te Ethik –, ihr Erfolg war stets: Verfestigung des Elementa-
rischflutenden zu starrer Bewußtseinswirklichkeit in Raum
und Zeit, das heißt: zu einer menschlichen Wert-, Zweck-
und Willenswelt... Dafür sind Ehrfürchte und Urschauer
geopfert, bacchische Räusche, Überschwänge der Vorwelt. Die langsam erkaltende und vergeistigte Erde gehört
den nüchtern rechnenden Handels- und Säbelimperien.
Jenen Raubstaatereien, welche Einfalt und Landschaft,
Einsamkeit und Schlaf mählich zerstören, zugunsten
»menschlichen Fortschritts«.

Die Geschichte der Siedelungen Europas, der britischen
in Hinterindien, auf Ceylon, Singapore, in Kanada und
Hongkong, auf Gibraltar, Malta, Cypern und in Ägypten;
der lateinischen, spanischen und französischen in Mexiko,
Cayenne, Peru, Bolivia, Algier; der deutschen auf Samoa
und in Südwest-Afrika; was ist sie? Eine Kette rücksichtsloser Vergewaltigungen und Erpressungen unter dem Deckmantel: Kultur. Die Geschichte der christlichen Bekehrung, trotz all ihrer Glaubenshelden und Martermänner,
was ist sie anders als eine lange Kette von selbstgerechter
Dummheit und Dünkeldemut?!...
Überall erscheint dieser demutdünkelhafte, liebesäuselnde christliche kaukasische Mensch, dieser Nomade in
der Wüste der Mechanik, als der Erde selbstgerechtester
Verwissenschaftler und Verwillenschaftler. Als der machtwillige Übermächtiger und Vergewaltiger alles schutzlos
stillen Lebens. – Mittels Schießpulver und Buchdruck, der
satanischen Erfindungen des deutschen Geistes, zer-
stampft er den Schlaf der Erde, schlägt nieder die Eichen
Virginias und die Tannen Norwegens und macht daraus
bedrucktes Papier. Von Indien bis nach Korea und Japan
macht er Menschen von der Schönheit stummer Blumen
gleich uns zu Rechnern und Schwätzern.

Die verfluchte Kultur, München 1921, 14 f.

Es ist schwer zu sagen, ob die Geschichte des Nordens oder
die des Südens den Sprossen Luzifers das schlimmere
Zeugnis ausstellt. Das katholische Christentum der spanischen Weltmonarchie hat die südamerikanischen Kulturen

von Mexiko, Peru, Kalifornien und Brasilien dem Unter-
gange überliefert. Das puritanische Christentum der englischen Hochkirche wurde Nährmutter der transatlanti-
schen angelsächsischen Demokratien.

Ein tollkühnes Heldengesindel, etwa 400 verwegene eu-
ropäische Mordgesellen, unter Führung des Fernando
Cortez, drangen ein in Mexiko, pflanzten 1520 das Kreuz
auf das Nationalheiligtum des Huitzilipochtli zu Cholula,
mordeten mit tückischer Hinterlist den edlen Kaiser Montezuma und machten der ganzen reichen Bildungswelt der
Azteken ein Ende in Schauder und Blut.

Gräßlicher noch und noch weit toller vollzog sich 1530
genau das gleiche Abenteuer, als der noch weit nieder-
trächtigere und gemeinere Pizarro mit kaum hundert
Spieß- und Spaßgesellen das Reich der Inka zu überfallen
beliebte. Ähnlich wie in Ägypten unter Amenophis-Echna-
ton (1375−1358), oder wie in Japan noch heute, galt der
König als der Sonne geweihter Sohn, und wo der König
wohnte, da wohnte das Schicksal des Volkes. Ein leichtes
Spiel war es somit, die in kleinbäuerlichen Siedlungen
kommunistisch lebenden Menschen zu übermächtigen,
indem man sich dieses Sonnenkaisers bemächtigte. Ata-
hualpa, der letzte Sonnensohn wurde überlistet und, als er
nicht länger nützen konnte, heimtückisch erwürgt. Die
altperuanische Bilderwelt wurde mit Feuer und Schwert
ausgerottet. Ein blumenhaft harmloses, gleich den Hindu
in festen Kasten dahinlebendes Volk, nach dem Urteile des
besten Kenners der Geschichte Perus, des trefflichen William Prescott, weit glücklicher und freier als die gleichzeiti-
gen Völker Europas, fiel somit mühelos zum Opfer: dem
schollen- und skrupellosen Europageist.

Was den Spaniern im Süden glückte, das glückte den
kalvinistischen Engländern im Norden, wo die bewundernswert sittenreinen, aber auch ehern bonzigen Gestalten der Pilgerväter, der englischen Puritans, diese ganz auf
Logik, Ethik und Nüchternheit gestellten Männercharak-
tere, 1670 die noch unvermenschlichte urwälderisch große
indianische Landschaft sich vom lieben Gotte zum Geschenk machen ließen; wie die Kinder Israel einst das Land

Kanaan. Wie haben sie's genutzt? Was ist aus diesem Lande in drei Jahrhunderten geworden?

Ausgejätet sind Traum- und Mythenwälder, riesengroß.
An ihre Stelle, gleich in Kälte giftig gewordenen Pilzen,
schossen über Nacht empor in Anglo- wie in Iberoamerika:
die traumlosen Karawansereien und Glücksritterburgen,
Wolkenkratzerstädte und Goldgräberlager eines in allen
Sätteln gerechten, mit allen Wassern gewaschenen, hinter
allen Öfen getrockneten, mit allen Salben gesalbten, mit
allen Hunden gehetzten, bronzestirnigen, mühlsteinhar-
ten und zundertrockenen, von Macht- und Erwerbswahn
vorangepeitschten Europäerwillens, dessen Stempel, kalt
und frech, stark und unbedenklich, eingeprägt ist in jedes
durchschnittliche angloamerikanische Antlitz, der Stempel einer frohen und frechen Menschengemeinheit, welcher nur glaubhaft blieb *ein* Glaube, nur wahrhaft blieb
eine Wahrheit: »Wein ist besser als Bier. Sekt ist besser als
Wein.«   *Europa und Asien, 1923, 150 f.*

Die Rettende Liebe, in deren Namen 20 000 Hexen verbrannt[10], 200 000 Ketzer zum Tode geführt, 200 000 Juden
gefoltert wurden, die Bartholomäusnacht gefeiert, Montezuma von Mexiko auf den glühenden Rost gelegt, Afrika
verunrechtet, Indien unterjocht wurde, die Rettende Liebe
schickt sich an, über die Erde hin die frohe Botschaft zu
verbreiten: »Es gibt nur einen Gott: das menschliche Ich,
und Mammon ist sein Profet.«

Mehrere Jahrtausende lang arbeiteten die europäischen
Orden und Sekten, vor allen anderen der Orden der Jesuiten, vermittelst lebenabtötender Mortifikationsideale an
der Heranzüchtung der sich selber steuernden menschlichen Willenswillkür. Immer drehte sich die weißhäutige
Menschheit um ein einziges ens generalissimum, genannt
»Gott«. Dieser »Gott« wohnte unsichtbar hinter heuchel-
logischen Systemen, hinter heuchel-moralischen Ordnungen. Keiner durfte ihn sehn, keiner ihn nennen. Wir aber
reißen todbereit den *letzten* Schleier von seinem Bilde.
Und was erblicken wir? Uns selbst.

Als der machtwillige Übermächtiger, Seelenauswerter

und Gewissensbevormunder erscheint der demutdünkelhafte, liebesäuselnde bleiche Mensch, und wie immer seine Hochziele lauten mögen – Vergotten, Vergeistigen,
Emporläutern, Erlösen, vollendete Sittlichkeit, vollendete
Wahrheit –: der Erfolg war stets: Verfestigung des Elemen-
tarischflutenden zur erstarrten Bewußtseinsherrlichkeit eines Menschenreiches in Raum und Zeit, das heißt zur
menschlichen Wert-, Zweck- und Willenswelt.

Europa und Asien, [5]*1930, 84 f.*

Weit über die Zeit Luthers hinaus werden denn auch die
Juden immer zusammen genannt mit den »Heiden«. »Du
bist ein Jude«, das hieß ursprünglich: »Du bist kein christli-
cher, sondern ein barbarischer und heidnischer Mensch.«
Die Entwicklung zur »modernen Kultur« ist eben von der
Geschichte des Christentums nicht zu trennen.

Jüdischer Selbsthaß, Berlin 1930, 19

Keine Roheit der Vorwelt war so lebensmörderisch wie die
Geschichte der Verchristlichung.   *Die verfluchte Kultur, 39*

Die grauenhafte Hölle zweier Jahrtausende liegt hinter
uns. Ist aber dieses Meer von Blut, von Schweiß und Tränen nicht dazu vergossen, daß eine bessere Welt der Gerechtigkeit, der Güte und der Brüderlichkeit erstehe, dann
ist die Erde so todesreif als todeswert. Und sie ist es sicher,
wenn nicht der Mensch der abendländisch-christlichen
Kultur durchschauen lernt, daß die Wunden, die er mit
seiner Kultur zu heilen gedenkt, eben von dieser Kultur
selber geschlagen sind.   *Die verfluchte Kultur, 45*

Der Protestantismus und seine Folgen

»Use leiwe Dokter Martinus« war nun freilich geschnitzt
aus deutschem Kernholz. Von den durchschnittlichen
Mönchsnaturen unterschied ihn die redliche Inbrunst un-
duldsamen Starrsinns. Unter seinen Zeitgenossen die Besten waren seinem Ideenkreis längst entwachsen. Zu den
höchsten Genien hatte er keine Zugänge. So liebenswert,
so erfreulich, so ehrwürdig der Mann anmutet im Vergleich zu der Kette theologistelnder und philosophatschi-

ger Mittelmäßigkeiten, die aus seinem über Deutschlands Gaue ausgestreuten Bonzensamen entsprossen sind – in Gesellschaft von und gemessen an Moses, Jesus, Zoroaster, Mohammed, Laotse und Buddha wirkt das Bild »use leiwe Dokters« ein wenig muffelig und eng. Aber grade dieser Segen der Borniertheit kam ihm zustatten. Er wurde kein Märtyrer. Er wurde »das sanft lebende Fleisch von Wittenberg«. Er fand treue Freunde und Schützer. Die deutschen Kantönlipotentätchen waren durchaus gewillt, die neue Bewegung mitzumachen bis zur äußersten Grenze ihres eigenen Vorteils. Erst Revolution, dann Konfusion, dann Reaktion! . . . das ist ja der ewige Dreischritt der »Geschichte«.

Und wie es immer ergeht: die neue Volksbewegung wuchs denen, die sie zu lenken wähnten, bald über den Kopf. Es gab Leute, die *wirklich* letzten, äußersten Ernst machten. Karlstadt, Thomas Münzer, die Bilderstürmer, die Wiedertäufer!

Da aber bewährte sich Luther. Da zeigte sich seine Brauchbarkeit, die drohende Revolution vom Abendlande abzuwenden. Liebedienerisch nach oben, herrisch und saugrob nach unten, im alttestamentalischen Judentum heimischer als im deutschen Heidentum, gehorsam der Obrigkeit und auch der krummen Obrigkeit, so tat er alles, was nötig war, um große Meereswellen auf die Mühlen bürgerlicher Nützlichkeit zu wälzen und den Aufstieg der Verdammten umzuwandeln in das übliche Maulgefecht von Gelehrten und Pfaffen.   *Europa und Asien, 1923, 142 f.*

Die Reformation wurde die trostloseste Halbheit deutscher Geschichte, von deren höchstem Gipfel herab Goethe ihr das Urteil sprach:

»Sie nahm den Pfaffen Haus und Hof,

Um – wieder Pfaffen 'rein zu pflanzen.«

Europa und Asien, 1923, 144

Warum ich den Tod nicht fürchte

Ich fürchte den Tod vor allem darum nicht, weil er mich endlich davon erlösen wird, all das gräßliche Bildungsge-

schwätz dieser »Kulturmenschheit« mitanhören zu müssen, dessen trostlose Unredlichkeit mich mein ganzes Leben lang gequält hat. Denn all das, was seit ein paar Jahrtausenden die Kultur, die Entwicklung, die Geschichte, der
Weltprozeß genannt wird, das ist im Kerne gar nichts als
die nachträgliche Selbstrechtfertigung der allergewöhn-
lichsten, immer vorhandenen Notwendigkeiten. An der
Stelle hat sich dadurch nicht das mindeste geändert. Man
raubt, stiehlt, lügt, plündert. Wie aber nennt man's? Kolonisieren, zivilisieren, Kultur verbreiten. Man mordet, meu-
chelt, massakriert. Die »logificatio post festum« aber nennt
es: Seelsorge, Christentum, Dienst am Ideal. So sind denn
die Ideale nur *Masken* der Bestie Mensch. Wehe jedem,
der dieses Spiel *ernst* nimmt. Wehe jedem, der daran
glaubt.   *Europa und Asien, 1923, 162*

                        »Weide meine Lämmer!«

Die christliche Kultur konnte sich selbst gar nicht besser
ironisieren, als sie es damit tat, daß sie dem Menschen das
Hirtenamt über die Erde anvertraute. »Weide meine Läm-
mer!« ... Ja gewiß! ... Aber stellt euch doch einmal die
Frage, wozu und aus welchen Beweggründen der gute
Hirte für seine Herde das Nachdenken besorgt? Erstens:
weil er sie scheren will. Zweitens: weil er sie fressen will.
                              Europa und Asien, 1923, 81

                            Anmerkungen
[1] Theodor Lessing, Europa und Asien, Leipzig [5]1930, 56 f. – [2] Theodor
Lessing, Madonna Sixtina, Leipzig 1908, 91 – [3] Theodor Lessing, Europa und Asien, a. a. O., Nachwort zur 5. Aufl., 358 – [4] Ebd. – [5] Ebd. –
[6] Vgl. Kurt Hillers Essay über Lessing : *Kurt Hiller,* Köpfe und Tröpfe,
Hamburg/Stuttgart 1950, 301–308 – [7] *Christian Gneuss,* Theodor Lessing, Nachwort in: Theodor Lessing, Geschichte als Sinngebung des
Sinnlosen, Neudruck der 4. Aufl. von 1927, Hamburg 1962, 325 –
[8] Theodor Lessing, Hindenburg, Berlin 1925, 16 f. – [9] Zitat aus: *Christian Gneuss,* Theodor Lessing, a.a.O., 335. – [10] In Wirklichkeit wurden Millionen Hexen verbrannt und viele Hunderttausende von »Ketzern« und Juden durch Christen ermordet.
    Abdruck der Zitate mit freundlicher Genehmigung der Erben Les-
sings.

BERTRAND RUSSELL
1872–1970

Bertrand Russell gehört zu jenen wenigen Großen, denen das Glück beschieden war, ein methusalemisches Alter zu erreichen, ohne die eigene Größe zu überleben. Sein militanter Pazifismus machte bis zuletzt Schlagzeilen, sei es, daß er als Fünfundneunzigjähriger ein Buch über Kriegsverbrechen in Vietnam[1] veröffentlichte, sei es, daß er als fast Neunzigjähriger ins Gefängnis gewiesen wurde, weil er aus Protest gegen die atomare Aufrüstung zu einem Sitzstreik vor dem britischen Unterhaus aufgerufen hatte. Sein Kampf für einen evolutionären Fortschritt der menschlichen Zivilisation verschaffte ihm seit mehr als einem halben Jahrhundert Berühmtheit. Aus diesem Engagement für die Realisierung einer humaneren Welt versteht sich seine Polemik gegen jede Form des Dogmatismus, zumal solchen religiöser Herkunft, dessen Einfluß ihm besonders fatal erschien.

Das umfangreiche moralische und politische Schrifttum Bertrand Russells ist durchsetzt mit den scharfen Anmerkungen eines rigorosen Atheismus, der das intellektuelle Profil ihres Urhebers entscheidend geprägt hat. Wenn die Religionskritik trotzdem nur einen relativ begrenzten Raum innerhalb der gesamten Veröffentlichungen Russells einnimmt, so entspricht dies der universellen Streuung seiner Interessen, die sich gleichermaßen auf Fragen der Mathematik, der Logik, der Erkenntnistheorie, der empirischen Naturwissenschaften, der Ethik und der Politik richten. Ein primäres Interesse an der dogmatischen Theologie kennt er hingegen nicht. Fragen wie die nach der Existenz oder Güte Gottes behandelt er in außertheologischem Kontext, sei es im Rahmen einer philosophiehistorischen Abhandlung über Leibniz[2], einer Diskussion naturwissenschaftlicher Thesen oder eines geheimen Tagebuchs, in dem sich der Sechzehnjährige von den Beschränkungen der Vernunft durch eine christlich-traditionalistische Erziehung zu befreien sucht.

Als Logiker und Wissenschaftstheoretiker lehnt Russell jeden Anspruch theologischer Postulate nicht nur auf logische Notwendigkeit, sondern auf wissenschaftlichen Sinn überhaupt ab. Doch genügt es ihm nicht, die religiöse Problematik im Stile der Neopositivisten[3] aus der »eigentlichen«, nämlich logisch-szientifischen Philosophie auszuklammern und ins Feld vorgeblich irrelevanter »Scheinprobleme« zu verweisen: Die Funktionen der Scheinprobleme im psychosozialen Bereich menschlichen Denkens und Handelns zu klären gilt ihm als würdige Aufgabe der Vernunft.

Hier wird ein Russellscher Dualismus sichtbar zwischen einem streng mathematisch-logischen Denken einerseits und einem pragmatisch engagierten Skeptizismus, der sich vom gesunden Menschenverstand inspiriert weiß und darin einer angelsächsischen Tradition folgt, andererseits. Beiden Seiten dieses Dualismus liegt ein bei Russell in frühester Jugend bereits ausgeprägter, damals noch religiös gefärbter Wahrheitsfanatismus zugrunde, die einzige Form des Fanatismus, der Russell die Existenzberechtigung nicht absprach und die sich zum einen in dem Versuch äußerte, zunächst unabhängig, dann im Anschluß an Gottlob Frege eine logistische Begriffsschrift, gleichsam ein Formelsystem der Sprache und des Denkens zu entwickeln, zum andern in der von den Bedenken des Common sense geleiteten Polemik gegen nicht abgesicherte wissenschaftliche und weltanschauliche Verallgemeinerungen jeder Art, gegen den teleologisch ausgerichteten Fortschrittsoptimismus der Evolutionisten, gegen überspitzte Theoreme der aufblühenden Psychoanalyse oder den Dogmatismus der bolschewistischen Kommunisten, in dem Russell Parallelen zum christlichen Totalitarismus des Mittelalters zu erkennen glaubte bis hin zur Gleichsetzung von Inquistion und GPU[4]. Ungeachtet des letzteren stand er jedoch schon vor seinem Berlin-Aufenthalt von 1895, der ihn mit der deutschen Sozialdemokratie bekannt machte[5], sozialistischen Ideen sehr nahe, wie er sich überhaupt, eben weil ihm jeglicher Dogmatismus verhaßt war, solcher Argumente all dieser Strömungen zu bedienen pflegte, die ihm für seine Zwecke, nicht zuletzt für die Angriffe gegen die Religion, freilich nicht nur die christliche, nützlich erschienen.

Russells Religionskritik verfährt mithin nicht nach internen Gesichtspunkten. Seine Einwände sind vorwiegend sozialkritischer und moralischer Natur; sie bleiben über einen Zeitraum von mehr als siebzig Jahren bemerkenswert konstant. Lediglich tritt an die Stelle eines gelegentlichen Pathos in den frühen Schriften zunehmend ein ironischer Ton in den späteren. Ihm scheint eine vernünftige und progressive Regelung gesellschaftlicher Verhältnisse am meisten durch die sterile Starrheit religiöser Institutionen gefährdet. Religiöse und moralische Überzeugungen kommen für ihn durch nichts anderes als durch Erziehung und ein Bedürfnis nach metaphysischer Absicherung zustande. Die Angst bildet somit die Grundlage der Religion[6]. Ihre Moral hält er für zu rigoros, repressiv[7] und in vielen Teilen unvernünftig. Christus betrachtet er wohl als großen Weisen, aber er stellt ihn neben Buddha, Laotse, Konfuzius und räumt ihm mitnichten den ersten Platz ein. Er bestreitet die angebliche Vollkommenheit der Schöpfung ebenso wie die Güte ihres postulierten Schöpfers. Die Frage, ob die Religion überhaupt nützliche Beiträge zur Zivilisation geleistet habe, verneint er. Wie er es sieht, ist zu allen Zeiten der Fortschritt von Freidenkern gegen religiöse Barrieren erkämpft worden. So prangert er immer wieder den kirchlichen Widerstand gegen die Geburtenkontrolle an, gegen eine Reform des Zivil- und Strafrechts, gegen die Emanzipation der Frau, gegen wirtschaftliche Sozialisierungsmaßnahmen, gegen die Abschaffung der Sklaverei, die Entkolonialisierung, gegen die wissenschaftlichen Entdeckungen eines Galilei, eines Kopernikus und so fort. Diese Liste ist lang, und Russells polemischer Stil ist brillant. Dennoch mußte er sich den Vorwurf gelegentlicher Ungerechtigkeit und sehr häufiger Einseitigkeit gefallen lassen. Dies gilt nicht gleichermaßen für alle seine Schriften, gewiß aber für einige der Essays aus *Warum ich kein Christ bin*[8].

Der destruktiven Religionskritik entgegengesetzt ist eine konstruktive Alternative, eine Common-sense-Moral, deren höchste Norm das irdische Glück des Menschen ist. Russell bleibt in diesem Punkt von den pragmatisch-utilitaristischen Maximen seiner frühen Bekanntschaft mit den Theorien vor allem John Stuart Mills beeinflußt, an denen sich seine eigene philosophische Begeisterung noch vor dem College-Alter entzündet hatte und die seine Hinwendung zum Atheismus endgültig machten.

Nahm er noch zu Beginn des Jahrhunderts ein apriorisches
Wissen von Gut und Böse an – etwa im Sinne Kants und
Hegels –, führten ihn seine mathematischen Studien und sein
Kontakt mit neopositivistischem Gedankengut zur Abkehr
vom deutschen Idealismus und zu der Forderung einer
ethisch neutralen Philosophie[9], die den geistigen Hintergrund einer neuen »scientific culture«[10] bilden und die christliche Tradition ablösen sollte. Die Ablehnung der Wertfrage
konnte er jedoch in seinen praktischen Schriften nicht durch-
halten. Vielmehr sind es sogar Werte christlicher Herkunft,
denen er den Vorzug einräumt, wie Verehrung, Ergebenheit,
Liebe (worship, acquiescence, love[11]). Demgemäß erscheint
ihm nichts verwerflicher als alles, was zur Verherrlichung
nackter Gewalt verleiten könnte. Daher erklärt sich zum
Beispiel seine Feindschaft gegen Nietzsches Idee vom Übermenschen.

Faßt man Russells wenig systematische Andeutungen einer
möglichen positiven Entwicklung der menschlichen Zivilisation zusammen, ergibt sich die heitere Utopie einer Gesellschaft, deren Funktionalismus vielleicht ein wenig schockie-
ren mag, der es aber immerhin gelungen ist, ihre aggressiven
Triebe ohne einen repressiven Moralkodex in produktive
Betätigungen abzulenken, die Kriege nicht kennt, und die
durch das Walten eines gemäßigten Konkurrenzsystems der
Gefahr der Stagnation entgeht – eine Gesellschaft ohne Aberglauben, die den »Drachen« vor den Toren zu diesem »goldenen Zeitalter«, die Religion, seit langem vertrieben hat[12].

Helga Halbfaß

1888 – Abschied vom Christentum[13]

Die Lebensregel, nach der ich mein Verhalten ausrichte
und von der abzuweichen ich als Sünde betrachte, fordert,
auf eine Weise zu handeln, von der ich glauben kann, daß
sie am ehesten das größte Glück bewirkt, und zwar sowohl
was die Intensität des Glücks betrifft als auch die Anzahl
der Menschen, die glücklich gemacht werden. Ich weiß,

daß meine Großmutter dies als eine nicht praktikable Lebensregel betrachtet und sagt, da man niemals wissen könne, was das größte Glück bewirke, so tue man besser daran, seiner inneren Stimme zu folgen. Das Gewissen hängt aber, wie man leicht sehen kann, vorwiegend von der Erziehung ab ..., welche Tatsache allein mir auszureichen scheint, die göttliche Natur des Gewissens zu widerlegen ... Dann ist es aber offensichtlich eine Absurdität, ihm anstelle der Vernunft zu folgen. Meine Vernunft aber rät mir ...

Tagebucheintrag vom 20. April 1888, in: My philosophical development, London 1959, 32

Christliche Werte ohne Christentum

Es gibt im Christentum drei Elemente, die man nach Möglichkeit bewahren sollte, Verehrung, Ergebenheit und Liebe. Verehrung zollt das Christentum Gott; mit Ergebenheit wird dem Unvermeidbaren begegnet, weil es der Wille Gottes sei; Liebe ist geboten gegen meine Nachbarn, meine Feinde und, wirklich, gegen alle Menschen. Die Liebe, die das Christentum gebietet, und natürlich jede Liebe, die universal und zugleich stark sein soll, scheint in mancher Hinsicht abhängig von Verehrung und Ergebenheit. Diese aber hängen in der Form, wie sie im Christentum erscheinen, vom Glauben an Gott ab und sind deshalb denen nicht länger möglich, die an diesem Glauben nicht festhalten können. Etwas an der Verehrung muß verlorengehen, wenn wir den Glauben an die Existenz eines höchsten Gutes, das zugleich höchste Macht ist, verlieren ... Auch die Ergebenheit wird schwieriger durch den Verlust des Glaubens an Gott, denn dieser Verlust beseitigt die Zuversicht, daß offensichtliches Übel in der Verfassung der Welt eigentlich gut sei. Aber sie wird dadurch nicht unmöglich; und als Folge der größeren Schwierigkeit, sie anzunehmen, wird sie, wenn es doch geschieht, edler, tiefer, hingabevoller als jede Ergebenheit, die das Christentum hervorbringt. In mancher Hinsicht ist deshalb die Religion, die kein Dogma besitzt, größer und religiöser als eine solche,

die auf dem Glauben basiert, daß am Ende sich unsere
Ideale in einer jenseitigen Welt erfüllen.
The essence of religion, in: The Hibbert Journal, Bd. 11,
1912/1913, 51

Zur Geburtenkontrolle

Nach herkömmlicher Ansicht war es rechtmäßig, in der
Ehe Kinder zu haben, selbst dann, wenn sie so schnell
kamen, daß die Gesundheit der Mutter zerstört wurde,
selbst wenn die Kinder kränklich oder nicht bei Verstand
waren, selbst dann, wenn keine Aussicht bestand, daß sie
auch nur genug zu essen haben würden. Diese Ansicht
vertreten heute nur noch herzlose Dogmatiker, die glauben, daß alles, was der Menschheit eine Schande ist, Gott
zur Ehre gereicht. Leute, die Kinder lieben oder Hilflosen
kein Elend aufbürden wollen, lehnen sich gegen die un-
barmherzigen Dogmen auf, die solche Grausamkeit rechtfertigen.   *On education, London 1926, 174 f.*

Bekenntnis eines Freidenkers

In den Christenländern heißt jemand ein Freidenker, wenn
er nicht ausgesprochenermaßen an Gott glaubt, obwohl
dies in einem Buddhistenland nicht ausreichen würde, jemanden zum »Freidenker« zu stempeln. Ich möchte die
Wichtigkeit dieser Art von Freidenken nicht verringern.
Ich bin selbst gegenüber allen bekannten Religionen Dissi-
dent, und ich hoffe, daß jede Art religiöser Gläubigkeit
ausstirbt. Alles wohlerwogen, glaube ich nicht, daß religiöser Glaube eine Kraft zum Guten gewesen ist. Trotzdem
bin ich bereit zuzugeben, daß er seinerzeit und seinerorts
einige gute Wirkungen ausgelöst hat. Ich betrachte ihn als
etwas dem Kindesalter der menschlichen Vernunft und
einer heute überwundenen Entwicklungsstufe Zugehöri-
ges.   *Wissen und Wahn, München 1930, 187 f.*

Die Physik und der Glaube an den Schöpfer der Welt

Eine der ernsthaftesten Schwierigkeiten, mit denen sich
die Wissenschaft heute konfrontiert sieht, ist die Schwierigkeit, die sich aus der Tatsache ableitet, daß die Welt
abläuft. Es gibt zum Beispiel radioaktive Elemente in der
Welt. Diese zerfallen beständig in weniger komplexe Elemente, und kein Prozeß ist bekannt, durch den sie aufgebaut werden können... Wenn wir zu dem zweiten thermo-
dynamischen Satz kommen, begegnet uns eine noch fun-
damentalere Schwierigkeit. Das zweite thermodynamische Gesetz stellt nämlich fest, daß die Dinge, überläßt
man sie sich selbst, dazu tendieren, sich zu verwirren und
sich nicht wieder selbst zu ordnen. Es scheint, daß es einmal eine Zeit gab, in der das Universum vollkommen ge-
ordnet war... Ich glaube, wir sollten provisorisch die Hypothese akzeptieren, daß die Welt einen Anfang hatte...
Müssen wir daraus schließen, daß die Welt von einem
Schöpfer gemacht wurde? Gewiß nicht, wenn wir uns an
den Kanon gültiger wissenschaftlicher Ableitungen halten... Das rein intellektuelle Argument zu diesem Punkt
läßt sich in aller Kürze so fassen: Ist der Schöpfer den
Gesetzen der Physik unterworfen oder ist er es nicht?
Wenn er es nicht ist, kann er aus physikalischen Phänome-
nen nicht erschlossen werden, denn kein physikalisches
Gesetz kann zu ihm hinführen; ist er es doch, werden wir
das zweite thermodynamische Gesetz auch auf ihn anwenden müssen und annehmen, daß auch er zu einem entlegenen Zeitpunkt erschaffen werden mußte. Aber in diesem
Fall hat er seine Raison d'être verloren.

The scientific outlook, Glencoe, Illinois 1931, 113, 118 f.

Grausamkeit und Religion

Das ist der Grundgedanke: daß wir alle schlecht wären,
hielten wir uns nicht an die christliche Religion. Mir scheint
es, daß der größte Teil der Menschen, der sich daran gehalten hatte, außerordentlich schlecht war. Es ergibt sich die
seltsame Tatsache, daß die Grausamkeit um so größer und
die allgemeine Lage um so schlimmer waren, je stärker die

Religion einer Zeit und je fester der dogmatische Glaube war. In den sogenannten Epochen des Glaubens, als die Menschen an die christliche Religion in ihrer vollen Ganzheit wirklich glaubten, gab es die Inquisition mit ihren Foltern, wurden Millionen unglückseliger Frauen als Hexen verbrannt und im Namen der Religion an unzähligen Menschen alle erdenklichen Grausamkeiten verübt.

Wenn man sich umsieht, so muß man feststellen, daß jedes bißchen Fortschritt im humanen Empfinden, jede Verbesserung der Strafgesetze, jede Maßnahme zur Verminderung der Kriege, jeder Schritt zur besseren Behandlung der farbigen Rassen oder jede Milderung der Sklaverei und jeder moralische Fortschritt auf der Erde durchweg von den organisierten Kirchen bekämpft wurde. Ich sage mit vollster Überlegung, daß die in ihren Kirchen organisierte christliche Religion der Hauptfeind des moralischen Fortschritts in der Welt war und ist.

Warum ich kein Christ bin, Reinbek b. Hamburg 1968, 32

Christentum und Sexualität

Das Schlimmste an der christlichen Religion ist jedoch ihre Einstellung zur Sexualität... Die Kirche erklärte die Ehe für unauflösbar und rottete jede Kenntnis der ars amandi aus; so tat sie alles, was in ihrer Macht stand, damit die einzige Form der Sexualität, die sie gestattete, möglichst wenig Vergnügen und möglichst viel Leid mit sich brachte. Der Kampf gegen die Geburtenkontrolle hat in Wahrheit den gleichen Beweggrund: Wenn eine Frau jedes Jahr ein Kind bekommt, bis sie verbraucht ist und stirbt, kann man nicht erwarten, daß ihr das Eheleben viel Vergnügen bereitet; deshalb muß die Geburtenkontrolle verhindert werden.   *Warum ich kein Christ bin, 37*

Das neue Zeitalter

Das Wissen, das ein allgemeines Glück sichern könnte, ist vorhanden, aber die Lehre der Religion hindert uns daran, es für diesen Zweck einzusetzen. Die Religion hindert uns auch daran, unseren Kindern eine vernünftige Erziehung zu geben, die Grundursachen der Kriege zu beseitigen und an Stelle der alten grimmigen Lehren von Sünde und Strafe eine Ethik wissenschaftlicher Zusammenarbeit zu verbreiten. Es ist möglich, daß sich die Menschheit an der Schwelle eines goldenen Zeitalters befindet, wenn dies jedoch der Fall ist, muß zuerst der Drache getötet werden, der den Eingang bewacht, und dieser Drache ist die Religion. *Warum ich kein Christ bin, 56*

Christentum und Kommunismus

Bei den Verteidigern des Christentums ist es üblich zu glauben, der Kommunismus sei vom Christentum sehr verschieden, und sie vergleichen seine Übel mit den angeblichen Segnungen, deren sich christliche Nationen erfreuen. Das scheint mir ein großer Fehler zu sein. Die Übel des Kommunismus sind die gleichen, die es im Zeitalter des Glaubens im Christentum gab. Die GPU unterscheidet sich von der Inquisition nur quantitativ... Der Kommunist glaubt ebenso wie der Christ, daß seine Lehre für das Heil wesentlich sei, und dieser Glaube ist es, der ihn das Heil finden läßt. Es liegt an den Ähnlichkeiten zwischen dem Christentum und dem Kommunismus, daß sie miteinander unvereinbar sind. *Warum ich kein Christ bin, 211*

Die christliche Moral

Aber hat das Christentum tatsächlich eine bessere Sittenlehre vertreten als seine Rivalen und Gegner?... Das Christentum unterscheidet sich von anderen Religionen durch seine größere Bereitschaft zu Verfolgungen... Die Behauptung, das Christentum habe einen erhebenden Einfluß auf die Moral, kann nur aufrechterhalten werden, wenn man sämtliche historischen Beweise ignoriert oder fälscht. Die übliche Antwort lautet, Christen, die solch bedauerliche Dinge taten, seien insofern keine *wahren* Christen, weil sie die Lehre Christi nicht befolgt hätten. Man könnte natürlich ebensogut argumentieren, die Sowjetregierung bestehe nicht aus wahren Marxisten, weil Marx lehrte, Slawen seien minderwertiger als Deutsche, und weil diese Lehre im Kreml nicht anerkannt wird.

Warum ich kein Christ bin, 214 f.

Die Weisheit der Wunder Gottes

Schenkt man frommen Leuten Glauben, so sind Gottes Wunder gelegentlich merkwürdig wählerisch. Toplady[14] ... zog von einem Pfarrhaus zum andern. Eine Woche später brannte das Pfarrhaus, das er zuvor bewohnt hatte, mit großem Schaden für den neuen Pfarrer nieder. Daraufhin dankte Toplady Gott; aber was der neue Pfarrer tat, ist nicht bekannt. Borrow[15] ... berichtet, wie er ohne Belästigung einen von Banditen belagerten Bergpaß durchquerte. Jedoch die nächste Reisegesellschaft, die hindurchwollte, wurde überfallen, ausgeraubt und einige erschlagen; als Borrow davon hörte, dankte er, wie Toplady, Gott.

Essays in skepticism, New York 1962, 34

Anmerkungen

[1] War crimes in Vietnam, London 1967 – [2] A critical exposition of the philosophy of Leibniz, London 1900 u. ö. – [3] Russell war selbst ein bedeutender Vertreter des Neopositivismus. In Zusammenarbeit mit A. N. Whitehead verfaßte er das Werk: Principia Mathematica, 3 Bde., Cambridge 1910–1915. – [4] Warum ich kein Christ bin (= rororo Taschenbücher 1019–1020), Reinbek b. Hamburg 1968, 211 – [5] Dieser Bekanntschaft folgte mit »German Social Democracy« 1896 sein erstes Buch. – [6] Warum ich kein Christ bin, 33 f. – [7] Dem Vorwurf der Repressivität ließ Russell eine praktische Konsequenz folgen. 1927 gründete er eine nach antiautoritären Prinzipien geführte Privatschule, die jedoch finanziell wie ideell scheiterte. – [8] Das 1957 veröffentlichte Buch enthält Essays aus den Jahren 1925–1954. Sie wurden in der Erbitterung über Russells Ablehnung als Professor am College of the City of New York 1940 (wegen seines Freidenkertums) zusammengestellt. – [9] Mysticism and Logic, London 1950, 30 – [10] Fact and Fiction, London 1961, 138 – [11] The Hibbert Journal, Bd. 11, 1912/1913, 51 – [12] Warum ich kein Christ bin, 56 – [13] Zitate in chronologischer Folge – [14] Verfasser erbaulicher Bücher – [15] Wie Anm. 14. – Die Zitate aus *Wissen und Wahn* und *Warum ich kein Christ bin* wurden den deutschen Ausgaben entnommen, alle übrigen von H. H. übersetzt.

Abdruck der Zitate mit freundlicher Genehmigung der Philosophical Library, New York (Essays in skepticism) und von George Allen & Unwin, London als Originalverlag (alle übrigen Werke).

LUDWIG KLAGES
1872–1956

Kritik am Christentum ist aus sehr verschiedenen Wurzeln erwachsen. Die Laienkritik stammt oft aus dem Zwiespalt zwischen Ideal und Realität und richtet sich vorwiegend gegen die Unzulänglichkeit kirchlicher Praktiken. Die Kritik der Aufklärung, entsprungen aus dem Mißtrauen gegen jenes irrationale Element, das jeder Religiosität eigen ist, richtet sich gegen dieses selbst, gegen seine Entartung zum Aberglauben und gegen seinen Mißbrauch durch die kirchlichen Machthaber. Nietzsches Kritik am Christentum, dem psychologischen Entdeckerblick dieses großartigen Menschenkenners zu danken, ist in erster Linie Kritik an der »Psychologie« des typischen Christen. Ganz anders liegt es bei Klages. Seine Kritik am Christentum hat metaphysische Wurzeln und ist Kritik an der einseitigen und folgenschweren Willenserziehung durch das historische Christentum.

Metaphysik, Philosophie ist für Klages nicht unverbindliche Weltanschauungsverkündung, die ihm zuwider war, sondern eine strenge, den Gesetzen der Logik verpflichtete und deshalb für ihre Ergebnisse Beweisbarkeit beanspruchende Wissenschaft. »Wenn ich meine Werke mit einem ganz außerordentlichen erkenntnistheoretischen Apparat förmlich verbaue, so geschieht es nicht zum wenigsten aus dem Wunsche, dadurch für sehr viele von vornherein unzugänglich zu sein und infolgedessen vielleicht nicht ganz so oft *verwechselt* zu werden mit den Weltanschauungsidiotismen, die heutzutage zahlreich wie Bakterien die Atmosphäre verseuchen.«[1]

Ausgehend von dem »tiefen Antagonismus von Willen und Gefühl«[2], gelangte Klages zur Entgegensetzung von »Geist« und »Element«: »Da Geist und Element naturgesetzlich divergieren, so kann sich... jener von diesem ›befreien‹, es völlig von sich abschütteln wollen, in welchem Falle das Endziel seines Strebens *außer* der Welt oder supra naturam läge, wovon die Persönlichkeitsform der ›transzendental‹ orientierte oder im engsten Sinne geistige Charakter ist, der in Gestalt sich kasteiender Mönche dem Mittelalter, als

›insichgehender‹ Esoteriker dem Buddhismus das Gepräge
gibt.«[3]

Sorgfältige Untersuchungen führten Klages zur Unterscheidung der stets kontinuierlich verlaufenden Lebensvorgänge
und der stets diskontinuierlich stattfindenden geistigen Akte.
Beide gemeinsam, Lebensvorgänge und geistige Akte, gehören zum Wesen des Menschen. Aufgabe der Erziehung ist es,
durch Heranbildung des jungen Menschen zur reifen Persönlichkeit die Gegensätzlichkeit beider klug zu überbrücken.
»Wer im eigenen Innern die Bestimmung hat, die Waage zu
halten zwischen leidenschaftlichem Anheimfall und selb-
stischem Willen zur Macht, der wird sich weder an seine
Mitgeschöpfe verlieren noch sie zu unterjochen wünschen... Im Gleichgewicht zwischen Geist und Seele wie
ebenso zwischen eigenem und fremdem Ich bestände die
solcherart *erfüllte* Persönlichkeit.«[4]

Klages' Kritik am Christentum bezieht sich darauf, daß es
die Erziehung seiner Anhänger zu Persönlichkeiten nicht nur
versäumt, sondern durch eine einseitige Willenserziehung
verhindert hat. Mit ihr beschwor es alle jene schwerwiegen-
den Folgen herauf, die das Bild der kapitalisierten und verstaatlichten Menschheit der Neuzeit bestimmen.

Unter den geistigen Akten unterscheidet Klages den Auffas-
sungsakt und den Willensakt; dem zweiten kommt besondere Bedeutung zu. Da es unmöglich ist, die von ihm auf vielen
hundert Seiten entwickelte Lehre vom Willen auch nur andeutungsweise wiederzugeben, beschränke ich mich auf die
Bekanntgabe weniger Feststellungen. – Wer etwas will, verfolgt einen bestimmten Zweck, im Gegensatz zu demjenigen, der ungewollt seinen Lebensimpulsen folgt. »Welche
Zwecke im einzelnen der Mensch verfolgen möge, wann
immer er überhaupt einen Zweck verfolgt, so *regelt* er unmittelbar oder mittelbar die umgebende Welt. Aus der organi-
schen macht er die planimetrische Form... um überhaupt
etwas wollend erstreben zu können, *bedarf* der Mensch einer
›geordneten‹ Welt, und so führt denn die wollende und handelnde Lebenshaltung auch *unwillkürlich* das Ordnen mit
sich. Darum, je mehr vom Menschen der Zustand des Wollens Besitz ergreift, um so mehr wird ihm die regelnde

Schranke, die den reinen Naturvorgängen fremd ist, zur
›*zweiten* Natur‹ . . .«[5] – »Auf die Frage, was sämtlichen Zwekken gemeinsam sei, lautet die Antwort folglich: Tendenz zur
Regelung . . . oder: die Vorherrschaft des Wollens spricht sich
im unbewußten Walten einer Regel aus.«[6] Die »Regelsucht,
die . . . dasselbe ist mit der Sucht zu besitzen und zu regieren«
nennt Klages »die gefräßigste aller Leidenschaften«[7]. – Die
beiden Wendungen von der »Vorherrschaft des Wollens«
und der »Sucht zu besitzen« bedürfen der Erläuterung.

Vorherrschaft des Wollens besagt, daß im menschlichen
Handeln nicht von Fall zu Fall, sondern generell Zwecksetz-
zungen Vorrang haben vor den Impulsen des Erlebens und
vor den Entscheidungen des Denkens. Ist dieser Zustand
erreicht, so wird der Willensakt zum »Widersacher der Seele« – das ist der Sinn des allbekannten Titels, den Klages
seinem im Gegensatz zum Titel meist unbekannten Hauptwerk gegeben hat. Es fehlt hier der Raum, zu erläutern,
weshalb Willensenergien stets qualitätlos gewordene Triebkräfte sind. Da aber, wie Klages gezeigt hat, Triebqualitäten
durch das Sinnenleben bestimmt werden, ist es leicht verständlich, daß Unterdrückung der Sinnlichkeit die Voraussetzung für die Freisetzung menschlicher Energien zu ihrer Ver-
wendung im Dienste des Willens ist. Steigerung der Willens-
fähigkeit setzt Unterdrückung des Trieblebens voraus.

Anhand einer gründlichen Auseinandersetzung mit dem
Voluntarismus der mittelalterlichen Philosophie und mit Hilfe zahlreicher Hinweise auf die Praktiken des mittelalterlichen Mönchstums mit seinen Askesen, Triebunterdrückun-
gen, Selbstgeißelungen hat Klages den Nachweis erbracht,
daß die Emanzipation des Willens von den Trieben, seine
verhängnisvolle Steigerung zum Machtwillen und seine Ausprägung zum Besitzwillen (zur »Sucht zu besitzen«) ein Ergebnis des mittelalterlichen Christentums ist. Aus dem Christentum ging der vom Besitzwillen gelenkte Kapitalismus
hervor, aus dem Christentum seine vier Grundpfeiler, ohne
die er nicht zu bestehen vermag: die totale Versittlichung,
Verstaatlichung, Verbürgerlichung, Politisierung des Lebens.
So wird seine Kritik am Christentum zur Kritik am Kapitalismus und an seinen Folgeerscheinungen.

Immer ist es eine Kritik auf höchstem geistigen Niveau. Niemals ist Klages blind gegen den »altertümlichen Frommsinn, der auch mit dieser Lehre einmal einhergegangen und immer noch Sprossen treibt in den Hütten des Volkes«[8], eine Haltung, die er anerkennt. Niemals ist er ungerecht gegen das Christentum und schiebt ihm allein die Verantwortung für die verhängnisvolle Menschheitsentwicklung zu; er weiß, »daß in einem noch viel älteren Entwicklungsgange das Christentum nur eine Epoche bedeutet, durch die ein lange zuvor Begonnenes ruckartig seinen Abschluß und zumal für Europa die werbende Form empfing«[9]. Immer ist seine Kritik am Christentum Auseinandersetzung mit der christlichen Philosophie; christliche Praktiken werden nur insoweit herangezogen, als sie die *Denk*weise der Christenheit bestimmt haben. Auch geht er dem Vorgang bis in die Einzelheiten nach und weiß etwa die eingeschränktere *Denk*freiheit des Katholizismus (bei größerer Freiheit der Sinne!) wohl zu unterscheiden vom trügerischen Ideal der »Gedankenfreiheit« im Protestantismus, trügerisch, weil sie Hand in Hand geht mit gesteigerter Knebelung der Sinnenfreiheit durch das Prinzip der Sittlichkeit (Puritanismus!).

Ein letzter Fingerzeig mag von Bedeutung sein. Tiefste Ursächlichkeiten unserer historischen Situation deckt Klages auf mit dem Hinweis auf die Zukunftsbezogenheit des Christentums im Gegensatz zur schöpferischen Vergangenheitsbindung älterer Religionen[10]. Inwiefern dadurch das Christentum zum Wegbereiter des modernen Nihilismus geworden ist, kann hier nicht mehr behandelt werden.

Hans Eggert Schröder

Christliche Philosophie

Unter der Marke einer »christlichen Philosophie des Mittelalters« verbirgt sich der weltgeschichtliche Vorgang stufenweise vollzogener Einverleibung griechischer Geisteserbschaft durch orientalische Glaubensdogmen. Ein volles Jahrtausend lang hat die theoretische Besinnung wesentlich neue Aufschlüsse nicht mehr hervorgebracht; aber sie hat, indem sie aus dem Motiv der Begründung einer lebenhassenden Theologie die Irrtümer der Heiden weiterspann, unvorsätzlich deren Wahrheiten mitbehütet und solcherart auch die Dreigliederung der Innerlichkeit in wechselnder Gestalt bis an die Schwelle der Neuzeit getragen. Die aus der Stoa geschöpfte paulinische Dreiheit des pneumatischen, psychischen und somatischen Menschen bildet das wichtigste Fachwerk der Wesensforschung von den ältesten Kirchenvätern bis zur jüngsten Scholastik. Der *Schauplatz* des Denkens freilich hat sich verwandelt bis zur Unkenntlichkeit. Statt der naturhaften Leitbegriffe der Alten wie: Sein, Geschehen, Welt, Materie, Körper und so weiter sind es lauter Wahngebilde des Glaubens wie: Erbsünde, Buße, Verdammnis, Erlösung, Heiligkeit, Ehre Gottes, Reich des Teufels, Gnadenwahl, Praescienz, Prädestination und so weiter, die ins Einvernehmen mit der Vernunft zu setzen der forschende Geist sich quälen muß. Aber, was er in dergleichen Glaubensphantasmen an Sinn und Bedeutung trägt, ist griechische Weisheit, wenn auch ins Düstere getönt und gleichsam angeflackert vom Höllenfeuer. Der »Philosoph« sieht sich vor die wunderliche Aufgabe gestellt, Beweise für Sätze beizubringen, deren Gültigkeit der Priester *beschlossen* hat; und er bringt sie bei oder vermeint es zu tun mit Hilfe der ihm verfügbaren Wesensbegriffe der Alten und anhand der von ihnen überlieferten Untersuchungsmethoden.

Der Geist als Widersacher der Seele, 873

Die Mythen zahlreicher Völker erzählen uns von einem glücklichen Anfangszustande der Menschheit, den die Griechen das »goldene Zeitalter«, die Juden den »Garten Eden« nannten. Unter ihnen hat der mosaische Paradiesesmythos für uns den Vorzug, daß er bei äußerst dürftiger Anschaulichkeit den insgeheim gestaltenden Sinn der Bilder beinahe abstrakt zum Ausdruck bringt und dadurch der Deutung wünschenswert vorarbeitet. Das erste Menschenpaar lebt im Garten Eden, von Früchten sich nährend, in harmonischer Gemeinschaft (Symbiose) mit allem

Getier, die »Sprache« der Schlange, des heiligen genius loci der Alten, verstehend, verfällt aber aus Übertretung des bekannten Verbotes (wovon alsbald) dem Fluche Jahwes, an dem wir zwei Bestimmungen unterscheiden müssen. »Verflucht«, spricht der Dämon, als er die beiden austreibt, »verflucht sei der Acker ... Mit Kummer sollst du dich darauf nähren dein Leben lang ... Im Schweiße deines Angesichts sollst du dein Brot essen!« Also: Aufhebung der Lebensgemeinschaft mit dem Planeten und als Folge davon der *Zwang* zur Arbeit, das *Wollenmüssen*, um forthin leben zu können! Es hatte sich aber ferner an das Verbot die Warnung geknüpft: »Denn welches Tages du davon issest, wirst du des Todes sterben«; und so lautet des Fluches zweiter Teil: »Denn du bist Erde und sollst zur Erde werden.« Und hier verrät sich der eigentliche Beweggrund Jahwes: »Siehe, Adam ist worden wie unsereiner und weiß, was gut und böse ist. Nun aber, daß er nicht ausstrekke seine Hand und breche auch vom Baum des Lebens und esse und *lebe uns gleich!*« Also: Loslösung vom Baume des Lebens bedeutet Verlust des »ewigen Lebens«, und eben damit geht Hand in Hand das Verhängnis des Wollenmüssens.   *Die Grundlagen der Charakterkunde*[13], *139 f.*

Disziplinierung des Willens

Ecclesia militans: Der disziplinierende Wille stellt sich dar in gewaltsamer Kasteiung, Askese, Umbiegung der Triebe nach innen – alles umschlossen vom Kerkergitterwerk der Orden und Klöster. Das bedrängte Element macht sich in visionären Ausbrüchen Luft, die Brunst »verklärt sich«. Der Geist als Antiperson.

Renaissance: Abschluß des Prozesses, erreichter Sieg des Geistes, aber verfrühte Personwerdung. Die »Welt« schlägt bei gelockerter Disziplin in Einzelgeistern wieder durch. Letzter und tödlichster Gegenschlag: Protestantismus. Die Ratio wird Privatangelegenheit, die Disziplin zu einer Seite des Instinkts. Der Verstand hat »Gedankenfreiheit«, während der Wille in strengster Moralhaft liegt. Die Rauschwoge im *Blute* unschädlich gemacht, indem man ihr das *Gehirn* zum unbegrenzten Tummelplatz gibt! So kehrt sich das weit harmlosere Credo des Katholizismus um, welcher dem Blute Freiheit ließ, gesetzt nur, daß man sich zu einiger Enthaltung des Denkens bequemte, und an seine Stelle tritt die Unverbrüchlichkeit jenes kategorischen Imperativs, der keine Ausnahme duldet: Du *sollst,* magst du immerhin *glauben,* was du willst.

Rhythmen und Runen, 341 f.

Nichts öffnet uns unmittelbarer die Kluft zwischen Welt und Willkür als der Vergleich des lebendigen Wellenschlages, der alles Kommen und Gehen dort – man denke an die Wandervögel – unberechenbar macht, mit der ausgemessen starren Pünktlichkeit, nach der es sich hier – im Herzen etwa eines Bahnhofs – abrollt.

Schwerer vielleicht als die Deutung dieser kaum mißzuverstehenden Gegensätze dürfte der Nachweis wiegen, daß das mittelalterliche Christentum, weil es die Übermacht des Willens vorbereitet, bei aller uns fremden Eigenart seiner Jenseitswünsche nichtsdestoweniger den *Weg* bezeichnet zur uniformierenden Würde der Beruflichkeit. Seine *Praktiken* nämlich im Mönchs- und Ordenswesen zielen unter rücksichtsloser Mißachtung des Charakters der »Persönlichkeit«, dessen Revolten als Regungen sündhaften »Hochmuts« gelten, auf eine bis dahin ganz unerhörte *Schematisierung* des Einzellebens. Auch wenn uns die *Lehren* des Christentums abhanden kämen und wir nicht mehr *wüßten,* daß es der heidnischen Sinnlichkeit den »weltüberwindenden« *Willen* entgegenhielt, erschlösse ein Blick auf die selber den Schlaf nicht schonende Zucht der Klöster seine tatsächlich eingeleitete Vorherrschaft, wie umgekehrt jene den Beweis erbringt, daß *jedes* Wollen – selbst das von »transzendentalen« Motiven geleitete – regelnd und normierend wirkt.

Die Probleme der Graphologie, 173 f.

Weltgeschichtliches

Da alle seine Sekten schließlich auf *Moral* konvergieren, eine und dieselbe in abertausend Varianten, da der Sinn dieser sogenannten Moral Heiligung des Willens heißt, d. i. des Willens zur Macht, d. i. des Willens zur Zerstörung, da endlich dessen vorderhand letztes Symbol der Mammon ist, wobei wir gewöhnlich nur an die Anstrengungen derer denken, die ihm atemlos nachjagen, so vergessen wir häufig, daß die Geschichte der Christenheit und ihrer allein in lauter Phantomen gipfelt wie Wolkenkratzern, Börsen, Banken, Fabriken, Maschinen, laufendem Band, Sprengstoffen, Giftgasen, Presse usw. und daß nun *diese* Phantome mit den Bildern des gesamten Lebens der Erde ein für allemal aufräumen, den Menschen aber, eingerechnet die obersten Unheileinflößer und Drahtzieher, zum einstweilen noch ächzenden, später bewußtlosen Sklaven und Büttel und Ofenheizer ihrer fressenden Feuer machen. Wir werden für das *Reich* ihrer aller sogleich den treffenden Namen finden, wenn wir nur einen Augenblick der *Vor*phantome gedenken, die von den eben genannten abgelöst wurden.

Was je geschah, was eben geschieht und teilweise sogar, was geschehen wird, lesen wir *nie* aus den Meinungen der Menschen ab, die den Ereignissen vorausgingen, sie begleiteten oder ihnen nachfolgten, aber wir lesen es unfehlbar an den »Bildern« ab gemäß folgender Abwandlung eines wiederholt herangezogenen Wahrwortes: An ihren Bildern sollt ihr sie erkennen. Die »Bilder« sind hier allerdings Bilder dessen, was tatsächlich geschieht, und vom tatsächlich sich Ereignenden, sofern wir nicht Zuschauer oder Teilnehmer sind, liegen immer nur mehr oder minder mangelhafte Berichte vor; allein es gehören zum tatsächlichen Geschehen nicht nur die Taten, sondern auch die Werke des Menschen, mit denen die wirkenden Mächte der Zeiten und Völker in *nachbildlichen* Bildern erscheinen. Betrachtet man daraufhin die Bildwerke der Christenheit, so geben sie buchstäblich die Illustration zu einer Tatengeschichte, die mit einer ununterbrochenen Kette blutigster Greuel den aus anderen Überlegungen gewonnenen Satz *Nietzsches* bestätigt, das Christentum sei die »Metaphysik des Henkers«. Da es selbst heute noch harmlose Leute gibt, denen die paulinische Liebesphrase im Ohre liegt, sei im Vorbeigehen auf eine kleine Handvoll Taten verwiesen, die zur Bestätigung des Gesagten hinreichen.

Seit rund vier Jahrhunderten finden die nicht eine Woche rastenden Hinmetzelungen von Nichtchristen durch Christen *und* von Christen durch Christen so überwiegend im Dienste Mammons statt, daß man bereits die spezifisch christliche Natur alles aktiven Mammonismus durchschaut haben muß, um jene Greuel auf Konto des Christentums zu buchen. Inzwischen weiß jeder, daß, wo immer der weiße Pirat und Freibeuter seinen Fuß auf fremde Erde setzte, ihm nicht nur der Missionar zur Seite stand, sondern auch jener zuvor nur *ein* Mal auf Erden dagewesene Hochmut, der im Vergleich mit dem Träger des Christenglaubens jeden Andersgläubigen als *Un*gläubigen auf die Stufe des Schlachtviehs herabdrückt. Wir haben die Vertilgung der Peruaner und der nordamerikanischen Indianerstämme erwähnt; aber es ist einerlei, *welchen* christlichen »Eroberer« man herausgreift, es wiederholt sich immer und überall das gleiche entsetzliche Schauspiel.

Als der hochchristliche Vasco da Gama 1502 zum zweitenmal in die indischen Gewässer steuert, diesmal mit einer bis an die Zähne bewaffneten Armada »zwecks Anknüpfung von Handelsbeziehungen«, besteht seine erste Leistung darin, daß er ein Schiff mit Mekkapilgern, 240 unbewaffnete Reisende mit Frauen und Kindern, mittelst Artillerie (die dort ja noch unbekannt!) anschießt, alles Plünderbare plündern läßt und darauf das Schiff »mit Mann und Maus« in den Grund bohrt. Seine zweite Leistung besteht darin, daß er vom Fürsten der Stadt Calicut die Austreibung aller Araber, genauer von fünftausend Familien arabischer Kaufleute fordert, die den Handel eines ganzen Reiches bedeuten, nachdem er beim Anlanden in weiser Voraussicht gleich deren achthundert gefangengenommen. Als sein Ansinnen, wie sich versteht, abge-

schlagen wird, läßt er den Gefangenen Nasen, Ohren und
Hände abhauen, packt die Gliedmaßen auf *ein* Schiff, die
Verstümmelten (mit überdies zerkeultem Gebiß) auf ein
zweites; jenes treibt, wie es ist, an Land, dieses brennend,
weil es mit Öl übergossen und angezündet wurde. Wäh-
renddessen wird die Stadt Calicut durch Kanonade in
Trümmer gelegt. Seine dritte Leistung besteht darin – doch
wozu die Phantasie des Lesers mit weiteren Scheußlichkeiten plagen, wenn die angeführten, wie wir hoffen, vollauf
genügen! Wer übrigens noch nicht recht wissen sollte, was
»kolonisieren« heißt, der unterrichte sich ein wenig über
die Greuel des Sklavenhandels, die alles Ausdenkbare
übersteigen. Solches, wie gesagt, geschah im Dienste jener
grauenerregenden Geldgier, deren reichste Entfaltung
den Vorzug der Christenheit bildet; allein ebendasselbe
geschah zuvor ad majorem dei gloriam dieser selbigen
Christenheit. Auf welche Weise »bekehrte« doch Karl der
sogenannte Große die heidnischen Sachsen? Gewiß, indem er lange und überaus blutige Kriege gegen sie führte;
am wirksamsten aber dadurch, daß er 4500 ihrer *gefangenen* Adligen bei Verden an der Aller enthaupten ließ. Indes, es wäre müßig, fortzufahren; denn man käme mit
bloßer Aufzählung der schrecklichsten Untaten, die im Namen des Christentums vollbracht wurden, nicht zu Ende,
wollte man selbst ein Buch vom Umfang dieses Buches
damit anfüllen. Wichtiger ist, daß die christliche Religion
von Anbeginn im Zeichen des Mordblutes steht.

»Das Blut der Märtyrer«, so lautet ein geflügeltes Wort,
»ist der Same der Kirche.« Im neuartigen Begriff des »Blutzeugen« *kristallisiert* das Christentum. Und daß es niemals
an Blutzeugen fehle, ob auch längst der orbis terrarum
»bekehrt« ist, längst die prachtvollen Tempel und Götterbilder der Heiden dank dem frommen Eifer fanatischer
Mönche auf Nimmerwiedersehen in Schutt gelegt (Beispiele: Zeustempel zu Apamea, Serapistempel von Alex-
andria), längst weit umher die heiligen Eichen gefällt sind,
hat man das Interdikt, den Bannfluch, die Inquisition. Es
gehört zum Wesen des Christentums, Sekten zu erzeugen
und für Häresien zu sorgen; denn nicht *einen* Tag dürfen

die Blutopfer ruhen. Nicht nur nach außen sät es Mord, es sät Mord auch im eigenen Hause. Bis zum 18. Jahrhundert und im Grunde bis auf den heutigen Tag, wo z. B. in Rußland der Christ als bewußter Atheist den Christen als bewußten *Thei*sten umbringt, ist die äußere Geschichte des Christentums eine lückenlose Reihe von Ketzerverfolgungen und Religionskriegen. Manichäer, Donatisten, Arianer, Bogumilen, Templer, Waldenser, Albigenser, Stedinger, Hussiten, dazu die rund ein halbes Jahrtausend lang rauchenden Scheiterhaufen der Hexen: ein einziger niemals abreißender Strom von Mordblut. Das freilich wurde uns nur *überliefert;* aber die noch gegenwärtigen Bildwerke reden dieselbe Sprache.

Käme von einem glücklicheren Stern mit vollkommeneren Menschen ein Wesen zu uns, genau mit dem Satze vertraut, daß aus den Bildern die wirkenden Mächte sprächen, und ließe er nun viele und hochbedeutende Werke christlicher Kunst an sich vorüberziehen, so befiele ihn wohl ein Grauen vor der Geschichte der Menschheit. Denn er sähe in abertausend farbigen wie auch plastischen Darstellungen die Gestalt eines Mannes, der gegeißelt, gefoltert und auf sonstige Weise gepeinigt würde; er sähe ihn millionenfältig an ein Kreuz genagelt, bald sterbend, bald schon gestorben, blutend aus Händen und Füßen und der durchstochenen Seite; und er erführe, daß dieses Sinnbild schrecklichster Qualen und des entkräftenden Jammers seit rund zweitausend Jahren für die Herrenvölker der Erde im Nimbus übermenschlicher Vorbildlichkeit stehe. Er sähe die lange Reihe der Heiligen, teils Frauen, teils Männer, wie sie auf glühendem Rost gebraten, von Pfeilen durchlöchert, mit Zangen bei lebendigem Leibe zerstükkelt werden. Er sähe endlich das Phantombild eines fürchterlichen Strafgerichtes, wo ekelhafte Mißgestalten damit beschäftigt sind, nackte Menschenleiber in kochendem Öl oder Wasser zu sieden, andre zu würgen, andre in flammende Öfen zu schüren; er sähe mit einem Wort die *Hölle.* Und er fände dann wohl für die oben aufgezählten Phantome, von denen *heute* die Menschheit verbraucht wird, den rechten Namen, indem er zu verstehen gäbe, mit ihnen sei weit über das hinaus, was jene Bildwerke gepredigt hätten, die Hölle auf Erden *verwirklicht*. Und ihm schiene vielleicht in der Menschheit der Gegenwart jenes furchtbare Wort, das ebenfalls zu den Phantomen des Christentums gehört, unwiderruflich erfüllt: Nulla est redemptio ex infernis.   *Der Geist als Widersacher der Seele, 1227 ff.*

Die heute bevorzugte Meinung, der Staat sei etwas aus dem Gesellungstriebe der Menschen *Erwachsenes,* ist geradeso falsch wie die früher beliebte, wonach er die Folgeerscheinung eines *Vertrages* war, den man zur Daseinssicherung jedes einzelnen, also aus Selbstschutztrieb und Überlegung, geschlossen habe. Wie nämlich die Völkerkunde längst zu erweisen vermochte, geschah die Bildung des Staates und geschieht noch heute jede Erweiterung seines Machtbereiches auf Kosten und unter Zertrümmerung jener »symbiotischen« Verbände der Vorzeit, von denen selbst innerhalb des Kulturbezirks sterbende Überlebsel gefunden werden in mancherlei Satzungen und Gemeinschaftsformen der »Dorfmark«. Wenn aber die Menschheit ohne die mindeste Kenntnis des Staatsrechts jahrzehntausendelang in Gauverbänden zusammenlebte aufgrund eines heute so genannten Naturrechtes und sich dabei weitaus wohler befand als jemals hernach, so müssen wir als tendenziöse Erdichtung die Behauptung bezeichnen, der Staat sei dennoch eine Art Naturerzeugnis. Sowenig er freilich durch einen Vertrag entstand, so ist doch die Triebfeder, die ihn herbeizuführen und seine Machtbefugnisse zu vergrößern veranlaßte, das Gegenteil des Gesellungstriebes, nämlich die *Herrsch*begierde der relativ stets verschwindenden Minderheit, in der sich der Wille aus der Gefolgschaft des Lebens löste. Es war und ist die Interessenherrschaft der jeweils gewaltsamsten oder schlauesten Gruppe – heiße sie nun Priester, Fürst oder Händler –, die der immer willkürlosen Masse jene »Gesetze« aufdrängt, welche fürder *anstelle* des Lebens die Ordnung der Gemeinschaftsglieder bestimmen und in der Folge den Vergewaltigten selber so lange im Lichte unabänderlicher Notwendigkeit erscheinen, bis der wesenhaft un-

ersättliche Machthunger, der sie ersann, am Machthunger
stärkerer Gruppen, sei es im Innern, sei es anderer Staats-
verbände, zerbricht. Seit der Entstehung des Staates und
genau im Ausmaß seiner Verbreitung befindet sich die
Menschheit *ununterbrochen* im Krieg, bald der Staaten
untereinander, bald der Rassen, Stände, Berufe, Sekten,
Gesellschaftsschichten im Einzelstaat. So gewiß das bellum omnium contra omnes *nicht* im Naturreich gilt, so
gewiß gilt es wirklich für den verstaatlichten Menschen
der »Weltgeschichte«. *Hegel* hatte recht, wenn er im Staate den Geist verwirklicht dachte; aber *Nietzsche* hatte zum
andern recht, als er im Geist den »Willen zur Macht« ent-
deckte und den Staat das »kälteste aller kalten Ungeheuer« nannte.

Wir wenden sogleich zur Lehre vom Ausdruck zurück,
nachdem wir zuvor noch die eigentümliche Verstärkung
gewürdigt, die der Staatsgedanke erfuhr durch den Sieg
des Christentums über das Heidentum.

Während jedes »Imperium« des Altertums ein vorzugsweise äußeres blieb, gestützt auf Versklavung der jeweils
Beherrschten, hat die christliche Menschheit die *Triebe
selber* versklavt, indem sie unter Verleugnung des in ihr
erst schrankenlos freigewordenen »Willens zur Macht«
aus ihm ihre sämtlichen »Ideale« schuf. War der antike
Staatsverband auf Knechtung der Leiber gegründet, so ist
es der christliche auf Knechtung der Seelen! Der Vorgang
weist wiederum zwei voneinander verschiedene Stufen
auf. Das katholische Dogma des Mittelalters *verbot* die
Betätigung der natürlichen Triebe; sein Erbe, der »Protestantismus«, will sagen der »Kapitalismus«, räumte gründlicher auf, indem er zur Vorbedingung des Rechts auf Dasein machte die *Arbeit im Dienste erzwungener Ziele.*
Wenn wir uns gewaltig viel darauf einbilden, keine Sklaven mehr zu dulden, so ist die Verblendung kaum noch
auszumalen, die uns übersehen läßt, daß wir weit wirksa-
mer Leben würgten durch die Vergöttlichung des Machi-
nalismus! Der Wunschgedanke der weltfeindlichen Askese vollendet sich erst in der neuzeitlichen Heiligsprechung
der Arbeit *um der Arbeit willen:* Ohne die aber vermöchte

auch nicht die kürzeste Frist zu bestehen der christliche
Staat! Das einzige Mittel, womit der Wille aus denen, die er
regiert, in das Seelenleben der noch naturhaften Menschen eingreifen kann, ist die Unterdrückung der seelischen *Äußerungen,* und die wurde vorbereitet von der
Weltverneinung der christlichen Jenseitswerte, durchgeführt aber erst durch Verhängung des Zwanges zu mußeloser *Bemühung des Wollens.* Den *an die Stelle* des zertrümmerten Gliedbaus jeder *natürlichen* Gemeinschaft zu setzen ist die fälschlich »Organisation« genannte, in Wirklichkeit *mechanisierende* Leistung des Staates.

Ausdrucksbewegung und Gestaltungskraft[4], 153 ff.

Christentum und Kapitalismus

Nun hat zwar das Christentum immer Liebe gepredigt,
allein man betrachte diese Liebe genauer, und man wird
finden, daß sie im Grunde nur mit überredendem Wort
vergoldet ein bedingungsloses »Du sollst« der Achtung,
und zwar allein des Menschen, des Menschen in vergötterter Gegenstellung zur gesamten Natur. Mit Menschheitsgeltung oder »Humanität« verschleiert das Christentum,
was es eigentlich meint: daß alles übrige Leben wertlos sei,
außer sofern es dem Menschen diene! Seine »Liebe« hat es
vordem nicht gehindert, mit tödlichem Haß den Naturdienst der Heiden zu verfolgen, und hindert es heute nicht,
mit Geringschätzung die heiligen Bräuche kindlicher Völker abzutun. Der Buddhismus verbietet bekanntlich die
Tötung von Tieren, weil auch das Tier mit uns desselbigen
Wesens sei; der Italiener, dem man mit solchem Einwand
käme, wenn er Tiere zu Tode martert, antwortet »Senza
anima« und »non è cristiano«, denn für den gläubigen
Christen gibt es ein Daseinsrecht nurmehr des Menschen.
Den altertümlichen Frommsinn, der auch mit dieser Lehre
einmal einhergegangen und immer noch Sprossen treibt in
den Hütten des Volkes, verwehrte sie ihren Bannerträgern
und erweckte hingegen und ließ zu weltverfinsternder
Macht gedeihen jenen furchterregenden Größenwahn,
der noch den blutigsten Frevel am Leben für zulässig, ja

geboten hält, wofern er nur den menschlichen »Nutzen«
fördert. Der Kapitalismus samt seinem Wegbereiter, der
Wissenschaft, ist in Wirklichkeit eine Erfüllung des Christentums, die Kirche gleich ihm nur ein Interessenverband,
und das »Monon« einer entgötterten Sittlichkeit meint
ebendieselbe Eins des lebenverfeindeten Ichs, die im Namen der *alleinigen* Gottheit des *Geistes* der nicht auszu-
zählenden Götter*vielheit* der *Welt* den Krieg erklärte, nur
aber heute mit einem erblindenden All-Gedanken verkup-
pelnd, was ehedem wenigstens wahrheitsgemäß mit drohender Richtergebärde dem All gegenübertrat.

»Alle jene Blüten sind gefallen
Von des Nordens schauerlichem Wehn.
Einen zu bereichern unter allen,
Mußte diese Götterwelt vergehn.«

Mensch und Erde[6], *19 f.*

Overbeck hat es wohl am frühesten gewußt und wenigstens für sich selber niedergeschrieben, was heute jeder
kritische Theologe wissen kann, daß Nietzsche es war, der,
wenn auch nicht zuerst, so doch durchgreifender und tie-
ferdringend als seine Vorgänger, festgestellt hat, das *geschichtliche* Christentum mit allen seinen Kirchen und
Sekten sei eine Schöpfung des Paulus. Das will aber folgendermaßen verstanden sein. Abschätzen wir gemäß
dem Bibelwort »An ihren *Früchten* sollt ihr sie erkennen«
das Wesen des Christentums an den Taten der Christen-
heit, also an der Zerstörung der heidnischen Tempel und
unvergeßlichen Götterbilder, ja der ganzen Kultur des Altertums, an den Hexenbränden und Autodafés, an der Vertilgung der Mauren und ihrer nicht minder unvergeßlichen
Kultur in Spanien, an der grauenvollen Ausrottung der
goldhütenden Inkas, an den Greueln der Albigenser-, Ste-
dinger-, Templerabschlachtungen usw., den großen Plün-
derungsfahrten der sogenannten Kreuzzüge, den Bartho-
lomäusnächten, dem Dreißigjährigen Kriege, der Versklavung sämtlicher »Naturvölker« (Negerhandel!) und, um
mit Übergehung jüngster Ereignisse, gleich beim heute
sichtbaren Endeffekt zu landen, an der *Kapitalisierung* der

gesamten Oberfläche des Planeten (bis hinauf zu den Gip-
feln des Himalaja und bis hinunter zu den Schlünden der
Tiefsee), so müssen wir zugeben, daß eine blutigere Religion niemals auf Erden gewesen sei, und werden unserm
Philosophen beipflichten, wenn er im Hinblick auf Dantes
Aufschrift über dem Höllentor meint: »Über dem Tore des
christlichen Paradieses und seiner ›ewigen Seligkeit‹ würde jedenfalls mit besserem Rechte die Inschrift stehen dürfen ›auch mich schuf der ewige Haß‹.«
Die psychologischen Errungenschaften Nietzsches, 151 f.

Es war im Gegensatz zum immer noch beschaulichen Altertum die Willensvergötterung des Christentums, was die
zeitmessende und folglich zeitzerstückelnde Gesetzes-
sprache der »Naturwissenschaften« ins Leben rief, und es
war abermals das Christentum, das aus der gleicherweise
verherrlichten Zwangsarbeit eine zeitfressende Zeitma-
schine machte und über jede Pforte seiner Mammonstem-
pel als Aufschrift füglich den famosen Glaubensartikel
»Zeit ist Geld!« setzen dürfte.
Der Geist als Widersacher der Seele, 637

Die großen Kontobücher pflegten die Aufschrift »Mit
Gott!« zu tragen, und ein frühkapitalistischer Grundsatz
lautet: »Ahme Jesus und Sokrates nach.«
Die Sprache als Quell der Seelenkunde, 194

Die »Zivilisation«, wie man im Gegensatz zur »Kultur« der
Antike aus richtiger Fühlung das Unterscheidungsmerk-
mal heutiger Bildung genannt hat, angehört den christlichen und nur den christlichen Völkern und reift unverkennbar der Erfüllung aller Wunschgedanken eines Glaubens entgegen, der den Menschen zum Herrn der Natur
erklärte und mit dem Logos unausweichlich auch den Re-
chenverstand zum Grundmaß jeglichen Wertens machte.
Technik und Kapitalismus samt ihrem Schatten, dem Sozialismus, sind die greifbaren Früchte am Baume judäo-
christlicher Sittlichkeit.   *Mensch und Erde[6], 84*

Sittlichkeit

Ich habe früher darauf hingewiesen, was übrigens jeder weiß, der es sich nur nicht verhehlt, daß *diese* Menschheit von Blut, Mord, Verrat, Niedertracht und Gemeinheit trieft und also wohl keinem Wunschbilde, auch nicht dem des Ethikers, zu entsprechen vermag. Indessen ebendarum, das ist seine Ansicht, müsse sie »sich bessern«. Er verlegt sein »Ideal des Guten« in die Zukunft, etwa folgendermaßen überlegend: Früher war die Menschheit arg und böse, auch noch ist sie es reichlich; alleine sie wird »sich läutern«, immer mehr läutern und zukünftig irgendwann einmal, obschon vielleicht erst in sehr fernen Zeiten, dem »Ideal des Guten« mindestens nahe sein, sollte sie es auch niemals völlig erreichen. Allein, gesetzt selbst, die Erfüllung einer solchen Erwartung läge im Bereich der Möglichkeit, wäre denn dadurch das mindeste an den Übeltaten und Verbrechen geändert, die geschehen *sind;* würden die Millionen und Abermillionen Schurken, erkannte und unerkannte, die Ohrenbläser, Verleumder, Herzensvergifter, Neidbolde, Ehrabschneider, Intriganten, Geistes- und Leibesparasiten gebessert sein, die man längst *begrub?* Besteht denn die Menschheit nur aus den jeweils lebenden Menschen? Können insbesondere jene Menschen, die den Vorzug haben, im späten Jahrhundert der nahen Vollendung des sittlichen Ideals zu leben, die Menschheit bedeuten? Hätte es deshalb eine einzige Scheußlichkeit verflossener Jahrhunderte weniger gegeben, weil die zuletzt Gekommenen sich − ich weiß nicht welcher − Vollendung erfreuten? Wie wenig das wahr ist, wird uns vielleicht etwas deutlicher, wenn wir einen Augenblick an diejenigen denken, die unter den Schurkereien der andern zu leiden hatten; an die von Verrat, Lüge, Ungerechtigkeit, Räuberei und Niedertracht jeder Art Torturierten!

Mensch und Erde[5], *113 f.*

Der ganze Schwindelbau des Christentums bräche im Nu zusammen, wenn man ihm die absurde Fiktion des »jüngsten Tages« nähme... Und vor diesem Larvenwahnwitz

eines »kommenden Reiches«, eines »jüngsten Gerichtes«,
einer »ewigen Vergeltung« mußten Helden und Götter »zu
Kreuze kriechen«!   *Rhythmus und Runen, 285*

Alle Sittensysteme der Menschheit fordern die Beherrschung, will sagen Unterdrückung der ausdrucksvollen
Gefühlsantriebe und gehen darum mindestens unwillkürlich auf eine Verleugnung des Lebens aus.
                Zur Ausdruckslehre und Charakterkunde, 221

Alle Versittlichung und Vergeistigung der Menschheit geschieht um den Preis einer unabsehlichen Unterdrückung
des Ausdrucks.
     *Die Ausdrucksbewegung und ihre diagnostische Ver-
wertung, Sämtliche Werke, 6, 128*

Was ist eigentlich ein Kommando oder Befehl? Man antwortet vielleicht: Ein Gebot. Was aber ist ein Gebot? Darauf antworten wir: Immer und unter allen Umständen ein
Verbot! Der Befehl sagt: »Du sollst!« Nun ist klar, daß dazu
überhaupt kein Anlaß vorläge, wenn das Anbefohlene bereits von selbst geschähe. Geschieht es aber offenbar nicht
von selbst, sofern es ja erst befohlen werden muß, so wäre
bei Abwesenheit des Befehls zweifellos etwas andres geschehen, sei es, daß der anbefohlene Vorgang einfach un-
terbliebe, sei es, daß ein entgegengesetzt gearteter Vorgang an seine Stelle träte. Worauf also zielt essentiell der
Befehl? Auf die Verhinderung eines Vorganges oder Zustandes der Vitalität! Ich habe eben nur den katholischen
Katechismus zur Hand und stelle fest, daß von den »zehn
Geboten Gottes« sieben auch verbal »Du sollst *nicht*« sagen, nur drei dagegen »Du sollst«. Es bedarf jedoch keines
Scharfsinns, um zu erkennen, daß auch diese drei ihren
tatsächlich verneinenden Sinn bloß in eine bejahende
Sprachform gekleidet haben. Das Wesen jedes *Gebotes*,
also jedes kategorischen Imperativs, jedes Pflichtbegriffes,
ist demnach *Verbot*; das Verbotene ist jedesmal ein »natürliches« oder vitales Geschehen. *Der kategorische Imperativ ist mithin die kategorische Verneinung der Vitalität . . .*

Die ethische Bessermacherei besteht im Ziehen geistiger
Stacheldrähte, an denen das Leben sich zerfetze und ver-
blute; im Ausstreuen geistiger Gifte, an denen es dem
Versündigungswahn verfalle; im Nähren drohender Er-
dichtungen zu heilloser Verwirrung der Instinkte! Der
»sittliche Erzieher« ist nichts als der anämische Erbe des
schöpferischen Priesters, und dieser war noch je und je
Anwalt und Vollzieher der Verneinung.

Mensch und Erde[5], 119 ff.

Anmerkungen

[1] Briefliche Äußerung vom 21. Oktober 1919; bisher nicht veröffentlicht. – [2] Klages, Prinzipien der Charakterologie, Leipzig 1910, 69 f. –
[3] Ebd., 81 – [4] Klages, Mensch und Erde. Zehn Abhandlungen, Stuttgart o. J. [1956] (= Kröners Taschenausgabe Bd. 242), 60 – [5] Klages,
Sämtliche Werke, Bd. 7, Bonn, 1968, 310 – [6] Ebd., 195 – [7] Klages,
Sämtliche Werke, Bd. 1, Bonn 1969, 446 – [8] Klages, Mensch und Erde,
20 – [9] Ebd., 21 – [10] *Hans Eggert Schröder,* Vergangene und zukünftige
Zeit im Denken von Klages. In: Hestia 1965/1966. Vorträge zu dem
Thema Raum und Zeit im Werke von Klages, Bonn 1966, 64–76. Ders.,
Herkunft und Zukunft, ein biologisches und ein ideologisches Leit-
bild. In: Wirklichkeit und Wahrheit. Vierteljahrsschrift für Forschung,
Kultur und Bildung. Juli 1968, 26–43.

Abdruck der Zitate mit freundlicher Genehmigung des S. Hirzel
Verlags, Stuttgart *(Die Sprache als Quell der Seelenkunde),* des Alfred
Kröner Verlags, Stuttgart *(Mensch und Erde)* und der Klages-Gesell-
schaft, Marbach.

RAINER MARIA RILKE
1875–1926

Am 17. März 1904 schrieb Rilke an Lou Andreas-Salomé: »Ich lese Sören Kierkegaard. Und diesen Sommer lerne ich dänisch, um ihn und Jacobsen in ihrer Sprache zu lesen.«[1]

Zwei Wochen später meldete er der Freundin: »Ich weiß es jetzt: *Christ ist erstanden.*«[2] Beide Mitteilungen kamen aus Rom. Im selben Jahr, am 16. August, berichtet Rilke aus Schweden: ». . . Ich habe ein wenig dänisch lesen gelernt an Büchern von Jacobsen und Herman Bang und an den Briefen, die Sören Kierkegaard an seine Verlobte geschrieben hat: diese Briefe zu übersetzen, das war fast meine einzige Arbeit.«[3]

Acht Jahre später sandte er Marie von Thurn und Taxis aus Spanien die berühmte Zuschrift, worin der »ERSTANDENE« nun »das Telephon ›Christus‹« heißt, »in das fortwährend hineingerufen wird: *Hallo, wer dort?,* und niemand antwortet«, und wo auch der Satz steht: ». . . ich bin seit Córdoba von einer beinah rabiaten Antichristlichkeit . . .«[4]

In Rilkes Leben waren acht Jahre eine lange Zeit. Der schwärmerisch »religiöse«, »lyrische« junge Mann, der vom lieben Gott spricht, existiert später einfach nicht mehr. Der gefühlvolle christliche Träumer entwickelt sich zum unbestechlichen Empiriker, und *Die Aufzeichnungen des Malte Laurids Brigge,* die ursprünglich eine Art »Fortsetzung« der *Geschichten vom lieben Gott* sein sollten, wurden das Gegenteil. Die Clair-obscur-Atmosphäre und die zarte, verschwebende Lebensstimmung von J. P. Jacobsen und Herman Bang, kurz: die Fin-de-siècle-Haltung – die Rilke auch bei dem norwegischen Dichter Obstfelder fand –, alles ist bei dem späteren Rilke genauso spurlos verschwunden wie das »*Christ ist erstanden*«.

Grundsätzlich heißt es 1922: »Mehr und mehr kommt das christliche Erleben außer Betracht.«[5] In seinem Elegien-Brief warnt er, die Gedichte im christlichen Sinn zu deuten, »von dem ich mich immer leidenschaftlicher entferne«[6]. In einem Kondolenzschreiben an die Gräfin Margot Sizzo vom 6. Januar 1923, worin auch die Sätze stehen: »Wehe denen, die getröstet sind« und »Aller Trost ist trübe!«, führt er aus: »Ich liebe nicht die christlichen Vorstellungen eines Jenseits, ich entferne mich von ihnen immer mehr, ohne natürlich daran zu denken, sie anzugreifen...; sie mögen ihr Recht und Bestehen haben, neben so vielen anderen Hypothesen der göttlichen Peripherie – aber für mich enthalten sie zunächst die Gefahr, uns nicht allein die Entschwundenen ungenauer und zunächst unerreichbarer zu machen –; sondern auch wir selbst, uns in der Sehnsucht hinüberziehend und fort von hier, werden darüber weniger bestimmt, weniger irdisch: was wir doch, vor der Hand, solange wir hier sind, und verwandt mit Baum, Blume und Erdreich, in einem reinsten Sinne zu bleiben, ja immer erst noch zu werden haben.«[7] Und im Entwurf des Arbeiterbriefs heißt es geradezu: »Das Unheil des Christlichen, das die Welt verdächtigt (verdächtigt!) und schlecht gemacht hat, – bis die Findigsten sich sagen mußten, – nun, wenn sie so schlecht ist, muß sie wenigstens dazu gut sein, daß wir sie ausnützen... Schlecht ist der Gebrauch, den die Leute davon machen. Und warum gebrauchen sie sie so? Weil ihnen immer gesagt worden ist, daß hier höchstens das Bessere sei, – das Gute sei anderswo und vollends das Herrliche!«[8]

So wird Rilkes Beziehung zu Kierkegaard begreiflich, zumal ihn nicht nur dessen gedankliche Klarheit anziehen mußte, sondern auch seine sprachliche Meisterschaft. Hätte von ihm nicht der bekannte Abschnitt aus den *Aufzeichnungen des Malte Laurids Brigge* über den Autor Arvers sein können? »Es war im Hospital... Er starb auf eine sanfte, gelassene Weise... es war eine ziemlich ungebildete Nonne; ... und es konnte geschehen, daß sie ›Kollidor‹ sagte in der Meinung, es hieße so. Da schob Arvers das Sterben hinaus. Es schien ihm nötig, dieses erst aufzuklären. Er wurde ganz klar und setzte ihr auseinander, daß es ›Korridor‹ hieße. Dann starb er. Er war ein Dichter und haßte das Ungefähre; oder vielleicht war es ihm nur um die Wahrheit zu tun; oder es störte ihn, als letzten Eindruck mitzunehmen, daß die Welt so nachlässig weiterginge.«[9]

Das Bild vom unbestechlichen Arvers ist zweifellos auch eine Art Selbstporträt, eine Parabel pro domo, und das Ausspielen der Wahrheit gegen das Ungefähre, Nachlässige, signifikant sowohl für Rilkes spätere Dichtung wie für seine Beziehung zur Wirklichkeit.

Immer wieder fordert er die bewußte Rückkehr zum Irdischen, Hiesigen, verlangt er »Lehrer, die uns das Hiesige rühmen«, insistiert er auf einer Wirklichkeit, die kaum noch erkannt sei. Man ließ die Jahrtausende, klagt er im *Malte Laurids Brigge,* verstreichen wie eine Schulpause, in der man sein Butterbrot esse und einen Apfel. Nur an der Oberfläche habe man das Leben berührt, ja selbst diese Oberfläche, »die doch immerhin etwas gewesen wäre, mit einem unglaublich langweiligen Stoff überzogen . . ., so daß sie aussieht wie die Salonmöbel in den Sommerferien«[10]. Zwar konzediert er, im *Brief des jungen Arbeiters,* Christus, daß er, »in einer von abgestandenen und entlaubten Göttern erfüllten Zeit, schlecht vom Irdischen sprach, obwohl es (ich kann es nicht anders denken) auf eine Kränkung Gottes hinauskommt, in dem uns hier Gewährten und Zugestandenen nicht ein, wenn wir es nur genau gebrauchen, vollkommen, bis an den Rand unserer Sinne uns Beglückendes zu sehen! *Der rechte Gebrauch, das ists.*« Das Hiesige herzlich, liebevoll, erstaunend in die Hand zu nehmen, sei die große Gebrauchsanweisung Gottes, die auch Franz von Assisi gemeint in seinem Gesang an die Sonne, »die ihm im Sterben herrlicher war als das Kreuz, das ja nur dazu da stand, in die Sonne zu *weisen*«. Und leidenschaftlich ruft er in solchem Zusammenhang: »Welcher Wahnsinn, uns nach einem Jenseits abzulenken, wo wir hier von Aufgaben und Erwartungen und Zukünften umstellt sind. Welcher Betrug, Bilder hiesigen Entzückens zu entwenden, um sie hinter unserm Rücken an den Himmel zu verkaufen! O es wäre längst Zeit, daß die verarmte Erde all jene Anleihen wieder einzöge, die man bei ihrer Seligkeit gemacht hat, um Überkünftiges damit auszustatten. Wird der Tod wirklich durchsichtiger durch diese hinter ihn verschleppten Lichtquellen? Und wird nicht alles hier Fortgenommene, da nun doch kein Leeres sich halten kann, durch einen Betrug ersetzt . . .«[11] Aber, so steht in dem kleinen, traurig-schönen Aufsatz »Von der Landschaft«, »die tiefe Frömmigkeit ist wie ein Regen: sie fällt immer wieder auf die

Erde zurück, von der sie ausging, und sie ist Segen über den Feldern«[12].

Als Rilke sein »*Christ ist erstanden*« an Lou Andreas-Salomé schrieb, kannte er bereits Sören Kierkegaard, und sein Verhältnis zum Christentum war in keiner Weise problemlos, seine überschwengliche Religiosität mit einer gewissen Ambivalenz gepaart, mindestens mit einer radikalen Skepsis gegenüber den Kirchen. Wurde ihm doch schon in seinem Osterbrief aus Rom Sankt Peter zu einem »hoffährtig-großen leeren Haus«, worin ihm »alles« als »Aufwand ohne Frömmigkeit, Festvorstellung statt Fest« erschien[13], was ja bereits an die vatikanischen Impressionen Goethes erinnert, an dessen Vergleiche des kirchlichen Kults mit Theater, Karneval, »Hockuspockus«[14]. Aber schon ein Jahr vor dem römischen Osterbrief sah Rilke alles Geschlechtliche durch einen »Kirchenirrtum verdächtigt«[15]. Und nicht zuletzt dieser »Kirchenirrtum« wird später seine schärfsten Proteste provozieren. Findet er doch gerade in der Diffamierung der »sinnlichen« Liebe »die schlimmsten Wirkungen jener Herabsetzung..., die das Christentum dem Irdischen meinte bereiten zu müssen. Hier ist alles Entstellung und Verdrängung, obwohl wir doch aus diesem tiefsten Ereignis hervorgehen und selber wieder in ihm die Mitte unserer Entzückungen besitzen. Es ist mir, wenn ich es sagen darf, immer unbegreiflicher, wie eine Lehre, die uns *dort* ins Unrecht setzt, wo die ganze Kreatur ihr seligstes Recht genießt, in solcher Beständigkeit sich, wenn auch nirgends (!) bewähren, so doch weithin behaupten darf.« Das Christentum trägt für Rilke daran Schuld, daß wir nur »wie Einbrecher und Diebe, in unser eigenes schönes Geschlecht« geraten sind, »in dem wir irren und uns stoßen und straucheln, um schließlich wie Ertappte wieder hinauszustürzen in das Zwielicht der Christlichkeit... Warum hat man uns das Geschlecht heimatlos gemacht, statt das Fest unserer Zuständigkeit dort hin zu verlegen?« Zu dieser Erkenntnis gehörte gewiß keine ungewöhnliche Scharfsicht, und die Frage ist rein rhetorisch. Doch Rilke behauptet geradezu: »Die entsetzliche Unwahrheit und Unsicherheit unserer Zeit hat ihren Grund in dem nicht eingestandenen Glück des Geschlechts, in dieser eigentümlich schiefen Verschuldung, die immerfort zunimmt und uns von der ganzen übrigen Natur trennt, ja sogar von dem Kind . . . Um die eigentümliche Lage unserer Sinnlichkeit zu bezeichnen, müßte man also sagen dürfen: Einmal waren wir *überall* Kind, jetzt sind wirs nur noch an einer Stelle. − Wenn aber nur ein einziger unter uns ist, dem das gewiß wäre und der die Beweise dafür aufzuzeigen die Fähigkeit besäße, warum lassen wirs geschehen, daß eine Generation nach der anderen unter dem Schutt christlicher Vorurteile zu sich kommt und sich rührt wie der Scheintote im Finstern, in einem engsten Zwischenraum zwischen lauter Absagen!?«[16] Die Degradierung des Sexus zum Laster freilich, die schon Nietzsches flackernden Zorn heraufbeschwor, ist auch für Rilke nur ein Teil jener vom Christentum »durch die Jahrhunderte fortgesetzten Entwertung des Hiesigen«[17] überhaupt.

So wenig wie die Kirche und ihre (christologische) Metaphysik aber bedeutet dem späten Rilke Christus selber, eine Entwicklung, bei der schließlich der Islam eine Rolle spielte. »Wunderbar empfindet man hier«, bekennt er 1910 aus Kairuan, einer, wie Mekka, »heiligen Stadt« des Islam, »die Einfachheit und Lebendigkeit dieser Religion, der Prophet ist wie gestern, und die Stadt ist sein wie ein Reich.«[18] Und noch ein Jahr vor seinem Tod betont er von dem Elegien-Engel, den er übrigens »bärtig« gedacht wissen wollte, um Verwechslungen mit der christlichen Überlieferung auszuschließen: »Der ›Engel‹ der Elegien hat nichts mit dem Engel des christlichen Himmels zu tun (eher mit den Engelsgestalten des Islam).«[19] Islam, das heißt für Rilke: Es gibt keinen Mittler zwischen Gott und Mensch. Der Erwachsene spricht direkt mit Gott, ohne »Telephon«. Er braucht keine Verbindungsleute, keine Zwischenträger: keine Pfarrer, keine Bischöfe, keinen »Erlöser«. Es gibt Gott und Mensch. Man kann mit Gott reden, nicht jedoch mit seinen angeblichen Kirchen, mit seinen selbsternannten Stellvertretern.

Der Islam war für den Dichter nur »ein mächtiger Zeigefinger« in Richtung Gott. Auch das Alte Testament fand er schon »voller Zeigefinger . . . auf Gott zu, wo man es aufschlägt« − eine etwas kühne Behauptung vielleicht. Oder eine seltsame Vorstellung von Gott. Und Christus, meint er, habe »sicher dasselbe gewollt. Zeigen. Aber die Menschen hier sind wie die Hunde gewesen, die keinen Zeigefinger verstehen und meinen, sie sollten nach der Hand schnappen. Statt vom Kreuzweg aus, wo nur der Wegweiser hoch aufgerichtet war . . . weiterzugehen, hat sich die Christlichkeit dort angesiedelt und behauptet, dort in Christus zu wohnen, obwohl doch in ihm kein Raum war . . . Sie haben aus dem Christlichen ein métier gemacht, eine bürgerliche Beschäftigung, sur place, einen abwechselnd abgelassenen und wieder angefüllten Teich. Alles, was sie selber tun, ihrer ununterdrückbaren Natur nach (soweit sie noch Lebendige sind), steht in Widerspruch mit dieser merkwürdigen Anlage, und so trüben sie ihr eigenes Gewässer . . .«[20]

Von Kreuz, Erlösung, Christus, Christentum aber will der gereifte Rilke nichts wissen. Er kann sich nicht vorstellen, »daß das *Kreuz bleiben* sollte«, ein bloßer Kreuzweg doch, daß wir es zu tragen hätten »wie ein Brandmal«. Der Gekreuzigte, theologisiert er, sei bloß ein neuer Baum in Gott, und wir sollten die Früchte sein, warm, glücklich, obendran. Habe Christus, so gleichfalls im *Brief des jungen Arbeiters,* dazu geholfen, das Wort Gott gültiger zu sagen, um so besser, »aber laßt ihn doch endlich aus dem Spiel. Zwingt uns nicht immer zu dem Rückfall in die Mühe und Trübsal, die es ihn gekostet hat, uns, wie ihr sagt, zu ›erlösen‹. Laßt uns endlich dieses Erlöstsein antreten.« Und scharf schreibt er: »*wer* ist denn dieser Christus, der sich in alles hineinmischt. – Der nichts von uns gewußt hat, nicht von unserer Arbeit, nicht von unserer Not, nichts von unserer Freude, so wie wir sie heute leisten, durchmachen und aufbringen . . . Mein Gefühl sagt mir, daß er nicht kommen *kann*. Daß es keinen Sinn hätte. Unsere Welt ist nicht nur äußerlich eine andere, – sie hat keinen Zugang für ihn.«[21]

Von Gott, gewiß, spricht Rilke oft. Doch fragt der Autor des *Malte* im Hinblick auf Abelone bezeichnend, »konnte ihr wahrhaftiges Herz sich darüber täuschen, daß Gott nur eine Richtung der Liebe ist, kein Liebesgegenstand? Wußte sie nicht, daß keine Gegenliebe von ihm zu fürchten war?«[22] Sind ja das Schicksal und Gott selber, so in »Einiges über Puppen«, »vor allem dadurch berühmt geworden . . ., daß sie

uns anschweigen«[23]. Gott, war er für Rilke etwas anderes als
das Leben selbst, das Leben in seiner Schönheit und Furchtbarkeit, das Leben, gelebt ohne Rückversicherung, trügerischen Trost – »keine Schwermütigkeit«, wie er einmal differenziert, doch ein »Schwernehmen«, »ein Nehmen nach
dem wahren Gewicht«[24]. »Die Furchtbarkeit hat die Menschen entsetzt«, heißt es in einem für Rilkes (religiöse) Weltanschauung aufschlußreichen Brief vom 12. April 1923,
»aber wo ist ein Süßes und Herrliches, das nicht zu Zeiten
diese Maske trüge, die des Furchtbaren? ... Wer nicht der
Fürchterlichkeit des Lebens irgendwann, mit einem endgültigen Entschlusse, zustimmt, ja ihr zujubelt, der nimmt die
unsäglichen Vollmächte unseres Daseins nie in Besitz, der
geht am Rande hin, der wird, wenn einmal die Entscheidung
fällt, weder ein Lebendiger noch ein Toter gewesen sein. Die
Identität von Furchtbarkeit und Seligkeit zu erweisen, dieser
zwei Gesichter an demselben göttlichen Haupte, ja dieses
einzigen Gesichts, das sich nur so oder so darstellt, je nach
der Entfernung aus der oder der Verfassung, in der wir es
wahrnehmen ...: dieses ist der wesentliche Sinn und Begriff
meiner beiden Bücher.«[25]
Es geht Rilke darum, das Dasein in seiner Totalität selbständig zu durchstehen, seine Tragik ungetäuscht hinzunehmen, seine Furchtbarkeit nicht zu verkleinern, kurz, das Un-
ausweichliche als unausweichlich zu nehmen, sich dem Leben ganz zu stellen, auf seinen Höhen, in seinen Tiefen,
selbst auf die Gefahr hin, umzukommen. Bei diesem restlo-
sen Auskosten, bei dem sich, um den Preis des möglichen
Untergangs, »eine Ahnung des Seligsten« erschließt, bleibt
kein Platz mehr für einen Mittler, einen Retter, ein stellvertretendes Opfer. Gerade der Stellvertretungsgedanke, dieser
große christliche Trost-Trick, ist da gänzlich deplaciert. »Die
starke innerlich bebende Brücke des Mittlers«, schreibt Rilke
1923, »hat nur Sinn, wo der Abgrund zugegeben wird zwischen Gott und uns –; aber eben dieser Abgrund ist voll vom
Dunkel Gottes, und wo ihn einer erfährt, so steige er hinab
und heule drin (das ist nötiger, als ihn überschreiten). Erst zu
dem, dem auch der Abgrund ein Wohnort war, kehren die
vorausgeschickten Himmel um, und alles tief und innig Hie-

sige, das die Kirche ans Jenseits veruntreut hat, kommt zurück . . .«[26]

»Gott« wurde Rilke nie ein Problem. »Wenn ich sage:
Gott, so ist das eine große, nie erlernte Vorstellung in mir. Die
ganze Kreatur, kommt mir vor, sagt dieses Wort . . .«[27] Freilich bereitete es Rilke in seinen letzten Lebensjahren »oft eine
unsägliche Genugtuung, ihn zu schonen«, konstatierte er
»eine unbeschreibliche Diskretion zwischen uns«[28]. Und
nicht zuletzt wußte er von »allen jenen priesterlichen Betrügen . . ., mit denen, seit Anfang der Zeiten, das Göttliche
gefördert worden ist«[29].

Nicht nur Gedichte sind keine Gefühle – auch Religion ist
Erfahrung.

Jens Bjørneboe

Anmerkungen

[1] Rainer Maria Rilke und Lou Andreas-Salomé, Briefwechsel, Zürich/
Wiesbaden 1952, 136 – [2] Ebd. 139 f. – [3] Ebd. 182 – [4] Rainer Maria Rilke
und Marie von Thurn und Taxis, Briefwechsel, Zürich/Wiesbaden
1951, Bd. 1, 245 f. – [5] Zit. bei *D. Bassermann*, Rilkes Vermächtnis für
unsere Zeit, 1947, 18 – [6] Ebd. – [7] Ebd. 32 – [8] *D. Bassermann*, Der späte
Rilke, 1948, 393 – [9] Die Aufzeichnungen des Malte Laurids Brigge,
Werke, Auswahl in 3 Bänden, Bd. 2, Frankfurt/Main 1963, 133 – [10] Rainer Maria Rilke, Ausgewählte Werke, Bd. 2. Prosa und Übertragun-
gen, Wiesbaden 1948, 319, 23 – [11] Ebd. 308 f. – [12] Ebd. 223 – [13] S.
Anm. 1 – [14] Vgl. *K. Deschner*, Abermals krähte der Hahn, Anhang:
Goethe und das Christentum, 599 ff. – [15] Rainer Maria Rilke, Briefe an
einen jungen Dichter (= Insel-Bücherei 406), Leipzig 1940, 20 – [16] S.
Anm. 10, 316 ff. – [17] Ebd. 308 – [18] An Clara Rilke, 21. Dezember 1910 –
[19] An Hulewicz, 13. November 1925 – [20] S. Anm. 10, 307 f. – [21] Ebd.
305 ff. – [22] Ebd. 210 – [23] Ebd. 278 – [24] Zit. bei *D. Bassermann*, Der späte
Rilke, 1948, 38 – [25] Zit. ebd. 37 f. – [26] Brief an Ilse Jahr vom 22. Februar
1923 – [27] Werke, Bd. 2, 332 – [28] Zit. bei *D. Bassermann*, Der späte Rilke,
388 f. – [29] Brief an Lisa Heise, 2. August. 1919.

KURT TUCHOLSKY
1890–1935

> Der oft unüberlegten Hoch-
> achtung gegen alte Gesetze,
> alte Gebräuche und alte Reli-
> gion hat man alles Übel in der
> Welt zu danken.
>
> Lichtenberg

Zeit seines Lebens stand Kurt Tucholsky dem Christentum unerbittlich kritisch gegenüber; doch verstärkte sich die antichristliche Ader in dem schriftstellerischen Werk sehr auffällig während der späteren Jahre der Weimarer Republik, was sich auch in der Ausgabe seiner Schriften[1] bemerkbar macht: Der dritte Band enthält mehr und stärkere Polemiken gegen die Kirchen als die Bände I und II. Polemik gegen die Kirchen, das hieß jedoch bei Tucholsky vor allem einmal: Polemik gegen die *Politik* der Kirchen. Weshalb? Er war ein *politischer* Autor, einer der besten linken Publizisten Deutschlands nach Börne und Heine, und bei Staaten und Parteien, bei gesellschaftlichen Einrichtungen und religiösen Institutionen interessierte ihn zuerst und in erster Linie, was für eine Politik sie machten, ob eine gute oder eine schlechte. Und die beiden christlichen Kirchen machten nach Tucholskys Urteil während der Weimarer Jahre zweifellos eine schlechte Politik, eine verhängnisvolle Politik.

Gegenrevolution: Wie dies die Devise beider Konfessionen seit 1789 gewesen war, genauso wurde es die Devise beider Konfessionen Deutschlands verstärkt seit 1918. Für den deutschen Protestantismus bedeutete die Revolution einen ähnlichen Einschnitt wie der Reichsdeputationshauptschluß von 1803 für den Katholizismus, und so stemmte er sich erbittert gegen die Umwälzung und die neue Republik. Leitende Katholiken der Weimarzeit dachten vom selben Ausgangspunkt her wie die Maßgeblichen der evangelischen Kirche, und der nach 1945 zu Unrecht als Widerstandskämpfer gefeierte Faulhaber diffamierte die Revolution 1922 öffentlich als »Meineid und Hochverrat«. Damals zeigten sich in Italien schon die Anfänge jener Politik, die Karlheinz

Deschner 1965 mit den Worten resümierte: »daß die katholische Hierarchie sämtliche faschistische Staaten von ihren Anfängen an systematisch unterstützt hat«[2]. Auch in Deutschland arbeitete die Kurie hartnäckig darauf hin, aus Haß gegen die Demokratie und Furcht vor den linken Parteien den Faschismus – hier: dessen nazistische Variante – an die Macht zu bringen. Die Politik des Papstes – sie war es, die den Schriftsteller Tucholsky in den letzten Jahren des Lebens mit am schmerzlichsten bedrückte. Ihm war nicht verborgen geblieben, in welchem Ausmaß der Vatikan mit dem Faschismus kollaborierte. Dabei hätten das meiste in Deutschland die Katholiken zur Verteidigung der Republik beitragen können, war ja das Reich doch eine Provinz Roms. Daß es von diesem förmlich beherrscht wurde, sagt Tucholsky öfter. Ein Selbstgespräch des Papstes 1925, nach Tucholsky: »Ah – Deutschland – ... ein gutes Land. Das ist uns sicher. Das haben wir fest in der Hand.« (II, 147)

Als Nichtchrist entnahm er seine Ziele keiner »Offenbarung«. Als Nichtmarxist wußte er, daß er die Richtigkeit seiner Philosophie keinesfalls wissenschaftlich darzutun, zu »beweisen« vermochte. Für Tucholsky war, wie für Schopenhauer – ihn las er im Oktober 1918! –, primär der *Wille*. »Kein Resultat, kein Ziel auf dieser Erde wird nach dem logisch geführten Beweis ex argumentis gewonnen. Überall steht das Ziel, gefühlsmäßig geliebt, vorher fest, die Argumente folgen, als Entschuldigung für den Geist, als Gesellschaftsspiel für den Intellekt. Noch niemals hat einer den andern mit Gründen überzeugt. Hier steht Wille gegen Willen ...« (I, 374) Das Fundament seiner Politik also: Voluntarismus. Und sein Wille blieb, wie der Wille der Aufklärer und ihrer Nachfolger, nicht allein, doch vornehmlich auf eine *geistige* Revolution gerichtet: »Wir werden dafür zu sorgen haben, daß ohne zerschlagene Fensterscheiben und ohne politische Morde in den Köpfen unserer Volksgenossen eine geistige Revolution entsteht, wie sie bisher gefehlt hat.« (I, 358)

»Es wird immer Kriege geben! Solange du willst, wird es sie geben.« (I, 1162) Er wollte es nicht. Der »Kampf gegen den Krieg« wurde von ihm als »sittlichster Kampf« bezeichnet,

»der jemals gekämpft worden ist« (II, 298). Sein Werk bezeugt, daß er in diesem Kampf einer der Tapfersten war, von
Deutschlands Schriftstellern derjenige, der das meiste und
Stärkste für den Pazifismus schrieb. Mit dem Marxismus teilte
er die Ansicht, daß »moderne Kriege wesentlich auf kapitalistischen Gründen beruhen« (I, 213) und daher zuerst einmal
die »Verursacher und die Ursachen dieser Wirtschaftsunord-
nung beseitigt« werden müssen (II, 349). »Staat« sei nur noch
ein Vorwand, um die Ausgebeuteten nicht merken zu lassen,
»daß sie längst Beute und Spielball einer über alle Grenzpfäh-
le hinauslangenden Internationale von Händlern geworden
sind« (I, 1282). England, Frankreich und so fort seien gar
nicht die richtigen Staaten von Europa; die »richtigen Staaten
von Europa: Arbeitslose, Arbeitsmänner, Arbeitgeber und
Nutznießer fremder Arbeit« (I, 1287). Erforderlich ist: wir-
kungsvoller Pazifismus! *Über wirkungsvollen Pazifismus*
nannte er einen seiner glanzvollen Essays. »Da es keinen
Staat gibt, für den es zu sterben lohnt, und erst recht keine
Prestigefrage dieser größenwahnsinnigen Zweckverbände,
so muß Symbol für Symbol, Äußerlichkeit für Äußerlichkeit,
Denkmal für Denkmal umkämpft, erobert, niedergelegt werden.« (II, 910) Er empfiehlt: Wehrdienstverweigerung. Sabo-
tage »gegen den infamsten Mord: den erzwungenen« (ebd.).
Krieg ist Mord! – dieser Gedanke zieht sich durch Tucholskys
ganzes Werk hindurch. Eine Folgerung: »Tötet das deutsche
Militär – : und ihr habt eine deutsche Kultur.« (I, 592)

Die Parteien der Rechten perhorreszierte er, weil er in
ihren Prinzipien die des Staates wiederfand und weil er als
Konsequenz ihrer Tätigkeit den neuen Krieg heraufziehen
sah. Bundesgenossen gegen den Krieg? Die Parteien der Mitte
waren es jedenfalls auch nicht. Die Parteien der Linken? Teile
von ihnen vielleicht, die KP als Ganze konnten Tucholskys
Programm wohl als das ihre akzeptieren: Sozialisierung der
Industrie, Aufteilung des Großgrundbesitzes, radikale Perso-
nalreform in Verwaltung, Justiz, kulturellen Institutionen,
Abschaffung der Reichswehr (II, 1302 f.). Doch schon im
April 1914 erachtete er die Sozialdemokratie für »gründlich
diskreditiert« (I, 169). Er hatte dasselbe Argument wie zehn
Jahre später: Die Sozialdemokraten seien die »schlimmsten

Feinde eines radikalen Fortschritts« (I, 1274). Gegen Ebert:
»Wer so wenig politisches Gefühl hat, um nicht zu sehen,
daß es in diesem Moment das Äußerste an verbrecherischem
Wahnsinn war, einen Staat, der grade an seinen Lastern
zusammengebrochen war, mit eben diesen Lastern wieder-
aufzubauen, dem ist nicht zu helfen.« (II, 322) Nicht weniger
furios über die Ideologie der KPD: ». . . es gibt eine kommunistische Theologie, die so unleidlich zu werden beginnt, wie
die der katholischen Theologen: Mißbrauch des Verstandes,
um einen Glauben zu rechtfertigen.« (III, 613) Zwar bestand
er darauf: »Man muß diese Lehre Marxens passiert haben,
man muß sie teilweise und kritisch anzuwenden verstehn«,
doch: »als Religionsersatz ist sie fürchterlich.« (Briefe, 288)
Es sei nichts mit »der absoluten Totalität der Staatsherrschaft;
mit dem einseitigen vulgären Materialismus; mit der frechen
Dreistigkeit, die ganze Welt über einen Leisten zu hauen, der
nicht einmal Moskau paßt« (Briefe, 228). Endlich die quälen-
de Einsicht: »Man muß von vorn anfangen – nicht auf diesen
lächerlichen Stalin hören, der seine Leute verrät, so schön,
wie es sonst nur der Papst vermag – nichts davon wird die
Freiheit bringen. Von vorn, ganz von vorn.« (Briefe, 338)

Seine Distanzierung von der Kirche war nicht gleichbedeutend mit einer Verwerfung aller Religiosität. »Denn es gibt –
und das ist Glaube – einen kleinen Rest, außerhalb der Erden-
schwere, den man nicht fassen und erklären kann und der
vermocht hat, die Menschen, wenigstens die feinempfinden-
den, so unglücklich zu machen: sie ahnen ganz dumpf, daß
das hier nicht das Letzte und Endgültige ist, aber sie kommen
nicht von der Scholle. Und ragen mit dem Kopf in die Wolken
und wollen fliegen, aber die Füße wollen nicht von der Erde
los. So ein Zwitterding: kein Tier, kein Gott.« (Briefe, 395)
Solche Religiosität war nicht das, was die Kirche pflegte, von
welcher die Grundlehren ihres Gründers vernichtet worden
waren. Aber: »Kein Gott der Welt schafft diese Wahrheit aus
den Bezirken der Erde: ›Wahres Christentum ist Pazifismus.‹
Der Rest ist Rabulistik und vom Staat bezahlte Professo-
renphilosophie.« (I, 1039) Das Versagen der Kirchen
1914–1918 stellt denn auch den Hauptvorwurf dar, den
Tucholsky gegen sie erhob. Hier ist der Ursprung seines

Antichristentums, hier das erste Motiv seines Kampfes gegen
Rom und Luthertum. Hinzu kamen viele Einzelheiten: Dogmatik, Ethik und Soziallehre der Kirchen. Er riet, insbesondere den Katholizismus sorgfältig zu studieren . . . um ihn »dann
– dann erst« abzulehnen »bis in seine tiefsten Folgerungen«.
Und weiter: ». . . mit der katholischen Metaphysik kann man
respektvoll rechten, der liebe Gott bewahre uns vor ihren
Konsequenzen. Mit der kirchlichen Politik niemals!«
(III, 760) Nur Kampf war möglich! Zuweilen rügte Tucholsky
zwar auch Gegner der Kirchen, die Freidenker, die »zu platt«
seien (III, 761). Indes versicherte er gleichzeitig, »wo es um
den politischen Kampf geht, wird man mich immer an ihrer
Seite finden«; ihr Ziel sei gut (III, 784 f.).
     Es war das seine. Nämlich: »frei von Kirche und wirtschaft-
licher Sklaverei. Frei auch von kommunistischer Theologie.«
(III, 786)

Wolfgang Beutin

Ein Opfertod, der zweitausend Jahre dauert

Und wenn einer aus Feuerland daherkäme und mir das
Abbild seines Gottes zeigte und sagte: »Sieh! Er tut Wunder! Er gibt Regen und Sonnenschein! Er heilt die Kranken
und fördert die Gesunden! Er schließt die Wunden und
trocknet Tränen, er erweckt Tote und trifft mit dem Blitz
das Haupt unsrer Feinde! Er ist ein großer Gott!« – spräche
er also, so prüfte ich das Gebäude und die Untermauerung
seines Glaubens und seiner Metaphysik, seiner Lehren
und seiner Sittengesetze.
     Und fände ich dann etwa, daß es eine Religion ist, die von
ihrem Schöpfer gute Lehren auf den Weg bekommen hat,
diesen Schöpfer aber verraten hat um irdischer Güter willen; daß sie die Reichen begünstigt und die Armen mit
leeren Tröstungen im Elend geduckt hält; fände ich, daß
sie die Tiere nicht miteinbezieht in den Kreis des Lebens,
und daß sie klüger ist als fromm, gerissener als weise,
politischer als wahrhaftig; daß sie das gute Heidnische im

Menschen tötet und den Verkrüppelten sorgfältig bewacht; daß sie gottlose Fahnen in ihren Tempeln aufhängt
und segnet, die da töten, und verflucht, die den Staatsmord
verhindern wollen – fände ich das alles: ich schickte den
Mann aus Feuerland zurück und pfiffe auf seine Wunder.

II, 659

Sie haben ihn getötet und töten ihn heute noch – alle Tage:
Priester, als feldgraue Militärbeamte verkleidet, wenn es
die Mode verlangt; Kaufleute, die den Verkehr mit einem
Bankhaus abbrechen, weil es für die Kommunisten ein
Konto unterhält; Soldaten, die das Gebet wie einen
Schnaps vor der Schlacht konsumieren; und Richter. Richter im schwarzen Talar und mit fertigem Urteilsspruch, mit
klassenharten Augen und trübem Verstand, mit ungerühr-
tem Herzen. Priester, Kaufleute, Soldaten und Richter – das
Kreuz in Händen. Ein Opfertod, der zweitausend Jahre
dauert. *II, 131*

Keine Frömmigkeit

Der Mensch hat zwei Beine und zwei Überzeugungen:
eine, wenns ihm gut geht, und eine, wenns ihm schlecht
geht. Die letztere heißt Religion. *III, 882*

Eine Frömmigkeit, die nur dann, verstaubt und verrostet,
aus der Schublade geholt wird, wenn und weil der Träger
im Dreck sitzt, ist keine. Sage mir, zu wem du betest, wenn
es dir gut geht, und ich will dir sagen, wie fromm du bist.
Not lehrt beten; aber das echte Gebet ist das nicht. *I, 1037*

Das Christentum ist eine gewaltige Macht. Daß zum Beispiel protestantische Missionare aus Asien unbekehrt wieder nach Hause kommen –: das ist eine große Leistung.

III, 1040

Es schmeckt nach Schafstall

Die Zehn Gebote stellen keineswegs das sittliche Fundament weiter Volkskreise dar. Faßte man die jeweiligen
Gebote zusammen, nach denen die einzelnen Klassen

wirklich leben und deren Befolgung sie für lebensnotwen-
dig halten –: die Formulierung sähe wesentlich anders aus.
Nicht einmal ihre Ideologien fordern heute das, was in den
Zehn Geboten gefordert wird.

Man muß nur sehen, wie sich die Vertreter der Kirchen
drehen und winden, wenn sie auf den schreienden Widerspruch zwischen ihrer Lehre (die einmal revolutionär gewesen ist) und der Kirchenpolitik hingewiesen werden –
einen Geistlichen die Berechtigung der Kriege nachweisen zu hören, hat etwas Peinliches.

Diese Zehn Gebote sind nicht einmal sehr gut gemacht.
Es ist gewiß viel einfacher, zehn Polizeitafeln zu errichten
und mitzuteilen, was man *nicht* tun solle, anstatt uns Su-
chenden zu sagen – nun nicht, was wir tun sollen, sondern
was ein sittlich hochstehender Mensch tut, um in seinen
Himmel zu kommen. Eine solche Sittenlehre ist mir nicht
eingegangen; ich suche sie – wie ihr alle.

Soll man nicht töten? Das erste dieser Zehn Gebote hätte
zu heißen: »Tu, was du predigst.« Die Rolle der Kirchen im
Kriege kann ihnen nicht verziehen werden – sie haben sich
jedes Rechtes begeben, den Mord zu verbieten. Denn sie
haben *die* gesegnet, die Blut vergossen haben.

Soll man nicht stehlen? Was ist das, »stehlen«? Wegnehmen – so mit der Hand? Aus dem Safe der Diskonto-Gesell-
schaft? Und wie ist es mit der Arbeitskraft? Darf man sie
stehlen? Ist das göttliche Ordnung?

Du sollst nicht ehebrechen . . . aber wie ist das, wenn das
Institut der Ehe von uns zerdacht ist, sich wirtschaftlich
nicht mehr halten läßt, so daß auch die katholischen Länder den geängstigten Ehemäusen Löchlein offenlassen,
durch die sie – am Sakrament vorbei – entwischen?

Und du sollst nicht begehren deines . . . es schmeckt nach
Duckmäusertum, was da gelehrt wird, nach Schafstall,
nach allem, was gute Untertanen macht. Nein, so geht es
nicht.   *III, 94*

Die Katholiken terrorisieren das Land mit einer Auffassung
vom Wesen der Ehe, die die ihre ist und die uns nichts
angeht.   *III, 376*

Die Encyklika über die Ehe wirkt auf einen Not Leidenden, der nicht im Katholizismus aufgewachsen ist, wie
frecher Hohn. Sie ist es nicht, sie wirkt aber so. Der
groteske Grundsatz: »Lieber elf Kinder auf dem Kissen,
als eines auf dem Gewissen« kann gewiß nicht mit dem
Scherz: »Und wie halten es Eure Heiligkeit damit?«
beantwortet werden; was aber ein Arbeiter in der Groß-
stadt mit diesen Sittengesetzen anfangen soll, ist ganz
und gar unbegreiflich. Schließlich gibt es ja einen Tief-
stand der Lebenshaltung, wo alle moralischen Leitsätze
einfach untergehn. Wer arbeitslos ist, von der Tuberku-
lose bedroht, verbittert, hungrig, in Asylen dahinlebt:
der hat wenig Lust, sich mit dem Himmel zu trösten, mit
dem ihm hier auch noch gedroht wird. In einem Zimmer,
in dem Mann, Frau, sechs Kinder und ein Schlafbursche
liegen, wird das Sakrament der Ehe reichlich faden-
scheinig. *III, 782*

Eine Proletarierfrau zur Brutmaschine zu machen, ist
eine Roheit – dazu brauchen wir gar nicht erst den
lieben Gott zu bemühen. Diese scheinbar sittliche, in
Wahrheit aber tief unsittliche Forderung so zu umklei-
den, daß man bei dieser Gelegenheit die Reichen sanft
auffordert, sie möchten doch etwas für die Armen tun,
ist Bilderbuchethik. Die Reichen werden, wenns gut
geht, beten und den Armen etwas husten. Inzwischen
wimmelt das in den Slums aller Länder, die Knie der
glücklichen Mütter werden von Geschöpfen umspielt,
die später in den Kohlenbergwerken oder in den Acker-
gräben für den Profit der anderen verrecken dürfen...
aber: es ist nicht abgetrieben worden. Der Kranz, der
Kranz ist gerettet. *III, 785*

Das Kreuz gegen den Phallus

Das Christentum hat viel Gutes auf Erden bewirkt. Doch
wird dies tausendfach durch das Schlimme überboten, das
die christliche Idee mit der Vergiftung des Liebeslebens
angerichtet hat. *III, 1049*

Wenn eine Tänzerin gut gewachsen ist
und einen Venus-Körper hat, der nicht aus Sachsen ist;
und wenn sie tanzt, daß nur der Rhythmus so knackt,
und wenn sie ein ganzes Theater bei allen Sinnen packt;
und wenn das Leben bunt ist hierzulande –:
    das ist eine Schande.

Wenn aber Christus, der gesagt hat: »Du sollst nicht
töten!«,
an seinem Kreuz sehen muß, wie sich die Felder blutig
röten;
wenn die Pfaffen Kanonen und Flugzeuge segnen
und in den Feldgottesdiensten beten, daß es Blut möge
regnen;
und wenn die Vertreter Gottes auf Erden
Soldaten-Hämmel treiben, auf daß sie geschlachtet werden;
und wenn die Glocken läuten: »Mord!« und die Choräle
hallen:
»Mord! Ihr sollt eure Feinde niederknallen!«
Und wenn jemand so verrät den Gottessohn –:
    Das ist keine Schande.
              Das ist Religion.   *II, 1083 f.*

Die Kirche ist allemal dabei

Es gab eine Kommißfrömmigkeit, von der vor allem die
Pfaffen befallen wurden, und obgleich nach unserem guten alten Dogma Religion Privatsache ist, muß doch gesagt
werden, daß es kaum etwas Widerwärtigeres gab, als die
maßlose Dummheit (zur Verlogenheit langte es kaum), mit
der die Priester aller drei Konfessionen ihre Bibeln so lange
drehten und wendeten, bis unten der Spruch herausfiel:
»Du sollst töten.«   *I, 713*

Die Katholiken haben sonst ihr gerüttelt Maß Schuld. Es ist
nicht so groß wie das der protestantischen Hofprediger; für
die gibt es keine Bezeichnung, die nicht unter das Strafge-
setz fiele. Frömmigkeit und Krieg ... der gradezu gotteslä-

sterliche Satz eines Herrn Matthias Laros, der sich also
ausläßt: »So groß der Anteil des Krieges an der Sittenver-
wilderung der Nachkriegszeit angesetzt werden mag – er
ist um so beträchtlicher, als die Militärbehörde selber den
jungen Leuten die Präventivmittel in die Hand gab und
›einwandfreies Bordellmaterial‹ lieferte.« Also daß die Katholiken Menschen getötet haben, das geht ja noch an.
Aber daß die Militärbehörde auf einen bestehenden Status
Rücksicht nahm und dafür sorgte, zu wenig sorgte, daß sich
nicht noch mehr Leute den Tripper holten... das könnte
ja wohl die Dogmen bedrohen. Eine vergnügte Christen-
liebe.   *III, 758*

... die christliche Kirche treibt nicht nur die Gläubigen in
die Gräben und segnet die Maschinen, die zum Mord bestimmt sind – sie heilt auch die Wunden, die der Mord
geschlagen hat, und ist allemal dabei.   *II, 625*

Und heilig ist es ihnen, was wir da ablehnen? Es ist ihnen
heilig, sieh mal an. Aber was uns heilig ist: wer kümmert
sich denn darum? Wer schützt unsre Gefühle? unsern
Glauben an den Sozialismus? unsre Ziele, die man nicht
gut samt und sonders als unethisch ansprechen kann? Uns
verletzt es zum Beispiel, einen Geistlichen Fahnen einseg-
nen zu sehn, die über Staatsmorden im Winde wehn, aber
niemand nimmt auf unsre Gefühle Rücksicht. Wir benehmen uns aus Gründen des Geschmacks in den Kirchen
anständig – man kann nicht sagen, daß sich die Katholiken
in den Bezirken des Geistes ebenso anständig benehmen.
                                                              III, 786

Jappend hinter der Zeit her

Wer da schreit: »Dem Volke muß die Religion erhalten
bleiben«, lügt; gemeint ist: »Das Volk muß der Religion
erhalten bleiben.« Das Volk ist ihr in großen Teilen wegge-
laufen.   *III, 93*

Die frommen Herren wollen so oft wissen, was wir denn
eigentlich gegen sie und ihre Religion, wie sie sie ausüben,
vorzubringen hätten. Eines unsrer Argumente ist die trostlose Plattheit ihrer religiösen Gefühle...

Und der Grund, aus dem der Kirche täglich mehr und
mehr Leute fortlaufen, was nur zu begrüßen ist, liegt eben
hierin: daß viele Diener dieser Kirche nur noch viel zu
reden, aber wenig zu sagen haben. Wie schlecht wird da
gesprochen! Wie oberflächlich sind die scheinbaren An-
knüpfungspunkte an das Moderne, darauf sind diese Männer auch noch sehr stolz. Wie billig die Tricks, mit einer
kleinen, scheinbar dem Alltag entnommenen Geschichte
zu beginnen, um dann... emporzusteigen? Ach nein. Es ist
so etwas Verblasenes – die Sätze klappern dahin, es rollen
die Bibelzitate, und in der ganzen Predigt steht eigentlich
nichts drin...

Aber eine so gute Propaganda, wie sie die Kirche gegen
die Kirche macht, können wir gar nicht erfinden. Und ich
weiß viele, die mit mir denken: Wir sind aus der Kirche
ausgetreten, weil wir es nicht länger mitansehn konnten.
Wir sind zu fromm.   *III, 891 f.*

... das Unsäglichste, was an Religion zur Zeit auf diesem
Erdball hergestellt wird: ... die Clownerien amerikani-
scher Pfaffen, die ja wohl das Äußerste und Letzte an Ent-
würdigung der Religion leisten.   *III, 410*

Was an der Haltung beider Landeskirchen auffällt, ist ihre
heraushängende Zunge. Atemlos jappend laufen sie hinter
der Zeit her, auf daß ihnen niemand entwische. »Wir auch,
wir auch!«, nicht mehr, wie vor Jahrhunderten: »Wir.«
Sozialismus? Wir auch. Jugendbewegung? Wir auch.
Sport? Wir auch. Diese Kirchen schaffen nichts, sie wandeln das von andern Geschaffene, das bei andern Entwik-
kelte in Elemente um, die ihnen nutzbar sein können.
                                                          III, 410

Die gehen neuerdings mit der Zeit mit, wie ein Kriegsge-
fangener, den ein übermütiger Husar ans Pferd gebunden
hat. Zur Zeit haben sie es mit dem Sozialismus. Man wird

dabei ein peinliches Gefühl nicht los: es ist ein Interesse, das die Kirche an den Arbeitern nimmt, dem gleich, mit dem sich eine Hausfrau für die Wanzen interessiert. Ihr fühlt die Not – aber ihr könnt sie nicht beheben, weil ihr ihre Quelle nicht sehen wollt. Sie wissen, wer auf dem rechten Flügel des Zentrums sitzt: Großindustrielle. Mit denen macht man keine soziale Politik. *III, 347*

Und es beten die Pfaffen nach alter Art
gegen sündige Teufelsgedanken.
Das Kirchenvermögen liegt wohlverwahrt
nebenan, nebenan in den Banken.
  Wer regiert die Welt –? Hier kann man das sehn.
  Um alle Kirchen die Banken stehn
    eine Etage höher. *III, 355*

Skrupellose, ganz und gar weltliche Strategie

Fassungslos das Erstaunen der Katholiken, daß jemand außerhalb ihrer Welt leben kann und gut dabei gedeiht. Rührend oder dreist – man darf sich das aussuchen – ihre Erwartung, man habe nur bei ihren Grundsätzen anzufangen, mit ihren Voraussetzungen, mit ihren sittlichen Forderungen. Die mögen gut sein, für sie. Für uns andre sind sie es nicht. Hier gibt es keinen Pakt, wenn es an das Soziale geht; fast alles, was die Kirche hier predigt, ist zu bekämpfen. *III, 785*

Kratze das Heiligenbildchen, und du findest den Stimmzettel. *III, 411*

Ihr wollt nicht das Kreuz umschrien haben? Dann müßt ihr es nicht im politischen Kampf schwingen. Wer will euch ans Kreuz? Die politischen Gegner wollen euch an den Stimmzettel, den ihr mit dem Kreuz deckt. *III, 413*

Und über die Mittel dieser Politik kann es nur ein Wort geben: skrupellose, ganz und gar weltliche Strategie. Wer das Kreuz vor solchen Wahlkampf hält, ist ein Heuchler.

III, 761

Kampf? Soweit sich die Kirche in die Politik einmischt: schärfster Kampf. Im übrigen: schweigen und vorübergehn. Es ist auch ganz falsch, hier Milde walten zu lassen, weil man sich davon vielleicht taktische Erfolge verspricht. Die Kirche und ihre politischen Parteien, sie werden nie etwas andres tun als das, was diesem Verein nützt. Zwei Einwände sind abzutun: man dürfe doch die Gefühle der andern nicht verletzen, und man treibe so das Zentrum dem Faschismus in die Arme. Da liegt es schon, trotz allem. Und wenn einige Maulhelden der Hitler-Garden nicht so unsäglich ungebildet und töricht wären: sie hätten schon längst davon abgelassen, das Zentrum durch die Ablehnung Roms, durch einen etwas schüchternen Wotankult und durch Jesuitenriecherei zu ärgern. Hitler gibt es auch billiger. Und das Ding möchte ich einmal sehen, das die Kirche nicht segnete, wenn sich das für sie lohnt.   *III, 785 f.*

Was mich von allem am meisten bekümmert, ist die Haltung des Papstes... Er, der seine Leute in Deutschland verrät und der in Italien sich zum Knecht des übelsten, ältesten und faulsten Imperialismus macht, wäre die einzige geistige Macht, die in Europa, eben weil die Katholiken nirgends territorial interessiert sind, etwas tun könnte.
Briefe, 308

Die christliche Religionsgemeinschaft ist nicht der Hort aller Sittlichkeit. Es gibt kein religiöses Monopol der Ethik. Millionen von anständigen und sittlich gefestigten Menschen schmähen die Kirchen nicht, leben aber bewußt und ganz und gar an ihren Lehren vorbei, und sie tun recht daran. Es ist unrichtig, daß der, der die Lehren der Kirche überwunden hat, ein sittlich minderwertiges Individuum ist. Wer so versagt hat, wie das Christentum im Kriege, sollte uns nichts von Sittlichkeit erzählen. Und keine Strafe wird uns hindern, ... von einem gesetzlichen Rechte Gebrauch zu machen. Nämlich allen unsern Freunden und vor allem den Frauen einen Rat zu erteilen:

Tretet aus der Kirche aus. Tretet aus der Kirche aus. Tretet aus der Kirche aus.   *III, 857*

Maul halten und weiterdienen

Vor mir liegt im Namen des Volkes die Begründung zu
dem Urteilsspruch gegen George Grosz, angeklagt wegen
Gotteslästerung im Jahre 1928 nach Christi Geburt... Aus
den Gründen:

»Nummer 10. Ein am Kreuz hängender, äußerst abge-
magerter Christus ist in der allgemein gebräuchlichen
Darstellung abgebildet, jedoch mit folgenden Besonder-
heiten: Das Gesicht ist durch eine Gasmaske verdeckt.
An den Füßen befinden sich Soldatenstiefel, durch die
die Kreuzesnägel getrieben sind. Die linke Hand ist nicht
ans Kreuz genagelt, sondern hält am erhobenen Unter-
arm ein Kreuz.

Unterschrift: Maul halten und weiterdienen.

...Aber gerade die besonders ins Auge fallende Ab-
weichung von der sonstigen Darstellung des gekreuzigten Christus, nämlich das stark und sichtbar gezeichnete
Kreuz in der linken Hand, gibt dem Bild die Wirkung, die
es nach der Ansicht des Gerichts auf den Beschauer
haben muß: Christus, für seine Lehre ans Kreuz geschlagen, hat für die Menschheit im Kriege, mit dessen Symbolen Gasmaske und Kommißstiefel man ihn bekleidet
hat, trotz seines eignen Opfers auch nur den Trost und
die Worte ›Maul halten und weiterdienen‹. Das Kreuz in
seiner Hand gibt der ganzen Darstellung erst das Typi-
sche; es wirkt in Verbindung mit den Worten der Unterschrift wie ein Ausrufungszeichen, Christus ruft diese
Worte im Zeichen des Kreuzes der Menschheit zu. Es
erscheint auch unverständlich, welchen Sinn diese Worte, wenn sie an den sterbenden Christus gerichtet würden, haben sollten. Gewiß verkörpert Christus, wie dem
Angeklagten geglaubt werden mag, die ans Kreuz geschlagene Unschuld, die allerdings bei Grosz nicht viel
Abweichendes von den Begriffen der Beschränktheit
oder der Dummheit hat.«

Die Worte »Maul halten und weiterdienen« werden
selbstverständlich nicht von dem am Kreuze hängenden
Christus gesprochen – wenn überhaupt diese oberlehrer-

hafte Feststellung von irgendwelchem Werte ist. Denn die
Unterschriftsworte brauchen mit Notwendigkeit von gar
niemandem gesprochen zu sein – der Zeichner gibt mit
diesem Satz die Melodie des Blattes an, ohne daß ein Sprecher vorhanden sein muß. Ist also schon die Suche nach
dem Sprechenden jeder gescheiten Kunstdeutung zuwi-
derlaufend, so ist, nimmt man überhaupt einen Sprechenden an, Christus sicherlich nicht derjenige, der spricht.

Dem steht entgegen, daß er eine Gasmaske trägt, so daß
also die Worte »Maul halten und weiterdienen« nur als
dumpfes Gemurmel, nicht aber als artikulierte Wörter an
das Ohr der Außenwelt zu dringen vermöchten, eine Überlegung, die vom seligen Nicolai stammen könnte, den
überrationalistischen juristischen Kunstbetrachtern aber
wohl recht sein wird. Es ist aber auch dem Sinn des Bildes
widersprechend, wenn angenommen wird, Christus spräche. Die gebeugte, gefesselte, mit einer Gasmaske gekne-
belte Gestalt ist wohl zu allerletzt berufen, einen Befehl zu
erteilen – ihre ganze Haltung drückt genau das Gegenteil
aus.

Wenn das Gericht hinzufügt: »Es erscheint unverständlich, welchen Sinn diese Worte, wenn sie an den sterbenden Christus gerichtet würden, haben sollten«, so begeht
es einen doppelten Denkfehler. Es wird damit zunächst
unterstellt, als müßten die Worte entweder von Christus
gesprochen oder an ihn gerichtet sein, was falsch ist. Die
Worte werden von niemand gesprochen und sind leiblich
an niemand gerichtet – kein Mund und keine Ohren sind
zu konstruieren. Es ist aber auch falsch, daß die Worte, an
Christus gerichtet, keinen Sinn ergäben.

Der Sinn, den sie haben, ergibt sich aus der Tendenz der
Bildermappe.

Die Worte sind vom Zeichner hinzugefügt, sie werden
über den Christus hinweggesprochen, und zwar zur
Menschheit, die in den Krieg getrieben wird – unter dem
Zeichen des Kreuzes. Der Staats-Christus, dem auf dem
Bild nur noch eine Fahne fehlt, um komplett zu sein, ist
aufgerichtet, um die Herde der Gläubigen zur Räson, nämlich zur Staatsräson zu bringen – in seinem Namen wird

befohlen: »Maul halten und weiterdienen«, und er fällt selbst unter den Befehl. Der Kriegs-Christus, dem sie auf einem französischen Schlachtfeld das Kreuz weggeschossen haben und der nun, flehend, mit erhobenen Armen und mit wenig Dank an preußische Richter, die ihn schützen, über das Gemorde hinwegschrie – dieser Christus ist im Sinne des § 166 von der eignen Kirche geschändet worden.

Das und nur das hat George Grosz gezeichnet und empfunden.

Die »ans Kreuz geschlagene Unschuld, die nicht viel Abweichendes von den Begriffen der Beschränktheit oder der Dummheit hat« – das ist der Staatsbürger, der in den beiderseitigen Kirchen diesseits und jenseits der Grenzen für Mord betete – und man wird das fatale Gefühl nicht los, als sei es den Richtern viel mehr auf die Erhaltung dieser rührend dienenden Unschuld als auf den Schutz einer Kirche angekommen, die sich etwas schämen sollte.

Denn eine Landeskirche, die im Kriege so jämmerlich versagt hat, die die Jugend eines ganzen Landes in das Schlachten hineinsegnete; eine Kirche, die kein Wort gegen den Staatsmord fand, sondern ihn im Gegenteil noch propagierte: eine solche Institution hat allen Anlaß, still zu schweigen, wenn aufgezeigt werden soll, wer hier schändet.

Die Begründung der Richter ist unrichtig, ihr Urteilsspruch beruht auf einem Denkfehler. Sie haben das Bild Nummer 10 falsch gedeutet; und es ist nicht etwa »Auffassungssache«, sondern diese richterliche Deutung entbehrt jeden Sinnes. Sie arbeiten nicht einmal in ihrer eignen Domäne sauber, wie es sich gehört.

Die Prätention der Kirche aber, die sich wieder heftig rührt, um durch richterlichen Schutz eine rechtens in die Binsen gegangene Autorität schützen zu lassen, ist fehl am Ort. Sie hat ihr Wort Gottes verraten. Uns kann das gleich sein. Sie ist aber am wenigsten von allen legitimiert, die Heiligkeit ihrer Lehre zu verteidigen, an die kein gesunder, zum Soldatendienst gepreßter Mensch glauben kann, wenn sie ihm nicht in der Jugend das Gehirn verbogen haben. Wir wollen auch keinem der Beteiligten den Gefallen tun, an seine sachlichen Absichten zu glauben.

Die Kirche, die aus den Inquisitionsprozessen die ihr liebgewordene Übung hat, den armen Sünder den staatlichen Henkern zuzustoßen und selbst im Hintergrund aufdringlich diskret zu beten, wirft die ihr unbequemen politischen Gegner den Richtern vor; die Justiz stürzt sich mit Wonne auf Leute, die sie sowieso als »Aufrührer« empfindet. Die Kirche hat nach ihren völlig negativen Leistungen im Kriege kein Recht:

uns ihre Feiertage aufzuzwingen;

unsern Kindern ihre Lehre aufzuzwingen;

sich mit Glockengeläute und Gesetzgebung eine Beachtung zu verschaffen, die ihr nicht zukommt;

sich in allen Bildungsfragen aufzudrängen und in alle Kinderhorte einzudrängen, denn sie repräsentiert nicht das einzige mögliche Weltbild, sondern nur eines, und das noch sehr unvollkommen. Sie versuche zu überzeugen – sie siege im Zeichen des Kreuzes, nicht im Zeichen des Landgerichtsdirektors. Sie schweige.

Wenn heute in allen Ländern mit Konkordaten und politischen Druckmitteln die katholische Kirche eine gradezu unheilvolle Rolle spielt, so ist das die Schuld ihrer Gegner. Die sind schwach; die haben ein schlechtes Gewissen und getrauen sich nie, klar und laut zuzugeben, daß sie vom Fegefeuer nichts mehr wissen wollen, sie demonstrieren nur leise gegen die Kirchensteuer – und wenn die Germanen, die so viel mit den Juden zu kakeln haben, wirklich wüßten, daß der Vatikan sie so nebenbei, mit der linken, rot behandschuhten Hand, regiert: sie wüßten, wo ihr Feind steht. Aber das haben sie nie gewußt.

Gegen eine solche unzureichende Begründung aber ist zu sagen, daß die Kirche unsre Gefühle verletzt; daß die aggressive Politik der Katholiken in Bayern und anderswo geeignet ist, unser Empfinden zu verletzen. Dieser Schutz der Kirche ist ein Angriff auf uns. Daß Grosz inzwischen einmal freigesprochen wurde, ändert nichts an diesem Hieb gegen die so überschätzte Kirche.   *III, 52 ff.*

Anmerkungen

[1] Kurt Tucholsky, Gesammelte Werke. Hrsg. von *Mary Gerold-Tucholsky/Fritz J. Raddatz*, 3 Bde., Reinbek b. Hamburg 1960 f. Alle Tucholsky-Zitate nach dieser Ausgabe oder nach der Ausgabe der Briefe: Kurt Tucholsky, Ausgewählte Briefe. 1913–1935. Hrsg. von *Mary Gerold-Tucholsky/Fritz J. Raddatz*, Reinbek b. Hamburg 1962. – [2] *Karlheinz Deschner*, Mit Gott und den Faschisten. Der Vatikan im Bunde mit Mussolini, Franco, Hitler und Pavelić, Stuttgart 1965, 11.

Wichtig für das Verständnis der Stellungnahme Tucholskys zum Christentum ist ferner Kurt Tucholsky, Briefe an eine Katholikin, 1929–1931, Reinbek b. Hamburg 1970.

Abdruck der Zitate mit freundlicher Genehmigung Frau Mary Tucholskys und des Rowohlt Verlags, Reinbek b. Hamburg.

HENRY MILLER
1891–1980

> . . . und wie schnell ich auch
> schreibe, die alte Welt stirbt
> nicht schnell genug.
>
> Henry Miller[1]

»Ich schaue die Leute mit Mörderblicken an. Wenn ich eine
Bombe schleudern und das ganze Viertel in Trümmer legen
könnte, würde ich es tun. Ich wäre glücklich, sie zerfleischt,
schreiend, in Stücke gerissen, vernichtet in die Luft fliegen zu
sehen. Töte, töte, töte! Töte sie alle, Juden und Christen,
Junge und Alte, Gute und Böse . . .«[2]

Geblendet vom »prächtigen Zusammenbruch der Welt«[3],
kann Henry Miller mitunter sogar die »Reine Vernichtung«
ersehnen[4], der kapitalistischen wie kommunistischen Ära,
besonders jedoch der amerikanischen, die er als Inbegriff des
Bösen brandmarkt, als zivilisatorischen Schwachsinn verhöhnt, als »schwarzen Fluch«[5], »Mordmaschine«[6], »Alp-
druck mit Klimaanlage«[7], »Senkgrube des Geistes«[8]. Dabei
ist dieser rabiate Romantiker und Anarchist ein großer Beja-
her des Lebens, der Verkünder einer neuen seelischen Wirklichkeit, eine der Brücken, »über die die Menschheit schrei-
ten muß, ehe sie in das Himmelreich treten kann«[9]. Voraussetzung dazu aber ist jene Revolution der Revolutionen, der
gerade sein Werk mit den Boden bereitet. »REVOLUTION —
eine Weltrevolution von oben bis unten, in allen Ländern,
allen Klassen, in jeder Schicht des Bewußtseins. Der Kampf
gilt nicht der Krankheit, Krankheit ist ein Nebenprodukt.
Der Feind des Menschen sind nicht die Bazillen, sondern
der Mensch selbst, seine Eitelkeit, seine Vorurteile, seine
Dummheit, seine Arroganz. Keine Klasse ist immun, kein
System bietet ein Allheilmittel. Jeder einzelne müßte sich
gegen eine Lebensart auflehnen, die nicht die seine ist.
Diese Revolution müßte ununterbrochen und unnachgie-
big geführt werden, um wirksam zu sein. Es genügt
nicht, Regierungen, Herrscher, Tyrannen zu stürzen, man
muß seine eigenen voreingenommenen Ideen von Recht

und Unrecht, gut und böse, gerecht und ungerecht über Bord werfen...«[10]

Alles Rebellentum Millers, sein Eskapismus, sein Zivilisationshaß, seine furiosen Vernichtungsexzesse sind nicht nur Akte der Rache an einer von ihm total verdammten (und ihn selber lang verdammenden) Gegenwart, einer Zeit, die »in Schmerz und Wahnsinn heult«[11], sondern immer auch Manifestationen chiliastischer Sehnsucht, mystischen Fernwehs und Heimwehs, Ausdruck von Vertrauen fast, Zuversicht, Bekundungen jener »Doktrin des Herzens«[12], die er stets über die des Kopfes stellt. Und all sein vehementes Beschreiben des Sexuellen, was ist es anderes als das verzweifelte Insistieren auf einem reinen, ungebrochenen Genuß der Wirklichkeit, Dokumentation desolater Trauer um eine längst verlorene Vitalität? Miller ruft nein, reißt ein, demaskiert, er bekämpft die Entwertung des Daseins, die Arbeitsfron, die Mechanisierung, Vermassung, Verflachung (»Jeder Vergleich mit der Insektenwelt ist unzulässig, man könnte uns höchstens mit entarteten Nachkommen der Insekten vergleichen«[13]), er protestiert gegen die Entmenschlichung des Menschen, doch nur aus Sehnsucht nach einer besseren Welt, nach größerer Freiheit, nach Vollkommenheit. Er haßt, weil er liebt – hierin sehr Nietzsche verwandt, dem gewiß viel rationaleren, programmatischeren Geist, der ihn nachdrücklich beeinflußt hat.

Freilich wird für Miller das Christentum nicht zentrales Angriffsobjekt. Man könnte sogar zweifeln, ob ein Mann, der bekannte, »niemals am Christentum interessiert gewesen zu sein«[14], dessen Gegnern zugezählt werden darf, ein Schriftsteller, der so irrational, ja, cum grano salis, antiintellektuell geprägt, der auf seine Art ein Mystiker ist, auf seine Weise versucht, »seine Seele zu retten«[15], der einst nach Paris kam, »um zu lernen, wie man ein Heiliger wird«[16]. Doch wie sehr Miller auch von den vielfältigsten religiösen, gnostischen, okkulten Erfahrungen, Vorstellungen, Mutmaßungen Impulse empfing, von fernöstlichen Meditationspraktiken und antiken Mysterienkulten, von Rosenkreuzern, dostojewskijschem Gottsuchertum, zeitgenössischer Theosophie, wie überzeugt er ausrufen kann: »Laßt uns von neuem beginnen.

Laßt uns neue Kathedralen bauen, wieder gemeinsam singen... Laßt uns wieder zu dem unbekannten Gott beten,
aber im Ernst, aus ganzem Herzen und aus ganzer Seele«[17] –
für die christlichen Kirchen hatte er stets bloß Verachtung,
und von seinen ungestümen Attacken auf das Bestehende
bleibt auch das Christentum insgesamt nicht verschont. Es
fällt ihnen, oft stillschweigend, oft nur andeutungsweise, oft
aber auch ausdrücklich zum Opfer. Es gerät wie von selbst in
jenen reißenden und reinigenden Malstrom, mit dem er die
»Pest des modernen Fortschrittes«[18] vernichten, mit dem er
die ganze Trübsal und Tyrannei so törichter wie tödlicher
Traditionen beseitigen und Platz schaffen möchte für eine
friedliche, freiere, frohere Welt, eine »heilige Heiterkeit«.
    Freilich: »Wie kann man lachen, wenn die innere Magenhaut zerfressen ist? Wie kann man lachen nach all dem
Jammer, mit dem uns die teiggesichtigen, hohlwangigen,
traurigen, schmerzlich dreinblickenden, feierlichen, ernsten, seraphischen Geister vergiftet haben?«[19] Das ist Geist
von Nietzsches Geist. Wie kann man lachen in einer christlichen Welt! In einer Welt der Fanatiker, Verbrecher, Asketen,
Idioten. In einer Gesellschaft, die die Erde, den Menschen,
den Leib und die Seele geschändet, die sie unfaßlich erniedrigt, entwürdigt hat. Deren Gott ein Raubtiergott ist, ein
»Haifisch, der mit seinen Parasiten umherschwimmt«[20], ein
Popanz der Totschläger und Sklavenhalter, doch auch der
Versklavten, der Feigen, Folgsamen, Sichunterwerfenden,
die den leichten Weg vorziehen, »auf dem sie nicht viel zu
denken haben und die Verantwortung anderen zuschieben
können«, die »nur einen Mittler finden wollen, der den durch
ihre Dummheit oder seelische Erbärmlichkeit angerichteten
Schaden wiedergutmacht«[21]. Gedachte aber der oft Gott bemühende Dichter früher noch jener Zeit, »wenn Gott wiedergeboren wird«[22], weiß er dann: »Gott ist. Die Welt ist. Der
Mensch ist. Wir sind. Die volle Wirklichkeit, das ist Gott –
und der Mensch und die Welt und alles, was ist, einschließlich des Unnennbaren.«[23] Erwägt man, was dieser Autor über
Gott und die Gesellschaft, zumal in späteren Jahren, schrieb,
wird deutlich, daß er, über viele tatsächliche oder scheinbare
Widersprüche hinweg, alles in allem doch durchaus auch in

jener Tradition steht, die in der christlichen Welt hinaufreicht bis zu dem schönen »apokryphen« Jesuswort: »Sahst du deinen Bruder, so sahst du deinen Gott.«[24]

Von Jesus spricht Miller stets mit Achtung, Verehrung, manchmal fast mit brüderlicher Sympathie, als erkennte er in ihm etwas von jenem schwärmerischen Radikalen, jenem bedürfnislosen, zivilisationsfeindlichen apokalyptischen Propheten, der er selber ist.[25] Es gefällt ihm, daß Jesus offenbar nicht einmal eine Reisetasche trug, wie Somerset Maugham auf seinen Wanderungen in China, daß er kein Bankbuch, keine Versicherungspolice besaß, auch keinen akademischen Grad, etwa gar den Doktor der Theologie. Und wie nah doch kommt Miller diesem Jesus, wenn er in »Max und die weißen Phagocyten« bei der Konfrontation zweier Juden, des reichen Boris, des armen Max, ausbricht: »Von Angesicht zu Angesicht sitzest du deinem Bruder gegenüber und willst ihn nicht umarmen. Das kann ich dir nie verzeihen. Sieh Max an! Er ist fast dein zweites Ich ... Mach kein Problem aus ihm. Es ist Fleisch und Blut, Boris, *Fleisch und Blut.* Er schreit in Angst, und du gibst vor, nicht zu hören. Du stellst dich absichtlich taub, stumm und blind. Du bist tot angesichts des lebenden Fleisches. Tot angesichts deines eigenen Fleisches und Blutes. Du wirst keinen Gewinn haben, weder im Geist noch im Fleisch, wenn du Max nicht als deinen wahren Bruder anerkennst. Deine Bücher dort auf dem Regal ... sie sind faul, deine Bücher! Was geht mich dein kranker Nietzsche an, dein bleicher, liebender Christus, dein sterbender Dostojewskij! Bücher, Bücher und wieder Bücher. Verbrenn sie! Sie sind dir nichts nutz. Besser, nie eine Zeile gelesen zu haben, als nun in deinen beiden Schuhen dazustehen und hilflos die Achseln zu zucken. Alles, was Christus sagte, ist Lüge, alles, was Nietzsche sagte, ist Lüge, wenn du das Wort nicht im *Fleisch* erkennst.«[26] Das ist Geist vom Geiste Jesu; ist wie ein ferner Nachhall der lukanischen Erzählung vom reichen Mann und armen Lazarus.

Freilich, nach Jesus »wurde es dunkel ... kamen Peter und Paul, die Apostelgeschichte, Hieronymus und Augustinus«[27], kamen all »die Märtyrer und Schwachköpfe, die goldene ... Treppen hinaufsteigen und Halleluja singen«[28], kam der ganze »widerliche christliche Singsang, der wie eine Lawine alles vom Ätna bis zur Ägäis überflutete«[29]. »Dazwischen eine Lehre nach der anderen, eine Kirche nach der anderen, ein Kreuzzug nach dem anderen, eine Inquisition nach der anderen. Alles im Namen Jesu.«[30] Wie die meisten Großen vor ihm weiß Henry Miller, daß Jesu Lehre – »ein mächtiges Werk!«[31] – niemals mehr verachtet, mehr mit Füßen getreten, mehr in sein Gegenteil verkehrt worden ist als in der christlichen Kirche. »Was unter dem Namen Christentum geht«, bekennt er 1964, »ist ein Verrat und eine Karikatur all dessen, was Jesus vertrat.«[32] Es wurde »niemals praktisch in die Tat umgesetzt«[33]. Wiederholt behauptet er, daß es gar keine Christen gebe; daß man allenfalls ohne Kirche Christ sein könne, zumindest »die wirklichen ›Gottesmänner‹ außerhalb der Kirche« stünden, wie »die wirklichen Führer außerhalb der Welt der Politik«[34]; und er ist, mit Goethe, Dostojewskij, sicher, daß Jesus, käme er heute, von der Kirche nicht erkannt, sondern wahrscheinlich wieder getötet werden würde.

Nicht zuletzt das Christentum hat nach Miller die durch ihn so beklagte Trennung von Natur und Geist geschaffen, hat die Welt jahrhundertelang terrorisiert und eingefroren. »Kriege, Revolutionen, Spaltungen aller Art waren an der Tagesordnung. Nie waren die Lebensbedingungen der Massen anders als unsicher und erniedrigend. Unwissenheit, Bigotterie und Aberglaube regierten in allen Jahrhunderten. Europa bietet ein schwarzes Bild, wenn man einen langen Blick den Korridor der Welt hinunterwirft.«[35] Miller selber sieht da die »Ausrottung der Albigenser«, das Elend »der Kreuzzüge, der Inquisition, der Abschlachtung der Hugenotten..., der nie endenden Judenverfolgungen..., der unsagbaren Machenschaften des Vatikans«[36]. »Alles steifgefroren wie Schlacken, der Geist versperrt und erstarrt vor Frost, und durch das melancholische Klagen dringt das erstickte Röcheln läusezerfressener Heiliger.«[37]

Erst Griechenland mit seinen Resten einer vorchristlichen Kultur verleiht ihm »das seltsame Gefühl, in der Heimat zu sein«[38], jenseits »jenes Segens, den man Christentum nennt«[39], »frei von allem christlichen Humbug«, von »zwei-

tausend Jahre(n) der Unwissenheit und des Aberglaubens«
und »dem Dreck«, der sich dazwischen angesammelt[40].
Hier, bei der Wiederentdeckung einer prächristlichen Welt,
eines vorklassischen Archaikums – ein spätes Zentralerlebnis
Millers –, trifft sich sein Traum von der Utopie mit dem vom
verlorenen Paradies. Doch bleibt es sein Leben lang eine
seiner wesentlichsten, von ihm oft umschriebenen Einsichten: »Auf die Vergangenheit zu spucken, genügt nicht. Die
Zukunft zu verkünden, genügt nicht. Man muß handeln, als
ob der nächste Schritt der letzte wäre, was er ja ist.«[41] Auch
Miller hätte am Ende seines Lebens, wie D. H. Lawrence »mit
dem letzten Atemzug«, bekennen können: »Laßt uns aufs
äußerste lebendig werden, das ist's, was ich zu sagen versuchte.«[42]

Gegen die Hallelujas, die Heuchelei von Lügnern,
Schwachköpfen, von Haarspaltern und Quacksalbern des
Geistes aller Art schreibt Henry Miller, ohne zu erröten, ohne
zu stammeln und mit dem besten Gewissen der Welt. Wo er
auftritt, fallen die Bleichsuchtideale, der ganze Mummen-
schanz und das Muckertum des christlichen Abendlandes,
steht er auf den Trümmern einer Moral, die Generationen um
Generationen verbluten ließ – ein Rufer in der Wüste, der
Prophet einer heiligen Heiterkeit, der Klassiker einer neuen
Unschuld des Leibes und einer neuen Liebe zum Leben.
»Eines Tages werden wir wissen, was es heißt, ein ewiges
Leben zu haben – wenn wir aufhören, zu morden.«[43]

Karlheinz Deschner

Es gab nur einen Christen ...

Meine Eltern waren Lutheraner, gingen aber nie zur Kirche. Ich wurde in eine presbyterianische Kirche geschickt,
die ich mit etwa sechzehn oder siebzehn verließ. Meine
einzig gute Erinnerung in diesem Zusammenhang ist die
Predigt eines christlichen Sozialisten (ich glaube, eines
Kohlenkumpels), der über sein Thema auf Einladung unseres Geistlichen sprach. Es erweckte mein Interesse am

Sozialismus – ich war damals dreizehn oder vierzehn –, und dies Interesse wuchs noch, als ich sah, daß meine Eltern sich solchem »Unsinn«, gefährlichem Unsinn, wie sie sagten, erbittert entgegenstellten. Das war um die Zeit, als Jack London die amerikanischen Colleges und Universitäten bereiste und die »Revolution« predigte. Und was Jack London über den Sozialismus zu sagen hatte, bedeutete mir natürlich mehr als irgendwas, das ein christlicher Priester sagen konnte. Mein Großvater, Valentin Nieting, der von Darmstadt stammte, war ein wirklicher Sozialist und hatte Deutschland verlassen, um dem Militärdienst zu entgehen, genau wie mein Großvater väterlicherseits, Heinrich Müller von Hannoversch Münden.

Ich habe oft in meinen Büchern bekannt, alles der Anarchistin Emma Goldmann zu schulden, die mir Nietzsches Werk erschloß, besonders (als ich 21 war) den *Antichrist.* Wirklich, der Essay, den ich über dies Buch (in meines Vaters Schneiderladen) schrieb, war wahrscheinlich die erste ernsthafte Arbeit von mir. Es war Nietzsche, wie Sie wissen, der sagte: »Es gab nur einen Christen, und der starb am Kreuz.« Dies ist, mein ganzes Leben lang, auch meine Meinung gewesen, bestätigt durch persönliche Erfahrung. Die wenigen, die ich kannte, die beinah die Bezeichnung Christen verdienten, gehörten überhaupt keiner Kirche an. Und ich glaube, existierte ein Christ, könnte er unmöglich Mitglied einer Kirche sein. Alles, wofür die Kirche eintritt, scheint mir Hohn und Spott auf das, was Jesus predigte. Ich bin sicher, käme Jesus heute, würde er von der Kirche nicht erkannt, sondern wahrscheinlich verfolgt und wieder zu Tode gemartert werden. Das Leben des heiligen Franziskus zeigt meines Erachtens, was auf jeden wartet, der versucht, Jesu Leben zu leben . . .

Das Christentum ist untrennbar von unserer westlichen Kultur und sein Schicksal fest mit dem ihren verbunden. So scheint es mir. Selbst jene, die ihr religiöses Erbe leugnen, werden gleichwohl dadurch bestimmt. Keiner von uns beginnt von vorn. Meines Wissens gab es niemals eine Gesellschaft, in der Freiheit und Toleranz prävalierten, eine Gesellschaft, in der man hatte, was man »eine Wahl« nennen könnte. So viel von unserer Zeit und Energie wird verschwendet im Kampf gegen die Lügen, den Aberglauben, die Unwissenheit und Heuchelei unserer Väter und Vorväter.

Das führt mich zu der Feststellung, daß ich wirklich glaube, Jesus schwebte eine freie Gesellschaft vor, eine Gesellschaft, in der der Mensch nur der Stimme seines Gewissens gehorchte, in der er Befehle bekäme gleichsam nur von Gott, kurz, eine Gesellschaft, in der wir keine Regierungen brauchten, keine Polizei, Soldaten, Rechtsanwälte und Medizinmänner. Natürlich ist solch eine Revolution noch undenkbar für die große Mehrheit der Männer und Frauen. Was einer derartigen Weltanschauung am nächsten kam, hörte ich aus dem Mund von »Anarchisten«....

Ich glaube, daß sich in unserer ganzen Gesellschaftsstruktur gegenwärtig eine gewaltige Revolution vollzieht, deren Bedeutung den meisten von uns freilich völlig entgangen ist. Mir scheint es unmöglich, noch viel länger in der Art dieser letzten zehntausend Jahre oder mehr fortzufahren. Ist der kommende Umbruch etwa das, was er nach meiner Meinung sein sollte, werden wir endlich fertig sein mit Religionen und wahrhaft religiös werden, in Glaube, Wort und Tat miteinander verbunden. Ich sehe aber wirklich nicht, daß dazu irgendeine Kirche irgendwo in der Welt beigetragen hat.

An Karlheinz Deschner, 1. März 1964

Gott

Ein Name hat sich tief eingeprägt. Ein Begriff. Jeder gibt vor, ihn nicht zu kennen, sich seiner nicht mehr zu erinnern. Aber der Name hat sich tief eingeprägt, so tief, wie die entferntesten Sterne im Weltall kreisen. Er umfaßt Zeit und Raum, schafft grenzenlose Einsamkeit. Der Name breitet sich aus und wird immer mehr zu dem, was er immer darstellte und immer darstellen wird – Gott. In jener Herde, die sich auf leisen Sohlen vorwärtsbewegt, in jenem wilden Aufbruch, der verzweifelter ist als die schlimmste Panik – ist Gott. Gott leuchtet wie ein Stern am Firmament

des menschlichen Bewußtseins: der Gott der Büffel, der
Gott der Renntiere, der Menschen Gott... Gott. Nirgends
ist Gott gegenwärtiger als in einer gottlosen Menge.
Schwarzer Frühling, Erzählungen, Hamburg 1954, 289 f.

Während ich die Bergspitze erklimme, betrachte ich die
Konturen eurer Gebäude, die morgen in Rauch und Asche
sinken. Ich studiere eure Friedensprogramme, die ein Ha-
gel von Geschossen zerfetzen wird. Eure glanzvollen
Schaufenster sehe ich mir an, vollgepfropft mit Gegenständen, für die morgen kein Bedarf mehr sein wird. Ich betrachte eure abgespannten Gesichter, denen man die
Überarbeitung ansieht. Mit euren Senkmägen stinkt ihr
wie Gott und seine gnädige Weisheit und Liebe. Gott, der
die Menschen verschlingt! Gott als Haifisch, der mit seinen
Parasiten umherschwimmt!   *Schwarzer Frühling, 295*

Und was ist der Mensch mit allen seinen Möglichkeiten
schließlich? Ist er nicht die Summe alles dessen, was
menschlich ist? *Göttlich,* mit anderen Worten? Sie meinen,
ich sei auf der Suche nach Gott? Nein. Gott ist. Die Welt ist.
Der Mensch ist. Wir sind. Die volle Wirklichkeit, das ist
Gott – und der Mensch und die Welt und alles, was ist,
einschließlich des Unnennbaren. Ich bin für Wirklichkeit,
für immer mehr Wirklichkeit. Darin bin ich Fanatiker,
wenn sie wollen.
*Big Sur und die Orangen des Hieronymus Bosch, Rein-
bek b. Hamburg 1966, 274*

Jeden Abend nach dem Essen bringe ich den Abfall in den
Hof. Wenn ich wieder nach oben komme, bleibe ich mit
leerem Eimer an dem Treppenfenster stehen und schaue
mir Sacré-Cœur an, hoch auf dem Montmartrehügel gelegen. Jeden Abend, wenn ich den Abfall nach unten bringe,
stelle ich mir vor, wie ich selbst in blendender Weiße auf
einem hohen Hügel stehe. Kein heiliges Herz inspiriert
mich, ebensowenig denke ich an Christus. Ich denke an
etwas Besseres als Christus, an etwas Größeres als ein
Herz, an etwas, das noch über Gott den Allmächtigen

geht – *an mich selbst. Ich bin ein Mensch.* Das scheint mir genug.

Ich bin ein Gottmensch und ein Teufelsmensch. Jedem, was ihm gebührt. Nichts Ewiges, nichts Absolutes. Vor mir immer das Bild des Körpers, unser dreieiniger Gott, *Penis* und *Hoden.* Auf der rechten Gott Vater, auf der linken und ein wenig tiefer Gott Sohn, inmitten und über ihnen der Heilige Geist. Nie kann ich vergessen, daß diese heilige Dreieinigkeit Menschenwerk ist, daß sie unendlichen Veränderungen unterliegt – aber solange wir mit Armen und Beinen aus der Gebärmutter kommen, solange Sterne über uns sind, uns rasend zu machen, und Gras unter unseren Füßen wächst, um die Wunder in uns mit weichem Polster zu empfangen, so lange wird dieser Körper zu allen Melodien tanzen, die wir pfeifen mögen.

Schwarzer Frühling, 35 f.

Jesus

Wenn ich die Evangelien lese, stoße ich nie auf eine Stelle, wo von dem Gepäck die Rede ist, das Jesus mit sich trug. Es wird nicht einmal eine Reisetasche erwähnt, wie sie Somerset Maugham auf seinen Wanderungen in China bei sich hatte. (Der Bildhauer Buffano reist mit dem leichtesten Gepäck, das ich jemals bei einem Menschen gesehen habe, aber selbst Bennie nimmt eine Schachtel für sein Rasierzeug mit, in die er noch Wäsche, eine Zahnbürste und ein paar Socken hineinstopft.) Jesus aber besaß nicht einmal eine Zahnbürste, soviel man weiß. Kein Gepäck, keine Möbelstücke, keine Wäsche, kein Taschentuch, keine Kennkarte, kein Bankbuch, keine Versicherungspolice, kein Haus (nicht einmal einen Winterpalast), er brauchte auch keine Briefe zu lesen und zu beantworten. Soviel wir wissen, schrieb er nie eine Zeile. Heimat war für ihn, wo er sich gerade befand. Nicht, wo er seinen Hut aufhängte, denn er besaß keinen.

Er hatte keine Bedürfnisse, das ist's. Ihn verlangte nicht einmal nach einem so armseligen Posten wie dem eines Garderobedieners. Als Zimmermann arbeitete er nicht lan-

ge. Er stellte auch keine höheren Lohnforderungen. Nein,
er hatte Wichtigeres zu tun. Er bewies, wie lächerlich es ist,
im Schweiße seines Angesichts zu arbeiten. *Seht die Lilien
auf dem Felde* ...   *Big Sur, 222 f.*

Kann man sich vorstellen, daß Jesus einen akademischen
Grad erhielt? Etwa wegen seiner Krankenheilungen zum
Ehrendoktor gemacht wurde? Von allen Graden hätte der
»Doktor der Theologie« am wenigsten zu ihm gepaßt.
Big Sur, 225

Jesus hatte keine Verstärkungen hinter sich. Er hatte nur
sein eigenes zartes Fleisch, und wir wissen, wie es zuge-
richtet wurde. Er hing am Kreuz, und als die Qualen zu
groß wurden, rief er: »Mein Gott, warum hast du mich
verlassen?« Dann wurde es dunkel, die Erde bebte und
spie die Toten aus, und der Himmel war voll von unheilver-
kündenden Vorzeichen. Dann kamen drei Tage und Nächte. Dann noch weitere vierzig Tage. Dann kamen Peter und
Paul, die Apostelgeschichte, Hieronymus und Augustinus
und nach vielen Monden Franziskus, der heilige Franziskus von Assisi. Dazwischen eine Lehre nach der anderen,
eine Kirche nach der anderen, ein Kreuzzug nach dem
anderen, eine Inquisition nach der anderen. Alles im Namen Jesu.   *Big Sur, 200*

Katholizismus, Kreuz und Krieg

Was die Päpste in den Bart murmelten, ist eines – was sie an
ihre Wände malen ließen, ein anderes. Die Worte sind tot.
Schwarzer Frühling, 71

Ich bin kein Katholik, ich habe für den ganzen Mum-
menschanz und den Humbug, alles, was mit dem Katholizismus verknüpft ist, nichts übrig.   *Big Sur, 101*

Ich bin nicht für das Kreuz, und ich finde, dieses ganze
Gerede vom Kreuz ist einen Schmarren wert, nichts als
Selbstmitleid, Schwäche. Aber wenn es das Kreuz sein

muß, dann lassen Sie es das Kreuz sein. Scheiße, aber es ist ein ehrenhafter Ausweg. Er bringt Erleichterung – außer Galle und Essig.

Lawrence Durrell – Henry Miller, Briefe 1935–1959, Reinbek b. Hamburg 1967, 99

Wenn der Christ ein geistliches Lied singt, klingt es, als ob er in den Krieg marschiere. *Vorwärts, christliche Soldaten!* Wie geht es noch mal –? Als ob er in den Krieg zöge. Warum *als ob?* Sie führen immer Krieg – mit dem Säbel in einer Hand und dem Kruzifix in der anderen.

Nexus, Reinbek b. Hamburg 1970, 231 f.

Ich gehe mitten durch die Zivilisation, und so sieht sie aus: Auf der einen Seite fließt die Kultur wie ein offener Abzugskanal, auf der anderen Seite sind die Schlachthäuser, wo alles an Haken hängt, aufgeschlitzt, blutig, von Fliegen und Maden wimmelnd. Der Boulevard des Lebens im zwanzigsten Jahrhundert. Ein Triumphbogen nach dem anderen. Roboter mit der Bibel in der einen Hand und einem Gewehr in der anderen. Lemminge, die dem Meer zueilen. *Vorwärts, christliche Soldaten, marschieret wie in den Krieg...* *Nexus, 287*

Laßt sie für ein paar Jahrhunderte in dieser Sackgasse schmoren

Lachen! rief Rabelais. Für alle deine Leiden – lachen! Aber bei Jesus, es ist schwer, nach all den Quacksalbereien, die wir haben hinunterschlucken müssen, sich diese Weisheit der heiligen Heiterkeit anzueignen! Wie kann man lachen, wenn die innere Magenhaut zerfressen ist? Wie kann man lachen nach all dem Jammer, mit dem uns die teiggesichtigen, hohlwangigen, traurigen, schmerzlich dreinblickenden, feierlichen, ernsten, seraphischen Geister vergiftet haben? Ich verstehe die Perfidie, mit der sie zu Werke gegangen sind. Ich verzeihe ihnen ihr Genie. Aber es ist schwer, sich von all der Trauer zu befreien, die sie geschaffen haben.

Wenn ich an all die Fanatiker denke, die gekreuzigt
wurden, und an jene, die keine Fanatiker, sondern reine
Idioten waren und die alle um einer Idee willen hingemetzelt wurden, so stiehlt sich ein Lächeln auf mein Gesicht.
Versperrt jeden Fluchtweg, sage ich. Schlagt mir den Sarg-
deckel über das neue Jerusalem fest zu! Laßt uns hart
gegen sie losgehen, Bauch gegen Bauch, *ohne Hoffnung.*
Gewaschen oder ungewaschen, Mörder und Evangelisten,
die Teig- und die Dreiviertelmondgesichter, die Wetter-
fahnen und die Ohrfeigengesichter – treibt sie nur nahe
zusammen, laßt sie für ein paar Jahrhunderte in dieser
Sackgasse schmoren!   *Schwarzer Frühling, 38 f.*

Licht und Finsternis
oder Wiederentdeckung einer prächristlichen Welt

Man sollte auf der »Heiligen Straße« nicht in einem Auto
dahinrasen – das ist Gotteslästerung. Man sollte wandern,
wandern, wie die Menschen des Altertums wanderten,
und sein ganzes Ich von Licht durchfluten lassen. Diese
Straße ist keine Straße des Christentums, die Füße frommer
Heiden haben sie auf dem Weg zur Weihe in Eleusis geschaffen. Dieser Prozessionsweg weiß nichts von Leiden,
von Märtyrern, von der Geißelung des Fleisches… Mit
äußerster Vorsicht muß man durch diese Schlucht gleiten,
nackt, allein und frei von allem christlichen Humbug. Man
muß zweitausend Jahre der Unwissenheit und des Aberglaubens von sich abwerfen, des krankhaften, widerlich
unterirdischen Lebens und Lügens. Man muß nach Eleusis
kommen, befreit von dem Dreck, der sich während des
jahrhundertelangen Liegens in stehenden Gewässern angesammelt hat. In Eleusis erkennt man, daß es keine Rettung gibt, wenn man sich einer irrsinnigen Welt anpaßt. In
Eleusis paßt man sich dem Kosmos an. Äußerlich mag
Eleusis verfallen erscheinen, zersetzt von der zerbröckeln-
den Vergangenheit. In Wirklichkeit aber ist Eleusis noch
immer unversehrt, und *wir* sind zersetzt, zerbröckelt, zer-

fallen zu Staub. Eleusis lebt, lebt ewig inmitten einer sterbenden Welt.

Der Koloß von Maroussi. Eine Reise nach Griechenland, Reinbek b. Hamburg 1965, 37

Im Museum sah ich wieder die kolossalen thebanischen Statuen, die mich auch heute noch verfolgen, und schließlich standen wir vor der erstaunlichen Statue von Antinous, dem letzten der Götter. Ich konnte nicht anders, ich mußte im Geiste diese wunderbarste Idealisierung des ewigen Dualismus des Menschen in Stein, die so kühn und schlicht, so durch und durch griechisch im besten Sinne ist, mit jener literarischen Schöpfung Balzacs, *Seraphita*, vergleichen, die verschwommen und mysteriös und, menschlich gesprochen, keineswegs überzeugend ist. Nichts könnte besser den Übergang vom Licht zur Finsternis, von der heidnischen zur christlichen Lebensauffassung erklären als diese rätselhafte Gestalt des letzten Gottes auf Erden, der sich in den Nil stürzte. Indem das Christentum die seelische Beschaffenheit des Menschen betonte, gelang es ihm lediglich, den Menschen zu entkörperlichen; nur im Engel vereinen sich die Geschlechter zu dem erhabenen geistigen Wesen, das der Mensch in seiner Essenz ist. Die Griechen hingegen verliehen allem einen Körper und verkörperten und verewigten somit den Geist. In Griechenland wird man immerwährend von dem Gefühl der Ewigkeit erfüllt, das sich im Hier und Jetzt ausdrückt; sowie man in die abendländische Welt zurückkehrt, ob nach Europa oder Amerika, wird dieses Gefühl des Körpers, der Ewigkeit, des fleischgewordenen Geistes zerstört. Wir bewegen uns in einer mechanischen Zeit zwischen den Trümmern untergegangener Welten, erfinden die Instrumente zu unserer eigenen Vernichtung, vergessen Verhängnis und Schicksal, kennen keinen Moment des Friedens, besitzen nicht den geringsten Glauben, sind eine Beute finstersten Aberglaubens, funktionieren weder im Körper noch im Geist und handeln nicht als Individuen, sondern als Mikroben in einem kranken Organismus.

Der Koloß von Maroussi, 150 f.

Anmerkungen

[1] Schwarzer Frühling, Hamburg 1954, 151 – [2] Wendekreis des Steinbocks, 2. Zit. nach W. *Schmiele,* Henry Miller in Selbstzeugnissen und Dokumenten, Reinbek b. Hamburg 1961, 43 – [3] Schwarzer Frühling, 35 – [4] Ebd., 44 f. – [5] Ebd., 34 – [6] Der Koloß von Maroussi. Eine Reise nach Griechenland, Reinbek b. Hamburg 1965, 41 – [7] The Air-Conditioned Nightmare, New York 1945 – [8] H. Miller in Selbstzeugnissen, 57 – [9] H. Miller, Land der Erinnerung, Reinbek b. Hamburg 1967, 65 – [10] Der Koloß von Maroussi, 66 – [11] Schwarzer Frühling, 241 – [12] *L. Durrell*-H. Miller, Briefe 1935–1959, hrsg. von G. *Wickes,* Reinbek b. Hamburg 1967, 132 – [13] Big Sur und die Orangen des Hieronymus Bosch, Reinbek b. Hamburg 1966, 229 – [14] Brief an K. Deschner, 1. März 1964 – [15] Zit. in *John Brown,* Panorama der modernen Literatur, USA, Gütersloh o. J., 107 – [16] Zit. ebd. – [17] Nexus, Kap. 6. Zit. nach Henry Miller in Selbstzeugnissen, 59 – [18] Schwarzer Frühling, 60 – [19] Ebd., 38 f. – [20] Ebd., 295 – [21] Big Sur, 121 f. – [22] Schwarzer Frühling, 33 – [23] Big Sur, 274 – [24] *E. L. Dietrich* (Hrsg.) Außerbiblische Worte Jesu, 1950, Nr. 27 – [25] Auch D. H. Lawrence nennt er einmal in einem Atem mit Jesus und ebenso van Gogh, »ein Christus, der sich als Maler manifestierte«. »Der für die Kirche längst tote Christus wird wiedergeboren . . ., durchlebt aufs neue das Drama der Kreuzigung. Er steht wieder aus seinem Grabe auf, um über die Ungläubigen zu triumphieren.« H. Miller, Plexus, Hamburg 1955, 76 f. – [26] H. Miller, Sämtliche Erzählungen, Reinbek b. Hamburg 1968, 233 – [27] Big Sur, 200 – [28] Schwarzer Frühling, 67 – [29] Zit. nach Ein Henry Miller Lesebuch, hrsg. v. *L. Durrell,* Reinbek b. Hamburg 1961, 55 – [30] Big Sur, 200 – [31] Ebd., 224 – [32] Brief an K. Deschner, 4. Februar 1964 – [33] Big Sur, 177 – [34] Ebd., 225 – [35] H. Miller, Land der Erinnerung, 48 – [36] Nexus, Reinbek b. Hamburg 1970, 303 – [37] Ein Henry Miller Lesebuch, 55 – [38] Zit. nach H. Miller in Selbstzeugnissen, 122 – [39] Der Koloß von Maroussi, 120 – [40] Ebd., 37 – [41] Schwarzer Frühling, 37 – [42] Plexus, 384 – [43] Der Koloß von Maroussi, 75.

Abdruck der Zitate mit freundlicher Genehmigung des Rowohlt Verlags, Reinbek b. Hamburg.

HANS HENNY JAHNN
1894–1959

Es ist bedenklich, ja im Grunde unstatthaft, die Figuren im
Roman und Drama mit ihrem Autor gleichzusetzen und die
Gesinnungen und Überzeugungen, die sie vertreten, als Bekenntnisse der individuellen Person des Dichters zu signali-
sieren. Nur wo eine Übereinstimmung der in Briefen, Reden
und Aufsätzen bekundeten Überzeugungen mit den geistigen
Tendenzen der Figuren im Roman und Drama nachweisbar
ist, wo also diese Figuren Repräsentanten der Weltsicht des
Autors sind, erscheint es berechtigt, deren Äußerungen als
legitime Selbstzeugnisse des Autors zu bezeichnen.

Ebendas aber trifft für Hans Henny Jahnn zu. Wer jedoch
eine auch noch so knappe Auswahl solcher Selbstzeugnisse
unternimmt, hat sowohl den Erfahrungsbereich der jeweiligen Altersstufe als auch den polyphonen Kunstcharakter seiner Werke zu bedenken, der seine höchste Geschlossenheit
in der epischen Trilogie *Fluß ohne Ufer* gewinnt. Nach allen
für Jahnn wesentlichen geistigen Tendenzen kann man sein
an Bekenntnissen reiches Werk dennoch auch als maskierte
Autobiographie begreifen; herausgebrochen aus dem Kunst-
gefüge des Polyphonischen muß indessen eine aphoristische
Präsenz der Selbstdarlegung als monologische Konfession
erscheinen.

Das gilt für jede Thematik seines Werks und gilt insbesondere für Jahnns antipodisches Verhältnis zum Christentum.
Nach der Bekundung in seiner *Kleinen Selbstbiographie* von
1932 war er in einer frühen kurzen Jugendphase »christlich
fromm«, und wenn dieses »Frommsein« auch bald, wie er
sagt, über Bord geworfen wurde, so ist er doch zu keiner Zeit
seines Lebens ein Wortführer der Areligiosität gewesen. Das
bezeugt die 1920 erfolgte Stiftung der »Glaubensgemeinde
Ugrino«, die sich nach ihrer Satzung als Religionsgemeinschaft verstand; das bezeugt sein 1930 geschriebenes Doku-
ment *Der Dichter und die religiöse Lage der Gegenwart,* das
bezeugt seine gesamte Existenz als Orgelbauer, als Inspirator
der Gesamtausgaben der alten Musikmeister, als Dichter und
Schriftsteller.

Dennoch ist es schwierig, wenn nicht gar unmöglich, mit einer begrifflichen Formel den religiösen Typus zu bestimmen, den Jahnn repräsentiert. Auch wenn man seine Position dem Christentum gegenüber als dessen radikale Negation, als Protest, als Empörung bezeichnet, kann man ihn schwerlich einen dezidierten Heiden nennen. Von hellenischer Prägung war er freilich nicht, und keiner der beiden Begriffe, nach denen Heine die prinzipiell konträren Geistesrichtungen und Anschauungsweisen in Nazarenertum und Hellenentum scheiden zu können vermeinte, ist auf ihn anwendbar.

Im Versuch einer Deutung hat Werner Helwig, ein intimer Kenner des Werkes, erklärt, »daß das Wort heidnisch« für Jahnn »nicht absolut zutreffend sei« und daß er, »wiewohl aus Urfrühe in unsere Gegenwart auftauchend, der Erste (sei), der eine nachchristliche Seinslage voll realisierte, und zwar im Sinne eines, der das Christentum durchmessen hat«. Diese Deutung macht ein vielschichtiges Problem, nämlich die Frage nach dem religiösen Standort Jahnns, einsichtig, ein Problem, das durch eine Gegenäußerung Jahnns noch komplizierter wird, erklärt er doch seinerseits, Kafka habe daran festgehalten, »daß im Verhältnis zu Gott der Mensch immer unrecht hat«, worauf er den knappen Satz folgen läßt: »Ich aber hoffe, daß noch eine Hoffnung besteht . . .«

Fraglos ist das ein dunkler Satz. Denn worauf zielt diese Hoffnung? Darauf, daß im Verhältnis zu Gott der Mensch doch einmal recht haben oder das Recht seiner Mündigkeit proklamieren werde, oder gar darauf, »Gott überhaupt aus dem Spiele zu lassen«? Das jedenfalls wird von Freud in der *Zukunft einer Illusion,* diesem unerbittlichen Plädoyer der Vernunft, »ein unzweifelhafter Vorteil« für den Menschen und die Menschheit genannt.

Die Frage bleibt, ob Jahnns Verhältnis zum Christentum, wie es immerhin denkbar wäre, als ein absolutes Nichtverhältnis zu bezeichnen ist. Wer seine Schriften auf diese Frage hin wieder und wieder prüft, muß zu dem konsternierenden Resultat gelangen, daß Jahnn bei aller Negation eines persönlichen Gottes, ja noch mit seiner Paganisierung des Katholizismus, wofür sich auch frappierende Belege finden, an »Gott« nicht vorbeizudenken vermochte.

Entschieden widersprochen wird der Instanz eines persönlichen Gottes; widersprochen wird der Annahme, daß »ein
schaffender Urgott mit mildem langen Bart, mit einer Art
Mönchskutte angetan, jenseits der Wolken und Sterne thro-
nend«, das Principium movens einer ewig gleichgültig schaffenden Schöpfung sein könnte. Dennoch wird bis ins Spätwerk hinein als beunruhigendes Phänomen eine begrifflich
undefinierbare Instanz aller Schöpfung diskutiert, eine Instanz, für die auffallend oft die Chiffre »Gott« gesetzt, die
aber, im Bemühen um Faßlichkeit und Erfaßbarkeit, mit Formeln umschrieben wird wie »das Wesen, die Kraft, die hinter
der Schöpfung steht«; »das Prinzip, das völlig ungerührt dem
Leiden des einzelnen Individuums gegenübersteht«; »das
Prinzip, das die Zahl schuf«; »ER, der Ursprung, die unauffindbare NULL«; »sein Gleichnis ist die NULL, die aus sich
selbst wirkungslose unter allen Zahlen«.

Das sind nur Beispiele, und was immer man aus den sich in
ihnen bezeugenden Anschauungen ablesen mag, ob Elemente eines manichäisch determinierten Gnostizismus, der, nach
Indien und China hinausweisend, etwa das Töten von Tieren
verbot, ob Anverwandlungen der pythagoreischen Symbol-
lehre, deren Ursprünge in Ägypten zu vermuten sind, nach
der die Zahl der Urgrund aller Dinge wie der Schlüssel des
harmonikalen Weltprinzips ist – sie öffnen die Richtungen,
von denen her dieses Werk in seiner religiösen Gestimmtheit
erkannt werden muß. Zudem stellt sich die Frage, ob in der
»unauffindbaren NULL« sich für Jahnn nicht der Deus abscon-
ditus verbirgt, der, in einer Gegenposition zum Christentum,
nach seiner archaischen Personifikation Tier und Gott in sich
vereinigt und damit eine der urältesten religiösen Mensch-
heitsvisionen inkarniert.

Eindeutig aber erklärt sich Jahnns Negation des Christentums durch seine Welt- und Natureinsicht, nach der alles
Leiden des Individuums, alles Leiden der Kreatur der Schöpfung bodenlos gleichgültig ist. Eben diese erbarmungslose
Indifferenz einer Schöpfung, die für ihre Geschöpfe nur das
brutale Gesetz von »Fressen und Gefressenwerden« kennt,
führte ihn früh zu der Überzeugung, daß diese Schöpfung
nicht, wie das Christentum und die ihm verwandten Religio-

nen lehren, von einem allgütigen, allweisen Herrn der Welten, Gott geheißen, erschaffen und gelenkt sei. Für diese Überzeugung stehe ein prägnanter Beleg aus dem *Epilog:* »Der Schmerz der wehrlosen Kreatur hatte seit jeher für Faltin die Existenz eines persönlichen Gottes ausgeschlossen.«

Aus Protest gegen eine Schöpfung, die nicht gütig, nicht mitleidig, nicht planvoll ist, die vielmehr vom Zufall bestimmt wird, dem Zufall preisgegeben, hat Jahnn sich nicht gescheut, den Glauben an einen persönlichen Gott eine Anmaßung, eine Lüge und zuletzt eine Dummheit zu nennen, wobei allerdings niemals übersehen werden darf, daß dieser Protest einem Erbarmen, einem Mitleiden, einer Liebe gegenüber aller Kreatur entspringt. Gerade aus diesem Grunde hat er gegen das Christentum den Vorwurf erhoben, daß es die Tiere von seiner heilsgeschichtlichen Verheißung ausschloß und dem Menschen in Krieg und Frieden dessen Unrechtstaten gegen die Kreatur nicht verwehrte. So resultiert sein kardinaler Einwand aus der Überzeugung, daß das Christentum nicht in Übereinstimmung mit der Schöpfung steht.

Weder Jahnn selber noch seine Figuren versuchen jemals eine positive Bestimmung des Schöpfungsprinzips, ja sie leugnen einen Gott, der handelnd in das Menschenschicksal eingreift. »Gott hat niemals ein Wort gesagt. Er hat niemals ein Geheimnis verraten. Niemals, niemals.« Dieses Bekenntnis Gustav Anias Horns ist auch das Bekenntnis Jahnns, und wenn es auch als unauflösbare Paradoxie erscheinen muß, daß die Chiffre »Gott« bis in das Spätwerk hinein nachweisbar ist, so teilt auf dem Grunde seiner Wahrheit Jahnn mit seinem Gustav Anias Horn die Überzeugung: »Es ist, wie es ist. Und es ist fürchterlich. Und die Blinden danken Gott dafür. Und die Abtrünnigen danken ihm nicht.«

Mit der gleichen radikalen Konsequenz opponiert Jahnn, den man mit seinem eigenen Wort einen »Verächter des kastrierten Lebens« nennen muß, gegen das asketische Prinzip der Religionen, die das Fleisch »nur ertöten und ihm die Ketten der Sünden anhängen«. Verworfen wird daher, wie das heilsgeschichtliche Versprechen auf Erlösung, das spiritualistische Fundament, auf dem das Christentum eigentlich beruht, die These von der Erbsünde und der christlich determinierte Begriff der Sünde überhaupt. Mit dieser absoluten Negation zugunsten einer Befreiung aus einer beinah zweitausendjährigen Verleumdung und inhumanen Knechtung des Geschlechts – eine Thematik, die aus seinem Werk am ehesten einsichtig wird – gehört Jahnn einem Zeitalter der Zukunft an, gegen das sich zwar noch protestieren läßt, dessen Bahnen er jedoch als einer der Unerschrockenen seiner Epoche mit vorgezeichnet hat. *Hans Wolffheim*

Sie sind zu allem fähig

Das Kristentum ist mir ungeheuer auf die Nerven gegangen, diese Zweijahrtausende sausende Fahrt in die verkehrte Richtung.

Jahnn an Helwig, 20. März 46. In: Briefe um ein Werk, 1959, 132 f.

Gott duldet keinen Widerspruch, denn Priester und Gläubige fühlen sich seinetwegen berufen. Und wessen sie fähig sind, die Kundschaft davon hat nicht einmal die Geschichte unterdrücken können. Sie sind zu allem fähig.

Die Niederschrift des Gustav Anias Horn, 1959, I, 729

Das Kristentum ist ein scheinheiliger Aberglaube geworden . . ., die kristlichen Nationen sind die verlogensten dieser Welt. Sie kennen den organisierten Mord des Krieges und den der Todesurteilsvollstreckung, wiewohl sich im Kanon ihrer Glaubenslehre ausdrückliche Verbote finden. So wollte ich auch gegen den Kristus nichts sagen, den ich nicht kenne, weil sein Nacheiferer Paulus gelebt hat.

Perrudja, 1958, 436

O, über die Gemeinschaft der Christen! Sie hat ein ekelhaftes Fegefeuer erfunden, hat den Erlöser als ein mageres Gestell in Holz und Stein geschnitzt und sich berauscht an seiner blutenden Häßlichkeit. Sie hat keine Liebe geübt, sie hat das Grauen gelehrt. Sie hat nicht gebetet vor der Schönheit, sie haben sich vor dem Entsetzen heiser geschrien!

Die Erkenntnis, Drama 1915. Im Nachlaß der Staats- und Universitätsbibliothek Hamburg, Hs. 51 a und b, 27

Die Gefahren sind drohend geworden wie nie. Ein Krieg ist gewesen, der die Unzulänglichkeit aller bisher gültigen menschlichen Morallehren bewiesen hat. Und für die Zukunft beweist, was uns bevorsteht. Vollkommen unbegreiflich ist das Verhalten der Führer innerhalb der Religionsgesellschaften während des Zerfleischens gewesen. Vollkommen unbegreiflich ist es hinterher. Als ob Blindheit sich herabgesenkt. Als ob es nicht deutlich genug gezeichnet, ein neuer Menschheitsabschnitt ist da, der den Untergang dieser europäischen Menschheit oder eine gewaltige Umkehr bringen muß.

Der Dichter und die religiöse Lage der Gegenwart. In: Aufzeichnungen eines Einzelgängers, hrsg. von Rolf Italiaander, München, 118

... die Predikanten auf den Kanzeln möchten uns die Diskussionen über unsere Geschlechtsgefühle und den kommenden Krieg verbieten. Aber wir sind, gottlos, immer noch bessere Kristen als sie. Wir verzeihen ihrem Gott die Erfindung der Schmerzen nicht, das ist wahr. Weil wir sie erleiden. Aber den Schwarzröcken verzeihen wir nicht, daß sie nicht leiden.   *Perrudja, 434*

Die Religionen sind besser als ihre Handhaber...
                                                    Niederschrift I, 303

Christentum und Natur

Das Kristentum hat in unseren Landen die Natur versperrt, das steht für mich fest. Auch die Gebildetsten können nicht beobachten, d. h., sie haben ihre Sinne verloren.
                        Jahnn an Helwig, 20. März 1946, 11

Gott ward in seine Himmel verscheucht, verwiesen, die Geister in eben diese Himmel und der Leib in ein Loch. Die christliche Kirche begann ihren Haß auf den Leib zu werfen. Der Krypten entwöhnte sie sich, verzerrte das letzte Gefühl zur Wirklichkeit in greuliche Fratzen. Sie hinderte nicht, daß armselige Knochen ihrer Heiligen zerstückt, verfeilscht wurden. Wo wirkte die Wirklichkeit dieser Heiligen? Ihr Heiligsein war eine Tatsache außer jeden Leibes, ja eigentlich trotz seiner. Die Reliquie genoß Verehrung, aber des Heiligen Leib war unheilig.

Von der Wirklichkeit. In: Das Neue, Hamburg 1947

Ich weiß, daß ich mit dem Hauptpunkt meiner ethischen Forderungen in hoffnungslosem Gegensatz sowohl zur römischen als auch zur protestantischen Kirche stehe. Man kann die Abneigung der kirchlichen Körperschaften gegen jede Geburtenregulierung historisch erklären. Aber die Stellungnahme in der Jetztzeit bleibt rätselhaft gleichwohl.

Der Dichter und die religiöse Lage der Gegenwart, 129

Christentum und Tier

Nun habe ich das Unglück, daß ich den Glauben an einen persönlichen Gott für eine Blasphemie halte ... Ich möchte Tempel bauen ... – aber einem Gott, der dem Menschen gleicht, einem Verantwortlichen, der seine Sache so schlecht macht? Nein. Schon deswegen nicht, weil diese Masse der Frommen das Tier nicht achtet, die Natur nicht achtet, aber die Technik, die Bomben und das Eisengerüst bejaht ... *Jahnn an Helwig, 30. April 1946, 22*

Ich kann mich damit abfinden, daß in einem Kriege Menschen getötet und verstümmelt werden; aber ich mache Gott einen Vorwurf, daß er es zuläßt, daß Pferde und andere Tiere auf den Schlachtfeldern verstümmelt und zu Kadavern werden. *Niederschrift I, 565*

Aber die Frömmigkeit ist für die Tiere ein Fluch. »Alle
Menschen sind Sünder«, sagt er einfach. »Gott nimmt sich
der Sünder an.« Er ist vollauf gerechtfertigt. Er darf die
Tiere treten und mit Knüppeln schlagen, denn er ist ein
Sünder. Die Tiere aber sind ihm durch Gottes Ratschluß
unterstellt. Der Mensch ist der Herr der Tiere. Der Mensch
ist sündig; aber ihm wird verziehen. Er braucht sich keine
Mühe zu geben. Er muß nur einfältig sein. Einfältig auch in
seinem Zorn. Brutal und einfältig. So will es Gott. Prügelt
die Tiere, ihr werdet dennoch in den Himmel kommen. Ihr
müßt nur glauben. Gott verzeiht den Sündern. Gott läßt die
Tiere durch den Sünder quälen; es schadet seiner Seele
nicht – wenn er nur betet und an IHN glaubt.

Niederschrift II, 225

. . . lauter Sünde

Die Religionen machen es sich sehr bequem; sie haben die
Sünde entdeckt. Die Sünde ist überall gegenwärtig, auch
in der Unschuld. Das Ganze ist ein Staat des Teufels, wo
Gott im Gitterverlies eines Gefängnisses sitzt und allenfalls, wenn es nicht neblig ist, hinausschauen kann . . . Das
Eigentliche ist ein Jenseits, für das wir vor lauter Sünde
nicht reif sind. – So entsteht diese unendliche Reihe von
schwammigen Ausweichungen aus Feigheit.

Niederschrift I, 825

Die Religionen verändern ja das Fleisch nicht, sie können
es nur ertöten und ihm die Ketten der Sünden anhängen . . .
Nein, nein, es ist immer das welke Gemurmel des Sünders,
der das Confiteor hersagt und die fade Vergebung des
Mittlers Gottes, der ohne Entsetzen, eher mit Langeweile
oder Ekel, kaum jemals mit Neugier, trübe, im Dunst der
eigenen Seele, die Vergebung austeilt.

Niederschrift I, 360

Jede Kirche, die es ableugnet, daß wir auf Erden rein werden können, ist verwerflich, jede, die große Worte von
Erbsünde redet.   *Tagebuch, 1. Juli 1914*

Spiel mit der Ewigkeit

Es war ein Spiel mit der Ewigkeit..., dies Spiel hat man weitergetrieben. Man hat Himmel und Hölle eingerichtet, eine Auferstehung und ein ewiges menschliches Leben. Es sind Beamte bestellt, die über Gott aussagen und ihre Aufgabe mit großem Ernst anpacken, ohne doch eine bessere Zeugenschaft zu haben als ihren Glauben. Und was ist dieser Glaube für ein Ding, da er doch aus ihnen kommt? Aus Menschen mit einer miserablen Gesinnung? Sie stellen zwei Spiegel einander gegenüber und sich in die Mitte und sehen plötzlich, wie sie sich durch Bild und Gegenbild zu einer Unüberschaubarkeit von Wiederholungen vermehren... In dieser menschlichen Ewigkeit trägt Gott eine Menschenmaske, und die Tiere sind ausgestorben... Ach, die ägyptischen Götter waren tauglicher. Sie waren Zwitter, Zwitter aus Tier und Mensch. *Niederschrift II, 493 f.*

Ich verstehe jedenfalls nicht, inwiefern es logisch sein sollte, von einem irdischen Jammertal auf ein himmlisches Wohlergehen zu schließen. Das ist so eine Manipulation mit der Gerechtigkeit, die nicht dadurch schmackhafter wird, wenn sie salbungsvoll vorgetragen wird.
Jahnn an Helwig, 28. August 1946, 35 f.

Der Weltenraum hält allen astronomischen Zahlen stand. Und die Gottheit erst recht. Wir befinden uns sowieso auf dem Turnierfeld der Metaphysik. Wir haben unseren eigenen Tod noch nicht gesehen und sind deshalb dem Geschwätz der Propheten, Frommen und Kanzelredner ausgesetzt... Wir leben in einem Lande, in dem einer zum Verbrecher wird, wenn er JENEN lästert, den niemand kennt. *Niederschrift I, 728 f.*

Vom Samenerguß der Väter bis zur Fäulnis, das ist unser Weg. Eine große moralische Menschheit widerspricht mir. Sie muß mir widersprechen. Sie ist nicht mutig genug, nur ein Teil der Natur zu sein. Sie bemüht sich, einen Gott zu verteidigen, der dieser Hilfe nicht bedarf. Für IHN ist die

Natur ein Instrument, das Laute und Mißlaute gibt. Indessen: die erträumte Leiter, die bis in die Wolken reicht, das ist die zeitliche Erfindung eines schlecht gepflegten Gehirns. *Niederschrift I, 322*

Gott

Es hat nichts geholfen. Alle Rufe sind umsonst gewesen. Die Lüge vom Opfertod Christi selbst ist verhallt. Vor uns ist sein Tod nackter und häßlicher geworden und vor den andern allgemeiner und alltäglicher. Jedes Verhältnis zu Gott ist verausgabt worden.
Pastor Ephraim Magnus, Dramen I, 1963, 153

Aus einem Gespräch zwischen Alfred Tutein und Gustav Anias Horn:
»Hältst du es für möglich«, fragte ich nochmals, »daß es einen persönlichen Gott gibt?«
»Ich halte es für vollkommen unmöglich«, sagte er, »es muß auch im Glauben eine Vernunft geben, eine denkbare Wahrscheinlichkeit; wer keine Erfahrung mit Gott macht, kann sich auf Worte allein nicht verlassen. Es war ein Rückschritt, die tierköpfigen Götter Ägyptens zu töten und einen Menschen mit so viel Vollkommenheit zu beladen, daß er den Himmel und die Zeiten ausfüllen konnte. Gott ist nirgends; sein Gleichnis ist die Null, die aus sich selbst wirkungslose unter allen Zahlen, ein Nichts an Ausdehnung und Bewegung. Sein Ort ist das Unzugängliche, die Steingruft eines Serdabs, in der sich nicht einmal eine Statue findet, einzig leere, glatte granitene Wände, die schweigen können und des Lichtes der Tatsachen nicht bedürfen.« *Niederschrift II, 37*

Ich glaube nicht an einen persönlichen Gott..., meine Erkenntnis hat die Begrenzung, daß sie IHN nicht denken und wahrnehmen kann. An Worte glaube ich nicht. Viele der Berichte über Ihn und seine Taten finde ich abscheulich. Ich bin allmählich einer dieser Abtrünnigen geworden, die die Schöpfung betrachten und das Unrecht als etwas Unabänderliches anerkennen. *Niederschrift II, 621*

Einen persönlichen Gott erfinden und ihn bemühen, um eine Lügenantwort bereitzuhaben – das gelingt mir nicht mehr.   *Niederschrift II, 227 f.*

Jemand sagt das Wort Gott – ein Fremdwort, das keiner übersetzen kann...   *Epilog, 1961, 269*

Die Eigenschaften Gottes sind uns ja durchaus unbekannt. Und der Tod entschleiert sie offenbar nicht. Angesichts einer Schöpfung, in der alle Geschöpfe fressen und gefressen werden, liegt die Vermutung nahe, daß auch der Urheber frißt.   *Niederschrift I, 459*

Die Eigenschaften, die man Gott nachzusagen pflegt, sind nicht die seinen. Das erfahren wir. Erbarmen, Güte, Gerechtigkeit – es sind schöpfungsfeindliche Ingredienzen.
        Die Trümmer des Gewissens, Dramen II, 1965, 758

Hätte man es dabei belassen, Ihn einem Elefanten, einem Walfisch, einem Tiger, einer Giraffe, einem Pferd, Esel, einem Rind, einem Hirsch, einer Gans, einer Schildkröte, einer Eiche, einer Palme, einem Berg gleichen zu lassen, man hätte es als eine Parabel von der Unausdrückbarkeit seiner Gestalt hinnehmen können. Doch der Mensch ist hochmütig. – Ich habe mit seinem Götzenbild nichts mehr zu schaffen. Im harmonikalen System ist ER, der Ursprung, die unauffindbare NULL, die irgendwo in einem unbetretbaren Keller die Macht des Nichts ausübt – und den Strahl des Zufalls ins Unbekannte schleudert.
                                                    Niederschrift II, 624 f.

Man wird nicht schlecht, wenn man aufhört, an Gott zu glauben; man wird nicht einmal natürlicher – allenfalls wird man behutsamer im Urteilen – und duldsamer gegen lästige Wahrheiten.   *Niederschrift II, 622*

Nur der in Gott Ergebene – macht es sich leicht.
                                                    Niederschrift II, 627

Es ist, wie es ist. Und es ist fürchterlich. Und die Blinden danken Gott dafür. Und die Abtrünnigen danken ihm nicht. Sie leben ihr wüstes Leben, ohne zu danken. Mein Leben ist ohne die Zuversicht auf Gott. Es ist nur schwer, aber nicht unmöglich, so einsam zu sein. So einsam für immer. So voller Verantwortung. Und so machtlos ohne Trost.   *Niederschrift I, 598 f.*

Auferstehung

Ich glaube nicht, daß das Ich, mit meiner Haut bekleidet, aufersteht. Ich widersetze mich schon seit Jahrzehnten einem dummen menschlichen Trost. Gott hat niemals ein Wort gesagt. Er hat niemals ein Geheimnis verraten. Niemals, niemals.   *Niederschrift II, 625*

Wenn es so ist, daß das Tier nicht mit seiner Haut bekleidet aufersteht – dann kommen auch wir nicht wieder. Dessen bin ich sicher.   *Niederschrift II, 626*

Ich will nicht die Verklärung, ich will den Abstieg der Ungetrösteten.   *Niederschrift II, 173*

Anmerkung
Abdruck der Zitate mit freundlicher Genehmigung des Paul List Verlags, München *(Aufzeichnungen eines Einzelgängers)* und des Hoffmann und Campe Verlags, Hamburg © 1970 (alle übrigen Werke).

ALBERT CAMUS
1913–1960

Der Nobelpreisträger für Literatur des Jahres 1957, Sohn eines algerischen Landarbeiters und einer Magd spanischer Abstammung, brauchte die christliche Heilslehre nicht zu überwinden, um ein Gegner des Christentums zu werden. Weder von seinen Eltern noch von der Schule scheint er unter das Obdach christlicher Dogmen gedrängt worden zu sein; denn sein Vater starb schon 1914 in der ersten Marneschlacht, seine Mutter, die als sehr schweigsam und einfach geschildert wird, hatte als Putzfrau zwei Söhne zu ernähren, und die Lehrer förderten eher die philosophischen Interessen des begabten Stipendiaten. Ohnehin dachten die Algerier, wie Camus sie beschrieb[1], anders als ihre europäischen Nachbarn jenseits des Mittelmeers: »In diesem Volke ohne Religion und Idole lebt man gesellig und stirbt allein.« Der algerische Himmel wird nicht als Symbol göttlicher Existenz und Erhabenheit mißdeutet, er ist ein von Camus immer neu bewunderter Ort strahlenden Lichts, »in den keine trügerische Gottheit die Zeichen der Hoffnung oder der Erlösung geschrieben hat«.

Wenn aber kein Widerstand der Erziehungsmächte, wenn kein Druck einer Staatsreligion zu überwinden war, woher kamen dann die Impulse, die Camus Gegner des Christentums sein ließen? Zwei gleichermaßen unmittelbar persönlich wie auch allgemein zu empfindende Phänomene bestimmten Camus' Auseinandersetzung mit der Welt und ihren Göttern: einmal das Böse, das Leiden, der Tod; dann das Absurde, das Sinnlose. Damit hat sich Camus sein Leben lang beschäftigt, als Schriftsteller, Journalist, Philosoph und nicht zuletzt als verantwortungsbewußt Handelnder.

Die Probleme des Todes und des Bösen führen den Verfasser einer philosophischen Diplomarbeit über Plotin und Augustin, wie vor ihm Kierkegaard, Dostojewskij und Nietzsche, seine großen Anreger, zu einer heftigen Kritik der christlichen Antworten. Eine Welt, in der unschuldige Menschen sterben müssen, in der mörderische Kriege immer noch unter dem Zeichen des Kreuzes geführt werden, will ihm nicht als die »beste aller möglichen« erscheinen. Eine wie auch immer begründete Theodizee ist ihm zuwider. Er ist nicht bereit, sich angesichts des sinnlosen Todes von unschuldigen Kindern in einen blinden Gottesglauben zu stürzen, sich einer überirdischen Gnadeninstanz bedingungslos zu unterwerfen wie Pater Paneloux, der nicht ganz unsympathische, doch ungeheuer starrsinnige Gegenspieler zu den humanistischen Atheisten Rieux, Rambert und Tarrou in der *Pest*. Ihm erscheint das vom autoritätsgläubigen Christen schweigend erduldete Unrecht wie jede Ungerechtigkeit so sinnlos, daß er nicht willens ist, eine weitere Sinnlosigkeit auf sich zu nehmen, indem er einen allmächtigen und gütigen Gott als Urheber des Geschehens postuliert.

Ebendiesen sinnlosen Schritt kann Camus den Philosophen des Absurden, Kierkegaard, Schestow, Gabriel Marcel oder Jaspers, nicht verzeihen. Das Absurde, die dem Verstand und dem Gefühl erscheinende unüberwindbare Mauer zwischen dem menschlichen Streben nach Klarheit und der sich vollständiger Erkenntnis verschließenden Welt, die Entfremdung des Menschen von sich und seiner Umwelt, »der metaphysische Zustand des bewußten Menschen, führt nicht zu Gott«[2]. Diese mühsame Gewißheit hat der kritische Mensch zu ertragen wie Sisyphos, der Held des Absurden. Wer diese Position als »Sprungbrett zur Ewigkeit«[3] benutzt wie Kierkegaard, ist unredlich, er flüchtet in die Transzendenz, weil er das Sinnlose nicht zu akzeptieren vermag.

Das Böse und das Absurde erweisen sich demnach für Camus als Erfahrungen, die nicht nur einen christlichen Glauben, sondern ebenso jede andere Ausrichtung auf das Jenseits ausschließen. Wie jedoch kann der Mensch mit solchen Überzeugungen leben? Führt seine Rückverweisung ins Diesseits nicht zum Nihilismus? Wozu leben, wenn doch alles ohne Hoffnung und absurd ist?

Ohne Zweifel lassen sich bei Camus Zuneigungen für die großen Gestalten des Nihilismus finden, hat er doch insbesondere in seinen Dramen mehrere Nihilisten zu Hauptfiguren gemacht. Was ihn und den Nihilismus verbindet und trennt, sagt er im Vorwort zu *Caligula:* »Aber während seine Wahrheit darin besteht, die Götter zu leugnen, besteht sein

Irrtum darin, die Menschen zu leugnen.«[4] Aus einem solchen Satz läßt sich Camus' Verhältnis zu Philosophie und Leben bestimmen. Auch während der scheinbar abstraktesten Erörterung des Absurden oder der Revolte verliert er nicht aus dem Auge, worum es letztlich geht: Wie kann die Ungerechtigkeit und das Elend in einer Welt, die auf sich selbst gewiesen ist, verringert werden? In den Worten eines christlichen Interpreten: »Camus will nicht retten im Sinne des Heils; er will heilen im Sinne einer Rettung.«[5] Auf den ersten Seiten des *Mythos von Sisyphos* wird die Flucht des einzelnen Menschen aus der Welt, der Selbstmord, abgelehnt. Es gilt zu lernen, trotz der Nicht-Einsichtigkeit der Welt zu leben. Der kritische Mensch ist zu stolz, einen Gott zuzulassen; er ist auch zu stolz, sich zu töten, weil die Welt ohne erkennbaren Sinn ist. Mit Camus kann er, befreit von den Autoritäten des Jenseits, sagen: »Ich bin glücklich in dieser Welt, denn mein Reich ist von dieser Welt.«[6] Neben den unermüdlichen Sisyphos stellt Camus Prometheus als Vorbild des heutigen Menschen: Wir haben unser Schicksal nicht einem Gott oder seinen irdischen Stellvertretern in die Hand zu geben, sondern wir müssen selbst handeln. »Wir müssen uns wohl oder übel darein schicken und tun, was das Christentum nie getan hat: uns der Verdammten annehmen.«[7]

Um dieses Ziel zu erreichen, bedarf der Mensch der Revolte, die Camus in seiner bedeutendsten Essaysammlung, *L'Homme révolté,* in ihrer metaphysischen und historischen Einheit untersucht. Nur durch die Revolte ist das Christentum endgültig zu überwinden und die Summe der Ungerechtigkeit in der Welt zu verringern. Nicht allein die sich ohnehin immer schwerer behauptenden christlichen Mythologien, sondern vor allem die im Namen des Christentums und der Kirche zweitausend Jahre lang begangenen Greueltaten sind zu zeigen und zu bekämpfen.

So kann und darf es – und diese Forderung hat auch in unserer Gegenwart ihren Sinn – keinen Mord geben, der sich durch eine christliche Ideologie rechtfertigen ließe. Ein so selbstverständlich klingender Satz, der als Grund-Satz eines von Camus nur flüchtig umrissenen, jenseits des Christentums und seiner Ethik zu errichtenden Minimalprogramms[8]

der Anständigkeit und der vorsichtigen Gerechtigkeit bezeichnet werden kann, gilt in gleicher Strenge für jede andere
Ideologie, so den Nihilismus und den Materialismus ver-
schiedenster Ausprägung, die den einzelnen Menschen, seine Freiheit und sein Leben geringer achtet als das ihr zugrunde liegende Dogma.

Udo Pillokat

Gott und seine Gemeinde

Die Pest: »Früher gabt ihr vor, Gott und seine Unberechen-
barkeit zu fürchten. Aber euer Gott war ein Anarchist, der
die Kategorien durcheinanderbrachte. Er glaubte, zugleich mächtig und gütig sein zu können. Das war offenge-
standen weder folgerichtig noch ehrlich.«
Belagerungszustand, in: Dramen, 183

Nada: »Lebt wohl, liebe Leute, ihr werdet eines Tages
merken, daß man nicht richtig leben kann, wenn man
weiß, daß der Mensch nichts ist und Gottes Angesicht eine
Fratze.« *Belagerungszustand, 186*

Kirillow: »Das Leben ist nicht schön. Und ein Jenseits gibt
es nicht! Gott ist nichts anderes als ein von der Angst vor
dem Tod und dem Schmerz erzeugtes Gespenst. Um frei zu
sein, muß man den Schmerz und den Schrecken überwinden: man muß sich umbringen. Dann gibt es keinen Gott
mehr...« *Die Besessenen, in: Dramen, 258*

Die größte Versuchung für Menschen unseres Schlages
besteht darin, auf die Gewalt zu verzichten, zu bereuen,
den inneren Frieden zu finden. Die Versuchungen Gottes
waren allezeit gefährlicher für die Menschheit als die Satans. *Tagebuch II, 146*

Da sie ungebildet, nicht sehr feinfühlig und zudem den
lieben langen Tag allein war, stellte Gott den einzigen
Inhalt ihres Lebens dar. Sie glaubte an ihn. Beweisstücke

waren ihr Rosenkranz, eine bleierne Christusfigur und ein das Jesuskind tragender heiliger Joseph aus Gips.

Man merkte, daß diese alte Frau von allem befreit war außer von Gott, daß sie diesem letzten Übel restlos ausgeliefert war, zur Tugendhaftigkeit genötigt, allzu bereitwillig davon überzeugt, daß einzig und allein das ihr verbliebene Gut Liebe verdiente, daß sie mit einem Wort unwiderruflich dem Elend des auf Gott angewiesenen Menschen überantwortet war. Sollte jedoch die Lebenshoffnung neu aufflammen, so kommt Gott nicht mehr gegen die Interessen der Menschen auf.

Licht und Schatten, in: Literarische Essays, 24 f.

Martha: »Du bist nicht alt genug, um deine Zuflucht zur Religion nehmen zu müssen, Mutter. Du hast Besseres zu tun.« *Das Mißverständnis, in: Dramen, 77*

Liputin: »Ein atheistischer Ehemann muß seine Frau lehren, Gott zu fürchten. Das macht ihn noch freier.«
Die Besessenen, 244

Achtzig Prozent der Autoren des 20. Jahrhunderts würden den Namen Gottes schreiben und verehren, wenn sie es nur anonym tun könnten. *Tagebuch II, 206*

Stawrogin: »Um an Gott zu glauben, braucht man einen Gott.« ... »Kann man übrigens intelligent sein und glauben? Unmöglich.« *Die Besessenen, 284 f.*

Christus

Christus mag für jemanden gestorben sein, aber jedenfalls nicht für mich. *Tagebuch II, 99*

»Wissen Sie zum Beispiel, warum man ihn gekreuzigt hat...?«
»Er selber wußte, daß er nicht ganz unschuldig war, ... er hatte bestimmt von einem gewissen Mord der unschuldigen Kinder gehört. Die Kinder Judäas, die hingemetzelt

wurden, während seine Eltern ihn in Sicherheit brachten – warum waren sie gestorben, wenn nicht seinetwegen? Er hatte es nicht gewollt, gewiß, diese bluttriefenden Soldaten, diese zerstückelten Kinder flößten ihm Grauen ein. Aber ich bin überzeugt, daß er, so wie er war, sie nicht vergessen konnte. Und verriet die Traurigkeit, die man in all seinem Tun ahnt, nicht die unheilbare Schwermut dessen, der jede Nacht Rahels Stimme hörte, wie sie ihre Kleinen beweinte und jeden Trost zurückwies?«

»Als Wissender, dem nichts Menschliches fremd war – ach, wer hätte geglaubt, daß das Verbrechen nicht so sehr darin besteht, Sterben zu bringen, als darin, nicht selbst zu sterben! –, der sich Tag und Nacht seinem unschuldigen Verbrechen gegenübergestellt sah, vermochte er nicht mehr, sich aufrecht zu halten und weiterzumachen. Es war besser, ein Ende zu setzen, sich nicht zu wehren, zu sterben, um nicht mehr als einziger leben zu müssen und um anderswohin zu gehen, dorthin, wo er vielleicht Beistand finden würde. Er hat den Beistand nicht gefunden, er hat sich darüber beklagt, und um das Maß voll zu machen, hat man ihn zensiert!«

»›Warum hast du mich verlassen?‹, das war ein aufrührerischer Schrei, nicht wahr? Darum her mit der Schere! Wenn Lukas nichts weggelassen hätte, wäre die Sache, nebenbei bemerkt, kaum aufgefallen, jedenfalls hätte sie nicht so viel Gewicht erlangt.«

»Das ändert indessen nichts daran, daß der Zensierte für sein Teil nicht weitermachen konnte...; aber in gewissen Fällen ist das Weitermachen, das bloße Weitermachen etwas Übermenschliches. Und er war kein Übermensch, das dürfen Sie mir glauben. Er hat seine Todesangst herausgeschrien, und darum liebe ich ihn, meinen Freund, der da starb mit der Frage auf den Lippen.«

»Natürlich hat man versucht, seinen Tod als Krücke zu gebrauchen. Im Grunde genommen war es ein Geniestreich, uns zu sagen: ›Ihr seid nicht gerade ansehnlich, das ist unbestreitbar. Nun, wir wollen das nicht im einzelnen untersuchen. Das werden wir alles in einem Aufwaschen auf dem Kreuz erledigen!‹«

»Gewiß gibt es Leute, die ihn lieben, sogar unter den Christen. Aber ihre Zahl ist klein. Er hatte das übrigens humorvoll vorausgesehen. Petrus – Sie wissen doch, die Memme Petrus – verleugnete ihn ... und der Herr macht ein Wortspiel: ›Super hanc petram ... auf diesen Felsen will ich bauen meine Gemeinde.‹ Weiter konnte man die Ironie nicht gut treiben, finden Sie nicht auch?« *Der Fall, 118 ff.*

Gottes kirchliche Heerscharen

Nun beschlossen gegen Ende dieses Monats die Kirchenbehörden unserer Stadt, mit ihren Mitteln gegen die Pest zu kämpfen und eine Woche des gemeinschaftlichen Gebets durchzuführen ... Von den Leuten, die die Gebetswoche mitmachten, hätten zum Beispiel die meisten dem Gedanken beigestimmt, den ein Gläubiger Dr. Rieux gegenüber äußerte: »Auf jeden Fall schadet es nichts.«
Die Pest, 86 f.

Stawrogin: »Kennen Sie die Antwort jenes Bischofs? Ein Heide, der alle Christen umbrachte, hatte ihm das Messer an die Kehle gesetzt und fragte ihn, ob er an Gott glaube. ›Kaum ein bißchen‹, antwortete der Bischof. Eine würdige Antwort, nicht wahr?«   *Die Besessenen, 316 f.*

Wirginski: »Ich meinerseits glaube, daß zuallererst die Priester und die Familie abgeschafft werden müssen.«
Die Besessenen, 245

Kaliajew: »Die Zeiten haben sich geändert. Und die Heilige Kirche hat im Erbe ihres Herrn eine Auswahl getroffen ... Sie hat die Gnade für sich behalten und es uns überlassen, Nächstenliebe zu üben ... All denen, die ihr an den Galgen bringt!«   *Die Gerechten, in: Dramen, 225*

Die Werke von Kopernikus und Galilei standen bis 1822 auf dem Index. Drei Jahrhunderte Starrsinn, das ist hübsch.   *Tagebuch II, 25*

Wenn ein spanischer Bischof politische Hinrichtungen
segnet, ist er kein Bischof mehr und kein Christ, ja nicht
einmal ein Mensch; dann ist er ein Hund, genausogut wie
jener, der von der hohen Warte einer Ideologie aus die
Hinrichtung befiehlt, ohne die Arbeit selbst zu verrichten.
  Der Ungläubige und die Christen, in: Fragen der Zeit, 75

Sie haben vergessen, daß im Jahre 1936 ein aufständischer
General im Namen Christi eine Armee von Mauren aus-
hob, um sie gegen die rechtmäßige Regierung der spanischen Republik einzusetzen, daß er nach unsühnbaren
Metzeleien einer ungerechten Sache zum Sieg verhalf und
dann eine unerbittliche Unterdrückung begann, die zehn
Jahre dauerte und noch heute dauert.
  *Warum Spanien. Antwort an Gabriel Marcel, in: Fragen
  der Zeit, 83*

            Was kümmert mich die Ewigkeit!

Vom Tod: Man kann die Lächerlichkeit eines Ereignisses,
das unter Gegurgel und Schweiß einzutreten pflegt, gar
nicht genug betonen, wie man umgekehrt den Anschein
des Heiligen, der ihm verliehen wird, gar nicht tief genug
herabsetzen kann.   *Tagebuch I, 147*

Ich mag als junger Mensch nicht glauben, daß der Tod der
Beginn eines neuen Lebens ist. Für mich ist er eine zuge-
schlagene Tür. Ich sage nicht: er ist eine Schwelle, die es zu
überschreiten gilt – er ist ein furchtbares und schmutziges
Abenteuer! Alles, was man mir einreden will, möchte dem
Menschen die Last seines Lebens abnehmen.
  Der einzig wahre Fortschritt der Kultur, den von Zeit zu
Zeit ein Mensch für sich verwirklicht, besteht darin: be-
wußt zu sterben.
  Was kümmert mich die Ewigkeit!
                              Hochzeit des Lichts, 88 und 90

Kalypso bietet Odysseus die Möglichkeit, zwischen der
Unsterblichkeit und dem Land seiner Väter zu wählen. Er

lehnt die Unsterblichkeit ab. Darin liegt vielleicht der ganze Sinn der Odyssee. *Tagebuch II, 20*

...ich selbst würde die Religion eher als eine große Weißwäscherei betrachten.

Warten Sie nicht auf das Jüngste Gericht: es findet alle Tage statt. *Der Fall, 118*

Stawrogin: »Glauben Sie an das zukünftige Leben?«

Kirillow: »Nicht an das zukünftige ewige Leben. Sondern an das ewige Leben auf dieser Erde.«

Die Besessenen, 281

Ein Faust mit umgekehrten Vorzeichen. Der junge Mann erbittet vom Teufel alle Güter dieser Welt. Der Teufel... sagt ihm sanft: »Aber die Güter dieser Welt hast du ja. Was dir fehlt – wenn du meinst, daß dir etwas fehlt –, mußt du von Gott erbitten. Du schließt einen Handel mit Gott ab und verkaufst ihm für die Güter des Jenseits deinen Körper.«

Nach einer Pause zündet sich der Teufel eine englische Zigarette an und fügt hinzu: »Und dies wird deine ewige Strafe sein.« *Tagebuch I, 110*

Das Christentum und das Elend in der Welt

Es gibt Worte, deren Sinn ich nie ganz verstanden habe, wie etwa das Wort »Sünde« ... Denn wenn es eine Sünde gegen das Leben gibt, so besteht sie vielleicht nicht so sehr darin, an ihm zu verzweifeln, als darin, auf ein anderes Leben zu hoffen und sich der unerbittlichen Größe dieses Lebens zu entziehen. *Hochzeit des Lichts, 105 f.*

Wir sind zum Beispiel das Produkt von zwanzig Jahrhunderten christlicher Vorstellungen. Seit 2000 Jahren ist dem Menschen ein erniedrigtes Bild seiner selbst vorgehalten worden. Wir kennen das Ergebnis. Auf jeden Fall kann niemand sagen, was wir wären, wenn man in diesen zwanzig Jahrhunderten dem antiken Ideal mit seiner schönen Menschengestalt treu geblieben wäre. *Tagebuch II, 15*

Rieux: »Und ich werde mich bis in den Tod hinein weigern, die Schöpfung zu lieben, in der Kinder gemartert werden.«

Die Pest, 199

Ich werfe dem Christentum vor, daß es eine Lehre der Ungerechtigkeit ist.   *Tagebuch II, 99*

Das geschichtliche Christentum hat auf diesen Protest gegen das Böse mit der Verkündigung des Königreichs geantwortet, darauf mit dem ewigen Leben, das den Glauben verlangt. Aber das Leiden nützt die Hoffnung und den Glauben ab; es bleibt allein und ohne Erklärung. Die Massen, der Arbeit, des Leidens und Sterbens müde, sind Massen ohne Gott... Das geschichtliche Christentum verschiebt die Heilung vom Bösen und vom Mord, die doch in der Geschichte erlitten werden, ins Jenseits der Geschichte. Der zeitgenössische Materialismus glaubt auch, alle Fragen beantworten zu können. Aber als Diener der Geschichte vergrößert er das Reich des geschichtlichen Mords und läßt ihn gleichzeitig ohne Rechtfertigung, außer in der Zukunft, die abermals den Glauben verlangt. In beiden Fällen muß man warten, und inzwischen hört der Unschuldige nicht auf zu sterben. Seit zwanzig Jahrhunderten hat die Summe des Bösen in der Welt nicht abgenommen. Keine Wiederkunft, weder eine göttliche noch eine revolutionäre, ist eingetreten.

Der Mensch in der Revolte, 326

Die Revolte gegen das Christentum

Die Großfürstin: »Gott vereint.«
   Kaliajew: »Nicht auf dieser Erde. Und meine Verabredungen sind von dieser Welt.«   *Die Gerechten, 226*

Belanglosigkeit des Problems der Unsterblichkeit. Was uns interessiert, ist unser Schicksal, gewiß. Aber nicht »nachher«, sondern »vorher«.   *Tagebuch I, 40*

Das Leben ist kurz, und es ist eine Sünde, seine Zeit zu verlieren.   *Licht und Schatten, 72*

Die größte Ersparnis, die sich im Bereich des Denkens erzielen läßt, besteht darin, die Nicht-Verstehbarkeit der Welt hinzunehmen – und sich um den Menschen zu kümmern. *Tagebuch II, 100*

Sinn meines Werks: So viele Menschen entbehren der Gnade. Wie können wir ohne die Gnade leben? Wir müssen uns wohl oder übel darein schicken und tun, was das Christentum nie getan hat: uns der Verdammten annehmen. *Tagebuch II, 114 f.*

In meinem geheimsten Herzen empfinde ich Demut einzig angesichts des Lebens der Ärmsten oder der großen Abenteuer des Geistes. *Licht und Schatten, 16*

Was ist der Mensch? ... Er ist jene Kraft, die schließlich die Tyrannen und Götter hinwegfegt.
Briefe an einen deutschen Freund, in: Fragen der Zeit, 19

So wäre es möglich zu zeigen, daß es für den Geist des Menschen nur zwei mögliche Welten geben kann: diejenige des Heiligen (oder um in der Sprache des Christentums zu sprechen: der Gnade) oder diejenige der Revolte. *Der Mensch in der Revolte, 25*

Die metaphysische Revolte ist die Bewegung, mit der ein Mensch sich gegen seine Lebensbedingung und die ganze Schöpfung auflehnt. *Der Mensch in der Revolte, 28*

Der Aufstand des Menschen in seinen gehobenen und tragischen Formen ist und kann nichts anderes sein als ein langer Protest gegen den Tod, eine wütende Anklage gegen das Geschick, das von einer allgemeinen Todesstrafe beherrscht wird. *Der Mensch in der Revolte, 110*

Die Moral existiert. Unmoralisch ist das Christentum. Definition einer Moral gegen den intellektuellen Rationalismus und den göttlichen Irrationalismus. *Tagebuch II, 111*

Wenn es notwendig ist, zum Christentum zurückzukehren,
um den Nihilismus zu überwinden, können wir ebensogut
noch einen Schritt weitergehen und das Christentum
durch den Hellenismus überwinden.   *Tagebuch II, 203*

Das 19. Jahrhundert ist das Jahrhundert der Revolte. Warum? Weil es aus einer verfehlten Revolution hervorgeht, in
deren Verlauf das göttliche Prinzip den Todesstreich empfangen hat.   *Tagebuch II, 275*

Anmerkungen

[1] Hochzeit des Lichts, in: Literarische Essays, 101 u. 103 – [2] Sisyphos,
58 f. – [3] Sisyphos, 35 – [4] Dramen, 9 – [5] *Fritz Paepcke,* Der Atheismus in
der Sicht von Albert Camus, in: Eckart 27 (1958), 279 – [6] Tagebuch
I, 17 – [7] Tagebuch II, 114 f. – [8] Im Anschluß an seine Zyklen *Der Mythos von Sisyphos* (Absurdes) und *Der Mythos von Prometheus* (Revolte) plante Camus einen Zyklus *Der Mythos von Nemesis.* Sein früher
Tod verhinderte die ausführliche Kritik von Christentum, Nihilismus
und Marxismus, denen er eine »Philosophie der Grenzen, der berech-
neten Unwissenheit und des Wagnisses« (Der Mensch in der Revolte,
311) entgegensetzen wollte.

Abdruck der Zitate mit freundlicher Genehmigung des Karl Rauch
Verlags, Düsseldorf (Die Pest), des Verlags Die Arche, Zürich (Hochzeit des Lichts) und des Rowohlt Verlags, Reinbek (alle übrigen Werke).

Hier kämpft ein moderner Voltaire

Karlheinz Deschner

Kriminalgeschichte des Christentums

Die Frühzeit:
Von den Ursprüngen im Alten Testament bis zum Tod
des hl. Augustinus (430)

544 Seiten. Gebunden

«Für mich», sagt der profilierteste Kirchenkritiker unserer Zeit, den die weltumspannende Hierarchie der Frommen und Frömmler nur zu gern mundtot machen würde, «ist ein Unrecht, ein Verbrechen vor 500, 1000, 1500 Jahren genauso lebendig und empörend wie ein Unrecht, ein Verbrechen, das heute geschieht.»

In diesem ersten Band seiner Universalgeschichte des Verbrechen im Namen des mißbrauchten Christus legt Deschner Schrecken und Scheußlichkeiten der Christen bloß; von den Wurzeln im alttestamentarischen Judentum bis zur Installierung der Reichskirche am Ende der Antike (um 450). Deschner: «Ich schreibe politisch motiviert, das heißt in aufklärerisch-emanzipativer Absicht.»

Rowohlt